KB213679

『개혁파 조직신학』 3, 4권에서 조엘 비키, 그리고 신학에서 조엘의 바나바인 폴 스몰리는 기독교 교리에 대한 자신들의 방대한 강해를 계속해 나간다. 1, 2권과 마찬가지로 3, 4권도 성경과 위대한 신학자들을 끊임없이 언급하는 것을 특징으로 하고, 형이상학적인 언어라기보다는 좀 더 목회적인 언어로 하나님의 모든 백성을 위해 쓰였다. 3, 4권은 인간론과 기독론이라는 아주 중요한 분야를 다루고 있고, 교회의 위대한 목회자이자 신학자인 분들의 저작을 상기시키는 진정한 '교회 교의학'의 문체를 이어 가고 있다. 명료한 서술의 본보기인 이 책은 송영과 성숙과 더 깊은 연구를 촉진할 것이 틀림없다. 신학생에게 교리를 교육하고, 목회자에게 설교를 풍부하게 해 주는 교범을 제공하며, 성장해 나가는 그리스도인에게는 기독교의 교훈으로 자양분을 얻게 해 줄 자료집이 되어 주고, 그들 모두에게 끝없는 신학적인 즐거움을 제공해 줄 최고의 책이 여기에 있다.

–싱클레어 퍼거슨
리폼드 신학교의 조직신학 석좌 교수, 리고니어 사역회(Ligonier Ministries)의 강사

『개혁파 조직신학』 3, 4권의 학문적 깊이와 헌신은 정말 감동적이고, 이것은 3, 4권에서 다루는 주제들을 오랜 세월 동안 치밀하게 연구하고 주의 깊게 가르친 결과를 반영한 것일 수밖에 없다. 지금까지 나는 이 정도로 내게 감동을 준 조직신학 책을 읽어 본 적이 없다. 이 저작은 단지 기독교 교리를 가르치는 책에서 끝나지 않고, 우리 마음에 대고 말하는 책이다. 이 저작은 청교도 전통을 반영한 정통 개혁파 신학을 제시하면서도, 기독교 신학이라는 맥락 속에서 성경에서부터 교부와 중세 시대의 해석자, 종교개혁의 도전을 거쳐 오늘날의 무대에 이르는 개혁파 전통을 제시한다.

–로버트 올리버
영국 브래드퍼드 온 에이번에 있는 올드 뱁티스트 채플의 원로 목사,
런던 신학교의 교회사 및 역사 신학 명예 강사

대단히 명쾌하고 사려 깊으며 평이하게 쓰인 『개혁파 조직신학』 3, 4권은 연구하고 가르칠 때 마음 놓고 의지할 수 있다. 이 저작은 강단의 목회자와 강단 아래의 평신도를 둘 다 염두에 둠으로써, 조직신학이 어떠해야 하는지를

잘 보여 준다. 최고 수준의 학문을 보여 주면서도 쉽게 접근할 수 있고 하나님을 높이는 이 저작을 우리에게 선사한 저자들은 찬사를 받기에 충분하다.

-로브 벤투라
로드 아일랜드 노스 프로비던스에 있는 그레이스 커뮤니티 침례교회의 목회자,
『바울의 초상과 영적 전쟁』의 공저자

『개혁파 조직신학』 3, 4권은 1, 2권이 보여 준 마음을 따뜻하게 하는 접근방법을 계속해서 이어 가고 있다. 나는 특히 저자들이 자신의 견해와 다른 입장을 통찰력 있고 양심적으로 공평하게 설명하는 것에 찬사를 보낸다. 그들은 3, 4권에서 다루는 주제들과 관련해 기독교 역사 전체에 걸친 서로 다른 읽기에 대한 대단히 포괄적인 접근방법을 제시한다.

-조나단 베이즈
'캐리 선교 사역회'(Carey Outreach Ministries)의 영국 책임자,
영국 더비셔에 있는 스탠턴 리즈 채플의 목회자,
『하나님의 영광을 위한 조직신학』과 『율법의 연약함』의 저자

『개혁파 조직신학』은 독자를 우리의 삼위일체 하나님의 심층 속으로 인도할 뿐 아니라, 이 위대한 진리가 그리스도인의 삶과 어떤 관계에 있는지도 보여 준다. 오늘날의 조직신학 중에서 독자로 하여금 신학이 어떻게 송영으로 만개하는지를 이 책보다 더 크게 깨우쳐 주는 책은 없다.

-매튜 바렛
미드웨스턴 침례 신학교의 기독교신학 교수,
「크레도 매거진」(Credo Magazine)의 편집장

『개혁파 조직신학』은 조엘 비키가 일생 동안 설교자와 설교자들의 선생으로 살아온 결실이다. 이 책은 상아탑에 갇혀 있는 신학자가 아니라, 자신이 설명하는 교리가 하나님의 은혜로 말미암아 경험적 실체가 된 노련한 설교자가 쓴 조직신학이다.

-바텔 엘샤우트
아이오와주 헐에 있는 헤리티지 개혁교회의 목회자,
『그리스도인의 영적 예배』와 『삶과 죽음에서 그리스도인의 유일한 위로』의 번역자

비키와 스몰리는 그리스도인들에게 그들이 무엇을 믿어야 하고 어떻게 사랑해야 하는지를 가르치는 교회에 유익한 저작을 썼지만, 그런 목표를 이루기 위해 학문적인 엄격성을 희생시키지 않았다.

-존 페스코

미시시피주 잭슨에 있는 리폼드 신학교의 조직신학 및 역사신학 교수

조엘 비키는 수십 년 동안 조직신학의 본질에 대한 자신의 성숙한 성찰을 우리에게 제시해 줌으로써 그리스도와 그리스도의 교회를 계속 섬겨 왔다. 이 저작은 온전히 믿을 만하고, 잘 쓰였으며, 쉽게 이해되고, 철저하게 연구되었다.

-리처드 갬블

개혁파 장로교 신학교의 조직신학 교수

박식한 신학자, 최고의 선생, 저명한 역사가이면서도 영혼을 돌보는 목회자인 조엘 비키는 그런 많은 솜씨를 한꺼번에 지닌, 교회에서 드문 은사를 받은 인물이다. 『개혁파 조직신학』은 성경 교리를 주의 깊게 분석하고 역사적으로 탐구해 체계적으로 배열하고 목회에 적용한 금괭이다.

-스티븐 로슨

'원패션 사역회'(OnePassion Ministries) 회장, 마스터스 신학교의 설교학 교수,

리고니어 사역회 (Ligonier Ministries)의 설교학 교수

"깊도다 하나님의 지혜와 지식의 풍성함이여!" 바울의 위대한 송영에 나오는 이 찬송은 교리와 경건을 다룬 이 놀라운 저작을 읽고 난 후 보일 수 있는 합당한 반응이다. 개혁파 신앙은 흔히 단지 지적인 것으로 희화화되곤 하지만, 이 저작은 모든 장이 신학에서 송영으로 나아감으로써, 개혁파 신학도 철저히 경험적인 신학임을 보여 준다.

-존 맥아더

캘리포니아주 선 밸리에 있는 그레이스 커뮤니티 교회의 목회자,

마스터스 대학교와 신학교의 명예 총장

여기에 신학의 기능을 제대로 하는 신학이 있다. 바로 '우리를 예배로 부르는 것'이다. 당신은 모든 점에서 저자들의 견해에 동의하지 않는다 해도, 이 저작이 우리 세대는 물론이고 이후의 세대들에서도 그리스도의 교회를 잘 섬길 것이라고 믿고 소망할 수 있다.

−제러미 워커
영국 크롤리에 있는 메이든바우어 침례교회의 목회자

개혁파 조직신학 3

부흥과개혁사는 교회의 부흥과 개혁을 추구합니다. 부흥과개혁사는 부흥과 개혁이 이 시대 한국 교회를 향한 하나님의 뜻이라고 믿으며, 조국 교회의 부흥과 개혁의 방향을 위한 이정표이자, 잠든 교회에는 부흥과 개혁을 촉구하는 나팔소리요, 깨어난 교회에는 부흥과 개혁의 불길을 지속시키는 장작더미이며, 부흥과 개혁을 꿈꾸며 소망하는 교회들을 하나로 모아 주기 위한 깃발이고자 기독교 출판의 바다에 출항하였습니다.

개혁파 조직신학 3

인간론

조엘 비키 · 폴 스몰리 지음

박문재 옮김

부흥과개혁사

◈ **일러두기**

이 책 『개혁파 조직신학』 영문판(*RST* 2권)은 원래 인간론과 기독론을 한 권으로 묶어 출간했다. 그러나 번역본의 분량상 3권을 인간론으로, 4권을 기독론으로 분권하여 출간한다. 그에 따라 추천사, 헌사, 서문, 참고문헌을 3권에만 붙였다. 이후 영어본은 총 4권으로 출간 예정이고 번역본은 총8권으로 출간 예정이다.

"네가 많은 증인 앞에서 내게 들은 바를 충성된 사람들에게 부탁하라
그들이 또 다른 사람들을 가르칠 수 있으리라"(딤후 2:2)라는
모토를 삶으로 실천하는 퓨리턴 리폼드 신학교의 박사 과정을 섬기는
소중한 형제, 동료, 친구, 교수인
스티븐 마이어스, 아드리안 닐레, 그렉 살라자르, 대니얼 팀머에게
이 책을 바칩니다.

-조엘 비키

나를 가르쳐 기독교 역사를 사랑하게 해 주시고
지난 여러 세기 동안 그리스도를 높이는 신학자들의 위대한 책들을
읽게 해 주신 두 분의 신학교 교수님이신
톰 네틀스와 존 우드브리지,
그리고
"좋은 소식을 전하며 평화를 공포하며
복된 좋은 소식을 가져오며
구원을 공포하며 시온을 향하여 이르기를
네 하나님이 통치하신다 하는 자의
산을 넘는 발이 어찌 그리 아름다운가"(사 52:7).
내가 읽은 최초의 청교도 신학자,
우리의 선지자, 제사장, 왕이신 그리스도의 영광을 알리는 전령사이신
존 오웬(1616-1683년)에게 이 책을 바칩니다.

-폴 스몰리

목차

약어   13

3, 4권 서문   15

개요: 인간론   17

1장   인간론 서론   36

단원 A: 창조론   55

2장   세계의 창조(1부)   57
      창조주 하나님

3장   세계의 창조(2부)   85
      역사적이고 신학적인 질문

4장   세계의 창조(3부)   102
      석의적 질문

5장   세계의 창조(4부)   122
      과학적 질문

단원 B: 인간과 자연의 창조론   145

6장   하나님에 의한 인간의 창조   147

7장   역사적 아담 논쟁   172

8장   하나님의 형상(1부)   196
      석의신학과 성경신학

9장 하나님의 형상(2부)   216
    역사신학과 변증신학

10장 하나님의 형상(3부)   237
    조직신학과 실천신학

11장 인간의 성별과 성   254

12장 인간의 구성(1부)   282
    통일성과 이원성

13장 인간의 구성(2부)   300
    몸과 영혼

14장 하나님이 아담과 맺으신 언약(1부)   327
    성경의 가르침

15장 하나님이 아담과 맺으신 언약(2부)   351
    역사신학과 조직신학

16장 하나님이 아담과 맺으신 언약(3부)   379
    실천적 함의

단원 C: 죄론   399

17장 서론   401

18장 죄와 불행으로의 인간의 타락   428

19장 죄의 상태(1부)   453
    원죄에 대한 역사신학

20장 죄의 상태(2부)   479
    보편적인 죄, 전가된 죄책, 의의 결여

21장 죄의 상태(3부)   498
    전적 타락과 전적 무능력

22장 의지의 자유로운 선택   519

23장 자범죄   542
    원죄의 다양하고 해로운 열매

24장 죄에 대한 하나님의 벌   560

25장 죄와 믿는 자   581

26장 고난과 믿는 자   601

참고문헌   620
인명 색인   675

표 목록

도표 11.1 성별과 성에 대한 창세기 1장과 2-3장의 본문 비교   271

도표 18.1 죄악 된 욕망의 삼중적 패턴   434

| 약어 |

ACCS/OT   *Ancient Christian Commentary on Scripture, Old Testament*. Edited by Thomas Oden. 15 vols. Downers Grove, IL: InterVarsity Press, 2001–2005.

ANF   *The Ante-Nicene Fathers*. Edited by Alexander Roberts and James Donaldson. Revised by A. Cleveland Coxe. 9 vols. New York: Charles Scribner's Sons, 1918.

LW   *Luther's Works*. Edited by Jaroslav Pelikan et al. 79 vols. St. Louis, MO: Concordia, 1958–2016.

NIDNTTE   *The New International Dictionary of New Testament Theology and Exegesis*. Edited by Moisés Silva. 5 vols. Grand Rapids, MI: Zondervan, 2014.

NIDOTTE   *The New International Dictionary of Old Testament Theology and Exegesis*. Edited by Willem A. VanGemeren. 5 vols. Grand Rapids, MI: Zondervan, 1997.

NPNF[1]   *A Select Library of Nicene and Post-Nicene Fathers of the Christian Church*, First Series. Edited by Philip Schaff. 14 vols. New York: Christian Literature Co., 1888.

NPNF[2]   *A Select Library of Nicene and Post-Nicene Fathers of the Christian Church*, Second Series. Edited by Philip Schaff and Henry Wace. 14 vols. New York: Christian Literature Co., 1894.

The Psalter	*The Psalter, with Doctrinal Standards, Liturgy, Church Order, and Added Chorale Section.* Preface by Joel R. Beeke and Ray B. Lanning. 1965; repr., Grand Rapids, MI: Eerdmans for Reformation Heritage Books, 2003.
RCS/OT	*Reformation Commentary on Scripture, Old Testament.* Edited by Timothy George. 15 vols. Downers Grove, IL: IVP Academic, 2012–.
Reformed Confessions	*Reformed Confessions of the 16th and 17th Centuries in English Translation: 1523–1693.* Compiled by James T. Dennison Jr. 4 vols. Grand Rapids, MI: Reformation Heritage Books, 2008–2014.
RST	Joel R. Beeke and Paul M. Smalley. *Reformed Systematic Theology.* 4 vols. Wheaton, IL: Crossway, 2019–.
TDNT	*Theological Dictionary of the New Testament.* Edited by Gerhard Kittel, Geoffrey W. Bromiley, and Gerhard Friedrich. 10 vols. Grand Rapids, MI: Eerdmans, 1964.
The Three Forms of Unity	*The Three Forms of Unity.* Introduction by Joel R. Beeke. Birmingham, AL: Solid Ground, 2010.
Trinity Hymnal— Baptist Edition	*Trinity Hymnal—Baptist Edition.* Revised by David Merck. Suwanee, GA: Great Commission Publications, 1995.
WJE	*The Works of Jonathan Edwards.* 26 vols. New Haven, CT: Yale University Press, 1957–2008.

예수 그리스도는 사람들에게 진리를 알게 하기 위해 오셨다(요 8:31-
32; 18:37). 십자가가 지평선 위에 어렴풋이 어른거리기 시작했을 때, 우
리 주 예수님은 "영생은 곧 유일하신 참 하나님과 그가 보내신 자 예
수 그리스도를 아는 것이니이다"라고 아버지께 기도하셨고, 아버지가
그에게 주신 자들을 위해 "그들을 진리로 거룩하게 하옵소서 아버지
의 말씀은 진리니이다"라고 중보기도를 하셨다(17:3, 17). 그리스도는 우
리에게 진리, 즉 생명을 주고 거룩함을 낳는 하나님을 아는 지식을 가
져다주셨다. 하나님은 이 참된 말씀을 통해 우리 삶에 십자가 위에서
이루어진 그리스도의 구원 사역을 적용하신다.

조직신학자가 하는 일은 성경에 나오는 진리를 모아, 성령의 능력을
힘입어 사람의 지성을 조명하고 마음에 불을 붙여 삶 전체를 하나님
의 영광을 향해 이끌어 나가게 만드는 방식으로 그 진리를 제시하는 것
이다. 『개혁파 조직신학』 3, 4권의 출간으로 성경적이고 교리적이며 경
험적이고 실천적인 조직신학을 만들어 내려는 우리 시도는 절반이 이
루어졌다. 3, 4권에서는 창조, 인간의 본성, 죄, 하나님의 언약, 그리스
도의 인격과 사역이라는 주제를 다룬다.

우리는 그런 조직신학을 만들어 내는 이 사업에 복을 주시는 주님께
깊이 감사한다. 주님의 손에 붙잡혀 도구로 사용된 여러 사람의 도움
없이는 이런 조직신학을 만들어 내는 작업은 아예 불가능했을 것이다.
우리는 오랜 세월 동안 우리 영혼에 자양분을 공급해 준 과거와 현재의

수많은 목회자와 신학자에게 빚을 졌다. 이 사업을 지지해 준 저스틴 테일러에게 감사하고, 이 원고를 노련하게 편집해 준 그렉 베일리에게 감사하며, 이 일련의 책들을 출간하고 광고하는 일을 맡아 수고한 크로스웨이 출판사의 여러 임직원에게 감사한다. 레이 래닝과 스코트 랭은 우리의 원고를 편집하면서 여러 가지 제안을 하여 이 글이 좀 더 명료해질 수 있게 도움을 주었다. 또한 이 책의 여러 대목과 관련해 제안을 해 주어 잘 다듬어질 수 있게 해 준 다음의 여러 신학자에게도 감사한다. 로버트 올리버, 스티브 웰럼, 스티븐 마이어스 등이다. 우리는 우리의 사랑하는 아내, 메리 비키와 돈 스몰리의 사랑과 기도에 큰 빚을 졌다. 이 두 사람은 기독교 신학을 실천으로 옮기는 여인들이다.

다른 무엇보다도 우리는 중보자를 이 땅에 보내 주신 삼위일체 하나님께 감사드린다. 예수 그리스도의 인격과 사역에 대한 글을 쓰는 작업은 하나님이 가까이 할 수 없는 빛 안에 계신다는 것, 그리고 그리스도의 영광을 서술하려 하는 우리 시도는 아이들의 더듬거리는 말에 지나지 않음을 우리에게 다시 한 번 새롭게 일깨워 주었다. 오직 하나님께 영광(Soli Deo gloria)!

조엘 비키와 폴 스몰리

I. 인간론 서론

  A. 신학적 인간론은 무엇인가

  B. 왜 인간론을 연구하는가

    1. 성경에서 인간론의 중요성

    2. 다른 교리와의 관계

    3. 다른 학문 분과와 관련한 인간론의 가치

    4. 오늘날의 실존적 위기와 관련한 인간론의 함의

    5. 인간론이 실천적인 사역에 미치는 영향

  C. 세상은 인간론을 어떻게 접근하는가

    1. 철학적 관념론이 정의한 인간

    2. 생물학이 정의한 인간

    3. 성적인 욕망에 따라 정의된 인간

    4. 물질적인 부에 따라 정의된 인간

    5. 개인의 자유에 따라 정의된 인간

    6. 사회적 관계에 따라 정의된 인간

    7. 감정의 건강에 따라 정의된 인간

    8. 실존적 부조리에 따라 정의된 인간

  D. 성경은 인간론을 어떤 식으로 접근하는가

    1. 원래의 무죄의 상태

    2. 타락한 본성의 상태

3. 은혜의 상태

4. 영광의 상태

단원 A: 창조론

II. 세계의 창조(1부)

  A. 거짓된 기원론

    1. 다신론

    2. 범신론

    3. 범재신론

    4. 유물론

  B. 하나님의 창조 사역

    1. 창조 사역의 유일무이성

    2. 창조 사역의 보편성

  C. 창조와 하나님의 영광

    1. 창조주의 유일무이성

    2. 창조주의 삼위일체

    3. 창조주의 능력

    4. 창조주의 권세

    5. 창조주의 지혜

    6. 창조주의 선하심

    7. 창조주의 영광을 알고 송축함

  D. 세계의 창조(2부)

    1. 창세기 1장은 신화인가

    2. 창세기 1-2장은 역사적 서사인가

      a. 역사적 서사

      b. 족보

      c. 그리스도

    3. 하나님은 무에서 창조하셨는가

      a. 창세기 1장 1절

b. 하나님이 만물을 지으셨다.

c. 히브리서 11장 3절

d. 골로새서 1장 16절

e. 로마서 4장 17절

f. 성경의 하나님관

4. 우리는 창조의 6일을 어떻게 이해해야 하는가

   a. 아우구스티누스: 즉각적인 창조, 알레고리적인 의미를 지니는 "날"들, 젊은 지구

   b. 간격설: 창세기 1장 1절과 2절 사이에는 시간적으로 오랜 간격이 있다는 견해

   c. 날-세대설: 여섯 날은 여섯의 긴 세대라는 견해

   d. 틀 가설: 6일은 은유적 의미를 지닌 틀이라는 견해

   e. 역법상의 날이라는 설: 연대기적 순서로 된 문자 그대로의 6일이라는 견해

5. 과학은 이 세계의 나이가 수십 억 년임을 증명하는가

6. 성경은 신다원주의적인 진화론과 양립할 수 있는가

   a. 합리적이고 경험적인 관점에서 본 진화론의 문제점

   b. 진화와 성경 진리

      i. 하나님이 6일 동안에 창조하셨다.

      ii. 식물과 동물과 인간은 하나님의 초자연적인 행위로써 존재하게 되었다.

      iii. 하나님이 각각의 식물이나 동물을 "종류대로" 만드셨다.

      iv. 창조의 날들의 순서

      v. 적자생존

      vi. 창세기 2장 7절

      vii. 창세기 2장 21-23절

7. 대홍수는 지구적인 것이었는가, 아니면 국지적인 것이었는가

   a. 모든 생물을 멸하셨다.

b. 본문을 이해하기

c. 지질학적 변동

d. 고대 근동의 다른 문헌에 홍수 이야기들

e. 하나님 말씀이 지닌 권위

f. 신학적 메시지

g. 하나님 언약의 신뢰성

단원 B: 인간과 자연의 창조론

III. 하나님에 의한 인간의 창조

A. 하나님이 창조하신 우주에서 인간이 지닌 특별한 존귀함(창 1:26-2:3)

1. 창조 기사의 정점

2. 하나님의 계획

3. 하나님의 형상

4. 통치권의 위임

5. 예배의 성별

B. 하나님의 언약에서 하나님과 인간의 특별한 관계(창 2:4-25)

1. "여호와 하나님": 우주적 관점에서 언약적 관점으로

2. 우리의 생명의 주이신 여호와: 초자연적으로 인간을 창조하신 하나님

3. 우리의 거처의 주이신 여호와: 인간에게 차고 넘치게 공급해 주시는 하나님

4. 우리의 법의 주이신 여호와: 인간과 인격적으로 소통하시는 하나님

5. 우리의 사랑의 주이신 여호와: 인간을 위해 혼인 제도를 창설하신 하나님

IV. 역사적 아담 논쟁

A. 아담의 역사성에 대한 반론

1. "아담"이라 명명

2. 창세기 1-3장은 인류의 역사라기보다는 이스라엘의 정체성

에 대한 역사다.

    3. 창세기 1장과 2장은 서로 모순된다.

    4. 뱀은 말하지 못한다.

  B. 아담과 성경의 가르침

    1. 역사적 아담은 인류의 고귀함의 토대다.

    2. 역사적 아담은 인류의 하나 됨의 뿌리다.

    3. 역사적 아담은 성별 관계의 토대다.

    4. 역사적 아담은 인류의 타락의 주체다.

    5. 역사적 아담은 인류의 구주의 모형이다.

  C. 아담과 성경의 권위

    1. 하나님의 말씀을 인간의 회의주의에 종속시킬 때 초래되는 위험

    2. 하나님의 말씀을 인간의 과학에 종속시킬 때 초래되는 위험

    3. 하나님의 말씀을 인간의 경험으로 제한할 때 초래되는 위험

V. 하나님의 형상

  A. 석의신학과 성경신학

    1. 피조 된 하나님의 형상

      a. 하나님의 형상과 하나님의 속성

      b. 하나님의 형상과 하나님에 대한 예배

      c. 하나님의 형상과 하나님의 통치

      d. 하나님의 형상과 하나님의 가족

    2. 하나님의 형상의 지속

    3. 성육신하신 하나님의 형상

    4. 새로워진 하나님의 형상

    5. 완성된 하나님의 형상

  B. 역사신학과 변증신학

    1. 하나님의 형상에 대한 구성적 관점

      a. 하나님의 형상으로서의 신체

      b. 하나님의 형상으로서의 정신

　　　c. 하나님의 형상으로서의 정신 대 하나님의 모양으로서의 도덕

　　　d. 하나님의 형상으로서의 도덕성

　　2. 하나님의 형상에 대한 기능적 관점

　　　a. 하나님의 형상으로서의 왕적인 지위

　　　b. 하나님의 형상으로서의 관계

　　　c. 하나님의 형상으로서의 의로운 삶의 역동적 수행

　C. 조직신학과 실천신학

　　1. 석의신학과 성경신학 요약

　　2. 하나님의 형상에 대한 개혁파의 통합적 신학

　　　a. 통합적인 하나님의 형상에 대한 개혁파의 고전적 가르침

　　　b. 윌리엄 에임스: 하나님의 형상에 대한 조직신학적 성찰의
　　　　본보기

　　　c. 하나님의 형상에 대한 통합적 견해의 통일성

　　3. 인간이 하나님의 형상이라는 가르침이 지닌 실천적 함의

　　　a. 신성함

　　　b. 영적인 존재

　　　c. 이성적 존재

　　　d. 존엄성

　　　e. 통합된 존재

　　　f. 평등성

　　　g. 박애

　　　h. 권세

　　　i. 청지기로서의 지위

　　　j. 도덕성

　　　k. 극악무도함

　　　l. 인간의 운명

Ⅵ. 인간의 성별과 성

　A. 성별과 성에 대한 오늘날의 논쟁

　　1. 페미니즘

2. 동성애 권리 운동

3. 성전환

B. 성별에 대한 성경의 기본적인 가르침

1. 성 정체성과 두 생물학적 성

2. 권위 있는 지도자인 남자, 힘을 불어넣어 주는 조력자인 여자

C. 성에 대한 성경의 기본적인 가르침

1. 성행위와 생식

2. 성행위와 결혼 관계

D. 동성애에 대한 성경의 기본적인 가르침

1. 동성애에 대한 구약 성경의 가르침

2. 동성애에 대한 신약 성경의 가르침

3. 성적 지향성이라는 오늘날의 개념

VII. 인간의 구성

A. 통일성과 이원성

1. 인간의 구성의 여러 측면에 대한 성경의 용어

a. "숨, 호흡"

b. "혼"

c. "영"

d. "마음"

e. "콩팥"

f. "콩팥"

g. "육"

h. "뼈"

i. "몸"

2. 인간의 기능적 통일성

3. 몸과 영의 이원성 대 일원론적 인간론

4. 인간 구성의 이원성에 대한 반론

a. 성경의 이원성은 단지 기능적인 것이다.

b. 인간론 전체는 성경의 전인적 관점에서 보아야 한다.

c. 이원론적인 인간론은 구분된 세계관으로 귀결된다.

d. 통일성과 이원성의 결합은 가능할 것 같지 않다.

5. 천사나 동물의 구성과 대비되는 인간의 구성

a. 인간과 천사

b. 인간과 동물

B. 인간의 몸

1. 하나님이 지으신 것인 몸의 선함

2. 거룩함에서 몸의 중요성

3. 몸의 구원에 대한 그리스도인의 소망

C. 인간의 영혼

1. 인간 영혼의 불멸성

2. 인간 영혼의 비물질성과 영적인 성질

3. 인간 영혼의 통일성 대 삼분법

4. 인간 영혼의 여러 능력

5. 인간 영혼의 기원

6. 하나님을 기쁘시게 하는 것에서 인간 영혼의 중심성

VIII. 하나님이 아담과 맺으신 언약

A. 행위 언약론에 대한 반론

1. 언약이라는 단어가 창세기 2장에 나오지 않는다.

2. 창세기 2장에서 하나님과 아담은 언약을 맺을 때 행하는 공식적인 맹세를 하지 않는다.

3. 하나님과 아담의 관계는 공과를 따지는 법적인 관계가 아니라 아버지로서의 은혜의 관계다.

4. 성경에서 하나님과의 언약은 언제나 하나님이 인간을 구속하려 하시는 것과 관련되어 있다.

B. 언약의 본질적이고 공통적인 요소

1. 본질적 요소

a. 공적 약속

b. 신의성실의 관계를 정의하기 위한 언어적이고 법적인 도구

2. 공통적 요소

    a. 주종 관계

    b. 순종할 것을 명령하는 법

    c. 종속적인 당사자의 직임에 대한 공인

    d. 한 집단의 대표성

    e. 가시적인 표징

C. 창세기 2장에 나오는 언약의 본질적인 요소들

    1. 엄숙하고 법적이며 언어적인 공적 계시

    2. 암묵적인 약속

    3. 충성과 사랑

D. 창세기 2장에 나오는 그 밖의 공통적인 언약 요소

    1. 언약의 주를 나타내는 이름

    2. 선지자와 제사장과 왕의 직임

    3. 아담은 그의 자연적인 자손들의 대표자

    4. 신실함을 보여 주는 가시적인 표지

E. 행위 언약을 보여 주는 다른 성경 본문

    1. 호세아 6장 6-7절

    2. 이사야 24장 5-6절

    3. 로마서 5장 12-19절

F. 하나님과 인간의 관계의 토대로서의 언약의 지위

G. 행위 언약에 대한 개혁파 정통 교리의 역사적 뿌리

    1. 교부 신학, 중세 신학, 대항 종교개혁 신학

    2. 16세기의 개혁파 신학

H. 개혁파 정통 교리에 대한 조직신학적 분석

    1. 언약 일반

        a. 언약 교리의 중심성

        b. 여러 종류의 언약

        c. 인간의 응답이 필수적이었음

        d. 사랑에 의거한 인격적인 신의성실

2. 아담 언약 서론

   a. 아담 언약에 대한 암묵적인 계시

   b. 하나님이 아담과 맺으신 언약을 지칭하는 데 서로 다른 여러 이름

   c. 최초의 언약에 대한 요약

3. 행위 언약과 율법

   a. 실정적이고 상징적이며 성례전적인 율법

   b. 자연적이고 본성적인 도덕법

   c. 완전하고 지속적인 순종의 요구

   d. 율법 전체를 어기는 것

4. 행위 언약의 인간 당사자

   a. 자신의 자연적인 자손들의 언약 대표자

   b. 은혜의 중보자

5. 행위 언약의 결과

   a. 가장 온전한 의미의 죽음에 대한 경고

   b. 영생이라는 상

   c. 인간의 순종에 상을 수여하시는 것과 관련한 하나님의 주권

6. 행위 언약과 하나님의 영광

   a. 하나님의 속성을 전반적으로 계시

   b. 하나님의 선하심

   c. 하나님이 아담에게 베푸신 은혜

   d. 은혜 언약이 아님

I. 실천적 함의

1. 행위 언약은 언약의 주를 계시한다.

   a. 우리 생명의 주

      i. 하나님의 풍성하신 너그러우심을 찬송하라.

      ii. 하나님의 엄중한 정의를 두려워하라.

   b. 우리의 거처와 직업의 주

      i. 하나님의 섭리에 따라 정해진 직업에 복종하라.

   ii. 아버지이신 하나님이 부과하신 훈련을 끝까지 받으라.

  c. 우리의 율법의 주

   i. 하나님의 권위 있는 명령에 순종하라.

   ii. 하나님의 신실하신 말씀을 믿으라.

  d. 우리의 사랑의 주

   i. 자신을 무한히 낮추신 하나님의 사랑을 찬송하라.

   ii. 하나님의 사랑의 유대를 받아들이라.

2. 행위 언약은 언약의 종을 만들어 낸다.

  a. 선지자적인 종

   i. 하나님 말씀을 듣고 묵상하라.

   ii. 하나님 말씀을 다른 사람에게 전하라.

  b. 제사장적인 종

   i. 거룩하신 주를 예배하라.

   ii. 하나님의 예배를 거룩하게 유지하라.

  c. 왕적인 종

   i. 하나님의 세계를 누릴 자유가 있다.

   ii. 하나님 뜻을 행해야 할 책임이 있다.

3. 행위 언약은 종이 주를 배교했음을 분명하게 보여 준다.

  a. 아담의 배교

   i. 인간이 변할 수 있음을 인정하라.

   ii. 우리가 죄 안에서 아담과 연대되어 있음을 인정하라.

  b. 율법으로부터의 배교

   i. 율법에 의거한 외적인 의를 추구하는 것을 이해하라.

   ii. 우리에 대한 율법의 의로운 판결 아래에서 우리가 낮아
    지라.

  c. 극악무도한 배교

   i. 배은망덕함과 대역죄의 중대함에 대해 마음 아파하라.

   ii. 스스로의 힘으로 구원을 받으려는 모든 거짓 소망을 포
    기하라.

4. 행위 언약은 구속의 주이자 종이신 그리스도를 미리 보여 준다.
  a. 우리 생명의 주이자 종이신 그리스도
    i. 그리스도를 주와 생명의 수여자로 믿으라.
    ii. 그리스도를 생명을 주시는 마지막 아담으로 믿으라.
  b. 우리의 거처와 직업의 주이자 종이신 그리스도
    i. 우리의 매일의 직업 속에서 주 그리스도를 섬겨야 한다.
    ii. 그리스도를 따라 이 세상의 고난과 환난을 통과해야 한다.
  c. 우리 율법의 주이자 종이신 그리스도
    i. 율법 수여자이신 그리스도께 순종해야 한다.
    ii. 자기 백성의 보증이신 그리스도를 의지해야 한다.
  d. 우리의 사랑의 주이자 종이신 그리스도
    i. 신부인 우리의 남편이신 그리스도의 사랑을 즐거워해야 한다.
    ii. 행위 언약이 아니라 그리스도인의 자유 가운데서 살아가야 한다.

단원 C: 죄론

IX. 서론
  A. 죄론의 토대를 이루는 신학적 진리
    1. 죄는 망상이 아니다.
    2. 죄는 영원히 존재하는 것이 아니다.
    3. 죄는 물질적 실체를 지니지 않는다.
    4. 죄는 물리적인 악이 아니다.
    5. 죄는 단지 외적인 행위가 아니다.
    6. 죄는 단지 사람을 해치는 데서 그치는 것이 아니다.
  B. 죄와 관련된 성경 용어
    1. 구약 성경의 용어
      a. "죄"('핫타아'), "죄를 짓다"('하타')

b. "반역"('페샤아'), "범법하다", "반역하다"('파샤아')

c. "죄악"('아온')

d. "듣다"('샤마아')

e. "귀"('오즈나임'), "눈"('에나임'), "강하게 하다"('하자크'), "가혹하다, 완고하다"('카샤'), "무거운"('카바드')

f. "악"('라아'), "악을 행하다"('라아아')

g. "불의"('리쉬아'), "불의를 행하다"('라샤아')

h. "반역하다"('마라'와 '마라드', '사라르')

i. 하나님에 대한 이스라엘의 죄와 남편에 대한 아내의 부정 ('마알')

j. "속죄제"('아샴')

k. "무지"('세가가'), "어그러진 길로 가다, 의도하지 않게 죄를 짓다"('세가그')

l. "악", "죄악", "불의"(명사는 '아웰', 동사는 '아왈')

m. "지나가다" 또는 "넘다"('아바르')

n. "헤매다" 또는 "어그러진 길로 가다"('타아')

o. "부정함" 또는 "더러움"(히브리어 어근 '타메'와 '닛다')

2. 신약 성경의 용어

a. "죄"('하마르티아', '하마르티노')

b. "불의"('아디키아')

c. "불법"('아노미아')

d. "악한"('포네로스')

e. "범법"('파라바시스'), "법을 어기다"('파라바이노')

f. "불순종"('파라코에', '파라쿠오', '아페이테스', '아페이테오')

g. "잘못"('플라네'), "어그러진 길로 가다"('플라나오')

h. "허물"('파랍토마')

i. "부정함" 또는 "더러움"('아카타르시아'), "부정한" 또는 "더러운"('아카타르토스')

3. 죄와 관련된 성경 용어에 대한 개념적 요약

a. 하나님 말씀을 듣고 믿음과 신실함으로 응답하기를 거부한다.

b. 하나님이 정하신 과녁을 빗나간다.

c. 하나님의 권위에 대한 반역이다.

C. 죄의 중심과 뿌리에 대한 신학적 정의

1. 감각적인 것 대 이성적인 것

2. 교만 대 겸손

3. 이기심 대 사랑

4. 우상숭배 대 하나님 예배

5. 하나님의 말씀을 믿지 않는 것 대 믿는 것

6. 하나님의 율법에 대한 반역 대 순종

D. 죄의 복합적 의미에 대한 성찰

E. 죄의 정의의 경험적 적용: 나는 무엇을 해 왔는가

X. 죄와 불행으로의 인간의 타락

A. 하나님에 대한 피조물의 범죄

1. 마귀와 그의 천사들의 반란

2. 하나님의 말씀과 관련한 사탄의 속임수

a. 하나님 말씀에 대한 의심

b. 하나님 말씀을 왜곡

c. 하나님 말씀을 부정

3. 하나님의 말씀에 대한 인간의 도전

B. 죄인에 대한 하나님의 의로우심

1. 시험 때의 하나님의 침묵

2. 죄인에 대한 하나님의 은밀한 심판

a. 비참한 수치

b. 죄책감과 두려움

3. 죄인을 참고 만나시는 하나님

4. 죄인들에 대한 하나님의 심판 선고

a. 하나님은 사탄에게 자신의 최고의 저주를 선언하셨다.

b. 하나님은 여자에게는 가정사와 관련해 괴로움을 겪게 하는 심판을 선고하셨다.

c. 하나님은 남자에 대해서는 고된 노동과 죽음으로 벌하셨다.

C. 하나님의 준엄하심과 선하심

1. 죄로 말미암은 삼중적 죽음이라는 하나님의 처벌

a. 영적인 죽음

b. 육신적인 죽음

c. 영원한 죽음

2. 하나님의 후손: 승리자에 대한 약속

a. 구원의 적용

b. 구원의 성취

c. 구원 사역을 수행

XI. 죄의 상태(1부)

A. 원죄에 대한 역사신학

1. 초기 교회와 중세 교회

a. 초기 교회와 원죄

b. 중세 교회와 원죄

2. 종교개혁 교회

a. 루터파 교회의 원죄론

b. 초기 개혁파 교회의 원죄론

c. 트렌트 공의회 신학과 오늘날의 로마 가톨릭 신학의 원죄론

d. 16세기 신학 사상의 다른 흐름들

i. 소키아누스주의

ii. 재세례파

3. 종교개혁 이후의 교회

a. 아르미니우스주의의 원죄론

b. 개혁파 정통 신학의 원죄론

c. 원죄론에 대한 오늘날의 공격

4. 원죄론의 역사에 대한 요약적 성찰

B. 보편적인 죄, 전가된 죄책, 의의 결여

1. 보편적인 죄의 상태

2. 원죄의 치명적인 차원

3. 죄의 전가: 아담의 최초의 죄로 말미암은 죄책

　　a. 아담과 그리스도에 대한 사도 바울의 가르침

　　b. 아담과 관련된 하나님의 정의와 인간의 죄책

4. 생명의 부재: 원의의 결여

5. 전적 타락: 인간 본성 전체의 부패

　　a. 마음의 타락

　　b. 삶 전체의 타락

6. 전적 무능력: 죄의 지배

7. 죄인에 대한 하나님의 놀라운 인내와 자비

C. 의지의 자유로운 선택

1. 자유의지와 관련한 용어와 개념

　　a. 자유와 의지에 대한 성경 용어

　　b. 철학적이고 신학적인 자유의지 개념

2. 인간의 네 가지 상태와 자유의지

　　a. 죄 없는 상태: 하나님을 선택할 수 있는 가변적인 능력

　　b. 죄의 상태: 하나님을 선택할 수 없는 무능력

　　c. 은혜 상태: 하나님을 선택할 수 있는, 새로워졌지만 불완전한 능력

　　d. 영광의 상태: 하나님을 선택할 수 있는 완전하고 변할 수 없는 능력

D. 의지의 자유와 노예 상태가 지닌 실천적 함의

1. 죄인을 위한 충분한 구주이신 그리스도를 제시하라.

2. 그리스도로 말미암는 언약을 맺으신 하나님은 신실하시다는 것을 죄인에게 보이라.

3. 하나님을 의지하여 영화롭게 되신 선지자이자 왕이신 그리

스도께로 죄인들을 모으라.

4. 하나님과 의로 돌이킬 책임이 있는 도덕 주체인 죄인을 부르라.

5. 당신이 이해하지 못하는 일에서 하나님 말씀에 순종하라.

6. 새 생명의 최고의 도구인 하나님 말씀을 신뢰하라.

7. 그리스도의 자유와 영원한 영광에 소망을 두라.

XII. 자범죄

  A. 자범죄의 여러 차원

    1. 하나님과 이웃에 대한 죄

    2. 부작위로 말미암은 죄와 작위로 말미암은 죄

    3. 생각, 말, 행위로 말미암은 죄

  B. 자범죄의 영역

    1. 하나님의 유일무이하신 영광과 관련된 죄

    2. 하나님이 정하신 예배와 관련된 죄

    3. 하나님의 두려운 이름과 관련된 죄

    4. 하나님의 성일과 관련된 죄

    5. 인간의 고유한 권위와 관련된 죄

    6. 인간의 신성한 생명과 관련된 죄

    7. 인간의 신실한 성과 관련된 죄

    8. 인간의 합당한 재산과 관련된 죄

    9. 인간의 참된 증언과 관련된 죄

    10.인간의 순종적인 만족과 관련된 죄

  C. 자범죄의 다양한 환경

    1. 공개적인 죄와 은밀한 죄

    2. 개인의 죄와 사회의 죄

    3. 압제자의 죄와 희생자의 죄

  D. 자범죄의 경중

XIII. 죄에 대한 하나님의 벌

  A. 죄의 벌의 두 측면

1. 죄는 하나님과의 친교를 깨뜨린다.

2. 죄는 하나님의 진노를 불러일으킨다.

B. 현세에서 행해지는 죄에 대한 벌

1. 죄에 대한 벌은 영혼에 대한 심판을 통해 이루어진다.

   a. 죄 가운데 버려두는 심판

   b. 마음을 완악하게 하여 불신앙을 고집하게 만드는 심판

2. 죄에 대한 벌은 육신에 대한 심판을 통해 이루어진다.

C. 인간을 수단으로 사용한 죄에 대한 벌

1. 죄는 내적으로는 양심에 따라 심판받는다.

2. 죄는 외적으로는 시민 정부를 통해 심판받는다.

D. 죄에 대한 벌의 영원한 성취

1. 죄는 죽음 이후에, 특히 부활 이후에 온전히 처벌받는다.

2. 죄는 상실과 감각으로 말미암은 비탄을 통해 온전히 처벌된다.

   a. 상실의 벌

   b. 감각의 벌

3. 죄는 절대적으로 의로우신 진노하심에 따라 온전히 처벌된다.

XIV. 죄와 믿는 자

A. 죄에 대한 믿는 자의 겸손한 반응

1. 죄의 고백

2. 하나님을 향한 회개

3. 그리스도를 믿는 믿음

4. 성령의 은혜를 구하는 기도

5. 시험에 들지 않게 깨어 있음

6. 죄와 사탄에 대항한 싸움

7. 아버지 하나님께 감사함

B. 죄와 관련한 믿는 자의 역설적 경험

1. 죄책의 용서와 합당한 수치심

2. 죄의 지배에서 건짐을 받았지만 여전히 남아 있는 부패

3. 구원을 확신하지만 하나님을 두려워함

    a. 우리 아버지 하나님의 거룩하심

    b. 우리의 구속을 위해 치르신 대가

    c. 우리의 확신이 어떤 조건 아래 주어진 것

C. 죄에서 완전히 깨끗해지고자 하는 믿는 자의 간절한 소망

XV. 고난과 믿는 자

A. 타락한 세상의 환난을 공유하는 성도

    1. 타락한 인류와의 연대 속에서 겪는 고난

    2. 자신이 속한 나라에 대한 하나님의 심판으로 말미암아 겪는 고난

B. 하나님이 아버지로서 성도에게 환난을 주시는 목적

    1. 하나님은 믿는 자를 철저하게 낮추신다.

    2. 하나님은 믿는 자의 죄를 드러내신다.

    3. 하나님은 믿는 자의 부패를 깨끗하게 하신다.

    4. 하나님은 믿는 자를 자기에게로 가까이 이끄신다.

    5. 하나님은 믿는 자로 하여금 그리스도를 닮게 하신다.

    6. 하나님은 믿는 자의 기쁨을 확대하신다.

    7. 하나님은 믿는 자의 믿음을 키우신다.

    8. 하나님은 믿는 자에게서 이 세상에 대한 미련을 끊어 내신다.

    9. 하나님은 믿는 자가 하늘의 유업을 받을 수 있게 준비시키신다.

C. 환난 속에서 이루어지는 성도와 그리스도의 친교

    1. 그리스도의 경건

    2. 그리스도의 인내

    3. 그리스도의 능력

    4. 그리스도의 기도

    5. 그리스도의 임재

    6. 그리스도의 계획

1장

인간론 서론

"그가 친히 사람의 속에 있는 것을 아셨음이니라"(요 2:25). 이것은 그리스도의 지혜의 일부였다. 이 지식은 우리 주 예수님이 바리새인에서부터 창기에 이르기까지 온갖 사람을 능숙하게 대하실 수 있게 해 주었다. 그리스도는 사람을 아셨다. 세상의 빛이신 예수님은 자신을 우리에게 계시하심과 동시에 우리를 우리 자신에게 계시해 주셨다(요 3:19; 참고. 15:22). 우리 주 예수님은 "나는 ~이다"라는 말씀을 많이 하셨을 뿐아니라, "너희는 ~이다"라는 아주 예리한 말씀도 많이 하셨다.[1]

참된 인간론은 바르고 지혜로운 윤리적 결정을 위한 토대다. 우리 시대의 혼란 중 많은 부분은 거짓된 인간론에서 생겨난다. 스티븐 웰럼은 다음과 같은 도발적인 질문을 통해 이 문제를 제기한다. "우리는 하나님의 형상으로 지음 받았으므로 존귀한 피조물인가? 아니면, 우리는 단지 비인격적인 진화 과정의 부산물인 동물, 기술이라는 관점에서 말하자면 우리가 가장 좋다고 생각하는 어떤 목적을 위해 조작하고 다시 만들어 낼 수 있는 대상일 뿐인가?"[2]

---

1) 마 10:31; 눅 16:15; 요 8:23, 44, 47; 10:26.
2) Stephen J. Wellum, "Editorial: The Urgent Need for a Theological Anthropology Today," *Southern Baptist Theological Journal* 13, no. 2 (Summer 2009): 2 (full article, 2–3).

물론 인간이라는 존재는 우리의 지성이 숙고하는 가장 위대한 주제는 아니다. 신학에서 가장 먼저 고찰하는 주제가 신론인 이유가 있다. 하지만 거울이 어떤 사람의 얼굴을 비쳐 주어 자신을 보고 적절하게 고칠 수 있게 해 주는 것처럼, 성경은 우리 자신의 모습을 우리에게 보여 준다(약 1:23-24). 인간론의 기능은 하나님 말씀을 거울로 사용하여 우리의 현재 모습을 보여 줌으로써, 은혜에 의지해 우리가 마땅히 되어야 할 모습이 될 수 있게 해 주는 것이다.

신학적 인간론은 무엇인가

'인간은 무엇인가?' 여러 성경 기자는 그렇게 묻는다. 이것은 아주 일찍부터 남자와 여자와 아이의 마음을 뒤흔들어 온 질문이다. 나는 누구인가? 우리는 어떤 존재이고, 왜 우리는 여기에 있는가? 인간은 피조물 중에서 유일무이하게 자의식을 지니고 자신의 정체성의 의미를 성찰하며 이 땅에서 살아가는 피조물이다. 고대의 철학자들은 "너 자신을 알라"를 지혜의 척도로 여겼다.[3]

인간의 삶을 연구하는 합당한 방법은 많다. 예컨대 의사는 인간의 몸의 기능을 이해하고 몸의 질병을 치료하기 위해 해부학을 연구한다. 운동선수를 길러 내는 지도자는 운동선수가 자신이 행하는 종목에서 최대한의 능력을 발휘하는 것을 돕기 위해 인간의 운동 능력을 연구한다. 또한 사회학과 정치학에서는 인간 집단의 상호 관계 속에서의 행동을 연구한다.

성경 기자들이 '인간은 무엇인가?'라고 묻는 것과 관련해 주목할 만한 것은 그들은 이 질문을 하나님에게 제기한다는 것이다. 욥은 고통 속에서 "사람이 무엇이기에 주께서 그를 크게 만드사 그에게 마음을

---

3) 이것은 델포이의 신전 기둥에 새겨진 금언 중 하나로, 헬라 철학자들이 자주 인용했다. 다음을 보라. Pausanias, *Description of Greece*, trans. W. H. S. Jones and H. A. Ormerod (Cambridge, MA: Harvard University Press; London: William Heinemann Ltd., 1918), 10.24.1, Perseus Digital Library, http://www.perseus.tufts.edu/hopper/text?doc=Paus.+10. 24&fromdoc=Perseus%3Atext%3A1999.01.0160.

두시는"것이냐고 반문한다(욥 7:17). 다윗은 별을 바라보며 경이로움에 사로잡혀 "사람이 무엇이기에 주께서 그를 생각하시며 인자가 무엇이기에 주께서 그를 돌보시나이까"(시 8:4; 참고. 144:3)라고 찬탄했다. 성경의 관점에서 보았을 때, 인간의 정체성에 대한 질문은 하나님 및 하나님에 대한 우리의 관계와 분리될 수 없다. 존 칼빈(1509-1564년)은 이렇게 말했다. "우리가 지닌 거의 모든 지혜, 그러니까 참되고 바른 지혜는 두 부분으로 이루어져 있다. 하나님을 아는 지식과 우리 자신을 아는 지식이다. 그러나 이 두 지식은 서로 얽혀 있으므로, 어느 쪽이 먼저여서 다른 쪽을 낳는지를 알기는 쉽지 않다."[4]

신학에서 인간론은 다음과 같은 질문에 대답하려 한다. '특히 하나님과 관련해 인간은 어떤 존재인가?' 인간론(anthropology)이라는 용어는 헬라어에서 '인간'을 뜻하는 '안트로포스'와 '발언, 생각, 말'을 뜻하는 '로고스'가 결합된 것이다. 신학은 일반적으로 하나님 말씀을 묵상하고 순종하는 데서 생겨나는 지식과 지혜다.[5] 따라서 신학적 인간론은 우리 자신에 대해 알기 위해 하나님 말씀을 순종하는 마음으로 연구하는 것이다.

왜 인간론을 연구하는가

신학은 학문적인 활동임과 동시에 영적인 활동이다. 그러므로 신학은 우리에게 많은 것을 요구한다. 따라서 인간론에 대한 우리의 연구를 시작하면서, 먼저 이 연구에 우리의 시간과 수고를 들일 가치가 있는 것인지를 물을 필요가 있다. 우리는 왜 인간론을 연구해야 하는가?[6]

---

4) John Calvin, *Institutes of the Christian Religion*, ed. John T. McNeill, trans. Ford Lewis Battles, 2 vols. (Philadelphia: Westminster, 1960), 1.1.1.
5) 신학이 무엇이고, 신학을 어떻게 하는 것이 바른 것인지에 대한 연구로는 이 책 1권 1-9장을 보라.
6) 우리는 이 장에 나오는 몇몇 생각과 관련해 Millard J. Erickson, *Christian Theology*, 3rd ed. (Grand Rapids, MI: Baker, 2013), 424-435에 빚을 졌다.

성경에서 인간론의 중요성

여호와 하나님은 성경의 많은 부분을 우리가 누구이고 어떤 존재인지를 우리에게 가르치는 데 할애하신다. 루이스 벌코프(1873-1957년)는 "인간은 최고의 피조물일 뿐 아니라 하나님의 특별한 관심의 대상이기" 때문에, "인간은 성경에서 중심적이고 중요한 지위를 차지하고, 하나님과 관련해 인간을 아는 지식은 인간을 제대로 이해하는 데 본질적이다"라고 썼다.[7]

하나님의 사역을 연구하는 것은 선하므로(시 92:4-5; 111:2), 우리는 더욱 하나님의 창조 사역의 정점, 즉 하나님이 자신이 다른 모든 창조 사역 위에 놓으신(8:6) 인간의 창조(8:4)를 고찰하지 않으면 안 된다. 이런 연구는 우리로 하여금 "여호와 우리 주여 주의 이름이 온 땅에 어찌 그리 아름다운지요"(1, 9절)라고 외치며 하나님을 경배하게 만든다. 칼빈은 인간론에 대해 "하나님의 모든 사역 중에서 하나님의 공의, 지혜, 선하심을 보여 주는 가장 고귀하고 주목할 만한 모범이 여기에 있다"고 말했다.[8]

하나님 말씀은 우리가 인간론을 어떤 식으로 보아야 건강하게 보는 것인지와 관련해 본을 보여 준다. 성경의 많은 부분은 인간과 나라의 성격을 우리에게 보여 주는 역사적 서사와 사적인 묘사로 이루어져 있다. 룻기와 에스더 같은 성경의 책들에는 이적이나 예언적 계시는 전혀 나오지 않고(물론 하나님의 은밀한 섭리가 배경에서 어른거리긴 하지만), 오직 소박한 농촌 여자든 왕비든 경건한 사람의 믿음의 행위에 대한 보도만이 가득 채워져 있다. 잠언은 주로 하나님의 세계 속에서 살아가는 인간의 삶에 초점을 맞추는 가운데, 인간의 본성을 조명해 주고 서로 다른 부류의 사람을 보여 주는 날카로운 금언들을 제시한다. 또한 성경은 "하나님이 이르시되 우리의 형상을 따라……우리가 사람을 만들고"(창 1:26)라는 말씀이나, "허물과 죄로 죽은 너희"(엡 2:1)라는 말씀처럼 인간에 대한 중요한 교리적인 말씀도 담고 있다.

---

7) Louis Berkhof, *Systematic Theology* (Edinburgh: Banner of Truth, 1958), 181.
8) Calvin, *Institutes*, 1.15.1.

우리의 구원을 위해서는 우리 자신을 아는 지식이 필요하다. 성경에서 복음에 대한 가장 탁월한 해설이라고 할 수 있는 로마서를 생각해보라. 로마서는 예수 그리스도의 사역, 하나님이 성령과 믿음을 통해 그 사역을 어떻게 적용하시는지, 우리가 감사와 사랑 가운데서 어떤 응답을 해야 하는지에 대해 말해 주는 가르침으로 가득하다. 하지만 로마서의 처음 세 장의 대부분은 인간의 죄와 그 결과에 대한 어두운 진리로 이루어져 있다. 인간론이 복음에서 아주 중요한 부분이라는 것은 분명하다. 우리는 성경에서 인간론이 차지하는 위치를 제대로 인식하고, 인간론을 주의 깊게 연구하지 않으면 안 된다.

다른 교리와의 관계

조직신학의 많은 부분은 우리로 하여금 성경의 사상 체계를 발전시키게 하기 위해 성경의 구체적인 진리들을 서로 연결시키는 것으로 이루어져 있다. 인간은 이 지식의 그물망의 일부다. 인간론은 신론에 빛을 비쳐 준다. 인간은 하나님의 형상으로 창조되었기 때문이다(창 1:26). 인간을 이해하는 것은 우리 주 예수 그리스도의 인격을 이해하는 데 도움을 준다. 하나님의 아들은 죄를 제외한 모든 것에서 "형제들"인 인간과 "같이 되셨기" 때문이다(히 2:17; 4:15). 하나님이 지으신 우리의 원래 모습은 우리가 그리스도와 연합될 때 어떤 모습이 될지를 미리 보여준다. 새로운 피조물이 된 우리의 모습은 기본적으로 낙원에서 살아갔던 인간의 모습과 같을 것이고, 하나님의 어린 양으로 말미암아 더 나은 모습이 될 것이기 때문이다(계 22:1-5).

우리가 하나님의 창조를 통해 존재하게 되었다는 사실은 하나님의 계명에 순종해야 할 우리의 도덕적 의무를 강화시킨다. 따라서 인간론은 우리의 윤리를 세우기 위한 토대다. 다른 사람에 대한 우리 행위가 바른 것이냐 잘못된 것이냐는 주로 그 사람이 어떤 존재인지에 달려 있다. 살인, 간음, 절도, 거짓말같이 십계명을 어기는 행위는 우리가 저지르는 그런 행위의 대상인 인간의 성격 때문에 죄가 된다. 이것은 유전 공학, 복제, 낙태, 안락사, 인종 차별, 경제적 착취 같은 윤리적인 문제와 관련해서도 마찬가지다.

인간론은 기독교 신앙의 모든 주요한 가르침과 닿아 있다. 인간론에 대한 바른 견해는 우리의 신앙 체계 전체를 상당한 정도로 강화한다. 인간론에 대한 잘못된 견해는 그 신앙 체계를 망치고, 구원의 복음 자체를 훼손할 수 있다.

다른 학문 분과와 관련한 인간론의 가치

인간론은 신학에서 가장 땅에 속한 주제를 다루므로, 신학 분야 밖에 있는 생물학, 심리학, 사회학 같은 학문 분과와 어느 정도 중복된다. 의학을 연구하는 과학자들은 건강한 마음과 건강한 몸 간의 밀접한 관계, 즉 하나님이 창조하신 그대로의 인간 본성에 따라 정신이 기능할 때 건강한 정신을 지닐 수 있음을 점점 더 깨달아 가고 있다.

인간론은 인간의 악의와 고난의 뿌리에 대한 절박한 질문에 대답해 주고, 우리로 하여금 이 세상에서 지혜롭게 살아가게 해 줄 실천적 세계관을 형성할 수 있게 해 준다. 인간론은 우리가 사람들을 단지 짐승이나 쓰레기로 대하는 것을 막아 준다. 칼빈은 클레르보의 베르나르(1090-1153년)의 말을 인용했다. "하나님이 마음을 두신 존재인 인간이 어떻게 아무것도 아닌 존재일 수 있겠는가?"[9] 하지만 인간론은 순진하게 인간을 이 땅에 있는 천사로 바라보는 것도 막아 준다. 귀여운 아이가 우리 눈에 아무리 천사처럼 보이고, 우리가 우리 자신의 눈에 아무리 의롭게 보인다 해도 말이다. 칼빈은 이렇게 말했다. "우리는 분명한 증거를 통해 우리 자신의 불의를 확신하게 되기 전까지는, 우리 자신에게 언제나 의롭고 올바르며 지혜롭고 거룩한 존재로 보인다……하지만 우리가 단지 우리 자신에게만 그렇게 보이고, 그런 판단의 유일한 기준이신 하나님에게 그렇게 보이지 않는다면, 우리의 그런 확신은 잘못된 것이다."[10] 성경적인 인간관은 우리로 더 나은 그리스도인이 되게 해 줄 뿐 아니라, 더 나은 부모와 자녀, 더 나은 친구, 더 나은 이웃,

---

9) Calvin, *Institutes*, 3.2.25에서 재인용.
10) Calvin, *Institutes*, 1.1.2.

더 나은 시민, 더 나은 고용자와 피고용자가 되게 해 준다.

인간론은 우리 각자에 대한 것이라는 점에서 모든 사람의 초미의 관심사를 다룬다. 밀러드 에릭슨은 "인간론은 오늘날의 세속적인 사람의 마음을 비집고 들어갈 수 있는 발판을 마련해 줄 수 있는 한 지점이다"라고 쓴다.[11] 우리가 불신자에게 설교를 하든 개인적으로 대화를 하든, 인간론은 그들이 소중하게 여기는 문제를 통해 그들에게 접근해 하나님에게로 인도하여, 그들로 하여금 불신앙의 세계관으로는 얻을 수 없는 대답을 발견할 수 있게 해 주는 길을 제공해 준다.

오늘날의 실존적 위기와 관련한 인간론의 함의

유럽과 북미의 나라들이 기독교의 유산을 거부함으로써 거두게 된 쓴 열매를 수확하게 되면서, 우리는 공공 도덕, 교육, 범죄와 안전, 대중매체와 예술 등 어떤 것을 생각해 보아도 우리 주변에서 온통 인간 문화가 와해되는 것을 본다. 인간 문화의 이런 와해는 상당한 정도의 불안을 낳고, 종종 절망을 낳기도 한다. 문화적인 세력들은 개인의 정체성에 대한 우리의 인식을 잠식하고, 우리가 맺고 있는 관계들을 해체해 피상적인 관계로 만들어 버린다. 앤서니 후크마(1913-1988년)는 "점점 더 커져 가는 기술의 지배, 관료주의의 성장, 대량 생산 방법의 증가, 점점 더 커져 가는 대중매체의 영향력은……인간을 비인간화하는 경향을 보여 준다"고 말했다.[12]

다음과 같은 심오하고 엄중한 질문은 쾌락, 여가, 연예에 취해 잠에 빠지지 않은 사람들을 곤혹스럽게 한다.

- 나는 누구인가? 내 뿌리는 무엇인가? 나는 나 자신보다 더 큰 어떤 존재에게 속해 있는 것인가?
- 내 삶은 왜 이렇게 고통스럽고 혼란스러운가?
- 인간이라는 것은 무엇을 의미하는가? 우리 인간은 짐승과 어떻

---

11) Erickson, *Christian Theology*, 427.
12) Anthony A. Hoekema, *Created in God's Image* (Grand Rapids, MI: Eerdmans, 1986), 2.

게 다른가?

- 나는 무엇이 옳고 무엇이 그른지를 어떻게 알 수 있는가? 모든 것은 단지 상대적인 것일 뿐인가?
- 우리가 모든 것이 엉망진창이고 뒤죽박죽인 상태 속에 있는 이유는 무엇인가?
- 우리가 지닌 주목할 만한 기술과 정보 체계에도 불구하고, 우리가 사회 정의와 세계 평화 같은 기본적인 문제들을 해결할 수 없는 이유는 무엇인가?
- 우리와 별로 다르지 않은 사람이 대량 학살, 테러, 인신매매, 인종 차별 같은 잔인무도한 일을 저지르는 이유는 무엇인가?
- 우리의 세계는 어디로 가고 있는 것인가? 나는 소망을 가질 만한 어떤 이유가 있는가?

성경은 우리에게 그런 질문에 대답해 주는 인간의 삶에 대한 관점을 제공해 주고, 그 대답은 현실적이고(따라서 우리는 우리 자신 및 다른 사람들을 지혜롭게 다룰 수 있다), 이상적이며(따라서 우리는 높고 가치 있는 목표를 지향할 수 있다), 낙관적이다(따라서 우리는 이루어 낼 수 있다는 확고한 소망을 가지고 선하고 바른 것을 계속 추구해 나갈 수 있다).

인간론이 실천적인 사역에 미치는 영향

목회자는 자신이 섬기는 사람들에 대해 성경이 무엇을 가르치는지를 알아야 하고 믿어야 한다. 목자는 자신의 양을 알아야 한다(잠 27:23). 목회자는 자신에게 맡겨진 영혼을 돌보기 위해 인격적인 관계를 필요로 하지만(히 13:17), 하나님의 종이 자신의 사역을 하기에 충분하게 해 줄(딤후 3:17) 하나님의 말씀을 깊이 아는 것도 필요하다.

에릭슨이 지적하듯 인간의 본성에 대한 편파적인 견해는 사역을 하는 방식을 왜곡할 수 있다.[13] 인간을 단지 지성적인 인간으로 본다면 지성적인 사역에 초점을 맞추게 될 것이고, 가르침만으로 사람을 변화

---

13) Erickson, *Christian Theology*, 429.

시키려 할 것이다. 인간이 감정에 따라 좌지우지된다고 믿는다면, 과거의 경험에 의거해 조언하여 새로운 감정적 경험을 만들어 내는 방식으로 사람들의 마음을 움직이려 할 것이다. 인간을 관계 중심으로 이해한다면, 우리 사역에서 교리의 비중은 최소화되고, 교제의 비중은 극대화될 것이다. 인간을 지나치게 영적으로 이해하면, 육신의 문제를 도덕적 실패의 문제로 다루게 될 것이다. 지혜롭고 총체적이며 균형 잡힌 사역을 하려면 인간에 대한 성경적으로 균형 잡힌 관점이 필요하다.

인간론은 사역을 하는 모든 그리스도인에게 유익을 준다. 하나님 말씀은 인간의 본성에 대한 것을 많이 계시함으로써, 우리가 다른 사람과 어떤 관계를 맺어야 하는지를 지도해 준다. 인간이 어떤 존재인지를 알지 못하거나, 인간의 가장 절실한 필요와 문제가 무엇인지를 알지 못한다면, 어떻게 그리스도의 이름으로 사람들을 섬길 수 있겠는가? 토머스 보스턴(1676-1732년)이 말했듯, 우리는 사람들을 섬길 때 "피조물 중 명품"을 돌보는 것임을 결코 잊어서는 안 된다.[14]

세상은 인간론을 어떻게 접근하는가

세상 안에 있는 교회보다 더 위험한 유일한 것은 교회 안에 있는 세상이다. 그리스도인은 우리를 자신의 사고방식에 맞추게 하려는 이 악한 세상의 시도에 저항해야 한다(롬 12:2). 따라서 성경이 인간에 대해 무엇을 가르치는지에 대한 연구를 시작하기 전에, 세상적인 것이 우리 지성에 어느 정도나 스며들어 있는지를 스스로 점검해 보기 위해, 이 세상 사람들이 일반적으로 인간을 어떤 식으로 정의하는지를 살펴보려 한다.

1. 철학적 관념론이 정의한 인간. 이 관점에서 인간과 관련하여 가장 중요한 것은 인간의 지성 또는 정신이다. 육신은 폄하되어 아무리 좋

---

14) Thomas Boston, *An Illustration of the Doctrines of the Christian Religion*, in *The Complete Works of the Late Rev. Thomas Boston, Ettrick*, ed. Samuel M'Millan (1853; repr., Stoke-on-Trent, England: Tentmaker, 2002), 1:177.

게 보아도 인간을 둘러싼 껍데기로 여겨지고, 가장 나쁘게 보았을 경우에는 빠져나가야 할 악으로 여겨진다. 후크마는 이렇게 썼다. "우리는 이 견해를 헬라 철학에서 발견한다. 예컨대 플라톤[BC 427-347년]에 따르면, 인간에게서 진정으로 존재하는 것은 인간 안에 있는 사실상의 신의 불꽃으로서 몸이 죽은 후에도 계속 존재하는 지성 또는 이성이다."[15] 관념론은 지성에 대한 병적인 강조, 몸에 대한 금욕주의적인 학대, 육신의 욕망에 빠지는 것을 아무렇지도 않게 취급하는 것 같은 결과를 초래할 수 있다. 이렇게 정신을 높이고 몸을 폄하하는 것은 우리의 현재의 물질주의적인 사회에서 흔히 볼 수 있는 것은 아니지만, 오늘날에도 일부 진영에서 지속되고 있고, 교회를 물들일 수 있다. 바울은 사람들이 장차 귀신의 가르침을 받아들여 배교할 것이라고 성령이 미리 말해 주었다고 쓴다. "혼인을 금하고 어떤 음식물은 먹지 말라고 할 터이나 음식물은 하나님이 지으신 바니 믿는 자들과 진리를 아는 자들이 감사함으로 받을 것이니라"(딤전 4:3; 참고. 골 2:20-23).

2. 생물학이 정의한 인간. 눈에 보이지 않는 세계를 부정하는 자연주의는 모든 것을 과학적으로 측정 가능한 물리적인 존재로 축소시킨다. 따라서 인간은 전적으로 물리적인 몸의 물질과 과정으로 이루어져 있고, 지성은 단지 두뇌의 전기화학적인 교신일 뿐이다. 이 신념은 우리의 문제가 모두 생물학에 뿌리를 두고 있고 물리적인 역학과 화학을 통해 해결될 수 있다는 실천적인 함의를 지닌다. 진화론이 지배하는 문화에서는 인간을 단지 고도로 진화한 동물, 또는 일부 급진적인 환경론자의 경우에는 모든 동물 중 최악의 동물로 보는 것이 일반적이다. 데스먼드 모리스의 말을 빌리면, 인간은 "벌거벗은 원숭이"에 지나지 않는다.[16] 인간의 삶을 단지 생물학적인 차원에서 바라보는 사람은 몸만을 돌보고 영혼을 소홀히 한다. 그리스도는 "사람이 만일 온 천하를 얻고도 자기 목숨을 잃으면 무엇이 유익하리요"(막 8:36)라고 경고하셨다.

---

15) Hoekema, *Created in God's Image*, 2.
16) Desmond Morris, *The Naked Ape: A Zoologist's Study of the Human Animal* (London: Jonathan Cape, 1967).

3. 성적인 욕망에 따라 정의된 인간. 특히 심리학자 지그문트 프로이트(1856-1939년)를 통해 발전된 이 형태의 자연주의는 내면의 심리적 갈등이 일반적으로 성적 만족을 위한 인간의 욕망이 좌절된 것에서 생겨난다고 단언한다.[17] 따라서 인간이 본질적으로 진화된 동물이라면, 인간을 움직이는 일차적인 욕구는 생존과 성적 만족을 추구하는 힘인 "리비도"라는 것이다. 에릭슨이 지적하듯 이 이론은 인간을 오직 성적인 쾌락을 주고받기 위해 존재하는 동물로 취급하는 매춘과 포르노 산업에서 가장 조악한 형태로 채택된다.[18] 대중매체는 성적인 만족의 결여를 흔히 인간의 모든 상태 중에서 가장 비참한 상태로 묘사한다. 좀 더 최근에는 사람들이 '성적 지향성'에 따라 자신을 정의함으로써, 사람들의 성적 행위에 대한 어떤 비판도 인격을 모독하는 폭력적인 행위로 여겨진다. 인간에 대한 이 정의는 "육신의 정욕"(요일 2:16)을 채우며 살아가는 것을 정당화하는 데 사용된다.

4. 물질적인 부에 따라 정의된 인간. 먹을 것과 입을 것을 비롯한 생필품이 인간의 삶에 필수적이라거나, 돈과 소유에 대한 욕망이 인간을 움직이는 강력한 동기라는 것을 부정할 사람은 없다(참고. 마 6:24-26). 하지만 이 관점에서는 명시적으로든 묵시적으로든 인간을 그가 무엇을 소유했느냐에 따라 정의한다. 사람들은 흔히 어떤 사람의 소유나, 자신의 부를 늘리는 데 어떤 사람이 얼마나 유용한지에 따라 서로를 평가한다. 이것은 사도 야고보가 책망한 태도다(약 2:1-5). 이것은 경제적 요인과 부를 위한 투쟁에 의거해 역사를 해석하는 마르크스주의의 이론적 관점이지만, 자본주의의 실제적인 관점이기도 하다. 주 예수님은 "삼가 모든 탐심을 물리치라 사람의 생명이 그 소유의 넉넉한 데 있지 아니하니라"(눅 12:15)라고 경고하셨다. 사나 죽으나 우리를 만족시켜 줄 수 있는 분깃은 오직 하나님이다(시 73:24-28). 토머스 브룩스(1608-1680년)는 이렇게 말했다. "돈이 늘어날수록, 돈을 사랑하는 것도 늘어

---

17) Sigmund Freud, *A General Introduction to Psychoanalysis*, trans. G. Stanley Hall (New York: Horace Liveright, 1920), 259-260, 267-268.
18) Erickson, *Christian Theology*, 431.

난다. 돈을 사랑하는 것이 늘어날수록, 영혼은 더욱 만족하지 못하게 된다. 인간의 불멸의 귀한 영혼을 채워 주고 만족시켜 줄 수 있는 것은 오직 무한하신 하나님과 무한한 선뿐이다."[19]

5. **개인의 자유에 따라 정의된 인간.** 종교개혁자들은 인간이 만든 종교적인 법과 교리에 묶여 종살이하고 있는 것에서부터 그리스도인을 해방하여 그리스도인의 참된 자유를 회복시켜 주려 했다. 나중에 청교도를 비롯한 여러 운동은 자신들이 정치적 폭정이라고 인식한 것에 맞서 자유를 위해 싸웠다. 하지만 오늘날의 문화에서 **자유**는 개인이 다른 사람에게 해를 끼치지 않는 한, 구속이나 제한이나 책망 없이 자기가 하고 싶은 대로 할 수 있는 자유로 재정의되어 왔다. 장 자크 루소(1712-1778년)가 말했듯 "자기가 정한 법에 순종하는 것이 자유다."[20] 따라서 억압은 우리 자신이 선택하지 않은 기준을 누군가가 우리에게 강요하는 것이다. 윌리엄 어니스트 헨리(1849-1903년)는 "불굴의"라는 자신의 시에서 그런 정의의 정신을 대담하게 포착했다.

> 도처에서 지옥같이 어두운,
> 나를 뒤덮는 밤의 한가운데서
> 내게 불굴의 영혼이 있음으로
> 나는 신에게 감사한다…….
>
> 문이 얼마나 좁은지, 두루마리에 어떤 벌이
> 가득 채워져 있는지는 중요하지 않다.
> 나는 내 운명의 주인이다.

---

19) Thomas Brooks, *London's Lamentations: or, a Serious Discourse Concerning that Late Fiery Dispensation that Turned Our (Once Renowned) City into a Ruinous Heap* (London: for John Hancock and Nathaniel Ponder, 1670), 194; 참고, *The Works of Thomas Brooks* (Edinburgh: Banner of Truth, 1980), 6:259.

20) Jean-Jacques Rousseau, *The Social Contract, or Principles of Political Right*, trans. H. J. Tozer, Wordsworth Classics of World Literature (Ware, Hertfordshire, England: Wordsworth, 1998), 1.8 (20). 루소는 이상적 자유는 사회에서 살아가는 데 필수적인 것들에 따라 제한될 수 있음을 인정했다.

나는 내 영혼의 대장이다.[21]

상대주의와 포스트모더니즘(탈근대주의)은 이 원리를 자신의 논리적 결말로 삼고 있으므로, 각 사람에게는 자기 자신만의 현실을 구축할 권리가 있고, 절대적인 진리와 도덕을 가르치는 것은 일종의 증오라고 단언한다. 하지만 사실 절대적인 진리와 도덕을 가르치는 것은 사랑의 행위다(고전 13:6; 엡 4:15).

6. 사회적 관계에 따라 정의된 인간. 이 견해에 따르면, 인간은 개별적인 새가 아니라, V자 형태로 날아가는 거위들이나 구름처럼 떼 지어 윙윙 거리는 찌르레기들같이 군집을 이룬 하나의 무리다. 우리가 누구이고 어떻게 행동하느냐 하는 것은 가족 역학과 사회 구조에 따라 결정된다. 우리는 공상과학 소설의 저자 아이작 아시모프(1920-1992년)가 쓴 "파운데이션"(Foundation) 시리즈에 속한 일련의 책들에 이런 견해가 극단적이고 사변적인 형태로 나타나 있는 것을 발견한다. 아시모프는 과학자들이 큰 집단을 이루는 사람들의 행동에 대한 수학적 모형을 통해 미래의 역사를 예측할 수 있는 세계를 가정했다.[22] 성경은 관계가 행동에 영향을 미친다는 것을 인정하지만(잠 22:24; 고전 15:33), 하나님 앞에서 개인의 책임을 강조한다(고후 5:10).

7. 감정의 건강에 따라 정의된 인간. 심리 치료가 전반적으로 영향을 미치고 있는 우리의 현재의 문화 속에서 사람들은 일반적으로 "삶의 중심적인 목표는 행복해지는 것이고 자기 자신에 대해 좋은 감정을 느끼는 것"이라고 믿는다.[23] 이 사고방식은 휘트니 휴스턴(1963-2012년)이 부른 노래 가사에 나타나 있다. "너 자신을 사랑하는 법을 배우는 것, 이것이 모든 사랑 중에서 최고의 사랑이다."[24] 이 사고방식을 지닌 사

---

21) William Ernest Henley, "Invictus," *Modern British Poetry*, ed. Louis Untermeyer (1920), http://www.bartleby.com/103/7.html.

22) Isaac Asimov, *The Foundation Trilogy: Three Classics of Science Fiction* (Garden City, NY: Doubleday, 1951 - 1953). 아시모프는 유대교에서 자란 무신론 인본주의자다.

23) Christian Smith with Melina Lundquist Denton, *Soul Searching: The Religious and Spiritual Lives of American Teenagers* (Oxford: Oxford University Press, 2005), 163.

24) Whitney Houston, "The Greatest Love of All," lyrics by Linda Creed, music by Michael

람은 감정적인 만족을 주는 일자리와 관계를 찾고, 삶의 가장 중요한 원칙은 자신을 받아들이고 자신의 마음을 따르는 것이라고 믿는다. 기독교적인 세계관은 기쁨이 인간의 삶에서 중심적인 위치를 차지함을 인정하지만(느 8:10), 개인적인 만족이 아니라 궁극적인 생명과 하나님의 영광 안에서 주어지는 기쁨에 대한 소망 가운데서 죄의 회개, 자기 부인, 자신을 희생하여 하나님과 사람을 섬기고 사랑하는 것이 먼저라고 말한다(눅 9:23-26).

8. 실존적 부조리에 따라 정의된 인간. 어떤 사람들은 철저한 불가지론, 심지어 냉소주의로 인간의 삶을 바라본다. 그들은 인간의 삶은 의미도 없고 목적도 없다고 본다(허무주의). 윌리엄 셰익스피어(1546-1616년)의 『맥베스』에는 이런 대사가 나온다.

> 인생은 단지 걸어다니는 그림자, 가난한 연기자여서,
> 무대 뒤에서 뽐내며 과시하며 자신의 시간을 갉아먹다가,
> 더 이상 아무 소리도 들리지 않지. 인생은 백치가 들려주는,
> 아무 의미도 없이 소리와 광분함만이 가득한 이야기지.[25]

신론적 실존주의는 이 허무주의적인 관점을 전제로 해서, 사람들에게 자기 자신에게 충실함으로써 그들 자신만의 의미를 만들어 내라고 무분별하게 외친다. 하지만 인간은 자기 자신의 창조주가 되어 행하기에는 보잘것없고 덧없는 존재이므로, 자신의 기쁨을 위해 만물을 창조하여 모든 것을 자신의 뜻의 계획에 따라 움직여 나가시는 하나님 안에서 자신의 준거를 발견해야 한다(엡 1:11; 계 4:11).

위에서 언급한 각각의 정의에서 인간의 삶의 실제적인 구성 요소는 자신이 감당할 수 없는 위치로 승격된다. 실존주의조차도 타락한 세상에서 인간이 느끼는 신비와 소외에 대한 의식을 반영한 것이다. 이것은 각각의 정의가 어느 정도 우리의 공감을 얻게 된 이유를 설명해 줌

Masser, *Whitney Houston* (Arista Records, February 14, 1985).

25) William Shakespeare, *Macbeth*, act 5, scene 5.

과 동시에, 각각의 정의가 우리가 누구인지를 설명하는 데 궁극적으로 실패하고 있는 이유를 설명해 준다. 후크마는 이렇게 말했다. "이 견해들을 평가하는 한 가지 방법은 그것들이 일방적이라고 말하는 것이 될 것이다. 즉, 이 견해들은 인간의 다른 측면들을 희생시키고 한 가지 측면만을 강조한다." 하지만 그는 더 깊은 문제점을 예리하게 지적했다. "위에서 언급한 각각의 인간관은 인간이 창조주 하나님에게 의존되어 있거나 하나님 앞에 책임이 있다는 사실을 도외시한 채 인간의 한 측면을 궁극적인 것으로 고찰한다는 점에서, 이 각각의 인간론은 하나님 대신에 피조물의 한 측면을 섬기는 우상숭배의 죄를 저지르고 있다."[26]

성경은 인간론을 어떤 식으로 접근하는가

하나님의 말씀 속에는 인간론이 훌륭하게 전개되어 있다. '인간은 어떤 존재인가?'라는 질문에 대한 성경의 접근방식은 신학적이고 구속사적인 접근방식이라고 요약해 볼 수 있다. 성경의 인간론은 인간을 하나님과의 관계와 분리할 수 없는 방식으로 이해한다는 점에서 신학적 인간론이다. 인간의 목적은 인간을 창조한 하나님과 철저하게 결합되어 있어, 이 둘은 서로 분리될 수 없다. 웨스트민스터 소교리문답은 첫 번째 문답에서 이것을 아름답게 선언한다. "사람의 으뜸가는 목적은 무엇인가? 사람의 으뜸가는 목적은 하나님을 영화롭게 하고(고전 10:31; 롬 11:36) 하나님을 영원토록 기뻐하는 것이다(시 73:25-28)."[27] 새뮤얼 윌러드(1640-1707년)는 우리는 하나님의 본질적인 영광에 뭔가를 더할 수는 없으므로, "하나님을 영화롭게 한다는 것은 하나님의 영광을 드러내는 것이고, 하나님이 지극히 영화로우시다는 것을 선포하는 것이다"라고 설명했다. 우리가 하나님을 영화롭게 한다는 것은 하나님에 대해 바르게 생각하고, 하나님을 경배하고 경외하며 신뢰하는 마음을 가지며, 하

---

26) Hoekema, *Created in God's Image*, 4.
27) *Reformed Confessions*, 4:353.

나님 명령에 순종하고 하나님 섭리를 잠잠히 따르는 것이다.[28]

또한 성경의 인간론은 창조와 타락부터 구속과 새 창조에 이르기까지 인간 실존의 여러 단계에 따라 인간의 상태를 고찰한다는 점에서 구속사적이다. 히포의 아우구스티누스(354-430년)는 첫 번째 단계와 마지막 단계를 대비하면서, 낙원에서의 인간은 하나님을 거슬러 범죄할 수도 있었고 범죄하지 않을 수도 있었던 반면, 영광 가운데 있는 인간은 범죄할 수 없다고 말했다.[29] 아우구스티누스는 타락 이후의 인간의 상태를 네 단계로 구분했다. (1) "율법 이전." 이 상태에서는 인간은 악을 행하면서도 만족하며 살아간다. (2) "율법 아래." 이 상태에서 죄인은 율법에 자극을 받지만, 오직 더 큰 죄를 짓고 더 큰 죄책만을 얻을 뿐이다. (3) "은혜 아래." 이 상태에서는 하나님이 인간에게 믿음과 사랑을 주시므로, 사람들은 욕망과 욕심에 맞서 싸우고 거룩함 가운데서 자라 간다. (4) "온전하고 완전한 평화."[30] 이것은 영광 자체다.

나중에 신학자들은 이 도식을 재구성하여, '창조, 타락, 구속, 완성' 이라는 일련의 구속사적 패턴을 만들어 냈다. 중세 신학자들은 아우구스티누스의 도식 중 첫 번째 단계인 "율법 이전"과 두 번째 단계인 "율법 아래"를 하나의 영적 죄의 상태로 통합하고, 타락 이전의 인간 상태를 자신의 도식에 포함시켰다. 그 결과 페트루스 롬바르두스(약 1096-1160년)의 『명제집』,[31] 요한네스 볼레비우스(1586-1629년)와 프란키스쿠스 투레티누스(1623-1687년) 같은 개혁파 신학자의 글에서는 인간의 본성론을 다루면서 네 가지 상태를 언급했다.[32] 인간의 본성을 네 가지 상태

28) Samuel Willard, *A Compleat Body of Divinity in Two Hundred and Fifty Expository Lectures on the Assembly's Shorter Catechism* (Boston: by B. Green and S. Kneeland for B. Eliot and D. Henchman, 1726), 5-6.

29) Augustine, *Enchiridion*, chap. 105, in *NPNF*[1], 3:271. 다음도 보라. Augustine, *On Rebuke and Grace*, chap. 33, in *NPNF*[1], 5:485; *The City of God*, 22.30, in *NPNF*[1], 2:510.

30) Augustine, *Enchiridion*, chap. 118, in *NPNF*[1], 3:275. 여기서 우리는 아우구스티누스의 신학에서 죄를 깨닫게 하는 기능을 지닌 율법의 중요성을 주목하는데, 이것은 루터파와 개혁파 신학이 계승한 주제다.

31) Peter Lombard, *The Sentences*, trans. Giulio Silano, 4 vols. (Toronto: Pontifical Institutes of Mediaeval Studies, 2007-2010), 2.25.5-6 (2:118).

32) Johannes Wollebius, *Compendium Theologiae Christianae*, 1.8.xii, in *Reformed Dogmatics*, ed. and trans. John W. Beardslee III, A Library of Protestant Thought (New York: Oxford University Press, 1965), 65. 앞으로 인용할 때는 Wollebius, *Compendium*,

로 나누어 설명한 것 중에서 가장 유명한 것은 보스턴의 것이다.[33] 네 가지 상태를 간단히 살펴보면 다음과 같다.

1. 원래의 무죄의 상태. 하나님은 인간을 자신의 형상을 따라 창조하셨고, 이것은 인간을 지극히 선한 세계의 정점이자 통치자로 만들었다(창 1:26, 31). 이 상태에서 인간은 하나님을 기쁘시게 하는 선한 일을 자유롭게 할 수 있었고, 범죄하지 않을 능력(라틴어로 '포세 논 페카레')을 지니고 있었다. 하지만 하나님을 거슬러 범죄할 수도 있었다(라틴어로 '포세 페카레').

2. 타락한 본성의 상태. 아담의 범죄 이후에 인간의 마음은 자신의 모든 활동 속에서 끊임없이 도덕적인 악을 만들어 내고, 오직 도덕적인 악만을 만들어 낸다(창 6:5). 그 결과 "선을 행하는 자가 없게" 되었다(시 14:1). 타락한 인간은 그리스도를 떠나서는 하나님을 기쁘시게 하는 일을 할 수 있는 능력이 전혀 없으므로, 범죄하지 않는 것은 불가능하다(라틴어로 '논 포세 논 페카레').

3. 은혜의 상태. 성령의 역사로 생겨난 믿음으로 말미암아 그리스도와 연합된 죄인은 그를 지배하던 죄의 권세에서 건짐을 받지만(롬 6장), 죄가 그의 영혼에 존재하지 않는 것은 아니다(롬 7:14-25). 따라서 그는 범죄하지 않을 수 있고(라틴어로 '포세 논 페카레') 자유롭게 선을 행할 수 있지만, 완전하게 행할 수는 없다.

4. 영광의 상태. 그리스도가 오셔서 자기 백성을 자신의 영광 속으로 들어가게 하실 때, 신자는 그와 같이 되고, 있는 그대로의 그의 모습을 보게 된다(요일 3:2). 그들의 완전한 구원과 그리스도와의 완전한 교제는 그들을 범죄할 수 없게 만들 것이다(라틴어로 '포세 논 페카레').

우리는 네 가지 상태를 다 언급하겠지만, 우리의 초점은 인간론의 주제인 원래의 무죄의 상태와 타락한 본성의 상태에 맞춰질 것이다.[34] 칼

1.8.xii (65)로 표시하겠다. 다음도 보라. Francis Turretin, *Institutes of Elenctic Theology*, trans. George Musgrave Giger, ed. James T. Dennison Jr., 3 vols. (Phillipsburg, NJ: P&R, 1992-1997), 8.1.9 (1:571).

33) Thomas Boston, *Human Nature in Its Fourfold State* (Edinburgh: Banner of Truth, 1964). 1720년 판으로 『인간 본성의 4중 상태』, 부흥과개혁사 역간, 2015.

34) 은혜의 상태는 구원론의 주제이고, 영광의 상태는 종말론의 주제다.

빈은 이렇게 말했다. "우리 자신에 대한 이 지식은 두 종류다. 하나는 우리가 처음에 지음 받았을 때 어떤 모습이었는지를 아는 것이고, 다른 하나는 아담의 타락 이후에 우리의 상태가 어떻게 되었는지를 아는 것이다."[35]

그렇다면 하나님의 영광을 위한 인간론에 대한 우리의 연구로 나아가자. 우리는 하나님을 생각함이 없이 우리 자신을 생각한 적이 비일비재했다. 데이비드 딕슨(약 1583-1662년)은 이렇게 말했다. "오, 우리의 무신론은 얼마나 거대한가! 주여, 우리의 그 거대한 무신론을 낱낱이 제거해 주소서! 우리는 우리를 지으신 분과 사랑에 빠지려면 우리를 지으신 하나님을 묵상해야 한다."[36] 본격적으로 인간론을 연구하는 것으로 나아가기 전에 먼저 이 글을 읽는 것을 잠시 멈추고, 하나님에게 자신을 우리에게 보여 주심으로써 우리가 우리 자신과 사람들에 대해 더 잘 알게 해 주시고, 우리로 우리를 지으신 분을 사랑하게 해 달라고 기도하자.

묵상과 토론을 위한 질문

1. 신학적 인간론이란 무엇인가?

2. 우리가 신학적 인간론을 연구해야 하는 이유로는 어떤 것들이 있는가?

3. 신학적 인간론을 이해하는 것이 우리가 사람들을 섬기는 데 어떤 도움이 되는가?

4. 세상이 인간을 단지 육신적이고 물리적인 것을 따라 정의하는 방식으로는 어떤 것들이 있는가?

5. 그런 정의 중에서 당신이 개인적으로 받아들인 적이 있거나 접해 본 것은 어떤 것인가? 인간을 바라보는 그런 방식은 사람들의 삶에 어떤 영향을 미치는가?

---

35) Calvin, *Institutes*, 1.15.1; 참고, 2.1.1.

36) David Dickson, *Exposition of the Tenth Chapter of Job*, in *Select Practical Writings of David Dickson* (Edinburgh: The Committee of the General Assembly of the Free Church of Scotland for the Publication of the Works of Scottish Reformers and Divines, 1845), 1:37.

6. 세상이 우리를 정의하는 그 밖의 다른 (비물질적이고 비육신적인) 방식으로는 어떤 것들이 있는가?

7. 당신이 질문 6을 대답하면서 열거한 방식 중 하나를 선택하여, 많은 사람이 그 방식을 받아들였을 때 그 방식이 그 나라의 문화를 어떤 식으로 형성할지를 설명해 보라.

8. 인간의 네 가지 상태는 어떤 것들인가? 각각의 상태와 죄의 관계는 어떤가?

9. 당신은 자신이 어떤 상태에 있다고 생각하는가? 그 이유는 무엇인가?

더 깊은 성찰을 위한 질문

10. 성경적 인간론이 (1) 신학적이고, (2) 구속사적이라는 것은 무엇을 의미하는가? 성경적 인간론의 이 특징들이 중요한 이유는 무엇인가?

11. 인간의 네 가지 상태와 관련해, 우리가 다음과 같이 한다면 어떤 해악이 생겨나겠는가?

- 두 번째 상태에 있는 사람을 첫 번째 상태에 있는 사람인 것처럼 여기는 경우
- 두 번째 상태에 있는 사람을 세 번째 상태에 있는 사람인 것처럼 여기는 경우
- 세 번째 상태에 있는 사람을 두 번째 상태에 있는 사람인 것처럼 여기는 경우
- 세 번째 상태에 있는 사람을 네 번째 상태에 있는 사람인 것처럼 여기는 경우

창조론

2장

<hr>

세계의 창조(1부)

창조주 하나님

성경은 인간에 대한 우리의 이해를 창조에서 찾는다. 인간의 삶이 목적과 의미를 지니는 것은 우리 인간이 우연이나 우리 자신의 의지가 아니라, 우리와 우리가 살아가고 있는 이 세계를 창조하신 하나님의 의지에 따라 존재하게 되었기 때문이다. 따라서 우리는 하나님께 속해 있고, 하나님을 위해 존재한다(시 95:6; 100:3). 우리의 존재 전체와 우리가 가진 모든 것은 하나님의 작정과 창조에서 오고, 그 하나님으로 말미암으며, 그 하나님에게로 돌아간다(롬 11:36). 창조론은 우리의 세계관을 하나님에 두고, 우리 삶을 하나님의 영광으로 이끌며, 우리를 우상숭배에서 보호한다(행 14:15; 계 4:11). 헤르만 바빙크(1854-1921년)는 창조론이 하나님을 바라보는 우리의 관점에서 중요하다는 것을 강조했다. "하나님은 모든 존재하는 것의 유일무이하고 절대적인 원인이다."[1]

윌리엄 퍼킨스(1558-1602년)는 창조론을 이렇게 요약했다. "하나님은 무에서 지극히 선한 만물을 지으셨다."[2] 빌헬무스 아 브라켈(1635-

<hr>

1) Herman Bavinck, *Reformed Dogmatics*, ed. John Bolt, trans. John Vriend, 4 vols. (Grand Rapids, MI: Baker Academic, 2003 - 2008), 2:407. 물론 이것은 하나님이 죄의 원인임을 의미하지는 않는다. 죄는 하나의 존재가 아니라 왜곡이고 타락이기 때문이다.

2) William Perkins, *A Golden Chain*, chap. 7, in *The Works of William Perkins*, ed. Joel R. Beeke, Derek W. H. Thomas, et al., 10 vols. (Grand Rapids, MI: Reformation Heritage Books, 2015 - 2020), 6:26.

1711년)은 창조론을 역사적이고 신학적인 관점에서 바라본다. "시간을 거꾸로 거슬러 올라가다 보면, 결국 더 이상 거슬러 올라갈 수 없는 시작점에 도달하게 된다. 이 시작점 이전에는 영원히 거하시는 하나님만이 계시고, 다른 것은 아무것도 존재하지 않는다." 브라켈은 계속 이렇게 말한다. "영원하신 하나님은 자신을 계시하고 자신의 선하심을 전하기 위해 자신의 영원한 계획과 지혜와 전능하심을 따라 우주와 거기에 속한 모든 것을 창조하셨다."[3]

창조론은 조직신학에서 아주 중요한 역할을 한다.[4] 창조로 말미암아 하나님의 작정이 집행되고, 역사가 개시된다. 창조는 성경의 출발점이고, 하나님의 자기계시의 시작이다. 창조는 윤리와 예배의 토대이고, 예수 그리스도의 복음의 뿌리를 하나님의 본성, 인간의 본성, 창조주와 피조물로서의 하나님과 인간의 피할 수 없는 관계에 둔다.[5] 성육신하신 하나님에 의한 구속 다음으로, 창조는 하나님의 영광의 가장 큰 현현이다. 또한 창조론은 교회사에서 초기에 공격을 받은 교리 중 하나였고, 그 결과 사도신경에서는 창조를 공개적으로 천명하게 되었다. "전능하사 천지를 만드신 하나님 아버지를 내가 믿사오며."[6]

신학자는 흔히 신론에서 창조론을 다루고, 이것은 이해할 수 있는 일이다. 하나님이 누구신지를 연구하다 보면 하나님이 행하시는 일에 대한 연구로 이어진다. 하나님이 행하시는 일로는 영원하신 작정, 태초에 이루어진 이 세계의 창조, 대대로 이어지는 모든 것에 대한 섭리 등이 있다.

하지만 창조를 인간론에서 다루어야 할 타당한 이유가 있다. 성경적으로 볼 때 세계 창조에 대한 성경의 일차적인 본문(창 1장)은 하나님이 자신의 형상을 따라 인간을 창조하신 것에서 정점에 도달하고(26-28절), 곧바로 인간의 소명과 관계에 대한 더 자세한 계시로 이어진다(2:4-25).

---

3) Wilhelmus à Brakel, *The Christian's Reasonable Service*, ed. Joel R. Beeke, trans. Bartel Elshout, 4 vols. (Grand Rapids, MI: Reformation Heritage Books, 1992-1995), 1:265.

4) 창조론의 중요성에 대해서는 Erickson, *Christian Theology*, 338-340을 보라.

5) Bavinck, *Reformed Dogmatics*, 2:407.

6) *The Three Forms of Unity*, 5.

신학적으로는 피조세계에서 자신을 영화롭게 하려는 하나님의 계획의 중심에는 우리 주 예수 그리스도가 있고, 예수 그리스도는 인간이고, 새로운 인류의 구주시다(엡 3:9-11). 우리는 인간이므로, 피조물인 우리, 창조주와 그 밖의 다른 피조물에 대한 우리의 관계를 중심으로 창조를 이해하는 데 실제적인 이해관계를 갖는다.

따라서 '인간은 어떤 존재인가?'라는 질문에 대답하기 위한 우리의 첫걸음은 '만물의 기원은 무엇인가?'라는 질문에 대답하는 것이다.

거짓된 기원론

모든 신념 체계 또는 세계관에는 우주의 존재에 대한 어떤 설명이 포함되어 있다. 우리는 그런 설명을 우주론이라고 부른다. 우주론(cosmogony)이라는 용어는 어떻게 '이 세계가 존재하게 되었는가'('코스모스 게고넨')를 뜻하는 헬라어 어구에서 왔다. 유일신론에서는 우주 전체는 하나이신 참되고 살아 계신 하나님의 창조 사역의 결과라고 단언한다. 바빙크는 "창조론은 오직 계시를 통해 알려져서 믿음으로 말미암아 안다"고 말했다. 그는 "믿음으로 모든 세계가 하나님의 말씀으로 지어진 줄을 우리가 아나니"라고 한 히브리서 11장 3절을 인용하면서, 유대교나 이슬람처럼 하나님이 우주를 창조했다고 말하는 기독교 외의 종교들은 하나님 말씀의 증언에 의해 영향을 받아 그렇게 말하는 것이라고 설명한다.[7] 하나님의 일반 계시는 창조주를 알게 해 주긴 하지만, 특별 계시에서 떠나 있는 인간의 종교와 철학은 창조론에서 상당한 정도로 벗어나 있다.

거짓된 창조관은 거짓된 신들에 대한 믿음에서 생겨난다. 이 세계에는 다신론, 범신론, 범재신론, 무신론적 유물론을 비롯해 하나님과 관련한 많은 거짓된 신념 체계가 존재한다.[8] 다신론은 이 세계의 최초의 원인이 여럿이라고 주장한다. 예컨대 고대 이교들에 따르면, 이 세계(그리

---

7) Bavinck, *Reformed Dogmatics*, 2:408.
8) 이 거짓된 신념 체계와 그 신들에 대해서는 이 책 2권 6장을 보라.

고 많은 신들)는 여러 신에게서, 그리고 흔히 그 신들 간의 성적 결합이나 전쟁의 과정에서 생겨났다. 따라서 한 신이 최고신이더라도, 각각의 신은 자신의 영역이 있고, 모든 것을 다 주관하는 신은 없다. 또한 다신론은 기본적으로 이원론적인 다신론으로 나타나기도 한다. 하나님과 물질은 둘 다 영원하고, 하나님은 자신이 창조하지 않은 물질, 즉 이미 존재해 있는 물질을 이용해 만물을 창조했다고 생각하는 것이 그런 이원론 중 하나다. 어거스터스 스트롱(1836-1921년)은 이렇게 말했다. "하나님의 의지로부터 독립해 어떤 다른 실체가 존재한다고 생각하는 것은 절대적인 주권자이신 하나님이라는 우리의 기본적인 하나님 개념과 모순된다. 이 두 번째 실체는……하나님의 능력을 제한할 뿐 아니라, 하나님의 복되심도 파괴한다."[9]

우주의 기원에 대한 설명의 두 번째 범주는 모든 존재는 유일자의 일부라고 주장하는 힌두교 같은 **범신론**에서 생겨난다. 따라서 이 우주(그리고 다른 것들)가 시간 안의 어느 시점에서 존재하게 되었다 해도, 만물은 유일자의 확장과 축소의 주기적인 무한 반복에 참여한다. 하나님과 피조세계 간에는 진정한 차이가 없다. 유일자는 자신을 증식함으로써 모든 것을 낳고, "이 피조세계는 사실 나다"라고 말하기 때문이다.[10] 고대의 영지주의 같은 그 밖의 다른 범신론적 종교들은 하나님이 자신의 존재의 일련의 발산을 통해 이 세계를 만들어 냈고, 각각의 발산은 더 낮은 수준의 존재로 내려갔으므로, 만물은 존재의 영적 계층 구조 안에서 신성에 참여하고 있다고 가르친다.[11]

범재신론에서는 하나님은 우주의 영혼이고, 이 세계는 하나님의 몸과 같다. 고대 세계에서 범재신론을 주창한 것은 플로티노스(270년 사망) 같은 신플라톤주의자였다. 17세기에 토머스 굿윈(1600-1679년)은 어떤 사람들이 만물은 "하나님 자신의 파편과 조각일 뿐"이라고 가르쳤다

---

9) Augustus H. Strong, *Systematic Theology*, 3 vols. (Philadelphia: Griffith and Rowland, 1909), 2:381.
10) Brihadaranyaka Upanishad, 1.4.1-5. *The Upanishads*, trans. F. Max Muller, 2 vols. (Oxford: Oxford University Press, 1884), 2:85 - 86에서 재인용.
11) Strong, *Systematic Theology*, 2:383 - 384.

고 탄식했다. 굿윈이 반대한 범재신론의 오류는 하나님은 두 측면을 지니고 있고, 한 측면은 이 세계와 구별되지만, 또 다른 측면은 이 세계와 그 부분들로 되어 있다고 주장하는 데 있다.[12] 자유주의 신학의 아버지인 프리드리히 슐라이어마허(1768-1834년)는 우리는 창세기 1-2장에 "진정한 역사성"을 돌릴 수 없다고 믿었고, 창조론은 만물이 하나님에게 절대적으로 의존되어 있음을 보여 주지 않는 것으로 여겼다(그의 중심적인 종교 개념).[13] 신플라톤주의와 바뤼흐 스피노자(1632-1677년)의 범신론적 철학에 심취해 있던 슐라이어마허는 범신론이 근대의 자유주의 신학 속으로 물밀듯 들어갈 수 있게 해 준 문을 열었다.[14] 20세기에 과정 신학자들은 영원한 절대자와 시간 속의 세계라는 두 개의 극으로 이루어진 하나님관을 발전시켰다. 그런 신은 이 세계를 창조하지도 않았고 주관하지도 않으며, 도리어 이 세계와 하나가 되어 함께 고통받고 함께 발전하며, 이 세계를 설득해 선을 향해 발전해 나가게 하려 한다.[15]

범신론과 범재신론은 "우주와 그 가운데 있는 만물을 지으신 하나님께서는 천지의 주재"(행 17:24)시라는 하나님관과는 거리가 먼 개념이다. 굿윈이 지적했듯 그런 견해들은 하나님과 하나님이 창조하신 것들 간의 차이를 지워 버린다는 점에서, 이 세계에 대해 토기장이와 진흙 같은 관계를 지니고 있는 하나님(롬 9:21), 자신의 영광을 다른 이에게 주지 않으시고 우상숭배를 꾸짖으시는 하나님(사 42:8), 인간에게 순종의 의무를 지우시고 악인을 심판하시는 하나님, 죄인을 구속하시는 하나님을 말하는 하나님관에서 들어설 자리가 없다.[16]

---

12) Thomas Goodwin, *Of the Creatures, and the Condition of Their State by Creation*, in *The Works of Thomas Goodwin*, 12 vols. (1861–1866; repr., Grand Rapids, MI: Reformation Heritage Books, 2006), 7:3–4.
13) Friedrich Schleiermacher, *The Christian Faith*, ed. H. R. Mackintosh and J. S. Stewart, 2 vols. (New York: Harper and Row, 1963), 36, 40 (1:143, 151).
14) 슐라이어마허의 관점에 대해서는 다음을 보라. Schleiermacher, *The Christian Faith*, 8.2, 51 (1:39, 201); Bavinck, *Reformed Dogmatics*, 2:411; John W. Cooper, *Panentheism—The Other God of the Philosophers: From Plato to the Present* (Grand Rapids, MI: Baker Academic, 2006), 80–88.
15) John S. Feinberg, *No One Like Him: The Doctrine of God*, Foundations of Evangelical Theology (Wheaton, IL: Crossway, 2001), 160–170.
16) Goodwin, *Of the Creatures*, in *Works*, 7:4–6.

비성경적인 우주론의 네 번째 범주는 **유물론**이다. 유물론에서는 우주의 물리적인 물질과 에너지는 언제나 존재했을 뿐 아니라, 영원 전부터 존재해 왔던 유일한 것이다. 에피쿠로스(BC 341-270년)의 가르침인 에피쿠로스주의에서는 만물은 더 이상 쪼갤 수 없는 많은 원자로 이루어져 있고, 원자들이 오랜 세월에 걸쳐 무작위적으로 충돌하는 과정에서 우주와 그 안에 있는 인간을 비롯한 만물이 생성된 것이라고 가르쳤다.[17] 따라서 우주에서 동력은 무작위적인 물리적 상호 작용이다. 이 철학적 관점은 르네상스에 다시 부활했고, 종교개혁자들의 반대를 받았다.[18] 유물론은 흔히 무신론과 결부되어 있다.

찰스 다윈(1809-1882년)은 모든 살아 있는 피조물의 기원을 번식과 적자생존에 가장 적합한 유기체의 자연도태라는, 지성이 개입되지 않는 과정에서 찾는 유물론적 진화론을 주창했다. 후대의 과학자들은 다윈의 이론을 각색해, 수백 년 간에 걸쳐 이루어진 무작위적인 유전적 변형에 따른 점진적인 변화로 말미암은 진화를 주창한 신다윈주의로 발전시켰다. 진화를 위해 필요한 극히 오랜 시간은 우주가 140억 년 전에 상상할 수 없을 정도로 높은 밀도와 에너지에서 저절로 생겨났고, 지구는 대략 45억 년 전에 생겨났다고 하는 '빅뱅' 이론과 부합했다. 빅뱅 이론과 진화론은 현재 유럽과 북미에서 기원에 대한 지배적인 관점이다. 우리는 나중에 한 장에서 이 이론들을 기독교 신앙과 관련해 좀 더 자세하게 살펴보겠다.[19]

다신론, 범신론, 범재신론, 유물론이라는 범주는 실제로는 서로 겹친다. 통속적인 수준의 다신론은 흔히 좀 더 철학적 수준의 범신론과 결합되어 있다. 범신론과 범재신론은 피조물 숭배를 조장한다. 유물론

---

17) S. R. Obitts, "Epicureanism," in *Evangelical Dictionary of Theology*, ed. Walter A. Elwell (Grand Rapids, MI: Baker, 1984), 358; Susan E. Schreiner, *The Theater of His Glory: Nature and the Natural Order in the Thought of John Calvin* (Grand Rapids, MI: Baker Academic, 1991), 16-21.

18) Nicolaas H. Gootjes, "Calvin on Epicurus and the Epicureans: Background to a Remark in Article 13 of the Belgic Confession," *Calvin Theological Journal* 40 (2006): 34-35 (full article, 33-48).

19) 이 책 5장을 보라.

자는 하나님의 존재를 부정하면서도, 이 세계를 신격화하는 경향을 보여 준다. 인기 있는 천문학자 칼 세이건(1934-1996년)은 "우주는 현재 존재하고 있고, 전에도 존재했으며, 앞으로 영원히 존재하게 될 모든 것이다"라고 유물론적인 주장을 했을 뿐 아니라, "우리는 우주를 극히 일부분만 보고 있는 것인데도 흥분하게 되는데, 이것은 우리가 가장 위대한 신비에 다가가고 있음을 알기 때문이다"라고 말함으로써, 세속 과학을 일종의 종교적 숭배의 대상으로 신격화했다.[20] 우리가 우주에 창조주가 존재하지 않는다고 생각하면, 우주가 우리의 신이 된다. 사도 바울이 설명했듯 하나님을 영화롭게 하지도 않고 하나님께 감사하지도 않는 사람은 "썩어지지 아니하는 하나님의 영광"을 눈에 보이는 피조물로 대체하는 것이다(롬 1:21-23).

하나님의 창조 사역

다른 우주관들을 살펴보았으므로, 이제 하나님 말씀으로 되돌아가 보자. 인류는 이 세계가 만들어질 때 현장에서 목격하지 않았으므로(욥 38:4), 이 세계의 기원에 대해 단지 사변적으로 생각할 수 있을 뿐이지만, 영원하신 하나님은 이 세계의 기원에 대해 직접적으로 알고 계시므로 확실하고 분명하게 말씀하실 수 있다. 성경에 나오는 말씀은 순전하고 신뢰할 수 있는 하나님의 말씀이다(잠 30:5).

성경에서는 많은 곳에서 창조론을 가르치지만, "태초"에 이루어진 창조와 관련해 토대가 되는 본문(사실 성경 전체의 토대가 되는 본문)인 창세기 1장 1절-2장 3절에서 논의를 시작하는 것이 좋다.[21] 이 본문은 잘 알려져 있으므로, 여기에서는 개략적으로만 제시하겠다.

---

20) Carl Sagan, *Cosmos* (1980; repr., New York: Ballantine Books, 2013), 1.
21) 창 2:4에서는 인간의 창조에 초점을 맞춘 새로운 단락이 시작된다. 새로운 단락이 시작된다는 것을 보여 주는 표시는 "이것이……내력이니"라는 어구이고, 창 1:1-2:3에서는 언제나 "하나님"이라는 명칭을 사용하는 반면, 이 절부터는 "여호와 하나님"이라는 다른 명칭을 사용한다는 것이다.

- 첫째 날: 태초에 하나님은 천지를 창조하셨고, 빛을 지으셔서 낮과 밤의 순환이 있게 하셨다.
- 둘째 날: 하나님은 땅 위의 물, 아마도 구름 위의 물과 땅 아래의 물(즉 바다, 강, 호수, 지하의 대수층)을 나누셨다.[22]
- 셋째 날: 하나님은 물을 한데 모아 뭍이 드러나게 하여, 전자를 "바다"라 하고, 후자를 "땅"이라 하셨다. 또한 식물도 지으셨다.
- 넷째 날: 하나님은 하늘에 광명체들을 지으셔서 날과 계절과 해의 구별이 있게 하셨다.
- 다섯째 날: 하나님은 바다의 생물과 공중에 날아다니는 생물을 지으시고, 그 생물들에게 복을 주어 생육하고 번성하는 소명을 주셨다.
- 여섯째 날: 하나님은 뭍의 동물들을 지으셨다. 그런 후에는 남자와 여자를 자신의 형상을 따라 지으셨고, 그들에게 복을 주셔서 생육하고 번성하며 다른 생물을 다스리는 소명을 주셨다.
- 일곱째 날: 하나님은 자신의 창조 사역을 그치시고, 이날을 복 주시고 거룩하게 하셨다.

창세기의 창조 기사는 하나님의 창조 사역이 지닌 유일무이성과 보편성, 창조를 행하신 분의 영광을 환기시킨다.

창조 사역의 유일무이성

창조 사역은 우주의 "시작"이었다("태초에", 창 1:1). 창세기 1장 1절-2장 3절의 한 주간은 "창조의 시작"이다(막 10:6, "창조 때로부터"; 참고, 12:19). 하나님은 일련의 날을 만들어 내셨으므로, 창조의 한 주간의 첫날은 역사의 첫날이다(창 1:5). 그날 이전에는 시간은 존재하지 않았고, 하나님만

---

22) 시 148:4, 8을 보라. 고대 이스라엘 사람들은 비가 구름에서 온다고 이해했다(삿 5:4; 왕상 18:44-45; 욥 26:8; 36:27-28; 시 77:16; 147:8; 전 11:3). 다음을 보라. John Calvin, *Commentaries* (repr., Grand Rapids, MI: Baker, 2003), 창 1:6-8; Geerhardus Vos, *Reformed Dogmatics*, trans. and ed. Richard B. Gaffin et al., 5 vols. (Bellingham, WA: Lexham Press, 2012-2016), 1:170.

이 존재하셨다.[23] 바울은 하나님이 "영원 전부터"(딤후 1:9; 딛 1:2 ESV), 즉 하나님이 천지를 창조하신 행위를 통해 시간 안의 역사를 시작하시기 전에 그리스도 안에서 우리에게 은혜를 주기로 작정하셨다고 쓴다.[24] 아우구스티누스가 말했듯, 하나님은 "시간 안에서", 즉 이미 존재해 있던 시간 속의 어느 시점에 이 세계를 창조하신 것이 아니라, "시간과 함께" 이 세계를 지으셨다. 그러니까 하나님은 이 세계와 시간을 동시에 창조하셨다.[25] 바빙크는 "그 순간 이전에는 영원의 깊은 침묵 외에는 아무것도 존재하지 않았다"고 말했다. 영원은 아무 활동도 일어나지 않는 빈 시간들로 이루어져 있는 것이 아니라, 영원 속에는 시간 자체가 아예 존재하지 않는다. "이 세계가 존재하지 않았을 때는 시간도 존재하지 않았으므로, 빈 시간도 존재하지 않았다."[26] 하나님은 시간을 지으신 분이므로, 시간 안에서의 하나님이 아니라, 시간 이전의 하나님, 시간을 초월하신 하나님이다.[27] 그래서 시간의 구속 아래 있는 우리의 언어로는 하나님을 설명할 수 없다. 따라서 우리는 시간 자체를 초월해 계시는 하나님 앞에 무릎을 꿇고 경배하는 것이 마땅하다.

또한 창조 사역은 계속 이어지고 있는 것이 아니라는 점에서 유일무이하다. "하나님이 그가 하시던 일을 일곱째 날에 마치시니 그가 하시던 모든 일을 그치셨기" 때문이다(창 2:2-3). 하나님은 섭리를 통해 계속 일하시지만, 하나님의 창조 사역은 첫 번째 주간에 완료되었다. 페트루스 롬바르두스가 아우구스티누스의 전통에서부터 가져와 말했듯 "하나님은 새로운 피조물을 짓는 것을 그치셨다."[28] 하나님의 피조물의 기본적인 범주들은 저 첫 번째 주간에 확정되었다.

---

23) Tertullian, *Against Marcion*, 2.3, in *ANF*, 3:299.
24) 시 90:2; 잠 8:22-31; 마 13:35; 25:34; 요 17:5, 24; 롬 16:25; 엡 1:4; 벧전 1:20; 계 13:8; 17:8을 보라.
25) Augustine, *The City of God*, 11.6, in *NPNF*[1], 2:208.
26) Bavinck, *Reformed Dogmatics*, 2:426-427.
27) Lombard, *The Sentences*, 2.2 (2:10).
28) Lombard, *The Sentences*, 2.12.5.4 (2:53). 그가 2.15.7 (2:66)에서 아우구스티누스와 비드를 인용한 것들을 참고하라.

창조 사역의 보편성

"하나님이 천지를 창조하시니라"(창 1:1)는 말씀은 하나님이 우주의 모든 곳과 모든 부분을 지으셨음을 보여 준다.[29] 따라서 하나님은 보편적인 하나님이다. 성경은 흔히 하나님의 보편적 통치를 단언하는 데 천지를 지으신 하나님이라는 표현을 사용한다.[30] 만물은 하나님이 창조하신 것들이고, 하나님은 "천지의 주재이시요 지극히 높으신 하나님"(14:19, 21), "천지의 하나님"(스 5:11; 참고, 창 24:3)이다. 하나님은 "천지와 바다와 그 가운데 만물을 지으시고 살아 계신 하나님"(행 14:15)이다. 신약 성경은 하나님이 "만물"을 창조하셨음을 여러 번 말한다.[31]

"하늘"은 하나님과 천사들이 거하는 특별한 장소도 포함한다.[32] 창세기는 땅에 초점을 맞추고 있지만(1:2), 성경의 다른 본문들은 하나님이 눈에 보이지 않는 천사를 비롯한 하늘의 영역도 창조하셨다고 자세하게 말한다(시 148:1-6; 골 1:16).[33]

또한 하나님은 눈에 보이는 우주에 있는 모든 것도 창조하셨다. 창세기 1장의 나머지 본문은 하나님이 위에 있는 별에서 아래에 있는 바다, 거기에 있는 모든 것을 창조하셨음을 분명하게 보여 준다. 창조의 범위는 포괄적이다. 따라서 성경은 모든 존재하는 것을 오직 두 범주로 나눈다. 하나님과 하나님이 지으신 것. 세 번째 범주는 없다. 우리는 하나님을 제외한 다른 각각의 모든 것에 대해 이렇게 말할 수 있다. '하나님이 그것을 만드셨고, 그것은 하나님께 속한다.' 하나님의 창조의 보편성은 하나님을 제외한 모든 물질적이거나 영적인 것은 하나님의 창조 사역에서 시작되었음을 의미한다. 하나님은 이미 존재하는 어떤 재료를 가지고 이 세계를 지으신 것이 아니라, 무에서부터(라틴어로 '엑스 니

---

29) 천지가 모든 장소를 나타냄을 보여 주는 예로는 신 3:24; 4:39; 대하 6:14; 욥 20:27; 28:24; 시 73:25를 보라.
30) 출 20:11; 왕하 19:15; 대하 2:12; 느 9:6; 시 115:15; 121:2; 124:8; 134:3; 146:6; 사 37:16; 렘 32:17; 51:15; 행 4:24; 14:15; 17:24; 골 1:16; 계 10:6; 14:7; 참고, 창 24:3; 왕상 8:23; 대하 36:23; 스 1:2; 5:11; 시 95:4-5; 욘 1:9.
31) 요 1:3; 고전 8:6; 엡 3:9; 골 1:16; 계 4:11.
32) 창 28:12, 17; 참고, 왕상 22:19; 고후 12:2.
33) Wollebius, *Compendium*, 1.5.(1).viii.1 (55). 천사론에 대해서는 이 책 2권 29장을 보라.

힐로') 이 세계를 지으셨다.[34] 히브리서 11장 3절에서는 "믿음으로 모든 세계가 하나님의 말씀으로 지어진 줄을 우리가 아나니 보이는 것은 나타난 것으로 말미암아 된 것이 아니니라"고 말한다. 이것은 하나님의 의지와 무관하게 우주에 존재하는 것은 하나도 없다는 의미를 지닌다는 점에서 중요한 교리다. 밀러드 에릭슨은 이렇게 쓴다. "창조론은 하나님 외에는 궁극적인 실체가 전혀 존재하지 않음을 처음으로 어느 정도 분명하게 선언한다. 두 개의 궁극적 원리에 대해 말하는……이원론이 들어설 자리는 없다."[35] 모든 것은 하나님이거나 하나님에게서 온 것이다.

창조와 하나님의 영광

하나님은 만물의 창조주와 주로서의 자신의 영광을 나타내기 위해 자신의 창조 사역을 자기 백성에게 계시하셨다.[36] 웨스트민스터 신앙고백(4.1)에서는 "성부, 성자, 성령 하나님은 그의 영원하신 능력과 지혜와 선하심의 영광을 나타내기 위해, 태초에 세계와 그 안에 있는 보이는 것이나 보이지 않는 모든 것을 엿새 동안에 모두 지극히 선하게 창조하거나 무에서부터 지으시기를 기뻐하셨다"고 말한다.[37] 존 칼빈은 창조를 하나님의 영광의 극장에 비유하여, "우리는 이 지극히 아름다운 극장에서 분명하게 드러나는 하나님의 일들을 경건하게 기뻐하는 것을 부끄러워해서는 안 된다"고 말했다.[38]

창조주의 유일무이성
창조는 유일무이하신 분이 하신 일이다. "창조하다"로 번역된 히브

---

34) 무에서부터의 창조에 대한 더 자세한 논증은 다음 장을 보라.
35) Erickson, *Christian Theology*, 345.
36) 하나님, 하나님의 속성, 삼위일체에 대한 신론은 이 책 1권에서 자세하게 다룬바 있다. 여기에서는 좀 더 구체적으로 하나님의 창조 사역이 하나님의 영광을 어떻게 나타내는지를 다룬다.
37) *Reformed Confessions*, 4:239.
38) Calvin, *Institutes*, 1.14.20.

리어 동사('바라'의 칼형)는 "언제나 하나님의 활동에 대해" 사용된다.[39] 이 본문 전체에 걸쳐 말씀하시고 일하시는 분은 오직 하나님이다. 데렉 키드너(1913-2008년)는 이렇게 설명했다. "하나님이 성경의 첫 번째 문장의 주어라는 것은 결코 우연이 아니다. 왜냐하면 하나님이라는 단어는 이 장 전체를 지배하고, 이 장 모든 곳에서 우리 눈을 사로잡기 때문이다. 하나님이라는 단어는 35번 정도 사용되는데, 이 횟수는 이 장의 절수만큼이나 많다. 창조 기사, 아니 실제로는 성경 전체는 무엇보다도 하나님에 대한 책이다. 하나님이 아닌 다른 어떤 것을 일차적인 관심사로 놓고 성경을 읽는 것(이것은 얼마든지 가능하다)은 성경을 오독하는 것이다."[40]

창세기 1장은 하나님을 다른 모든 존재하는 것과 날카롭게 구별한다. "태초에" 하나님은 이미 존재하시지만, 이 세계는 이때 처음으로 만들어진다. 창세기 1장은 이 세계에는 하나님과 실질적으로 경쟁할 수 있는 존재가 없음을 보여 준다. 고대 바빌로니아의 창조 신화인 에누마 엘리시와는 달리, 창세기는 신들 간의 싸움을 묘사하지 않고, 오직 주권자인 조물주의 뜻에 복종하여 이 세계가 조용히 형성되어 가는 모습을 묘사할 뿐이다. 고대 세계에서는 흔히 해와 달이 숭배되었지만, 창세기는 해와 달이라는 이름조차 부르지 않고, 그것들을 단지 "광명체"(14-16절)라고만 부르며, 이것들이 하나님께 복종하는 것으로 묘사할 뿐이다.

따라서 창조론은 영원하시고 유일하신 창조주로서의 하나님을 보여 준다. 하나님만이 영원하시다(시 90:2; 사 57:15). 굿윈은 이렇게 말했다. "최고의 피조물일지라도 단지 절반만 영원성을 지니고, 영원을 향해 나아가긴 하지만, 영원으로부터 오지는 않았다. 영원으로부터 오신 분은 하나님뿐이다."[41] 하나님만이 창조주이고, 하나님은 이 역할로 말

39) Francis Brown, Samuel Rolles Driver, and Charles Augustus Briggs, *Enhanced Brown-Driver-Briggs Hebrew and English Lexicon* (Oxford: Clarendon, 1977), 135.
40) Derek Kidner, *Genesis*, Tyndale Old Testament Commentaries (Downers Grove, IL: InterVarsity Press, 1967), 43.
41) Goodwin, *Of the Creatures*, in *Works*, 7:7.

미암아 다른 모든 신과 구별된다(느 9:6; 렘 10:10-12).[42] 시편 96편 5절은 "만국의 모든 신들은 우상들이지만 여호와께서는 하늘을 지으셨음이로다"라고 말한다. 이사야 44장 24절에서 하나님은 "나는 만물을 지은 여호와라 홀로 하늘을 폈으며 나와 함께한 자 없이 땅을 펼쳤다"고 말씀하신다. "나와 함께한 자 없이"라는 어구는 어떤 피조물도 이 사역에 참여할 수 없고, 오직 하나님이 창조하실 수 있음을 강조한다. 하나님은 이 세계를 창조한 자신의 행위를 사용하셔서, 열방의 쓸모없는 우상들(9-20절)과는 아주 뚜렷하게 대비되는 자신의 유일무이성을 보여 주신다. "나 외에 신이 있겠느냐……다른 신이 있음을 내가 알지 못하노라"(8절).

유일무이하신 존재로 말미암은 이 유일무이한 사역은 창조주에게 속한 유일무이한 영광으로 이어진다. 히스기야는 "그룹 사이에 계신 이스라엘 하나님 만군의 여호와여 주는 천하만국에 유일하신 하나님이시라 주께서 천지를 만드셨나이다"(사 37:16)라고 고백했다. 요한네스 볼레비우스가 "창조의 사역과 영광은 어느 피조물, 심지어 천사에게도 돌려서는 안 되고, 오직 하나님께 돌려야 한다"고 말한 것은 옳다.[43] 우리는 피조물이 하나님과 함께 공동 창조주가 될 수 있다는 가르침을 거부해야 하고, 심지어 피조물이 하나님의 창조 사역의 도구로 사용될 수 있다는 가르침조차도 거부해야 한다. 그런 가르침은 천사와 인간을 높이기 위해 사용되는 '거짓되고 잘못된' 가르침이다.[44] 하나님은 섭리에서는 수단을 사용하여 일하시지만, 창조에서는 수단을 사용하지 않으신다.

창조론은 기독교적인 세계관의 기본적인 요소를 위한 다음의 토대

---

42) Bavinck, *Reformed Dogmatics*, 2:421.
43) Wollebius, *Compendium*, 1.5.(1).ii (54).
44) Turretin, *Institutes*, 5.2 (1:433 - 436). 투레티누스는 중세 시대의 일부 가톨릭 신학자들이 주장한 화체설(롬바르두스, 가브리엘 비엘, 프란시스코 수아레즈 등이 화체설을 주장하고, 반면에 토마스 아퀴나스, 보나벤투라 등은 화체설에 반대했다), 항변파와 소키누스주의자가 하나님이 천사를 통해 이 세계를 창조했다고 주장한 것이 이 오류를 범한 것이라고 말했다. 좀 더 최근에는 과정 신학자와 열린 신론자가 우리 인간이 하나님과 공동으로 창조해 나가는 것이라는 사상을 주창했다.

를 놓아 준다. 바로 창조주와 피조물의 차이다.[45] 루이스 벌코프는 "이 세계는 하나님이나 하나님의 일부인 것이 아니라, 하나님과는 절대적으로 구별되는 어떤 것이다"라고 썼다. 하지만 그는 "이 세계는 언제나 하나님에게 의존되어 있다"고 지적했다. 그런 후에 벌코프는 이렇게 말했다. "하나님은 초월적인 하나님으로서 자신의 모든 피조물 위로 무한히 높이 계실 뿐 아니라, 내재적인 하나님으로서 자신의 피조세계의 모든 부분에 임재하시고 자신의 영으로 온 세계 안에서 활동하신다."[46]

우리는 오직 천지를 창조하신 하나님께 우리의 예배와 최고의 충성을 드려야 한다. 칼빈은 "교회의 믿음이 창조 기사에 의지하여, 모세가 우주의 조물주이자 창시자로 제시한 분 외에 다른 하나님을 찾지 않게 하는 것이 하나님이 창조 기사를 계시하신 뜻이었다"고 말했다.[47] 하나님만을 예배한다는 것은 하나님은 만물을 지으신 분이어서(사 66:1-2) 우리와 우리가 있는 모든 곳과 우리의 모든 예배 행위 위에 무한히 높이 계시는 거룩하신 분이므로 우리는 오직 하나님께 나아가야 한다는 것이다.[48] 이 창조주 하나님에게서 멀어져서 하나님의 진노 아래 있다는 것은 우리에게 생각만 해도 참을 수 없는 것이어야 한다. 브라켈은 "창조주이신 하나님을 묵상하게 되면, 무엇보다도 먼저 당신의 모든 안전, 자유, 안식, 평안, 행복이 당신을 향한 당신의 조물주의 선하심과 사랑에 있다는 것이 아주 분명해진다"고 썼다.[49]

창조주의 삼위일체

하나님은 자신의 말씀을 통해 자신이 영원 전부터 삼위로 존재하는 한 하나님이심을 점진적으로 계시하셨다. 하나님이 성부와 성자와 성령으로 존재하신다는 것은 신약 성경에서 온전히 알려진다.[50] 창세기 1장에는 하나님을 복수형으로 언급하는 표현들이 나오므로, 우리는 그

---

45) Willard, *A Compleat Body of Divinity*, 109.
46) Berkhof, *Systematic Theology*, 134.
47) Calvin, *Institutes*, 1.14.1.
48) Goodwin, *Of the Creatures*, in *Works*, 7:10–21에 나오는 이 본문에 대한 설명을 보라.
49) Brakel, *A Christian's Reasonable Service*, 1:278.
50) 삼위일체론에 대해서는 이 책 2권 20-22장을 보라.

표현들이 하나님이 나중에 온전히 우리에게 알게 해 주신 삼위일체 교리에 대한 초기의 부분적인 계시임을 조심스럽게 받아들일 수 있다. "하나님이 천지를 창조하시니라"(창 1:1)는 본문에서 동사 "창조하셨다"는 단수형이고, 이것은 주어인 하나님이 한 분임을 보여 준다. 하지만 다음 절은 "땅이 혼돈하고 공허하며 흑암이 깊음 위에 있고 하나님의 영은 수면 위에 운행하시니라"(2절)로 되어 있다. "하나님의 영"이라는 어구는 다른 곳에서 하나님의 종들에게 능력을 덧입혀 주는 성령을 가리킬 때 사용된 바로 그 표현이다.[51] 우리는 2절에 묘사된 성령의 활동에 대한 이 표상을 신명기 32장 10-12절을 따라 해석한다. "여호와께서 그를 황무지에서, 짐승이 부르짖는 광야['토후', "공허하며"와 같은 단어]에서 만나시고 호위하시며 보호하시며 자기의 눈동자같이 지키셨도다 마치 독수리가 자기의 보금자리를 어지럽게 하며 자기의 새끼 위에 너풀거리며['라카프', "운행하시니라"와 같은 단어] 그의 날개를 펴서 새끼를 받으며 그의 날개 위에 그것을 업는 것같이 여호와께서 홀로 그를 인도하셨고 그와 함께한 다른 신이 없었도다." 따라서 우리는 창세기 1장 2절이 "하나님의 바람"에 대해 말하는 것이 아니라, 마치 자애로운 어미 새가 광야에서 자신의 새끼들을 돌보듯 하나님의 영이 태초의 창조 사역에 참여해 하나님의 사역을 돌본 것을 계시한 것으로 해석한다.[52] 칼빈은 "영원하신 성령은 언제나 하나님 안에 있어서, 자애로운 돌봄을 통해 천지의 혼돈한 물질을 정리하여 거기에 아름다움과 질서를 더하는 일을 하셨다"고 말했다.[53]

하나님이 복수라는 것을 가장 강력하게 시사해 주는 것은 창세기 1장 26절이다. "우리의 형상을 따라……우리가 사람을 만들고." 여기서 대명사들과 "만들다"로 번역된 동사가 히브리어 본문에서는 복수형으로 되어 있다.[54] 성경에는 인간이 하나님 외의 어떤 다른 존재의 형

---

51) 출 31:3; 35:31; 민 24:2; 대하 15:1; 24:20.
52) Sinclair B. Ferguson, *The Holy Spirit*, Contours in Christian Theology (Downers Grove, IL: InterVarsity Press, 1996), 19 - 20.
53) Calvin, *Institutes*, 1.13.22.
54) 하나님에 대해 사용된 이 비슷한 구문으로는 창 3:22; 11:7; 사 6:8을 보라.

상임을 암시해 주는 말씀이 나오지 않는다는 점에서, 이 본문은 하나님이 하나님과 대화하는 것으로 묘사하므로, 하나님은 복수의 위격으로 존재하시는 것이 된다. 천사는 인간을 창조하지 않았다. 일부 신학자는 이 대명사들은 위엄의 복수형, 즉 왕이나 왕비가 종종 사용하는 "우리"와 같은 용법이라고 주장해 왔다. 하지만 구약 성경에 기록된 왕들에 대한 기사에는 그런 식의 관행을 따랐음을 보여 주는 증거가 나오지 않는다.[55] 이 본문은 하나님 안에 존재하는 복수의 위격을 나타내는 것이라고 보는 것이 가장 좋다.[56]

창세기에는 이 복수형이 구체적으로 무엇을 가리키는 것인지를 보여 주는 단서들이 있는가? 우리는 이미 성령이 하나님의 창조 사역에 참여한 것을 보았다(참고. 욥 26:13; 33:4). 창세기는 성령이 하나님의 창조 사역에 참여했음을 보여 줄 뿐 아니라, 하나님의 말씀도 그 창조 사역에 참여했다는 것도 나란히 보여 준다. "하나님이 이르시되 빛이 있으라 하시니 빛이 있었고"(창 1:3).[57] 구약 성경에서 하나님의 말씀은 종종 신적인 존재인 여호와의 사자처럼 하나님에게서 보내심을 받은 행위 주체로서 신적인 능력으로 하나님의 뜻을 행하는 것으로 묘사된다.[58] 여호와의 말씀은 초자연적인 속성들을 지니고 있고, 경건한 자들은 경외심을 가지고 하나님의 말씀을 찬송한다.[59] 요한은 "말씀"이 하나님의 한 위격임을 더 분명하게 보여 준다. "태초에 말씀이 계시니라 이 말씀이 하나님과 함께 계셨으니 이 말씀은 곧 하나님이시니라 그가 태초에 하나님과 함께 계셨고 만물이 그로 말미암아 지은바 되었으니 지은 것이 하나도 그가 없이는 된 것이 없느니라……말씀이 육신이 되어 우리 가운데 거하시매"(요 1:1-3, 14). 따라서 성부와 성령만이 아니라, 그리스

55) Stephen Charnock, *The Existence and Attributes of God*, in *The Works of Stephen Charnock*, 6 vols. (Edinburgh: Banner of Truth, 2010), 2:130; Vos, *Reformed Dogmatics*, 1:40-41.
56) Calvin, *Commentaries*, 창 1:26; Feinberg, *No One Like Him*, 450-451.
57) 또한 창 1:6, 9, 11, 14, 20, 22, 24, 26, 28도 보라; 참고, 시 33:6.
58) 시 107:20; 147:15, 18; 사 55:11.
59) 시 56:4, 10; 119:89, 120, 129, 160-162; 사 66:2. John M. Frame, *The Doctrine of God*, A Theology of Lordship (Phillipsburg, NJ: P&R, 2002), 473을 보라.

도도 이 세계를 창조하는 데 참여한 창조주시다(히 1:10). 그리스도와 성령은 단지 창조주가 사용한 도구이거나[60] 성부에 종속된 공동 창조주인 것이 아니라, 하나이신 창조주다.[61]

창조주는 삼위일체 하나님이다. 우리는 삼위일체 하나님의 세 위격을 모두 우리의 찬송을 받으시기에 합당한 분으로 공경하고 경외하는 것이 마땅하다(계 4:11). 성부도 우리의 찬송을 받으시기에 합당하고, 성자도 우리의 찬송을 받으시기에 합당하며, 성령도 우리의 찬송을 받으시기에 합당하다! 한 하나님으로서 세 위격이신 하나님을 찬송하자.

창조주의 능력

창조는 무한한 능력을 필요로 하는 사역이었다. 우주의 광대한 규모가 이것을 분명하게 보여 준다. 하지만 창조 기사의 주목할 만한 특징은 하나님은 그 창조 사역을 쉽게 행하셨다는 것이다. 창조 사역이 고되고 힘든 노동이었음을 암시해 주는 말씀은 전혀 없다. 도리어 성경은 하나님이 말씀만으로 천지를 창조하셨다고 계시한다(불가타 창 1:3에 나오는 "빛이 있으라" 또는 라틴어로 '피아트 룩스'를 참고하라). 하나님이 말씀으로 우주를 창조하셨다는 것은 우주가 마치 수원지에서 흘러나오는 물줄기처럼 어떤 필연에 따라 하나님에게서 오지 않았고, 도리어 마치 건축자가 건물을 짓듯 하나님의 자유로운 뜻에 따라 창조되었음을 의미한다.[62] 따라서 하나님은 언제나 자신의 뜻에 따라 자유롭게 피조세계와 관계를 맺으신다(시 115:3, 15; 135:6).

---

60) 성경은 만물이 성자로 "말미암아"('엔' 또는 '디아') 지음을 받았다고 말한다(요 1:3; 골 1:16; 히 1:2). 하지만 차녹은 이 두 전치사는 언제나 도구를 가리키는 것은 아니고, 종종 행위 주체 또는 결과를 가져다주는 실효적인 원인을 가리킨다고 지적했다. Charnock, *The Existence and Attributes of God*, in *Works*, 2:167-168을 보라. '디아'에 대해서는 롬 11:36; 고전 1:9; 엡 1:1; 살전 4:2; 히 2:10을 보고, '엔'에 대해서는 행 20:19; 갈 1:24; 엡 3:13; 히 10:10을 보라.

61) 창조 사역을 특히 삼위일체의 첫 번째 위격이신 성부에게 돌리는 것에 대해서는 Johannes Polyander, Antonius Walaeus, Antonius Thysius, and Andreas Rivetus, *Synopsis Purioris Theologiae, Synopsis of a Purer Theology: Latin Text and English Translation, Volume 1, Disputations 1-23*, trans. Riemer A. Faber, ed. Dolf te Velde, Rein Ferwerda, Willem J. van Asselt, William den Boer, Riemer A. Faber (Leiden: Brill, 2014), 10.7 (1:249)을 보라.

62) Turretin, *Institutes*, 5.1.1 (1:431); William Ames, *A Sketch of the Christian's Catechism*, trans. Todd M. Rester (Grand Rapids, MI: Reformation Heritage Books, 2008), 51.

하나님은 단지 자신의 뜻을 표현하시고 하나님의 영이 그 뜻을 이루는 방식으로 이 세계를 창조하셨다(시 33:6, 9).[63] 새뮤얼 윌러드는 "하나님의 전능하신 뜻이 만물에 존재를 수여했고, 우리는 이것을 하나님의 권능의 말씀이라 부른다"고 말했다.[64] 우리의 태양이 지구보다 30만 배나 더 무겁고, 하나님이 헤아릴 수 없이 많은 별을 단지 말씀으로 창조하셨음을 생각하면, 창조주의 능력은 우리를 경외심과 경악에 휩싸이게 만들 수밖에 없다.[65] 창세기는 창조 사역을 오랜 시간에 걸친 과정이나 힘들고 어렵게 이루어 낸 일로 묘사하지 않고, 도리어 하나님이 말씀하시는 대로 즉시 이루어진 일들로 묘사한다. 존 길(1697–1771년)은 이렇게 말했다. "하나님은 말씀하셨고, 각각의 피조물은 한순간에 [갑자기] 존재했다……빛이 있으라 하시니 빛이 있었다."[66] 우리는 그리스도가 단지 말씀으로 초자연적인 치유를 행하고, 귀신을 쫓아내며, 폭풍우가 휘몰아치는 바다를 잔잔하게 하시는 것 속에서 하나님 말씀의 능력을 본다.[67] 이 중에서 마지막 이적은 그리스도가 천지의 주재시라는 것을 보여 준다. 왜냐하면 바다를 잔잔하게 하시는 분은 하나님이기 때문이다(시 65:7; 107:29; 욘 1:4–16). 하나님은 단지 말씀으로 즉시 자신의 뜻을 이루신다.

하나님이 말씀으로 창조하셨다는 것은 하나님은 어떤 수단도 없이 일할 수 있음을 보여 준다.[68] 칼빈은 창조 질서는 우리에게 다음과 같은 교훈을 가르친다고 지적했다. 하나님은 어떤 수단 없이도 우리의 필요를 채워 주실 수 있음을 증명하기 위해 해와 달과 별이 존재하기 전에 빛을 지으셨다.[69] 마찬가지로 "하나님이 피조물을 사용하여 행하시

---

63) "하나님이 이르시되……하시니"(창 1:3, 6, 9, 11, 14, 20, 24, 26, 28-29)와 "그대로 되니라"(7, 9, 11, 15, 24, 30절)를 보라.

64) Willard, *A Compleat Body of Divinity*, 110.

65) 과학자들은 태양의 무게가 대략 1.8×10^{30}킬로그램이라고 말하고, 우리의 은하계에만 1,000억 개의 별이 있으며, 우주 전체에는 수십 억 개의 은하계가 있다고 추정한다.

66) John Gill, *A Complete Body of Doctrinal and Practical Divinity* (Paris, AR: The Baptist Standard Bearer, 1995), 261. 앞으로 인용할 때는 Gill, *Body of Divinity*로 표기하겠다.

67) 마 8:2-3, 5-13, 16, 23-27. 우리는 이것에 대해 리즈 대학교(Leeds University)의 열역학 교수였다가 은퇴한 앤디 매킨토시에게 빚졌다.

68) Perkins, *An Exposition of the Symbol*, in *Works*, 5:47.

69) Calvin, *Commentaries*, 창 1:3.

는 이유는 하나님이 어떤 일을 하려면 외적인 도움이 반드시 필요하기 때문이 아니라, 그것이 하나님의 뜻이기 때문이라는"것을 보여 주기 위해, 하나님은 해가 존재하기 이전에 식물을 지으셨다.[70] 스티븐 차녹(1628–1680년)은 이렇게 말했다. "목수는 줄자와 도끼와 톱 같은 도구 없이는 일할 수 없다……하지만 창조 때 하나님이 이 세계를 지으시는 데는 아무것도 필요하지 않았고, 단지 하나님 자신의 의지의 단순한 행위만이 필요했다."[71]

몇몇 선지자는 하나님 백성에게 믿음을 가지라고 촉구할 때, 하나님은 우주를 창조할 수 있는 능력을 지니신 분임을 일깨워 주었다. 스가랴는 이 세계를 창조하신 하나님의 저 전능하신 능력은 하나님 백성이 자신들의 원수를 이기고 최종적으로 승리할 것임을 보증해 준다고 선언한다(슥 12:1–9). 예레미야는 이스라엘이 포로생활에서 건짐을 받게 될 것임을 미리 내다보면서, "주 여호와여 주께서 큰 능력과 펴신 팔로 천지를 지으셨사오니 주에게는 할 수 없는 일이 없으시니이다"(렘 32:18)라고 외쳤다. 창조주의 무한하신 능력은 사람들의 마음을 움직여 그들을 죄에서 건져 주실 수 있는 능력이 하나님에게 있음을 확신할 수 있게 해 준다(마 19:25–26). 구원은 새로운 창조이므로,[72] 자신의 뜻대로 행하실 수 있는 하나님의 초자연적인 자유를 보여 준다. 퍼킨스가 말했듯 "하나님은 존재하지 않았던 인간의 마음을 말씀으로 창조하셨다. 따라서 하나님은 우리 안에 완전히 새로운 마음도 쉽게 창조하실 수 있고, 창조하고자 하신다."[73]

창조주의 권세

하나님의 권세 또는 다스릴 권한은 하나님이 만물을 지으셨다는 사실에서 생겨난다. 따라서 만물은 하나님의 것이다. 다윗은 시편 24편 1–2절에서 "땅과 거기에 충만한 것과 세계와 그 가운데에 사는 자들

---

70) Calvin, *Commentaries*, 창 1:11 – 13.
71) Charnock, *The Existence and Attributes of God*, in *Works*, 2:130.
72) 고후 5:17; 갈 6:15; 엡 2:10, 15; 4:24.
73) Perkins, *An Exposition of the Symbol*, in *Works*, 5:47.

은 다 여호와의 것이로다 여호와께서 그 터를 바다 위에 세우심이여 강들 위에 건설하셨도다"라고 말한다. 이것은 하나님은 "영광의 왕"이시고, 하나님 앞에 나아가는 자는 하나님을 높이고 순종해야 함을 보여 준다(3-10절). 따라서 하나님의 모든 피조물의 고유한 용도는 우상이 아니라 창조주를 영화롭게 하는 데 있다. 우상은 아무것도 창조하지 않아, 진정으로 자신의 것이라고 주장할 수 있는 것이 아무것도 없기 때문이다(고전 10:25-31; 참고, 시 115편). 하나님은 만물을 지으신 분이므로, 우리는 하나님을 만유의 왕으로 예배해야 한다(시 95:1-6).

창조주는 명명하는 행위를 통해 자신의 피조세계를 해석하시고 피조세계를 선하다고 평가하심으로써, 피조세계에 대한 자신의 소유권과 권세를 보여 주셨다.[74] 창세기 1장에서는 반복적으로 "하나님이 부르시고"(5, 8, 10절)라고 말하고, 이것은 하나님이 자신이 지은 세계에 속한 것들에 이름을 붙이셨음을 보여 주는 것이다. 낮, 밤, 하늘, 땅, 바다 등. 인류에게 "사람"('아담', 5:2)이라는 이름을 주신 분도 하나님이었다. 또한 창세기에 나오는 "하나님이 보시기에 좋았더라"는 말씀 속에도 하나님의 권위가 함축되어 있다.[75] 성경에서 사물을 "선하다"고 한 최초의 사례들은 사물에 대한 하나님의 평가 속에서 발견된다. 성경은 흔히 어떤 사람의 행위가 "하나님이 보시기에" 선하다거나 악하다고 말한다.[76] 하나님은 자신이 지으신 피조물을 지켜보는 가장 중요한 분이고, 하나님의 판단은 최고의 무게를 지닌다.

창조주로서의 하나님의 권위는 하나님 명령에 순종해야 할 우리 의무의 토대다. 창조주는 자신이 지은 모든 것의 주님이자 소유자이므로, 모든 피조물은 창조주의 종이다. 시편 119편 90-91절은 "주의 성실하심은 대대에 이르나이다 주께서 땅을 세우셨으므로 땅이 항상 있사오니 천지가 주의 규례들대로 오늘까지 있음은 만물이 주의 종이 된 까닭이니이다"라고 말한다. 이 진리는 우리가 하나님의 법을 연구할 때 하

---

74) Frame, *The Doctrine of God*, 294.
75) 창 1:4, 10, 12, 18, 21, 25; 참고, 31절.
76) 창 38:7; 레 10:19; 민 32:13; 신 6:18; 9:18; 12:25, 28 등. 열왕기와 역대기에도 수십 차례 나온다. "보시기에"는 직역하면 '눈에'다.

나님의 조명을 의지해야 함을 보여 준다. 시편 119편 73절은 "주의 손이 나를 만들고 세우셨사오니 내가 깨달아 주의 계명들을 배우게 하소서"라고 말한다.

또한 모든 장소와 사람에 대한 하나님의 보편적 권위는 그리스도의 나라가 모든 민족을 다스리는 것의 토대가 된다. 다윗 가문의 왕이자 다윗의 자손인 분에 대한 노래인 시편 89편은 "하늘이 주의 것이요 땅도 주의 것이라 세계와 그 중에 충만한 것을 주께서 건설하셨나이다 남북을 주께서 창조하셨으니"(시 89:11-12)라고 말한다. 그래서 부활하신 주는 최고의 왕이라는 자신에게 합당한 자리에 앉기 위해 승천하기 직전에 "하늘과 땅의 모든 권세['엑수시아']를 내게 주셨으니"(창 1:1에 대한 간접 인용을 주목하라)라고 선언하시고, 자신의 교회에게 모든 민족을 제자로 삼아 모든 것을 가르쳐 순종하게 하라고 명령하셨다(마 28:18-20).

하나님이 지닌 창조주로서의 최고의 권위는 이스라엘을 택하신 것이든(출 19:5; 신 10:14-15), 개인을 구원으로 택하신 것이든(롬 9:18-21) 자신의 택하심의 행위를 통해 주권적으로 은혜를 베푸실 수 있는 권한이 하나님에게 있음을 보여 준다. 창조주에게는 자신이 지은 피조물에 대해 자기가 원하는 대로 할 수 있는 권한이 있으므로, 하나님은 어떤 사람에 대해서는 그들의 죄에 대한 합당한 책임을 물어 정죄하고, 어떤 사람에 대해서는 그들에게 합당하지 않은 긍휼과 영광을 수여하실 수 있다(22-23절).

창조주의 지혜

창세기의 창조 기사는 창조주의 지혜를 증언하는 질서와 아름다움으로 빛난다. 예레미야 51장 15절은 "여호와께서 그의 능력으로 땅을 지으셨고 그의 지혜로 세계를 세우셨고 그의 명철로 하늘들을 펴셨으며"라고 말한다. 잠언 3장 29절은 "여호와께서는 지혜로 땅에 터를 놓으셨으며 명철로 하늘을 견고히 세우셨고"라고 말한다. 차녹은 이 세계의 창조는 악기를 정교하게 제작하고 조율해 아름다운 음악을 연주하는 것과 같다고 하면서, "이 세계에 있는 것은 아무리 보잘것없고 작은

것이라도 한 줄기 신적인 솜씨로 빛난다"고 말했다.[77]

하나님은 이 세계가 즉시 온전히 작동하도록 창조하실 수 있었지만, 먼저 하늘과 땅을 창조하신 후 엿새 동안에 걸쳐 그 하늘과 땅을 발전 시켜 나가는 쪽을 선택하셨다. 땅의 최초의 상태는 "혼돈하고"('토후') "공허했다"('보후'). 이 둘은 인간이 살아갈 수 없어서 사람이 살지 않는 광야를 묘사할 때 사용되는 단어들이다.[78] 하나님은 계속하여 서로 구별되는 일련의 것을 창조하심으로써, 이 세계의 구조를 다음과 같이 만들어 나가셨다. '낮의 빛 대 밤의 어둠(첫째 날), 아래의 물 대 위의 물(둘째 날), 뭍 대 바다(셋째 날).' 첫째 날부터 셋째 날까지와 넷째 날부터 여섯째 날까지는 서로 병행된다(첫째 날과 넷째 날에는 빛, 둘째 날과 다섯째 날에는 물과 궁창, 셋째 날과 여섯째 날에는 뭍). 일부 주석자는 이것을 "형태를 갖추는 것"(첫째 날부터 셋째 날까지)과 "채우는 것"(넷째 날부터 여섯째 날까지)으로 요약하기도 한다.[79] 하나님은 생물이 살아가는 데 적합한 환경을 준비하기 위해 지혜롭고 질서정연하게 일하셨다.

창조주의 지혜는 지극히 다양한 생물들, 즉 각각의 생물을 그 "종류대로"('민') 지으신 것에서도 나타난다.[80] 솔로몬은 다양한 나무, 식물, 동물, 새, 곤충, 물고기에 대한 해박한 지식을 통해 자신의 지혜를 보여 주었다(왕상 4:30-34). 따라서 온갖 종류의 생물을 고안해 내신 하나님의 지혜는 얼마나 더 놀랍고 경이로운 것이겠는가! 윌러드는 "지극히 하잘것없는 식물에도 인간의 지혜로 탐구할 수 있는 것보다도 큰 지혜의 신비가 있다"고 썼다.[81]

"지극히 선한" 세계(창 1:31, "심히 좋았더라") 속에서 이 믿을 수 없을 정도로 다양한 종류의 생물이 조화를 이루고 서로 의지하며 살아간다는 사실도 창조주의 지혜를 보여 준다. 생물들의 삶은 고립된 유기체들로 이루어져 있는 것이 아니라, 땅의 생물 생활권의 무생물적인 측면들을 포

---

77) Charnock, *The Existence and Attributes of God*, in *Works*, 2:21.
78) 신 32:10; 욥 12:24; 사 34:11; 45:18; 렘 4:23.
79) Kidner, *Genesis*, 46을 보라. 하나님은 셋째 날에 땅을 식물로 채우셨다는 점에서, 이 기사는 "형태를 갖추는 것"과 "내용을 채우는 것"이라는 패턴을 엄격하게 따르고 있지는 않다.
80) 창 1:11-12, 21, 24-25; 참고, 6:20; 7:14.
81) Willard, *A Compleat Body of Divinity*, 118.

함해 세심하게 균형을 이루는 복잡한 생태계로 이루어져 있다. 시편 기자는 하나님이 다양한 식물과 동물과 사람에게 물과 먹을 것을 공급해 주시는 것을 살펴본 후, "여호와여 주께서 하신 일이 어찌 그리 많은지요 주께서 지혜로 그들을 다 지으셨으니 주께서 지으신 것들이 땅에 가득하니이다"(시 104:24)라고 말한다. 차녹은 피조세계를 이루는 부분들의 다양성, 아름다움, 기가 막힌 조화, 유기적 연결 관계를 인간의 놀라운 몸을 이루는 각각의 부분이 서로 유기적으로 활동하여 인간의 삶 전체에 기여하는 것에 비유했다.[82] 하나님의 지혜는 특히 하나님이 이 세계를 인간의 보금자리로 만들기 위해 정교하게 만들어 내신 것에서 드러난다. "그가 땅을 지으시고……혼돈하게 창조하지 아니하시고 사람이 거주하게 그것을 지으셨으니"(사 45:18). 칼빈은 "하나님은 지극히 아름답고 정교한 가재도구들이 아주 많이 가득 차 있는 넓고 웅장한 저택처럼, 무수히 많은 다양하고 아름다운 모든 것으로 하늘과 땅을 아주 놀랍게 장식하셨다"고 말했다.[83]

그리스도인은 창조 속에서 하나님의 지혜를 깨닫고, 오늘날에도 하나님이 자신의 작정을 따라 섭리를 통해 아버지로서의 자신의 뜻을 그들의 삶 속에서 집행해 나가고 계심을 믿어야 한다.[84] 우리 주 예수님은 염려하는 신자에게 새와 꽃을 생각해 보고, 하나님이 어떻게 새를 먹이고 꽃을 아름답게 하는지를 보라고 말씀하신다(마 6:25-34). 지혜로 우신 창조주가 자신이 지은 세계를 아주 잘 경영하시므로, 동물들이 농사를 짓지 않아도 먹을 것을 얻을 수 있는 것이라면, 우리 삶과 관련해서는 얼마나 더 자신의 선한 계획을 세우고 실행해 나가시겠는가(롬 8:28)! 그리스도인이 고난을 받을 때조차도 하나님은 여전히 "미쁘신 창조주"(벧전 4:19)시다.

---

82) Charnock, *The Existence and Attributes of God*, in *Works*, 2:22 - 26.
83) Calvin, *Institutes*, 1.14.20.
84) The Heidelberg Catechism (LD 9, Q. 26), in *The Three Forms of Unity*, 75 - 76.

창조주의 선하심

창세기 1장에 나타나 있는 반복의 또 다른 패턴은 "하나님이 보시기에 좋았더라"는 말씀의 반복이고,[85] 이 반복은 "하나님이 지으신 그 모든 것을 보시니 보시기에 심히 좋았더라"(창 1:31)는 말씀에서 정점에 도달한다. 모세는 이스라엘이 불모의 광야에 있던 동안 이 말씀을 썼을 것이다. 하나님이 주신 복 아래에서 "풀"이 땅에서 솟아나는 것에 대한 묘사(참고. 신 32:2; 삼하 23:4; 시 23:2)는 이스라엘 백성으로 하여금 그들의 가축을 기를 푸른 풀이 가득한 초장을 생각하게 만들었을 것이다. "씨 맺는 모든 채소"와 "열매 맺는 모든 나무"는 신선한 먹을 것에 대해 굶주려 있던 이스라엘 백성의 마음에 크게 와 닿았을 것이다(참고. 창 1:29-30). 이것은 창세기 2장에 나오는 푸르른 에덴동산에 대한 묘사로 나아가는 길을 마련해 준다. 또한 하나님은 피조물에게 생육하고 일하고 쉴 수 있는 복을 주심으로써 자신의 선하심을 보여 주신다(1:22, 28; 2:3). 이것은 생각지도 못한 일일 수도 있겠지만, 하나님은 인류에게 복을 주기 위해 인간을 창조하셨다. 사실 땅은 하나님의 신실하신 사랑으로 가득하다(시 33:5; 119:64; 참고. 145:9).

게할더스 보스(1862-1949년)는 "창조론은 피조물에게 일정 정도의 영광을 확보해 준다"고 쓰고, "하나님의 손가락이 피조물을 만지고 형성하신 까닭에, 피조물의 온갖 결함과 죄 가운데서도 하나님의 손가락의 지문이 피조물에 남아 있기 때문이다"라고 설명했다.[86]

창조는 기쁨의 교리다. 창조의 선하심은 이원론적이고 금욕적인 신앙들과는 대조적으로 "하나님께서 지으신 모든 것이 선하매 감사함으로 받으면 버릴 것이 없나니 하나님의 말씀과 기도로 거룩하여진다"(딤전 4:4-5)는 것을 우리에게 가르친다. 이 말씀을 배경으로 바울은 특히 혼인의 선함을 비방하고 이런저런 음식물을 먹지 말라고 한 귀신의 가르침을 경고했다(1-3절). 우리가 하나님이 계시하신 뜻에 따라 하나님의 영광을 위해 이 피조세계를 누리는 것은 죄악 된 것이 아니다. 하나님

---

85) 창 1:4, 10, 12, 18, 21, 25.
86) Vos, *Reformed Dogmatics*, 1:159.

은 "우리에게 모든 것을 후히 주사 누리게" 하셨기 때문이다(6:17). 하나님은 자신이 이 세계의 선함을 보았다고 반복적으로 말씀하심으로써, 친히 피조세계를 누리는 것의 본을 보여 주셨다. 이것은 창조의 한 주간의 마지막 날에 하나님이 자신의 일을 그치고 "안식하신" 것에서도 드러난다(창 2:2). 또 다른 본문은 하나님이 "쉬시며 새 힘을 얻으셨다"고 말한다(출 31:17, "마치고 쉬었음이니라"). 이것은 하나님이 지치셨음을 의미하지 않는다. 창조주는 지치지 않으시기 때문이다(사 40:28). 따라서 이것은 하나님이 창조 사역을 그치고, 자기가 지으신 것을 누리셨음을 의미한다.[87]

피조세계가 지극히 선하다는 것은, 벨기에 신앙고백(1조)이 아주 아름답게 표현하듯, 하나님이 "모든 선함의 차고 넘치는 원천"이심을 우리에게 보여 준다.[88] 아우구스티누스는 "그리스도인에게는 하늘에 있는 것이든 땅에 있는 것이든, 눈에 보이는 것이든 보이지 않는 것이든 모든 피조 된 것의 유일한 원인은 창조주이신 한 분 참 하나님의 선하심임을 믿을 만한 충분한 근거가 있다"고 말했다.[89] 하나님이 이 세계를 창조하신 것은 하나님에게 이 세계가 필요했기 때문이 아니다. 왜냐하면 하나님은 "만민에게 생명과 호흡과 만물을 친히 주시는 이"시고(행 17:25), "누가 주께 먼저 드려서 갚으심을 받겠느냐"(롬 11:35)는 말씀에 해당되는 분이기 때문이다. 도리어 "온갖 좋은 은사와 온전한 선물이 다 위로부터 빛들의 아버지께로부터 내려오나니 그는 변함도 없으시고 회전하는 그림자도 없으시니라"(약 1:17).

하나님은 다른 모든 선한 것을 지으신 최고의 선이시다. 토머스 왓슨(약 1620-1686년)은 이렇게 말했다. "하나님은 이 영광스러운 세계를 지으신 분이 아니던가? 하나님은 모든 것을 선하게 만드신 분이 아니던가? 피조물 속에는 지극히 큰 아름다움과 감미로움이 있지 않는가?

---

87) Vos, *Reformed Dogmatics*, 1:176.
88) *The Three Forms of Unity*, 17.
89) Augustine, *Enchiridion*, chap. 9, in *NPNF*[1], 3:240; 참고, Polyander, Walaeus, Thysius, and Rivetus, *Synopsis Purioris Theologiae*, 10.18 (1:253).

그러니 하나님 안에 있는 감미로움은 어떠하겠는가?"[90] 윌리엄 에임스(1576-1633년)는 창조론은 "우리의 영혼으로 하여금 이 세상을 붙잡지 않게 하고, 고개를 들어 더 높은 곳을 보게 하며, 이 세계를 지으신 분을 붙잡도록" 권면하는 데 유용하다고 말했다.[91]

창조주의 영광을 알고 송축함

따라서 우리는 하나님이 자신의 영광을 선포하고 자신의 속성들이 지닌 아름다움을 나타내게 하려고 우주를 창조하신 것이라는 결론을 내린다. 불타는 모습을 한 하늘의 영들은 끊임없이 "그의 영광이 온 땅에 충만하도다"(사 6:3)라고 선포한다.[92] 칼빈은 "지극히 넓게 펼쳐져 있는 이 광대하고 아름다운 우주의 체계를 한번 훑어보기만 해도, 당신은 이 우주가 내뿜는 광채가 지닌 무한한 힘에 완전히 압도될 수밖에 없다"고 말했다. 그는 "기가 막힐 정도로 질서정연하게 펼쳐져 있는 이 우주는 우리로 하여금 우리 눈으로 볼 수 없는 하나님을 볼 수 있게 해주는 일종의 거울이다"라고 썼다.[93]

따라서 우리는 하나님의 영광을 위해 모든 것을 사용해야 한다. 칼빈은 자신의 교리문답에서 "인간의 삶의 으뜸가는 목적은 무엇인가?"라고 물은 후에, "하나님을 아는 것이다"라고 대답했다. 그리고 계속하여 "당신은 왜 그렇게 말하는가?"라고 묻고 이렇게 대답했다. "하나님은 우리 가운데서 영광을 받으시기 위해 우리를 창조해 이 세계 안에 두셨기 때문이다. 하나님에게서 시작된 우리 삶은 하나님의 영광에 바쳐지는 것이 옳다."[94]

인류의 최대의 비극은 우리의 창조주를 알기를 거부하는 것이다(롬 1:19-21). 우리는 그리스도 안에서 주어진 하나님의 은혜를 힘입어서 창조로 말미암아 하나님을 영화롭게 하는 것이 마땅하다. 하나님이 땅의

---

90) Thomas Watson, *A Body of Divinity* (Edinburgh: Banner of Truth, 1965), 117.
91) Ames, *A Sketch of the Christian's Catechism*, 50.
92) 일반 계시론에 대해서는 이 책 1권 231-233, 244-333을 보라.
93) Calvin, *Institutes*, 1.5.1.
94) Calvin's Catechism of 1545 (Q. 1 - 2), in *Reformed Confessions*, 4:469.

기초를 놓으셨을 때, 천사들은 기뻐서 하나님을 찬송했다(욥 38:7). 시편 148편은 별에서 가축까지, 천사에서 아이까지 피조세계에 속한 각각의 모든 존재에게 하나님을 찬송할 것을 촉구한다. 하나님은 선지자 이사야를 통해 자기 백성에 속한 각 사람에 대해 "내가 내 영광을 위하여 창조한 자"(사 43:7)라고 말씀하셨다. 성경의 마지막 책에서 우리는 하늘에서 하나님을 예배하는 자들이 "우리 주 하나님이여 영광과 존귀와 권능을 받으시는 것이 합당하오니 주께서 만물을 지으신지라 만물이 주의 뜻대로 있었고 또 지으심을 받았나이다"(계 4:11)라고 선포하는 것을 듣는다. 하나님이 지으신 피조세계를 위한 이 장엄한 계획은 모든 민족의 사람들을 구속해 하나님을 예배하고 섬기게 한 어린 양이신 예수 그리스도 안에서 성취되었다(계 5:9-10).

따라서 우리는 하나님이 처음에 우리를 지으신 그 모습이 되어야 한다. 우리는 예수 그리스도를 힘입어 하나님의 영광을 위해 살아야 한다. 은혜로 말미암아 우리가 그렇게 한다면, 그것은 하나님이 이 세계를 창조하신 바로 그 목적, 즉 "하나님을 영화롭게 하고 하나님을 영원토록 즐거워하는 것"을 성취하는 것이다.[95]

묵상과 토론을 위한 질문

1. 창조론이 조직신학에서 아주 중요한 이유는 무엇인가?

2. 다음의 세계관은 만물의 기원을 어떤 식으로 설명하는가? (1) 다신론, (2) 범신론, (3) 범재신론, (4) 유물론.

3. 하나님은 첫 주간의 각각의 날에 무엇을 창조하시거나 창설하셨는가?

4. 저자들이 말하는 "창조 사역의 보편성"은 무엇을 의미하는가?

5. 하나님의 창조 사역은 하나님의 유일무이성을 어떻게 보여 주는가?

6. 우리는 창세기 1장에서 삼위일체에 대한 어떤 암시들을 발견하는가? 다른 성경 본

---

95) Westminster Shorter Catechism (Q. 1), in *Reformed Confessions*, 4:353.

문들은 창조주가 삼위일체 하나님이심을 어떤 식으로 계시하는가?

7. 하나님은 창조 사역에서 (1) 능력, (2) 권위, (3) 지혜, (4) 선하심을 어떤 식으로 나타내셨는가?

8. 하나님의 창조 사역을 연구하는 것이 당신이 하나님을 더욱 믿고 의지하는 것을 어떻게 강화하는가?

더 깊은 성찰을 위한 질문

9. 저자들이 하나님은 "시간의 창조주"시라고 말하는 것은 무엇을 의미하는가? 당신은 거기에 동의하는가? 동의하거나 동의하지 않는다면 그 이유는 무엇인가?

10. 하나님의 피조세계를 하나님의 영광을 위한 극장이라고 보는 것은 무엇을 의미하는가? 그 신념은 우리로 하여금 어떻게 살아가고, 우리 주변의 세계와 어떤 관계를 맺고 살아가게 하는가?

11. 당신의 친구는 범신론적 환경론자여서, 우리는 만물과 하나이므로 만물을 돌봐야한다고 믿는다. 그가 당신에게 피조세계에 대한 그리스도인의 신념이 그의 신념과 어떻게 다른지를 묻는다. 당신은 뭐라고 말하겠는가?

3장

─────❖─────

세계의 창조(2부)

역사적이고 신학적인 질문

    지난 두 세기에 걸쳐 기독교의 창조론은 우리 인간의 기원에 대한 다른 모형을 제시하는 이론들에게 도전을 받아 왔다. 일부 신학자는 창세기 1장을 신화의 범주에 두는 방식으로 이 도전에 대응해 왔다.[1] 신화라는 용어는 여러 가지 의미를 지닌다.[2] 신화는 현실에 대한 총체적인 설명(세계관)의 일부로서의 역할을 하는 전통적인 이야기를 가리킬 수도 있다. 그런 의미의 신화는 사실일 수도 있고 사실이 아닐 수도 있으므로, 거기서 신화라는 용어는 어떤 기사의 역사성과 관련해 상대적으로 중립적으로 사용된다. 하지만 신화는 어떤 역사적 토대를 지니고 있을 수 있지만, 상당한 정도로 허구적인 내용과 수식이 추가적으로 포함된 종교적인 전설이라고 여기는 경우가 아주 흔하다.[3] 심지어 신화

---

1) Peter Enns, "Inerrancy, However Defined, Does Not Describe What the Bible Does," in *Five Views on Biblical Inerrancy*, ed. J. Merrick and Stephen M. Garrett, Counterpoints: Bible and Theology (Grand Rapids, MI: Zondervan, 2013), 83 – 116. 무오성에 대한 엔즈의 견해에 대한 응답, *Five Views on Biblical Inerrancy*의 다른 기고자들의 견해에 대해서는 G. K. Beale, *The Erosion of Inerrancy in Evangelicalism: Responding to New Challenges to Biblical Authority* (Wheaton, IL: Crossway, 2008)를 보라.

2) Feinberg, *No One Like Him*, 574–576.

3) 엔즈는 "출애굽 이야기의 역사적 핵"은 애굽을 떠나거나 애굽에서 도피해 육로로(또는 얕은 호수를 건너) 이주한 한 작은 무리의 노예"일 것이고, 출애굽 이야기는 "나중에 그들의 후손들이 이 역사적 핵을 신화적인 언어로 각색한" 것이라고 말한다. Enns, "Inerrancy, However Defined," in *Five Views on Biblical Inerrancy*, 97.

는 완전히 허구적인 전설이나 꾸며 낸 이야기와 동의어로 사용되기도 한다. 신약 성경에서 "신화"를 가리킬 때 사용하는 헬라어인 '뮈토스'는 그런 의미를 지닌다.[4]

후자의 의미에서 창세기 1장을 신화라고 부르는 것은 창세기 1장은 우리가 지금 허구적인 것으로 여기는 헬라 신화나 노르웨이 신화 같은 고대의 이야기들, 역사가들에게는 흥미로울 수 있고 상상의 나래를 펼칠 수 있게 해 주지만, 우주를 이해하는 데는 별 의미가 없는 이야기들 중 하나라고 말하는 것이다. 하지만 창세기 1장은 성경의 일부이고, 성경은 사람들이 한 말들에 지나지 않는 것이 아니라 하나님의 말씀이어서, 언제나 그 가르침은 참되고, 적용하는 경우에는 유익하다(잠 30:5; 딤후 3:16). 바리새인들이 우리 주 예수 그리스도에게 이혼관을 밝히라고 압박하자, 그리스도는 창세기 1장과 2장을 "읽지 못하였느냐"고 반문하시며 "하나님이 짝지어 주신 것을 사람이 나누지 못할지니라"고 대답하셨다(마 19:4-6). 하나님의 아들이신 그리스도는 창세기를 신화가 아니라 창조에 대한 참된 기사이자 하나님의 도덕법의 확고한 토대로 여기셨다.

창세기와 고대 근동의 문헌들 사이에는 어느 정도 병행이 있긴 하지만, 창세기 기사는 다른 창조 이야기들과 상당히 다르다. 예컨대 에누마 엘리시는 여러 신들 간의 성적 재생산과 전쟁을 통한 창조를 주장한다.[5] 창세기는 창조주와 그의 창조 사역을 유례가 없을 정도의 단순함과 순전함과 장엄함 가운데서 제시한다. 에드워드 영(1907-1968년)은 이렇게 말했다. "창세기 1장은 독자적인 범주에 속하는 글이어서, 창세기와 비슷하거나 동등한 문헌은 고대 문헌 어디에서도 찾아볼 수 없다. 그 이유는 분명하다. 창세기 1장은 천지 창조와 관련해 하나님이 인간에게 주신 계시이기 때문이다."[6]

---

4) 딤전 1:4; 4:7; 딤후 4:4; 딛 1:14; 벧후 1:16.
5) Paul Copan and William Lane Craig, *Creation Out of Nothing: A Biblical, Philosophical, and Scientific Exploration* (Grand Rapids, MI: Baker, 2004), 30-36.
6) Edward J. Young, *Studies in Genesis One* (Phillipsburg, NJ: Presbyterian and Reformed, 1964), 82; 참고, "The Days of Genesis: Second Article," *Westminster Theological Journal* (May 1963): 148 (full article, 143-171).

어떤 사람들은 성경 기자들은 현대 과학과 양립할 수 없는 고대의 우주관을 받아들인 것이라는 반론을 제시한다. 성경은 하늘, 땅, 바다 또는 지하세계로 이루어진 **삼층 구조**의 우주관을 가르치고(빌 2:10; 계 5:3, 13), 거기서 궁창은 하늘의 바다를 떠받치는 둥글고 단단한 천장이라고 말한다(창 1:6-8; 참고, 시 148:4). 그리고 창세기 1장에서 "궁창"으로 번역된 단어('라키야아')와 같은 어원의 동사('라카아')가 "금속을 두들겨 얇게 만드는 것"을 가리키는 데 사용된다는 이유로, "궁창"은 "금속처럼 딱딱한 표면"을 가리킨다고 말한다(참고. 출 39:3; 욥 37:18; 사 40:19). 따라서 성경 기자들은 고대의 신화적인 우주론을 받아들인 것이므로, 우리는 성경에서 과학적이거나 역사적인 정확한 견해를 기대할 수는 없고, 단지 영적인 진리만을 기대할 수 있다고 그들은 주장한다.[7]

이 반론에 대한 우리 대답은 그들은 고대의 우주론을 성경 본문에 집어넣어 읽고 있다는 것이다. 성경은 천문학의 문제를 언급할 때 주목할 만한 정도의 절제를 보여 주고, 천체 현상들을 우리의 감각에 보이는 그대로 "대중적인 문체"와 "일상적인 표현"을 사용해 말하는데,[8] 존 칼빈도 그 점을 지적했다.[9] 성경이 "하늘 위에와 땅 위에와 바다 위에" 있는 "모든 피조물"이라는 표현을 사용할 때(계 5:13), 그것은 피조물 전체를 나타내는 포괄적인 표현을 사용하고 있는 것이다. 성경은 우리에게 우주의 구조에 대해 많은 것을 가르치지 않는다. 예컨대 성경은 "땅의 원"(사 40:22. "땅 위 궁창")이라고 말하기도 하고, "땅의 네 모퉁이"(11:12; 행 10:11; 계 7:1. "땅 사방")라고 말하기도 한다. 즉, 성경이 그 본문들에서 말하려는 것은 땅이 원형으로 생겼느냐 네모나게 생겼느냐 하는 것이 아니고, 하나님이 자기가 창조하신 세계 전체를 다스리신다는 것이다.

"궁창 위의 물"은 구름을 가리키는 것으로 이해하는 것이 가장 좋을

---

7) Denis O. Lamoureux, "No Historical Adam: Evolutionary Creation View," in *Four Views on the Historical Adam*, ed. Matthew Barrett and Ardel B. Caneday (Grand Rapids, MI: Zondervan, 2013), 47-54.

8) 성경이 전문적이고 과학적인 관점이 아니라 사람들의 통상적인 관점에서 현실을 묘사한다는 것에 대해서는 이 책 1권 473에서 성경의 정확무오성을 설명한 내용을 보라.

9) Calvin, *Commentaries*, 창 1:6-8, 15-16.

것이다.[10] 성경이 증언하듯 고대인들은 비가 구름에서 온다는 것을 알고 있었으므로 우리 위에 물이 존재한다고 이해했다.[11] "궁창"('라키야아')이 단단한 물체를 의미한다는 주장과 관련해서는, 이 명사와 같은 어원의 동사가 흔히 금속을 두들겨 펴는 것을 가리키는 데 사용된다는 이유로, 이 명사가 금속같이 생긴 어떤 것을 가리킨다고 결론을 내리는 것은 불가능하다는 것이다. 그런 주장은 언어와 관련된 오류다. 이 동사의 기본적인 의미는 단단하다는 것이 아니라, "편다"는 것이다.[12] 또한 성경은 하나님이 궁창을 펼치신 것을 나타내기 위해 다른 단어들도 사용하면서, 종종 궁창을 딱딱한 금속이 아니라 휘장이나 장막 같은 부드러운 물질에 비유한다.[13] 성경은 우주를 구성하는 물질을 고대 또는 현대의 관점에서 설명하려는 것이 아니라, 하나님이 우주를 창조할 때 하신 일들과 관련한 역사적인 사건들을 정확하게 보도하려는 것이다.

따라서 복음적이고 개혁파적인 그리스도인인 우리는 창세기 1장을 신화라고 불러서는 안 되고, 신학적이고 역사적인 문학으로 여겨야 한다. 창세기 1장은 하나님과 하나님이 하신 일들을 계시하는 것을 주된 목적으로 한다는 점에서 신학적이다. 창세기 1장은 실제의 사건, 사람, 사물을 진정으로 묘사하는 표현을 사용한다는 점에서 역사적이다. 창세기 1장이 문학인 이유는 하나님이 창조의 진리를 사람들에게 전하기 위해 자신의 지혜로 정교하고 솜씨 좋게 만들어 내신 글이기 때문이다. 창세기는 하나님의 말씀이다.[14]

창세기가 신화가 아니라고 했을 때, 우리는 본문과 관련해 여러 가지 중요한 질문에 직면한다. 이 장에서는 창세기의 장르와 역사성에 대한 역사적 질문 및 무에서부터의 창조에 대한 신학적 질문을 검토할 것이고, 다음 두 장에서는 창세기와 관련한 석의적이고 과학적인 질문을 살

---

10) Calvin, *Commentaries*, 창 1:6-8.
11) 삿 5:4; 왕상 18:44-45; 욥 26:8; 36:27-28; 시 77:16; 147:8; 젤 11:3.
12) Victor P. Hamilton, *The Book of Genesis, Chapters 1-17*, The New International Commentary on the Old Testament (Grand Rapids, MI: Eerdmans, 1990, 『NICOT 창세기 1』, 부흥과개혁사 역간, 2016), 122.
13) 시 104:2; 사 40:22; 참고, 욥 9:8; 사 42:5; 44:24; 45:12; 51:13; 렘 10:12; 51:15; 슥 12:1.
14) Feinberg, *No One Like Him*, 577-578.

펴보겠다.

창세기 1-2장은 역사적 서사인가

성경은 종종 역사적 사실을 전하기 위해 은유적인 언어를 사용한다. 예컨대 다윗이 시편 18편에서 그렇게 한다.[15] 어떤 사람들은 창세기 1장이 하나님이 세계를 창조하셨다는 사실을 전하기 위한 일종의 시 또는 긴 은유이므로, 하나님이 실제로 어떻게 세계를 창조하셨는지를 역사적으로 설명한 것은 아니라고 말해 왔다. 그리고 그들은 그 증거로 요한 헤르더(1744-1803년)처럼 창세기 1장의 본문에서 사용된 운율상의 병행법을 지적하기도 한다.[16]

하지만 창세기의 처음 몇 장은 역사로 제시된다. 신학적 의도를 지니고 기록한 역사이긴 하지만 말이다.[17] 우리는 다음과 같은 이유로 그런 결론을 내린다. 첫째, 창세기 처음 몇 장의 본문은 성경의 다른 부분들에서 발견되는 역사적 서사로 되어 있고, 성경에 나오는 시로 되어 있지 않다.[18] 예컨대 히브리 시가의 특징은 한 행이 다른 한 행과 약간 다른 단어로 같은 내용을 반복하거나 반대되는 내용을 말하는 내용상의 병행법이다.[19] 우리는 위에서 말한 시편의 행들에서 다음과 같은 병행법의 예들을 본다.

---

15) Eric Lane, *Psalms 1-89: The Lord Saves*, Focus on the Bible (Fearn, Ross-shire, Scotland: Christian Focus, 2006), 93.

16) J. G. Herder, *The Spirit of Hebrew Poetry*, trans. James Marsh, 2 vols. in one (Burlington: Edward Smith, 1833), 1:58; 참고, Bavinck, *Reformed Dogmatics*, 2:491.

17) 이 절의 여러 부분은 Joel R. Beeke, "The Case for Adam," in *God, Adam, and You: Biblical Creation Defended and Applied*, ed. Richard D. Phillips (Phillipsburg, NJ: P&R Publishing, 2015), chap. 2, pp. 18-26을 P&R Publishing Co., PO Box 817, Phillipsburg, NJ, 08865, www.prpbooks.com의 허락을 받아 수정해 사용했다.

18) Richard P. Belcher Jr., *Genesis: The Beginning of God's Plan of Salvation*, Focus on the Bible (Fearn, Ross-shire, Scotland: Christian Focus, 2012), 31.

19) 히브리 시가에서 병행법은 동의 병행법, 반의 병행법, 비교 병행법, 점층 병행법, 종합 병행법 등 여러 가지 형태가 있다. Michael P. V. Barrett, "Introduction to the Poetic and Wisdom Books," in *The Reformation Heritage KJV Study Bible*, ed. Joel R. Beeke, Michael P. V. Barrett, Gerald M. Bilkes, and Paul M. Smalley (Grand Rapids, MI: Reformation Heritage Books, 2014), 707을 보라.

이에 땅이 진동하고 산들의 터도 요동하였으니 그의 진노로
말미암음이로다(7절).

그룹을 타고 다니심이여 바람 날개를 타고 높이 솟아오르셨
도다(10절).

창세기 1장에는 그런 행들 간의 병행법이 나오지 않는다. 도리어 창
세기 1장 본문은 일련의 사건을 역사적 이야기로 서술하기 위해 히브
리어에서 일반적으로 사용되는 문법 형태로 된 문장을 나열하는 방식
으로 기록되어 있다.[20] 이 형태는 영역 성경에서는 "하나님이 이르시
되", "하나님이 보시기에", "하나님이 만드사" 같은 어구를 통해 드러
난다.[21]

창세기의 처음 네 장을 읽어 보면 역사적 이야기로 자연스럽게 읽
힌다. 그리고 창세기 전체를 계속해서 읽어 가다 보면, 창세기의 처음
몇 장이 더 큰 서사의 일부임을 발견하게 된다. 창세기 13장 10절에
서 우리는 에덴동산을 애굽 땅과 마찬가지로 현실의 한 장소로 언급하
는 것을 발견한다.[22] 이것은 현실의 역사에 대한 기사다. 프랜시스 셰
퍼(1912-1984년)가 지적했듯, 성경은 자신이 기록한 다른 "역사의 시점
들"과 같은 차원에서 "시공간상의 역사적 사실로서의 창조 개념"을 제
시한다.[23]

둘째, 성경은 여러 족보를 통해 창조를 이후의 역사와 연결시킨다.
미국 문화는 족보에 그렇게 큰 가치를 두지 않지만, 다른 문화들은 족
보를 현재와 과거의 중요한 연결 고리로 보고 소중히 여긴다. 창세기의
처음 두 장을 나머지 장들에서 떼어 내 비역사적인 신화 또는 알레고리

---

20) 그런 히브리어 구문을 가리키는 전문적인 용어는 '와이이크톨'(또는 '와우' 연속법과 미완료가
   결합된 구문)이다.
21) Robert L. Reymond, *A New Systematic Theology of the Christian Faith* (Nashville:
   Thomas Nelson, 1998), 117을 보라.
22) 에덴동산에 대한 그 밖의 다른 언급으로는 사 51:3; 겔 28:13; 31:9, 16, 18; 36:35; 욜 2:3을 보라.
23) Francis A. Schaeffer, *Genesis in Space and Time* (Downers Grove, IL: InterVarsity Press,
   1972), 15.

로 다루면, 창세기의 구조와 역사적 문헌으로서의 완결된 형태가 훼손될 수밖에 없다. 창세기 5장에는 노아의 아들들에 이르기까지의 아담의 자손들에 대한 족보가 나온다. 이후의 족보들도 계속하여 아브람까지의 아담의 자손들(11장)과 야곱의 손자(46장)까지의 아담의 자손들을 열거한다. 역대기에서는 이 족보를 포로기 이후의 다윗의 자손들에게까지 확대한다(대상 1-3장). 리처드 프라트는 "역대기사가는 자신의 독자에게 이스라엘의 과거에 대한 진정한 역사적 기록을 보여 주기 위해 글을 썼다"고 말한다.[24] 신약 성경은 아담까지 거슬러 올라가는 예수 그리스도의 족보를 제시한다(눅 3:23-38).

따라서 성경은 창세기의 창조 기사를 예수 그리스도 안에서 하나님이 행하신 구속 사역들에 대한 역사처럼 현실의 역사로 제시한다. 이것은 우리가 창조 기사를 전설로 치부해서는 안 됨을 의미한다. 창세기의 창조 기사도 하나님 말씀의 일부이기 때문이다. 게할더스 보스는 이렇게 썼다. "창조 이야기는 하나님의 일련의 구원 사역에서 하나의 연결 고리같이 서로 결합되어 있다. 하나님은 첫 번째 연결 고리가 화관인 금 사슬을 만드신 것이 아니다."[25]

셋째, 앞에서 언급했듯 그리스도는 창세기를 진정한 역사로 취급하셨다. 그리스도인인 우리의 궁극적 권위는 주 예수 그리스도다. 우리는 그리스도가 구약 성경의 역사를 어떻게 보셨는지를 살펴보았을 때 무엇을 발견하는가? 존 웬함(1913-1996년)은 "그리스도는 일관되게 성경의 역사적 서사들을 사실에 대한 직설적인 기록으로 다룬다"고 썼다.[26] 그리스도는 특히 아담에 대해 이렇게 말씀하셨다. "창조 때로부터 사람을 남자와 여자로 지으셨으니 이러므로 사람이 그 부모를 떠나서 그 둘이 한 몸이 될지니라 이런즉 이제 둘이 아니요 한 몸이니"(막 10:6-8 ESV). 여기서 그리스도는 창세기 1장 27절과 2장 24절을 언급하시며, 이 본문에 설명된 사건이 "창조 때" 일어난 사건이라고 밝히셨다. 또한

---

24) Richard L. Pratt Jr., *1 and 2 Chronicles* (Fearn, Ross-shire, Scotland: Christian Focus, 1998), 11.

25) Vos, *Reformed Dogmatics*, 1:161.

26) John Wenham, *Christ and the Bible*, 3rd ed. (Grand Rapids, MI: Baker, 1994), 17.

우리가 주목해야 할 것은 그리스도는 창세기 1장과 2장을 서로 상반되는 기사가 아니라 보완적인 기사로 여기셨다는 것이다. 하나님의 아들이 창세기 처음 두 장을 '하나님이 세계와 인간을 창조하신 것에 대한 역사적 기록'으로 보셨다는 결론을 피하기는 어렵다.

또한 우리는 예수 그리스도가 누가복음 11장 50-51절에서 창세기의 처음 몇 장의 역사성을 단언하시는 것을 본다. "창세 이후로 흘린 모든 선지자의 피를 이 세대가 담당하되 곧 아벨의 피로부터 제단과 성전 사이에서 죽임을 당한 사가랴의 피까지 하리라 내가 너희에게 이르노니 과연 이 세대가 담당하리라." 여기서 또 다시 그리스도는 가장 초기의 창조의 날들을 언급하셨다. "창세 이후로." 그리고 아담의 아들이자 최초의 순교자인 아벨에 대해 말씀하셨다(창 4장). 이것은 그리스도가 창세기의 기사를 현실의 역사로 취급하셨음을 분명하게 보여 준다. 하나님의 아들이자 우리의 주이신 그리스도 예수께서 창세기의 처음 몇 장에 설명된 세계와 최초의 인간의 창조를 역사적 사실이라고 믿으셨다면, 우리도 그렇게 믿는 것이 마땅하다.

하나님은 무에서 창조하셨는가

창조와 관련해 주된 신학적 질문은 하나님이 이미 존재하던 물질, 즉 자신이 창조하지 않은 물질을 가지고서 우주를 창조하신 것인가, 아니면 하나님이 창조하신 것은 이미 존재해 있던 어떤 물질에서부터 만들어진 것이 아니라, 하나님이 말씀으로 모든 존재하는 것들을 창조하신 것인가 하는 것이다. 우주는 존재하지 않다가 어느 시점에 절대적으로 시작된 것인가, 아니면 처음부터 존재했던 영원한 물질을 기반으로 현재 형태의 우주가 만들어진 것인가?

고대 세계에서 우주의 기원론과 관련해 성경적 견해와 경쟁한 주요한 견해는 플라톤주의였다.[27] 플라톤은 자신의 저작인 『티마이오스』에

---

27) 또 다른 경쟁자는 스토아주의였지만, 스토아주의는 하나님을 세계와 동일시한 범신론적인 것이었다는 점에서 성경의 세계관과 아주 달랐으므로, 플라톤주의와는 달리 교회의 창조론에 위협이

서 신적인 조물주('데미우르고스')가 이미 존재해 있던 물질을 영원한 이데아들을 따라 조형하고 질서를 부여함으로써 세계를 만들어 냈다고 썼다. 플라톤의 창조관은 순교자 유스티누스(AD 약 100-165년) 같은 초기의 몇몇 기독교 저술가에게 영향을 미쳤다. 유스티누스는 플라톤의 가르침은 모세 오경에서 가져온 것이라고 잘못 생각했다.[28]

여러 히브리 전통은 헬라의 플라톤의 가르침과는 대조적으로 성경의 세계관을 반영하여, 하나님은 이미 존재해 있던 물질들을 사용해 단지 수많은 형태의 만물을 만들어 내신 것이 아니라, 모든 것을 무에서 만들어 내셨다고 단언했다.[29] 고대의 한 유대교 저작에서 어떤 어머니는 이제 곧 순교하게 될 자신의 아들에게 이렇게 말했다. "아들아 내가 네게 부탁하건대 하늘과 땅과 그 안에 있는 모든 것을 바라보고서 하나님이 존재하지 않았던 것들을 만드셨음을 생각하라"(마카베오2서 7:28). "존재하지 않았던 것들"(헬라어로 '우크 엑스 온톤')이라는 어구는 불가타에서는 라틴어로 '엑스 니힐로'로 번역되었다. 기독교 신학자들은 흔히 창세기와 성경의 다른 부분들에 나오는 창조에 대한 가르침을 "무로부터의 창조"로 요약한다. 이레네오(180년에 활동)와 테르툴리아누스(200년에 활동)가 그렇게 가르쳤고, 아우구스티누스가 그렇게 단언했으며, 4차 라테란 공의회(1215년)가 그렇게 확증했고, 개혁파의 신앙고백 전통이 그렇게 못 박았다.[30] 헤르만 바빙크는 이렇게 말했다. "기독교회는 한마

되지 않았다.

[28] Justin Martyr, *First Apology*, chap. 59, in *ANF*, 1:182. 지혜서 11:17은 "하나님이 형태가 없는 물질에서부터('엑스 아모르푸 휠레스') 세계를 지으셨다"고 말한다. Paul Copan, "Is *Creatio ex Nihilo* a Post-Biblical Invention? An Examination of Gerhard May's Proposal," *Trinity Journal* 17NS (1996): 82-83 (full article, 77-93)을 보라. 하지만 순교자 유스티누스가 한 그 밖의 다른 균형 잡힌 말들에 대해서는 Bavinck, *Reformed Dogmatics*, 2:409를 보라.

[29] The Dead Sea Scrolls, Community Rule (1QS 3:15). 희년서 2:2는 하나님이 창 1:2의 어둠과 깊음을 창조하셨다고 말한다. Craig, *Creation Out of Nothing*, 100, 105를 보라. 라반 가말리엘 2세는 한 철학자의 도전을 받고, 하나님이 이미 있는 물질들을 가지고 세계를 창조하셨음을 부정하고, 하나님은 공간, 물, 공기, 심지어 어둠까지 물질의 최소 단위인 원소들까지 직접 만드셨다고 말했다. Genesis Rabbah 1:9. Jacob Neusner, *The Rabbis and the Prophets*, Studies in Judaism (Lanham, MD: University Press of America, 2011), 11에서 재인용.

[30] Irenaeus, *Against Heresies*, 2.1.1; 2.10.4, in *ANF*, 1:359, 370; Tertullian, *Against Heretics*, 13, in *ANF*, 3:249; Augustine, *Confessions*, 12.7, in *NPNF*[1], 1:177; Fourth Lateran Council, Canon 1, in *Creeds of the Churches: A Reader in Christian Doctrine from the Bible to the Present*, ed. John H. Leith, 3rd ed. (Louisville: Westminster/John Knox, 1982), 57;

음 한뜻으로 다음과 같은 신앙고백을 굳게 붙들었다. '전능하사 천지를 만드신 하나님 아버지를 내가 믿사오며.' 창조는 하나님이 자신의 주권적인 의지로 자신의 존재와 구별되는 세계 전체를 무에서 유로 만들어 내신 행위를 의미했다."[31]

무로부터의 창조론은 만물은 모두 하나도 빠짐없이 하나님의 창조의 말씀으로 지음을 받아 존재하게 되었다고 단언한다. 스티븐 차녹은 "세계가 무에서 창조되었다고 우리가 말할 때, 그것은 하나님은 이미 존재해 있던 물질을 사용해 만물을 지으신 것이 아니라, 하나님의 창조의 첫 행위를 통해 물질이 존재하게 되었음을 의미한다"고 썼다.[32] 모든 존재하는 것 중에서 하나님 자신을 제외하고는 하나님의 능력의 의지로써 만들어지지 않은 것은 아무것도 없다. 물리적인 물질과 에너지의 가장 기본적인 구성 요소든, 인간과 천사의 영이든, 시간과 공간 속에서 그것들의 관계든, 이것은 마찬가지다.

일부 신학자와 철학자는 무로부터의 창조론은 성경이 가르치지 않은 철학을 기독교에 덧붙인 것이라고 공격해 왔다.[33] 게르하르트 메이(1940-2007년)는 무로부터의 창조론은 "성경 본문으로부터 필연적으로 도출되는 가르침이 아니고", 초기의 기독교 호교론자들이 헬라 사상과 철학적으로 맞서 싸우는 과정에서 하나님의 전능성과 자유를 옹호하려고 만들어 낸 것이라고 주장했다.[34]

무로부터의 창조를 명시적으로 말하는 성경 본문은 없지만, 이 가르침은 여러 성경적 근거 위에서 잘 확증된다.

Belgic Confession (Art. 12) and Heidelberg Catechism (LD 9, Q. 26), in *The Three Forms of Unity*, 27, 75; Westminster Confession of Faith (4.1), in *Reformed Confessions*, 4:239.

31) Bavinck, *Reformed Dogmatics*, 2:416.

32) Charnock, *The Existence and Attributes of God*, in *Works*, 2:127.

33) 논의와 반응에 대해서는 Copan, "Is *Creatio ex Nihilo* a Post-Biblical Invention," 77-93을 보라. 코판은 "무로부터의 창조'를 반대하는 사람들로서, 랭던 길키, 아서 피콕, 이안 바버, 게르하르트 메이를 들고 있다. 또한 Thomas Jay Oord, ed., *Theologies of Creation: Creatio Ex Nihilo and Its New Rivals* (London: Routledge, 2014)를 보라. 후기성도교회(모르몬교)에서도 창시자이자 선지자로 자처한 조셉 스미스의 견해를 따라 '이미 존재해 있던 혼돈으로부터의 창조'를 가르친다.

34) Gerhard May, *Creatio ex Nihilo: The Doctrine of "Creation Out of Nothing" in Early Christian Thought*, trans. A. S. Worrall (Edinburgh: T&T Clark, 1994), 24, 180.

첫째, 창세기 1장 1절의 창조 기사는 "태초에 하나님이 천지를 창조하시니라"는 말씀으로 시작된다. 여기서 "천지"는 모든 존재하는 것을 나타내는 수사법이다. 따라서 하나님이 모든 존재하는 것을 창조하셨다는 뜻이다. 창세기가 계속해서 어떻게 하나님이 물로 채워져 있는 어두운 땅의 여러 측면을 조명하고 형성하셨는지를 말할 때, 그것은 하나님이 자기가 방금 창조하신 물질로 그렇게 해 나가셨다고 말한 것이다. 바빙크는 이렇게 썼다. "형태가 없는 영원한 물질에 대한 암시는 어디에서도 찾아볼 수 없다. 하나님만이 영원하시고 썩지 않으시는 분이다. 하나님만이 생성과 변화의 과정 위에 높이 솟아 계신다."[35]

일부 학자는 창세기 1장 1-3절은 다음과 같이 번역해야 한다는 반론을 제시한다. "태초에 하나님이 천지를 창조하셨을 때 땅은 형태가 없었고, 흑암이 깊음 위에 있었으며, 강한 바람이 물 위로 휩쓸고 지나갔는데, 그때 하나님이 빛이 있으라 하시니 빛이 있었다"(NAB 개정판). NAB는 2절은 "혼돈으로 상징되는 창조 이전의 상태"를 제시하고, "그 상태에서 하나님은 질서를 이끌어 내신다"고 설명한다.[36] 이것은 본질적으로 플라톤적인 창조 이야기의 현대적인 형태다.[37] 그런 읽기는 문법적으로는 가능하지만,[38] 그런 식으로 읽는 경우에는 이 본문의 구문은 아주 어색하고, 짧고 명쾌한 문장들로 이루어져 있는 것이 창세기 1장의 특징임을 감안했을 때는 특히 그렇다.[39] 이 본문의 가장 자연스러운 읽

---

35) Bavinck, *Reformed Dogmatics*, 2:417.

36) New American Bible, revised edition (2011), Gen. 1:1–3, United States Conference of Catholic Bishops, http://www.usccb.org/bible/genesis/1. 다음도 보라. the NJPS translation of the Jewish Publication Society (http://www.taggedtanakh.org/Chapter/Index/english-Gen-1).

37) 이 해석의 초기 지지자 중 한 사람은 유대인 주석자 아브라함 이븐 에즈라(약 1167년 사망, 헬라 철학 특히 신플라톤주의의 영향을 많이 받은 사상가)였다. John Peter Lange, *A Commentary on the Holy Scriptures*, trans. Tayler Lewis and A. Gosman (Bellingham, WA: Logos Bible Software, 2008), 1:161; Tzvi Langermann, "Abraham Ibn Ezra," in *The Stanford Encyclopedia of Philosophy* (Winter 2016 ed.), ed. Edward N. Zalta, https://plato.stanford.edu/archives/win2016/entries/ibn-ezra/를 보라.

38) 이 견해에 따르면, "태초에"('베레쉬트')는 이 구문에서 관계절 앞에 있는 것으로 해석되어야 한다. J. C. L. Gibson, *Davidson's Introductory Hebrew Grammar*, 4th ed. (Edinburgh: T&T Clark, 1994), sec. 13 (12).

39) Lange, *A Commentary on the Holy Scriptures*, 1:161–162.

기는 2절의 "땅"은 1절에서 하나님이 창조하셨다고 말한 바로 그 "땅"이라는 것이다.[40] 존 커리드는 이 전통적인 읽기는 "모든 고대의 번역에서 예외 없이 발견된다"고 지적한다.[41] 따라서 우리는 이 본문이 하나님이 무에서 우주를 창조하셨음을 가르치는 것으로, 즉 하나님은 처음에 땅을 물이 뒤덮인 어두운 덩어리로 창조하셨고, 그런 후에 그런 상태의 땅을 원재료로 사용하여 땅의 모든 것을 형성하셨다고 가르치는 것으로 이해해야 한다.[42]

둘째, 성경은 하나님이 만물을 지으셨다고 단언함으로써, 하나님의 창조 이전에 물질이 존재했음을 부정한다. 창세기 1장은 하나님의 창조 사역이 포괄적이고 보편적이었다고 가르친다. 하나님이 지으신 것의 범주 속에는 존재하는 온갖 종류의 피조물이 포함되어 있고, 거기에 포함되지 않은 것은 단 하나도 없다.[43] 창세기는 하나님의 창조 이전에 어떤 물질이 존재했다는 것에 대해서는 철저하게 침묵한다. 반면에 하나님이 "만물"을 창조하셨다고 단언하는 성경 본문은 많다.[44] 바울이 사도행전 14장 15절에서 인용한 시편 146편 6절은 "만물"의 범위는 우주의 모든 영역에 있는 모든 것으로 이루어진다고 말한다. 즉 "천지와 바다와 그 중의 만물"(ESV)이다. 창조는 시작을 의미하므로,[45] 만물은 시작을 갖고 있고, 하나님의 능력의 역사로 생겨났으며, 하나님이 지으신 것 중에서 이미 존재해 있던 어떤 것에서부터 지으신 것은 단 하나도 없다.

셋째, 히브리서 11장 3절은 하나님이 눈에 보이는 어떤 것에서부터 우주를 지으셨음을 부정한다. "믿음으로 모든 세계가 하나님의 말씀으로 지어진 줄을 우리가 아나니 보이는 것은 나타난 것으로 말미암

---

40) Belcher, *Genesis*, 42.

41) John D. Currid, *A Study Commentary on Genesis: Genesis 1:1 – 25:18*, EP Study Commentary (Darlington, England: Evangelical Press, 2003), 58.

42) 창 1:1과 1:2의 관계에 대한 자세한 논의로는 Copan and Craig, *Creation Out of Nothing*, 36 – 49를 보라.

43) 2장에 나오는 창조의 보편성에 대한 논의를 보라.

44) 느 9:6; 요 1:3; 행 14:15; 17:24; 고전 8:6; 엡 3:9; 골 1:16; 계 4:11.

45) 창 1:1; 막 10:6; 13:19; 엡 3:9; 벧후 3:4.

아 된 것이 아니니라."[46] "하나님의 말씀으로"라는 어구는 분명히 창세기에 나오는 창조 기사를 염두에 둔 표현이다. "눈에 보이는 것들에서부터 만들어지지 않았다"(개역개정에는 "나타난 것으로 말미암아 된 것이 아니니라")는 어구는 믿음은 눈으로 볼 수 없는 실체들을 받아들이는 것이라는 히브리서 11장의 주제와 닿아 있다(1, 7-8, 13, 27절). 윌리엄 레인(1931-1999년)은 이 본문은 "하나님이 창조하신 우주가 이미 존재해 있던 시원의 물질이나 어떤 눈으로 볼 수 있는 것에서 유래했음을 부정한다"는 점에서 "플라톤적인······우주론의 영향을 차단하는 것으로 보인다"고 주해했다.[47] 이 본문의 요지는 하나님이 눈에 보이지 않는 물질에서부터 우주를 지으셨다는 것이 아니라, 하나님은 어떤 물질에서부터 세계를 지으신 것이 아니므로, 세계의 기원에 대한 우리의 견해는 경험적 관찰과 추론을 토대로 해서는 안 되고, 창조론을 "믿음으로" 받아들여야 한다는 것이다. 브루스(1910-1990년)는 히브리서 11장 3절을 이렇게 의역했다. "눈에 보이는 우주는······마찬가지로 눈에 보이는 원재료인 어떤 물질에서부터 만들어진 것이 아니라, 하나님의 능력으로 말미암아 존재하도록 부름을 받았다." 그는 계속해서 "히브리서 기자는······헬라 사상에는 낯선 가르침인 **무로부터의 창조**(라틴어로 '크레아티오 엑스 니힐로')를 단언한다"고 말했다.[48]

넷째, 골로새서 1장 16절은 "만물이" 그리스도로 말미암아 "창조되되 하늘과 땅에서 보이는 것들과 보이지 않는 것들"이 그로 말미암아 창조되었다고 말한다. 사람이나 물질이나 실체나 심지어 우리의 지각으로는 탐지해 낼 수 없는 것 중에서 하나님이 창조하지 않은 것은 하나도 없다. 그런데 어떻게 "태초에" 어떤 물질이 이미 존재해 있어서, 하나님이 그 물질로 세계와 그 중에 있는 것을 만드셨겠는가? 하나님

---

46) "창조했다" 또는 "지었다"(KJV)로 번역되는 동사 '카타르티조'는 '질서를 부여하다, 완전하게 하다'를 의미하지만(참고, 마 4:21), "된"으로 번역된 동사(기노마이'의 완료형)는 되다'를 의미하므로, 여기에서는 "존재하게 되다"를 의미한다(참고, 요 1:3).

47) W. L. Lane, *Hebrews*, Word Biblical Commentary (Dallas, TX: Word, 1991), 2:332. Copan, "Is *Creatio ex Nihilo* a Post-Biblical Invention," 91에서 재인용.

48) F. F. Bruce, *Hebrews*, New International Commentary on the New Testament (Grand Rapids, MI: Eerdmans, 1964), 280 - 281.

외에는 아무것도 존재하지 않았다. 하나님은 자신을 구성하고 있는 실체에서부터 세계를 만드신 것도 아니다. 하나님은 불변하여 변하실 수 없기 때문이다(시 102:25-27; 말 3:6). 하나님의 본질은 하나님이 창조하신 모든 것과는 완전히 다른 본성을 지닌다(사 40:18, 25; 행 17:29; 갈 4:8).[49] 따라서 하나님은 무에서 우주를 만드셨다.

다섯째, 로마서 4장 17절은 하나님이 "없는 것을 있는 것으로 부르시는"(ESV) 분이라고 단언한다. 적어도 이 본문은 하나님에게는 무로부터 창조하실 수 있는 능력이 있음을 보여 준다. 레온 모리스(1914-2006년)는 "바울은 하나님이 자신의 부르심을 통해 무에서 어떤 것을 창조하신다고 말하고 있다"고 썼다.[50] 문맥상으로 이것은 아브라함이 나이 들어 늙었고 그의 아내 사라의 태가 닫혔음에도, 하나님이 약속대로 그들에게 아들을 주실 것임을 아브라함이 믿은 것을 가리킨다(창 17장). 하지만 바울은 아브라함의 그런 믿음을 창조와 연결시키려 했을 가능성이 아주 크다. 하나님이 아브라함에게 그가 생육하여 많은 자손을 낳고 열방의 아버지가 될 것이라고 하신 약속(바울이 롬 4:17에서 인용한 본문인 창 17:4-6을 보라)은 창세기 1장에서 하나님이 최초의 남자와 여자에게 주신 복임을 상기시킨다.[51] 첫 창조는 아담의 죄로 말미암은 죽음 아래에서 무너졌지만(롬 5:12), 아브라함은 "죽은 자를 살리시는" 하나님을 믿고 의지함으로써(4:17) 창조를 새롭게 했다. 따라서 바울은 하나님이 무로부터 창조하실 수 있음을 단언하고, 아브라함의 그런 믿음을 창조 및 새 창조와 암묵적으로 연결시키는 방식으로 아브라함의 믿음을 다루었다.

여섯째, 무로부터의 창조론은 성경의 하나님관에서 본질적이다. 만일 우주가 하나님으로 말미암아 창조되지 않은 물질로 이루어져 있다면, 우리는 세 가지 가능성에 직면하게 된다. 우주는 하나님에게서 독립되어 하나님과 나란히 존재하는 영원한 실체이거나, 하나님이거나, 하

---

49) 참고, Perkins, *An Exposition of the Symbol*, in *Works*, 5:48.

50) Leon Morris, *The Epistle to the Romans*, The Pillar New Testament Commentary (Grand Rapids, MI: Eerdmans, 1988), 209.

51) Kenneth A. Mathews, *Genesis 11:27-50:26*, The New American Commentary 1B (Nashville: Broadman & Holman, 2005, 『NAC 창세기 1』, 부흥과개혁사 역간, 2018), 202.

나님은 존재하지 않는다. 따라서 하나님을 만유를 다스리시는 주님으로 보는 성경의 하나님관은 무너질 것이고,[52] 그 대신에 앞 장에서 논의한바 있는 다른 여러 견해 중 하나, 즉 다신론, 범신론, 범재신론, 유물론[53]이 득세하게 될 것이다. 이 견해 중 어느 것도 성경과 양립할 수 없다. 이 견해들을 기독교와 뒤섞으려는 시도는 성경에서 말하는 것과는 상당한 정도로 다른 하나님관으로 귀결된다. 성경의 하나님관은 무로부터의 창조를 요구한다. 바빙크는 "무로부터의 창조론은 하나님과 세계 간에는 본질적인 차이가 있다고 주장한다"고 말했다.[54] 이 차이는 하나님과 세계의 관계를 제대로 이해하는 데 결정적이다. 만일 하나님이 모든 것을 만드신 것이 아니라면, 어떻게 하나님에게 자신의 뜻을 따라 모든 것을 다스릴 능력이 있겠는가? 하나님과 무관하게 존재하는 것들에 대해 어떻게 하나님이 그것들을 다스릴 권한이 있다고 말할 수 있겠는가? 열방의 거짓 신들에 대한 이사야의 변증은 여호와만이 "처음"이고 "마지막"이시며, 모든 것을 창조하셨으므로 "처음부터" 만물의 주님이시라는 단언에 의거해 있다.[55]

하나님이 무에서 우주를 창조하셨다는 성경의 가르침은 세계가 철저하게 하나님에게 의존되어 있음을 확증해 준다(골 1:16-17; 히 1:2-3). 로버트 레담은 이렇게 쓴다. "모든 존재하는 것은 하나님으로 말미암아 존재하게 되었다. 만물의 존재는 하나님의 존재에서부터 발산되어 나온 것이 아니라, 하나님의 의지에 따른 자유로운 행위였고, 창조 이전에는 어떤 물질도 존재하지 않았다. 따라서 하나님이 아닌 모든 것의 존재와 지속은 하나님에게 의존되어 있다."[56]

따라서 우리는 무로부터의 창조론은 성경 말씀들에서 도출된 것이고, 성경이 보는 하나님 및 하나님과 세계의 관계에서 필수적이다.

하나님이 무에서 우주를 창조하셨다는 사실은 하나님의 능력이 얼마

---

52) Lange, *A Commentary on the Holy Scriptures*, 1:162.
53) 이 다른 견해들에 대한 고찰은 이 책 2장을 보라.
54) Bavinck, *Reformed Dogmatics*, 2:419.
55) 사 37:16; 40:21-22, 26, 28; 41:4; 42:5, 12; 44:6; 45:5-7, 12, 18; 46:10; 48:12-13.
56) Robert Letham, *Systematic Theology* (Wheaton, IL: Crossway, 2019), 271.

나 큰지를 보여 주고, 세계에 대한 하나님의 절대적 주권을 단언한다. 차녹은 "무에서 어떤 것을 만들어 내는 것보다 더 큰 능력은 상상할 수 없다"고 말했다.[57] 따라서 하나님이 무로부터 세계를 창조하셨다는 것은 우리로 하여금 하나님을 전적으로 경외하고 두려워하게 만들 수밖에 없다. 시편 33편 6절은 하나님이 자신의 말씀으로 하늘들을 지으셨음을 우리에게 상기시켜 준다. 그런 후에 8절과 9절에서는 "온 땅은 여호와를 두려워하며 세상의 모든 거민들은 그를 경외할지어다 그가 말씀하시매 이루어졌으며 명령하시매 견고히 섰도다"라고 말한다. 우리는 건축자가 자신의 도구와 장비와 무더기로 쌓여 있는 건축 재료들로 크고 아름다운 건물을 만들어 내는 것을 보면, 그들이 이루어 낸 일에 대해 놀라움을 느낀다. 하물며 아무런 도구나 재료도 없이 단지 "있으라"고 명령하는 말씀만으로 하늘과 땅과 거기에 있는 모든 것을 만들어 내신 하나님을 어떻게 우리가 찬양하고 경배하며 예배하지 않을수 있겠는가!

또한 무로부터의 창조론은 우리를 낮아지게 만든다. 토머스 왓슨은 이렇게 말했다. "우리의 존재는 무에서 시작되었다. 어떤 사람들은 자신의 태생과 가문을 자랑한다. 하지만 무에서 온 그들이 자랑할 이유가 어디 있겠는가?"[58] 우리에게 있는 것 중에서 우리가 받지 않은 것이 있는가? 모든 것을 하나님에게서 받은 우리가 자랑할 이유가 어디 있겠는가? 우리는 천지를 지으신 여호와만을 자랑하는 것이 마땅하다.

묵상과 토론을 위한 질문

1. 창세기 1장을 "신화"라고 부르는 것은 무엇을 의미하는가? 그리스도인이 성경을 그런 식으로 접근하는 것이 지혜롭지 않은 이유는 무엇인가?

2. 저자들은 성경은 궁창이 물로 이루어진 바다를 떠받치는 단단한 천장이라고 가르

---

57) Charnock, *The Existence and Attributes of God*, in *Works*, 2:128.
58) Watson, *A Body of Divinity*, 114; 참고, Perkins, *An Exposition of the Symbol*, in *Works*, 5:48.

친다는 주장을 어떤 식으로 반박하는가?

3. 창세기의 처음 몇 장을 시적 은유가 아니라 역사적 서사로 보아야 하는 세 가지 이유는 무엇인가?

4. 무로부터의 창조론이란 무엇인가?

5. 창세기 1장에서 무로부터의 창조론을 밑받침해 주는 어떤 근거들을 이끌어 낼 수 있는가?

6. 다음의 본문은 무로부터의 창조론을 어떤 식으로 밑받침해 주는가? (1) 히브리서 11장 3절, (2) 골로새서 1장 16절, (3) 로마서 4장 17절.

7. 무로부터의 창조론이 성경의 하나님관에서 아주 중요한 이유는 무엇인가?

8. 무로부터의 창조론은 우리 자신을 자랑하는 것과 주를 믿고 의지하는 것과 관련해 어떤 실천적인 함의들을 지니는가?

더 깊은 성찰을 위한 질문

9. 당신이 친구에게 그리스도가 창세기의 처음 몇 장을 참된 역사로 다루셨으므로 우리도 그래야 한다고 말하자, 그 친구가 이렇게 말했다고 하자. '예수님도 창세기에 대해 잘못 아신 것일 수 있다. 사람은 잘못을 저지르는 법이니까.' 그 말에 대해 당신은 어떻게 대답하겠는가?

10. 어떤 사람이 무로부터의 창조론은 말도 되지 않는다고 하면서 반대한다. 그는 "무에서는 아무것도 생겨나지 않는다는 것은 과학과 일상의 경험이 우리에게 가르쳐 준다"고 말한다. 그 말에 대해 당신은 어떻게 대답하겠는가? 성경에 근거해 대답해 보라.

4장

세계의 창조(3부)

석의적 질문

복음적이고 개혁파적인 그리스도인들을 연합시키는 하나의 원리는 모든 성경이 하나님 말씀임을 믿는다는 것이다. 하지만 창세기 1장이 하나님 말씀의 일부라는 것에 동의하는 사람이라 해도 창세기 1장에 대한 해석에서는 일치하지 않는다. 우리는 창조의 6일을 어떻게 이해해야 하는가? 이 해석의 문제는 근대 과학이 출현하기 이전에도 제기되었지만, 오늘날에는 우주가 생겨난 지 수십 억 년이 되었다는 견해가 과학에서 주류를 이루고 있으므로, 한층 더 절실한 문제가 되었다. 우리는 창세기 1장의 해석과 관련해 주요한 범주들을 개관해 보겠다. 각 범주마다 조금씩 서로 다른 견해들이 있음을 인정하지만 말이다.[1]

무로부터의 창조를 부정하는 것은 하나님에 대한 우리 견해에 치명적인 영향을 미치는 반면,[2] 창세기 1장의 "날"들에 대한 여러 가지 서로 다른 해석은 하나님과 구원에 대한 정통적인 견해를 지닌 그리스도인들이 제기한다. 그럼에도 이것은 하나님 말씀에 대한 바른 해석과 충실성의 문제여서, 우리의 신앙과 관련해 중요한 함의를 지니므로, 우리

---

1) 우리는 여기서 구체적으로 존 콜린스, 존 세일해머, 고든 그레이의 견해를 다루지는 않겠다. 이들의 견해에 대한 요약과 평가에 대해서는 Belcher, *Genesis*, 34 – 45를 보라.
2) 이 책 3장을 보라.

는 이 문제를 주의 깊게 살펴보지 않으면 안 된다.

성경을 해석할 때 결정적으로 중요한 것은 과학 이론 같은 외부적인 고려에 의거하지 않고 성경 자체에 의거해 성경 해석이 이루어져야 한다는 것이다. 존 파인버그는 "우리는 과학 같은 분과 학문들의 연구 결과를 무시해서는 안 되지만, 복음주의자인 우리는 최대한 성경의 가르침을 토대로 우리의 견해를 결정해야 한다"고 말한다.[3] 이것은 성경이 하나님 말씀이기 때문이다. 이 장은 창세기 1장의 날들을 어떻게 해석해야 하느냐 하는 석의적인 질문에 초점이 맞춰져 있다.

아우구스티누스: 즉각적인 창조, 알레고리적인 의미를 지니는 "날"들, 젊은 지구

아우구스티누스는 창조는 즉각적으로 이루어졌고, 창세기 1장에 언급된 "날"들은 알레고리적인 의미만을 지닌다고 가르쳤다. 달리 말하면, 하나님은 모든 것을 한순간에 창조하셨다. 즉각적인 창조설은 시락서 또는 집회서 18장 1절에서 비롯되었다. "영원히 사시는 분은 모든 것을 함께 창조하셨다."[4] 라틴어 성경인 불가타에서는 "함께"를 '시물'(simul), 즉 "동시에"로 번역했지만, 시락서의 헬라어 본문에는 '코이네' 즉 "함께"로 되어 있다. 사람들은 라틴어 번역문을 보고, 창조가 한순간에 즉시 일어났다고 생각하게 되었다. 아우구스티누스의 견해에 따르면, 창세기 1장에 언급된 일련의 날들은 하나님이 자신이 창조하신 것들을 차례로 드러내신 계시의 과정을 나타내는 것이므로, 창세기 1장은 신학적 알레고리 또는 상징적인 이야기로 읽어야 한다. 아우구스티누스는 이렇게 말했다. 천사들은 "'날'(개역개정에는 '낮')이라 불린 저 빛이고, 성경은 그것을 '첫째 날'이 아니라 '한 날'이라고 부름으로써, 성경이 말하는 6일이 사실은 '한 날'임을 시사해 준다. 왜냐하면 둘째

---

3) Feinberg, *No One Like Him*, 578.
4) Augustine, *The Literal Meaning of Genesis*, 4.33.52. Louis Lavallee, "Augustine on the Creation Days," *Journal of the Evangelical Theological Society* 32, no. 4 (December 1989): 460 (full article, 457–64)에서 재인용.

날, 셋째 날 등은 다른 날들이 아니라, 여섯 또는 일곱이라는 수를 완성하기 위해 반복된 저 똑같은 '한' 날이고, 6일은 완전수를 나타내기 위한 목적으로 반복된 한 날이기 때문이다."[5]

하지만 우리가 주목할 것은 아우구스티누스는 우주가 수백 만 년 전에, 또는 수십 억 년 전에 창조된 것이 아니라, 성경에 근거해 대략 6천 년 전에 창조되었다고 믿었다는 것이다.[6] 달리 말하면, 아우구스티누스는 창세기 1장을 즉각적인 창조를 나타내는 영적 알레고리로 여겼지만, 성경 역사와 이후의 장들에 나오는 족보들에 따라 창조의 시점을 계산했다. 그는 창세기 1장의 창조가 오랜 세월에 걸쳐, 또는 여러 세대에 걸쳐 이루어졌다고 믿지 않았다. 따라서 아우구스티누스는 창세기 1장 1절과 2절 사이에는 시간적으로 오랜 간격이 있었다는 견해나, 한 날이 한 세대였다는 견해, 이날들은 하나의 틀이라는 견해같이 늙은 지구를 주장하는 여러 견해를 지지할 수 없었다.

창세기의 날들을 해석하기 위한 이 첫 번째 접근방법은 두 가지 오류 위에 세워져 있다. 이 접근방법의 첫 번째 오류는 기록된 하나님 말씀의 일부가 아닌 외경을 증거 본문으로 사용했다는 것이다. 요슈아 벤 시락이 쓴 "지혜서"는 히브리 성경의 일부도 아니고 헬라어 신약 성경의 일부도 아니다. 또한 위에서 이미 지적했듯, 시락서의 헬라어 본문은 아우구스티누스가 사용한 라틴어 번역본과는 다른 의미를 지니는 경향을 보여 준다.

이 접근방법의 두 번째 오류는 역사적 이야기로 쓰인 성경 본문을 마치 알레고리인 것처럼 취급한다는 것이다. 중세 교회의 근본적인 오류 중 하나는 하나의 성경 본문에 다중적인 의미를 돌렸다는 것인데, 반면에 종교개혁자들은 성경의 문자적 의미를 교회에 회복시켰다. 마르틴 루터(1483-1546년)는 아우구스티누스의 견해를 알고 있었지만, 퉁명스럽게 이렇게 말했다.

---

5) Augustine, *The City of God*, 11.9, 30, in *NPNF*[1], 2:210, 222.
6) Augustine, *The City of God*, 12.10 – 12, in *NPNF*[1], 2:232 – 233.

따라서 "삽을 삽이라고 부른다"는 속담도 있듯, 그[모세]는 사실을 있는 그대로 말했을 뿐이다. 즉 우리가 통상 그렇게 하듯, 그는 "낮"과 "저녁"을 알레고리가 아니라 실제의 낮과 저녁을 가리키는 데 사용한다……모세는 알레고리나 은유가 아니라 문자적인 의미로 말했다. 즉, 그는 세계와 거기에 있는 모든 피조물이 본문에 나오는 그대로 6일 동안 창조되었다고 말했다. 우리가 그 근거를 알지 못하겠다면, 우리는 학생으로 남고, 선생의 일을 성령에게 맡겨야 한다.[7]

간격설: 창세기 1장 1절과 2절 사이에는 시간적으로 오랜 간격이 있다는 견해

일부 그리스도인은 창세기 1장의 처음 두 절 사이에는 시간적으로 오랜 간격이 있다는 견해를 제시한다.[8] 토머스 차머스(1780-1847년)는 일찍이 1804년에 개혁파 그리스도인들에게 이 관점을 퍼뜨렸다. 그는 성경은 우리에게 지구의 나이가 아니라 인류의 나이를 말해 주는 것이라고 주장하고, "창세기 1장 1절에 언급된 첫 번째 창조 행위……와 2절에서 시작되는 좀 더 구체적인 창조 사역들 사이에는 시간적으로 오랜 간격"이 있는 것으로 보이기 때문이라고 말했다.[9] 이 견해는 땅의 상태가 "혼돈하고 공허했던" 것은 최초의 창조 행위 이후에 일어난 대규모의 재앙의 결과라고 주장한다 해서 종종 "파괴-재건설설"(ruin-reconstruction view)이라 불리기도 한다. 이 견해에서는 시간적으로 오랜 간격을 말하므로 지질학적인 오랜 시기들의 존재가 허용되고, 재앙에 대해 말하므로 화석 기록이 허용된다. 스코필드 주석성경은 20세기 초에 창세기 1장 2절의 언어를 하나님의 심판을 선포한 선지자들이 사용

---

7) Martin Luther, *Lectures on Genesis*, in *LW*, 1:4-5 (창 1장).
8) 헤르만 바빙크는 이 견해의 씨앗은 창 1:1과 1:2 사이의 시간 동안에 천사들이 타락했다고 말한 항변파 신학자인 시몬 에피스코피우스와 필립 판 림보르흐의 가르침에서 찾아볼 수 있지만, 이 견해가 본격적으로 제시된 것은 18세기였다고 썼다. Bavinck, *Reformed Dogmatics*, 2:492.
9) William Hanna, *Memoirs of the Life and Writings of Thomas Chalmers* (Edinburgh: Thomas Constable, 1842), 1:81, 386에서 재인용.

한 언어(사 24:1; 45:18; 렘 4:23)와 비교하고, 이 심판을 "천사들의 타락"과 연결시킴으로써, 이 견해를 대중화했다.[10] 지금도 복음주의적 그리스도인 사이에서는 이 견해를 지지하는 사람들이 있다.[11]

간격설의 약점은 성경적 증거가 결여되어 있다는 것이다. 창세기 1장 2절에는 수십 억 년의 시간적인 간격, 천사들의 타락, 심판에 따른 재앙을 보여 주는 것이 아무것도 없다. 헤르만 바빙크는 이렇게 지적했다. "이 절에는 그 입장을 밑받침해 주는 것이 아무것도 없다. 이 본문은 땅이 황량하고 공허하게 되었다고 말하는 것이 아니라, 땅이 황량하고 공허했다고 말한다."[12] 선지자들이 심판의 예언에서 "혼돈하고 공허하다"는 단어들을 사용했다 해서, 그런 맥락 가운데 있지도 않은 창세기 1장에 심판을 집어넣어 읽는 것은 용납될 수 없다.[13] 도리어 선지자들이 사용한 그 단어들은 하나님의 심판이 창조를 부분적으로 무효화해, 창조로 말미암은 자신의 복을 일부 거두어들임으로써, 자기가 만물의 주님이라는 것을 보여 주시는 행위임을 보여 줄 뿐이다. 간격설이 주장하는 전 세계적인 재앙과 관련된 내용은 성경 전체 중 어디에도 나오지 않는다.[14] 이것은 이 견해가 옳을 가능성이 대단히 희박하고, 권위를 가지고 가르쳐야 할 견해가 아님을 보여 준다.

또한 간격설은 창조에 대한 성경의 가르침에도 부합하지 않는다. 창세기 1장의 어조는 다툼이나 심판과는 완전히 반대되고, 도리어 하나님이 주권적으로 행하여 세계를 자신의 뜻과 완벽하게 조화되는 방식으로 쉽게 창조하셨음을 강조한다. 사탄의 반역으로 말미암아 이미 훼손된 세계를 하나님이 보시기에 "심히 좋았다"고 할 수 있는지도 의문이다(31절). 하나님의 창조 사역 전체는 6일 동안에 걸쳐 일어났다. 출

---

10) *The Scofield Reference Bible*, ed. C. I. Scofield (New York: Oxford University Press, 1909), 창 1:2 (3).

11) 간격설을 옹호하는 자세한 논증은 Arthur C. Custance, *Without Form and Void* (Brockville, Canada: n.p., 1970)를 보라. 비판적인 반응은 Weston W. Fields, *Unformed and Unfilled: A Critique of the Gap Theory* (1976; repr., Green Forest, AR: Master Books, 2005)를 보라.

12) Bavinck, *Reformed Dogmatics*, 2:496.

13) Feinberg, *No One Like Him*, 586.

14) Douglas F. Kelly, *Creation and Change: Genesis 1.1 - 2.4 in the Light of Changing Scientific Paradigms* (Fearn, Ross-shire, Scotland: Christian Focus, 1997), 96.

애굽기 20장 11절은 "이는 엿새 동안에 나 여호와가 하늘과 땅과 바다와 그 가운데 모든 것을 만들고 일곱째 날에 쉬었음이라"고 말한다. 이것은 우리가 천지의 창조(창 1:1)와 6일을 분리해서는 안 됨을 보여 주는 것 같다.[15]

또한 하나님이 인간을 지으시기 전에 이미 오랜 세월이 흘렀다고 말하는 것은 하나님이 "창조의 시작에서부터"(막 10:6, "창조 때에") 인간을 창조하셨고, 아벨 같은 순교자들의 피가 "창세 이후로"(눅 11:50; 참고, 히 4:3; 9:26) 흘려졌다고 단언하신 것과 상반되는 것으로 보인다. 그런 말씀들은 인간의 창조와 천지의 창조 사이의 시간 간격이 아주 가까웠음을 보여 준다(참고, 시 102:25; 사 48:13; 히 1:10).

날-세대설: 여섯 날은 여섯의 긴 세대라는 견해

늙은 지구와 부합하는 방식으로 창세기 1장을 해석하려는 또 다른 시도는 한 날은 한 세대를 나타낸다고 읽는 것이다. 이 견해에 따르면, 창조 기사는 여러 세대에 걸친 오랜 세월에 걸쳐 하나님이 행하신 일련의 창조 행위를 나타내는 것으로 해석된다. 이 접근방법은 창세기 1장의 진리와 날들의 순서를 그대로 보존하면서도, 우주의 나이에 대한 과학적인 견해와 부합하는 방식으로 창세기 1장을 해석하려는 시도다.

예일 대학교에서 물리학을 가르치던 강사인 벤저민 실리먼(1779-1864년)은 1829년에 "사건들의 순서가 아니라, 인간의 창조 이전에 지나갔다고 여겨지는 시간의 양에서……모세의 창조 기사에 대한 일반적인 이해와 다른" 관점을 제시했다.[16] 지질학자이면서도 성경의 무오성을 믿은 신자였던 휴 밀러(1802-1856년)는 차머스가 주창한 간격설에는 만족하지 못했지만, "모세의 창조의 날들은……오랜 시간을 지닌 일련의 연속된 기간……으로 볼 수 있다"는 차머스의 신념은 수용했다.[17]

---

15) Belcher, *Genesis*, 44-45.
16) Benjamin Silliman, *Outline of the Course of Geological Lectures Given in Yale College* (New Haven, CT: Hezekiah Howe, 1829), 126.
17) Hugh Miller, *The Testimony of the Rocks: Or, Geology in Its Bearings on the Two*

날-세대설(day-age view)은 유신론적인 진화 또는 점진적 창조설과 결합될 수 있다. 점진적 창조설은 아주 긴 지질학적 시간 간격을 두고서 하나님이 새로운 종류의 피조물을 초자연적으로 창조하셨다는 견해다.[18] 최근에 날-세대설을 지지하는 두 명의 인물로는 휴 로스와 글리슨 아처(1916-2004년)가 있다.[19]

날-세대설을 위해 제시되는 증거 중 일부는 창세기 1장의 6일을 문자 그대로 달력의 날들로 읽어서는 안 된다는 논거들로 되어 있다. 이 견해의 지지자들은 성경에서는 종종 한 날을 한 세대로 읽고 있다는 점에서 그들의 읽기는 자연스러운 읽기라고 주장한다. 시편 90편 4절에서는 "주의 목전에는 천 년이 지나간 어제 같으며 밤의 한순간 같을 뿐임이니이다"라고 말한다. 베드로는 "주의 목전에는 천 년이 지나간 어제 같으며 밤의 한순간 같을 뿐임이니이다"(벧후 3:8)라고 썼다. 그들은 한 날을 한 세대로 해석하는 것은 이레네오 같은 초기 교회의 신학자들 사이에서 일반적이었다고 말한다.[20]

날-세대설은 창조와 관련한 과학과 성경의 증언을 둘 다 받아들이려는 진지한 시도다. 하지만 우리는 이 견해는 창세기 1장 본문에 부자연스럽고 불필요한 해석을 꿰맞추고 있다고 믿는다. 한 날이 한 세대 같다고 말하는 성경 본문들은 창세기를 해석하는 본문들이 아니라, 하나님의 영원성(시 90:2-4) 또는 하나님의 인내(벧후 3:8-9) 같은 다른 것을 강조하는 본문들이다. "날"에 대한 이런 은유적 용법을 창세기 기사에 집어넣어 해석하는 것은 성경에 아무 근거가 없다.

날-세대설은 초기 교회의 지배적인 견해가 아니었는데도, 이 견해의

Theologies, Natural and Revealed (Boston: Gould and Lincoln, 1857), 157 – 158.

18) Silliman, *Outline of the Course of Geological Lectures Given in Yale College*, 7, 50, 65, 121.

19) Hugh Ross and Gleason L. Archer, "The Day-Age View," in *The Genesis Debate: Three Views on the Days of Creation*, ed. David G. Hagopian (Mission Viejo, CA: Crux Press, 2001), 123 – 163. 다음도 보라. Hugh Ross, *Creation and Time: A Biblical and Scientific Perspective on the Creation-Date Controversy* (Colorado Springs: NavPress, 1994). 로스는 Reasons to Believe (www.reasons.org)의 창설자다.

20) Ross and Archer, "The Day-Age View," in *The Genesis Debate*, ed. Hagopian, 125 – 126, 158n15. 다음을 보라. Irenaeus, *Against Heresies*, 5.23.2, in *ANF*, 1:551 – 152.

지지자들은 정반대의 주장을 편다.[21] 오리게네스(약 185-254년)와 아우구스티누스 같은 일부 초기 신학자들은 창세기 1장을 알레고리적으로 해석하긴 했지만, 한 날을 한 세대로 해석한 것은 아니었고, 이 세계의 나이가 단지 수천 년에 지나지 않는다고 믿었다.[22] 이레네오는 날-세대설을 가르친 것이 아니라, 도리어 문자 그대로의 창조의 6일과 상응하는 역사의 여섯 시대가 존재할 것이라고 가르쳤고, 다른 사람들도 이 견해를 받아들였다.[23]

날-세대설은 "성경 본문에 대한 과학적 기반의 접근방식"의 사용을 우리에게 조장한다는 점에서 성경 해석과 관련해 위험한 선례를 남겼다.[24] 예컨대 성경은 하나님이 첫째 날에 빛을, 넷째 날에 별을 창조하셨음을 보여 주지만, 로스와 아처는 하나님이 빛과 별을 처음에 만드셨다고 말하고, 하나님이 대기를 점점 더 깨끗하게 하셔서 빛이 땅에 도달한 것이 첫째 날이었고, 별이 뚜렷하게 보이게 된 것이 넷째 날이었으므로, 성경이 그렇게 말하는 것이라고 주장한다.[25] 이것은 과학적 이론을 성경에 집어넣어 읽은 분명한 예다. 성경 본문은 독자들과 소통하기 위해 쓰인 것인데, 오늘날의 그런 과학적 이론들은 최초의 성경 독자들에게는 생소했을 것이다.[26] 우리는 과학적 현실은 창조주의 말씀과 일치한다고 믿지만, 성경에 대한 석의를 현재의 과학 이론에 종속시켜서는 안 되고, 궁극적으로 하나님 말씀의 권위와 명료성을 의지해야 한다.

---

21) 창세기에 대한 초기 교회의 해석들에 대해서는 William VanDoodewaard, *The Quest for the Historical Adam* (Grand Rapids, MI: Reformation Heritage Books, 2015), 21-33을 보라. 또한 다음을 보라. Robert Bradshaw, "Creationism & the Early Church" (online book), https://robibradshaw.com/contents.htm.

22) Origen, *Against Celsus*, 1.19-20, in *ANF*, 4:404; Augustine, *The City of God*, 12.10-12, in *NPNF*[1], 2:232-233.

23) Irenaeus, *Against Heresies*, 5.28.3, in *ANF*, 1:557.

24) Lee Irons with Meredith G. Kline, "The Framework Response [to the Day-Age View]," in *The Genesis Debate*, ed. Hagopian, 180.

25) Ross and Archer, "The Day-Age View," in *The Genesis Debate*, ed. Hagopian, 135.

26) Feinberg, *No One Like Him*, 612.

틀 가설: 6일은 은유적 의미를 지닌 틀이라는 견해

틀 가설(framework hypothesis)은 창세기 1장은 하나님의 참된 말씀이라고 단언하지만, 역사적 이야기나 창조의 사건들을 연대기적 순서를 따라 서술한 것이 아니라 신학적 선포라고 주장한다.[27] 간격설이나 날-세대설은 창세기의 날들이 역사적 순서를 따른 것이라고 인정하는 반면, 이 견해에서는 창조에서 말하려는 주제들을 날별로 정리해 제시한 것이라고 본다. 이 견해는 창세기 1장 본문은 긴 은유 또는 비유를 통해 신학적 진리를 전하기 위해 설계된 문학적인 틀이라고 주장하므로 "틀" 가설이라 불린다. 데이비스(1854-1926년)가 1892년에 프린스턴 신학대학원에서 주창했고,[28] 아리 노르체이(1871-1944년), 니콜라스 리더보스(1910-1981년), 메러디스 클라인(1922-2007년)이 대중화한[29] 이 틀 가설은 지난 몇 십 년 사이에 개혁파와 복음주의 그리스도인 사이에서 급속하게 인기를 얻어 왔다.

날-세대설과 마찬가지로 틀 가설을 옹호하기 위해 제시된 근거 중 많은 부분은 창세기 1장의 날들은 문자 그대로의 역법상의 날들일 수 없다는 논거에 의거해 있다. 또한 틀 가설의 지지자들은 창세기는 창조를 하나의 서로 병행되는 틀을 사용하여 주제별로 묘사하고 있으므로, 창세기 1장의 본문을 문자 그대로 일련의 역사상의 날들에 대해 말하는 것으로 해석해서는 안 된다고 주장한다.

---

27) Lee Irons with Meredith G. Kline, "The Framework View," in *The Genesis Debate*, ed. Hagopian, 217-256.

28) John D. Davis, "The Semitic Tradition of Creation," *Presbyterian and Reformed Review* 3, no. 11 (1892): 457-459 (full article, 448-61), at Princeton Theological Seminary Library, http://journals.ptsem.edu/id/BR1892311/dmd004. 데이비스는 창세기 1장은 하나님이 직접 주신 계시라기보다는, 히브리인들이 고대의 신화를 자신들의 유일신론적인 신앙에 따라 각색한 것이라고 믿었다.

29) Irons with Kline, "The Framework View," in *The Genesis Debate*, ed. Hagopian, 225; Young, *Studies in Genesis One*, 44.

영역	주민
첫째 날: 빛, 낮, 밤	넷째 날: 궁창의 광명체들
둘째 날: 궁창, 아래의 물, 위의 물	다섯째 날: 바다의 생물, 공중의 생물
셋째 날: 땅, 바다, 식물	여섯째 날: 동물, 사람
창조주—일곱째 날: 여호와의 거룩한 안식	

창세기 1장의 날들을 두 부류로 구분할 수 있고, 각각의 부류는 하나님이 각각의 왕국을 형성하여 거기에 주민을 채우신 것과 똑같은 창조 활동을 보여 준다. 창세기는 문학적인 목적을 위해 여섯과 일곱이라는 도식으로 하나님의 창조 활동을 묘사한다. 하나님이 안식하신 일곱째 날이 인간의 안식과의 유비를 통해 묘사되는 것처럼, 처음 6일도 하나님의 창조 활동을 인간의 활동과의 유비를 통해 묘사한 신인동형론적인 표현이다.[30]

이 견해의 그런 논거들에 대한 우리 대답은 다음과 같다. 성경에서 어떤 사건을 구조화해 서술하고 있다는 것은 그런 본문이 역사적인 기사가 아님을 증명해 주지 않는다. 애굽에 내려진 열 가지 재앙(출 7-12장), 또는 예수 그리스도의 족보를 일곱 명의 조상을 하나의 단위로 묶어 여섯 묶음으로 제시한 것(마 1:17) 같은 고도로 구조화한 기사들을 생각해 보라. 이 기사들도 역사적인 서술도 아니고 역사적 순서를 반영한 것도 아닌가? 파인버그가 "일단 역사를 내포하고 있는 것으로 보이는 문학 장르로 된 기사를 마치 역사적인 것이 아닌 것으로 취급하게 되면, 모종의 역사인 것으로 보이는 다른 본문들과 관련해서도 심각한 의문이 제기된다"고 경고한 것은 옳다.[31]

창세기 1장은 유일무이한 역사적 상황, 즉 죄인들의 반란과 이 땅에

---

30) Irons with Kline, "The Framework View," in *The Genesis Debate*, ed. Hagopian, 224, 245-249. 클라인은 "창조의 왕국들"과 "창조의 왕들"이라는 표현을 사용했지만, 우리는 바다의 생물, 공중의 생물, 그 밖의 다른 동물이 자신의 환경을 지배하는 왕으로 다스린다는 것은 창세기 본문에 비추어 볼 때 분명하지 않으므로, 존 프레임의 표현을 따랐다. 프레임은 이 견해를 지지하지 않지만, 이 견해에 대해 호의적으로 설명함을 유의하라. Frame, *The Doctrine of God*, 303-304.

31) Feinberg, *No One Like Him*, 614.

대한 하나님의 저주 이전의 시기를 우리에게 보여 준다. 따라서 우리가 하나님이 창조 사역을 통해 만들어 내신 것들 속에서 아름다운 조화와 질서를 발견하는 것은 이상한 일이 아니다. 장 마르 베르투는 이렇게 쓴다. "하나님이 친히 6일에 걸쳐 만물을 창조하신 것을 아주 복잡하고 세련된 문학적인 양식으로 담아내게 하신 것이 [우주를 지으신 분에게] 무슨 어려운 일이겠는가? 예술적인 양식은 사실들의 실제적인 관계와 결코 반대되지 않는데, 이 기사를 쓰신 분이 사실들을 실제로 만들어 내신 창조주이실 때는 특히 더 그러하다."[32]

게다가 틀 가설의 지지자들이 제시한 처음 3일과 그 다음의 3일 간의 병행 관계도 정확하지 않다. 하나님이 "하늘의 궁창에" 천체들을 두신 것은 넷째 날이지만(창 1:14), 궁창은 둘째 날에 창조되었으므로 첫째 날에는 언급되지 않는다. 그들은 다섯째 날이 둘째 날과 병행된다고 말하지만, 다섯째 날에 창조된 새는 하나님이 셋째 날에 지으신 "땅"에서 번성한다(1:22).[33] 따라서 창조의 6일을 해체하여, 첫째 날과 넷째 날, 둘째 날과 다섯째 날, 셋째 날과 여섯째 날을 각각 하나로 묶어 연대기적인 아닌 세 가지 신학적 주제를 표현한 것이라고 주장하기보다는, 창세기 1장이 각각의 창조 행위가 그 다음에 이어지는 창조 행위의 기반이 되는 연대기적인 일련의 날들을 묘사하고 있는 것으로 읽는 것이 훨씬 더 일리가 있다.[34] 예컨대 하나님은 땅을 창조하셨고(첫째 날), 그런 후에 물과 식물을 창조하셨으며(셋째 날), 그렇게 하신 후에 물에 둥지를 틀고 식물을 먹고 살아갈 새를 창조하셨다(다섯째 날). 틀 가설의 지지자들이 연대기라는 개념을 사용하지 않고 창세기 1장을 설명해야 한다고 대답한다면, 그들은 하나님이 식물과 동물을 먼저 창조하시고 그런 후에 사람을 창조하셨다는 것 같은 기본적인 진리들을 포기해야 할 것인데, 아마도 그들은 그렇게 하기를 주저할 것으로 보인다.[35]

---

32) 프랑스어에서 번역된 것으로, Kelly, *Creation and Change*, 115에서 재인용.
33) Young, *Studies in Genesis One*, 72.
34) Wayne Grudem, *Systematic Theology: An Introduction to Biblical Doctrine* (Grand Rapids, MI: Zondervan, 1994), 302-303.
35) 아이언스와 클라인은 여전히 창세기 1장에 대해 "6일"은 특별한 창조 활동의 "닫힌 기간이고"(이것은 6일에서 7일로의 점진적 이행을 암시한다), "인간은 이 과정의 끝에서 창조되었다"

일곱째 날과 관련해서는 하나님이 안식하시는 것을 성경 본문이 신인동형론적으로 묘사한다는 것은 사실이지만(아마도 우리가 하나님을 본받아 안식일을 지킬 책임이 있음을 강조하기 위해), 일련의 날들도 신인동형론적인 표현이라고 결론을 내리는 것은 해석상의 비약이다. 어떤 이야기에 신인동형론적 표현이나 은유가 들어 있다면, 그 이야기는 역사적인 것이 아니게 되는가? 그렇다면 창세기 2장 7절은 어떤가? 창세기의 나머지 부분은 어떤가? 성경의 나머지 부분은 어떤가? 다시 한 번 말하지만 창세기 1장을 역사적 이야기 외의 다른 것으로 해석하는 것은 위험한 해석학을 도입하는 것이다. 그런 접근방법과는 반대로 우리는 에드워드 영의 말에 동의한다. "창세기 1장에 '신인동형론적인' 단어나 표현이 나온다 해서, 거기에서부터 날들에 대한 언급이 신인동형론적이라는 결론을 도출해 내서도 안 되고, 날들을 연대기적인 것이 아니라 연대기와는 상관없이 주제별로 배열한 것으로 이해해야 한다는 결론을 도출해 내서도 안 된다."[36]

사실 일곱째 날은 틀 가설에 불리한 강력한 근거를 제공해 준다. 일곱째 날은 인간이 6일 동안 일한 후에 일곱째 날을 거룩한 안식 가운데 보낸다는 한 주간의 행동 패턴의 근거이기 때문이다. 에드워드 영은 "한 주간의 구조 전체는 하나님이 6일 동안 연속적으로 일하셨고 일곱째 날에 안식하셨다는 사실에 뿌리와 근거를 두고 있다"고 말했다.[37] 하지만 틀 가설에 따르면, 하나님은 6일의 연속된 날들 동안 일하신 후에 일곱째 날에 안식하신 것이 아니다. 따라서 십계명 중 넷째 계명의 근거가 통째로 사라지게 된다.

고 단언하고 싶어 한다. Irons with Kline, "The Framework Response [to the Day-Age View]," in *The Genesis Debate*, ed. Hagopian, 182.
36) Young, *Studies in Genesis One*, 58.
37) Young, *Studies in Genesis One*, 78.

역법상의 날이라는 설: 연대기적 순서로 된 문자 그대로 의 6일이라는 견해

창세기 1장의 본문을 처음으로 읽어 보았을 때 언뜻 떠오르는 생각 은 창조의 6일은 말 그대로 역사적이고 실제적인 연속된 6일이라는 것 이다. 6일을 구성하는 각각의 날에 대해 "저녁이 되고 아침이 되니"라 는 어구가 반복되고 있는 것은 밤과 낮의 통상적인 주기를 시사해 준다. 로버트 레이먼드(1932-2013년)가 말했듯 성경에서 이 용어가 "통상 적인 한 날의 주기"를 가리키는 경우가 "압도적으로 우세하다"는 것을 감안했을 때, "문맥상으로 다른 견해를 생각할 수밖에 없는 사정이 있 지 않은 한", 6일을 실제의 날들로 이해하는 것은 "유지되어야 한다."[38) 또한 역법상의 날이라는 견해는 창세기 1장 5절에서 "저녁이 되고 아 침이 되니 이는 첫째 날이니라"고 문자 그대로 읽고 있는 것에서도 근 거를 발견한다.[39) 4세기로 거슬러 올라가 대 바실리우스(약 329-379년)는 창세기 1장 5절이 그렇게 말한 것은 이 문맥 속에서 "한 날의 길이"를 "24시간"으로 정의하려 한 것으로 보인다고 설명했다.[40) 또한 안식일 계명이 창조의 6일이 연속적인 날들이었음을 근거로 하고 있는 것도 한편으로는 창세기 본문을 액면 그대로 해석한 것에 의거해 있고, 다른 한편으로는 모세가 창조의 기간을 문자 그대로 현실의 한 주간으로 여 겼음을 확증해 준다(출 20:11; 31:17).

창세기 1장을 역법상의 6일로 해석하는 그리스도인은 흔히 이 견해 에 따른 해석을 본문 자체에서부터 자명한 것으로 보고, 그리스도인 이 이 해석에 의문을 제기하는 것을 당혹스럽게 생각할 것이다. 하지만 날-세대설이나 틀 가설 같은 다른 견해를 지지하는 그리스도인은 다음 과 같은 이유로 이 문자적인 해석을 받아들일 수 없다고 주장한다.

---

38) Reymond, *A New Systematic Theology of the Christian Faith*, 393.
39) 히브리어 본문에서는 서수를 사용해 "첫째 날"이라고 말하지 않고, 기수를 사용해 "한"('에하 드') 날이라고 말한다.
40) Basil, *Hexaemeron*, 2.8, in *NPNF*², 8:64.

1. 창세기에서는 하나님이 첫째 날에 빛을 창조하셨지만, 해는 넷째 날에 창조하셨다고 말한다. 하지만 처음 3일을 해가 없는 문자 그대로의 날들로 보는 것도 불합리하고, 하나님의 빛의 근원 중 하나를 만드시고 나서 나중에 다른 근원으로 대체하셨다고 생각하는 것도 불합리하다.[41]

2. 여섯째 날에는 동물의 창조, 인간의 창조, 인간이 동물들의 이름을 붙이는 것, 여자의 창조, 남자가 여자에게 말한 것(참고, 창 2장) 같은 지나치게 많은 일이 일어나는데(창 1:24-31), 이 많은 일이 24시간 안에 이루어졌다고 보기는 어렵다.[42]

3. 일곱째 날과 관련해서는 저녁과 아침에 대한 언급이 없는 것으로 보아, 일곱째 날은 한 세대를 가리키거나, 현재까지 이어지는 "영원한 날"을 가리킨다(창 2:1-3; 참고, 히 4:3-11).[43]

4. 창세기 2장 4절은 하나님이 하루에 만물을 창조하셨다고 말한다. "여호와 하나님이 땅과 하늘을 만드시던 날에." 따라서 창조의 날들도 문자 그대로의 날들이 아니다.[44]

5. 창세기 2장 5-6절은 하나님이 창조 과정 동안 초자연적인 행위가 아니라 통상적이고 자연적인 섭리를 통해 세계를 유지하셨음을 보여 준다. 따라서 하나님은 해보다 먼저 식물을 창조하신 것도 아니고, 한 날에 땅과 물을 분리하여 뭍을 만드신 것도 아니다.[45]

그래서 일부 그리스도인은 성경이 진리라는 것을 부정하지 않으면서

---

41) Irons with Kline, "The Framework View," in *The Genesis Debate*, 221, 229; Kenneth R. Samples, "The Nature and Duration of Creation Day Six," December 4, 2007, *Reasons to Believe*, https://www.reasons.org/explore/publications/rtb-101/read/rtb-101/2007/12/04/the-nature-and-duration-of-creation-day-six.

42) Samples, "The Nature and Duration of Creation Day Six."

43) Ross and Archer, "The Day-Age View," in *The Genesis Debate*, 146-147; Irons with Kline, "The Framework View," in *The Genesis Debate*, ed. Hagopian, 245.

44) Miller, *The Testimony of the Rocks*, 158.

45) Irons with Kline, "The Framework View," in *The Genesis Debate*, ed. Hagopian, 232-233.

도, 창세기 1장의 본문 자체가 한 날이 한 세대를 가리키는 것으로, 또는 1장 전체를 하나의 문학적인 틀이나 어떤 다른 종류의 은유로 보도록 우리를 떠민다는 결론을 내려왔다.

하지만 우리는 그런 반론에도 불구하고 창세기 본문을 역법상의 연속된 6일과 일곱째 날에 대한 역사적 서사로 해석하는 것이 최선이라고 믿는다. 위의 반론에 대한 우리 대답은 다음과 같다.

1. 넷째 날 이전에 해가 존재하지 않았다 해서 낮과 밤으로 이루어진 한 날의 주기에 대해 말할 수 없는 것이 아니다. 왜냐하면 특정한 방향으로부터 오는 빛의 근원(첫째 날에 창조된)과 지구의 자전이 존재하기만 하면 날의 주기에 대해 말하는 것이 가능하기 때문이다. 창세기 본문은 이 일들이 우리가 오늘날 이 세계에서 관찰하는 자연 질서가 아니라, 단지 말씀으로 창조하고 다스리시는 창조주의 초자연적인 능력으로 이루어진 것임을 보여 준다. 존 칼빈은 이 반론을 예상하고 이렇게 썼다. "여호와 하나님은 창조의 순서 자체를 통해, 자기가 빛을 자신의 수중에 쥐고 계시므로, 해와 달 없이 우리에게 빛을 나누어 줄 수 있음을 증언하신다."[46] 하나님은 첫째 날, 둘째 날, 셋째 날에 해 없이 창조 사역을 하심으로써, 자신이 창조한 피조세계에 무엇인가를 공급하기 위해 해를 비롯한 어떤 땅에 속한 수단을 필요로 하지 않음을 보여 주셨다.[47] 따라서 우리는 궁극적으로 피조 된 것을 의지하지 않아야 하고, 피조물을 섬기는 것은 더더욱 하지 않아야 하며, 오직 하나님을 믿고 의지하며 섬겨야 한다.

2. 창세기 2장에 언급된 모든 일이 여섯째 날에, 즉 한 날에 이루어졌다는 것은 말이 되지 않는다는 반론은 아담이 동물들의 이름을 지어 주는 데는 상당한 시간이 걸렸을 것이라는 사변적인 전

46) Calvin, *Commentaries*, 창 1:3.
47) John Calvin, *Sermons on Genesis: Chapters 1:1 - 11:4*, trans. Rob Roy McGregor (Edinburgh: Banner of Truth, 2009), 25 - 26.

제를 근거로 한다. 우리는 이 일이 구체적으로 어떻게 이루어졌고, 얼마나 시간이 걸렸는지를 알지 못한다. 따라서 우리는 창세기 1장을 문자적으로 읽는 것은 창세기 2장 19-20절과 모순된다고 생각해서는 안 된다. 창세기 2장의 이 본문이 말하려는 요지는 동물들에 대한 아담의 권위와 아담에게 적합한 배필이 필요했음을 보여 주는 것이다.

3. 창세기 2장 1-3절은 일곱째 날이 현재까지 계속 이어지고 있다고 직접적으로나 간접적으로나 말하지 않는다. 일곱째 날은 창조의 한 주간에서 마지막 날이므로, 우리는 이날이 처음 6일과 똑같은 특징들을 지닐 것이라고 기대해서는 안 된다. "저녁과 아침"에 대한 언급이 없음을 근거로 삼은 것은 침묵에 의거한 논증이고, 그런 논증의 근거는 대단히 빈약할 수밖에 없다. 만일 일곱째 날이 영속적인 날이라면, 우리는 모든 날을 영속적으로 안식일로 지켜야 할 것이므로, 7일 중의 한 날을 안식일로 지키라고 하나님이 명령하신 것(출 20:11)은 터무니없는 것이 될 것이다. 히브리서가 아론, 멜기세덱, 희생제사, 가나안 땅을 그리스도와 그의 나라를 보여 주는 모형으로 보는 것처럼, 히브리서 4장 3-11절은 안식일의 안식을 모형론적인 관점에서 다룬다. 하지만 히브리서는 안식일이 영원한 안식이라고 말하는 것이 아니라, 안식일은 우리가 그리스도를 믿음으로 말미암아 얻게 되는 하늘에 속한 안식을 나타내는 것이라고 말할 뿐이다.

4. "여호와 하나님이 땅과 하늘을 만드시던 날에"(창 2:4)라는 표현은 히브리어에서 "~할 때"를 의미하는 관용구다.[48] 따라서 "여호와 하나님이……만드셨을 때"라고 번역할 수 있다. 반면에 창조의 6일은 하나의 이야기 속에서 일련의 연속된 날들을 가리킨다는 점에서 상당히 다르다. 이것과 비슷한 일련의 날들에 대

---

48) Belcher, *Genesis*, 28. 히브리어 본문에는 '베욤'("날에")은 '만들다'를 뜻하는 동사의 부정사('아초트')와 연계형으로 연결되어 있다. 이 구문에 대해서는 Brown, Driver, and Briggs, *Enhanced Brown-Driver-Briggs Hebrew and English Lexicon*, 400, defn. 7d(1)를 보라.

한 언급은 민수기 7장 12-83절에 나온다. 거기에서는 이스라엘의 지휘관들이 하루에 한 사람씩 제물을 드리는 것에 대해 말하면서, "첫째 날"에는 누가 드렸고, "둘째 날", "셋째 날", "열두째 날"에는 누가 드렸는지를 말한다. 창세기 1장과 마찬가지로 민수기 본문에도 7이라는 숫자가 많이 반복되지만, 이 본문이 문자 그대로의 역사상의 일련의 날들을 가리킨다는 것은 분명하다.

5. 창세기 2장 5-6절에 의거한 논증은 특수한 상황에서 보편적인 원칙을 추론해 내려는 것이라는 점에서 당혹스럽다. 이 본문은 그 다음에 나오는 이야기, 즉 하나님이 인간에게 에덴동산을 지키는 소명을 주시는 것을 말하는 이야기를 위한 서론이다.[49] 그런데 이 절들을 창세기 1장이 문자 그대로의 역사가 아님을 보여 주는 감춰진 단서로 읽어야 할 근거가 어디 있는가? 설령 창세기 2장 5절이 섭리에 따른 하나님의 통상적인 사역을 서술한 것이라 해도(이 본문의 몇몇 측면은 해석하기 어렵다),[50] 어떻게 그것이 하나님이 다른 상황에서 최초의 한 주간에 자신의 피조세계를 보존하기 위해 초자연적으로 행하지 않으셨다는 것을 증명해 주는 것이 되겠는가?[51] 창세기 1장과 2장은 둘 다 하나님이 행하신 일들이 압도적으로 초자연적인 성격을 지닌 것임을 보여 준다. 오늘날과는 달리 그때는 하나님이 지으신 세계가 온전한 형체를 갖추고 제대로 작동하던 때가 아니므로, 우리는 그 세계가 하나님의 통상적인 섭리 아래 안정적으로 작동했을 것이라고 기대할 수 없고, 도리어 성령의 초자연적인 돌봄을 지속적으로 필요로 했을 것이라고 생각하는 것이 옳을 것이다(1:2).

결론적으로 우리는 창세기 1장을 역사적 이야기로 읽는 단순명료한 읽기가 가장 설득력이 있음을 알게 된다. 종교개혁자들은 교회에 하나

---

49) J. Ligon Duncan III and David W. Hall, "The Twenty-Four-Hour Response [to the Framework View]," in *The Genesis Debate*, ed. Hagopian, 262.
50) Belcher, *Genesis*, 32 – 33을 보라.
51) Young, *Studies in Genesis One*, 64.

님 말씀을 회복시키면서, 하나님 백성은 창세기에 기록된 역사를 알레고리적으로 읽지 말고 문자적인 의미를 따라야 한다고 가르쳤다.[52] 칼빈은 창세기 1장에 대해 이렇게 말했다. "모세는 한 날이 두 부분으로 이루어져 있음을 보여 주려 했다. 저녁부터 아침까지, 아침부터 그 다음의 저녁까지", 즉 "낮과 밤" 또는 "24시간"[53] 이다.

이것을 부정하기 위해 교묘한 논증을 사용하는 것은 어떤 의미에서는 스스로 잘못된 것임을 자인하는 것이다. 왜냐하면 만일 창조의 날들이 문자 그대로의 의미를 지니지 않는 것이 사실이라면, 창세기 1장이 고대 히브리인 청중에게 어떻게 분명한 의미를 전달해 줄 수 있었겠는가? 만일 창세기 1장 본문의 실제적인 의미가 빛이나 해와 관련된 교묘한 단서 또는 전제에 감춰져 있고, 이 본문의 다른 측면들에 감춰져 있다면, 그들은 모세가 기만적인 방식으로 글을 썼다고 고발하지 않았겠는가? 역으로 우리는 외경(아우구스티누스)이나 과학 이론(근대의 신학자들) 같은 다른 요인의 영향을 받지 않은 사람들 중에서 창세기 1장의 날들을 문자 그대로의 역사상의 일련의 날들이 아닌 다른 것으로 해석할 사람이 과연 몇 사람이나 있을지를 물어보아야 한다.

앞에서 우리는 창세기 1장의 6일에 대한 우리 입장은 성경 전체를 해석하는 방식이나 과학에 대한 성경의 권위와 관련해 중요한 함의를 지닌다고 말한바 있다. 하지만 우리는 창조의 날들에 대해 다른 견해를 지닌 그리스도인을 이단으로 여겨서는 안 된다는 말을 다시 한 번 해 두지 않으면 안 된다. 창조론은 정통 기독교 신앙에서 본질적인 것이긴 하지만, 창조론 중에서 창조의 6일에 대한 것은 본질적인 것이 아니기 때문이다.[54] 따라서 우리는 서로를 정죄하지 말고, 이 문제를 놓고 진지하게 토론하는 것이 마땅하다. 우리는 신학적인 논쟁에 대해서는 휴전을 하고 "서로 참견하지 않고 살아가도록" 부르심을 받은 것이 아니다. 도리어 우리 형제들이 사랑 안에서 참된 말을 하여, 우리 모두가

52) Joel R. Beeke, *What Did the Reformers Believe about the Age of the Earth?* (Petersburg, KY: Answers in Genesis, 2014).
53) Calvin, *Sermons on Genesis*, 29, 60.
54) Vos, *Reformed Dogmatics*, 1:169; Feinberg, *No One Like Him*, 578.

머리이신 주 예수 그리스도의 분량까지 자라 가도록 부르심을 받았다. 그리고 만물은 예수 그리스도로 말미암아 지음 받았다.

묵상과 토론을 위한 질문

1. 아우구스티누스는 창세기 1장의 6일에 대해 어떤 견해를 지녔는가?

2. 저자들은 아우구스티누스의 견해에 반대하여 어떤 논증을 펴는가?

3. 창세기 1장에 대한 "간격설" 또는 "파괴-재건설설"은 무엇인가?

4. 저자들은 간격설을 반대하여 어떤 논증들을 제시하는가?

5. 창세기 1장에 대한 "날-세대설"은 무엇인가?

6. 날-세대설의 지지자들은 창조는 역사라는 교회의 관점에 대해 어떤 주장을 펴는가? 그 주장은 참인가 거짓인가?

7. 날-세대설이 전형적으로 성경 "본문에 대한 과학 기반의 접근방법"인 이유는 무엇인가?

8. 창세기 1장을 신학적인 "틀"로 해석하는 견해는 어떤 것인가?

9. 저자들이 틀 가설에 대해 동의하지 않는 이유로는 어떤 것들이 있는가?

10. 창세기 1장을 "역법상의 날"로 해석하는 견해는 어떤 것인가? 이 견해의 최대의 장점은 무엇인가?

11. 다음과 같은 내용 또는 본문은 창세기 1장을 역법상의 날로 해석하는 견해에 대한 반론으로 어떻게 사용되는가? 저자들은 각각의 반론에 대한 어떻게 대답하는가?

- 해가 넷째 날에 창조되었다는 것
- 여섯째 날에 지나치게 많은 일이 일어났다는 것
- 일곱째 날
- 창세기 2장 4절
- 창세기 2장 5-6절

더 깊은 성찰을 위한 질문

12. 저자들은 창세기 1장을 역법상의 날로 해석하는 견해가 가장 설득력 있는 한 가지 이유는 "창세기 1장에 대한 단순명료한 읽기"라고 말한다. 이것은 무엇을 의미하는가? 당신은 동의하는가? 당신이 동의하거나 하지 않는다면 그 이유는 무엇인가?

13. 아우구스티누스, 존 칼빈, 토머스 차머스, 메러디스 클라인 같은 신학자를 비롯한 신실한 그리스도인이 창세기 1장을 어떻게 해석해야 하느냐를 놓고 서로 다른 견해를 보일 수 있는 이유는 무엇인가? 하나님 말씀을 믿는 사람들 간의 이런 견해 차이에서 우리는 어떤 교훈을 배울 수 있는가?

5장

세계의 창조(4부)

과학적 질문

성경과 과학의 관계를 생각할 때, 우리는 두 가지 근본적인 오류에 빠질 수 있다. 우리가 빠질 수 있는 하나의 구덩이는 성경을 마치 과학 교과서처럼 여기는 것이다. 헤르만 바빙크는 아우구스티누스가 한 다음과 같은 말을 인용했다. "복음서에서 주님은 '내가 너희에게 보혜사를 보내리니 그가 해와 달의 운행에 대해 너희에게 가르치리라'고 말씀하지 않으셨다."[1] 성경의 목적은 천문학이나 지질학이나 생물학을 가르치는 것이 아니라, 그리스도를 믿는 믿음으로 말미암아 우리를 지혜롭게 하여 구원에 이르게 하고, 죄에서 떠나 의의 삶을 살게 하는 것이다(딤후 3:15-16).

또 하나의 구덩이는 성경은 과학과 관련된 문제에 대해서는 아무 권위도 없다고 말하는 오류다. 만일 이것이 사실이라면, 성경은 창조론에 대해 말하지 않았어야 하고, 성경에서 그런 교리를 단언하는 부분은 하나님 말씀이 아닌 것으로 여겨야 한다. 바빙크는 이렇게 말했다. "성경은 신앙의 책으로서의 자신의 관점에서 다른 학문들과 접촉해 그 학문들을 조명해 줄 때 하나님의 말씀이기를 그치는 것이 아니라 여전히 하

---

1) Augustine, *Proceedings against Felix the Manichee*, 1.10. Bavinck, *Reformed Dogmatics*, 2:495에서 재인용.

나님의 말씀이다."[2] 역사나 우주의 기원에 대한 성경의 가르침을 포함해 성경이 무엇을 말하든, 그것은 하나님이 계시하신 진리다.

우리가 성경의 최고의 권위를 단언하는 것은 과학을 폄하하는 것이 아니라, 도리어 과학을 하나님을 영화롭게 하는 고귀한 일로 여겨 높이 평가하고 소중히 여기는 것이다(왕상 4:30, 33; 잠 25:2). 많은 저명한 과학자가 성경이 하나님의 말씀임을 믿었다.[3] 그리스도인은 과학을 '땅을 정복하고 그 피조물을 다스리라는 하나님의 소명을 통해 하나님께 받은 청지기로서의 우리의 의무의 일부로' 여기고 존중해야 한다(창 1:28). 아울러 우리는 왕이 아니라 왕의 청지기이므로, 우리의 모든 탐구와 활동은 우리의 하나님 창조주께 순종하는 마음으로 행해져야 한다. 이런 마음 자세가 되었을 때, 우리는 과학과 창조에 대한 질문을 살펴볼 준비를 갖춘 것이다.

과학은 이 세계의 나이가 수십 억 년임을 증명하는가

지구의 나이는 고대 이래로 기독교와 관련해 호교론적인 쟁점이었다. 아리스토텔레스(BC 384-322년)는 이 세계와 그 운동은 시작이 없고 영원하다고 주장했다.[4] 스토아학파는 우주는 내재하는 질서를 관장하는 '로고스'의 원리에 따라 불에서 만들어져, 역사의 수많은 세대를 거쳐 불로 파괴되었다가, 다시 '로고스'가 만들어 내는 일련의 주기를 거친다고 믿었다.[5] 이렇게 헬라의 철학 학파들은 이 세계를 늘 변하지만 영원히 존재하는 실체라고 봄으로써, 창세기 1장 1절의 "태초에"와는 날카로운 대비를 보여 준다.

---

2) Bavinck, *Reformed Dogmatics*, 2:495.
3) 예컨대 갈릴레오 갈릴레이, 아이작 뉴턴, 요하네스 케플러, 블레즈 파스칼, 마이클 패러데이, 제임스 클러크 맥스웰, 더 최근에는 MRI를 발명한 레이먼드 다마디안 등이다.
4) Aristotle, *Physics*, book 8, cited in Istvan Bodnar, "Aristotle's Natural Philosophy," in *The Stanford Encyclopedia of Philosophy* (Winter 2016 ed.), https://plato.stanford.edu/entries/aristotle-natphil/#4.
5) Dirk Baltzly, "Stoicism," in *The Stanford Encyclopedia of Philosophy* (Spring 2014 ed.), ed. Edward N. Zalta,https://plato.stanford.edu/entries/stoicism/#Phys.

근대 이후로는 주로 과학 이론이 철학 학파들을 대신해 현실에 대한 설명을 제시해 왔으므로, 오늘날에는 창조론은 흔히 과학 이론과 비교된다. 오랜 세월 동안 과학자들은 우주가 영원토록 "안정된 상태로" 존재하는 것으로 보았다. 20세기 중반 이래로 가장 인기를 끌어온 과학 이론은 우주는 대략 140억 년 전에 상상할 수 없을 정도로 큰 밀도와 에너지를 지닌 한 점의 "대폭발"(big bang)을 통해 생겨났다는 것이다. 우주가 팽창하고 식으면서 별들과 행성 체계가 물질과 에너지에서부터 생겨났고, 우리의 지구는 대략 45억 년 전에 형성되었다. 이것보다 조금 덜 인기 있는 또 다른 대안적인 설명은 "큰 튕김"(big bounce) 이론이다. 이 이론은 우주는 주기적으로 한 점으로 수축되었다가 다시 튀어올라 팽창하여 별과 행성을 만들어 낸다는 것이다.[6]

이 세계의 나이가 수십 억 년임을 믿는 사람들이 제시하는 두 가지 주된 논거는 방사성 연대 측정법과 광대한 공간을 가로지른 별빛의 횡단이다. 방사성 연대 측정법은 어떤 원소의 불안정한 동위원소의 생성과 붕괴의 속도의 비율을 이용해, 그 원소가 함유된 물질의 연대를 결정한다. 동위원소의 붕괴 비율은 기하급수적인데, 동위원소의 절반이 다른 원소로 붕괴되는 데 걸리는 시간인 반감기를 사용해 측정된다. 과학자들은 방사성 연대 측정법으로 운석의 나이를 측정해 본 결과 대략 45억 년이 나왔다고 말한다. 별빛을 이용한 연대 측정과 관련해서는 천문학자들은 우리의 은하계는 아주 거대해, 빛이 이 은하계를 가로지르는 데는 10만 년이 걸리고, 지구에서 수십 억 광년 떨어져 있는 은하계들이 관측되었다고 추정한다. 따라서 빛이 이 거리를 횡단하기 위해 걸리는 시간인 수십 억 년이 우주의 나이라는 것이 그들의 논거다. 이것은 명백한 사실이므로, 우리가 받아들여야 하고, 이것을 받아들이지 않는 것은 불합리하다고 그들은 말한다.

이 주장에 대한 우리 대답은 과학이 우리에게 제시하는 것은 명백

---

6) 다음을 보라. Steffen Gielen and Neil Turok, "Perfect Quantum Cosmological Bounce," *Physical Review Letters*, 117, no. 2 (July 8, 2016), http://journals.aps.org/prl/abstract/10.1103/PhysRevLett.117.021301.

한 사실에 대한 단순명료한 측정치가 아니라, 인간이 복잡한 이론을 세워 기존의 것으로는 설명되지 않는 자료 속에 있는 사실들을 해석한 것이라는 것이다. 그렇다면 그 이론은 얼마나 확실한가? 현재의 천문물리학을 지배하고 있는 대폭발 이론에 대해서조차 회의적인 과학자가 많다. 왜냐하면 대폭발 이론이 관찰한 자료와 부합하려면 방대한 양의 "암흑 물질"과 "암흑 에너지"의 존재를 가설로 전제해야 하기 때문이다.[7]

우주의 연대를 측정하는 구체적인 문제와 관련해 우리가 말할 수 있는 것은 네 가지다.

첫째, 성경은 하나님이 적어도 몇몇 측면에서는 어느 정도 나이가 있는 세계를 창조하셨음을 보여 준다.[8] 하나님은 아담과 하와를 유아로 지으신 것이 아니라, 결혼도 하고 에덴동산에서 여러 책임을 수행할 수도 있는 성인으로 지으셨다. 하나님은 다 자라서 사람과 동물이 먹을 열매가 이미 달려 있는 나무들을 창조하셨다. 이 나무들은 땅에 뿌리를 내리고 있었을 것이다. 여호와 하나님은 처음 6일에 걸쳐 온전히 조화를 이루고 작동하는 하나의 체계로서의 세계를 창조하셨다. 통상적인 환경에서는 사람과 나무와 생태계가 형성되려면 오랜 세월이 걸린다. 하지만 하나님은 이미 오랜 세월이 지난 것 같은 모습을 한 피조세계를 즉시 만들어 내셨다.

우주가 완성된 모습으로 창조되었다는 사실은 지질학과 천문학에서 추정하는 우주의 나이를 설명해 줄 수 있을까? 하나님이 은하계들 및 그 주위 공간에 있는 중력장과 빛을 즉시 창조하여 존재하게 하신 것 같은 몇몇 현상은 그런 사실로 설명될 수 있을 것이다.[9] 하지만 우리

7) Eric Lerner, "Bucking the Big Bang," *New Scientist*, May 22, 2004, https://www.newscientist.com/article/mg18224482-900-bucking-the-big-bang/. 과학 공동체 안에서 대폭발 이론이 지배하는 것에 반대하는 이 항의서에 서명한 과학자와 공학자는 200명이 넘었다. "An Open Letter to the Scientific Community," *New Scientist*, May 22, 2004, http://web.archive.org/web/20090823063418/http://www.cosmologystatement.org/를 보라.
8) Reymond, *A New Systematic Theology of the Christian Faith*, 396.
9) 만일 하나님이 해와 별들을 순식간에 창조하셨지만, 그것들 주위의 우주 공간에 적절한 에너지장(중력장, 자기장 등)을 창조하지 않으셨다면, 이 거대한 방사성 물질들의 갑작스러운 출현은 에너지 충격파를 형성해, 그것들의 주위에 있는 행성들을 파괴하거나 해를 끼쳤을 것이다.

는 하나님이 이 세계를 마치 긴 세월이 지난 것 같은 모습으로 위장하여 창조하셨고, 식물이나 동물이 존재하지 않은 곳에 화석을 만들어 내는 기만적인 창조를 하신 것으로 생각하지 않도록 세심한 주의를 기울일 필요가 있다. 하나님이 우주를 완성된 모습으로 창조하셨다는 사실로는 설명하기 어려운 또 하나의 현상은 초신성의 폭발같이 별과 관련해 일어난 사건에서 생겨난 관찰 가능한 빛이다.

이 문제와 관련해 우리가 말할 수 있는 것은 창조같이 하나님이 초자연적으로 행하신 일은 과학을 이용하여 현재의 자연적인 과정들과 비교해 연대를 추적할 수 없다는 것이다. 어떤 과학자가 그리스도가 이적을 통해 물을 변화시켜 만드신 포도주(요 2:1-11)를 분석한다면, 그 포도주는 그리스도가 즉각적으로 만들어 내신 것인데도, 그 과학자는 과거의 어느 때에 수확한 포도들의 즙이 몇 주 또는 몇 달에 걸쳐 발효되어 생겨난 것이라는 결론을 내릴 것이 틀림없다.

둘째, 이 세계의 연대를 측정하는 일은 그렇게 간단한 문제가 아님을 유의할 필요가 있다. 암석 안에 "시계"가 존재하는 것이 아니다. 방사성 연대 측정법은 아주 오래 전에 암석 안에 존재했던 원소의 상대적인 양, 시간이 흐르면서 이루어진 그 물질의 첨가 또는 제거, 그 물질 외부로부터 온 방사성 원소의 농도 등과 관련된 이론들을 포함한다. 또한 우리에게는 별들 간의 거리를 측정할 수 있는 거대한 자가 있는 것도 아니다. 지구와 상대적으로 가까운 별까지의 거리는 정확한 관찰과 기하학을 사용해 계산할 수 있지만, 좀 더 멀리 있는 별까지의 거리는 천문물리학의 여러 이론에 따른 간접적인 방법을 통해 추정된다.

셋째, 우주의 연대를 측정하는 방법들은 어떤 질량은 모든 시기와 모든 장소에서 불변한다는 전제를 토대로 한다. 그러나 방사성 원소의 붕괴 비율이 모든 시대에 불변했음을 어떻게 우리가 확신할 수 있는가? 과학자들이 방사능을 체계적으로 연구한 것은 불과 100여 년밖에 되지 않았다.[10] 지구에서 발사된 탐사선이 가장 멀리까지 도달한 곳(보이

---

10) 방사성 연대 측정법과 붕괴 비율이 과거에는 훨씬 높았을 것이라는 것에 대한 설명으로는 Paul A. Garner, *The New Creationism: Building Scientific Theories on a Biblical Foundation*

저 1호)도 1광년의 백분의 1도 채 되지 않음을 감안했을 때, 별들 간의 거리와 그 거리를 관통하는 빛의 운동에 대해 우리가 무엇을 확실하게 알고 있는가? 전에는 빛의 속도가 지금보다 더 높았을 수도 있지 않겠는가? 일부 과학자는 빛의 속도는 가변적이고, 전에는 지금보다 만 배 또는 10만 배였다고 주장해 왔다.[11] 우리가 태어나기 오래 전에 인류가 탐험한 공간 저 너머에서 빛과 공간과 시간이 어떻게 서로 상호 작용을 했는지를 우리가 어떻게 알겠는가?

넷째, 현재의 천문물리학은 우주 자체가 팽창하고 있음을 전제한다. 시공간으로 짜인 우주는 계속 팽창하고 있으므로, 관찰 가능한 우주는 단지 140억 년밖에 되지 않았지만, 그 반경은 대략 46억 광년이라고 한다. 따라서 어떻게 우리가 빛의 속도에서 우주의 나이를 추론해 낼 수 있겠는가? 이것은 우리에게 이상해 보일 수 있지만, 우리는 점점 우주의 법칙과 구조는 심지어 공간과 시간까지도 서로 연결되어 있는 하나의 체계라는 것을 깨달아 가고 있다. 예컨대 시간은 어떤 물체의 상대적인 속도에 따라 서로 다른 비율로 움직이는데, 특히 빛의 속도의 10분의 1이 넘는 속도에서는 이것을 감지할 수 있다. 중력이 높을 때도 시간이 흐르는 속도는 변할 수 있다.[12]

우리가 이런 질문들을 제기하는 것은 마치 지질학과 천문학 같은 과학 분야가 인간이 추구해야 할 합당한 영역이 아니라고 공격하기 위한 것이 아니다. 도리어 우리는 과학의 결론 앞에서 겸손하도록 부르심

(Darlington, England: Evangelical Press, 2009), 89-104를 보라.

11) 빛의 속도가 가변적이라고 주장하는 사람들 중에는 창조론을 지지하지 않는 과학자들도 있다. Jean-Pierre Petit, "An Interpretation of Cosmological Model with Variable Light Velocity," *Modern Physics*, Letters A, 3, no. 16 (Nov. 1988), https://www.jp-petit.org/science/f300/modernphysicslettersa1.pdf; J. W. Moffat, "Superluminary Universe: A Possible Solution to the Initial Value Problem in Cosmology," rev. November 14, 1998. 이 글의 1판은 *International Journal of Modern Physics* D, 2, no. 3 (1993): 351-365에 수록되었고, Cornell University, https://arxiv.org/abs/gr-qc/9211020에서 이용할 수 있다. Andreas Albrecht and Joao Magueijo, "A Time Varying Speed of Light as a Solution to Cosmological Puzzles," November 2, 1998, rev. January 5, 1999, Cornell University, https://arxiv.org/abs/astro-ph/9811018; Joao Magueijo, "New Varying Speed of Light Theories," October 15, 2003, Cornell University, https://arxiv.org/pdf/astro-ph/0305457v3.pdf. 다음도 보라. Kelly, *Creation and Change*, 144-155.

12) Garner, *The New Creationism*, 27

을 받았다. 과학자들도 빛이 파동(전자기장에서 주기적인 출렁임)으로 행동함과 동시에 입자(불연속의 광자)로 행동한다는 사실같이 그들이 지금으로서는 설명할 수 없는 신비들을 가지고 살아간다. 따라서 우리는 우주의 기원 문제에 대해서는 더욱 겸손하게 접근하지 않으면 안 된다. 여호와 하나님이 욥에게 하신 말씀은 오늘날 우리에게도 여전히 도전이 된다. "내가 땅의 기초를 놓을 때에 네가 어디 있었느냐"(욥 38:4). 과학은 현재적으로 관찰 가능한 일정한 법칙을 연구하는 것에서 탁월하지만, 먼 과거의 사건을 탐구하려 할 때는 목격자의 신뢰할 수 있는 증언을 고려해야 한다. 우리가 이 세계의 창조와 역사 속에서 일어난 몇몇 핵심적인 사건을 고찰하려 할 때, 우리에게는 참되고 신실하신 증인이신 하나님의 증언이 있다.

우리가 과학자들에게 겸손을 요구하려 한다면, 우리 스스로 그리스도인이자 신학자로서 겸손을 실천하지 않으면 안 된다. 이것은 우리에게 무엇을 의미하는가? 첫째, 우리가 직접 관찰할 수 없는 주제와 관련해, 겸손은 우리 자신의 명철이 아니라 하나님 말씀을 온 마음으로 의지하는 것이다. 하나님이 말씀하신 것에 대해 회의적이거나 불가지론적인 태도를 취하는 것은 겸손이 아니다. 둘째, 겸손은 우리에게 성경의 무오성을 우리의 성경 해석의 무오성과 혼동하지 말 것을 요구한다. 우리는 우리 가르침들을 하나님 말씀에 비추어 기꺼이 재검토하고 시험하려 해야 한다. 끝으로 우리는 성경을 넘어서서, 우주가 어떻게 시작되었는지에 대해 하나님 말씀이 가르치지 않은 가르침들을 만들어 내지 않게 조심해야 한다. 창조론자는 성경에 느슨하게 토대를 둔 사변적인 이론을 만들어 고집할 수 있겠지만, 그런 문제들에서 교조주의는 아무 도움도 되지 않는다. 신학자는 성경은 평범한 일반인을 위해 기록되었으므로, 성경이 단언하는 모든 것은 참되지만, 전문적이고 과학적인 용어를 사용하여 말하고 있는 것이 아님을 기억해야 한다.

성경은 신다윈주의적인 진화론과 양립할 수 있는가

창조론과 관련된 두 번째 과학적인 질문은 생명의 기원과 발전에 대한 것이다. 진화론은 오늘날 과학적인 견지에서 제시되고 있긴 하지만, 고대의 비기독교적인 철학에 깊이 뿌리를 내리고 있다. 사람들은 수천 년에 걸쳐 우주와 그 안에 있는 생명을 전적으로 자연적인 과정이라는 관점에서 설명하려 시도해 왔다. 그리스도가 태어나기시 수 세기 전에 에피쿠로스학파의 철학자들은 오늘날 우리와 우리 주변의 모든 것은 오랜 기간에 걸친 원자들의 무작위적인 충돌의 결과로 생겨난 것이라고 가르쳤다.[13]

이 무신론적이고 자연주의적인 사상에 과학적인 형태를 부여한 인물이 영국의 지질학자이자 자연주의자인 찰스 다윈이었다. 다윈은 1859년에 『자연도태 또는 적자생존에 의한 종의 기원』이라는 제목의 책을 출간했다.[14] 제목이 암시해 주듯 다윈은 다양한 종의 생물은 특정한 환경에 가장 적합한 특성을 지닌 생물이 살아남아 번식하는 자연도태 과정을 통해 발전해 왔다고 주장했다. 하지만 이 과정은 지성에 의한 선택이 아니라 맹목적인 자연 법칙을 따라 이루어진다는 점에서 자연의 선택(natural selection, 자연도태)이라는 표현은 적절하지 않다. 따라서 종들은 불변한 것이 아니라, 지금은 멸종된 다른 종들에서 생겨났다.[15]

다윈의 이론, 특히 인간은 원숭이라는 종의 자손임을 널리 퍼뜨린 것은 토머스 헨리 헉슬리(1825-1895년)였다. 20세기 초에 과학자들은 다윈의 이론과 새롭게 발견된 유전학 원리들을 종합해 신다윈주의 진화론을 만들어 냈다. 이 진화론은 유전적 변이를 통해 살아 있는 유기체에게 더 유리한 새로운 특성이 생겨난다고 주장했다. 우리는 소진화(유기체의 한 종 안에서의 작은 변화)와 대진화(전적으로 새로운 유기체로의 발전)를 구별해 볼 수 있다. 소진화에 대해서는 논란이 거의 없다. 인간을 비롯한 모든

---

13) Obitts, "Epicureanism," in *Evangelical Dictionary of Theology*, 358.
14) Charles Darwin, *On the Origin of Species by Means of Natural Selection, or the Preservation of Favoured Races in the Struggle for Life* (London: John Murray, 1859).
15) Darwin, *On the Origin of Species*, 5-6.

생물의 기원과 관련해 큰 반향을 불러일으킨 것은 대진화다.

진화론은 모든 생물은 30-40억 년 전에 생겨난 지구의 여러 원소에서 자연적인 과정을 거쳐 발전한 것이라고 주장한다.[16] 많은 지질학적인 시기에 생명은 아주 단순한 단세포 유기체로 이루어져 있었지만, 거기서 좀 더 복잡한 식물이 생겨났고, 이른바 캄브리아기(대략 5억 5천만 년에서 5억만 년 전) 폭발이라 불리는 시기에 수많은 형태의 동물이 갑자기 출현했다. 이 동물들은 점점 오늘날 살아 있는 인간을 비롯한 고도로 정교한 유기체들로 발전해 갔다.

일부 그리스도인은 유신론적인 진화론으로 알려진 것을 받아들여 왔다. 이 진화론은 진화론이 지닌 기본적인 주장들은 받아들이면서도, 진화론에 일반적으로 수반되는 무신론적인 철학을 하나님의 섭리에 대한 믿음, 또는 적어도 하나님이 처음에 이 세계를 말씀으로 창조하셨다는 것에 대한 믿음으로 대체한다. 즉, 하나님은 진화를 주도하셨지만, 자연 법칙을 통해 그렇게 하셨다는 것이다. C. S. 루이스(1898-1963년)는 하나님은 진화를 이용해 진보된 동물을 만들어 내신 후 그중 어떤 것에 지성과 영을 수여해 인간을 만드신 것이라고 주장했다.[17] 따라서 창세기 2장이 묘사하는 것과는 달리, 아담은 역사상의 인물이 아니다. 팀 켈러 같은 다른 유신론적 진화론자들은 진화는 창세기 1장에 대한 비문자적인 견해와는 양립할 수 없지만, 창세기 2장에 대한 문자적인 견해 및 아담과 하와에 대한 기사와는 양립할 수 있다고 말한다.[18] 하지만 다른 그리스도인들은 과학적이고 철학적이며 성경적인 근거 위에서 유

---

16) 전문적으로 말하면, 무생물에서부터의 생물의 출현을 가리키는 용어는 진화(evolution)가 아니라 자연발생(abiogenesis)이다. 하지만 자연발생은 생명의 출현을 진화론적으로 설명할 때 반드시 언급되는 중요한 용어라는 점에서, 우리는 자연발생은 진화에 포괄된다고 보고, 여기에서는 진화라는 용어를 사용했다.

17) C. S. Lewis, *The Problem of Pain* (New York: HarperCollins, 2001), 72. 다음을 보라. David Williams, "Surprised by Jack, Part 4: Mere Evolution," December 13, 2012, Biologos blog, http://biologos.org/blogs/archive/surprised-by-jack-part-4-mere-evolution. 이 접근방법은 Thomas H. McCall, *Against God and Nature: The Doctrine of Sin*, Foundations of Evangelical Theology (Wheaton, IL: Crossway, 2019), 389-393에서 가능한 해법으로 제시된다.

18) Tim Keller, "Creation, Evolution, and Christian Laypeople," 3-5, 7-9, Biologos, https://biologos.org/articles/creation-evolution-and-christian-laypeople/.

신론적인 진화론에 대해 여러 심각한 반론을 제기해 왔다.[19]

합리적이고 경험적인 관점에서 본 진화론의 문제점

경험적이고 합리적인 관점에서 진화론은 심각한 반론에 부딪쳐 왔다.[20] 화석 기록은 한 종류의 생물에서 또 다른 종류의 생물로의 순조로운 이행을 보여 주지 않는다. 도리어 화석 기록이 보여 주는 압도적인 법칙은 각각의 서로 다른 종류의 피조물이 그대로 계속 존재해 왔다는 것이다.[21] 다윈은 이 문제점을 인정했다.[22] 지난 한 세기 반에 걸쳐 이루어진 화석 기록에 대한 광범위한 탐구에도 불구하고, 한 종에서 다른 종으로의 순조로운 이행을 보여 주는 가시적인 증거의 결여는 점점 더 분명해져 왔을 뿐이다.[23] 그래서 닐스 엘드리지와 스티븐 제이 굴드(1941-2002년) 같은 일부 진화론 과학자는 기존의 진화론을 상당한 정도로 수정한 "단속평형설"이라는 이론을 제시했다. 이 이론에서는 대진화는 점진적인 과정이 아니라, 급속하고 고립적인 방식으로 일어나므로 화석 기록을 전혀 남기지 않는다고 말한다.[24] 표준적인 진화

---

19) J. P. Moreland, Stephen C. Meyer, Christopher Shaw, Ann K. Gauger, and Wayne Grudem, eds., *Theistic Evolution: A Scientific, Philosophical, and Theological Critique* (Wheaton, IL: Crossway, 2017).

20) 이 반론들에 대한 탁월한 요약은 Phillip E. Johnson, *Darwin on Trial* (Downers Grove, IL: InterVarsity Press, 1991)에 나온다. 이 저작의 새로운 판본이 2010년에 InterVarsity Press에서 출간되었다.

21) 한 진화론 지질학자는 이렇게 쓴다. "지난 5천만 년 동안 일어난 기후와 식생에서 가장 큰 사건 중 네 번의 사건에서 포유동물과 조류는 변화한 기후에 대한 반응으로 어떤 두드러진 변화도 보여 주지 않았다. 나는 이 자료를 수없이 많이 발표했지만, 변화한 기후는 분명히 자연도태의 압력을 가했을 것인데도 그토록 광범위하게 생물의 모든 종이 아무 변화도 없이 안정적으로 유지된 것을 어떻게 설명해야 하는지를 아는 사람은 아무도(나를 포함해) 없었다." Donald R. Prothero, "Darwin's Legacy," *eSkeptic*, February 15, 2012, http://www.skeptic.com/eskeptic/12-02-15/#feature. 다음을 보라. Denyse O'Leary, "Stasis: Life Goes On but Evolution Does Not Happen," *Evolution News and Views*, October 12, 2015, http://www.evolutionnews.org/2015/10/stasiswhenlif100011.html.

22) Darwin, *On the Origin of Species*, 279.

23) Norman C. Nevin, "The Nature of the Fossil Record," in *Should Christians Embrace Evolution? Biblical and Scientific Responses*, ed. Norman C. Nevin (Phillipsburg, NJ: P&R, 2011), 145-146.

24) Niles Eldredge and Stephen Jay Gould, "Punctuated Equilibria: An Alternative for Phyletic Gradualism," in *Models in Paleobiology*, ed. Thomas J. M. Schopf (San Francisco: Freeman, Cooper, 1972), 82-115, http://www.blackwellpublishing.com/ridley/classictexts/eldredge.asp. 다음을 보라. Stephen Jay Gould, *The Structure of*

론을 극적으로 뒤집은 이 이론은 무작위적인 변이를 통해 한 종의 유기체가 다른 종의 유기체로 발전할 수 있는 가능성이 아주 희박함을 보여 준다.

생물학적인 관찰이나 모형은 진화를 거의 밑받침해 주지 않는다.

- 우리는 인류가 동물들을 길들여 여러 애완동물과 가축을 만들어 온 것을 보아 왔지만, 한 종의 생물이 다른 종의 생물로 발전하는 대진화를 목격한 적이 없다. 길들여진 개도 여전히 개를 낳는다.
- 미생물학은 가장 작은 생물의 구조 속에 존재하는 놀라운 세계, 개별 세포의 생명에서 중요한 기능을 수행하는 데 필수적인 최소한의 복잡한 구조를 지닌 아주 작은 분자 체계를 발견했다.[25]
- 무작위적인 힘들에 의해 원재료들로부터 살아 있는 유기체들이 조립될 수 있는 가능성은 폐기물 처리장에 불어닥친 토네이도가 엔진을 비롯한 모든 기능을 완벽하게 갖춘 보잉 747기를 조립할 수 있는 가능성에 비유할 수 있다.[26]
- 각각의 유기체의 유전자 정보가 기록된 DNA에는 엄청난 양의 정보가 집적되어 있다. 무작위적인 화학 반응은 정보를 생성해 내는 것이 아니라, 도리어 정보를 파괴한다. 어떤 언어로 문장을 쓰거나 컴퓨터 프로그램을 작성해 새로운 정보를 생성해 내는 데는 단지 에너지만이 아니라 지능을 필요로 한다.[27]

합리적인 관점에서 진화론에 대한 마지막 반론은 진화론이 초래하는 도덕적 결과와 관련된 것이다. 3차 인본주의 선언에서는 "인간은 자

Evolutionary Theory (Cambridge, MA: Harvard University Press, 2002).
25) Michael J. Behe, *Darwin's Black Box: The Biochemical Challenge to Evolution* (New York: Simon & Schuster, 1996)을 보라.
26) Johnson, *Darwin on Trial*, 104를 보라.
27) Andy McIntosh, "Information and Thermodynamics," in *Should Christians Embrace Evolution?*, 160-165. 다음을 보라. Werner Gitt, *In the Beginning Was Information* (Green Forest, AR: Master Books, 2005).

연의 일부이고, 지도되지 않은 진화적 변화의 결과물이다"라고 말하지만, "우리는 각 사람을 내재적인 가치와 존엄을 지닌 존재로 대하는 데헌신한다"고 말하기도 한다.[28] 이것은 칭찬할 만한 것이지만, 우리는 '왜 그래야 하는가?'라고 묻지 않을 수 없다. 인간이 동물이라면, 인간을 죽이는 것이 유용한 경우에는 인간을 죽이지 못할 이유가 없지 않겠는가? 어떤 사람이 인구의 나머지보다 더 약하고 덜 생산적이라면, 값비싼 비용을 들여 그 사람을 돌볼 이유가 없지 않겠는가? 진화를 믿는 사람들은 우리가 윤리적이고 자비롭게 처신하는 것이 당연하다고 말할지 모르겠지만, 진화론에 따르면 우리에게는 그렇게 할 합리적인 근거가 없다. 도덕적 의무는 초월적 기준을 전제하고, 그런 기준은 오직 우리의 창조주에게서 올 수 있다.

진화와 성경 진리

우리는 그리스도인이 진화를 믿을 수도 있음을 인정하긴 하지만, 진화는 성경과 모순된다. 그리스도인이 개인적으로 유신론적인 진화를 믿을 수는 있지만, 그것은 내적으로 모순이므로 궁극적으로는 신앙에 해롭다.

첫째, 앞 장에서 이미 논증했듯 창세기 1장은 하나님이 6일 동안에 걸쳐 우주와 식물과 동물과 인간을 창조하셨다고 가르친다. 문자 그대로 역사적인 이 기사는 진화를 위해 필요한 오랜 시간이 존재했을 가능성을 배제한다.

둘째, 창세기 1장은 식물과 동물과 인간은 하나님의 초자연적인 행위로써 존재하게 되었음을 보여 준다. 거기서는 하나님이 말씀으로 이것들을 창조하셨다고 말한다. "하나님이 이르시되 빛이 있으라 하시니 빛이 있었고"(창 1:3). 이와 똑같은 표현은 식물(11절), 바다 생물과 공중의 생물(20절), 땅의 동물(24절)의 창조와 관련해서도 사용된다. 스티븐 차

---

28) "Humanism and Its Aspirations: Humanist Manifesto III, a Successor to the Humanist Manifesto of 1933," American Humanist Association, https://americanhumanist.org/what-is-humanism/manifesto3/.

녹이 지적했듯 하나님이 말씀하신 것과 창조가 즉시 이루어진 것 간의 직접적인 연관성은 히브리어 본문에서는 한층 더 분명하게 드러난다. 히브리어 본문에서는 "빛이 있으라"로 번역된 어구와 "빛이 있었다"로 번역된 어구는 서로 같고, 오직 "그리고"로 번역된 히브리어 접속사가 후자에 첨가되어 있는 것만 서로 다를 뿐이어서, 마치 하나님이 말씀하시는 것이 곧 하나님의 뜻이 이루어지는 것이라고 말하는 것 같기 때문이다.[29] 이것은 오랜 시간에 걸쳐 서서히 이루어진 자연적인 발전이 아니라, 즉시 결과를 만들어 내는 하나님의 행위를 보여 준다. 반면에 진화는 무작위적이고 자연적인 과정이 수많은 다양한 것을 낳았고, 그중 대부분은 생존하지 못하고, 상대적으로 소수의 것이 수백 만 년에 걸쳐 번성하고 발전해, 오늘날 우리가 보는 온갖 종류의 유기체가 되었다고 말한다. 웨인 그루뎀이 말하듯 이 두 가지 생각을 결합하면 다음과 비슷한 결과가 생겨난다. "하나님은 '땅은 각기 종류대로 생물을 내라'고 말씀하셨고, 387,492,871번의 시도 끝에 쥐 한 마리를 만들어 내셨다."[30]

셋째, 창세기 1장은 하나님이 각각의 식물이나 동물을 "종류대로"(11-12, 21, 25절 ESV) 만드셨다고 말한다. "종류"로 번역된 단어('민')는 유나 종 같은 생물학적인 분류법에서 사용하는 용어와 같지는 않지만, 공중에 나는 생물이라는 하위범주같이 생물에 대한 상대적으로 구체적인 분류를 가리킨다(레 11:13-19). 하나님은 처음부터 서로 다른 많은 형태의 생물을 창조하셨다. 하나님은 처음에 아주 단순한 형태의 생물을 창조하셨고, 그 생물이 변이를 거쳐 오늘날 존재하는 수없이 많고 다양한 생물로 발전된 것이 아니다.

넷째, 창세기 1장에 나오는 창조의 날들의 순서는 진화론이 제시하는 순서와 맞지 않는다. 땅의 동물들(여섯째 날)이 창조되기 이전에 새(다섯째 날)가 창조된다. 설령 창조의 날들이 세대를 가리키는 것이라 해도, 창세기 1장에 나오는 창조 순서는 새가 파충류, 특히 일종의 작은 공룡

---

29) Charnock, *The Existence and Attributes of God*, in *Works*, 2:132.
30) Grudem, *Systematic Theology*, 277.

에서 진화했다고 주장하는 진화론적인 도식과 상반된다.

다섯째, 대중적으로는 "적자생존"으로 알려져 있는 자연도태라는 진화론의 기본적인 원리는 동물들이 수백 년에 걸쳐 생존하며 죽기를 반복했고, 흔히 다른 동물의 먹잇감이 되어 죽었다고 전제한다. 하지만 창세기는 하나님이 원래는 인간과 동물들이 먹을 것으로 식물을 주셨음을 보여 준다(창 1:29-30). 창조의 6일이 끝나갈 무렵에 "하나님이 지으신 그 모든 것을 보시니 보시기에 심히 좋았더라"(31절). 하나님이 땅에 저주를 선언하고 인간을 죽음에 종속시키신 것은 오직 인간이 죄를 짓고 타락한 후였다(3:17-19). 아담의 죄로 말미암아 죄가 세상 속으로 들어왔다(롬 5:12; 고전 15:21).

유신론적인 진화론자는 아담으로 말미암아 죽음이 들어온 것은 오직 인류에게 해당되는 것이었고 동물에게는 해당되지 않았다고 반론을 제기할지도 모른다. 그런 반론에 대한 우리 대답은 인류가 이전의 다른 형태의 생물에서 진화한 것이라면, 우리는 동물이므로 그런 구별은 무의미하고, 동물이 물리적으로 죽는 것과 마찬가지로 우리도 물리적으로 죽을 수밖에 없다는 것이다. 또한 바울은 인간의 타락은 모든 피조세계의 고통과 죽음을 초래했음을 보여 준다. "피조물[또는 피조세계, 헬라어로 '크티시스']이 허무한 데 굴복하는 것은 자기 뜻이 아니요 오직 굴복하게 하시는 이로 말미암음이라 그 바라는 것은 피조물도 썩어짐의 종노릇한 데서 해방되어 하나님의 자녀들의 영광의 자유에 이르는 것이니라 피조물이 다 이제까지 함께 탄식하며 함께 고통을 겪고 있는 것을 우리가 아느니라"(롬 8:20-22). 이 본문은 피조세계의 원래의 상태가 아니라, 하나님이 "허무함"(개역개정에는 "허무한 데")에 굴복시킨 이 세계의 상태, 즉 인간의 타락으로 인한 결과를 보여 준다. 하나님의 자녀들이 영화롭게 될 때, 이 상태는 제거될 것이다. 피조세계의 이런 상태는 죽음, 파괴, 부패, 도덕적 타락을 의미하는 "썩어짐"('프토라')으로 지칭되기도 한다.[31] 존 파인버그가 말하듯 동물과 식물은 도덕적 타

---

31) 롬 8:21; 고전 15:42, 50; 갈 6:8; 골 2:22; 벤후 1:4; 2:12, 19.

락을 겪지 않으므로, 이 단어는 물리적인 죽음과 부패를 가리킨다.[32] 따라서 고통과 죽음 아래에서 피조물이 신음하는 것은 인간의 타락으로 말미암아 생겨났다. 이것은 하나님이 인간을 창조하셔서 인간이 하나님을 대적하여 범죄하기 이전에는 자연도태에 따른 진화가 불가능했음을 보여 준다.

여섯째, 창세기 2장 7절은 하나님이 "땅의 흙으로" 아담을 지으시고 "생기를 그 코에 불어넣으시니 사람이 생령이 되었다"고 말한다. "생기"는 인류와 땅의 모든 동물이 소유한 생물학적인 생명을 가리킨다(7:21-22; 참고. 욥 27:3).[33] "생령"이라는 어구는 동물을 비롯한 온갖 "생물"을 가리키는 데 사용된 바로 그 단어다(창 2:19; 9:10-16). 이것은 하나님의 구체적인 창조 행위 이전에는 인간은 숨을 쉬는 살아 있는 피조물이 아니라, 단지 흙이었을 뿐임을 보여 준다. 성경은 이것을 반복적으로 단언한다.[34] 이것은 인간이 동물에서부터 발전한 것을 은유적으로 표현한 것이라고 주장하는 것은 해당 본문에서 터무니없는 말을 이끌어 내는 것이고, 창세기 2장을 사람이 지어 낸 우화로 변질시키는 것이다. 창세기 2장 본문은 하나님이 초자연적인 행위를 통해 인간을 지으셨다고 가르친다. 이것은 인간의 기원과 관련해 "창조하다"(1:27)로 번역되는 단어를 사용한 것으로써 확증된다. 즉, 하나님이 인간을 창조하신 것은 자연적인 발전 과정이 아니라, 하나님이 자신의 힘을 사용해 행하신 사역이다. 요한네스 볼레비우스는 "흙 속에는 인간의 몸을 만들어 낼 수 있는 어떤 특질이나 소질이 없으므로, 하나님이 흙으로 인간의 몸을 지으신 것은 자연적인 아니고 이적이었다"고 말한다.[35] 여기서 중요한 것은 우리는 성경이 초자연적으로 일어난 것으로 묘사한 일을 자연적인 과정으로 축소할 것인가 말 것인가 하는 것이다.

일곱째, 창세기 2장 21-23절은 하나님이 아담을 먼저 지으셨고, 그런 후에 아담의 몸의 일부로 여자를 지으셨다고 가르친다. 나중에 아

---

32) Feinberg, *No One Like Him*, 622.
33) 약간 다른 히브리어 단어를 사용하긴 하지만, 이것과 비슷한 표현은 창 6:17; 7:15에도 나온다.
34) 창 3:19; 18:27; 시 103:14; 고전 15:47.
35) Wollebius, *Compendium*, 1.5.(1).iv (54).

담은 여자를 "하와"라 불렀는데, 이것은 이 여자가 "모든 산 자의 어머니"였기 때문이었다(3:20). 사도 바울은 하나님이 먼저 아담을 지으신 후 남자에게서부터 여자를 지으셨다는 창세기 2장이 역사적 사실이라고 단언한다(딤전 2:13; 고전 11:8-9). 우리 주 예수 그리스도는 창세기 2장 24절을 인용해, 그 기사의 내용대로 하나님이 최초의 결혼에서 남자와 여자를 "합하셨다"고 단언하셨다(마 19:5-6). 따라서 우리는 창세기 2장을 문자 그대로 역사적이고 참된 기사로 받아들여야 한다. 이것은 아담과 하와가 고도로 진화된 한 무리의 영장류에 속한 두 개인이었고, 문자 그대로의 아담과 하와는 존재하지 않았으며, 인류는 한 무리의 개인으로 진화되었다는 생각과 정면으로 상반된다.

우리는 성경 본문을 훼손함이 없이 진화론을 받아들이는 것은 불가능하다는 결론을 내린다. 진화라는 개념을 받아들이는 순간, 하나님 말씀은 해체되기 시작한다. 진화론을 그 논리적 결론으로 이끌고 가면, 신약 성경의 신뢰성에 대한 심각한 의심이 생겨날 수밖에 없게 된다. 그래서 우리는 교회에 진화론에 맞서 견고히 서 있기를 요청한다. 이것은 과학에 반대하려는 것이 아니라, 하나님 말씀에 대한 불신앙에 맞서려는 것이다.

대홍수는 지구적인 것이었는가, 아니면 국지적인 것이었는가

세 번째 질문은 대홍수 이야기(창 6-9장)에 대한 것이다. 이 이야기는 엄밀하게 말해 창조 기사의 일부는 아니지만, 창조론과 밀접하게 연관되어 있다. 땅과 그 주민의 멸망은 하나님이 창조를 무효화하는 행위의 일부였고, 하나님이 노아의 가족 및 동물과 새를 종류대로 보존하신 것은 피조세계를 새롭게 하신 것과 같은 것이었다. 그래서 노아가 방주에서 나온 후, 여호와 하나님은 다시 인간에게 생육하고 번성하며 땅에 충만하라고 명령하셨다(9:1). 세상의 민족들의 기원은 노아의 아들들에게로 거슬러 올라간다(창 10장). 그들의 자손이 바벨탑을 쌓았고, 여호와는 그들의 언어를 혼잡하게 해, 그들로 하여금 여러 다양한 언어와 인종으로 된 민족들로 나뉘게 하셨다(창 11장). 노아의 홍수와 그 직후에 일어난 일들은 오늘날 존재하는 인류의 기원에 대한 성경의 설명의 토대다.

하지만 어떤 사람들은 노아의 대홍수는 역사적으로 단지 한 지역의 홍수에 대한 전설이었던 것이 점점 지구적인 이야기로 발전한 것이라고 본다. 그들은 길가메시 서사시 같은 고대의 다른 문화들의 신화에도 홍수 이야기가 포함되어 있음을 지적한다.[36] 또한 그들은 지질학적인 기록은 지구적인 대홍수를 증언해 주지 않는다고 주장한다. 그런 주장에 대해 일부 그리스도인은 창세기에 기록된 노아의 대홍수는 단지 한 지역에서 일어난 일이었고 신화적인 요소도 지니고 있긴 하지만, 하나님이 죄를 심판하시고 은혜로 사람들을 구원하신다는 영감 된 메시지를 여전히 전해 주고 있다고 말하는 타협적인 방식으로 대응해 왔다.[37] 이런 식으로 그들은 과학적인 결론을 받아들이는 가운데 하나님 말씀에 대한 믿음을 유지하려 한다. 하지만 다른 그리스도인들은 세계적인 대홍수를 밑받침해 주는 대안적인 지질학적 설명을 제시해 왔다.[38]

이 문제와 관련해 신학적 관점에서 가장 중요한 것은 창세기에 기록

---

36) 길가메시 홍수 이야기 및 창세기와의 관계에 대한 연구로는 Nozomi Osanai, "A Comparative Study of the Flood Accounts in the Gilgamesh Epic and Genesis," Answers in Genesis, August 3, 2005, https://answersingenesis.org/the-flood/flood-legends/flood-gilgamesh-epic/introduction/를 보라.

37) "How Should We Interpret the Genesis Flood Account?," Biologos, updated Feb. 11, 2019, http://biologos.org/common-questions/biblical-interpretation/genesis-flood.

38) 20세기 중반에 인기를 끌었던 한 가지 이론은 대기권의 상층부에서 차양막처럼 넓게 펼쳐져 있던 물이 쏟아져 내렸다는 것이다. John C. Whitcomb and Henry M. Morris, The Genesis Flood: The Biblical Record and Its Scientific Implications (Philadelphia: Presbyterian and Reformed, 1961), 77, 240, 255-257을 보라. 이 이론은 창 1:6-7에 대한 해석으로서, "궁창 위의 물"이 대기권의 상층부에서 수증기로 차양막처럼 넓게 펼쳐져 있다가 대홍수 기간에 쏟아져 내렸다고 주장했다. 이 이론은 1874년에 퀘이커교도인 아이작 뉴턴 베일(1840-1912년)이 제안한 것이다. Isaac N. Vail, The Waters above the Firmament: or, The Earth's Annular System, 2nd ed. (Philadelphia: Ferris and Leach, 1902)를 보라. 하지만 이 이론은 궁창 위의 물이 대홍수 이후에도 그대로 남아 있었다고 묘사한 성경(시 148:4)과 모순되는 것으로 보인다. 또한 이 이론은 과학적으로 유지되기 어렵다는 것이 증명되었다. 격변적 판구조론(catastrophic plate tectonics)이라 불리는 좀 더 최근의 이론에 대해서는 Garner, The New Creationism, 183-193; Andrew A. Snelling, Earth's Catastrophic Past: Geology, Creation, and the Flood, 2 vols. (Petersburg, KY: Answers in Genesis, 2010)를 보라.

된 대홍수를 지역적인 홍수로 해석해야 하느냐, 지구적인 대홍수로 해석해야 하느냐 하는 것이다. 우리는 후자 입장을 단언한다. 대홍수 기사는 이야기로 기록되어 있고, 거기에는 역사적 기사 외의 다른 요소가 있지 않음을 보여 주는 단서는 전혀 없다. 사실 창세기 7장과 8장은 마치 일기에서 가져온 것처럼 구체적인 연대와 시기를 언급한다.[39] 대홍수에 대한 본문은 어떤 신학적인 메시지를 전하기 위해 전설을 도구로 사용하고 있는 것이라고 보는 것은 하나님 말씀의 권위와 그 신학적 메시지를 둘 다 훼손한다. 노아의 대홍수가 세계적인 것이었다고 결론을 내리는 데는 합당한 근거가 있다.

첫째, 창세기 6-9장은 하나님이 대홍수를 통해 땅의 표면에 있는 모든 생물을 멸하셨다고 가르친다(7:4). 여호와 하나님은 한 무리의 사람을 멸하겠다고 말씀하신 것이 아니라, "내가 창조한 사람을 내가 지면에서 쓸어버리되 사람으로부터 가축과 기는 것과 공중의 새까지 그리하리니"(6:7)라고 말씀하셨다. 그 이유는 "땅에서 모든 혈육 있는 자의 행위가 부패함"을 보셨기 때문이었다(12절). 성경 본문은 이 심판이 "모든 육체"에 임할 것이라고 여섯 번이나 말한다.[40] 사실 대홍수 이야기는 심판의 전체성을 대단히 강조한다. "물이 땅에 더욱 넘치매……산들이 잠긴지라 땅 위에 움직이는 생물이 다 죽었으니……오직 노아와 그와 함께 방주에 있던 자들만 남았더라"(창 7:19-23).

둘째, 만일 대홍수 이야기가 단지 지역적인 홍수를 묘사한 것이라면, 이 이야기는 아무 의미가 없다. 만일 홍수가 단지 한 지역에 국한된 것이었다면, 노아가 모든 동물을 종류대로 암수 한 쌍씩을 보존할 이유가 어디 있었겠는가? 새들은 널리 날아갈 수 있었을 것인데, 새들을 방주 안으로 가지고 들어올 이유가 어디 있었겠는가? 사실 노아가 방주, 특히 그토록 큰 방주(137x29x14미터)를 지을 이유가 어디 있었겠는가? 노아는 단지 안전한 곳으로 피하거나 높은 산에 올라가면 되었을 것인데, 노아가 그렇게 하지 않았을 이유가 어디 있었겠는가? 만일 홍수가

---

39) 창 7:11, 17, 24; 8:3-6, 10, 12-14.
40) 창 6:12-13, 17; 7:21; 9:11, 15; 참고, 창 6:19; 7:15-16; 8:17; 9:15-17.

지역적인 것이었다면, 대홍수 때문에 당시에 존재했던 모든 산이 잠겼고, 방주가 있던 지역의 수위가 다섯 달 동안 높게 유지되어(창 7:24), 노아가 일 년 이상을 꼼짝없이 방주 안에 있어야 했던 결과를 초래하는 것이 과연 가능했겠는가? 이 반문들의 요지는 창세기의 홍수 기사는 지역적인 홍수로 읽는 경우에는 우스꽝스러운 것이 되고 만다는 것이다.

셋째, 본문은 대홍수가 단지 비 때문에 만들어진 큰 홍수가 아니라, 지질학적 변동을 포함한 이례적인 격변이었음을 보여 준다. 창세기 7장 11절은 "그날에 큰 깊음의 샘들이 터지며 하늘의 창문들이 열려"라고 말한다(참고. 8:2). "큰 깊음의 샘들"은 대양들의 밑바닥을 가리키는 것일 수도 있고, "지하에 있던 물들"을 가리키는 것일 수도 있다.[41] "터지며"로 번역된 동사('바카아')는 강제로 나누거나 쪼개거나 폭력적으로 찢는 것을 의미한다.[42] 따라서 위에서 장대비가 내림과 동시에 아래에 있는 물이 거세게 분출했다. 이것은 대홍수가 세계적인 것이었음을 증명해 주지는 않지만, 지구의 지질학적인 지형을 와해시킨 가공할 만한 격변의 사건이었음을 보여 준다.

넷째, 고대 근동의 다른 문헌에 홍수 이야기들이 나온다는 사실은 창세기 6-9장이 전설임을 증명해 주지 않는다. 사실 우리는 정반대의 주장을 하는 것도 가능하다. 홍수 이야기는 아프리카, 유럽, 러시아, 중국, 인도, 아메리카 원주민, 태평양의 섬 등 다양한 문화에서 세계적으로 발견된다. 이 홍수 이야기들은 세부적인 내용에서 서로 다르고, 그중 어떤 이야기에는 창세기와 모순되는 공상적인 요소도 포함되어 있다. 하지만 세계적인 대홍수가 있었다고 가정하면, 우리는 이런 현상을 설명할 수 있다. 즉, 대홍수에 대한 기억이 많은 민족 속에서 그런 홍수 이야기를 통해 보존되었다는 것이다.

다섯째, 만일 우리가 창세기 본문이 명시적으로 말하는 것들을 깡그리 무시하고, 지역적으로 일어난 홍수에 과장과 전설을 더해 각색한 것

---

41) Belcher, *Genesis*, 95.
42) 창 22:3; 출 14:16, 21; 민 16:31 등.

이 노아의 대홍수라고 치부한다면, 그것은 하나님 말씀이 지닌 권위를 뒤엎는 것이고, 어떤 역사적인 사건과 관련해 우리를 교훈하는 성경의 목소리에 재갈을 물리는 것이다. 과학자들의 결론과 일치하지 않는다는 이유로 노아의 대홍수를 그런 식으로 특별 취급하는 것이 합당하다고 주장한다면, 우리는 성경에 나오는 이적이 포함된 사건(예수 그리스도가 죽은 자 가운데서 부활하신 것을 포함해)에 대한 어떤 이야기도 우리 문화와 상반되는 경우에는 신화로 치부할 수 있는 선례를 남기는 것이다.

여섯째, 대홍수 이야기를 신학적 메시지를 지닌 하나의 전설로 치부하면, 우리는 이 이야기의 메시지가 지닌 신학을 훼손할 수밖에 없게된다. 대홍수의 신학은 단지 심판과 은혜의 메시지인 것이 아니라, **총체적 심판**과 **배타적 은혜**의 메시지다. "오직 노아와 그와 함께 방주에 있던 자들만 남았더라"(창 7:23). 만일 대홍수가 단지 지역적인 것이었다고 하면, 이 신학은 사라진다. 많은 사람이 하나님의 구원의 수단을 사용하지 않고도 여전히 살아 있을 수 있었던 것이 되기 때문이다. 그리스도와 베드로에 따르면, 노아의 대홍수는 주님이 세상을 심판하기 위해 오실 때 일어나게 될 일을 미리 보여 주는 것이다(마 24:37-38; 벧후 2:5; 참고. 3:6). 즉, 하나님이 전에 온 세상을 대홍수로 심판하셨듯 장래에도 또 다시 그런 식으로 온 세상을 심판하실 것이므로, 예수 그리스도로 말미암아 구원받지 않는다면, 아무도 그 심판을 피할 수 없으리라는 것이다(행 4:12). 우리가 대홍수를 아무 역사적 근거도 없는 전설에 불과한 것으로 여긴다면, 대홍수가 전해 주는 그런 신학적인 메시지는 모든 권위를 상실하게 된다.

일곱째, 대홍수를 지역적인 사건으로 해석하는 것은 하나님 언약의 신뢰성과 관련해 심각한 의문을 불러일으킨다. 여호와 하나님은 노아를 방주에서 불러내신 후, 노아, 그의 가족, 모든 새와 동물과 언약을 맺으셨다. "다시는 모든 생물을 홍수로 멸하지 아니할 것이라 땅을 멸할 홍수가 다시 있지 아니하리라"(창 9:11). 그런데 만일 대홍수가 지역적인 홍수를 가리키는 것이라면, 하나님은 자신의 약속을 지키지 않으신 것이 된다. 그런 종류의 홍수는 그 이후로도 아주 많이 일어났기 때문이다. 예컨대 2004년에 인도양 연안에서 쓰나미 때문에 발생한 홍수로 20만 명 이상이 바닷물에 휩쓸려 죽었다. 하나님이 노아와의 언약을 신실하게 지키신 것처럼 새 언약도 신실하게 지킬 것이라고 단언하셨음을 생각하면(사 54:9-10), 우리는 이 문제가 얼마나 심각한 것인지를 알게 된다. 노아의 대홍수가 지구적인 것이었느냐 국지적인 것이었느냐 하는 문제는 사소한 역사적 사실과 관련된 작은 문제로 보일 수 있지만, 사실은 이 문제를 타협하게 되면, 성경의 권위가 훼손될 뿐 아니라, 오직 그리스도 안에서 구원받는다는 교리도 훼손된다.

묵상과 토론을 위한 질문

1. 과학자들은 방사성 연대 측정법과 멀리 있는 은하계들에서 오는 별빛을 근거로 추정한 우주의 나이를 단정해서는 안 된다고 저자들이 강조하는 이유로는 어떤 것들이 있는가?

2. 진화론이란 무엇인가?

3. 진화론에 대한 과학적인 반론으로는 어떤 것들이 제기되어 왔는가?

4. 진화론에 대한 도덕적인 반론으로는 어떤 것이 제기되어 왔는가?

5. 창세기 1장과 진화가 양립할 수 없는 이유는 무엇인가?

6. 창세기 2장과 진화가 양립할 수 없는 이유는 무엇인가?

7. 창세기 6-9장은 노아의 대홍수가 세계적인 것이 아니라 지역적인 것이었다는 주장을 어떤 식으로 반박하는가?

8. 많은 문화에 존재하는 대홍수에 대한 전설이 노아의 대홍수의 역사적 사실성을 밑받침하는 것인 이유는 무엇인가?

9. 만일 창세기의 대홍수가 세계적인 것이 아니라면, 그것은 하나님의 약속들과 관련해 어떤 함의를 지니는가? 그 이유는 무엇인가?

10. 만일 당신을 포함한 모든 생물이 오랜 세월에 걸친 우연한 화학적 변화로 생겨난 것이라면, 그것은 당신이 당신 자신에 대해 믿고 있는 것과 다른 사람을 대하는 당

신의 태도에서 어떤 차이를 만들어 낼 것 같은가?

더 깊은 성찰을 위한 질문

11. 당신이 친구에게 창조와 진화에 대해 말하고 있을 때, 그 친구는 이렇게 말한다. '너는 진화가 과학적인 사실로 증명되었음을 모르는구나? 무수히 많은 과학자들이 반대하는데도, 어떻게 너는 성경이 말하는 고리타분한 교리를 붙들고 있을 수 있느냐?' 그런 경우에 당신은 뭐라고 말하겠는가?

12. 당신의 친구는 이렇게 말한다. '나는 그리스도인이 되려면 창세기를 문자 그대로 받아들여야 하는 이유를 모르겠다. 내 구원을 위해 그리스도를 믿어야 함을 믿으면서도, 진화론을 받아들이는 것은 얼마든지 가능하지 않겠니?' 그런 경우에 당신은 어떤 대답을 하겠는가?

인간과 자연의 창조론

6장

하나님에 의한 인간의 창조

인간은 어떤 존재인가? 오늘날 많은 사람이 단지 인간의 몸과 행동을 동물과 비교해 연구함으로써 이 질문에 대한 답을 찾으려는 것은 애석한 일이다. 그렇게 했을 때는 인간에 대한 저급한 견해만을 얻을 수 있기 때문이다. 윌리엄 셰익스피어가 쓴 희곡 중에서 햄릿은 이렇게 말한다.

> 인간이란 무엇인가,
> 인생이라는 시장에 나와 있는 가장 좋은 물건이
> 단지 잠자고 먹는 것일 뿐이라면?
> 짐승보다 더 나을 것이 없다.

그런 후에 햄릿은 "우리를 지으신 이가……우리에게 신 같은 이성의 능력을 주신 것은 사용하지 않고 내버려 두어 우리 안에서 녹슬게 하려고 주신 것이 아니다"라고 생각한다.[1]

그로부터 3세기 후에 조지 버나드 쇼(1856-1950년)는 "짐승보다 더 나을 것이 없다"는 것이 실제로 다윈의 진화론이 지닌 함의라는 것을 깨

---

1) William Shakespeare, *Hamlet*, act 4, scene 4.

닫고 이렇게 썼다.

> 다윈이 주장한 진화 과정은 우연의 연속이라고 말할 수 있다. 그 주장은 처음에 그것이 의미하는 모든 것을 깨닫지 못했을 때는 단순해 보인다. 하지만 그 주장이 의미하는 모든 것을 점점 깨닫게 되면, 당신의 마음은 무너져 내려 당신 안에서 모래더미로 변한다. 거기에는 소름끼치는 숙명론이 들어 있고, 아름다움과 지성, 힘과 목적, 명예와 열망이 무너져 내리고 엉망진창이 되어 산사태나 열차 사고가 일어난 것 같은 무시무시하고 저주받은 광경이 생생하게 펼쳐져 있다.[2]

다윈의 진화론과는 정반대로 기독교 신앙은 인간은 '맹목적인 우연'이 집적되어 생겨난 존재가 아니라, 하나님의 명품이지만 타락한 존재라고 가르친다. 우리가 어떤 존재인지를 이해하려면 성경의 기록으로 거슬러 올라가 하나님에 의한 인간의 창조를 살펴보지 않으면 안 된다. 성경은 하나님의 인류 창조에 대한 서로 보완적인 두 기사로 시작된다. 첫 번째 기사는 인간을 우주의 면류관으로 묘사하고, 두 번째 기사는 인간이 원래 창조주와 친밀했음을 보여 준다. 이 장에서는 이 두 기사를 살펴보려 한다.

하나님이 창조하신 우주에서 인간이 지닌 특별한 존귀함 (창 1:26-2:3)

인간은 하나님이 지으신 많은 피조물 중 한 종류의 피조물이긴 하지만, 인간이라는 피조물은 이 세계에서 유일무이한 지위를 지닌다. 창세기 1장은 하나님이 특별한 지위를 지닌 인간을 창조하셨음을 보여 주는 몇 가지 지표를 담고 있다.

---

2) George Bernard Shaw, *Back to Methuselah: A Metabiological Pentateuch* (New York: Brentano's, 1921), xlvi.

창조 기사의 정점

최초의 6일에 걸쳐 하나님은 점점 더 복잡하고 아름다운 세계를 만들어 나가셨다. 최초의 어두운 땅과 물의 덩어리에서 바다와 뭍이 있고 아주 다양한 식물이 자라는 고도로 구조화된 세계가 생겨났다. 하나님은 날과 계절과 해를 구별하기 위해 눈부신 광명체들로 궁창을 채우셨다. 하나님이 명령하실 때마다 깊은 대양을 헤엄치는 괴물 같은 바다 생물을 포함해 새로운 피조물이 궁창과 바다에서 생겨나 활동했다. 그런 후에 창조의 마지막 날에 하나님은 기어다니는 곤충에서 육중한 가축에 이르기까지 땅의 동물들을 지으셨다. 하지만 하나님이 지으셔야 할 한 피조물이 남아 있었다. 인간은 피조세계의 면류관이었고, 하나님은 인간을 위해 이 세계를 준비하셨다. 창세기 본문은 이전에는 두 번밖에 나오지 않은(1, 21절) "창조하다"로 번역되는 동사('바라')를 1장 27절에서는 세 번이나 반복함으로써, 하나님의 창조 사역에서 인간의 중심성을 강조한다.[3] 우리는 창조 과정 속에서 하나의 목적론(teleology), 즉 이 위대한 목적('텔로스')에 도달하기 위해 설계된 체계적인 방법론을 본다.[4] 존 레이들로(1832-1906년)는 "최정상에서, 즉 땅의 존재의 피라미드의 정점에서 인간이 출현한다"고 썼다.[5] 남자와 여자를 이 땅에 지으신 후에야 하나님의 창조는 끝이 났고, "심히 좋았더라"(창 1:31)고 선언된다.

창세기 1장의 진행 과정은 인간에 대한 하나님의 사랑을 증언해 준다. 존 칼빈은 "하나님은 우주에 온갖 좋은 것이 가득하게 하신 후에야 아담을 창조하셨다는 점에서, 우리는 하나님이 만물을 창조하신 바로 그 순서 속에서 인류를 향한 아버지로서의 하나님의 사랑을 부지런히 묵상하지 않으면 안 된다"고 말했다.[6] 그래서 아담은 깨어나자마자

---

3) Kenneth A. Mathews, *Genesis 1 - 11:26*, The New American Commentary 1A (Nashville: Broadman & Holman, 1996), 160.

4) Walther Eichrodt, *Theology of the Old Testament*, trans. J. A Baker, Old Testament Library (Philadelphia: Westminster, 1961 - 1967), 2:109.

5) John Laidlaw, *Bible Doctrine of Man, or The Anthropology and Psychology of Scripture*, rev. ed. (Edinburgh: T&T Clark, 1895), 28.

6) Calvin, *Institutes*, 1.14.2.

경이로움으로 가득한 세계를 볼 수 있었다. 칼빈은 "인간은 태어나기 전에 이미 부유했다"는 말을 덧붙였다.[7] 하나님은 인류에게 모든 것을 아주 풍부하게 주셔서, 우리로 하여금 그것들을 누리는 것과 감사와 선한 일에서 부요하게 하셨다(딤전 4:4; 6:17). 스티븐 차녹은 "천사들에게는 이 세계에 있는 어떤 것도 필요하지 않았다"는 점에서 "이 세계는 인간을 위해 창조된 것"이지만, "하나님이 인간을 지원하고 기쁨을 주기 위해 이 세계를 창조하신 것은 인간으로 하여금 하나님께 합당한 섬김을 드리게 하기 위한 것이었다"고 썼다.[8]

이것은 하늘에서 기뻐할 일이었음에 틀림없다. 하나님이 땅의 기초를 놓으시자, 천사들은 하나님을 찬양했다(욥 38:4, 7). 이것은 하나님이 이 세계에 질서를 부여하고 꽃, 나무, 열매, 물고기, 딱정벌레, 사자 같은 것들로 장식하시는 것을 천사들이 경이롭게 여기고 기뻐하며 지켜보았음을 말해 준다. 하물며 하나님이 첫 남자와 여자를 창조하셨을 때, 천사들이 느낀 경이로움은 어떻게 말로 다 표현할 수 있었겠는가? 오늘날까지도 천사들은 인류를 지켜보면서, 우리에 대한 하나님의 선하심, 특히 마지막 아담이신 그리스도 안에서 택하신 자들에 대한 하나님의 구원의 선하심을 보며 놀라움을 금하지 못한다.[9]

하나님의 계획

하나님이 인류에게 특별한 존귀를 수여하셨음을 보여 주는 또 다른 지표는 하나님이 인간을 창조하기 전에 자신의 계획을 밝히셨다는 것이다. 하나님은 다른 동물을 지으실 때는 "물들은 생물을 번성하게 하라"거나 "땅은 생물을 내라"고 말씀하셨을 뿐이다(창 1:20, 24). 하지만 우리는 창세기 1장 26절에서는 "하나님이 이르시되 우리가 사람을 만들자"는 말씀을 읽는다. "우리가 ~하자"는 이 뜻밖의 표현은 하나님이 하나님과 상의하셨음을 보여 주고, 우리는 이후의 계시에 비추어 이것

---

7) Calvin, *Commentaries*, 창 1:26.
8) Charnock, *The Existence and Attributes of God*, in *Works*, 2:310.
9) 눅 15:10; 고전 4:9; 11:10; 엡 3:10; 히 1:13-14; 벧전 1:12.

이 삼위일체의 대화라는 것을 안다.[10] 요안네스 크리소스토무스(약 344-407년)는 이 어구는 "다른 위격과의 숙고, 협력, 상의"를 시사해 주고, 하나님이 자신이 지으신 피조물 가운데서 인간에게 가장 큰 존귀를 수여하셨음을 보여 주는 유일무이한 특징이라고 말했다.[11] 칼빈은 이렇게 주해했다. "지금까지 하나님은 단지 **명령**으로 모든 것을 지으셨지만, 이제 자신이 지으신 모든 것 중 가장 탁월한 존재를 창조하려 했을 때는 **협의**를 하신다……이렇게 하나님은 인간의 탁월성을 보여 주려 하셨다."[12]

이 협의가 지니는 함의는 무엇인가? 사람들은 어떤 지혜로운 계획을 만들어 내기 위해 서로 협의한다.[13] 마르틴 루터는 "인간은 하나님의 특별한 계획과 섭리에 따라 창조되었다"고 주해했다.[14] 그렇다 해서 우리는 하나님이 다른 피조물을 지으실 때는 주의 깊게 생각하지 않으신 것이라고 추론해서는 안 된다. 모든 피조물은 창조주의 지혜를 드러내기 때문이다(시 104:24). 하지만 "우리가 사람을 만들자"는 말씀은 인간이 삼위일체 하나님의 지혜롭고 영원한 계획의 중심에 있음을 보여 준다. 잠언 8장에서 우리는 하나님의 지혜가 이 세계의 창조를 "즐거워하였고", "인자들을 기뻐하였느니라"고 말하는 것을 듣는다(잠 8:30-31). 직역하면 '웃다' 또는 '뛰놀다'를 의미하는 "즐거워하다"로 번역된 히브리어('사하크')는 하나님이 인류를 창조하기로 한 자신의 지혜로운 계획을 얼마나 기뻐하셨는지를 생생하게 보여 주는 단어다. 인류는 하나님이 기뻐하시는 작정하심의 초점이었다.

신약 성경을 통해 우리는 이 계획의 중심에 특히 한 사람, 즉 하나님이자 사람이며 성육신하신 지혜이신 우리 주 예수 그리스도가 계신다

---

10) 삼위일체와 창조에 대해서는 이 책 2장을 보라.
11) John Chrysostom, *Sermons on Genesis*, 2.1, in *ACCS/OT*, 1:28.
12) Calvin, *Commentaries*, 창 1:26. 칼빈은 같은 곳에서 계속 이렇게 말했다. "그러나 여호와 하나님께는 다른 모사가 필요하지 않으므로, 자기 자신과 협의하셨을 것임은 의심의 여지가 없다. 유대인들은 하나님이 땅이나 천사들과 협의하셨을 것이라고 말함으로써 그들 자신을 웃음거리로 만든다."
13) 잠 8:14; 11:14; 12:15; 15:22; 19:20-21; 20:18.
14) Luther, *Lectures on Genesis*, in *LW*, 1:56 (창 1:26).

는 것을 안다. 바울은 "하나님이 우리를 구원하사 거룩하신 소명으로 부르심은 우리의 행위대로 하심이 아니요 오직 자기의 뜻과 영원 전부터 그리스도 예수님 안에서 우리에게 주신 은혜대로 하심이라"(딤후 1:9)고 쓴다. 이것은 "영원부터 우리 주 그리스도 예수님 안에서 예정하신 뜻대로 하신 것"(엡 3:11)이었다. 성부와 성자와 성령은 아담을 지으실 때, 이미 성자가 우리의 타락한 인류를 속량하기 위한 마지막 아담이 되기로 계획하셨다. 하나님은 인간의 본성을 지으시면서, 이미 장차 성육신을 통해 이 인간의 본성을 하나님의 본성과 결합시키기로 계획하셨다. 하나님의 사랑은 얼마나 기이한가!

하나님의 형상

하나님이 지으신 피조물 가운데서 인간의 유일무이성은 하나님이 자신을 대표해 이 땅에 두기 위해 우리를 만드신 방식에서도 드러난다. 창세기 본문에는 하나님이 식물, 바다 생물, 공중의 생물, 땅의 생물을 지으셨을 때 각각의 생물을 "종류대로" 지으셨다는 말이 열 번이나 나온다.[15] 하지만 "하나님이 사람을 창조하실 때는 그 공식이 갑자기 엄청난 것으로 바뀌어" "종류대로"가 아니라 "우리의 형상을 따라"(창 1:26)가 된다고 레이들로는 지적했다.[16] 창세기 본문은 다음 절에서 이 어구를 다시 한 번 반복함으로써 인간 안에 하나님이 존재함을 강조한다. "하나님이 자기 형상 곧 하나님의 형상대로 사람을 창조하시되 남자와 여자를 창조하시고"(27절).

하나님이 인간 안에 자신의 형상을 두셨다는 것은 깜짝 놀랄 일이다. 인간은 피조물이다. 인간은 영원하시고 전능하신 창조주와는 무한히 다른 처지에 있어 하나님과는 비교 자체를 할 수 없는 존재다(사 40:21-28). 그런데도 하나님은 인간을 최대한 자기와 가장 가까운 존재로 창조하셨다. 인간 사회에서 아들이 아버지의 형상인 것과 어느 정도 비슷하게, 인간은 하나님의 살아 있는 형상이다(창 5:1-3; 참고. 눅 3:38). 인류는

---

15) 창 1:11-12, 21, 24-25.
16) Laidlaw, *Bible Doctrine of Man*, 30.

원래의 상태에서부터 타락했지만, 우리는 여전히 사람들 안에서 하나님의 영광의 불꽃을 본다. 차녹은 이것은 우리가 "왕궁의 폐허" 속에서 그 왕궁이 이전에 지녔던 영광을 어느 정도 알아볼 수 있는 것과 같다고 말했다.[17]

이 하나님의 형상의 의미에 대해서는 나중에 자세하게 살펴보겠지만,[18] 여기서는 인간이 하나님의 형상을 따라 지음 받았다는 것이 인간과 다른 모든 피조물 간의 차이를 얼마나 분명하게 만들어 내는지를 살펴보려 한다. 이 땅에 있는 모든 것 중 인간만이 하나님의 형상이라 불린다. 성경은 동물들에 대한 인간의 지배권을 인정한다. 타락 이후에 하나님은 인간의 벌거벗음을 감춰 주는 옷을 만들어 주기 위해 동물을 죽이셨을 것이 틀림없다(창 3:21). 하나님은 사람이 동물을 제물로 바치는 희생제사를 통해 자신을 예배하는 것을 기뻐하셨다(4:4). 대홍수 후에 하나님은 인간에게 동물을 먹을 수 있게 하셨지만, "다른 사람의 피를 흘리면 그 사람의 피도 흘릴 것이니 이는 하나님이 자기 형상대로 사람을 지으셨음이니라"(9:2-6 ESV)고 말씀하셨다. 우리는 사람을 동물처럼 대해서는 안 된다. 하나님의 형상을 따라 창조된 인간의 생명은 신성하기 때문이다. 동물은 하나님의 선한 피조물이고, 우리는 불쌍히 여기는 마음과 지혜로운 청지기로서 동물을 대해야 한다.[19] 하지만 동물을 사람같이 대해서는 안 된다. 우리는 동물을 주관하고 죽일 수 있으며, 타락한 세계에서 인류에게 가장 유익이 되고 하나님을 가장 영화롭게 하는 방식으로 사용할 수 있다.

통치권의 위임

땅에 있는 다른 피조물에 대한 인간의 우월한 지위는 창조주가 명시적으로 공인하신 것이다. 하나님이 인간을 자신의 형상을 따라 창조하셨다고 말하는 본문 앞뒤로는 온 땅과 거기에 가득한 다양한 피조물

---

17) Charnock, *The Existence and Attributes of God*, in *Works*, 2:308.
18) 이 책 8-10장을 보라.
19) 출 23:4-5; 신 20:19-20; 25:4; 잠 12:10; 참고, 욘 4:11.

에 대한 인간의 '통치'에 대한 말씀들이 나온다(창 1:26-28). 인간을 창조하시기 전까지만 해도, 하나님은 만물의 왕으로 행해 오셨다. 하나님의 말씀 한마디로 만물의 존재와 구조와 생명과 활동이 정해졌다. 그런데 이제 하나님은 자신의 형상을 지닌 피조물에게 이 통치권을 수여하셨다.

이렇게 통치권을 위임하셨다 해서 만물의 왕으로서의 하나님의 절대주권이 약화된 것은 아니지만, 인간은 하나님의 영광을 위해 이 땅을 다스릴 권한을 얻게 되었다. 시편 115편은 하나님은 여전히 "원하시는 모든 것"을 행하시지만, "땅은 사람에게 주셨도다"라고 말한다(3, 16절). 인간의 이 통치권은 인간의 내재적인 위대함에서 생겨나는 것이 아니라, 하나님을 섬겨 영화롭게 하는 데 필요한 권위와 위엄을 위해 주어진 것이다. 하늘을 생각할 때 우리는 시편 8편에서처럼 "사람이 무엇이기에 주께서 그를 생각하시며"라고 외쳐야 한다. 하지만 인간은 작은 존재임에도, 하나님은 모든 가축과 들짐승과 새와 물고기를 비롯한 "만물을" 인간의 "발아래 두셨다." 따라서 우리의 합당한 응답은 우리 자신을 자랑하지 않고, 지극히 뛰어나고 아름다운 하나님의 이름을 찬송하는 것이다(3-9절).

하나님의 절대주권과 인간의 위임받은 통치권은 높아지신 주 예수 그리스도 안에서 하나로 수렴된다. 히브리서 기자는 시편 8편을 그리스도에게 적용해(히 2:5-8), 그리스도는 전에 죽임을 당하셨지만 후에는 "영광으로 관을 쓰셨"으므로, "많은 아들들을 이끌어 영광에 들어가게" 하실 것이라고 말한다(9-10절). 우리가 창조 때 인간에게 수여된 특별한 통치권을 폄하하는 것은 하나님의 성육신하신 성자에게 속한 영광을 부정하는 것이다. 하나님이 인간으로 하여금 이 세계를 다스리게 하신 것은 "보이지 아니하는 하나님의 형상이요 모든 피조물보다 먼저 나신 이"(골 1:15), 즉 온 우주를 다스리는 최고의 왕(16-18절; 참고, 시 89:27)이신 자기 아들의 나라를 위한 것이었다.

예배의 성별

창조의 한 주간의 일곱째 날도 비록 명시적이 아니고 암묵적이긴 하지만 인간의 유일무이성을 보여 준다. 본문에서 하나님이 일곱째 날에 "안식하셨다"고 말씀할 때(창 2:2-3) 사용한 동사('샤바트')는 "안식일"(Sabbath)로 번역되는 단어와 어근이 같고, 안식일에 대한 다른 본문들에도 등장한다.[20] 십계명 중에서 넷째 계명은 여호와가 창조의 일곱째 날에 안식하셨으므로 이스라엘은 안식일을 지켜야 한다고 말한다(출 20:11; 31:17). 우리는 모세가 광야에서 이스라엘을 이끌면서 십계명을 받은 후 창세기를 썼을 가능성이 매우 높음을 기억해야 한다.[21]

또한 창세기에서는 하나님이 일곱째 날을 "거룩하게 하셨다"고 말한다(창 2:3). 즉 하나님이 일곱째 날을 성별하셨다는 것이다. 루터는 "거룩하게 한다는 것은 신성한 목적을 위해, 또는 하나님의 예배를 위해 따로 떼어 놓는 것을 의미한다"고 주해했다.[22] 이스라엘은 성일에 친숙했다. 왜냐하면 안식일은 여호와께 성일,[23] 즉 다른 절기의 날들처럼 이스라엘이 안식하면서 "성회"를 열어 하나님을 예배해야 하는 날이었기 때문이다.[24] 그래서 하나님은 일곱째 날을 사람이 일상적인 일을 그치고 하나님을 예배하는 데 자신을 드리는 날로 따로 떼어 놓으셨다. 이것은 우리가 하나님이 안식하시며 새 힘을 얻으셨다고 한 신인동형론적인 표현을 이해하는 데 도움을 준다(2절; 출 31:17). 창조주는 지치신 것이 아니라(사 40:28), 자신의 형상을 따라 지으신 자들에게 본을 보여 주기 위해 창조의 6일 후에 자신의 창조 사역을 그치신 것이다.

여기서 우리의 목적은 안식일이 그리스도인에게 영속적인 의미를 지닌다는 것을 논증하는 것(이것도 우리에게 중요하지만)이 아니라, 인간의 유일무이성을 보여 주는 것이다. 하나님이 지으신 이 땅의 모든 피조물 중

---

20) 출 16:30; 23:12; 31:17; 34:21; 참고, 레 23:32; 25:2; 26:34-35.
21) "Introduction to the Pentateuch," and "Introduction to the Book of Genesis," in *The Reformation Heritage KJV Study Bible*, ed. Beeke, Barrett, Bilkes, and Smalley, 1-3.
22) Luther, *Lectures on Genesis*, in *LW*, 1:79 (창 2:3).
23) 출 31:15; 35:2; 느 10:31; 사 58:13.
24) 출 12:16; 레 23:3, 7-8, 21, 27, 35-37; 민 28:18, 25-26; 29:1, 12. 안식일 동안의 예배에 대해서는 시편 92편을 보라.

에서 인간은 예배라는 거룩한 일을 할 수 있는 특별한 능력을 지니고 있다.[25] 우주 전체가 하나님의 영광을 드러내지만(시 19:1), 인간은 특별한 방식으로 하나님을 찬송할 수 있게 창조되었다(사 43:7, 21). 루터가 말했듯 창세기 2장 1-3절은 "인간은 하나님을 알고 예배하도록 특별히 창조되었"음을 보여 준다. 이것이 바로 "안식일"의 특별한 기능이기 때문이다.[26]

요약하면, 창세기 1장은 인간은 하나님이 지으신 다른 피조물과 마찬가지로 한 피조물이긴 하지만, 하나님이 지으신 세계 속에서 유일무이한 정체성과 지위를 지닌 피조물임을 보여 준다. 인간은 창조의 정점이자 면류관이고, 하나님의 영원한 계획의 중심이며, 이 땅에 있는 하나님의 형상이고, 하나님의 영광을 위해 하나님의 세계를 다스리는 종인 왕이며, 이 땅에서 자신의 다른 일을 주기적으로 멈추고 하나님께 거룩한 경배를 드리는 예배자다. 인간은 얼마나 경이로운 존재인가! 따라서 우리는 이 놀랍고 기이한 특권을 우리에게 주신 하나님을 찬송하고 영화롭게 하는 것이 마땅하다.

하나님의 언약에서 하나님과 인간의 특별한 관계(창 2:4-25)

창세기 2장 4절은 "이것이……하늘과 땅의 내력['엘레 톨레도트']이니"라는 말씀으로 시작되고, 이 말씀은 아담, 노아, 노아의 아들들, 셈 등과 관련해 "이것이 족보니라"고 한 말씀과 비슷하다.[27] 하나님은 족장들에게서 자손을 만들어 내신 것처럼, 자기가 창조하신 세계에서부

---

25) 바다와 나무도 예배에 동참한다는 성경의 말씀들은 장차 왕이신 그리스도가 오시는 것이 그의 피조세계 전체에 큰 복이 될 것이어서, 피조세계가 이전과는 다른 방식으로 그의 영광을 드러내게 될 것임을 보여 주기 위해 피조세계를 의인화한 수사법인 것으로 보인다(시 69:34; 96:11-13; 98:7-9; 사 35:1-2; 44:23; 49:13; 55:12; 눅 19:40). "여호와 앞에서 큰물은 박수할지어다"(시 98:8)는 분명히 은유적인 표현임을 주목하라. 하지만 새 하늘과 새 땅에서는 하나님이 모든 피조물로 하여금 우리가 현재로서는 이해할 수 없는 방식으로 하나님을 예배하게 하실 수 있을 것이다(계 5:13).

26) Luther, *Lectures on Genesis*, in *LW*, 1:80 (창 2:3).

27) 창 5:1; 6:9; 10:1; 11:10, 27; 25:12, 19; 36:1; 37:2.

터 최초의 남자와 여자를 만들어 내셨다.[28] 이것이 2장의 나머지 부분의 내용이다. 이것은 하나님이 원래의 인간과 맺으셨던 특별한 관계를 보여 주고, 인간의 타락과 은혜로 말미암은 인간의 구속을 이해하는 토대를 제공해 준다.

"여호와 하나님": 우주적 관점에서 언약적 관점으로

2장은 하나님이 사람을 남자와 여자로 창조하시는 것으로 되돌아가고(창 1:27을 보라), 그 일을 중심으로 벌어지는 일들을 상당히 자세하게 보여 준다. 창세기 1장 1절-2장 3절과 2장 4-25절 사이에는 문체에서 두드러진 차이가 있다. 전자는 7일에 걸쳐 일어난 고도로 구조화한 일련의 사건을 보여 주는 반면, 후자는 더 유동적이다. 전자는 사건들을 우주적 관점에서 바라보고, 땅과 바다와 그 밖의 다른 것의 창조를 말한다. 또한 전자에서는 "하나님"('엘로힘')이라는 명칭을 사용한다. 반면에 후자는 하나님이 에덴동산에서 아담과 하와를 대하시는 것에 초점을 맞춰 좀 더 개인적인 관점에서 기록된다. 후자에서는 언제나 "여호와 하나님"('야웨 엘로힘')이라는 명칭을 사용함으로써, 하나님과 인간의 언약 관계를 부각시킨다. '야웨'(전통적으로 "여호와"로 번역된)는 하나님이 이스라엘에게 자신을 계시할 때 사용하신 이름이다. 창세기의 원래의 청중인 이스라엘은 최근에 하나님의 이름과 관련해 더 깊은 계시를 받았고, 하나님이 계시해 주신 "여호와"라는 이름은 자신의 언약에 대한 하나님의 무한하고 영원하며 불변하는 신실하심을 나타내는 이름이었다(출 3:13-17; 6:2-8).[29] 인간의 창조라는 맥락 속에서 이 이름이 반복적으로 사용된 것, 즉 창세기 2장과 3장에서 이 이름이 20번 이상 사용된 것은 이 이름이 하나님과 원래의 인간 간의 언약 관계에 대한 계시임을 시사해 준다. "여호와 하나님"이라는 이름이 2장 4절 이후의 본문 전체에 걸쳐 사용된 이유도 거기에 있는 것으로 보인다.[30]

---

28) Kelly, *Creation and Change*, 46.
29) 이 하나님의 이름의 의미에 대해서는 이 책 1권 4장을 보라.
30) Belcher, *Genesis*, 61.

18세기 이래로 비평학자들은 이 두 본문은 창조에 대한 서로 다르고 심지어 상반되기까지 한두 가지 설명이 공존해 오다가 창세기 편집자(들)가 이 둘을 결합시켰음을 보여 주는 것이라고 주장해 왔다.[31] 19세기 후반과 20세기 초에는 창세기는 후대의 편집자가 그때까지 전설로 전해져 온 문서들을 함께 엮어 만든 작품이라고 보는 것, 즉 "고등비평"으로 알려진 견해가 유행이었다. 하지만 20세기 후반에 점점 더 많은 학자가 창세기는 주의 깊고 정교하게 쓰인 통일적인 책임을 인정하면서, 이 '문서 가설'과 관련한 신학자들 간의 합의는 와해되었다.[32]

고등비평에 동의하는 학자들은 두 장 간의 아름답고 서로 보완적인 관계를 놓치게 된다. 우리 주 예수 그리스도는 이 두 장을 하나님이 "창조 때에" 인간을 어떻게 지으셨는지를 말해 주는 통일된 증언으로 보셨다(막 10:6-8). 창세기 2장은 그 자체만으로 완벽한 창조 기사를 제시하고 있지 않는다. 도리어 창세기 2장은 창세기 1장에 의지해, 하나님이 천지를 어떻게 창조하셨는지에 대한 보충 설명을 제시한다(창 2:4를 보라). 마찬가지로 창세기 1장도 우리의 세계 속에서 죄와 죽음의 기원을 설명하려면 2장과 3장을 필요로 한다.

우리의 생명의 주이신 여호와: 초자연적으로 인간을 창조하신 하나님

바울은 "하나님께서는 천지의 주재시니……만민에게 생명과 호흡

---

31) 하나님이 인간을 창조하시기 전에는 "초목이 아직 없었고 밭에는 채소가 나지 아니하였으며"라고 말하는 창 2:5는 하나님이 넷째 날에 식물을 창조하셨고 여섯째 날에 사람을 지으셨다고 말하는 창 1:11-12와 상반된다고 주장되어 왔다. 하지만 창세기 2장의 본문에 나오는 단어들은 인간이 창조되고 타락할 때까지는 구체적으로 농경을 위한 조건이 형성되어 있지 않았음을 가리키는 것으로 이해할 수 있다. Hamilton, *The Book of Genesis, Chapters 1-17*, 154. "초목"으로 번역된 단어('시아흐')는 광야의 관목을 가리킨다(창 21:15; 욥 30:4, 7). "밭의 채소"로 번역된 어구('에세브 핫사데')는 창 3:18에서 경작되는 밭을 가리키는 데 사용된다. "땅이 네게 가시덤불과 엉겅퀴를 낼 것이라 네가 먹을 것은 밭의 채소인즉"(참고, 출 9:22, 25; 10:15). 따라서 이 본문은 하나님이 에덴동산을 마련해 주셨던 것처럼, 이 세계 속에서 인간이 거주할 경작할 땅을 아직 정하지 않으셨음을 의미할 수 있다. 또는 이 본문은 타락 이전의 땅의 상태가 타락 이후에 인간이 에덴동산에서 추방되어 잡초가 무성한 야생의 땅을 밭으로 일구기 위해 땀을 흘려야 했을 때의 땅의 상태와 달랐음을 말하려 한 것일 수도 있다. 이 해석을 비롯해 다른 해석의 가능성들에 대해서는 Belcher, *Genesis*, 32-33을 보라. 따라서 우리는 창세기 2장이 창세기 1장과 상반된다고 볼 필요가 없다.
32) Belcher, *Genesis*, 15-16.

과 만물을 친히 주시는 이심이라"(행 17:24-25)고 말할 때 틀림없이 창세기를 염두에 두었을 것이다. 이것은 일상의 섭리에만 해당되는 것이 아니라, 최초의 인간 창조에도 해당된다. 창세기 2장 7절은 "여호와 하나님이 땅의 흙으로 사람을 지으시고 생기를 그 코에 불어넣으시니 사람이 생령이 되니라"고 말함으로써, 하나님이 최초의 사람을 어떻게 지으셨는지에 대한 대단히 인격적인 설명을 우리에게 제시한다.

이 본문은 "땅"('아다마')과 음이 비슷한 "사람"('아담')이라는 이름을 제시함과 동시에 하나님이 "땅의 흙으로" 사람을 지으셨다고 말함으로써, 인간의 물리적 기원이 땅에 속한 물질임을 강조한다. "흙"으로 번역된 단어('아파르')는 흙이나 토양을 가리킨다(창 26:15; 레 17:13).[33] 일부 그리스도인은 유신론적 진화론을 이 본문에 집어넣어 읽어서, "흙"은 아담 이전에 존재했던 생물학적인 생명을 나타낸다고 주장했다.[34] 이 주장에 대해 존 바턴 페인(1922-1979년)은 이렇게 대답했다. "하지만 창조의 맥락 속에서 이 흙은 단순한 흙이었고, 사람과의 관계에서도 단순한 흙이었을 것으로 보인다. 왜냐하면 창세기 3장 14절이 뱀과 관련해 흙에 대해 말할 때 그 흙은 생명이 없는 흙을 가리키는 것으로 보이고, 사람이 죽어 흙으로 돌아가는 것(창 3:19)도 중간의 살아 있는 단계를 거쳐 다음 처음의 생명으로 돌아가는 과정이라고 할 수 없을 것이기 때문이다."[35]

다른 해석자들은 "흙"은 "죽을 수밖에 없음"을 나타내는 상징이므로, 본문은 인간이 죽을 수밖에 없는 상태로 창조되었음을 의미한다고 주장해 왔다.[36] 하지만 이 해석은 하나님이 뱀을 저주하여 흙에서 기어다니게 하셨다고 말하는 창세기 3장 14절과 부합하지 않고, 19절의 "너는 흙이니 흙으로 돌아갈 것이니라"는 말씀과도 부합하지 않는다.

---

33) "히브리어 '아파르'를 '진흙'으로 번역해" 본문을 토기장이와 연결시키는 것은 너무 나간 것이다. Hamilton, *The Book of Genesis, Chapters 1-17*, 156.

34) 이 책 5장에서 대진화에 대한 논의를 보라.

35) J. Barton Payne, "Theistic Evolution and the Hebrew of Genesis 1-2," *Bulletin of the Evangelical Theological Society* 8, no. 2 (Spring 1965): 88 (full article, 85-90).

36) John H. Walton, *The Lost World of Adam and Eve: Genesis 2-3 and the Human Origins Debate* (Downers Grove, IL: IVP Academic, 2015), 74.

왜냐하면 거기에서는 흙을 "죽을 수밖에 없음"과 등치시키는 것이 아니라, 인간이 장차 썩어서 진정한 물리적인 흙으로 돌아가게 될 것이라는 사실을 근거로, 인간이 불멸성을 상실했음을 생생하게 보여 주시기 때문이다. 또한 그런 해석은 창세기 2장 1절에서 인간이 하나님의 명령을 순종하지 않는 경우에는 죽게 될 것이라고 하나님이 말씀하신 것을 실없는 경고로 만들어 버린다(참고, 롬 5:12; 고전 15:21-22).

따라서 창세기 2-3장의 맥락은 "흙"을 우리의 발아래에 있는 문자 그대로의 흙 또는 토양으로 해석하는 것을 강력하게 지지한다. 역사적 이야기 형태로 기록된 본문에 나오는 단어는 문자 그대로의 의미로 읽지 않아야 할 확실한 근거가 있지 않는 한, 문자적인 의미로 해석하는 것이 마땅하다. 우리의 결론은 하나님은 땅의 표면에 있는 생명 없는 물질인 흙을 가지고 첫 사람의 몸을 지으셨다는 것이다.[37] 우리가 흙에서 왔다는 이 가르침 앞에서 우리는 낮아질 수밖에 없다(창 18:27). 우리 인간의 몸은 동물과 똑같은 생물학적인 생명을 공유한다. 하나님은 원래 인간을 하늘의 생명이 아니라 땅에 속한 자연적인 생명을 지닌 존재로 지으셨다(고전 15:44-50). 우리는 반쯤은 신적인 하늘에 속한 존재가 아니라, 땅에 속한 피조물이다.

또한 하나님은 그 몸에 "생명의 숨"('니쉬마트 하임', "생기")을 주셨다. 창세기에서 동물의 생물학적인 생명을 가리키는 데 이것과 거의 같은 어구들이 사용된다. 직역하면 "생명의 영의 숨"('니쉬마트 루아흐 하임', 창 7:22)과 "생명의 영"('루아흐 하임', 6:17; 7:15; 참고, 시 104:29-30) 등이다. 인간이 "생명의 혼"('네페쉬 하야', "생령")이 되었다고 말할 때 사용된 것과 같은 단어들은 나중에 창세기 2장에서 동물에 대해서도 사용된다. 즉, 각각의 동물도 "흙"('아다마', 19절)으로 만들어진 "생명의 혼"('네페쉬 하야', "생물")이다.[38] 이것은 인간의 혼 또는 영이 동물의 혼과는 달리 비물질

---

37) 과학자들은 현재 상태의 인간의 몸을 이루고 있는 것의 99퍼센트 이상은 산소, 탄소, 수소, 질소, 칼슘, 인, 칼륨, 황, 나트륨, 염소, 마그네슘으로 이루어져 있다고 말한다(이 순서에서 처음 네 원소가 96퍼센트를 차지한다). 이 모든 원소는 흙에 존재한다.
38) 또한 '네페쉬 하야'라는 어구는 창 1:20-21, 24, 30; 9:10, 12, 15-16에서 동물에 대해 사용된다.

적인 실체라는 것을 부정하는 것이 아니라(마 10:28),[39] 성경에서 "살아 있는 혼"으로 번역되는 어구는 혼만이 아니라 살아 있는 존재도 가리킨다는 것을 보여 주는 것이다.

따라서 창세기 2장 7절은 인간의 몸은 생물이었던 어떤 것에서 온 것이 아니었고, 하나님이 인간을 창조하셨을 때 인간은 비로소 생물이 되었다고 말한다. 이것은 인간이 이전의 어떤 동물로부터 기원했다는 진화론의 온갖 주장을 반박한다. 페인은 이렇게 썼다. "이것은 하나님이 흙으로 사람을 지으시고 나서 거기에 생명을 불어넣으시기 전에는 아담이 살아 있는 존재가 아니었음을 보여 준다. 아담은 이전에 생물로 존재했던 어떤 형태의 유기체의 연속일 수 없다."[40]

인간은 흙이나 동물과 많은 공통점을 지니고 있었지만, 하나님과의 특별한 관계를 지닌 존재로 지음 받았다. 인간은 동물과 마찬가지로 "생물"이지만, 하나님이 인간을 지으신 방식 때문에 동물과 구별된다. 왜냐하면 "생기를 그 코에 불어넣으셨기" 때문이다. 레이들로는 "인간의 호흡과 영과 총명이 하나님으로부터 직접 기원했다는 사실은 하나님이 지으신 것 중 최고의 존재인 인간과 창조주 간의 특별한 관계를 보여 준다."[41] 하나님이 사람 속에 생기를 불어넣으셨다는 표상은 인간의 생명이 하나님과 얼굴을 맞댄 친밀함 가운데서 기원했음을 시사해 준다. 데렉 키드너는 "'불어넣었다'는 것은 얼굴을 맞댄 입맞춤의 친밀함을 수반한 열렬한 인격적 관계를 보여 준다"고 썼다.[42]

이 본문은 마치 아담이 하나님의 숨 자체를 공유한 것인 양 인간의 신성을 암시하지 않고, 인간의 창조가 하나님의 생기인 성령의 특별한 창조 사역이라는 의미를 지닌다. 아우구스티누스는 "하나님의 본성은 변할 수 있는 것이 아니"므로, 우리는 이 본문이 "하나님의 본성의 일부가 인간의 영혼이 되었다"고 말하는 것으로 해석해서는 안 된다고

---

39) 몸과 구별되는 혼 또는 영에 대해서는 이 책 12-13장을 보라.
40) Payne, "Theistic Evolution and the Hebrew of Genesis 1-2," 89.
41) Laidlaw, The Bible Doctrine of Man, 35-36.
42) Kidner, Genesis, 60.

설명했다.[43] 도리어 하나님이 인간에게 생기를 불어넣으셨다는 것은 하나님의 성령이 인간의 생명과 영을 창조했음을 보여 준다. 엘리후는 하나님이 인간에게 생기를 불어넣으신 것을 생각하고서, "사람의 속에는 영['루아흐']이 있고 전능자의 숨결['니쉬마트']이 사람에게 깨달음을 주시나니", "하나님의 영['루아흐']이 나를 지으셨고 전능자의 기운['니쉬마트']이 나를 살리시느니라"(욥 32:8; 33:4)고 말했다. 이것을 통해 성경은 하나님과 인간의 유비를 시사해 준다. 하나님은 영원하신 영으로서(창 1:2), 하나님의 성령을 통해 인간을 지으셔서 피조 된 영을 소유하게 하셨다(2:7). 인간의 생명은 유한하고 의존적인 차원에서 하나님의 생명과 병행되고 하나님의 생명을 표상한다.

또한 이것은 인간의 최초의 창조와 인간의 구원 간의 병행도 보여 준다. 창세기 2장 7절에서 사용된 단어는 에스겔이 본 마른 뼈 환상에서 하나님이 죽은 자들에게 생기를 "불어넣으셨을"('나파흐', "불어서") 때도 다시 등장한다. "주 여호와께서 이같이 말씀하시기를 생기['루아흐']야 사방에서부터 와서 이 죽음을 당한 자에게 불어서['나파흐'] 살아나게 하라 하셨다"(겔 37:9). 그런 후에 하나님은 "내가 또 내 영['루아흐']"(즉 중생과 성화의 성령[36:26-27])을 너희 속에 두어 너희가 살아나게"(14절) 하겠다고 약속하셨다. 우리는 요한복음 20장 22절에서 부활하신 그리스도가 "그들을 향하사 숨을 내쉬며 이르시되 성령을 받으라"고 말씀하신 것을 본다. 우리 인간의 창조는 성령에서 시작되었고, 우리의 새 창조도 그와 똑같은 성령으로 말미암아 이루어질 것임에 틀림 없다.

우리의 거처의 주이신 여호와: 인간에게 차고 넘치게 공급해 주시는 하나님

여호와 하나님은 우리에게 생명을 주신 분이고, 하나님이 인간에게 정해 주신 거처는 하나님이 인간의 삶을 풍성한 삶으로 정하셨음을 보여 준다. 하나님은 아름다운 초목과 맛있는 먹을 것으로 가득한 동산에

---

43) Augustine, *Two Books on Genesis against the Manichaeans*, 2.8.11, in *ACCS/OT*, 1:52.

인간을 두셨다(창 2:8-9). 이 동산의 이름인 "에덴"은 히브리어로 '즐거움' 또는 '호화로움'을 뜻하는 단어('에덴')와 철자와 소리가 같다.[44] 고대 근동의 건조하고 척박한 땅에서 살았던 사람들에게 물은 부를 의미했다. 에덴동산은 물이 아주 풍부해, 그 물은 넘쳐흘러 그 지역의 큰 강들의 수원이 되었다(9-14절). 또한 에덴동산이 있는 지역은 황금과 보석들로도 유명했다(11-12절). 에덴동산에서 여호와 하나님은 인간과 말씀을 나누셨고 소통하셨다(15-25절). 에덴동산은 하나님의 천군인 그룹 천사들이 지켰다(3:24).[45]

이 본문을 고대 이스라엘인의 눈으로 읽는 것은 에덴동산은 하나님이 인간과 함께 거하신 성전의 원형으로서의 기능을 했음을 깨닫는데 도움을 준다.[46] 하나님은 이스라엘에게 황금과 보석들로 제사장의 옷(출 28장), 성막(출 25-27장), 나중에는 성전(왕상 6-7장)을 만들고, 이 구조물을 나무, 열매, 그룹 천사들의 예술적인 표상들과 물을 담는 큰 대야들로 장식하라고 지시하셨다. 에스겔은 시온산에 있는 이스라엘의 성전이 하나님의 "성산"이었던 것처럼(20:40), 에덴을 "하나님의 동산"과 "하나님의 성산"이라 불렀다. 요한계시록에 나오는 묵시들은 하늘의 예루살렘을 장엄한 성전 도시이자 에덴동산의 회복이라는 관점에서 묘사한다(계 21:1-22:5). 인간의 최초의 거처는 여호와의 성전이었다.

에덴동산의 물리적이고 역사적인 요소들은 여호와와의 영적인 친교의 가시적인 표지들이었다. 게할더스 보스는 "에덴동산은 실제의 현실적인 것들로 구성된 진정한 상징체계다"라고 썼다.[47] 잠언에서는 하나님의 지혜는 자기 백성에게 "생명나무"라고 말한다(잠 3:18). 시편 36편은 우리에게 하나님을 향해 "생명의 원천이 주께 있사오니" "주께서

---

44) 창 18:12; 삼하 1:24; 시 36:8; 렘 51:34.
45) 그룹 천사에 대해서는 시 18:10; 80:1; 99:1; 사 37:16; 겔 1:5-14; 9:3; 10:1-9, 14-20; 11:22; 28:13-14를 보라.
46) G. K. Beale, *The Temple and the Church's Mission: A Biblical Theology of the Dwelling Place of God*, New Studies in Biblical Theology (Downers Grove, IL: InterVarsity Press, 2004), 66-80.
47) Geerhardus Vos, *Biblical Theology: Old and New Testaments* (Edinburgh: Banner of Truth, 1948), 27.

주의 복락의 강물을 마시게 하시리이다"라고 말하도록 가르치는데, 여기서 "복락"은 "에덴"('에덴')의 복수형이다(시 36:8-9). 아담과 하와 주변에 있던 모든 것은 생명이 하나님과의 친교에 있음을 일깨워 주는 것들이었다. 게할더스 보스는 "이렇게 생명은 하나님에게서 온다는 것, 그리고 인간에게 생명은 하나님을 가까이 하는 것이라는 진리가 분명하게 제시되어 있다"고 말했다.[48]

창세기가 인간에 대해 보여 주는 진리는 우리를 낮아지게 함과 동시에, 하나님이 우리 인간을 얼마나 특별하고 존귀하게 창조하셨는지를 보여 준다. 우리는 피조물이어서, 동물이나 우리 발아래 있는 흙과 많은 공통점을 지니고 있다. 하지만 우리는 살아 계신 하나님과 친교를 나누도록 창조되었다. 이 친교는 우리의 생명이고, 이 생명은 오직 여호와 하나님과의 관계 속에서만 발견된다. 여호와 하나님은 우리에게 모든 것을 주셨지만, 우리는 하나님을 주님으로 받아들여 순종하기를 거부했으므로 하나님과의 친교를 상실했다. 칼빈이 말했듯 에덴동산에서 찬란하게 빛나는 하나님의 차고 넘치는 인자하심은 우리의 "수치스러운 배은망덕함"을 한층 더 부각시킨다.[49]

우리의 법의 주이신 여호와: 인간과 인격적으로 소통하시는 하나님

하나님은 첫 사람을 지으신 후, 첫 사람이 이 세계를 탐험해 자신의 운명을 발견하도록 내버려 두신 것이 아니었다. "여호와 하나님"은 즉시 첫 사람에게 거처와 소명을 주심으로써, 인간에 대한 자신의 권세를 천명하셨다(창 2:15). 또한 하나님은 순종과 불순종에 따라 생사가 달린 법을 주어 순종하게 하셨다(16-17절). 언약과 연결되어 있는 하나님의 이름은 하나님이 언약의 주로서 인간과 관계를 맺으셨고, 자신의 언약의 말씀에 따라 인간의 삶을 지도하실 것임을 보여 준다. 인간은 피조물에 대해서는 왕으로 다스리라는 명령을 받았지만, 창조주와 관련해서는 여전히 종이었다.

---

48) Vos, *Biblical Theology*, 28.
49) Calvin, *Commentaries*, 창 2:9.

여호와 하나님과 아담 간의 직접적인 소통은 인간이 하나님과의 관계에서 누린 거룩한 특권을 부각시켜 준다. 여호와가 모세에게 말씀하기 위해 나타나셨을 때는 모세가 거룩한 땅에 서 있다는 사실을 상기시켜 주며 경고하셨다(출 3:5). 여호와가 모세와 이스라엘을 다시 그 산으로 부르셨을 때는 그들에게 그 산을 "거룩하게 하라"고 명령하셨다. 즉 그 산을 거룩한 산으로 여겨, 하나님의 음성이 영광에서부터 나올 때 그 영광에 가까이 오지 못하게 하라고 명령하셨다(19:23). 그런 후에 여호와는 모세에게 성막과 지성소 안에 둘 언약궤를 만들라고 지시하셨다. "거기서 내가 너와 만나고……내가 이스라엘 자손을 위하여 네게 명령할 모든 일을 네게 이르리라"(25:22). 마찬가지로 최초의 성소인 에덴동산에서 여호와는 인간에게 직접 말씀하셨다.

인간에게는 이 거룩한 특권과 함께 언약을 신실하게 지킬 의무가 주어졌다. 이 의무는 이스라엘에게도 해당되는 것이었다. 왜냐하면 "너희가 내 말을 잘 듣고 내 언약을 지키면" 하나님은 이스라엘을 "제사장 나라"와 "거룩한 백성"으로 여기실 것이었기 때문이다(출 19:5-6). 하지만 이 의무는 먼저 아담에게 해당되는 것이었다. 여호와 하나님은 아담에게 "동산 각종 나무의 열매는 네가 임의로 먹되 선악을 알게 하는 나무의 열매는 먹지 말라 네가 먹는 날에는 반드시 죽으리라"(창 2:16-17)고 명령하셨다. 하나님은 인류와 언약을 맺으셨다.

따라서 하나님과 인간의 관계는 언약과 법이라는 특징을 지닌다. 우리는 나중에 여러 장에 걸쳐 하나님과 아담 간의 언약을 살펴보게 될 것이므로,[50] 여기서는 단지 언약은 인간의 고귀한 소명, 즉 인간은 복 아래에서든 저주 아래에서든 언제나 하나님 앞에서 거룩한 특권과 거룩한 의무가 결합된 관계 속에 서 있다는 것만을 강조하려 한다. 인간이 인간인 한, 인간은 하나님의 법을 피할 수 없다(롬 2:14-15).

우리의 사랑의 주이신 여호와: 인간을 위해 혼인 제도를 창설하신 하나님

하나님은 인간을 관계 속에서 살아가는 피조물로 지으셨다. 우주 창

---

50) 이 책 14-16장을 보라.

조 기사의 한복판인 창세기 1장 27절에는 다음과 같은 수수께끼 같은 말씀이 나온다. "하나님이 자기 형상 곧 하나님의 형상대로 사람을 창조하시되 남자와 여자를 창조하시고." 창세기 2장은 이 말씀을 확대해 이 말씀이 지닌 풍부한 함의를 보여 준다. 나중에 우리는 인간의 성별과 성을 더 자세하게 다룰 것이지만,[51] 여기서 몇 가지 일반적인 것을 말해 두려 한다.

이 본문의 중심은 아담에게 "그에게 합당한 돕는 배필"(개역개정에는 "그를 위하여 돕는 배필"), 즉 그에게 합당한 조력자가 필요했다는 것이다(창 2:18, 20). "돕는 배필"로 번역된 단어('에제르')는 옆에서 조금 돕는 자가 아니라 곤경에 처한 자에게 힘, 심지어 구원을 공급해 주는 자를 가리키는 강력한 단어다. 하나님은 자기 백성을 도우시는 분('에제르')이다.[52] "그에게 합당한"('케네그도')이라는 어구는 히브리어에서 "~에 따라"로 번역되는 전치사('케-')와 "~앞에"를 뜻하는 단어('네게드')가 결합된 것으로, 대등한 조건에서 일대일로 관계를 맺을 수 있는 자를 가리킨다. 이것은 우리가 보기에 좀 의외인 "사람이 혼자 사는 것이 좋지 아니하니"(18절)라는 주의 말씀을 이해하는 데 도움이 된다. 이것은 하나님이 아담에 대해 불만스러워 하셨다거나 에덴동산에 결함이 있었던 것이 아니라, 처음부터 아담을 불완전하게 창조하셨고, 그 불완전함은 오직 그와 짝이 되어 그를 보완해 줄 수 있는 사람, 즉 하와와의 교제와 동반자 관계에 따라서만 채워질 수 있게 하셨음을 보여 준다.[53]

여호와 하나님은 아담을 이끌어 일련의 발견의 과정을 경험하게 하셨고, 그 정점에서 자신이 새롭게 지은 여자를 남편에게 이끄셨다. 우리는 창세기 2장 19절에서 "여호와 하나님이 흙으로 각종 들짐승과 공중의 각종 새를 지으시고 아담이 무엇이라고 부르나 보시려고 그것들을 그에게로 이끌어 가시니 아담이 각 생물을 부르는 것이 곧 그 이름이 되었더라"는 말씀을 읽는다.

---

51) 이 책 11장을 보라.
52) 출 18:4; 신 33:7, 29; 시 70:5; 121:1-2; 124:8; 146:5; 호 13:9; 참고, 창 49:25.
53) 참고, Calvin, *Commentaries*, 창 1:27.

창세기 1장 24절과 2장 19절은 서로 모순된다는 주장이 제기되어 왔다. 전자에서는 분명히 동물이 인간보다 앞서 창조되었다고 말하는 반면, 후자의 본문은 흔히 "여호와 하나님이 흙으로 각종 들짐승과 공중의 각종 새를 지으시고 아담이 무엇이라고 부르나 보시려고 그것들을 그에게로 이끌어 가시니"로 번역되고, 이것은 하나님이 그것들을 아담에게 이끌어 가시기 직전에 지으신 것을 의미한다는 것이다. 하지만 2장 19절에서 "지으시고"로 번역된 동사는 "이미 지어 놓으신"으로 번역될 수 있고, 이렇게 번역하는 경우에는 1장 24절과 아무 모순이 없게 되어 난점은 해결된다.

또는 두 번째 본문은 하나님이 이미 여러 종류의 동물을 지어 놓으셨지만, 특별히 흙으로 몇몇 동물을 지으셔서 아담에게 이끌어 가신 것이라고 해석하는 것도 가능하다.[54] 여호와 하나님이 그렇게 하신 것은 아담으로 하여금 동물들에 대한 하나님의 창조의 능력과 주권을 증언할 수 있게 하려는 것이었을 수 있다.

창세기 2장 18-25절은 이 과정의 일부로 하나님이 인간에게 동물에 대한 권세를 수여하셨음을 우리에게 가르친다. 하나님이 이 세계의 여러 측면을 명명하셨던 것처럼, 여호와 하나님은 인간에게도 동물의 이름을 명명하는 특권을 수여하셨기 때문이다. 하지만 아담은 '동물은 자신이 필요로 하는 돕는 배필이 될 수 없음'을 깨닫고, 자신과 대등하게 하나님의 형상을 지닌 사람이 자신의 돕는 배필이 되어야 함을 알았다(1:27). 아담이 철저히 무력한 상태("깊이 잠들게")에 있는 동안, 하나님은 전적으로 자신의 능력과 사랑으로 그를 도울 배필을 마련하셨다. 하나님은 아담의 옆구리에서 빼낸 살과 뼈를 가지고 이적을 통해 "남자에게서" "남자를 위하여"(고전 11:8-9) 여자를 지으셨다.

페트루스 롬바르두스는 하나님은 "남자를 지배하게" 하려고 남자의 머리에서부터 여자를 지으신 것도 아니었고, "남자의 종이 되어 살아가게" 하려고 남자의 발에서부터 여자를 지으신 것도 아니었으며, "사랑의 동반자 관계를 위해" 남자의 옆구리에서부터 여자를 지으신 것이라

---

54) Hamilton, *The Book of Genesis, Chapters 1 – 17,* 176.

고 말했다.[55] 칼빈은 하나님은 "남자의 동반자이자 동료로서 남자를 도와 잘 살아가게 하기 위해" 여자를 지으셨다는 점에서 결혼은 "인생의 최고의 의지처"라고 결론을 내렸다.[56]

하나님이 여자를 남자에게 데려와 남편과 아내를 "짝 지어" 주심으로써(마 19:6) 최초의 결혼이 이루어졌다. 하나님은 남자가 여자를 자신의 몸처럼 사랑하고 소중히 여기게 하려고 남자에게 여자를 주셨다. "내 뼈 중의 뼈요 살 중의 살이라"(창 2:23). 남자가 여자의 이름을 지었다는 것은 남자와 여자는 똑같이 사람이었지만, 하나님은 남자에게 가정을 사랑으로 이끌어 가는 지도자이자 머리로서 '여자를 다스릴 권위'를 주셨음을 의미한다. 또한 이것은 하나님이 남자에서부터 여자를 만들어 내심으로써, 남편과 아내가 "한 몸"(24절)이 되어 연합하여 일생 동안 서로 동반자가 되어 살아가게 하셨음을 보여 주는 것이기도 하다. 최초의 남자와 여자는 에덴동산에서 그들을 갈라지게 할 두려움이나 수치 없이 완전한 하나 됨과 친밀함을 누리며 함께 살았다.

따라서 여호와 하나님은 우리의 사랑의 관계에 대한 주시다. 하나님은 사람이 혼자 개인으로 살아가게 하신 것이 아니었고, 어떤 사람은 권위를 지니고 리더십을 발휘하며, 어떤 사람은 강력한 도움을 주는 관계망의 일부가 되어 사랑의 유대 속에서 함께 살아가게 하셨다. 모든 관계의 토대가 되는 최초의 사랑의 관계는 결혼이다. 남편과 아내에게는 서로 구별되는 독립적인 역할이 있으므로, "주 안에는 남자 없이 여자만 있지 않고 여자 없이 남자만 있지 아니하니라"(고전 11:11). 결혼이라는 뿌리에서부터 인간의 모든 관계가 생겨나고, 그런 관계에는 하나님의 구속받은 사람들로 이루어진 영적인 가족도 포함되는데, 거기서 우

---

55) Lombard, *The Sentences*, 2.18.2 (2:77). 매튜 헨리는 나중에 이 통찰을 사용해 이렇게 썼다. "하나님은 아담의 옆구리에 있던 갈비뼈로 여자를 지으셨다. 즉, 남자를 지배하게 하려고 남자의 머리에서부터 여자를 지으신 것도 아니었고, 남자에게 짓밟히게 하려고 남자의 발에서부터 여자를 지으신 것도 아니었으며, 남자와 대등한 가운데 남자의 팔 아래에서 보호를 받고 남자의 가슴 옆에서 사랑을 받게 하려고 남자의 옆구리에서부터 여자를 지으셨다." *Matthew Henry's Commentary on the Whole Bible: Complete and Unabridged in One Volume* (Peabody, MA: Hendrickson, 1994), 창 2:21 – 25 (10).
56) Calvin, *Commentaries*, 창 2:18.

리는 권세, 돕는 은사, 서로를 의지하는 것이라는 똑같은 도식을 발견한다(롬 12:3-8; 고전 12장).

결혼은 여호와와 여호와의 백성 간의 관계를 반영해(사 54:5; 호 2:19-20) 서로 믿고 신뢰하겠다고 하는 언약이다(말 2:14). 남자가 여자에게 "내 뼈 중의 뼈요 살 중의 살"이라고 한 말은 이스라엘 백성이 다윗을 자신들의 왕으로 삼기로 하고 언약을 맺었을 때 한 말(삼하 5:1-3; 참고, 19:13)과 마찬가지로 언약의 뉘앙스를 지닌다.[57] 여호와가 아담을 "깊이 잠들게 하신 것"('타르데마')은 아브람 및 그의 자손과 언약을 맺으실 때 아브람을 "깊이 잠들게 하신 것"(창 15:12)을 가리키는 데 사용된 바로 그 단어다. 최초의 남자와 여자의 결혼은 그리스도와 그의 교회 간의 언약 관계를 미리 보여 준다(고후 11:2-3; 엡 5:28-32). 에덴동산이라는 성전은 사랑이 차고 넘치는 가정이었다.

따라서 여호와 하나님은 우리가 서로 사랑하는 관계의 주이시지만, 더 중요한 것은 하나님은 사랑의 은혜 언약의 주시라는 것이다. 하나님은 자기와 특별한 관계를 맺고 살아가게 하려고 인간을 창조하셨고, 하나님의 형상을 지닌 인간이 하나님과 친밀함 가운데 살아가게 하려고 복과 특권을 부어 주셨다. 인간에 대한 하나님의 자비하심은 얼마나 놀랍고 기이한가! 인간이 그런 위치에 있다가 타락했다는 것은 얼마나 끔찍한 비극인가! 반면에 마지막 아담이신 예수 그리스도로 말미암아 하나님이 인간에게 베푸신 은혜는 얼마나 영광스러운가! 우리는 그 은혜가 우리를 낙원으로 가는 길 위에 올려놓았다는 것을 경험적으로 안다. 하나님의 은혜는 우리로 하여금 독립적이고 욕되며 반역하는 길에서 돌이켜, 영적인 가족 가운데 함께 살면서, 권위에 순종하고, 우리를 돕는 다른 사람과의 동반자 관계를 인정하고, 우리끼리만 아니라 주님과도 친밀한 교제와 우정을 나누는 가운데, 낙원으로 가는 그 길을 따라 가도록 훈련시킨다.

---

57) 다음을 보라. Walter Brueggemann, "Of the Same Flesh and Bone (Gn 2, 23a)," *The Catholic Biblical Quarterly* 32, no. 4 (October 1970): 535-538 (full article, 532-542); 참고, Hamilton, *The Book of Genesis, Chapters 1-17*, 179-180.

묵상과 토론을 위한 질문

1. 어떤 의미에서 인간의 창조가 하나님의 창조 사역의 정점인가?

2. 창세기 1장 26-28절은 어떤 식으로 하나님의 모든 피조물 중에서 인류에 특별한 존귀를 수여하는가?

3. 창세기 2장 1-3절은 인류에 대한 하나님의 목적과 계획에 대해 무엇을 계시하는가?

4. 저자들은 창세기 1장 1절-2장 3절에서는 "하나님"이라고 했다가, 창세기 2장 4-25절에서는 "여호와 하나님"으로 바뀐 것은 어떤 의미라고 말하는가?

5. 창세기 2장 7절은 최초의 인간의 기원에 대해 무엇을 가르치는가?

6. 성경은 어떤 식으로 에덴동산을 성전의 원형으로 묘사하는가? 이것은 인간을 지으신 목적과 관련해 어떤 함의를 지니는가?

7. 하나님이 창세기 2장 15-17절에서 아담에게 하신 말씀은 하나님과 인간의 관계와 관련해 어떤 함의를 지니는가?

8. 하나님이 여자를 "그에게 합당한 돕는 배필", 즉 남편에게 합당한 조력자로 지으셨다는 것은 무엇을 의미하는가(창 2:18)?

9. 창세기 2장에는 결혼이 언약임을 보여 주는 어떤 단서가 나오는가?

10. 이 장에 나오는 것 중에서 어떤 것이 당신을 가장 낮아지게 하는가? 또 인간을 높이려 하신 하나님의 의도를 우리에게 보여 주는 것은 어떤 것인가?

더 깊은 성찰을 위한 질문

11. 일부 학자들은 창세기 1장과 2장은 서로 다른 전승을 반영한 서로 모순되는 창조 기사라고 주장해 왔다. 이 두 장 사이에 상반되는 것으로 보이는 것들이 있는가? 만일 그런 것들이 있다면, 그 모순을 어떤 식으로 해결할 수 있는가? 이 두 장이 사실은 모순되지 않는다면, 이 두 장의 관계는 어떤 것인가?

12. 하나님이 아담을 창조하신 것(창 2:7)을 에스겔 37장 9, 14절과 요한복음 20장 22절에 나오는 하나님의 구원 사역에 대한 묘사들과 비교해 보라. 이 둘 사이의 병행들은 어떤 함의를 지니는가?

7장

역사적 아담 논쟁

아담이 역사적으로 존재했는지에 대해 의심을 품은 사람은 오래전 부터 있어 왔다.[1] 마르틴 루터는 하나님이 흙으로 아담을 지으신 것에 대해 이렇게 주해했다. "만일 아리스토텔레스가 이 말을 들었다면, 그는 한바탕 웃음을 터뜨리며, 그것은 불쾌한 이야기는 아니지만, 대단히 터무니없는 이야기라고 결론을 내렸을 것이다."[2] 좀 더 최근에는 일부 사람들이 아담이라는 단어를 성경에 아주 생소한 개념과 접목시키려는 시도를 해 왔다. 예컨대 진화론자는 "Y 염색체 아담"이라거나 "미토콘드리아 하와"라는 표현을 사용한다. 하지만 유전학에 기반을 둔 그런 표현들은 성경이 말하는 아담과 하와가 아니다.

일부 유신론적 진화론자는 "아담"은 하나님이 도덕적이고 영적인 의식을 부여한 고도로 발전된 한 무리의 원시 인류를 가리킨다고 주장한다. 이 견해에 따르면, 인류는 "대략 15만 년 전에 살았던 수천 명으로 이루어진 한 무리의 개인들"의 자손이다.[3] 그 한 무리의 원시 인류

---

1) 이 장은 Joel R. Beeke, "The Case for Adam," in *God, Adam, and You*, ed. Phillips, 15-43을 각색한 것이다.
2) Luther, *Lectures on Genesis*, in *LW*, 1:84 (창 2:7).
3) "Were Adam and Eve Historical Figures?," Biologos, https://biologos.org/common-questions/were-adam-and-eve-historical-figures.

는 원숭이와 비슷한 다른 영장류에서 진화했다.[4] 프랜시스 콜린스에 따르면, 이 견해에서는 창세기 2장은 하나님이 아담과 하와를 문자 그대로 창조하셨다고 말하는 것이 아니라, "이전에 영혼을 지니지 않았던 동물 왕국 속에 인간의 영혼이 들어가게 된 것을 상징적으로 보여주는 알레고리"라고 말한다.[5] 피터 엔즈에 따르면, 과학은 "인간과 영장류는 공통의 조상을 공유함을 합리적인 과학적 의심을 뛰어넘는 수준에서 보여 주었"으므로, 그런 해석은 불가피하다.[6] 우리는 창세기에 대한 우리의 접근방식을 바꾸어, 창세기도 다른 고대 문헌들과 마찬가지로 역사적 기사가 아니라 신화라는 것을 인정해야 한다고 그들은 말한다.[7]

그런 주장에 직면해 일부 개혁파와 복음적인 신학자들은 교회는 아담과 하와에 대한 고전적인 교리를 버리고 진화론을 받아들여야 한다고 결론을 내려왔다.[8] 아담이 역사적 실존 인물이라고 믿는 사람들 중에서조차도 일부는 인간이 원시 인류에서 진화했다는 이론에 창세기를 맞추려 한다.[9]

앞 장들에서는 우리가 진화론, 진화론이 하나님 말씀의 영감론과 양

---

4) R. J. Berry, "Adam or Adamah?," *Science and Christian Belief* 23, no. 1 (2011): 31 (full article, 23–48)을 보라.

5) Francis S. Collins, *The Language of God: A Scientist Presents Evidence for Belief* (New York: Free Press, 2006), 207.

6) Peter Enns, *The Evolution of Adam: What the Bible Does and Doesn't Say about Human Origins* (Grand Rapids, MI: Brazos, 2012), ix.

7) Enns, *The Evolution of Adam*, 35–59. 다음을 보라. C. John Collins, *Did Adam and Eve Really Exist? Who They Were and Why You Should Care* (Wheaton, IL: Crossway, 2011), 12.

8) 피터 엔즈, 브루스 월트키, 리처드 콜링, 트렘퍼 롱맨 3세 등. Charles Honey, "Adamant on Adam: Resignation of Prominent Scholar Underscores Tension over Evolution," *Christianity Today* (June 2010): 14를 보라. 이 견해를 적극적으로 퍼뜨린 것은 Biologos Foundation(www.biologos.org)이었다. 또한 Hans Madueme and Michael Reeves, "Adam under Siege: Setting the Stage," introduction to *Adam, the Fall, and Original Sin: Theological, Biblical, and Scientific Perspectives*, ed. Hans Madueme and Michael Reeves (Grand Rapids, MI: Baker Academic, 2014), vii–viii을 보라.

9) Kidner, *Genesis*, 28–29; John R. W. Stott, *The Message of Romans* (Downers Grove, IL: InterVarsity Press, 1994), 164. 비슷한 접근방법에 대해서는 Collins, *Did Adam and Eve Really Exist?*, 123–131을 보라.

립할 수 없다는 것,[10] 창세기 1-3장의 해석과 역사적 사실성을 다룬바 있다.[11] 윌리엄 밴두드워드는 교회가 대대로 아담을 어떻게 이해해 왔는지를 철저하게 역사적으로 연구해 글을 썼다.[12] 이 장에서는 성경이 아담을 역사적 실존 인물로 제시하고 있는지 아닌지에 대한 문제와 이 문제가 중요한 이유를 집중적으로 다루겠다.

역사적 아담에 대한 논의에는 두 가지 주된 흐름이 있다. 첫 번째는 하나님이 성경에 계시하신 역사는 아담이 실존 인물이었고 인류 전체의 조상이었다고 단언한다는 것이고, 두 번째는 하나님이 성경에서 계시하신 신학은 아담의 역사적 사실성에 근거해 있다는 것이다. 우리는 성경에서 신학과 역사를 분리할 수 없지만, 성경 역사에 기록된 사건들의 영적 의미에 대한 결론을 내리기 전에 먼저 그 사실성을 논의하는 것은 가능하다.

아담의 역사성에 대한 반론

성경에는 은유, 시, 신인동형론적 표현, 알레고리, 상징적인 수, 비유 등과 같은 다양한 문학 장르와 수사법이 들어 있지만, 시공간의 현실에서 일어난 사건에 대해 말하는 역사적 이야기도 들어 있다. 우리는 앞에서 이미 히브리어 구문과 문체, 아담에서부터 그리스도에 이르는 족보(창 5장; 11장; 대상 1-3장; 눅 3장), 그리스도 자신의 증언(마 10:6-8; 눅 11:50-51)을 토대로, 창세기의 처음 몇 장이 현실의 역사에 대한 이야기라는 것을 논증한바 있다.[13] 유다서 14절이 에녹을 "아담으로부터 7대손"이라고 한 것은 창세기에 나오는 족보(참고, 창 5:1-24)를 문자 그대로 역사적인 것으로 이해한 것을 반영한 것임에 틀림없다. 성경에 대한 가장 자연스러운 읽기는 아담과 하와가 역사적 실존 인물로 인류 전체의 조상이었다는 것이다.

---

10) 진화에 대해서는 이 책 5장을 보라.
11) 창세기와 역사에 대해서는 이 책 3장을 보라.
12) VanDoodewaard, *The Quest for the Historical Adam*.
13) 이 책 3장을 보라.

아담에 대한 이런 이해에 반대해 일부 사람들은 다음과 같은 반론을 제기해 왔다.

1. 창세기에서 하나님이 사람을 "아담"이라 명명했고, 히브리어에서 "아담"은 "사람"을 뜻하는 일반 명사였다는 것은 아담이 인류 전체 또는 "각각의 사람"을 나타내는 상징이었음을 보여 준다.[14]

이 반론에 대한 우리 대답은 하나님이 아담이라는 한 개인에게 인류 전체를 가리키는 단어를 그의 이름으로 주신 것은 아담이 인류 전체의 조상이자 대표자였기 때문이었다는 것이다. 하지만 성경은 인류 전체와 한 구체적인 개인인 아담을 구별한다. 창세기 5장 1-3절을 직역하면 이렇게 된다. "이것은 사람[개역개정에는 "아담"]의 계보를 적은 책이니라 하나님이 사람을 창조하실 때에 하나님의 모양대로 지으시되 남자와 여자를 창조하셨고 그들이 창조되던 날에 하나님이 그들에게 복을 주시고 그들의 이름을 사람이라 일컬으셨더라 아담은 백삼십 세에 자기의 모양 곧 자기의 형상과 같은 아들을 낳아 이름을 셋이라 하였고." 따라서 히브리어로 "사람"을 가리키는 "아담"이라는 단어는 어떤 때는 인류 전체를 가리키기도 하고("그들의 이름을 사람이라 일컬으셨더라"), 어떤 때는 인류의 조상을 가리키기도 한다("아담은 백삼십 세에").

2. 창세기 1-3장은 인류의 역사라기보다는 이스라엘의 정체성에 대한 역사이므로, "아담 이야기는 '모든 이스라엘 사람'을 위한 이야기가 된다."[15] 따라서 아담의 창조에 대한 이야기는 이스라엘의 선택과 타락에 대한 역사와 유사하게 신화이거나 비유다.

이 반론에 대한 우리 대답은 이렇다. 이스라엘의 역사가 몇 가지 점에서 아담의 역사를 반영하고 있다는 것은 우리도 인정한다. 여호와 하나님은 이스라엘에게 복된 땅을 기업으로 주셨지만, 이스라엘 민족은 하나님의 율법에 대한 불순종으로 말미암아 그 땅을 상실했고, 하나님에 의한 저주와 그 기업에서부터의 추방을 초래했다(레 26장; 신 28장). 호세아는 이스라엘이 언약을 깨뜨린 것과 아담이 언약을 깨뜨린 것 간의

---

14) Berry, "Adam or Adamah?," 31.
15) Enns, *The Evolution of Adam*, 141 – 142.

병행을 이끌어 냈다. "그들은 아담처럼['케아담'] 언약을 어기고"(호 6:7 KJV의 난외주). 이것은 이상한 일이 아니다. 왜냐하면 하나님은 이스라엘의 경험이 마지막 아담이신 예수 그리스도로 말미암는 인류의 구원에 대한 모형으로서의 역할을 하도록 설계하셨기 때문이다. 하지만 둘 사이의 병행은 온전히 들어맞지는 않는다. 이스라엘은 아담과는 달리 처음부터 죄악 되었고,[16] 여호와 하나님은 언제나 아브라함에게 주신 약속에서 계시하신 은혜 언약을 따라 이스라엘을 대하셨기 때문이다.[17]

아담과 이스라엘, 아담과 그리스도, 이스라엘과 그리스도 사이에 모형론적인 병행이 있다는 것은 성경의 역사적 기사를 신화로 여겨야 함을 의미하지 않는다. 도리어 그것은 인간과 제도와 역사적 사건을 통해 인간에게 자신의 길을 계시하시는 하나님의 주권적 손길을 보여 주는 것이다. 또한 창세기의 역사적 이야기와 족보는 아담과 하와를 인류 전체의 역사적 부모로 제시한다. 창세기 3장 20절은 하와가 "모든 산 자의 어머니"였으므로, 아담이 자신의 아내를 하와로 명명한 것이라고 말한다. 윌리엄 배릭이 썼듯 창조 이야기는 이스라엘과 관련한 함의를 지니지만, 창세기의 처음 몇 장의 강조점은 "한 나라나 민족에 초점이 맞춰져 있기보다는 온 인류에 초점이 맞춰져 있다."[18]

3. 창세기 1장과 2장은 하나님이 만물을 창조하신 순서를 서로 다르고 모순되게 말하므로, 우리는 이 두 기사를 문자 그대로 받아들일 수 없다.

이 반론에 대한 우리 대답은 창세기 1장과 2장은 서로 모순되는 것이 아니라, 같은 사건을 서로 보완되는 관점에서 제시한다는 것이다.[19] 앞 장에서 이미 논증했듯 창세기 1장은 우리에게 창조에 대한 큰 그림, 즉 인간을 하나님의 창조 사역의 정점으로 한 세계 전체의 창조에 초점을 맞춘 우주적 관점을 제시한다. 창세기 2장은 언약적이고 관계적인 관점에서 좀 더 좁게 인간의 창조에 초점을 맞추고, 점점 우리의 관

---

16) 출 32:1-10; 수 24:2, 14-15; 겔 20:5-8.

17) 출 2:24; 3:6, 15-17; 6:2-8; 레 26:42-45.

18) William D. Barrick, "A Historical Adam: Young-Earth Creation View," in *Four Views on the Historical Adam*, ed. Barrett and Caneday, 204.

19) Collins, *Did Adam and Eve Really Exist?*, 52-54를 보라.

심을 에덴동산으로 이끌어 간다. 이 두 장은 서로를 대립시켜 읽어서는 안 되고, 서로 조화되게 읽어야 한다.[20]

4. 창세기 3장 1절은 "뱀"이 여자와 영악한 대화를 나누었다고 말하는데, 우리는 뱀이 말을 할 수 없음을 알므로, 이 이야기는 역사적인 기사가 아니라 상징적인 신화임이 분명하다.[21]

이 반론에 대한 우리 대답은 성경은 이 "뱀"이 평범한 뱀이 아니라 악한 영이 사용한 뱀이거나 악한 영이 뱀의 모습으로 나타난 것이었음을 보여 준다는 것이다. 고대 문화 속에서 뱀은 이 세상의 우상과 연결되어 있는 영적인 세력을 나타내는 존재였으므로, 고대 이스라엘 사람들은 그런 연결 관계를 알고 있었을 것이다.[22] 바다뱀인 라합은 애굽 세력의 표상이었다(시 89:10; 사 51:9). 이사야 27장 1절은 "그날에 여호와께서 그의 견고하고 크고 강한 칼로 날랜 뱀 리워야단 곧 꼬불꼬불한 뱀 리워야단을 벌하시며 바다에 있는 용을 죽이시리라"고 예언한다. 요한계시록 12장 9절은 바로 그 여호와의 날을 내다보며, "큰 용이 내쫓기니 옛 뱀 곧 마귀라고도 하고 사탄이라고도 하며 온 천하를 꾀는 자라 그가 땅으로 내쫓기니 그의 사자들도 그와 함께 내쫓기니라"고 말한다.

따라서 창세기 1-3장을 역사상의 실존 인물과 실제 사건에 대한 신뢰할 만한 기사로 읽는 것은 전혀 불합리하지 않다. 성경에서는 아담을 하나님이 흙으로 지으신 최초의 사람이라고 말하고, 우리는 아담이 그런 존재임을 믿어야 한다.

---

20) 창세기 1장과 2:5, 19에 제시된 순서가 서로 상반된다는 주장에 대한 구체적인 대답은 이 책 6장에 나와 있다.

21) 헤르만 궁켈이 자신의 창세기 주석에서 그렇게 말한다. Collins, *Did Adam and Eve Really Exist?*, 63에서 재인용. 이것과 비슷한 반론은 창세기 3장에 나오는 두 나무는 주술적인 것으로 묘사되므로, 이 이야기는 공상 소설이라는 것이다. 하지만 창세기 본문에서는 낙원에 있다고 하는 이 두 나무가 주술적인 힘을 지니고 있다고 말하지 않는다. 우리는 이 두 나무를 성례적인 것, 즉 하나님이 제정하신 언약의 표지들로 보는 것이 더 낫다.

22) *NIDOTTE*, 3:85; Vos, *Biblical Theology*, 34.

아담과 성경의 가르침

아담은 단지 역사 속에 등장하는 하나의 흥미로운 인물인 것이 아니다. 그는 그리스도인인 우리가 지닌 신앙의 토대다. 만일 조지 워싱턴이 실존 인물이 아니었음을 누군가가 증명했다 해도, 그것은 미국의 1달러짜리 지폐의 도안을 바꾸어 놓을 수는 있겠지만, 당신의 삶을 그렇게 많이 바꾸어 놓지는 않을 것이다. 하지만 만일 아담이 실존 인물이 아니라 단지 신화에 나오는 인물일 뿐이었다고 한다면, 우리는 인간의 정체성, 죄, 구주에 대해 우리가 믿고 있던 모든 것의 토대를 송두리째 잃게 된다.

역사적 아담은 인류의 고귀함의 토대다

우리 인간의 몸은 동물과 많은 공통된 특징을 공유하고 있긴 하지만, 성경에서는 인간은 단지 고도로 발전된 동물인 것이 아니라, 하나님이 동물을 다스리게 하려고 자신의 형상을 따라 특별히 지으신 존재임을 강조한다(창 1:26). 아담은 원래 최초의 인간으로 유일무일하게 지음 받았다(2:7; 참고, 고전 15:45).

아담의 역사성을 거부하는 것은 인류와 동물 간의 차이의 토대가 되는 것을 파괴하는 것이다. 인간 기원에 대한 진화론적 견해는 논리적으로 인간을 동물 수준으로 낮추어 인간의 존엄과 가치를 심각하게 훼손시키는 결과를 초래한다. 사실 일부 진화론적 환경론자는 인류가 다른 생물에 끼치는 폐해를 생각하면 인류의 상당수가 멸절되는 것이 이 세계에 최선일 것이라고 믿는다.[23]

유신론적인 진화론자는 하나님의 형상은 우리의 몸에 있는 것이 아니라, 하나님을 아는 우리의 영적인 능력과 하나님이 우리에게 땅을 다

---

23) 예컨대 '자발적 인류 멸종 운동'(Voluntary Human Extinction Movement, http://www.vhemt.org/), 또는 에릭 피앙카 박사가 2006년에 '텍사스 과학 아카데미'(Texas Academy of Science)에서 했다고 하는 말을 생각해 보라. Rick Pearcey, "Dr. 'Doom' Pianka Speaks," *The Pearcey Report*, http://www.pearceyreport.com/archives/2006/04/transcriptdrd. php.

스릴 권한을 위임하신 것에 있다고 반론을 제기할 수도 있다. 따라서 "하나님은 우리의 영적인 능력을 만들기 위해 이적의 과정을 사용했거나 자연적인 과정과 신적인 계시를 함께 사용했을 수 있지만", 우리 몸은 얼마든지 자연적인 진화 과정을 통해 발전할 수 있다고 그들은 말한다.[24]

이 반론에 대한 우리 대답은 창세기 1장은 하나님이 이미 만들어져 존재하고 있던 사람에게 자신의 형상을 주신 것이 아니라, "하나님이 자기 형상대로 사람을 창조하셨다"고 말한다는 것이다(창 1:27). 하나님의 형상은 우리에게 더해진 어떤 것이 아니라, 우리의 체질의 일부다. 그래서 인간이 죄로 타락하여 영적으로 죽은 후에도 우리는 여전히 하나님의 형상으로 지음 받았다는 특징을 지닌다. 창세기 9장 1-6절에서는 여호와가 인간에게 동물을 죽이고 먹을 수 있는 권한을 주셨지만, 사람은 하나님이 자신의 형상을 따라 창조하셨으므로, 사람을 죽이는 자는 누구든지 죽어야 한다고 말한다. 그러나 만일 인간이 고도로 진화된 동물이고, 하나님에게서 어떤 추가적인 은혜를 수여받은 것이라면, 우리는 다른 동물과 그렇게 큰 차이가 없을 것이므로, 우리가 동물을 죽이고 먹을 수 있지만, 사람을 죽이고 먹어서는 안 되는 이유를 이해하기 어렵게 된다.

역사적 아담을 부정하고 인간의 진화를 단언하면, 인류와 짐승 간의 차이는 모호해진다. 오직 역사적 아담의 존재를 믿을 때, 다윗이 시편 8편 6-9절에서 한 고백을 우리도 할 수 있게 된다.

> 주의 손으로 만드신 것을 다스리게 하시고 만물을 그의 발아래 두셨으니 곧 모든 소와 양과 들짐승이며 공중의 새와 바다의 물고기와 바닷길에 다니는 것이니이다 여호와 우리 주여 주의 이름이 온 땅에 어찌 그리 아름다운지요.

---

24) "How Could Humans Have Evolved and Still Be in the 'Image of God'?," Biologos, https://biologos.org/common-questions/how-could-humans-have-evolved-and-still-be-in-the-image-of-god.

역사적 아담은 인류의 하나 됨의 뿌리다

역사적 아담을 부정하면, 우리는 인류가 한 조상에게서 나온 같은 자손이라는 중요한 교리를 잃게 된다. 사도행전 17장 26절은 하나님이 "인류의 모든 족속을 한 혈통으로 만드사 온 땅에 살게 하시고 그들의 연대를 정하시며 거주의 경계를 한정하셨으니"라고 말한다. 일부 역본에서는 심지어 "한 혈통"이 아니라 "한 사람"이라고 번역하기까지 한다.[25] 흑인이든 백인이든, 중국인이든 러시아인이든, 아랍인이든 유대인이든, 우리는 모두 피를 나눈 형제다. 우리는 모두 공통의 조상에게서 태어난 자손이므로, 우리가 다른 사람을 우리와는 근본적으로 다른 존재로 볼 근거는 전혀 없다. 존 칼빈은 이렇게 말했다. "하나님은 사실 처음부터 즉시 수많은 사람을 지으셔서 사람들로 땅을 뒤덮으실 수도 있으셨다. 하지만 우리 모두가 한 원천에서 생겨나게 하시는 것이 하나님의 뜻이었다. 그렇게 했을 때, 서로 화합하려는 우리의 열망은 더 커질 수 있고, 각 사람이 더 기꺼이 다른 사람을 자신의 혈육으로 받아들일 수 있을 것이었기 때문이다."[26]

어떤 사람은 우리는 아담 안에서가 아니라, 그리스도 안에서 하나 되는 것이라고 반론을 제기할 수도 있다(갈 3:28). 하지만 모든 사람이 그리스도 안에 있는 것이 아니다(엡 2:12). 따라서 우리와 그리스도의 관계는 인류 전체에 대한 우리의 관점의 토대일 수 없다. 또한 우리가 그리스도 안에서 연합되는 것은 우리와 그리스도의 연합을 토대로 하고, 우리와 그리스도의 연합은 그리스도가 자신의 성육신을 통해 우리와 공통되는 인성을 입으신 것에 토대를 두고 있다. 히브리서 2장 11절에서는 우리가 "다 한 근원에서['엑스 헤노스'] 났"으므로 우리의 구주가 우리를 자신의 형제라고 부르는 것을 부끄러워하지 않으셨다고 말한다. 이렇게 우리가 그리스도 안에서 연합하는 것조차도 우리가 아담

---

25) 행 17:26과 관련해 대문자 사본인 베자 사본(D)과 대다수의 비잔틴 사본은 '엑스 헤노스 하이마토스'("한 혈통으로부터")로 되어 있고, 이 읽기는 이레네오의 라틴어 본문, 크리소스토무스, 테오도레토스, 비드가 밑받침한다. 대문자 사본들인 시내산 사본, 알렉산드리아 사본, 바티칸 사본(K, A, B)은 9세기와 그 이후에 나온 몇몇 소문자 사본과 함께 '엑스 헤노스'("하나[남성 또는 중성 단수]로부터")로 읽고, 이 읽기는 "한 사람으로부터"라는 번역으로 이어졌다.

26) Calvin, *Commentaries*, 창 1:28.

에게서 공통된 인성을 물려받은 것에 토대를 두고 있다.

창세기를 신화나 은유를 모아 놓은 것으로 취급하면, 인종적 편견과 증오에 맞설 수 있는 근거가 심하게 훼손된다. 그렇게 하는 것은 다양한 인종 집단이 서로 다른 기원에서 비롯되었고, 어떤 인종은 다른 인종보다 더 우월하다는 사상(다원발생설)이 들어설 여지를 주게 된다.[27] 성경의 권위를 거부한 계몽주의 철학자 볼테르(본명 프랑소아 마리 아루에. 1694-1778년)는 유럽인, 아프리카인, 아메리카 원주민은 서로 다른 뿌리에서 나온 별개의 종이라고 보았다.[28] 현재의 주류 진화론에서는 인간의 다원발생설에 반대하지만, 근대에는 지지자들이 있었다. 또한 과학자들은 최근에 한 인종 집단의 몇몇 유전적 특질은 호모 사피엔스와 그밖의 덜 발달된 원시 인류의 여러 종 사이의 교배에서 비롯되었을 가능성이 있다고 주장해 왔다.[29]

그런 사상이 왜곡되어 인종적 편견으로 이어지는 것은 시간문제다. 또는 진화에 따른 발전이 인구의 한 부분에서 일어났을 수 있다면, 자신들이 속한 인종 집단이 최고의 새로운 인류라고 주장하는 사람이 나올 수 있다. 나치가 자신들의 인종 집단인 "아리아인"이 가장 우월한 인종이라고 주장했던 것이 그 예다.[30]

역사적 아담을 부정하고, 인간은 다른 종에서 진화한 것이라고 주장하면, 인간을 다인종 또는 잡종으로 보는 것이 논리적으로 가능해진다. 우리가 이렇게 말하는 것은 모든 진화론자는 인종 차별주의자라고 비난하는 것이 아니다. 도리어 우리는 인류는 하나라고 단언하는 진화론자에게 감사한다. 또한 우리는 이 문제에서 교회의 실패도 인정한다.

---

27) VanDoodewaard, *The Quest for the Historical Adam*, 119-121.

28) Thomas F. Gossett, *Race: The History of an Idea in America*, new ed. (Oxford: Oxford University Press, 1997), 44.

29) Todd Charles Wood and Joseph W. Francis, "The Genetics of Adam," in *What Happened in the Garden: The Reality and Ramifications of the Creation and Fall of Man*, ed. Abner Chou (Grand Rapids, MI: Kregel, 2016), 85-86, 88. 네안데르탈인과 인간 간의 교배의 증거는 남아프리카인이 아니라 유럽인과 아시아인 가운데서 발견된다고 말한다. 이것은 진화론자인 백인 우월주의자에게 좋은 소식이 아니다!

30) "Victims of the Nazi Era: Nazi Racial Ideology," *Holocaust Encyclopedia*, United States Holocaust Memorial Museum, https://www.ushmm.org/wlc/en/article.php?ModuleId=10007457.

애석하게도 신앙을 고백한 일부 그리스도인조차도 인종적 우월주의와 억압을 촉진하는 중대한 죄를 저질러 왔기 때문이다. 이 문제에 대한 해답은 우리는 모두 인류의 한 조상인 아담에게서 태어난 하나의 인류로서 근본적으로 하나라는 교리를 회복하는 것이다.[31]

역사적 아담은 성별 관계의 토대다

우리 주 예수 그리스도는 우리에게 하나님이 아담과 하와를 창조하신 것이 성별 관계 및 인간의 성과 관련해 창조주가 세우신 질서의 토대라는 것을 알아야 한다고 가르치셨다. 바리새인들이 그리스도에게 이혼관을 제시하라고 도전하자, 그리스도는 창세기 1장 27절과 2장 24절에 근거해 자신의 이혼관을 제시하셨다(마 19:3-6).

마찬가지로 사도 바울도 창세기 처음 몇 장에 근거해 성별 관계를 가르쳤다. 바울은 고린도전서 11장 8-9절에서 남자와 여자가 교회의 모임에서 남자의 머리됨을 존중해야 함을 설명하면서 이렇게 쓴다. "남자가 여자에게서 난 것이 아니요 여자가 남자에게서 났으며 또 남자가 여자를 위하여 지음을 받지 아니하고 여자가 남자를 위하여 지음을 받은 것이니." 또한 디모데전서 2장 13-14절에서는 "이는 아담이 먼저 지음을 받고 하와가 그 후며 아담이 속은 것이 아니고 여자가 속아 죄에 빠졌음이라"고 말했다.

우리는 그리스도와 바울이 그런 질문들에 대답할 때, 왜 아담과 하와를 언급했는지를 자문해 보아야 한다. 그리스도와 바울은 그런 질문들에 대답할 때, 특히 결혼과 관련해 남자와 여자에 대한 하나님의 원래의 의도와 계획을 토대로 한 가르침을 제시한 것이었다(마 19:4). 낙원에서 아담에 대한 하나님 섭리는 인류에 대한 하나님 뜻을 우리에게 가르쳐 주는데, 그 이유는 아담은 진정으로 하나님이 창조하신 최초의 사람이었기 때문이다. 창조주의 손으로써 지음 받아 죄와 타락에 더럽혀지

---

31) 이 문제는 노아의 역사성과 관련해서도 생겨난다. 대홍수 이후에 태어난 모든 사람은 노아의 자손이기 때문이다. 신학적으로는 노아는 아담과 같은 의미를 지니지 않지만, 노아의 역사성을 부정하면 모든 사람의 근본적인 대등성에 대한 우리의 믿음은 위태로워진다.

지 않고 초기의 순수한 모습을 그대로 간직하고 있던 아담은 인간의 온 갖 관계에 대한 하나님 뜻을 계시해 주는 것이었다.

만일 우리가 창세기 기사를 역사의 흐름에서 떼어 내 신화로 여긴다면, 창세기 기사는 인류 전체에 대한 하나님 뜻을 계시하는 권위를 상실한다. 반면에 우리가 아담을 하나님이 창조하신 최초의 사람으로 본다면, 우리는 예수님과 바울처럼 구약 성경을 적용해, 남자와 여자가 무엇을 의미하는지를 조명할 수 있다. 교회가 도덕적 상대주의, 전투적인 페미니즘, 동성애적 행동주의 때문에 피폐해지고 있는 이 시대에서, 우리는 하나님의 창조와 관련된 규례 속에서 우리의 성 윤리를 위한 확고한 토대를 갖게 되는 복을 얻을 수 있다.

역사적 아담은 인류의 타락의 주체다

우리는 인류의 죄와 참상을 어떻게 설명하는가? 바울은 로마서 5장 12절에서 "그러므로 한 사람으로 말미암아 죄가 세상에 들어오고 죄로 말미암아 사망이 들어왔나니 이와 같이 모든 사람이 죄를 지었으므로 사망이 모든 사람에게 이르렀느니라"고 쓴다. 그리고 나중에 17절에서는 "한 사람의 범죄로 말미암아 사망이 그 한 사람을 통하여 왕 노릇 하였다"고 말한다. 로버트 야브로는 아담은 "이 본문에서 그리스도와 마찬가지로 구속을 말할 때 빠져서는 안 되는 한 부분이다"라고 말한다.[32] 또한 야브로는 고린도전서에서 바울이 아담을 언급한 본문들(고전 15:22, 45)을 고찰하면서, "바울은 이 서신의 정점인 15장에서 복음 메시지를 다시 제시하고(1-9절) 부활의 역사성을 강조하면서, 자신의 수사학적이고 호교론적이며 신학적인 토대가 되는 발판의 핵심적인 부분으로 아담을 언급한다"고 쓴다.[33] "아담의 타락 안에서 우리 모두는 죄를 지었다"는 것을 부정하는 것은 결코 작은 문제가 아니다.[34]

---

32) Robert W. Yarbrough, "Adam in the New Testament," in *Adam, the Fall, and Original Sin*, ed. Madueme and Reeves, 43.

33) Yarbrough, "Adam in the New Testament," in *Adam, the Fall, and Original Sin*, ed. Madueme and Reeves, 47.

34) 이것은 *The New England Primer*에 나오는 알파벳을 압운으로 사용한 글의 시작 부분이다. *The New England Primer: A Reprint of the Earliest Known Edition, and Many Facsimiles*

로마서 5장에서 바울은 전도서 7장 29절 같은 구약 성경에서 확인되는 교리인 인간의 타락에 대한 교리를 자세하게 설명한다. "내가 깨달은 것은 오직 이것이라 곧 하나님은 사람을 정직하게 지으셨으나 사람이 많은 꾀들을 낸 것이니라"(참고, 욥 31:33; 호 6:7 KJV 난외주). 바울은 아담의 타락을 역사 속에서 실제로 일어난 사건으로 보고(고후 11:3; 딤전 2:14), 이후의 모든 역사의 모습을 결정지은 사건으로 본다.

어떤 사람들은 "바울에게 아담은 역사적 아담이 아니었고", 바울은 죄가 죽음으로 이어진 것임을 우리에게 보여 주려고 아담을 문학상의 등장인물로 보았다고 주장해 왔다.[35] 하지만 바울은 로마서 5장 14절에서 "아담으로부터 모세까지" "사망이 왕 노릇 하였다"고 쓴다. 프랜시스 셰퍼는 이렇게 주해했다. "바울이 아담을 모세와 마찬가지로 역사적 실존 인물로 보았다는 것은 분명하다. 만일 그것이 사실이 아니라면, 바울의 논증은 아무런 의미도 지니지 않게 된다."[36] 존 머리(1898-1975년)는 "타락이 문자 그대로 일어난 사건이라는 것"을 부정하는 순간, "바울의 논증 전체는 난파되고 만다"고 주해했다.[37]

인간의 타락이 역사 속에서 실제로 일어난 사건이라는 것은 기독교의 중추를 이루는 아주 중요한 사실이다. 인간의 죽음은 하나님이 친히 "심히 좋았더라"고 하신 자신의 피조세계에 대한 원래의 계획이 아니었다. 죽음은 역사 속에서 실제로 일어난 아담의 타락에서부터 왔다. 그런데 만일 아담이 실존 인물이 아니라면, 우리 인류는 처음부터 죽음의 고뇌와 슬픔을 겪어 온 것이 된다.[38] 그리고 죽음과 재난이 아담

---

and Reproductions, and an Historical Introduction, ed. Paul Leicester Ford (New York: Dod, Mead, and Co., 1899), 64를 보라.

35) Dennis R. Venema and Scot McKnight, Adam and the Genome: Reading Scripture after Genetic Science (Grand Rapids, MI: Baker, 2017), 188.

36) Schaeffer, Genesis in Space and Time, 41.

37) John Murray, The Epistle to the Romans, The New International Commentary on the New Testament (Grand Rapids, MI: Eerdmans, 1968), 1:181n18.

38) '바이오로고스 파운데이션'(The Biologos Foundation)에서는 이 대목에서 창 3:19에 대한 존 칼빈의 주석을 크게 왜곡해, 칼빈은 만일 아담이 죄를 짓지 않았다면, "좀 더 온건한 종류의 육신적 죽음"을 경험하거나 "현세의 삶에서 내세의 삶으로 순조롭게 '건너갔을'" 것이라고 가르쳤다고 주장한다. "Did Death Occur before the Fall?," Biologos, https://biologos.org/common-questions/did-death-occur-before-the-fall. 그러나 그들이 인용한 대목에서 칼빈은 아담이 타락하지 않았다 해도 죽었을 것이라고 가르친 것이 아니라, 죽음을 겪지 않고 영화

의 죄에 대한 하나님의 심판에서부터 생겨난 것이 아니라면, 도대체 이 것들은 어떻게 하나님의 피조세계 속으로 들어오게 된 것인가? 하나님 이 악한 세계를 창조하신 것인가? 하나님은 전능하신 창조주로서 만물 을 지으신 분이 아니라, 만물의 창조에서 단지 하나의 제한적인 영향력 에 지나지 않았던 것인가? 아담의 타락은 창조와 하나님에 대한 우리 의 교리에서 주축을 이룬다. 우리가 그 주축을 파괴하면, 성경의 교리 체계 전체가 와해된다.

또한 만일 아담의 역사적 타락을 부정하면, 우리는 아담의 죄로 말미 암은 죄책이 우리에게 전가되어 우리가 죄의 오염을 물려받는다는 가 르침인 원죄론을 상실하게 된다. 그렇게 되면, 십중팔구 우리는 원죄론 을 '인류는 점진적으로 발전해 왔다는' 진화론 사상으로 대체하게 될 것이다.[39] 우리가 그런 진화론 사상을 택하게 되면, 기독교회의 교리 적 유산을 거부하고, 펠라기우스주의를 받아들여야 한다. 그런 후에 우 리는 모든 사람이 죄의 지배 아래 있다는 성경의 가르침을 거부해야 한다(롬 3:9; 5:21; 6:14, 17). 그 결과는 자유주의 신학이 주장하는 복음이다. 리처드 니부어(1894-1962년)는 자유주의 신학이 주장하는 복음을 이렇게 설명했다. "진노하심이 없는 하나님이 십자가 없는 그리스도의 사역을 통해 죄 없는 인간을 심판 없는 나라로 인도하셨다."[40]

역사적 아담은 인류의 구주의 모형이다

'모형'은 하나님이 '불완전하지만 그래도 어느 정도는 그리스도와 그의 나라'를 미리 보여 주기 위해 계획하신 역사적 인물이나 사건이 나 제도를 가리킨다. 이 표현에 대한 성경적 토대는 로마서 5장 14절 이다. "그러나 아담으로부터 모세까지 아담의 범죄와 같은 죄를 짓지 아니한 자들까지도 사망이 왕 노릇 하였나니 아담은 오실 자의 모형

롭게 되었을 것이라고 가르쳤다.

39) 타락이 역사 속에서 실제로 일어난 사건임을 부정한 근대 신학자의 예로는 Collins, *Did Adam and Eve Really Exist?*, 44-47을 보라.

40) Richard Niebuhr, *The Kingdom of God in America* (1937; repr., New York: Harper & Row, 1959), 193.

이라"(ESV). 바울은 로마서 5장에서 계속 아담의 죄와 불순종으로 말미암아 아담 안에 있는 자에게 정죄와 사망이 온 것처럼, 그리스도의 순종으로 말미암아 그리스도 안에 있는 자에게 칭의와 생명이 왔는데, 후자는 전자보다 훨씬 더 강력한 것이었음을 보여 준다.

바울은 고린도전서 15장에서 그리스도의 부활을 다룰 때도 같은 비교를 사용한다. 그는 21-22절에서 "사망이 한 사람으로 말미암았으니 죽은 자의 부활도 한 사람으로 말미암는도다 아담 안에서 모든 사람이 죽은 것같이 그리스도 안에서 모든 사람이 삶을 얻으리라"고 쓰고, 45절에서는 "첫 사람 아담"과 "마지막 아담"이라는 표현을 사용한다. 그리고 47절에서는 마치 아담과 그리스도 외에는 역사 속에 존재했던 사람이 아무도 없었다는 듯 "첫 사람"과 "둘째 사람"이라는 표현도 사용한다. 또한 바울이 그리스도를 하나님의 형상으로 묘사한 본문에도 아담에 대한 간접 인용이 있는 것으로 보인다.[41]

앞에서 이미 보았듯 누가는 하늘에서 들려온 아버지 하나님의 음성이 그리스도를 "내 사랑하는 아들"이었다고 말한 직후에, "하나님의 아들" 아담까지 거슬러 올라가는 그리스도의 족보를 제시함으로써(눅 3:22, 23, 28), 그리스도와 마찬가지로 아담도 실존 인물임을 보여 준다. 누가는 이 족보를 제시한 직후에, 아담이 에덴동산에서 시험을 받았던 것처럼, 그리스도도 광야에서 마귀에게 시험을 받는 장면을 기록한다. 하지만 아담은 시험에 져 타락한 반면, 그리스도는 모든 시험을 이기고 타락하지 않으셨다.

그리스도에 대한 성경의 교리 속에는 역사적 아담이 굳건하게 세워져 있다.[42] 바울은 아담에 대한 이야기를 교훈을 위한 비유로 사용하는 것이 아니다. 그는 모든 것이 걸려 있는 역사상의 두 중요한 인물을 설명한다. 만일 아담이 실존 인물이 아니라면, 바울의 신학은 와해되고, 그는 단지 아담에 대한 이해에서만이 아니라 그리스도의 사역에 대한

---

41) 고후 4:4; 골 1:15; 참고, 롬 8:29; 엡 4:22-24.
42) Joel R. Beeke, "Christ, the Second Adam," in *God, Adam, and You*, ed. Phillips, 141-168을 보라.

자신의 가르침에서도 근본적인 오해를 한 것이 된다. 하지만 우리는 바울이 하나님의 감동을 받은 사도로서, 인간에게서 비롯된 가르침을 전한 것이 아니라, 그리스도가 친히 그에게 계시해 주신 것을 전한 사도였음을 믿는다(갈 1:12).

아담과 성경의 권위

어떤 사람이 여전히 자기는 성경이 하나님 말씀임을 믿고 인간과 구원에 대한 성경의 가르침을 받아들이지만, 창세기에 묘사된 아담이 역사적 실존 인물이라는 것은 믿지 않는다고 주장한다고 가정해 보자. 이 입장은 성경 자체와 관련해 심각한 질문을 불러일으킨다.

하나님의 말씀을 인간의 회의주의에 종속시킬 때 초래되는 위험

일련의 첫 번째 질문은 성경 역사의 권위에 대한 것이다. 우리는 어떤 근거 위에서 아브라함, 모세, 다윗이 실존 인물임을 믿어야 하는가? 그들은 성경에 나오는 역사적 이야기 속에 등장하고, 족보에 열거되어 있으며, 우리 주 예수님이 실존 인물이라고 말씀하신 사람들이다. 아담이 역사적 인물임을 증명하는 데 그런 증거로는 불충분하다면, 우리가 성경에 등장하는 어떤 사람이 역사적 인물이라고 믿을 이유는 없지 않겠는가?

아담의 역사성을 부정하는 것은 성경 전체에 회의주의가 덮쳐 성경의 역사적 신뢰성을 휩쓸어가 버리는 쓰나미를 만들어 내는 지진을 촉발하는 것이다. 또한 우리는 그런 쓰나미가 신약 성경에는 미치지 못하게 해 줄 방파제를 쌓을 수도 없다. 우리는 아담을 부정하면서도 그리스도는 역사상의 실존 인물이라고 고백하는 사람들이 있음을 안다. 하지만 우리는 그런 사람들에게 이렇게 묻지 않을 수 없다. 무슨 근거로 당신은 아담은 신화적인 인물인 반면, 그리스도는 실존 인물이라고 확신하느냐? 아담의 역사성을 부정하는 당신이 그리스도의 출생, 삶, 죽음, 부활의 역사성을 부정하지 않는 근거는 무엇이냐?

성경 역사는 우리가 유비를 통해 우리 자신에게 적용할 수 있는 매력적인 이야기들을 모아 놓은 이솝 우화와 같지 않다. 도리어 당신의 가족사를 아는 것이 오늘날 당신 삶을 이해하는 데 도움을 주는 것과 마찬가지로, 성경은 우리의 유익을 위해 우리의 역사를 우리에게 들려준다. 어떤 저술가가 말했듯 우리는 성경을 읽을 때, "우리가 그 역사 속에서 살아가고 있음을 알아야 한다."[43] 존 콜린스는 성경은 우리에게 "장엄한 서사 또는 세계관 이야기"를 들려준다고 말하면서, 하나님 백성에 속한 각 사람은 자기가 "온갖 영욕으로 점철된 이 이야기의 상속자이고, 이 이야기를 다음 세대에 전할 책임이 있는 청지기이며, 하나님의 신비로운 지혜 속에서 이 이야기의 진전에 한 역할을 할 수 있는 신실한 참여자라는 것"을 알아야 한다고 말한다.[44] 당신이 지금 현재의 모습 속에서 사람이자 타락한 죄인으로 살아가는 것은 아담의 과거의 모습과 과거에 아담이 했던 일의 결과다.

성경 본문이 무엇을 말하면, 우리가 좋든 싫든, 또는 그것이 오늘날의 과학의 지배적인 견해와 정면으로 상충되더라도, 우리는 성경이 말하는 그것을 정직하게 직시해야 한다. 에드워드 영이 말했듯 "나는 창세기가 사실임을 믿는다"고 말하고서는 실제로는 창세기가 신화라고 믿는 것보다는, "창세기는 역사적 서사를 목적으로 하지만, 나는 창세기가 역사적 서사라는 것을 믿지 않는다"고 말하는 것이 훨씬 더 정직하다.[45]

하나님의 말씀을 인간의 과학에 종속시킬 때 초래되는 위험

칼빈은 하나님은 우리가 하나님 자신과 하나님의 길에 대한 하나님의 전체적인 계시를 제대로 보고 아는 것을 돕기 위한 안경으로 성경을

---

43) Alan Jacobs, "Leon Kass and the Genesis of Wisdom," *First Things* 134 (June/July 2003): 32. Collins, *Did Adam and Eve Really Exist?*, 40에서 재인용.

44) Collins, *Did Adam and Eve Really Exist?*, 40-41; 참고, C. John Collins, "Theology of the Old Testament," in *The ESV Study Bible* (Wheaton, IL: Crossway, 2008), 30.

45) E. J. Young, *In the Beginning: Genesis 1-3 and the Authority of Scripture* (Edinburgh: Banner of Truth, 1976), 19.

주셨다고 말했다.[46] 이렇게 우리의 시력을 교정해 줄 안경이 우리에게 필요한 이유는 우리 눈은 본성적으로 죄로 덮여 있어 우리가 이 세계에서 보는 것이 왜곡되어 있기 때문이다. 하지만 아담의 역사성을 부정하는 사람은 성경이 과학적인 문제에 대해 권위 있게 말씀한다는 것도 부정한다.[47] 도리어 그들은 과학이라는 안경을 쓰고 성경을 읽어야 한다고 주장한다. 즉, 과학적인 지식을 사용해 하나님의 메시지 중 고대의 신앙 공동체가 지니고 있던 오류를 걸러 내야 한다는 것이다.[48]

그런 주장은 하나님의 감동은 성경의 세부적인 내용에는 미치지 않았고, 오직 신학적으로 핵심적인 메시지에만 미쳤으므로, 전자는 진리가 아니라는 견해로 이어진다.[49] 예컨대 리처드 칼슨과 트렘퍼 롱맨은 "성경의 저자는 자신이 의도한 청중이 이해할 수 있는 신학적인 개념을 분명하게 제시하는 데 관심을 가졌고, 세부적인 내용이 사실인지 아닌지에 대해서는 별 관심을 갖지 않았다"고 말한다.[50] 이것은 "성경은 폐하지 못하나니"(요 10:35)라고 말씀하신 주 예수님의 입장과는 아주 거리가 멀다.

아담이 역사상 실제로 존재했음을 부정하는 사람들도 "성경은 성령의 감동을 따라 기록된 권위를 지닌 하나님의 말씀"이라고 단언할 수 있을 것이다.[51] 하지만 그들이 하는 그 말의 의미는 복음적이고 개혁파적인 그리스도인이 역사적으로 그 말을 했을 때의 의미와는 다르다. 그들은 성경의 무오성을 인정하지 않고, 성경에는 기록될 당시의 시대와 문화에서 유래한 오류와 거짓된 가르침이 포함되어 있다고 믿는다. 또

---

46) Calvin, *Institutes*, 1,6,1; 1,14,1.
47) "오늘날 그리스도인들이 조금이라도 창세기를 과학의 장으로 끌어들이려는 것은 창세기를 오독하는 것이다." Enns, *The Evolution of Adam*, 33(강조는 추가한 것). 이렇게 성경은 과학의 세계에서 철저하게 배제된다.
48) 진화론의 안경을 통해 성경을 읽는 것의 한 예는 Richard F. Carlson and Tremper Longman III, *Science, Creation, and the Bible: Reconciling Rival Theories of Origins* (Downers Grove, IL: IVP Academic, 2010), 122에서 찾아볼 수 있다.
49) B. B. Warfield, *Limited Inspiration* (Philadelphia: Presbyterian & Reformed, 1962)을 보라. 이 저작은 "Professor Henry Preserved Smith on Inspiration," *The Presbyterian and Reformed Review* 5, no. 4 (October 1894), 600–653에서 처음에 발표되었다. http://www.archive.org/stream/presbyterianrefo5201warf#page/600/mode/2up로도 이용할 수 있다.
50) Carlson and Longman, *Science, Creation, and the Bible*, 126.
51) "About Us," Biologos,http://biologos.org/about.

한 그들은 종교적인 논쟁을 해결하는 데 성경이 최고의 권위를 지닌다고 단언하지도 않는다. 도리어 그들은 성경은 항상 변화하는 과학 이론에 종속되어야 한다고 믿는다. 아이러니컬하게도 그들은 고대 문화에서 유래한 성경의 오류와 거짓된 가르침을 배척해야 한다고 말하면서도, 정작 그들 자신은 성경을 오늘날의 문화에서 유래한 관념들에 종속시켜야 한다고 주장한다. 그들은 우리에게는 우리의 신앙을 지배하는 하나님의 절대적인 권위는 없고, 오직 인간의 문화와 견해의 상대적인 권위만 있을 뿐이라고 믿는다.

예컨대 피터 엔즈는 사도 바울은 아담이 예수 그리스도와 마찬가지로 실존 인물이었음을 기꺼이 인정한다. 하지만 그는 바울은 "고대인"이었고, 오늘날 우리는 바울보다 더 잘 알므로 바울의 견해를 따를 필요가 없다고 말한다.[52] 또한 그는 바울은 "과거의 것을 개작해 오늘에 맞게 말하기 위해" 구약 성경의 의미를 자신의 복음 메시지에 맞추어 의도적으로 왜곡했다고 가르친다.[53] 피터 엔즈는 오경은 모세가 쓴 것이 아니라, 원래는 단편적으로 쓰였던 것들이 출애굽이 있은 지 여러 세기가 지난 포로기 이후에 하나의 글로 묶인 것이라고 말한다.[54] 그는 보수적인 복음주의자들이 성경이 하나님의 말씀이라면 "성경의 모든 세부적인 내용에서도 역사적으로 정확해야" 한다고 믿는 것을 꾸짖는다.[55] 그리고 도리어 하나님은 고대 세계에 널리 퍼져 있던 "신화라는 범주를 사용해" 영적인 진리를 전해 주셨고, 오늘날 우리는 하나님이 사용하신 신화 속에 담겨 있는 영적인 진리를 이미 다 파악하고 있으므로, 껍데기인 신화는 버려야 한다고 말한다.[56] 이것들은 아담의 역사적 실존성을 부정하면 성경의 온전한 신뢰성도 부정하게 되는 쪽으로 나아가게 된다는 것을 극명하게 보여 줌으로써 우리에게 경각심을

---

52) Enns, *The Evolution of Adam*, xvi‒xvii, 139. 다음도 보라. Lamoureux, "No Historical Adam," in *Four Views on the Historical Adam*, ed. Barrett and Caneday, 61‒62.
53) Enns, *The Evolution of Adam*, 113.
54) Enns, *The Evolution of Adam*, 23.
55) Peter Enns, *Inspiration and Incarnation: Evangelicals and the Problem of the Old Testament* (Grand Rapids, MI: Baker Academic, 2005), 47.
56) Enns, *Inspiration and Incarnation*, 53.

일깨워 주는 예들이다.

하나님의 말씀을 인간의 경험으로 제한할 때 초래되는 위험

이 노선을 취하는 사람은 자기가 성경의 정통 신앙의 길에서 벗어나 신정통주의라는 비성경적인 길을 따라 걷고 있음을 깨달아야 한다. 저명한 신정통주의 신학자 에밀 브루너(1889-1966년)는 성경의 창조 기사는 "이 세계가 존재하게 된 방식에 대한 이론이 아니라", 단지 하나님을 주와 창조주로 알라고 촉구하는 것일 뿐이라고 말했다.[57] 따라서 브루너에 따르면, 창세기 2장의 아담은 우주에 대한 고대의 신념에서부터 분리될 수 없으므로, 우리는 오늘날의 과학적 이해에 비추어 보았을 때 아담을 역사적으로 실존한 개인으로 여길 수 없다.[58] 브루너에게 낙원은 "역사적 사실"이 아니라 "신화"다.[59] 마찬가지로 타락에 대한 기사도 역사적 사건에 대해 쓴 것이 아니라, 인간과 하나님의 갈등에 대한 계시이고, "아주 오랜 옛날에 살았던 아담이라는 어떤 사람"에 대한 진리를 쓴 것이 아니라, "나나 당신, 이 세상에 있는 모든 각각의 사람에게 해당되는" 진리를 쓴 것이다.[60] 밀러드 에릭슨은 "브루너의 접근 방식에서 창조 기사는 많은 점에서 비유와 유사하다"고 쓴다.[61]

하나님의 계시에 대한 신정통주의의 접근방법에서는 성경은 하나님 말씀이 아니라, 하나님 말씀에 대한 인간의 증언이므로 오류가 있을 수 있다고 말함을 우리는 알아야 한다. 그들의 견해에 따르면, 하나님의 말씀은 예수 그리스도 안에서 하나님을 만나는 경험이고,[62] 이 경험이

57) Emil Brunner, *The Christian Doctrine of Creation and Redemption, Dogmatics, Volume 2*, trans. Olive Wyon (Philadelphia: Westminster, 1952), 7-8.

58) Brunner, *The Christian Doctrine of Creation and Redemption*, 50: Emil Brunner, *Man in Revolt*, trans. Olive Wyon (London: RTS-Lutterworth Press, 1939), 86.

59) Brunner, *The Christian Doctrine of Creation and Redemption*, 74. 브루너와 아담에 대해서는 Bernard Ramm, *The Christian View of Science and Scripture* (Grand Rapids, MI: Eerdmans, 1954), 318-319를 보라.

60) Brunner, *Man in Revolt*, 88.

61) Erickson, *Christian Theology*, 441.

62) Emil Brunner, *Revelation and Reason: The Christian Doctrine of Faith and Knowledge*, trans. Olive Wyon (Philadelphia: Westminster, 1946), 9.1, 4, 8-10 (118-120, 122, 126-131); Karl Barth, "The Christian Understanding of Revelation," in *Against the Stream: Shorter Post-War Writings, 1946-52*, ed. Ronald Gregor Smith (New York: Philosophical

교리를 낳는다. 신정통주의는 자유주의 신학과 마찬가지로 하나님의
계시를 인간의 경험으로 축소시킨다. 그렇게 되면 우리가 하나님과 하
나님의 길에 대해 무엇을 믿어야 하는지가 불확실해진다.[63] 또한 신정
통주의의 그런 입장은 예수 그리스도가 선지자들의 말과 자신의 말은
모두 영원한 진리라고 말씀하신 것과도 배치된다(마 5:18; 24:35).[64]

역사적 아담을 부정할 때 초래되는 큰 문제점 중 하나는 하나님 말
씀이 제시하는 메시지와 하나님 말씀이 기록한 역사가 서로 분리된다
는 것이다.[65] 이런 분리는 하나님 말씀이 제시하는 메시지의 신뢰성을
파괴한다. 성경은 우리에게 복음을 전해 주고, 복음은 '좋은 소식'을 의
미한다. 복음은 역사 속에서 일어난 사건들과 그 사건들이 낳은 행복한
결과를 알려 주는 메시지다. 역사적 사건이 없다면 좋은 소식도 없다.
바울은 고린도전서 15장 17절에서 "그리스도께서 다시 살아나신 일
이 없으면 너희의 믿음도 헛되고 너희가 여전히 죄 가운데 있을 것이
요"라고 쓴다. 결국 우리가 성경의 역사적 토대를 훼손하면, 기독교 전
체가 와해되어 주관적인 견해와 느낌이 되고 만다. 하지만 느낌은 우리
를 구원해 줄 수 없다.

브루너의 접근방식은 성경의 명료성과 사실성에 대해 심각한 의문
을 불러일으킨다. 고대에 성경을 읽고 들은 사람들이 창세기를 액면 그
대로 역사적 이야기로 받아들였을 것이라는 결론은 피하기 어렵다. 그
것은 하나님의 의도가 아니었는가? 하나님이 창세기를 그런 식으로 기
록하신 것이 고대 사람들로 하여금 창세기를 역사적 이야기로 받아들
이게 하려는 것 외에 어떤 다른 이유나 목적이 있었는가? 진화론의 기
본 개념은 아이들에게조차도 설명해 줄 수 있다.[66] 따라서 만일 진화

Library, 1954), 210-225.

63) Erickson, *Christian Theology*, 159.

64) 신정통주의의 계시론에 대해 더 자세한 것은 이 책 1권 387-394를 보라.

65) Lamoureux, "No Historical Adam," in *Four Views on the Historical Adam*, ed. Barrett
and Caneday, 50, 62-63. 브루너와는 달리 라무뤼는 성경의 영적 진리는 무오한 계시라고 단
언한다. 하지만 특히 영적 진리가 오늘날의 과학과 상반되는 경우에는 성경에서 영적 진리를 부
수적인 과학이나 역사와 어떻게 구별할 수 있는가? 그의 입장은 논리적으로 불안전하고, 주관적
인 경험주의로 와해될 것이다.

66) 삽화를 통해 아이들에게 진화론을 소개하는 책이 여럿 있다.

론이 사실이라면, 분명히 하나님은 이스라엘 사람들에게도 인간의 진화에 대해 설명해 줄 수 있으셨을 것이다. 즉, 자기가 오랜 기간에 걸쳐 서서히 생명을 창조했고, 단지 한 사람을 창조한 것이 아니라, 기존의 동물에 인간의 영혼을 수여해 단번에 많은 인간을 만들었음을 계시해 주셨을 것이다. 하지만 하나님은 그렇게 계시하지 않으셨다. 도리어 그런 것과는 정반대로 자기가 최초의 남자와 여자를 창조했다고 계시하셨다.

또한 만일 성경이 문화의 옷으로 하나님의 진리를 감싸고 있는 것이거나, 하나님과의 만남에 대한 사람들의 증언이라고 한다면, 어떻게 우리는 어느 부분이 껍데기이고 어느 부분이 알맹이인지를 확신할 수 있는가? 한 세대가 진정한 기독교로 받아들인 것을 또 다른 세대는 단지 당시의 인간 문화의 산물로 여기고 얼마든지 배척할 수 있지 않겠는가? 그런 불확실성을 지닌 성경은 하나님의 권위를 지닌 것으로 여겨지지 않을 것이고, 진정한 하나님 말씀으로 불릴 수 없을 것이다. 시간이 지나면서 알맹이는 축소되고, 기독교는 빈껍데기가 되어, 사람들은 거기에 자신의 생각을 쏟아 붓게 될 것이다. 따라서 우리가 기록된 하나님 말씀에 순종함으로써, 하나님 말씀이 진리를 아는 지식으로 우리를 채울 수 있게 하는 쪽이 훨씬 더 낫다.

요약하면, 성경이 가르치는 역사와 신학은 둘 다 우리에게 창세기에 기록된 아담이 역사적 실존 인물임을 믿을 것을 요구한다. 만일 아담이 역사적 실존 인물이 아니라면, 인류의 고귀함, 하나 됨, 성, 타락 등과 관련된 중요한 진리의 교리적 토대가 훼손된다. 아담의 역사적 타락은 그리스도의 역사적 구원 사역과 한 짝을 이룬다. 필립 라이컨은 "아담의 존재를 부정할 때의 논리적이고 장기적인 효과는 일상생활에서 차이를 만들어 내는 성경의 중심적인 진리를 붙잡는 교회의 힘이 약화된다는 것"이라고 말한다.[67] 이것은 아담이 역사 속에 존재했던 한 개인임을 부정하게 되면, 성경에 대한 우리의 접근방식에 의심의 해석학

---

67) Philip G. Ryken, "We Cannot Understand the World or Our Faith without a Real, Historical Adam," in *Four Views on the Historical Adam*, ed. Barrett and Caneday, 270.

이 도입되기 때문이다. 의심의 해석학은 성령의 감동으로 된 본문의 단순명료한 의미를 거부하고, 그 본문의 권위를 인간의 견해에 불과한 것에 종속시킨다.

묵상과 토론을 위한 질문

1. 역사적 아담에 대한 다음과 같은 반론을 설명하고 대답하라.
   - "아담"의 의미
   - 창세기 1-3장과 이스라엘
   - 창세기 1장과 2장
   - 뱀의 활동

2. 아담이 역사적 실존 인물이라는 성경의 가르침이 다음과 같은 것에 대한 우리의 견해에 중요한 이유는 무엇인가?
   - 인간의 본성
   - 피부색이나 인종의 차이에도 불구하고 인류는 하나라는 것
   - 남자와 여자에 대한 하나님의 계획

3. 역사적 아담을 부정하는 것은 기독교의 죄론에 어떤 영향을 미치는가?

4. 만일 아담이 실존 인물이 아니라면, 그것은 마지막 아담이신 그리스도에 대한 바울의 신학에 어떤 함의를 지니는가?

5. 아담의 역사성에 대한 부정은 그리스도의 삶을 비롯한 성경의 다른 역사적 기사와 관련해 논리적으로 어떤 함의를 지니는가?

6. 우리가 과학 이론을 토대로 아담을 신화나 은유로 해석하는 것은 우리가 성경과 관련해 과학자에게 어떤 권위를 수여한 것이 되는가? 이것은 성경과 관련해 어떤 함의를 지니는가?

7. 성경의 아담 기사에 대한 에밀 브루너의 접근방법은 어떤 것인가? 그것은 브루너의 계시관과 어떻게 부합하는가? 우리가 그의 접근방법을 채택하면, 그 접근방법은 우리를 어디로 이끌고 가게 되어 있는가?

8. 아담이 실존 인물이냐 아니냐 하는 것은 당신에게 개인적으로 어떤 차이를 만들

어 내는가? 만일 아담이 실존 인물이 아님을 당신이 발견했다면, 그것은 당신의 신앙과 순종에 어떤 영향을 미칠 것이라고 생각하는가? 영향을 미치거나 미치지 않는다면 그 이유는 무엇인가?

더 깊은 성찰을 위한 질문

9. 성경에 나오는 서사가 역사적 이야기인지, 영적 진리를 보여 주기 위한 비유인지, 은유적인 언어로 표현된 역사인지를 어떻게 구별할 수 있는가? 성경의 몇몇 예를 제시하라.

10. 이 문제를 놓고 어떤 사람과 토론할 때, 그 사람이 이렇게 말했다고 하자. '나는 창세기가 역사냐 전설이냐 하는 문제에 대해서는 개의하지 않는다. 나는 예수 그리스도를 알고, 예수 그리스도만으로 충분하기 때문이다.' 이 말에 대해 당신은 어떻게 대답하겠는가?

8장

❖⦁·═══◆◈◆═══·⦁❖

하나님의 형상(1부)

석의신학과 성경신학

"하나님이 자기 형상대로 사람을 창조하셨다"(창 1:27)는 말씀은 인류
의 탁월성을 요약한 것이다. 니사의 그레고리오스(375년에 활동)는 이렇
게 말했다. "교회의 교리에 따르면, 인간의 위대성은 무엇에 있는가?
인간이 피조세계를 닮지 않고, 창조주의 본성의 형상이라는 데 있다."[1]
하나님의 형상을 지니고 있다는 것보다 인간을 더 높여 줄 수 있는 것
은 없다. 만물의 가치는 하나님의 영광의 표현이라는 데 있고, 하나님
은 자신의 계시된 영광을 인류에 집중시키기로 선택하셨다. 헤르만 바
빙크는 이렇게 말했다. "세계 전체는 하나님의 계시이고, 하나님의 속
성과 완전하심을 비쳐 주는 거울이다. 모든 피조물은 각자의 방식과 정
도를 따라 하나님의 생각의 구현이다. 그러나 피조물 중에서 오직 인간
이 하나님의 형상, 하나님의 최고의 계시이자 가장 풍부한 계시, 따라
서 피조세계 전체의 머리이자 면류관이다."[2]

따라서 인류를 이해하려면 하나님이 인간을 자신의 형상대로 창조하
심으로써 무엇을 계시하셨는지를 알아야 한다. 게할더스 보스는 이 교
리의 "대단한 중요성"을 강조했다. "인간의 특징 및 인간과 하나님의

---

1) Gregory of Nyssa, *On the Making of Man*, 16.2, in *NPNF*[2], 5:404.
2) Bavinck, *Reformed Dogmatics*, 2:531.

관계가 지닌 특징이 무엇인지가 '하나님의 형상'이라는 말 속에 표현되어 있다. 인간이 하나님의 형상이라는 것은 인간은 동물을 비롯한 다른 모든 피조물과 다르다는 것을 말해 준다."[3] 이 개념은 인간의 본성, 정체성, 기능, 하나님과의 관계, 사람들 간의 관계, 다른 피조물과의 관계를 아는 데 결정적으로 중요하다.

이 장에서는 창조에서 시작해 그리스도 안에서의 새 창조에 이르기까지 구속사 전체에 걸쳐 하나님의 형상에 대한 계시의 발전을 추적하겠다. 다음 장에서는 역사신학과 변증신학이라는 두 렌즈를 통해 하나님의 형상의 의미를 검토하겠다. 끝으로 10장에서는 조직신학과 실천신학이라는 두 렌즈를 통해 하나님의 형상의 의미를 고찰하겠다.

피조 된 하나님의 형상

이 교리의 토대가 되는 본문은 창조 기사의 정점인 창세기 1장 26-27절에 나온다. 거기서 하나님은 "우리의 형상을 따라 우리의 모양대로 우리가 사람을 만들자"라고 말씀하시고, 그런 후에 "하나님이 자기 형상 곧 하나님의 형상대로 사람을 창조하시되 남자와 여자를 창조하셨다"고 우리에게 말해 주는 본문이 나온다. 창세기 1장 26-27절에서는 "창조하셨다"는 동사를 3번 사용해 인간이 창조의 면류관이었음을 강조하는 것처럼(27절), "형상"이라는 단어를 세 번(26-27절), "모양"이라는 단어를 한 번 사용해(26절) 인간의 피조 된 정체성 및 목적과 관련해 하나님의 형상이 얼마나 중심적인 것인지를 강조한다.

창세기 2장 7절은 하나님이 인간의 코에 생기를 불어넣으시는 방식으로 인간에게 생명을 주셨음을 우리에게 알게 해 준다. 인간의 피조 된 생명과 하나님의 영원한 생명 간에는 유비가 있다.[4] 이 유비는 인간이 하나님의 형상대로 창조되었다는 것과 비슷하다. 이것은 인간에게 존재하는 하나님의 형상이 일종의 하나님의 생명으로 이루어져 있다

---

3) Vos, *Reformed Dogmatics*, 2:12.
4) 이 책 6장에 나오는 창 2:7에 대한 논의를 보라.

거나(엡 4:18; 벧후 1:3-4), 더 정확하게는 하나님의 생명과 유비를 이루는 생명으로 이루어져 있음을 보여 준다. 하나님은 "스스로 있는 자"(출 3:14)로서 스스로 존재하시고 독립적으로 존재하시지만, 인간의 생명은 하나님의 영에 의존되어 있다(욥 33:4). 그럼에도 하나님이 인간을 하나님의 살아 있는 현상을 지닌 자로 창조하신 것은 인간이 창조주의 영광의 삶을 반영해 살게 하려는 것이었다.

하나님의 형상과 하나님의 속성

"형상"('첼렘')으로 번역된 단어는 예술적 묘사를 가리키고,[5] "모양"('데무트')은 모습, 형태, 유사성을 가리킨다.[6] 인간에게 존재하는 하나님의 형상을 가리키는 용례를 제외하면(창 1:26; 5:3), 이 두 단어가 함께 나오는 것은 오직 한 번인데, 거기서 이 두 단어는 서로 같은 의미를 지닌다(겔 23:14-15).[7] 마찬가지로 앤서니 후크마가 지적했듯 창세기 1장에서도 이 두 단어는 "거의 상호 대체적으로" 사용된다. 어떤 때는 이 두 단어는 서로 병행되는 구문에서 사용되어(창 1:26; 5:1), 한 본문에서는 "형상"이라는 단어만을 사용하고(창 1:27[2번]), 다른 본문에서는 "하나님의 모양"이라는 단어만을 사용하기도 한다(창 5:1).[8] 따라서 "우리의 형상을 따라 우리의 모양대로"라는 어구에서 이 두 단어는 서로를 설명하는 것으로 보인다. 하나님은 인간을 자기 자신과 같은 형상으로 지으셨다. 후크마는 "이 두 단어는 한데 합쳐져 우리에게 인간은 특정한 측면들에서 하나님을 닮은 하나님의 표현임을 말해 준다"고 썼다.[9]

따라서 하나님이 인간을 "우리의 형상을 따라 우리의 모양대로" 창조하셨다는 말씀의 배후에 있는 관념은 하나님이 인간을 자신의 영광

---

5) 민 33:52; 삼상 6:5, 11; 왕하 11:18; 대하 23:17; 겔 7:20; 16:17; 23:14; 암 5:26. 시편 39:6과 73:20의 용례가 보여 주듯, 이 단어는 단순한 겉모습과 실체를 대비시키는 것으로 보인다.

6) 왕하 16:10; 대하 4:3; 시 58:5; 사 13:4; 40:18; 겔 1:5, 10, 13, 16, 22, 26, 28; 8:2; 10:1, 10, 21-22; 23:15; 단 10:16

7) "벽에 그린 사람들 곧 갈대아 사람의 형상들['첼렘']을 보았음이니"와 "갈대아 바벨론 사람 같은 것['데무트']"을 비교해 보라(겔 23:14-15).

8) Hoekema, *Created in God's Image*, 13. Mathews, *Genesis 1 - 11:26*, 166; 다음도 보라. Reymond, *A New Systematic Theology of the Christian Faith*, 427.

9) Hoekema, *Created in God's Image*, 13.

을 위해 자기를 닮은 제한적이고 가시적인 이 땅의 피조물로 창조하기로 계획하셨다는 것이다. 이 말씀의 배경을 이루는 것은 하나님의 속성들을 계시해 주는 하나님의 창조 행위들이다. 하나님의 창조 행위들은 하나님을 인간과 구별시켜 준다. 하나님은 이 창조 행위들을 통해 유일하게 영원하신 하나님, 무에서 만물을 창조해 내시는 분, 만물을 다스리시는 주로서의 자신의 절대적인 유일무이성과 비교불가의 영광을 계시하셨다. 인간은 하나님이 아니고, 단지 하나님을 닮은 형상이다. 프란키스쿠스 투레티누스는 하나님의 형상은 "하나님의 본질에 참여하는 것에 있지 않고", 피조 된 유비에 있다고 썼다.[10]

따라서 우리는 하나님의 형상은 하나님이 이 세계를 창조하면서 나타내신 무한한 능력, 권위, 지혜, 선하심과의 유한한 방식의 유비를 보여 줄 것임을 예상할 수 있다.[11] 빌헬무스 아 브라켈은 하나님의 형상은 "하나님의 교류할 수 있는 속성들을 희미하게 닮은 것에 있다"고 말했다.[12] 인간에게는 하나님의 속성들의 작은 소묘가 새겨져 있다. 창세기는 하나님이 자신의 형상을 인간에게 주셨다거나 나누어 주셨다고 말하지도 않고, 인간에게 하나님의 형상을 닮으라고 명령했다고 말하지도 않으며, 하나님이 자신의 형상대로 인간을 지으셨다고 말한다. 이것은 원래 창조된 그대로의 인간의 본성과 상태의 여러 측면은 하나님의 본성과 행위들을 반영한 것이었음을 의미한다.

따라서 하나님의 형상은 인격성을 의미한다. 창세기 1장 본문은 단지 인격이 없는 어떤 힘에 의해 일어난 일련의 사건들의 목록이 아니라, 인격을 지닌 행위 주체의 행위들에 대한 서사다. 패커는 "창세기 1장에 묘사된 창조는 강력한 지성이 계획을 세워 실행하고('~가 있으라'), 그런 후에 자신이 한 일들을 평가하는('하나님이 지으신 그 모든 것을 보시니 보시기에 심히 좋았더라') 활동이었다"고 주해한다.[13] 우리는 하나님의 숙고("우

---

10) Turretin, *Institutes*, 5.10.4 (1:465).
11) 하나님의 유일무이성, 주로서의 지위, 그 밖의 다른 속성들의 계시로서의 창조에 대해서는 이 책 2장을 보라.
12) Brakel, *The Christian's Reasonable Service*, 1:323.
13) J. I. Packer, *Knowing Man* (Westchester, IL: Cornerstone Books, 1979), 21.

8장 | 하나님의 형상(1부) 199

리가 사람을 만들자")는 하나님이 의지를 지닌 존재라는 것을 의미한다는 패커의 말을 덧붙이려 한다. 따라서 하나님의 형상대로 지음 받은 인간은 이성과 의지와 인격을 지닌 존재다. 이것은 헬라 철학의 범주들을 성경 본문에 덧씌우는 것이 아니라, 성경이 우리에게 전달해 주고 있는 것을 그대로 인정하는 것일 뿐이다. 만일 인간에게 생각하고 선택할 수 있는 능력이 결여되어 있다면, 인간은 하나님의 지혜와 선하심의 형상일 수 없을 것이다.

하나님의 형상은 하나님을 알게 하는 것과 관련되어 있다. 창세기 1장에서 하나님이 말씀하시는 것이 부각되고 있음을 감안했을 때, 우리는 인간이 지닌 하나님의 형상 중 하나는 부분적으로는 하나님 말씀들을 말함으로써 하나님을 알게 하는 것임을 예상할 수 있다. 따라서 하나님의 형상이라는 개념은 하나님의 선지자들로서 서로를 섬기는 것이 언약에 따른 인간의 직임 또는 기능 중 하나임을 보여 준다. 선지자들이 말과 행위로 하나님을 대표하는 것처럼, 인간은 말만이 아니라 삶의 행실을 통해서도 자신의 창조주를 계시해야 한다.

하나님의 형상과 하나님에 대한 예배

하나님의 형상은 하나님에 대한 예배와 관련되어 있다. "형상"('첼렘')은 성경에서 다양한 신들의 우상을 가리키는 데 여러 번 사용된다.[14] 하나님은 자기를 나타내거나 예배에 도움이 되게 하려는 목적으로 "위로 하늘에 있는 것이나 아래로 땅에 있는 것이나 땅 아래 물속에 있는 것의 어떤" 형상을 사용하는 것을 금지하셨다(출 20:4-6). 이 계명에서 "형상"을 가리키는 데 사용된 단어는 창세기 1장에서 사용된 단어와 다르긴 하지만 의미는 같고, 이 계명에서는 창조를 분명하게 염두에 둔 표현들을 사용한다.[15] 사람들은 생명 없는 우상들을 자신들의 거짓 신들의 형상으로 삼지만, 참 하나님은 살아 있는 사람들을 자신의 형상을 지닌 자들로 삼으신다. 이것은 사람들이 하나님에 대한 예배를

---

14) 민 33:52; 왕하 11:18; 대하 23:17; 겔 7:20; 16:17; 암 5:26.
15) 출 20:4를 창 1:20; 출 20:11; 느 9:6과 비교해 보라.

위해 존재함을 보여 준다.

하나님이 인간 속에 만드신 형상과 인간이 만든 형상 또는 우상 간의 대비는 거짓 예배가 창조주를 영화롭게 해야 하는 인간의 본성과 소명을 어떻게 전복시키는지 보여 준다. 하나님은 사람들을 자신들의 예배 대상인 하나님을 닮은 자들로 창조하셨다. 사람들은 하나님을 닮은 자들로 지음 받았지만, 하나님을 떠났을 때도 여전히 형상을 지니는 자들이므로, 자기들이 경배한 피조물의 형상(우상)을 자기 자신 속에 반영했다. 그레고리 빌이 당신은 자신의 파멸을 위해서든 회복을 위해서든 자신이 공경하는 바로 그것을 닮는다고 말한 것은 옳다.[16] 배교자는 창조주를 반영하는 것으로 만족하지 못하고, 그 상황을 전복시켜 자신의 부패한 욕망을 반영한 신들을 만들어 내려 애쓴다.[17] 베르카우어(1903-1996년)는 이렇게 말했다. "하나님이 인간을 자신의 형상대로 창조하신 것은 우상 금지 명령과 아주 직접적으로 연관되어 있다……왜냐하면 우상을 숭배할 때 인간은 하나님의 의도를 완전히 오해하게 되어, 인간과 하나님의 친교 가운데 있는 자신의 인간성의 의미를 이제 더 이상 깨닫지 못하게 되기 때문이다."[18] 인간은 하나님의 형상을 따라 지음 받았지만, 하나님의 영광을 피조 된 것들의 형상으로 바꾸었을 때는 하나님의 영광에 이르지 못하고, 인간의 빛과 지혜는 소멸되고 만다(롬 1:21-23; 3:23). 하나님의 형상은 영혼을 눈멀게 하는 이 세상의 신들과 철저하게 대립된다. 하나님은 자신의 영광의 빛을 발산하도록 영혼을 지으셨기 때문이다(고후 4:4; 참고. 롬 8:29-30; 고후 3:18).

신상들은 신전에 있다. 창세기 1장과 관련해 이것은 우리가 창세기 2장에서 하나님의 성전으로서의 에덴동산에 대해 설명한 것과 병행되는 의미를 지닌다.[19] 하나님은 6일 동안 이 세계를 창조하셨고, 7일에

---

16) G. K. Beale, *We Become What We Worship: A Biblical Theology of Idolatry* (Downers Grove, IL: InterVarsity Press, 2016), 16.

17) Richard Lints, *Identity and Idolatry: The Image of God and Its Inversion*, New Studies in Biblical Theology (Downers Grove, IL: InterVarsity Press, 2015), 80-81을 보라.

18) G. C. Berkouwer, *Man: The Image of God*, Studies in Dogmatics (Grand Rapids, MI: Eerdmans, 1962), 84.

19) 이 책 6장을 보라.

는 안식하셨는데,[20] 7이라는 숫자는 성막과 성전 이야기들에서 두드러지게 등장한다.[21] 따라서 창세기 1장은 피조세계를 하나님의 형상인 인간이 있는 성전으로 묘사한 것일 수 있다. 제사장들은 성막과 같은 재료들로 만들어진 제복으로 상징되는 하나님의 영광과 아름다움을 옷 입고 성막과 성전에서 섬겼다.[22] 하나님의 영광은 하나님의 성전에 거한다.[23] 그러므로 하나님이 인간을 자신의 형상대로 창조하셨다는 것은 '인간은 하나님이 우주라는 성전에서 자기를 예배하게 하고 자신의 영광을 옷 입은 제사장들로서, 하나님 예배를 촉진하게 하려고 창조하신 가장 중요한 존재'임을 보여 준다.

하나님의 형상과 하나님의 통치

창세기에서 우리는 하나님이 인간을 자신의 형상대로 창조하신 것과 인간으로 하여금 이 세계를 다스리게 하신 것 사이의 아주 밀접한 관계를 발견한다. 우리는 이것을 창세기 1장 26절에서 본다. "하나님이 이르시되 우리의 형상을 따라 우리의 모양대로 우리가 사람을 만들고 그들로 바다의 물고기와 하늘의 새와 가축과 온 땅과 땅에 기는 모든 것을 다스리게 하자 하시고." 우리는 하나님의 형상과 이 세계를 다스리게 된 것 사이의 똑같은 연결 관계를 27-28절에서도 본다. "하나님이 자기 형상 곧 하나님의 형상대로 사람을 창조하시되 남자와 여자를 창조하시고 하나님이 그들에게 복을 주시며 하나님이 그들에게 이르시되 생육하고 번성하여 땅에 충만하라, 땅을 정복하라, 바다의 물고기와 하늘의 새와 땅에 움직이는 모든 생물을 다스리라 하시니라."

따라서 인간에게 있는 하나님의 형상은 이 땅에서 하나님의 종이자

---

20) 창세기 1장에 따른 6일 동안의 창조에 대한 석의에 대해서는 이 책 4장을 보라.
21) 출 29:30, 35, 37; 레 8:33, 35; 대하 7:9. 성막을 짓는 것과 관련된 지시들은 일곱 번에 걸친 하나님의 말씀 속에서 주어지고, 그중 일곱 번째 말씀은 안식일에 대한 것이다(출 25:1; 30:11, 17, 22, 34; 31:1, 12). 솔로몬은 7년에 걸쳐 성전을 지었다(왕상 6:38). 참고, Lints, *Identity and Idolatry*, 52.
22) 출 28:2, 5, 40; 또한 시 96:3, 6에서 여호와와 관련해 "영광"과 "아름다움"이라는 같은 단어들을 사용한 것을 참고하라.
23) 출 29:43; 40:35; 왕상 8:10-11.

왕으로서의 인간의 지위와 밀접하게 연관되어 있다. 고대 세계에서 왕들은 흔히 자신의 권위를 나타내려고 자신의 형상을 조각해 세워 놓았지만, 하나님은 이 땅에서 자신의 권위를 나타내려고 살아 있는 형상들을 세워 놓으셨다.[24] 창조의 하나님은 자신이 지으신 것들에 대해 최고의 권세를 행사하시고, 하나님의 형상을 지닌 인간에게도 상당한 정도의 권세가 주어진다. 인간은 광대한 우주 속에서 아주 작은 피조물에 불과하지만, 하나님은 인간에게 이 땅을 다스리는 권세를 주셨다(시 8:4-8).[25]

이 관념은 고대인들에게 전해졌을 것이지만, 근본적으로 왜곡된 모습으로 전해졌다. 고대 문헌에는 왕이 자신을 자기가 섬기는 신의 형상이라고 부른 사례가 여러 번 나온다.[26] 왕은 자기가 섬기는 신과 밀접한 연관 관계 속에서 살아야 했고, 이 땅에서 그 신을 대표해야 했다. 하지만 성경에서는 하나님의 형상은 사회의 지배층의 독점적인 자산이 아니라 모든 사람의 자산이었다. 고대 사회는 왕족, 귀족, 자유민, 노예로 계층화되어 있었던 반면, 하나님은 각각의 모든 사람에게 하나님의 형상을 지닌 존재라는 존엄성을 수여하셨다.

인간의 통치는 이 땅에 저주가 아니라 영광이었다. 창조 기사 전체에 걸쳐 주기적으로 우리는 하나님이 자신이 지으신 것을 "좋다"고 하시는 것을 본다.[27] 하나님이 인간을 자신의 형상대로 창조하시고 식물과 동물에 대한 통치권을 수여하신 후, "지으신 그 모든 것을 보시니 보시기에 심히 좋았더라"(창 1:31)고 하신 것은 의미심장하다. 후크마는 이렇게 말했다. "따라서 창조주의 손에서 온 인간은 부패하거나 타락하거나 죄악 되지 않았다. 인간은 흠 없음과 죄 없음과 거룩함의 상태에 있었다."[28] 인간은 원래 하나님의 세계를 다스리는 신실한 종이자 왕이었고, 인간이 다스리는 나라는 하나님이 지으신 만물에게 큰 복이었다.

---

24) Hoekema, *Created in God's Image*, 67.
25) 하나님이 인간을 동물과 구별하시고 동물을 다스리게 하신 것에 대해서는 이 책 6장을 보라.
26) D. J. A. Clines, "The Image of God in Man," *Tyndale Bulletin* 19 (1968): 83-85 (full article, 53-103).
27) 창 1:4, 10, 12, 18, 21, 25.
28) Hoekema, *Created in God's Image*, 15.

하나님의 형상과 하나님의 가족

하나님의 형상은 관계적인 것이기도 하다. 하나님은 자신을 복수의 위격을 지닌 존재로 계시하시는 가운데 자신의 형상에 대해 말씀하셨다("우리의 형상을 따라 우리가 사람을 만들고").[29] 하나님은 사람들 간의 상호보완적이고 상호의존적인 관계를 통해 하나님의 영원한 삼위일체를 희미하게 반영하게 하시려고 인간을 지으셨다. 이 관계는 가족에서 시작된다. 왜냐하면 하나님은 자신의 형상대로 인간을 "남자와 여자"로 창조하시고, "생육하고 번성하라"고 하셨기 때문이다(창 1:27-28). 이렇게 하나님은 자신의 형상을 닮은 하나의 가족이 땅에 충만하게 하려 하셨다.

사람들이 하나님의 종이자 왕이라는 개념과 관계적인 것으로서의 하나님의 형상이라는 개념은 하나님의 형상과 관련된 또 하나의 성경적 개념 속에서 수렴된다. 사람들은 하나님의 피조 된 아들들이 되도록 지음 받았다. 성경학자 케니스 매튜스는 이렇게 쓴다. "고대 근동에서 왕은 신들의 아들 또는 신들의 대표자로 여겨졌다(참고, 삼하 7:13-16; 시 2:7). 인류는 하나님을 대신해 이 땅을 다스리는 하나님의 왕적인 대표자들(즉, 아들들)로 세움 받는다."[30]

창세기가 인간의 1세대와 관련해 하나님의 형상이라는 주제를 다시 다루는 곳에서, 우리는 하나님의 아들로서의 인간의 지위를 만나게 된다. 거기서는 "하나님이 사람을 창조하실 때에 하나님의 모양대로 지으셨다"는 말씀을 아담이 "자기의 모양 곧 자기의 형상과 같은 아들을 낳았다"는 말씀과 병행시킨다(창 5:1-3). 이 본문은 한편으로는 인간이 하나님의 형상으로 지음 받았다는 것이 하나님의 신성을 공유하게 된 것을 의미한다고 생각하지 않게 하려고, 하나님이 인간을 창조하신 것과 아담이 아들을 낳은 것을 대비시킨다. 그리고 다른 한편으로는 하나님이 자신의 형상대로 아담을 지으신 것과 아담이 자신의 형상대로 아들을 낳은 것을 서로 비교해 유사성을 보여 준다. 아담은 하나님이 낳

---

29) 이 책 2장을 보라.
30) Mathews, *Genesis 1 - 11:26*, 164.

으신 아들은 아니었지만, 하나님이 지으신 아들이었다(눅 3:38).

하나님의 아들로서의 인간의 지위라는 관념은 우리가 하나님의 형상과 관련해 이미 고찰한 관념들을 포괄한다. 아들은 아버지를 닮는데, 하나님은 인간을 자신의 속성들의 형상으로 지으셨다. 아들은 아버지를 공경해야 하는데, 하나님은 자기를 예배하게 하려고 인간을 지으셨다. 아들은 아버지의 권세를 공유하고 아버지의 뜻을 이루기 위해 일하는데, 하나님은 자신을 대표하는 종이자 왕으로 삼으려고 인간을 창조하셨다. 아들은 아버지 및 가족과 관계를 맺는데, 하나님이 인간을 지으신 것은 인간으로 하여금 사랑 가운데서 하나님 및 동료 사람들과 동행하려는 것이었다.

따라서 우리가 성경의 나머지 전체에 걸쳐 하나님의 형상이라는 주제를 추적했을 때, 이 주제가 자주 성자이신 하나님의 아들 및 그가 영광으로 이끌게 된 아들들과 밀접한 관계에 있는 것을 발견하는 것은 이상한 일이 아니다. 하지만 우리는 그 기쁜 주제를 다루기 전에 죄가 하나님의 아들들에게 가한 끔찍한 상처를 먼저 살펴보아야 한다.

하나님의 형상의 지속

인간의 타락은 우리 인류를 황폐화하는 여러 결과를 초래했다(창 3장). 창세기를 읽는 사람은 자연스럽게 타락이 하나님의 형상에 어떤 결과를 초래했는지 궁금해한다. 그리고 계속 읽어 나가면서, 인류가 살인자들과 일부다처제를 행하는 자들이 되어, 어떤 사람들은 자기 마음에 드는 여자들을 모두 취하고 이 땅에 폭력이 만연하게 만들었음을 알게 된다.[31] "여호와께서 사람의 죄악이 세상에 가득함과 그의 마음으로 생각하는 모든 계획이 항상 악할 뿐임을 보셨다"(창 6:5). 그런 사람들이 여전히 하나님의 형상을 지니고 살아간다고 말할 수 있는가? 하지만 창세기는 인간이 타락하여 동물로 전락한 것이 아니라, 농사를 짓고 결혼하고 자녀들을 기르고 도시를 건설하고 음악 활동을 하고 금속

---

31) 창 4:11, 19, 23; 6:2, 11.

을 제련했다고 증언한다(4:2, 17, 20-22). 그렇다면 우리는 타락한 인간과 관련해 하나님의 형상에 대해 어떻게 생각해야 하는가?

창조에 대한 암시가 가득한 한 본문에서 여호와는 노아에게 인간은 여전히 어떤 의미에서 하나님의 형상을 지니고 있음을 재확인해 주셨다. 하나님은 인간에게 동물을 죽여 먹어도 좋다고 하시면서도, 사람을 죽인 자는 누구든지 그 책임을 지게 될 것이라고 경고하셨다(창 9:5-6). 이 원칙은 단지 경건한 자들에게만이 아니라 인류 전체에 적용되었다. 하나님은 그 이유를 이렇게 설명하셨다. "이는 하나님이 자기 형상대로 사람을 지으셨음이니라"(6절). 인간이 타락해 죄악 되고 비참한 처지로 전락했다 해도, 인간은 여전히 하나님의 형상을 지니므로, 모든 사람의 생명은 신성하다.[32] 우리가 창세기 4장과 관련해 방금 말한 인간의 문명 활동이 인간에게 여전히 남아 있는 하나님의 형상의 잔재를 보여 주는 증거일 것이다.

야고보도 사람이 한편으로는 하나님을 찬송하면서 다른 한편으로는 다른 사람을 저주하는 모순된 행태를 보이는 것을 꾸짖을 때 하나님의 형상을 간접적으로 언급한다. "이것으로 우리가 주 아버지를 찬송하고 또 이것으로 하나님의 형상('호모이오시스')대로 지음을 받은 사람을 저주하나니"(약 3:9). 야고보는 바로 앞에서 창세기 1장 26절을 간접 인용해 여러 가지 동물과 새와 뱀과 바다 생물에 대한 인간의 통치권에 대해 말한다.[33] 또한 여기서 야고보는 헬라어로 된 70인역에서 창세기 1장 26장의 '데무트'("모양")를 번역할 때 사용한 것과 같은 단어인 '호모이오시스'를 사용한다. 이렇게 야고보는 다른 생물들에 대한 인간의 우월성과 하나님의 형상을 지닌 자로서의 인간의 존엄성을 단언한다. 우리는 짐승들에 대해서는 선한 목적으로 다스리고 사용할 수 있지만, 사람들에 대해서는 존중하고 다르게 대해야 한다.

따라서 하나님의 형상은 어떤 의미에서 타락한 인류에게 여전히 하

---

32) Hamilton, *The Book of Genesis, Chapters 1-17*, 315; Laidlaw, *The Bible Doctrine of Man*, 144.

33) Douglas J. Moo, *The Letter of James*, The Pillar New Testament Commentary (Grand Rapids, MI: Eerdmans, 2000), 160.

나의 실체로 남아 있고, 이것은 우리가 다른 사람을 어떻게 대해야 하는지와 관련해 중요한 함의를 지닌다. 인간의 권위를 짓밟는 폭력, 증오의 말, 반역은 이 땅에 존재하는 하나님의 형상을 공격하는 것이므로 하나님의 거룩하심을 짓밟는 것이다.

성육신하신 하나님의 형상

최고의 하나님의 형상은 예수 그리스도다. 아담이 "하나님의 아들"이었던 것처럼, 하나님은 아담의 자손 그리스도에게 "너는 내 사랑하는 아들이라 내가 너를 기뻐하노라"(눅 3:22, 38)고 말씀하셨다. 하지만 아담은 마귀의 시험을 받았을 때 하나님께 불순종했던 반면, 그리스도는 마귀의 시험을 받았을 때 끝까지 순종하셨다(눅 4:1-13). 누가는 아담이 지녔던 아들의 지위와 그리스도가 지니신 아들의 지위를 대비시킴으로써, 우리 주 예수님이 최고의 하나님의 형상이자, 인간에게 있는 타락한 하나님의 형상을 회복시킬 마지막 아담이실 것이라는 기대를 불러일으킨다.

바울 서신은 한층 더 분명하게 그리스도를 최고의 하나님의 형상이라고 단언한다. 바울은 "하나님의 형상"이신 "그리스도의 영광의 복음의 광채"(고후 4:4)라고 쓴다. 예수 그리스도는 다름 아닌 "주"(5절)시고, "하나님의 영광"의 광채시다(6절; 참고. 히 1:3). 바울은 아담의 창조를 간접적으로 인용한다. "형상"('에이콘')으로 번역된 헬라어는 70인역에서 하나님의 "형상"('첼렘', 창 1:26-27)을 번역하는 데 사용된 것과 같은 단어이기 때문이다. 하지만 바울은 그러면서도, 그리스도에게 주와 창조주라는 우주적 의미를 부여함으로써, 그리스도가 아담을 초월하는 방식으로 "하나님의 형상"이심을 보여 준다(참고. 고전 8:6; 히 1:10). 바울은 사람들의 마음을 비추는 그리스도의 빛이 "어두운 데에 빛이 비치라고" 명령하셨던 하나님의 창조의 말씀(고후 4:6)과 같은 것임을 보여 준다. 인간의 영혼을 비추는 그리스도의 형상과 영광은 다름 아닌 새 창조다.

우리는 골로새서 1장 15-17절에 나오는 바울의 장엄한 기독론적 신앙고백문 속에서 이 진리에 대한 가장 분명한 진술을 발견한다. "그는 보이지 아니하는 하나님의 형상이시요 모든 피조물보다 먼저 나신 이시니 만물이 그에게서 창조되되 하늘과 땅에서 보이는 것들과 보이지 않는 것들과 혹은 왕권들이나 주권들이나 통치자들이나 권세들이나 만물이 다 그로 말미암고 그를 위하여 창조되었고 또한 그가 만물보다 먼저 계시고 만물이 그 안에 함께 섰느니라." 여기서 묘사되는 분은 하나님의 아들이신 성자, 하나님 백성의 최고의 왕이자 구속주시다(13-14절). 그리스도는 보이지 않는 하나님을 보여 주셔서 하나님의 형상으로서의 인간의 원래의 목적을 성취하신다. "먼저 나신 이"(장자)라는 용어는 그리스도를 피조세계의 일부로 지칭한 것이 아니라, 하나님이 다윗의 아들에 대해 "내가 또 그를 장자로 삼고 세상 왕들에게 지존자가 되게 하며"(시 89:17)라고 말씀하신 것처럼, 피조세계를 다스리시는 분으로 지칭한 것이다. 골로새서 1장 16-17절은 그리스도를 창조와 섭리의 주체라고 말함으로써 이것을 아주 분명하게 보여 준다. 그리스도는 천사들을 포함한 만물의 주이시다.

그래서 성경은 그리스도를 하나님의 형상으로 지칭할 때 아담과 비교함과 동시에 대비한다. 인성과 관련해서는 그리스도도 아담처럼 이 땅에 존재하는 하나님의 형상이고 하나님이 세우신 왕이다. 그리스도는 "마지막 아담"(고전 15:45)이고, 타락한 하나님의 형상을 지닌 자들을 구속해 하나님의 영광을 회복시키려고 오셨다. 하지만 아담은 단지 그리스도의 모형일 뿐이었다(롬 5:14). 그리스도는 무한히 더 크시기 때문이다. 아담은 이 땅에서 다른 피조물들을 다스리는 권세를 수여받은 단순한 피조물일 뿐이었던 반면, 그리스도는 천지의 창조주이자 주이시다. 그리스도 안에는 하나님의 모든 충만이 거한다(골 1:19; 2:9). 그리스도는 하나님과 동등하시기 때문이다(빌 2:6). 그리스도가 하나님의 형상이신 것은 성부의 신성을 공유한 하나님의 영원한 성자이시기 때문이다. 투레티누스는 "하나님의 아들은" "성부와" 동일한 "본질을" 공유한 "지극히 완전한 동등성을 토대로 한 본질적 형상"이시지만, 아담

은 "부적절하고 불완전한 유사성을 토대로 한 유비적 형상"이었다고 썼다.[34]

새로워진 하나님의 형상

하나님은 성령의 역사로 말미암아 생겨나는 믿음을 통해 죄인을 그리스도와 하나 되게 하여, 그리스도의 죽음과 부활에 참여하게 함으로써 그들을 구원하신다. 복음 전도를 통해 하나님의 형상이신 그리스도의 빛이 그들의 마음에 비칠 때 새 창조가 일어난다(고후 4:4-6). 하나님의 형상이신 그리스도와 하나 된 죄인은 새로워진 하나님의 형상이 된다. 바울은 이렇게 쓴다. "우리가 다 수건을 벗은 얼굴로 거울을 보는 것같이 주의 영광을 보매 그와 같은 형상['에이콘']으로 변화하여 영광에서 영광에 이르니 곧 주의 영으로 말미암음이니라"(3:18). 그리스도 안에 있는 하나님의 영광을 보게 되면 그리스도와 하나가 되어 하나님의 형상으로 변화된다. 바울은 이 과정을 "영광에서 영광으로"라는 어구로 요약한다. 왜냐하면 죄인들은 "하나님의 영광에 이르지 못하지만"(롬 3:23), 성도 안에는 "영광의 소망"이신 그리스도가 계시기 때문이다(골 1:27).

새로워진 하나님의 형상의 영광은 성도의 영적인 변화 속에서 이미 빛을 발한다. 바울은 "너희가 서로 거짓말을 하지 말라 옛사람과 그 행위를 벗어 버리고 새사람을 입었으니 이는 자기를 창조하신 이의 형상['에이콘']을 따라 지식에까지 새롭게 하심을 입은 자니라"(골 3:9-10)고 말한다. "옛사람"은 아담 안에서 타락한 인류를 가리키고("사람" 이 단수형인 것을 주목하라), "새사람"은 그리스도와 하나 된 사람들을 가리킨다(11절). 바울은 하나님의 형상을 특히 거짓말하는 것과 나란히 놓고서, 하나님의 형상은 참된 "지식"이라고 말하는데, 이 서신에서 "지식"은 그리스도 안에서 하나님과 하나님의 뜻을 경험적으로 아는 것을 가리킨다(1:9—10; 2:2-3). "벗다"와 "입다"라는 더 큰 맥락 가운데서 하나님

---

34) Turretin, *Institutes*, 5.10.2 (1:465).

의 형상은 음행 및 죄악 된 분노와 대비되고(3:5, 8), 겸손 및 사랑과 연결된다(12-14절). 또한 그리스도와의 하나 됨은 민족적이고 사회적인 구분을 초월하는 방식으로 신자들을 한데 결합시키므로(11절), 신자들은 "한 몸"으로 평화롭게 살아간다(15절).

에베소서에 나오는 한 병행 본문에서 바울은 그리스도인들은 "옛사람을 벗어 버리고 오직 너희의 심령이 새롭게 되어 하나님을 따라 의와 진리의 거룩함으로 지으심을 받은 새사람을 입으라"는 가르침을 받아 왔다고 쓴다(엡 4:21-24). 이 본문이 창조와 관련된 표현들을 사용하고, 골로새서 3장 10절과 병행된다는 점에서, "하나님을 따라"('카타 테온')라는 어구는 하나님의 형상을 가리킬 것이다. 골로새서 본문과 마찬가지로 여기서도 바울은 이 새로워진 형상을 "유혹의 욕심"(엡 4:22)과 대비시키고, "의와 참된 거룩함"(24절. 개역개정에는 "의와 진리의 거룩함". 직역하면 "의와 진리의 경건")과 연결시킨다. 이것은 개인적이고 사적인 거룩함이 아니라, 그리스도의 "한 몸"의 하나 됨과 평화를 가리킨다(3-4절; 참고. 12, 16절). 바울은 25절에서 "이는 우리가 서로 지체가 됨이라"고 말하기 때문이다. 그런 후에 더 큰 맥락 속에서 그는 이 관념을 확장해, 악의적인 분노, 성적인 더러움, 탐욕을 버리고, 정직함, 순수함, 희생적인 사랑을 받아들이라고 명령한다(4:25-5:6).

회심하지 않은 죄인은 하나님에게서 소외되어 있고 하나님과 원수가 되어 있어서 하나님을 알 수도 없고 알려 하지도 않으며 하나님 계명을 지킬 수도 없고 지키려 하지도 않으므로, 이 의롭고 거룩한 특질이 전적으로 결여되어 있다.[35] 죄인은 하나님의 자녀가 아니라 마귀의 자녀로 사탄의 일을 한다.[36] 이 도덕적 측면과 관련해서는 아담이 범죄했을 때 인류에게서 하나님의 형상은 파괴되었고 죽었다.

따라서 바울은 신자가 그리스도의 형상을 지니게 되는 것에 대해 말할 때는 영광과 아들로서의 지위라는 관점에서 쓰지만, 신자에게서 새로워진 하나님의 형상에 대해 쓸 때는 강조점을 지식, 의, 거룩함

---

35) 롬 3:10-12; 8:7-8; 엡 4:17-18; 골 1:21; 딛 3:3.
36) 요 8:44; 엡 2:1-3; 요일 3:8-10.

에 둔다. 이것은 인간이 하나님의 형상으로 창조되었다는 것이 무엇을 의미하는지를 이해하려 할 때 중요한 함의를 지닌다. 찰스 하지(1797-1878년)는 이렇게 말했다. "하나님의 형상은 단지 인간의 이성적 본성이나 인간의 불멸성이나 인간의 통치권에 있지 않고, 특히 진리의 소유 또는 하나님을 아는 참된 지식과 분리될 수 없는, 인간에게 존재하는 모든 원리의 의로움과 거룩함과 올바름에 있다."[37] 바울이 하나님이 지식, 의, 거룩함의 은혜들을 통해 인간에게서 자신의 형상을 새롭게 하신다고 쓸 수 있었다는 사실(비록 중생한 사람이라도 아직은 외적인 영광과 통치권을 회복하지는 못하지만)은 하나님의 형상의 핵심은 도덕적인 형상, 마음의 영적 삶에 있음을 의미한다.

새로워진 하나님의 형상을 지니게 된 믿는 자들은 하늘에 계신 자신들의 아버지의 선하심을 본받으라는 명령을 받는다. 하나님의 형상은 회복된 하나님의 자녀들에게 주어지는 자신들의 아버지의 선하심을 본받을 의무의 토대가 된다. 그리스도는 믿는 자들에게 아버지 하나님이 완전하신 것처럼 그들도 사랑에서 "완전하라"고 명령하셨다(마 5:48). 아버지 하나님이 자비로우신 것처럼 그들도 "자비로워야" 한다(눅 6:36). 사도가 믿는 자들에게 명령하는 것은 자신들의 아버지의 명령에 "순종하는 자식처럼" 응답하라는 것이다. "내가 거룩하니 너희도 거룩할지어다"(벧전 1:14-17). 예수 그리스도는 최고의 "하나님의 형상"이시므로, 새로워진 하나님의 형상 속에서 자라 가는 과정은 그리스도를 본받는 것을 포함한다. 이것은 아주 유익한 묵상 주제다(참고. 요 13:1-15; 고전 11:1; 빌 2:1-11). 바울은 "그러므로 사랑을 받는 자녀같이 너희는 하나님을 본받는 자가 되고 그리스도께서 너희를 사랑하신 것같이 너희도 사랑 가운데서 행하라 그는 우리를 위하여 자신을 버리사 향기로운 제물과 희생제물로 하나님께 드리셨느니라"(엡 5:1-2)고 쓴다. 후크마는 사랑은 "그리스도의 삶에서 중심"이었으므로, "하나님의 형상의 핵심은 사

---

37) Charles Hodge, *Ephesians*, The Geneva Series of Commentaries (Edinburgh: Banner of Truth, 1964), 193. 다음도 보라. Charles Hodge, *Systematic Theology*, 3 vols. (Peabody, MA: Hendrickson, 1999), 2:99-102.

랑임에 틀림없다"고 결론을 내렸다.[38] 이것은 사실이다. 하지만 우리
는 하나님의 형상은 하나님이 인간 본성을 포괄적으로 회복하시는 것
과 관련된 영광 전체를 포함하므로 사랑보다 더 크다는 것을 기억해야
한다.

완성된 하나님의 형상

구속사 전체에 걸쳐 하나님의 형상이라는 주제를 추적하다 보면, 우
리는 결국 만물이 완성되는 새 하늘과 새 땅에서 하나님의 형상이 지
니는 의미를 고찰하게 된다. 바울은 로마서 8장 29절에서 그날을 미리
내다본다. "하나님이 미리 아신 자들을 또한 그 아들의 형상['에이콘']
을 본받게 하기 위하여 미리 정하셨으니 이는 그로 많은 형제 중에서
맏아들이 되게 하려 하심이니라." 하나님은 자기 백성을 한데 결합시켜
하나의 대가족으로 만드실 것이고("많은 형제"), 거기서 그리스도는 가장
으뜸 되는 자리에서 대가족을 통솔하는 분일 것이며("맏아들"), 하나님은
아버지이실 것이다.

하나님의 예정은 자신의 아들이신 성자의 영광을 목표로 한다. "그
로……맏아들이 되게 하려 하심이니라." 스프로울(1939-2017년)은 이 그
리스도 중심적인 결과에 주목하여, "하나님이 나를 구원하신 유일한 이
유는 예수 그리스도를 위한 것……그리스도가 으뜸이 되게 하시려는
것이다"라고 썼다.[39] 우리가 그리스도와 하나가 될 때 아버지 하나님
에게서 차고 넘치게 복을 받게 되는 이유는 아버지 하나님이 자기 아
들이신 그리스도를 사랑하시기 때문이다. 우리는 그리스도처럼 "영화
롭게" 될 것이다(롬 8:30). 존 머리는 이렇게 말했다. "사도는 그들이 그
리스도와 함께 영화롭게 될 때 실현될 그리스도처럼 되는 것……부활
영광을 최종적이고 완벽하게 얻게 되는 것을 염두에 두고 있다……우

---

38) Hoekema, *Created in God's Image*, 22; 참고, 73.

39) R. C. Sproul, *The Gospel of God: An Exposition of Romans* (Fearn, Ross-shire, Scotland: Christian Focus, 1994), 152.

리가 주목해야 할 것은 사도가 이것을 성자의 형상으로 변화되는 것이라고 설명한다는 것이다. 이런 설명은 그들의 최종적인 목적지의 경이로움을 한층 더 높여 준다."[40]

로마서 8장을 훑어보면, 우리는 하나님의 아들의 형상으로 변화되는 것에 대한 바울의 개념이 얼마나 풍부한지 알게 된다. 그 개념은 우리가 "죄와 사망"에서 해방되는 것(롬 8:2), 하나님을 미워하던 자에서 죄를 미워하고 율법을 지키는 자로 변화되는 것(4-8, 13절), 우리가 양자가 되어 하나님 아버지의 아들들이 되는 것(14-16절), 그리스도와 함께 "영광을 받고" "장차 우리에게 나타날 영광"에 참여하는 것(17-18절), 우리의 죽을 몸이 살아나 속량을 받게 되는 것(11, 23절), 슬픔과 부패에서 자유롭게 되고 "하나님의 자녀들의 영광의 자유에" 이르게 된 피조세계 속에서 살아가는 것(21절)을 포함한다. 이 주제들은 우리가 창세기에서 하나님의 형상에 대해 본 것들과 많이 겹치고, 하나님의 형상을 하나님의 아들들의 영광과 결부시킨다.[41] 이 모든 차고 넘치는 복은 그리스도의 영인 성령을 통해 현실화된다.

그리스도가 아담보다 더 크신 것처럼, 우리가 그리스도 안에서 지니게 되는 하나님의 형상은 아담에게 있던 하나님의 형상보다 더 영광스럽다. 바울은 고린도전서 15장에 나오는 죽은 자의 부활에 대한 자신의 가르침에서 인류가 "첫 사람 아담" 안에서 받은 생명과, 신자들이 "마지막 아담"과 하나 되어 받게 될 것을 대비한다(45절). 전자는 썩음, 욕됨, 연약함, 혈과 육의 본성적인 생명을 특징으로 하는 반면, 후자는 썩지 않음, 영광, 능력, 하나님의 성령의 능력으로써 주어지는 생명을 특징으로 한다(42-44절). 이 생명은 그리스도인들을 이 타락한 세상에서 자신들의 현재의 상태 위로 들어올릴 뿐 아니라, 에덴동산에 있던 아담보다 더 높게 그들을 들어올려 줄 것이다. 첫 사람은 땅에 속한 자이지만, 둘째 사람은 하늘에 속한 자이기 때문이다(47-48절). 바울은 "우리가 흙에 속한 자의 형상을 입은 것같이 또한 하늘에 속한 이의 형상['에이

---

40) Murray, *The Epistle to the Romans*, 1:319.
41) Mathews, *Genesis 1 – 11:26*, 170 – 171.

콘']을 입으리라"(48절)고 말한다. 여기서 바울은 몸의 부활에 대해 말하는 것이므로, 하나님의 형상을 지니는 것은 영만이 아니라 몸과 관련해서도 여러 함의를 지닌다.

이렇게 하나님의 형상은 역사 속에서 창조에서 새 창조에 이르기까지 걸쳐 있는 가운데, 그리스도 안에서 인간의 운명을 요약적으로 보여 준다. 하나님의 형상은 영광스러운 형상이고, 아들로서의 지위를 보여 주는 형상이며, 그리스도의 형상이다. 따라서 하나님의 형상이라는 성경 주제는 우리 마음을 위로 이끌어, 하나님의 오른쪽에 앉아 계신 그리스도를 향하게 한다. 이 주제는 단지 우리의 과거와 현재에 대한 것만이 아니라, 주 예수 그리스도를 믿는 자의 미래에 대한 것이기도 하다. 하나님의 형상이라는 주제는 소망의 교리다.

묵상과 토론을 위한 질문

1. 창세기 1장 26절에서 "형상"과 "모양"으로 번역된 단어들은 무엇을 의미하는가?

2. 유한한 인간과 무한한 하나님 간에는 유비가 존재한다고 말하는 것은 무엇을 의미하는가?

3. 하나님의 형상과 성경의 다음 개념은 어떤 관계에 있는가?
   - 하나님의 계시된 속성
   - 하나님에 대한 제사장적 예배
   - 하나님의 왕적 통치
   - 관계적인 하나님의 가족

4. 당신이라면 하나님의 형상이 타락 이후의 인간에게서도 계속되고 있음을 성경에 근거해 어떻게 증명하겠는가?

5. 타락한 인간에게도 하나님의 형상이 계속되고 존재한다는 사실은 우리가 모든 사람을 어떻게 대해야 하는지와 관련해 어떤 함의들을 지니는가?

6. 그리스도가 하나님이 창조하신 아담과 비슷한 방식으로 하나님의 형상이신 이유는 무엇인가?

7. 그리스도가 아담을 무한히 초월하는 방식으로 하나님의 형상이신 이유는 무엇 인가?

8. 바울은 성령이 우리를 새롭게 하시는 것을 다룰 때, 하나님의 형상 또는 모양에 대해 뭐라고 말하는가?

9. 우리의 구원의 궁극적인 목표와 하나님의 형상은 어떤 관계에 있는가?

10. 하나님의 형상에 대한 성경의 가르침은 어떻게 인류의 존엄에 대한 당신의 인식을 높여 주고, 당신 자신을 바라보는 당신의 관점에 어떤 영향을 주는가?

더 깊은 성찰을 위한 질문

11. 그리스도인 속에서 하나님의 형상이 새로워지는 것에 대한 바울의 가르침은 하나님의 형상의 본질적 핵심과 관련해 어떤 함의를 지니는가?

12. 그리스도인의 궁극적 운명에 대한 바울의 가르침은 인간이 하나님의 형상으로 지음 받았다는 것의 의미 전체와 관련해 어떤 함의를 지니는가?

9장

하나님의 형상(2부)

역사신학과 변증신학

"하나님의 형상"이라는 어구는 신비에 둘러싸여 있다. 니사의 그레고리오스는 이렇게 말했다. "그래서 당신은 아마도 이렇게 말할 것이다. 하나님의 형상에 대한 정의는 무엇인가? 어떻게 물질인 몸이 물질이 아닌 것을 닮을 수 있는가? 어떻게 유한한 것이 영원한 것을 닮을 수 있는가? 어떻게 변할 수 있는 것이 변할 수 없는 것을 닮을 수 있는가?" 그레고리오스는 계속 이렇게 말했다. "이 질문에 대한 정답은 아마도 오직 진리 자체[하나님 자신]만이 아실 것이다."[1) 따라서 우리는 이 주제를 지극히 겸손한 마음으로 접근해야 한다.

앞 장에서는 인간에게 있는 하나님의 형상에 대한 석의신학과 성경신학을 살펴보았다. 개혁파 신학자들은 헤르만 바빙크가 설명했듯 흔히 이 풍부한 주제를 체계화하려고 "넓은 의미의 하나님의 형상과 좁은 의미의 하나님의 형상"을 말해 왔다. 좁은 의미에서 "하나님의 형상의 일차적인 내용"은 인간이 타락으로 상실한 "지식, 의, 거룩함"으로 이루어져 있다. 인간은 타락 이후에도 여전히 인간이므로 넓은 의미의 하나님의 형상을 지닌다. 바빙크는 일부 개혁파 정통 신학자들이 "하나님의 형상은 우선적으로는 인간의 영적 본성에 있고, 형태상으로는 거

---

1) Gregory of Nyssa, *On the Making of Man*, 16.3 – 4, in *NPNF*[2], 5:404.

룩함에 있으며, 결과라는 측면에서는 통치권에 있다"고 말했다고 언급한다.[2] 하지만 그들이 하나님의 형상에 대해 그런 식으로 정식화했다 해도, 개혁파 신학자들은 역사적으로 하나님의 형상이 지닌 통합적 성격을 강조해 왔다. 예컨대 앤서니 후크마는 인간에게 존재하는 하나님의 형상은 "인간의 실존 전체를 설명해 주는" 말이라고 했다.[3]

다른 신학자들은 하나님의 형상은 특히 또는 오로지 인간의 삶의 어떤 측면에 있다고 말해 왔다. 우리는 그들이 제시한 설명을 구성적인 것과 기능적인 것으로 분류할 수 있다. 이 장에서는 하나님의 거룩한 말씀의 계시에 따라 그들이 제시한 관점들의 충실성과 균형성을 검토하겠다. 다음 장에서는 하나님의 형상과 관련해 이 모든 요소를 다 포함하는 통합적 관점을 추천할 것이다.

하나님의 형상에 대한 구성적 관점

어떤 신학자들은 하나님의 형상이 지닌 구성적 성격을 강조하여, 하나님의 형상은 인간 본성, 그 중에서 특히 원래 상태의 인간 본성과 관련된 어떤 것을 가리키는 것이라고 단언해 왔다. 이 관점은 여러 가지 형태를 지닌다.

하나님의 형상으로서의 신체

어떤 사람들은 하나님의 형상을 신체와 결부시킨다. BC 4세기에 아우다이오스라는 사람이 이끈 신인동형론자(Anthropomorphites)로 알려져 있는 고대의 한 이단 분파는 창세기 1장 26절을 문자 그대로 받아들여, 하나님은 물리적인 몸을 지니고 계시고, 인간의 외적인 모습은 하나님을 닮은 것이라고 오해했다.[4] 예수 그리스도 후기성도교회(모르몬교)는

---

2) Bavinck, *Reformed Dogmatics*, 2:550; 참고, Laidlaw, *The Bible Doctrine of Man*, 154.

3) Hoekema, *Created in God's Image*, 66. 그는 "하나님의 형상은 구성과 기능 둘 모두를 포함하고"(69), 여기서 "기능"은 관계들을 포함한다고 썼다.

4) Theodoret, *Ecclesiastical History*, 4.9, in *NPNF*[2], 3:114.

오늘날 이 이단을 계승하고 있다.[5] 자유주의적이거나 근대주의적인 성향을 지닌 20세기의 일부 구약학자도 인간의 신체가 하나님의 몸을 닮았다는 이단 사상에 따라 창세기를 해석했다.[6] 이 사상은 하나님에게는 몸이 없고, 하나님은 무한하신 영이시므로, 신체적 형상은 하나님을 대표할 수 없다는 성경의 증언을 통해 반박된다.[7] 창세기 1장은 하나님에게 신체가 있음을 보여 주는 어떤 암시도 담고 있지 않고, 하나님의 창조 행위와 말씀을 통해 하나님의 영적 속성들을 계시한다.

하지만 정통 기독교 전통에 서 있는 신학자들은 인간의 몸은 고귀함과 유일무이함을 보여 주는 표지들을 지니고 있음을 인정해 왔다. 이교도들도 그렇게 보았다. 로마 시인 오비디우스(약 BC 43년-AD 17년)는 짐승은 아래로 땅을 보는 반면, 인간은 위엄 있는 얼굴을 지니고 있어서 위로 창공을 본다고 썼다.[8] 아우구스티누스, 비드(약 672-735년), 페트루스 롬바르두스, 토마스 아퀴나스(1225-1274년), 존 칼빈, 프란키스쿠스 투레티누스 같은 기독교 신학자들은 인간의 몸이 이런저런 방식으로 하나님의 형상을 간접적으로 표현한다는 사상을 받아들였다.[9] 하지만 아퀴나스가 말했듯 하나님의 형상은 인간의 몸이 아니라 영혼과 관련된 것이라고 보는 것이 합당하다.[10]

---

5) 전에 모르몬교의 수장이었던 고든 힝클리(1910-2008년)는 "우리의 몸은 신성하고, 하나님의 형상으로 창조되었다"고 썼다. "All Human Beings Are Created in the Image of God," The Church of Jesus Christ of Latter-Day Saints, https://www.lds.org/ensign/2008/07/all-human-beings-are-created-in-the-image-of-god?lang=eng에서 인용. 하나님에게 몸이 있다는 것에 대해서는 *Doctrine and Covenants*, 130.22, The Church of Jesus Christ of Latter-Day Saints, https://www.lds.org/scriptures/dc-testament/dc/130.22를 보라.

6) Hermann Gunkel, Gerhard von Rad, and P. Humbert. Clines, "The Image of God in Man," 56에서 재인용.

7) 출 20:4-6; 신 4:12, 15; 왕상 8:27; 시 139:7-10; 사 31:3; 40:18-26; 요 4:24.

8) Ovid, *Metamorphoses*, trans. Frank Justus Miller, Loeb Classical Library (Cambridge, MA: Harvard University Press, 1921), 1.84-86 (1:8-9).

9) Bede, *Libri quatuor in principium Genesis*, 1.26은 Lombard, *The Sentences*, 2.16.4.2(2:71)에서 인용했고, 아우구스티누스에 대한 것은 Thomas Aquinas, *Summa Theologica*, trans. Fathers of the English Dominican Province, 22 vols. (London: R. & T. Washbourne, 1914), Pt. 1, Q. 93, Art. 6, Reply Obj. 3; Calvin, *Institutes*, 1.15.3; Turretin, *Institutes*, 5.10.5 (1:465)에서 재인용.

10) Aquinas, *Summa Theologica*, Pt. 1, Q. 93, Art. 3, 6.

하나님의 형상으로서의 정신

하나님의 형상을 인간의 구성과 관련시키는 견해 중에서 기독교 신학자들이 좀 더 흔히 취하는 견해는 인간의 정신적인 능력과 특질에 초점을 맞춘다. 이 견해에 따르면, 인간이 지닌 하나님의 형상은 인간의 자의식, 이성적인 능력, 자유의지, 양심, 도덕적 행위를 할 수 있는 능력에 있다. 예컨대 니사의 그레고리오스는 하나님의 형상은 특히 합리적 지성, 인간의 의지의 자유로운 결정, "이해하고 숙고하는 능력"으로 나타난다고 말했다.[11]

하나님의 형상을 인간의 정신과 결부시키는 견해는 지나치게 사변적이라는 비난을 받아 왔다. 창세기는 하나님의 형상을 의지나 지성이라는 관점에서 설명하지 않기 때문이다.[12] 하지만 창세기 1장은 창조주의 지혜, 의지, 선하심을 계시한다. 따라서 하나님의 형상은 그 지혜와 선하심을 반영하는 것이어야 하고, 이성적으로 추론하고 선택할 수 있는 능력을 포함하지 않으면 안 된다. 하나님의 형상을 인간의 정신과 결부시키는 견해는 창세기 1장이 인간과 동물을 날카롭게 구별하는 것과도 잘 부합한다(창 1:26-28; 9:1-6). 창세기 1장은 인간과 동물의 차이가 일차적으로 인간의 지성 또는 영혼에 있음을 보여 준다. 인간의 몸은 동물의 몸과 똑같은 생명을 지니기 때문이다(2:7).

하지만 초기 교회와 중세 교회의 신학자들이 이 사상을 사변적인 방향으로 발전시켰다는 것은 부인할 수 없다. 펠라기우스(380-420년에 활동)는 하나님의 형상을 인간의 자유의지와 동일시하여, "인간은 하나님의 형상대로 창조되었으므로 자유롭다"고 썼다.[13] 따라서 아담의 죄에도 불구하고 인간은 빼앗을 수 없고 소멸시킬 수 없는 자유를 소유한다고 말한다. 하지만 이것은 성경이 보장하는 추론이 아니다.[14]

또 다른 방향에서는 하나님의 형상을 흔히 지성에서 찾았다. 아퀴

---

11) Gregory of Nyssa, *On the Making of Man*, 16.9, 11, 17, in *NPNF*², 5:405-406.

12) Mathews, *Genesis 1-11:26*, 168.

13) Pelagius, *Expositiones* 188. Martien E. Brinkman, *The Tragedy of Human Freedom: The Failure and Promise of the Christian Concept of Freedom in Western Culture*, trans. Harry Flecken and Henry Jansen (Amsterdam: Rodopi, 2003), 117에서 재인용.

14) 인간의 선택의 자유와 죄에 대한 예속에 대해서는 이 책 20-22장을 보라.

나스에 따르면, 아우구스티누스는 "인간의 탁월성은 하나님이 인간에게 지성을 지닌 영혼을 주셔서 인간을 들짐승보다 더 나은 존재가 되게 하심으로써 자신의 형상대로 인간을 지으셨다는 사실에 있다"고 말했다.[15] 하지만 주목해야 할 것은 아퀴나스는 의지를 하나님의 형상에서 배제하지는 않았지만, 하나님의 형상을 인간의 지성, 지식, 사랑으로 개념화했다는 것이다.[16] 이 점에서 그는 하나님의 형상을 인간 영혼의 세 가지 특질인 기억, 이해, 의지에서 찾은 아우구스티누스의 삼위일체 모형을 따랐다.[17] 하지만 이 견해 속에도 성경의 테두리를 벗어난 철학적 사변이 포함되어 있다.

하나님의 형상을 이성 중심으로 이해하려는 견해는 성경의 인간관을 헬라와 로마의 철학적 개념들로 대체할 위험성을 안고 있다. 아리스토텔레스는 인간은 이성을 사용한다는 점에서 동물과 구별된다고 가르쳤다.[18] 로마의 스토아학파 철학자 세네카(약 BC 4년-AD 65년)는 "인간은 이성을 사용해 추론하는 동물"(라틴어로 '라티오날레 에님 아니말 에스트 호모')이므로 인간 속에는 신성이 거한다고 말했다.[19] 하지만 성경적인 인간 개념은 인간을 신격화하거나, 하나님을 합리성의 내재적 원리로 축소하지 않고, 인간을 하나님의 피조 된 형상이라고 말하여 인격적인 하나님 아래 둔다. 하나님의 형상에 대한 우리의 이해는 철저하게 참 하나님과 하나님에 대한 올바른 응답을 중심으로 한 것이어야 한다. 칼빈이 말했듯 인간에 대한 우리의 지식과 하나님에 대한 우리의 지식은 서로 분리될 수 없고, 하나님에 대한 참된 지식은 반드시 하나님에 대한 경외와 사랑을 포함한다.[20]

---

15) Augustine, *Gen. ad lit.*, 6.12. Aquinas, *Summa Theologica*, Pt. 1, Q. 93, Art. 2에서 재인용.
16) Aquinas, *Summa Theologica*, Pt. 1, Q. 93, Art. 6.
17) Augustine, *On the Trinity*, 9:11–12; 10:11–12, in *NPNF*[1], 3:132–33, 142–143.
18) Aristotle, *Ethics*, trans. J. A. K. Thomson, rev. Hugh Tredennick (London: Penguin, 1976), 1.7, 13 (75, 88–90).
19) Seneca, *Moral Epistles*, 41.2, 8, in Seneca, *Ad Lucilium Epistulae Morales*, trans. Richard M. Gummere, Loeb Classical Library (Cambridge, MA: Harvard University Press, 1917), 1:272–273, 276–277.
20) Calvin, *Institutes*, 1.1.1–2; 2.1.1.

하나님의 형상으로서의 정신 대 하나님의 모양으로서의 도덕

교회사 초기에 정신이 하나님의 형상이라고 주장한 사람들은 "형상"과 "모양"을 구별해, 정신적인 능력을 "형상"과 결부시키고, 도덕적 미덕을 "모양"과 결부시켰다. 케니스 매튜스는 "이것은 70인역에서 '형상'과 '모양' 사이에 '그리고'('카이')를 써 넣은 잘못된 첨가의 영향을 받은 것일 가능성이 크다"고 지적한다.[21] 이 첨가는 히브리어 본문에서 "우리의 형상을 따라"와 "우리의 모양대로"(창 1:26) 간의 병행 관계를 모호하게 만들었다. 그 결과 이레네오는 신령하지 않은 사람에게도 하나님의 형상은 존재하지만, 성령으로 말미암아 회복되어야 하는 하나님의 모양은 결여되어 있다고 말했다.[22] 우리는 이 구별을 오리게네스, 니사의 그레고리오스,[23] 다마스쿠스의 요안네스(약 675-749년),[24] 롬바르두스,[25] 아퀴나스[26]에게서도 발견한다. 로마 가톨릭의 대항 종교개혁 신학자인 로베르토 벨라르미노(1542-1621년)도 이 구별을 지지했다.[27] 하지만 오늘날의 로마 가톨릭 신학은 이 구별을 버렸다.[28] 최근의 로마 가톨릭 성경에서는 "형상"과 "모양"은 "사실상 동의어"라고 말한다.[29]

"형상"과 "모양"의 구별은 인위적이고 오도하는 것이다. 후크마는 이렇게 썼다. "우리는 이레네오가 하나님의 형상 중에서 우리가 타락 이후에도 유지하는 측면과 타락으로 말미암아 상실한 측면이자 그리

---

21) Mathews, *Genesis 1 – 11:26*, 164.

22) Irenaeus, *Against Heresies*, 5.6.1, 5.8.1, in *ANF*, 1:532 – 533.

23) Origen, *On First Principles*, 3.6.1; Gregory of Nyssa, *On the Origin of Man*. 둘 다 *ACCS/OT*, 1:29, 33에서 재인용.

24) John of Damascus, *An Exact Exposition of the Orthodox Faith*, 2.12, in *NPNF*[2], 9.2:31.

25) Lombard, *The Sentences*, 2.16.3.5 (2:70).

26) Aquinas, *Summa Theologica*, Pt. 1, Q. 93, Art. 9.

27) 로베르토 벨라르미노의 말, "*Adamum peccando non imaginem Dei sed similitudinem perdidisse*"는 다음을 보라. Bellarmine, *De Gratia Generi Humano in Primo Parente Collata*, 1.2, in *Disputationum Roberti Bellarmini . . . De Controversiis Christianae Fidei, Tomus Quartus* (Milan: Edente Natale Battezzanti, 1862), 4:19; 참고, Hodge, *Systematic Theology*, 2:96.

28) 로마 교황청의 최근의 발언은 이것은 "교부 신학과 중세 신학이……성경적인 인간론에서 벗어난" 것이라고 말한다. *in the Image of God*, sec. 15, http://www.vatican.va/romancuria/congregations/cfaith/ctidocuments/rcconcfaithdoc20040723_communion-stewardshipen.html.

29) New American Bible, Revised Edition (2011), 창 1:26, United States Conference of Catholic Bishops, http://www.usccb.org/bible/gn/1:26#01001026-1.

스도로 말미암아 다시 얻게 되는 측면을 구별하는 것은 옳다고 인정한다……하지만 이레네오가 이 두 측면을 **형상** 및 **모양**과 결부시킨 것은 잘못이다……이 두 단어는 사실상 서로 바꿔 쓸 수 있는 단어다."[30]

"형상"과 "모양"을 분리함으로써 생겨난 신학적 결과 중 하나는 신학자들이 거룩함을 원래 창조된 그대로의 인간 본성의 아주 중요한 한 부분이 아니라, 인간 본성에 첨가된 초본성적인 은사(라틴어로 '도눔 수페라디툼')로 보게 되었고, 신이 되는 과정을 통해 초인적인 존재가 되는 것(이 사상은 하나님과의 신비적 합일로의 인간의 승화라는 신플라톤주의적인 사상의 영향을 받은 것으로 보인다[31])이 인간의 목적이 되었다는 것이다. 하나님의 모양이 하나님처럼 되는 것이라면, 하나님의 "형상"은 하나님과 구성적인 유사성만이 있고 하나님과의 거룩한 관계는 없는 것으로 축소되어 버리고, 하나님의 "모양"만이 인간을 들어올려 하나님과의 친교를 가능하게 해 주지만, 이것은 인간의 본성에 고유한 것이 아니게 된다.[32] 또한 이 첨가된 은사는 인간의 타락으로 상실되었지만, 인간의 본성, 그 중에서 특히 지성의 이성적인 능력은 타락으로 말미암아 심각한 훼손을 입지 않은 것이 되고, 이 오류는 인간의 지성과 의지에 대해 낙관적인 견해를 지닌 반(丰)펠라기우스주의에 발판을 마련해 주었다.

하나님의 형상으로서의 도덕성

종교개혁자들은 교부 신학과 스콜라 신학이 "형상"과 "모양"을 구별한 것을 버리고, 의를 하나님의 형상의 핵심으로 보는 더 성경적인 접근방법을 선호했다.[33] 아담의 타락으로 인간은 단지 초본성적인 모양만을 상실했을 뿐이고, 본성적이거나 본질적인 형상은 여전히 훼손되지 않고 남아 있으므로, 창조되었을 때와 똑같은 사고와 의지를 지니고 있는 것이 아니다. 도리어 타락은 죽음을 초래했고, 이 죽음은 인간

---

30) Hoekema, *Created in God's Image*, 35.
31) Bavinck, *Reformed Dogmatics*, 2:187 - 191, 539. 바빙크는 이 사상이 기독교로 들어오게 된 것은 대체로 위디오니시오스(500년경에 활동)의 저작들에 기인한 것이라고 말했다.
32) Vos, *Reformed Dogmatics*, 2:12.
33) Calvin, *Institutes*, 1.15.3.

의 존재 전체를 훼손하고 왜곡했다.[34] 인간은 전인적으로 하나님의 영광을 위해 창조되었으므로, 게할더스 보스가 말했듯 하나님으로부터의 타락은 인간의 본성을 저 깊이까지 뒤흔들어 "근본적인 전복"과 "강력한 혁명"을 초래했다. 그는 이렇게 썼다. 인간의 본성은 근본적으로 도덕적이고 하나님과 관련되어 있으므로, "인간은 중립적인 상태로 머물러 있을 수 없었다." 따라서 "인간은 원의 가운데서 하나님을 지지하거나, 본성적인 불의 가운데서 하나님을 거역할 수밖에 없다."[35]

하나님의 형상이 지닌 도덕적 특질에 대한 인식은 부분적으로는 바울이 하나님의 "형상"을 "지식"(골 3:10)과 "의와 진리의 거룩함"(엡 4:24 KJV의 난외주)이라는 관점에서 설명한 것에서부터 생겨난다. 웨스트민스터 소교리문답(10문)은 하나님의 형상에 대한 바울의 통찰을 다음과 같이 요약한다. "하나님은 자기 형상을 따라 지식과 의와 거룩함으로 사람을 남자와 여자로 지으시고 피조물을 다스리게 하셨다."[36] 바울의 말은 하나님의 형상이 도덕적 탁월성을 하나의 중심적인 특징으로 지니고 있음을 분명하게 보여 준다. 도덕적 특징을 하나님의 형상에서부터 배제했던 오랜 세월의 혼란의 시기 후에 종교개혁 신학자들은 하나님의 형상에 대한 교리에 이 특징을 회복시켰다.

하지만 마르틴 루터는 하나님의 형상과 모양은 아담의 원의와 이 세계에 대한 영광스러운 통치로 이루어져 있었지만, 인간은 타락으로 말미암아 이것들을 상실했다고 말했다.[37] 그래서 정통 루터교 신학자들은 원죄로 말미암아 인간의 의는 파괴되고 부패로 대체되었으므로, 타락한 인간에게는 하나님의 형상이 결여되어 있다고 단언한다.[38]

---

34) Luther, *Lectures on Genesis*, in *LW*, 1:164-165 (창 3:7). Bavinck, *Reformed Dogmatics*, 2:548을 보라.

35) Vos, *Reformed Dogmatics*, 2:14-15.

36) *Reformed Confessions*, 4:354.

37) Luther, *Lectures on Genesis*, in *LW*, 1:60-65 (창 1:26).

38) Apology of the Augsburg Confession, 2.18-22; Formula of Concord (Solid Declaration, 1.10-11), in *The Book of Concord: The Confessions of the Evangelical Lutheran Church*, ed. Robert Kolb and Timothy J. Wengert, trans. Charles Arand, Eric Gritch, Robert Kolb, William Russell, James Schaaf, Jane Strohl, and Timothy J. Wengert (Minneapolis: Fortress, 2000), 114-115, 533-534.

하나님의 형상이 오로지 도덕성에 있다고 보는 루터파의 견해가 "형상"과 "모양" 간의 인위적인 구별을 배척하고, 인류에게 임한 영적 죽음의 심각성을 인정하는 것은 당연하다. 하지만 성경은 모든 인간 속에 하나님의 형상이 지속되고 있음을 단언한다는 점에서(창 9:6; 약 3:9), 이 견해는 심각한 난관에 봉착하게 된다. 또한 이 견해는 타락한 죄인이 하나님의 형상을 상실했다면 어떻게 하나님과 관계를 맺을 수 있는 가능성을 여전히 지니고 있는 것인가 하는 문제를 불러일으킨다. 루터파는 역사적으로 내부에서 생겨난 극단적인 가르침들, 즉 죄인을 하나님 앞에서 나무토막이나 돌 같은 존재에 불과한 것으로 여기는 가르침들과 맞서 힘겨운 싸움을 해 왔다.[39] 아우구스티누스는 이렇게 말했다. "하나님의 관여를 상실함으로써 닳고 마모되긴 했지만, 하나님의 형상은 여전히 남아 있다. 왜냐하면 하나님의 형상은 하나님과 관계를 맺고 하나님과 함께하는 자일 수 있는 것에 있고, 이것은 지극히 선한 것이어서 오직 하나님의 형상인 존재에게만 가능한 것이기 때문이다."[40]

하나님의 형상에 대해 말하면서 인간의 도덕적 삶을 강조해 온 일부 개혁파 신학자들은 타락한 인간에게 하나님의 형상이 존재함을 부정한 루터와 같은 길을 따르고 있는 것으로 보일 수 있다.[41] 하지만 이 신학자들은 "하나님의 형상의 잔재"가 여전히 타락한 인간에게 남아 있다는 것도 인정했고, 이 잔재가 "넓은 의미"의 하나님의 형상을 반영한 것이라고 단언했다.[42] 앞으로 보게 되겠지만, 개혁파 정통 신학의 주류는 도덕적 탁월성에 중심을 두면서도 인간의 본성과 고유한 활동 전체를 폭넓게 포함하는 통합적 견해를 가르친 칼빈을 따라왔다.[43]

---

39) Formula of Concord (Solid Declaration, 2,20, 24, 59), in *The Book of Concord*, 548 – 549, 555.

40) Augustine, *On the Trinity*, 14,8,11, in *NPNF*[1], 3:189.

41) 예컨대 Perkins, *An Exposition of the Symbol*, in *Works*, 5:64 – 65, 71, 90; Brakel, *The Christian's Reasonable Service*, 1:323 – 325를 보라. 요하네스 코케이우스(1603-1669년)도 인간의 이성적 본성은 하나님의 형상이 아니라, 하나님의 형상이 그려진 배경 또는 "화판"이라는 브라켈의 견해를 지지했다. Bavinck, *Reformed Dogmatics*, 2:550을 보라.

42) Perkins, *An Exposition of the Symbol*, in *Works*, 5:9; *A Golden Chain*, chap. 12, in *Works*, 6:37 – 40; Brakel, *The Christian's Reasonable Service*, 1:17 – 18.

43) Hodge, *Systematic Theology*, 2:98, 102. 하나의 분명한 예외는 새뮤얼 윌러드다. 그는 이렇게 썼다. "인간에게 존재하는 하나님의 형상은 인간 본성 전체에 새겨진 저 도덕적 올바름이고, 이

하나님의 형상에 대한 기능적 관점

하나님의 형상을 이해하기 위한 또 하나의 접근방법은 하나님의 형상이 의미하는 것을 인간은 어떤 존재인가에서 찾지 않고 인간이 무엇을 행하는가에서 찾는다. 즉 하나님이 인간을 창조하실 때 부여하신 기능이나 직임을 말한다. 하나님의 형상에 대한 기능적 관점을 지지하는 신학자들은 왕적인 지위, 관계, 의같이 성경에서 도출해 낸 인간의 특정한 기능에 초점을 맞추는 것이 보통이다.

하나님의 형상으로서의 왕적인 지위

오래된 뿌리를 지닌 하나의 견해는 하나님의 형상은 왕으로서의 인간의 직임과 이 세계를 다스리는 인간의 활동에 있다고 말한다. 요안네스 크리소스토무스는 "우리의 형상을 따라"의 의미는 "존재의 질서가 아니라 통치의 유사성"에서 찾아야 한다고 말하면서 창세기 1장 26절을 인용한다. "그들로 바다의 물고기와 하늘의 새와 가축과 온 땅과 땅에 기는 모든 것을 다스리게 하자."[44] 이 견해를 밑받침하기 위해 인용되는 또 하나의 성경 본문은 시편 8편인데, 거기서는 인간이 하늘의 존재들보다 "조금 못하게" 지음 받았다고 말한 후(5절), 피조물에 대한 인간의 통치권을 송축하는 것(6-8절)으로 나아간다.

일부 초기 개혁파 신학자들은 크리소스토무스와 비슷한 견해를 지지했다. 볼프강 무스쿨루스(1497-1563년)는 인간에게 존재하는 하나님의 형상은 "땅과 거기에 있는 모든 것을 주관하는 주"로서의 인간의 "다스리는 능력과 위엄"이라고 설명했다.[45] 하지만 무스쿨루스는 "인간

도덕적 올바름은 인간으로서의 방식과 정도를 따라 하나님을 닮고 하나님을 섬길 수 있게 해준다." 하나님의 형상은 "인간의 본성도 아니고 인간의 이성적인 혼의 기능도 아니며", 인간이 타락으로 상실한 선함과 의로움으로 이루어져 있다. Willard, *A Compleat Body of Divinity*, 125, 참고, 6, 659, 758-759. 윌러드는 인간에게 주어진 통치권은 하나님의 형상과 구별된다고 보았다(127).

44) John Chrysostom, *Homilies on Genesis, 1-17*, trans. Robert C. Hill, The Fathers of the Church 74 (Washington, DC: The Catholic University of America Press, 1986), 9.6 (120). 또한 그는 "모양"은 미덕을 가리킨다고 보았던 교부들의 일반적인 해석을 따랐다(9.7 [120]).

45) Wolfgang Musculus, *In Mosis Genesim* (1554), 41-42. *ACCS/OT*, 1:47에서 재인용.

이 비록 왕이라 해도" 의로움 없이는 인간은 짐승보다 나을 것이 없으므로, 하나님의 형상에 대한 이런 이해는 "속사람의 올바름을 배제하지 않는다"고 말했다.[46] 피에트로 마르티레 베르미글리(1499-1562년)는 "하나님의 형상은 인간이 모든 피조물을 다스리게 되어 있는 자라는 사실에 있다"고 말했다. 그는 영혼과 그 기능들을 "하나님의 형상의 원인"으로 여겼고, 의로움과 지혜 같은 도덕적 특질들을 하나님을 올바르게 대표하는 데 필수적인 것들로 보았다.[47]

소키누스주의자와 일부 아르미니우스주의자는 하나님의 형상은 오로지 이 땅에 대한 인간의 통치권에 있다고 보았다.[48] 항변파 신학자 필립 판 림보르흐(1633-1712년)는 하나님의 형상이 인간의 원의에 있음을 부정하고, 인간이 자신의 이성적 본성과 능숙한 육신을 따라 피조물을 다스리는 데 있다고 주장했다.[49] 게할더스 보스는 소키누스주의와 아르미니우스주의 신학자들은 하나님의 형상에 대한 중세의 초본성주의나 전적 부패라는 함의를 지니는 개혁파의 통합적 견해를 따를 수 없었으므로, 하나님의 형상에 "종교적으로 중립적인 의미"를 부여하려고 하나님의 형상을 통치권에서 찾았다고 설명했다.[50] 하지만 야코부스 아르미니우스(1560-1609년)는 몸과 영혼, 정신적인 능력, 도덕적 탁월성, 피조물에 대한 통치권은 서로 다른 방식으로 하나님의 형상에 속한다고 보는 통합적 견해를 지니고 있었다.[51]

하나님의 형상으로서의 인간의 왕적인 지위는 오늘날의 일부 학자

---

46) Wolfgang Musculus, *Common Places of Christian Religion* (London: n.p., 1563), fol. 12r.
47) Peter Martyr Vermigli, *In Primum Librum Mosis . . . Genesis* (1569), 7r‒v, in *The Peter Martyr Library, Volume 4, Philosophical Works*, trans. and ed. Joseph C. McLelland, Sixteenth Century Essays & Studies (Kirksville, MO: Thomas Jefferson University Press and Sixteenth Century Journal Publishers, 1996), 42‒43.
48) Turretin, *Institutes*, 5.10.9 (1:467).
49) Philipp van Limborch, *Compleat System, or Body of Divinity, Both Speculative and Practical, Founded on Scripture and Reason*, trans. William Jones (London: for John Taylor and Andrew Bell, 1702), 1:142‒145.
50) Vos, *Reformed Dogmatics*, 2:15.
51) Jacob Arminius, *Private Disputations*, 26.7, in *The Works of James Arminius*, trans. James Nichols (vols. 1‒2) and W. R. Bagnall (vol. 3), 3 vols. (Auburn: Derby and Miller, 1853), 2:64.

들에게 지지를 받아 왔다.[52] 데이비드 클라인스는 고대의 다른 문헌에 나오는 신의 형상에 대한 병행되는 사상을 토대로 이 견해를 지지한다. 그는 성경은 인간이 몸과 영혼이라는 두 부분으로 구성되어 있다고 가르친다고 믿지 않으므로, 하나님의 형상이 영혼과 그 기능들에 있다는 교부들의 견해를 배척한다.[53] 클라인스는 이렇게 결론을 내린다.

> 하나님에게는 자신의 고유한 형상이라는 것이 없으므로, 인간은 하나님의 형상으로 창조된 것이 아니라, 하나님의 형상으로서, 또는 하나님의 형상이 되어 세계 질서 밖에 계시는 초월적인 하나님을 대신해 피조세계를 다스리는 것이다……인간은 영혼과 몸의 구별 없이 전인적으로 하나님의 형상이다……하나님의 형상을 존재론적으로가 아니라 실존론적으로 이해해야 한다. 하나님의 형상은 인간의 본성이 아니라 인간의 활동과 기능으로 표현된다. 이 기능은 피조세계의 더 낮은 질서에 대해 하나님이 지니신 주로서의 지위를 대표하는 것이다.[54]

창세기 1장 26-28절은 하나님의 형상과 인간의 통치권을 서로 엮어 짜고 있다는 점에서, 하나님의 형상에 대한 기능적 해석에는 진정한 통찰이 있다. 하지만 창세기 1장 26-28절은 하나님의 형상은 인간에게 주어진 통치권이라고 명시적으로 말하지 않고, 하나님은 자기 형상대로 인간을 지으신 후 인간의 통치권에 대한 말씀을 따로 하셨다. 이것은 하나님의 형상 또는 적어도 그 몇몇 측면은 단지 통치권이 아니라 통치권을 위한 토대와 능력임을 보여 준다. 시편 8편도 하나님의 형상에 대해 명시적으로 말하지 않는다.[55]

하나님의 형상이 오로지 인간의 왕적인 지위에 있다고 말하는 해

---

52) 밀러드 에릭슨은 레오나르드 베르두인, 노먼 스나이드, 지그문트 모빙켈을 기능적 견해의 지지자로 언급한다. Erickson, *Christian Theology*, 466.
53) Clines, "The Image of God in Man," 57, 83 – 86. 인간이 몸과 영/혼으로 구성되어 있는지에 대해서는 이 책 12-13장에서 다룰 것이다.
54) Clines, "The Image of God in Man," 101.
55) Berkouwer, *Man: The Image of God*, 70 – 71; Erickson, *Christian Theology*, 468 – 469.

석은 환원주의적이다. 창세기 1장은 하나님의 능력과 권세를 계시하는 것은 분명하지만, 하나님의 지혜, 선하심, 관계들도 계시한다. 따라서 우리는 "우리가 우리의 형상을 따라 사람을 만들자"는 어구를 해석할 때, 이 요소들도 고려하지 않으면 안 된다. 또한 하나님의 형상이 전적으로 기능적인 것이라면, 인류나 특정한 인간이 그 기능을 수행하지 못하는 경우에 무슨 의미를 지닐 수 있겠는가? 달리 말하면, 그 기능을 수행하지 못하는 인간도 여전히 하나님의 형상인가? 이 질문은 인간의 존엄, 그 중에서 특히 다스리는 기능을 수행하지 못하는 사람들의 존엄과 관련해 중요한 함의를 지닌다.

하나님의 형상으로서의 관계

하나님의 형상을 해석하는 것과 관련해 더 최근의 접근방법은 인간의 인격적 관계에 초점을 맞춘다. 이 견해는 창세기 1장 26절에서 하나님을 지칭하는 "우리"와 27절에 나오는 "남자와 여자"라는 표현을 토대로, 하나님의 형상을 인간이 지니고 있거나 행하는 어떤 것으로 정의하지 않고, 하나님에 대한 인간의 관계와 사람들 서로 간의 관계라는 관점에서 정의한다. 예컨대 로마 교황청에서 발간한 21세기 로마 가톨릭의 한 문서에서는 하나님의 형상은 "본질적으로 대화적이거나 관계적인" 것이고 "신적인 것을 향한 역동적인 지향성"이므로 "죄로 말미암아 훼손되기는" 하지만 "파괴될 수는 없다"고 말한다.[56]

관계적 관점 중에서 개신교 신정통주의에서 생겨난 한 가지 형태는 하나님의 형상을 인간이 그리스도를 통해 하나님과 맺는 관계로 본다. 칼 바르트(1886-1968년)는 우리는 인간을 동물과 구별시켜 주는 것에 의거해서는 인간을 정의할 수 없으므로, "인간에 대한 하나님의 태도에 토대를 둔 역사 속의 인간으로 눈을 돌려야" 한다고 말했다.[57] 바르트는 우리의 인간 이해는 그리스도를 연구하는 것에서부터 와야 하고, 그

---

56) International Theological Commission, "Communion and Stewardship," secs. 45-46, 48.
57) Karl Barth, *Church Dogmatics*, ed. G. W. Bromiley and T. F. Torrance, 4 vols. in 14 (Edinburgh: T&T Clark, 1960), III/2, sec. 44.2 (78).

런 연구는 진정한 인간성은 우리의 창조주이자 주이신 하나님과 우리의 관계, 하나님에 의한 우리의 구원 경험으로 이루어져 있음을 보여준다고 보았다.[58] 에릭슨은 바르트의 견해를 이렇게 요약한다. "하나님의 형상은 인간에게 존재하는 어떤 것이나 인간이 소유하고 있는 어떤 것이 아니므로, 인간 안에 있는 어떤 구성적 특질이라는 관점에서 이해하려 해서는 안 된다. 하나님의 형상은 하나님과 인간의 관계의 문제이고, 인간이 경험하는 어떤 것이다. 이렇게 하나님의 형상은 정적인 것이라기보다는 역동적인 것이다."[59]

에밀 브루너는 "우리는 '하나님의 형상'을 반사 개념으로", 즉 하나님의 영광을 "거울처럼"(참고. 고후 3:18) 반사한다는 개념으로 "이해하는 것이 좋을 것"이라고 말했다. 브루너는 이렇게 썼다. "인간의 의미와 내재적 가치는 인간 자신 안에 있지 않고, 인간과 '대척 지점'에 있는 분, 즉 최초의 형상이자 하나님의 말씀이신 그리스도 안에 있다."[60] 브루너는 인간이 하나님의 형상으로 창조되었다는 것은 하나님은 우리를 자기와 사랑의 관계 속에 있는 이성적 존재로 지으셔서, 하나님이 우리에게 "너는 내 것이라"고 말씀하시면 우리가 "예, 저는 당신의 것입니다"라고 응답하도록 부르셨음을 의미한다고 설명했다.[61] 인간은 언제나 하나님과 관련해 인격적인 존재여야 하므로, 인간의 죄는 하나님의 형상을 파괴하지 않았고, 단지 사랑의 관계를 적대와 증오의 관계로 변질시켰다.[62] 이런 식으로 브루너는 하나님의 형상은 이성적 인격성에 내재한다는 개념을 유지하면서도, 하나님의 형상의 관계적 측면을 강조했다.[63] 후크마가 지적했듯 하나님의 형상에 대한 바르트의 견해는 "순전히 관계적인" 것이었던 반면, 브루너는 "하나님의 형상이 지닌 두 측면"을 모두 유지했다.[64]

---

58) Barth, *Church Dogmatics*, III/2, sec. 44.2 (73 – 74).
59) Erickson, *Christian Theology*, 464 – 465.
60) Brunner, *Man in Revolt*, 96.
61) Brunner, *Man in Revolt*, 98, 103.
62) Brunner, *Man in Revolt*, 105, 136.
63) Erickson, *Christian Theology*, 463을 보라.
64) Hoekema, *Created in God's Image*, 52, 57.

관계적 관점은 일정 정도의 진리를 담고 있다. 이 관점은 하나님의 형상을 단지 동물에 대한 인간의 정신적 우월성이라는 관점만으로는 정의할 수 없고, 하나님과의 관계라는 관점에서도 이해해야 함을 우리에게 일깨워 준다. 관계적 견해는 하나님의 형상에서 시작해 하나님의 아들로서의 지위로 나아가는 성경의 사고의 흐름(창 5:1-3)과 부합한다. 실제로 하나님의 형상은 하나님과의 일대일의 친밀한 교제를 위해 창조된 존재라는 하나님에 대한 인간의 특별한 관계와 얽혀 있는 것으로 보인다(2:7, 18-22).

하지만 관계적 관점도 그 근저에 있는 전제를 시작으로 여러 가지 문제점을 안고 있다. 신정통주의가 하나님의 형상을 정의할 때, 동물에 대한 인간의 구성적 우월성을 버리고 관계적 개념으로 옮겨 간 것은 다윈의 진화론 사상의 영향 때문이었던 것으로 보인다.[65] 진화론은 인간과 짐승과 박테리아를 서로 동등하게 만든다. 이런 이동에 영향을 미친 또 하나의 요소는 근대 신학이 존재론적이고 형이상학적인 범주보다 실존주의적 범주를 선호한 것이다.[66] 근대 신학은 영적인 실체들을 존재론적인 관점에서 분석하는 것을 꺼리고, 그 대신에 우리가 그 실체들을 어떻게 경험하는가에 초점을 맞춘다. 반면에 하나님의 말씀은 영적인 실체들을 계시하고, 우리는 우리의 영혼에 대한 진리들을 알 수 있다.

관계적 견해가 지닌 또 다른 문제점은 인간이 하나님을 배교한 후 관계적인 하나님의 형상이 어떻게 여전히 남아 있을 수 있느냐 하는 것이다. 엄밀하게 관계적인 견해와 인간의 타락에 대한 교리를 조화시키려면 하나님의 형상이 타락으로 파괴되었다고 말하거나, 전적 타락과 전적 무능력의 교리를 부정해야 한다. 바르트는 아담 안에서 인간이 역사적으로 타락했음을 부정함으로써 이 문제점을 피했다.[67] 바르트는

65) 바르트는 하나님의 형상을 다루는 전후 맥락 속에서 진화론을 다뤘다. *Church Dogmatics*, III/2, sec. 44.2 (82-83).
66) Erickson, *Christian Theology*, 468.
67) Karl Barth, *The Epistle to the Romans*, trans. Edwyn C. Hoskyns (London: Oxford University Press, 1933), 181. Hoekema, *Created in God's Image*, 50-51을 보라.

아담을 모든 각각의 사람으로 해석했다. "우리는 아담이고……아담은 우리이고 모든 사람이다."[68] 이것은 하나님의 말씀을 심각하게 벗어난 것이다.[69]

우리가 바르트처럼 하나님의 형상을 하나님과의 관계로 축소하는 것은 이 주제에 대한 성경의 가르침의 중요한 흐름들을 무시하는 것이다. 하나님의 형상은 단지 하나님 앞에서의 인간의 지위에만 있지 않고, 피조물에 대한 인간의 통치권에도 있다(창 1:26). 또한 하나님의 형상에 대한 우리의 견해나 개념은 하나님과 인간의 관계에 균열을 초래한 타락 이후에도 인간이 계속 하나님의 형상을 지니고 있다는 사실(9:6)을 설명해 줄 수 있는 것이어야 한다. 만일 브루너가 주장한 것처럼 하나님의 형상이 오로지 거울처럼 하나님의 영광을 반사하는 것에 있다면, 그 거울이 제거되면, 하나님의 형상도 사라지고 만다. 따라서 하나님의 형상은 관계 이상의 것이어야 한다.

하나님의 형상으로서의 의로운 삶의 역동적 수행

베르카우어에 따르면, 네덜란드 개혁파 목회자 클라스 스힐더르(1890-1952년)는 넓은 의미의 하나님의 형상과 좁은 의미의 하나님의 형상이라는 전통적인 개혁파 신학의 구별을 부정하고, 인간 본성은 "하나님의 형상을 위한 전제조건이고, 하나님의 형상 자체가 아니다"라고 주장했다. 하나님의 형상은 "오직 인간에게 주어진 소명의 역동적 수행에" 있다는 것이다.[70] 인간에게 주어진 왕적인 지위가 하나님의 형상이라는 견해와는 달리, 스힐더르의 견해는 인간의 소명은 일차적으로 통치가 아니라 의로운 삶에 있다고 보았다. 따라서 우리는 그의 견해를 하나님의 형상으로서의 의로운 삶의 역동적 수행이라는 견해로 부른다. 이 관점은 루터의 관점과 비슷하고, 스힐더르는 루터와 마찬가지로 "인간이 하나님에게 반역할 때" 하나님의 형상은 "사라진다"고 말

---

68) Karl Barth, *Christ and Adam: Man and Humanity in Romans 5*, trans. T. A. Smail (Eugene, OR: Wipf and Stock, 2004), 78-79.

69) 아담의 역사성에 대해서는 이 책 7장을 보라.

70) Berkouwer, *Man: The Image of God*, 54.

했다.[71]

베르카우어는 스힐더르와 비슷한 노선을 따라 논증을 전개해 나갔다. 그는 이 견해를 창세기 9장 6절 및 야고보서 3장 9절과 조화시키려고, 이 본문들은 인간의 현재의 상태를 가리키는 것이 아니라, 인간의 인간됨과 "인간을 창조한 원래의 목적"을 가리키는 것이라고 말했다.[72]

베르카우어는 하나님의 형상으로서의 의로운 삶의 역동적 수행이라는 견해를 옹호하려 다음과 같은 논거를 제시했다.

첫째, "성경은 자아 또는 인격이라고 설명되는 인간의 '본질'에 관심이 있는 것이 아니라, 하나님과의 관계 속에 있는 인간에 관심이 있고, 거기서 인간을 결코 그 자체로 보지 않는다."[73] 따라서 하나님의 형상을 인간의 구성과 연결시키는 모든 견해는 사변적이다.

둘째, "넓은 의미로 이해된 하나님의 형상은 좁은 의미로 이해된 하나님의 형상과는 아주 다른 내용을 지니고 있어서", 하나님의 형상의 구성적 측면과 기능적 측면을 통합하려는 모든 시도는 "계속해서 서로 조화될 수 없는 이원론적인 것일 수밖에 없기" 때문에 실패하게 된다.[74]

셋째, 하나님의 형상을 인간의 구성 속에서 찾으려는 시도는 이성적 추론 능력이나 의지 같은 인간의 어느 부분에 초점을 맞출 수밖에 없는데, "성경은 언제나 하나님의 형상으로 창조된 인간에 대해서만 말할 뿐이므로, 인간의 일부에 하나님의 형상이 존재한다고 말하는 것은 성경적 근거가 전혀 없게 된다."[75]

넷째, 타락한 인간에게 하나님의 형상이 여전히 존재한다고 말하는 것은 "타락한 인간에게 선함의 잔재가 어느 정도 살아남아 있다"는 잘못된 믿음으로 이어지기 쉽고, 이것은 "온갖 종류의 펠라기우스주의와

---

71) Berkouwer, *Man: The Image of God*, 56. 베르카우어는 독일 신학자들인 에트문트 슐링크(1903-1984년)와 프리드리히 카를 슈만(1886-1960년)도 이 견해를 지지했다고 말한다(58).

72) Berkouwer, *Man: The Image of God*, 59.

73) Berkouwer, *Man: The Image of God*, 59-60.

74) Berkouwer, *Man: The Image of God*, 61.

75) Berkouwer, *Man: The Image of God*, 63.

인본주의적 견해가 들어올" 길을 열어 준다.[76]

다섯째, 베르카우어는 하나님의 형상의 진정한 의미는 바울이 새로워진 하나님의 형상에 대해 설명한 것에 나타나 있다고 주장했다(엡 4:24; 골 3:10). 바울의 설명에 따르면, 새로워진 하나님의 형상은 "하나님과의 새로운 관계"와 삶에 대한 "새로운 지향성"에 있다. 따라서 하나님의 형상은 하나님의 본성과 인간의 본성 간의 어떤 유비가 아니라, 인간이 하나님의 사랑에 응답해 사랑의 삶을 살아가는 데 있다.[77]

우리는 베르카우어가 제시한 논거들은 하나님의 형상에 대한 교부들 및 중세 신학의 견해가 지닌 여러 진정한 문제점을 드러내고 있음을 인정한다. 교부들이나 중세 신학의 견해는 하나님의 형상이 지닌 정신적 측면과 도덕적 삶의 측면을 대립시킴으로써 많은 경우에 이원론적인 것이 되었고, 인간의 지성이나 의지에 부당하게 초점을 맞춤으로써 반(反)펠라기우스주의적인 것이 되었다. 하지만 다음과 같은 반박이 보여 주듯 전통적인 개혁파 견해에 대한 베르카우어의 공격은 근거가 빈약하다.

첫째, 성경이 인간의 본성에는 관심이 없고, 인간과 하나님의 관계에만 관심이 있다고 말하는 것은 거짓된 이분법이다. 사실 성경은 둘 모두에 대해 많이 말한다. 창세기 1장 27절은 우리에게 "하나님이 자기 형상 곧 하나님의 형상대로 사람을 창조하셨다"고 말함으로써, 창세기 1장에 계시된 하나님을 곰곰이 생각해 보고 인간을 하나님을 닮은 피조물로 보라고 우리에게 권한다. 첫 창조 기사는 하나님의 능력, 권위, 지혜, 선하심을 우리에게 알게 해 준다. 그런 속성들은 인격성, 합리성, 도덕적 주체성을 보여 준다. 따라서 창세기가 인간은 하나님처럼 능력과 권위와 지혜와 선하심을 어느 정도 지니고 있음을 보여 주는 것으로 이해하는 것은 사변이 아니라 바른 해석이다.

둘째, 개혁파 주류의 견해는 한편으로는 인간됨, 다른 한편으로는 거룩함의 초본성적인 은사들이라는 이원론을 제시하지 않고(로마 가톨릭 신

---

76) Berkouwer, *Man: The Image of God*, 64.
77) Berkouwer, *Man: The Image of God*, 99-100.

학파는 달리), 원의의 상실은 전인적인 왜곡과 부패를 의미한다고 말한다. 따라서 거룩함은 인간이 신이 되어 가는 과정이 아니라, 피조물인 인간이 하나님을 닮고 하나님과 교제하는 것이다. 이런 인간관은 형식과 기능, 존재와 활동을 통합한다.

셋째, 우리는 하나님의 형상에 대한 몇몇 관점은 환원주의적이어서 인간을 전인적으로 설명해 주지 못한다는 베르카우어의 지적에 동의한다. 그런데 아이러니컬하게도 베르카우어는 하나님의 형상이 지닌 구성적 차원을 모두 배척하고, 전적으로 하나님을 섬기는 인간의 기능에만 초점을 맞춤으로써 자신이 그 함정 속에 빠졌다. 하나님의 형상이 인간 자체를 가리킨다면, 인간 존재 전체를 포함할 수밖에 없기 때문이다.

넷째, 하나님의 형상이 여러 차원으로 이루어져 있다고 가르쳐도, 오직 우리가 인간 실존의 모든 측면이 죄 때문에 부패되었음을 인정하지 않을 때만, 반(半)펠라기우스주의가 생겨난다. 우리는 인간의 타락한 본성 속에 하나님의 형상의 잔재가 남아 있음을 전적으로 긍정하면서도, 영적인 생명이나 선함이 타락한 인간에게 남아 있음을 부정할 수 있다(롬 3:10-12; 엡 2:1). 의가 떠난 후에도 남아 있는 우리의 타락한 인간 본성의 부서지고 부패한 측면들, 즉 우리의 어두워진 지성(롬 1:21-22; 엡 4:17-18), 부패한 의지(롬 8:7; 엡 2:3), 약화된 통치권(창 9:1-6) 같은 것이 바로 하나님의 형상의 잔재들이다.

다섯째, 우리는 하나님의 형상의 핵심은 하나님이 인간의 마음에 주신 거룩함이라고 하는 선물이라는 베르카우어의 주장에 동의한다. 하지만 베르카우어의 견해는 인간에게 주어진 거룩함이 부패한 후에도(창 6:5) 하나님의 형상이 여전히 인간에게 남아 있다는 성경의 가르침(창 9:6; 약 3:9)을 제대로 적절하게 설명하지 못한다. 이 성경 본문들은 우리의 인간됨, 즉 우리가 인간이므로 거기에 의거해 권면하고 있는 것이 아니라, 타락한 인간이 하나님의 형상을 지니고 있음을 분명하게 말한다. 우리가 하나님의 형상에 대해 말하는 성경 본문 중에서 일부만 받아들이고, 우리의 관점과 맞지 않는다는 이유로 다른 것들을 배척하는 것은 옳지 않다. 우리는 모든 본문을 받아들여야 하는데, 그렇게 했을 때 성경은 악하고 타락한 사람들도 몇몇 측면에서는 여전히 하나님을 닮은 존재임을 보여 준다. 따라서 우리는 사람들을 존중해야 하고, 그들의 삶을 신성한 것으로 여겨야 한다.

결국 우리는 베르카우어에 대한 후크마의 평가에 동의한다. 후크마는 베르카우어가 성경적인 주제들을 사용하고 있다는 것은 인정하면서도, 창세기에서 하나님의 "형상"은 동사가 아니라 명사, 즉 "인간이 인간이라는 것과 분리될 수 없는……인간 실존의 유일무이성을 가리키는" 명사이므로, "하나님의 형상은 단순한 기능 이상의 것으로 이루어져 있고, 인간이 행하는 것만이 아니라 인간 존재 자체와도 관련되어 있다"고 말한다.[78]

지금까지 우리는 성경이 창세기에서 하나님의 형상과 결부시킨 것의 어떤 측면을 강조하거나 종종 배타적으로 강조하는 접근방법들을 살펴보았다. 우리는 각각의 접근방법이 성경의 중요한 주제를 건드리고 있음을 발견했지만, 어느 것도 이 문제에 대한 성경의 진리 전체를 적절하게 다룬 것이 없다는 것도 확인했다. 이제 남은 것은 통합적인 접근방법을 제시하는 것이다. 다음 장에서 우리는 이 주제를 다룰 것이고, 아울러 하나님의 형상의 실천적 함의도 함께 살펴보겠다.

묵상과 토론을 위한 질문

1. 일부 사람들이 하나님의 형상으로서의 인간의 몸에 대해 어떤 잘못된 것들을 가르쳐 왔는가?

2. 대부분의 기독교 신학자들은 인간에게 존재하는 하나님의 형상의 주된 측면들을 어디에서 찾는가?

3. 초기 교회와 중세 교회에서 일부 기독교 신학자들은 "형상"과 "모양"을 어떤 식으로 구별했는가? 종교개혁자들은 이 구별에 대해 어떤 반응을 보였는가?

---

78) Hoekema, *Created in God's Image*, 64-65.

4. 루터파 신학자들과 일부 개혁파 신학자들은 어떤 식으로 하나님의 형상을 인간의 특정한 측면에 제한했는가? 그것은 타락한 인간에게도 여전히 하나님의 형상이 존재한다는 것과 관련해 어떤 함의를 지녔는가?

5. 저자들이 말한 하나님의 형상에 대한 "구성적" 견해와 "기능적" 견해는 무엇을 의미하는가?

6. "하나님의 형상으로서의 인간의 왕적인 지위"라는 견해는 무엇인가? 이 견해의 강점은 무엇이고 약점은 무엇인가?

7. "하나님의 형상으로서의 관계"라는 견해는 무엇인가? 이 견해는 어떤 성경적 진리들을 반영하는가? 이 견해는 어떤 문제점들을 야기하는가?

8. 베르카우어는 하나님의 형상에 대해 어떤 견해를 제시했는가? 그가 이 견해를 옹호하기 위해 제시한 논거들은 어떤 것들인가?

9. 저자들은 베르카우어의 논거들에 대해 어떤 대답을 제시하는가?

10. 당신의 교회에서 통용되는 하나님의 형상에 대한 개념을 설명해 볼 수 있는가? 당신의 교회가 하나님의 형상을 인간의 한 측면으로 축소하는 경향을 보여 준다면, 어떤 식으로 축소하는가? 이것은 사람들이 생각하고 살아가는 방식에 어떤 결과를 낳는가?

더 깊은 성찰을 위한 질문

11. 창세기 1장 26-28절에서 "형상"과 "모양"으로 번역된 두 단어는 두 가지 서로 구별되는 실체를 가리키는가, 아니면 본질적으로 똑같은 진리를 가리키는가? 이 질문에 대답하고, 당신의 대답에 대한 근거를 제시하라.

12. 저자들은 하나님의 형상에 대한 견해가 구성적인 것에서 관계적인 것으로 이동하도록 부추긴 한 가지 요소는 "근대 신학이 존재론적이고 형이상학적인 범주보다 실존주의적 범주를 선호한 것"이라고 말한다. 이것은 무엇을 의미하는가? 당신은 동의하는가? 그 이유는 무엇인가?

10장

하나님의 형상(3부)

조직신학과 실천신학

인간에게 존재하는 하나님의 형상에 대한 조직신학적이고 실천신학적인 이해는 하나님 중심의 세계관에 필수적이다. 타락 이래로 인류는 하나님을 떠나 목적과 의미를 찾으려 애써 왔다. 하지만 하나님의 형상에 대한 교리보다 더 효과적으로 자율성에 대한 인간의 야심을 잘라 낼 수 있는 것은 없다. 인간의 목적은 인간 자신 속에서 찾아서는 안 되고, 인간 밖에 있는 하나님 안에서 찾아야 한다. 우리는 하나님이라는 준거점 없이는 인간을 바르게 이해할 수 없다. 의미와 목적에 대한 우리의 추구는 아래에서 시작해 위로 쌓아 올라갈 수 없다. 존 레이들로는 성경은 "인간을 설명하기 위해 하나님을 전제한다"고 말했다.[1] 하나님을 전제하지 않고 인간의 의미에 대해 말하는 모든 견해는 실체가 없고, 하나님을 전제하지 않은 인간은 소망의 토대가 없다. 이것은 모두 인간의 으뜸가는 목적은 하나님을 영화롭게 하고 영원히 하나님을 즐거워하는 것이기 때문이다.

그래서 이 장에서는 개혁파 전통의 주류에서 발견되는 하나님의 형상에 대한 조직신학적인 견해를 제시하겠다. 이것은 하나님의 형상은 주로 내적인 의와 하나님에 대한 올바른 관계로 이루어져 있고, 더 넓

---

1) Laidlaw, *The Bible Doctrine of Man*, 161.

게는 하나님이 정하신 기능을 따라 작동하는 인간 본성 전체를 포괄한다고 보는 견해다. 이 장의 끝부분에서는 이 교리가 지닌 몇 가지 실천적 함의도 살펴보겠다.

석의신학과 성경신학 요약

조직신학으로 나아가기 전에 앞 장에서 행한 성경적 연구의 결론들을 간단하게 다시 살펴볼 필요가 있다.[2] 하나님의 형상은 하나님이 인간에게 나누어 주신 어떤 것이 아니라, 인간의 정체성이다. 따라서 하나님의 형상은 인간의 본성과 활동을 설명하는 한 방식이기도 하다. "형상"이라는 단어는 이 단어 자체의 의미와 성경신학을 통해 계시, 예배, 통치와 연결된다. 하나님이 인간을 지으신 것은 인간으로 하여금 자신의 무한하고 영원한 속성들, 특히 창조 기사(창 1장)가 부각시키는 하나님의 능력, 지혜, 선하심이라는 속성들의 제한적이고 현세적인 계시가 되게 하려는 것이었다. 거짓 신들은 우상이라는 죽은 형상을 가지고 있는 반면, 참 하나님은 인간을 창조하셔서 하나님 자신의 살아 있는 형상들로서 하나님을 예배하게 하셨다(26절). 또한 창세기 본문은 하나님의 형상을 인간이 하나님의 종이자 왕으로서 이 땅을 다스리게 된 것과도 연결시킨다(26, 28절). 따라서 하나님의 형상은 선지자, 제사장, 왕이라는 언약에 따른 직임들과 밀접하게 연관되어 있다. 이것들에 대해서는 나중에 아담과의 언약이라는 주제 아래 더 깊이 다룰 것이다.[3]

하나님의 형상으로 지음 받은 첫 사람은 하나님과 관련해 아들과 아버지의 관계와 비슷한 관계 속에 있었다(창 5:1-3; 눅 3:38). 또한 더 폭넓게 하나님의 형상은 인간의 모든 관계에서 작용한다. 왜냐하면 성경은 하나님이 자기 형상대로 사람을 창조하겠다고 선언하신 직후에 "남자와 여자를 창조하셨다"(창 1:27)고 말하기 때문이다. 이 결혼 관계는 가족생활 및 이 땅에서 사회를 이루어 하나님의 형상들을 번성하기 위한

---

2) 이 책 8장을 보라.
3) 이 책 14장을 보라.

토대를 놓는다(28절).

타락으로 말미암아 인간의 내면생활과 외적인 행실이 끔찍하게 부패했음에도(창 6:5), 하나님의 형상은 인간의 삶을 계속 신성하게 만들고, 어떤 동물의 삶보다도 훨씬 더 귀하게 만든다(9:5-6; 약 3:9). 우리는 인간의 농업, 결혼, 자녀 양육, 도시 건설, 예술, 산업에서 하나님의 형상의 잔재의 증표들을 본다(창 4:17-22). 또한 하나님의 형상의 지속은 인간의 고유한 권세에 복종해야 하는 중요한 근거를 제공해 준다(고전 11:7).

하나님의 형상은 하나님의 아들이자 마지막 아담이신 예수 그리스도에게서 최고의 형태로 발견된다(고전 15:45; 고후 4:4). 하지만 그리스도는 하나님과 동등하시고 영원하신 하나님의 형상이자 만물의 창조주이시므로(고전 1:15-17), 그 영광에서 아담과 온 인류를 훨씬 능가한다. 하나님은 죄인들을 그리스도와 영적으로 하나가 되게 하심으로써, 죄인들에게 존재하는 하나님의 형상을 영광에서 영광으로 새롭게 하신다(고후 3:18). 이 새로워진 하나님의 형상은 이제 악인들을 도덕적으로 변화시켜 지식과 의와 거룩함과 그리스도의 몸 안에서의 하나 된 관계를 지닌 백성이 되게 하는 것으로 나타나고(엡 4:22-24; 골 3:9-11), 하나님 백성을 무장시켜 하나님의 선지자, 제사장, 왕의 기능을 수행하게 한다.[4] 하나님의 형상의 이런 새로워짐은 장차 하나님의 모든 택하신 자들이 온전히 "그 아들의 형상을 본받게"(롬 8:29) 되고 부활하여 그리스도와 함께 영광을 받은 후에 "하늘에 속한 이의 형상을 입게"(고전 15:49) 될 때 완성될 것이다.

---

4) 일부 개혁파 신학자들은 바울이 새로워진 하나님의 형상을 설명할 때 사용한 지식, 의, 거룩함이라는 세 단어(엡 4:24; 골 3:10)가 삼중적인 직임과 대응된다고 보았다. 의를 제사장과 대응시키고 거룩함을 왕과 대응시켜야 하는지, 아니면 정반대로 해야 하는지에 대해서는 견해가 서로 다르긴 하지만 말이다. 그러나 이 단어들만으로는 분명한 결론을 내리기 어렵다. 바울의 용례에서 "의"('디카이오쉬네')는 전가된 의의 상태, 즉 칭의를 가리킬 수 있지만(롬 4:3, 5-6), 에베소서 4장의 맥락 속에서는 삶과 행실에서의 실제적인 의를 가리킬 가능성이 높다(참고, 엡 5:9). 그렇다면 "의"는 왕에게 적용할 수도 있고(히 7:2), 제사장에게 적용할 수도 있다(시 106:30-31[105:30-31 70인역]). "거룩함"('호시오테스')은 "거룩하게 된" 또는 "하나님을 위해 구별된"을 의미하는 어근('하기오스')에서 유래한 단어는 아니지만, 하나님에 대한 거룩하거나 경건한 섬김을 가리키는 단어다(눅 1:75; 참고, 딤전 2:8). 이 단어의 형용사적인 형태('호시오스')는 다윗의 자손으로서 왕이신 그리스도에 대해서도 사용되고(행 2:27; 13:35, 이 본문들은 시 16:10을 인용하고 있다), 대제사장이신 그리스도에 대해서도 사용된다(히 7:26).

하나님의 형상에 대한 개혁파의 통합적 신학

우리가 성경의 이런 가르침들을 통합하여 하나님의 형상에 대한 충실한 교리를 만들어 내려면 어떻게 해야 하는가? 우리는 하나님의 형상을 인간의 정신적인 능력, 도덕적 특질, 통치권, 관계 중 어느 하나로 규정하는 것은 성경이 하나님의 형상에 대해 말하는 것을 적절하게 설명해 주지 못함을 이미 확인한바 있다.[5] 따라서 최고의 접근방법은 개혁파 전통에 반영되어 있는 통합적인 방식이라 믿는다.

통합적인 하나님의 형상에 대한 개혁파의 고전적 가르침

존 칼빈은 하나님의 형상은 한 사람 전체를 포괄한다고 가르쳤다. 그는 하나님의 형상은 "인간의 본성을 온갖 종류의 생물보다 높이 우뚝 솟아 있게 해 주는 탁월성 전체"를 요약한 말이라고 보았다.[6] 하나님의 형상의 핵심은 참되고 의로운 마음과 지성의 조명에 있다. 바울이 하나님이 그리스도의 중생과 성화의 은혜를 통해 하나님의 형상을 새롭게 하셨다고 쓴 것이 그것을 보여 준다(엡 4:24; 골 3:10).[7] 하나님의 형상의 영광은 지성 또는 영혼에 있고, 거기에서 밖을 향해 몸으로 그 빛을 발산한다. 칼빈은 이렇게 썼다. "하나님의 형상의 일차적인 자리는 지성과 마음, 또는 영혼과 그 능력들에 있지만, 심지어 몸을 포함하여 인간에게서 하나님의 형상의 불꽃이 빛을 발하지 않는 부분은 하나도 없다."[8]

앞에서 언급했듯 마르틴 루터는 타락으로 말미암아 인간에게서는 하나님의 형상이 말살되었다고 말했다. 칼빈도 종종 그런 식으로 말했다. 왜냐하면 그는 영적인 지식, 의, 거룩함이 하나님의 형상에서 중심적인 것들로 보았기 때문이다.[9] 하지만 칼빈은 이렇게 말하기도 했다. 우

---

5) 이 책 9장을 보라.
6) Calvin, *Institutes*, 1.15.3.
7) Calvin, *Institutes*, 1.15.4.
8) Calvin, *Institutes*, 1.15.3.
9) Calvin, *Commentaries*, 창 3:1 – 3; 고후 3:18; 엡 4:24; 참고, Hoekema, *Created in God's Image*, 43.

리에게 있는 하나님의 형상은 심하게 "불구가 되었으므로, 사실 파괴 되었다고 말할 수 있지만", 그럼에도 타락한 인간에게도 그 흔적은 희미하게 남아 있다.[10] 따라서 아담의 타락으로 말미암아 "하나님의 형상은 완전히 없어지고 파괴된 것은 아니지만", 타락한 인간에게 남아 있는 하나님의 형상은 기형적이고 부패하며 혼란스럽고 불구가 되어 있다. 하나님은 사람이 영적으로 거듭날 때 이런 하나님의 형상을 새롭게 하는 일을 시작하시지만, 그런 새로워짐은 현세에서는 오직 부분적으로만 이루어질 뿐이므로, "하나님의 형상은 장차 하늘에 가서야 자신의 광채를 온전히 발하게 된다."[11]

하나님의 형상에 대한 칼빈의 통합적 견해는 개혁파 정통 신학의 주류로 이어졌다. 우리는 안토니우스 티시우스(1565-1640년), 요한네스 볼레비우스, 제임스 어셔(1581-1656년), 매튜 풀(1624-1679년), 존 하우(1630-1705년), 스티븐 차녹, 프란키스쿠스 투레티누스의 저작에서 하나님의 형상은 인간의 본성 전체, 인간의 도덕적 의, 피조물에 대한 인간의 통치권에 있다는 단언을 발견한다.[12]

이 통합적 접근방법은 오늘날의 개혁파 신학에서도 지속된다. 그래서 19세기에 찰스 하지와 아치볼드 알렉산더 하지(1823-1886년)는 하나님의 형상을 인간의 이성적 본성, 도덕적 완전성, 피조물에 대한 통치로 정의하고,[13] 20세기에서는 루이스 벌코프가 그렇게 가르쳤다.[14] 케르스텐(1882-1948년)과 로버트 레이먼드는 인간의 본성과 의를 하나님의 형상에 포함시켰지만, 피조물에 대한 통치는 하나님의 형상 자체가 아

---

10) Calvin, *Commentaries*, 창 1:26.
11) Calvin, *Institutes*, 1.15.4.
12) Polyander, Walaeus, Thysius, and Rivetus, *Synopsis Purioris Theologiae*, 13.36 – 37, 41 (1:329, 331); Wollebius, *Compendium*, 1.5.(2).ii (56); James Ussher, *A Body of Divinity: Being the Sum and Substance of the Christian Religion*, ed. Michael Nevarr (Birmingham, AL: Solid Ground, 2007), 5th head (92 – 93); Matthew Poole, *Annotations upon the Holy Bible*, 3 vols. (New York: Robert Carter and Brothers, 1853), 1:4; John Howe, *The Works of the Rev. John Howe* (London: Henry G. Bohn, 1846), 74, 133; Charnock, *The Existence and Attributes of God*, in *Works*, 2:205; Turretin, *Institutes*, 5.10.5 – 6 (1:465 – 466).
13) Hodge, *Systematic Theology*, 2:96 – 99, 102; A. A. Hodge, *Outlines of Theology* (1879; repr., Grand Rapids, MI: Zondervan, 1973), 300.
14) Berkhof, *Systematic Theology*, 204 – 205, 207.

니라 그 결과로 보았다.[15] 하지만 그런 견해조차도 투레티누스가 말했듯 하나님의 형상은 "우선적으로는 본성(영혼의 영적인 성격과 불멸성)에 있고, 형태적으로는 올바름 또는 원의에 있으며, 결과적으로는 전인적인 통치와 불멸성에" 있다고 본 개혁파 정통 신학의 고전적인 통합적 견해의 일종이다.[16]

윌리엄 에임스: 하나님의 형상에 대한 조직신학적 성찰의 본보기

우리는 윌리엄 에임스의 조직신학에서 하나님의 형상에 대한 개혁파 교리의 아름다운 균형과 포괄성을 본다. 에임스는 하나님의 형상이 "하나님의 뜻과 합치하는 몸의 "아름다움과 유용성", "지혜, 거룩함, 의"의 은사들을 포함해 "이해력과 의지 같은……영혼의 기능들", "다른 피조물들을 하나님의 영광과 인간 자신의 필요를 위해 자유롭게 사용할 수 있게 해 주는 피조물에 대한 통치권"[17] 같은 것들로 이루어져 있다고 썼다. 하나님이 인간을 낙원이라는 "궁"에 두신 것도 인간에게 주어진 하나님의 형상에 따른 "인간의 완전함"에 기여했다.[18]

에임스는 계속해서 타락으로 말미암아 "영적인 죽음"이 도래했고, 이 죽음은 "하나님의 형상의 훼손"으로 시작되었다고 말했다.[19] 하지만 하나님은 타락의 결과를 완화하셔서, "하나님의 형상의 잔재"가 "이해력과 의지에" 남아 있게 하셨다.[20] 이것들은 "인간의 본성 자체"임이 분명하므로, 이것들이 파괴되고 없어지면 인간은 인간이 아니게 된다. 이해력에 남아 있는 하나님의 형상의 잔재는 하나님에 대한 모종의 이론적 지식으로 이루어져 있다(롬 1:20). 양심은 비록 더럽혀져 있긴 하지만, 여전히 인간으로 하여금 의로운 행위와 불의한 행위를 구별할 수

---

15) G. H. Kersten, *Reformed Dogmatics: A Systematic Treatment of Reformed Doctrine*, 2 vols. (Grand Rapids, MI: Netherlands Reformed Book and Publishing Committee, 1980), 1:176; Reymond, *A New Systematic Theology of the Christian Faith*, 428-429.

16) Turretin, *Institutes*, 5.10.6 (1:466).

17) Ames, *The Marrow of Theology*, 1.8.71-74 (106).

18) Ames, *The Marrow of Theology*, 1.8.77-78 (106).

19) Ames, *The Marrow of Theology*, 1.12.35 (119).

20) Ames, *The Marrow of Theology*, 1.14.22 (123).

있게 해 주는 능력을 유지하고 있다(2:15). 에임스에 따르면, "의지와 관련해서는 하나님의 형상의 잔재는 희미하게 아는 선을 향해 끌리는 어떤 경향성으로 나타나는데", 이 경향성은 죽은 것이어서 영적인 선을 낳을 수 없지만, 여전히 인간으로 하여금 "미덕의 그림자들"(참고. 딤후 3:5)을 인정하게 만들고, 인간이 "많은 중대한 죄들"(참고. 고전 5:1)을 저지르는 것을 억제한다.[21] 하나님을 향한 그리스도인의 사랑이 그를 움직여 사람들을 사랑하게 만드는 것도 "사람들은 어떤 측면에서 하나님의 형상에 참여하는 자들이기 때문이다."[22]

그리스도와 관련해서는 에임스는 그리스도는 "드러난 하나님의 형상", 성부 하나님의 말씀이자 지혜라고 말한다.[23] 그리스도는 유일하게 "완전한" 또는 완벽한 하나님의 형상이다. 왜냐하면 타락 이전에도 인간은 단지 "자신의 분량만큼만" 하나님의 형상이었기 때문이다. 즉, 하나님은 인간에게 온전한 하나님의 형상이 될 수 있는 능력을 수여하지 않으셨다.[24] 우리가 양자 됨을 통해 하나님의 아들이 되는 것은 오직 성자로 말미암아 가능하다. "성자만이 하나 되게 하는 끈이고", 이 끈을 통해 우리는 성자와 하나가 되어 하나님의 유업과 새로워진 하나님의 형상에 참여하게 되기 때문이다(롬 8:17, 29).[25]

'죄의 죽음'과 '의의 살아남'은 그리스도 안에서 일어나는데, 이것은 "인간 안에서 하나님의 형상 또는 생명의 회복이다(골 3:10; 엡 4:24)."[26] 하나님의 형상은 하나님을 향한 내적인 감정("신학적 미덕")과 의롭고 윤리적인 행실("도덕적 미덕") 둘 모두를 포함한다.[27] 또한 하나님의 형상에 대한 에임스의 견해는 역동적이고 관계적이었다. 인간의 삶의 최고의 목적은 "하나님을 향해 사는 것", 즉 "하나님이 그들 안에서 역사하심을 따라 하나님의 영광을 위해 하나님의 뜻에 따라" 살아가는 것

---

21) Ames, *The Marrow of Theology*, 1.14.23 – 29 (123 – 124).

22) Ames, *The Marrow of Theology*, 2.16.8 (301).

23) Ames, *The Marrow of Theology*, 1.5.16 (89)

24) Ames, *The Marrow of Theology*, 1.8.68 – 69 (105 – 106).

25) Ames, *The Marrow of Theology*, 1.28.11 (165).

26) Ames, *The Marrow of Theology*, 1.29.24 (170).

27) Ames, *The Marrow of Theology*, 2.2.17 (226).

이다.[28] 세상 끝에 "하나님의 형상은 모든 거룩하게 된 자들에게서 완전하게 될 것이다(엡 5:27)."[29] 에임스의 신학은 하나님의 형상에 대한 성경의 가르침의 풍부함과 균형을 반영한 것이다.

하나님의 형상에 대한 통합적 견해의 통일성

하나님의 형상에 대한 통합적 관점과 관련해 제기되는 중요한 질문은 하나님의 형상의 여러 측면이 하나로 통합되어 있느냐 하는 것이다. 우리가 하나님의 형상을 의로운 삶의 역동적 수행에서 찾는 견해를 고찰할 때 보았던 것처럼, 베르카우어는 바로 이 점을 문제삼아 개혁파 전통에 도전했다.[30] 이런 문제제기는 정당한 것이다. 그러나 인간이 하나님의 형상을 지니고 있긴 하지만, 우리는 하나님에 대해서는 말할 것도 없고 인간의 본성조차도 온전히 알지 못하므로, 이 질문에 겸손하게 접근해야 한다.

이 질문에 대한 대답 중 일부는 활동과 본성은 서로 분리될 수 없는 관계를 맺고 있다는 데 있다. 이 고찰은 우리를 다시 하나님의 활동에 대한 설명으로 가득한 창세기 1장 본문으로 데려다 준다. 하나님은 피조세계를 창조하셨고, 양육하셨으며, 말씀하셨고, 보셨으며, 형성하셨고, 나누셨고, 이름 붙이셨으며, 숙고하셨고, 복 주셨다. 하나님이 하신 일들은 하나님의 신적 본성을 계시해 준다(시 19:1; 104:24; 롬 1:20). 하나님의 능력의 행위들은 하나님이 "본질상 하나님이 아닌 자들"(갈 4:8)과 다르다는 것을 보여 주고, 하나님이 의, 정의, 신실한 사랑, 즐거움, 능력, 지혜의 주라는 것을 분명하게 드러내 준다(렘 9:24; 10:10-12). 이 특징들은 단지 하나님의 활동들인 것이 아니라, 하나님의 인격적 속성들이다.

따라서 우리는 하나님이 자신의 형상대로 인간을 지으셨다는 창세기 1장의 말씀 속에서 인간이 본성과 활동 둘 모두에서 하나님을 반영하

---

28) Ames, *The Marrow of Theology*, 1.1.5 – 6 (77).
29) Ames, *The Marrow of Theology*, 1.41.5 (214).
30) 이 책 9장을 보라.

고 있을 것임을 예상하게 된다. 피조물이 활동하려면 어떤 능력이 전제되어야 하기 때문이다. 앤서니 후크마는 "구성 없이는 기능도 있을 수 없다"고 지적하면서, 독수리를 예로 들어 독수리가 날 수 있는 것은 날개가 있기 때문이라고 말했다. 그는 이렇게 결론을 내렸다. "마찬가지로 인간도 특정한 기능을 수행하도록 창조되었다. 즉 하나님을 예배하는 것, 이웃을 사랑하는 것, 자연을 다스리는 것 등이다. 하지만 하나님이 인간에게 그렇게 할 수 있는 구성적인 능력을 수여하지 않으셨다면, 인간은 그런 기능들을 수행할 수 없다. 따라서 우리가 하나님의 형상으로서의 인간을 생각할 때, 구성과 기능이 둘 다 관련된다."[31] 그 구성의 일부는 이성적 인격일 것임에 틀림없다. 또한 고유한 기능을 수행하지 못하는 본성적인 능력은 아무리 좋게 보아도 병든 것이고, 기능이 완전히 결여되어 있는 것은 죽었음을 분명하게 보여 주는 표지다. 지혜와 선함이 제거된 이성적 인격도 계속 활동할 수는 있겠지만, 그런 인격의 활동은 생명의 활동이 아니라 영적인 죽음의 활동이다. 따라서 구성과 기능은 서로 결합되어 있다.

하나님의 형상을 왕적 통치라는 관점에서 고찰하면, 구성과 기능의 통일성과 필요성은 분명하게 드러난다. 티시우스는 이렇게 썼다. "인간이 통치권을 행사하려면 이성적으로 추론하는 영혼의 은사를 수여받아야 한다. 또한 공정하고 평화롭게 통치권을 행사하려면 지혜롭고 거룩하며 정의로워야 한다. 그리고 통치권을 실제로 행사하려면 바른 영혼에 걸맞은 행위를 행할 수 있게 해 주는 잘 준비된 몸이 있어야 한다. 끝으로 그 통치권이 영속적인 것이 되려면 인간은 불멸해야 한다."[32]

하나님의 형상의 통일성을 알아보기 위한 또 다른 방법은 하나님의 형상이라는 개념을 하나님의 영광이 가시적으로 거하는 성전과 비교해 보는 것이다. 창세기가 시사해 주듯[33] 하나님의 형상이 성전과 같다면, 우리는 하나님의 형상은 하나님의 거룩한 영광이 가장 안쪽에 거하

---

31) Hoekema, *Created in God's Image*, 69.
32) Polyander, Walaeus, Thysius, and Rivetus, *Synopsis Purioris Theologiae*, 13.41 (1:331).
33) 이 책 8장을 보라.

는 가운데 제사장이 거룩한 섬김을 행할 때 밖으로 그 빛을 발산하는 구조물(출 40장; 레 9장)과 같다고 생각해 볼 수 있다.[34] 제사장들이 우상 숭배에 빠져, 하나님의 영광이 성전을 떠나고, 하나님의 성전은 심판으로 박살이 난다 해도, 성전의 잔해는 여전히 남아, 복원되고 정결하게 되고 다시 봉헌되어 영광으로 다시 충만하게 될 때를 기다린다. 그것은 이제 더 이상 성전의 기능을 하지 못하지만, 여전히 "주의 성전"(시 79:1)이다. 마찬가지로 인간의 존재와 기능의 모든 부분은 이 땅에서 하나님의 임재를 나타내도록 함께 짜여 있었고, 타락으로 우리가 망가진 후에도, 우리는 여전히 하나님의 형상이다.

따라서 하나님의 형상에 대한 통합적 견해는 이 주제에 대한 성경의 가르침을 신학적으로 가장 잘 표현한 것이라고 우리는 결론을 내린다. 헤르만 바빙크는 성경과 개혁파 신앙고백 전통을 숙고하고 나서, "인간은 하나님의 형상을 지니고 있거나 갖고 있는 것이 아니라……인간 자체가 하나님의 형상이다"라고 말한 후, "하나님의 형상은 한 사람 전체에 전인적으로……영혼과 몸, 인간의 모든 기능과 능력, 모든 상태와 관계에 미친다"는 말을 덧붙였다.[35] 인간 실존의 모든 측면에 하나님의 형상이 존재한다는 사실에 비추어 보았을 때, 우리는 우리가 하는 모든 것 속에서 하나님을 영화롭게 하려 해야 한다(고전 10:31). 게할더스 보스는 "삶에는 하나님과의 관계 밖에 있어서 신앙이 지도 원리가 아닌 영역은 없다"고 말했다.[36]

인간이 하나님의 형상이라는 가르침이 지닌 실천적 함의

삶은 부조리하고 무의미한 것이 아니다. 인간은 쓸모가 있을 때는 사용하다가 더 이상 쓸모가 없어지면 버려도 되는 물건이 아니다. 인간은

---

34) 하나님의 형상을 안쪽에서 발산되는 빛으로 묘사한 것에 대해서는 Turretin, *Institutes*, 5.10.6 (1:466)을 보라.

35) Bavinck, *Reformed Dogmatics*, 2:554-555. 그는 다음과 같은 것을 포함시켰다. (1) 인간의 영혼, (2) 영혼의 기능들, (3) 지식, 의, 거룩함, (4) 인간의 몸, (5) 인간의 행복(555-561).

36) Vos, *Reformed Dogmatics*, 2:13.

진화 과정의 사슬 속에서 하나의 연결 고리로서 더 진화된 피조물에 의해 대체되게 되어 있는 운명을 지닌 존재가 아니다. 하나님은 인간을 자신의 형상을 따라 창조하셨다. 따라서 인류는 이 땅에서 행해진 하나님의 창조의 정점이다. 인간에게는 목적이 있고, 그 목적은 인간을 창조하신 하나님과 분리될 수 없게 얽혀 있다.

인간이 하나님의 형상을 따라 창조되었다는 가르침이 지닌 함의를 열거하려면 여러 권의 책이 필요하겠지만, 그런 신학적 연구를 생략할 수는 없으므로, 그중 몇 가지 함의만을 간단하게 살펴보겠다.

1. 신성함. 모태에 있을 때부터 나이 들어 노쇠해졌을 때까지 인간의 모든 삶 위에는 이 영광스러운 깃발이 펄럭인다. "다른 사람의 피를 흘리면 그 사람의 피도 흘릴 것이니 이는 하나님이 자기 형상대로 사람을 지으셨음이니라"(창 9:6). 인간은 신성한 존재이므로, 정당한 이유 없이 인간의 생명을 빼앗는 것은 하나님의 영광을 공격하는 것이다. 인간은 동물이 아니다. 그리스도는 제자들에게 하늘에 계신 그들의 아버지는 동식물도 돌보시지만, 인간을 훨씬 더 귀하게 여기신다고 가르치셨다(마 6:26; 10:29-31; 12:12). 따라서 우리도 인간의 생명을 소중히 여겨야 한다. 우리는 살인, 낙태, 불의한 전쟁, 폭력적 억압, 안락사를 비롯해 인간의 생명을 빼앗는 모든 잘못된 범죄에 연루된 사람들을 회개와 죄 사함으로 이끌기 위해 애써야 한다.

2. 영적인 존재. 하나님은 영이시다(요 4:24). 인간은 하나님의 형상으로 창조되었으므로 하나님을 닮아 초월적인 영광을 예배하고 구하는 영적인 존재로 지음 받았다. 인간의 삶에는 물질과 에너지의 상호 작용으로 축소할 수 없는 영적이고 신앙적인 측면이 있다. 하나님의 형상인 우리는 하나님을 영화롭게 하지 않으면 우상숭배를 하게 되어 있다. 모든 각각의 인간은 신앙적인 존재이므로, 참 하나님을 섬기거나, 하나님을 거슬러 반역하고 피조물을 섬기게 될 수밖에 없다(롬 1:20-23). 여호와를 섬기든 거짓 신을 섬기든 어떤 의미에서 우리는 모두 제사장이다.

3. 이성적 존재. 인간은 창세기 1장의 하나님처럼 생각하는 인격적 존재다. 인간은 능력, 지혜, 선하심으로 행하시는 분의 형상대로 창조되

었으므로, 하나님 앞에서 생각하고, 추론하고, 선택하고, 말하고, 행하는 정신적인 기능을 갖고 있다. 하나님이 창조 사역에서 특정한 목표를 위해 질서정연한 계획을 따라 행하셨던 것처럼, 인간도 단순한 본능이 아니라 합리적인 목표에 도달하기 위한 동기와 수단을 사용해 행한다. 따라서 사람들이 지금 타락한 상태에 있다 해도, 우리는 어리석은 수단과 잘못된 목표를 드러내고, 바른 근거와 동기를 제시하여 더 나은 목표를 받아들이게 하는 방식으로 사람들에게 말해야 한다. 우리는 사람들을 생각하는 존재로 대해야 한다.

4. **존엄성.** 인간의 악함에도 불구하고, 하나님의 형상은 어떤 의미에서는 타락한 인간에게도 여전히 남아 있다. 따라서 우리는 사람들을 멸시와 저주로 대해서는 안 된다(약 3:17). 베드로는 "뭇 사람을 공경하며 형제를 사랑하며 하나님을 두려워하며 왕을 존대하라"(벧전 2:17)고 우리에게 명령한다. 베드로는 지혜롭게도 "뭇 사람"과 "왕"에 대한 우리의 의무과 관련해 "공경하라"('티마오')는 같은 단어를 사용함으로써, 가장 가난한 소작농을 포함한 모든 사람은 공경받아야 할 기본적인 권리를 똑같이 갖고 있음을 우리에게 일깨워 준다. 모든 사람은 하나님의 형상을 지니고 있다. 잠언 14장 31절에서는 "가난한 사람을 학대하는 자는 그를 지으신 이를 멸시하는 자요 궁핍한 사람을 불쌍히 여기는 자는 주를 공경하는 자니라"고 말한다. "사람의 몸과 영혼"(계 18:13 KJV 난외주. 개역개정에는 "종들과 사람의 영혼들")이 거래 품목에 포함된 것이 멸망의 성 바벨론의 특징이다. 사람은 우리가 사용하는 물건이 아니라, 우리가 공경하는 하나님의 형상이다.

5. **통합된 존재.** 우리가 말하는 통합된 존재라는 것은 인간이 도덕적으로 흠이 없는 존재라는 것을 가리키는 것이 아니라, 인간 본성이 하나로 통합되어 있음을 가리킨다. 우리는 인간의 여러 부분에 대해 말할 수도 있고, 하나님의 형상에 속한 측면들을 하나님의 형상에 속하지 않은 측면들로부터 구별할 수도 있지만, 하나님이 인간을 전인적으로 자신의 형상을 따라 창조하셨음을 기억해야 한다. 이 세상은 우리의 몸과 도덕, 우리의 지적 삶과 믿음, 우리의 감정과 순종을 분리하려 애쓴다.

그 결과는 파편화다. 우리는 신체적인 삶, 정신적인 삶, 도덕적인 삶, 직업의 삶, 관계적인 삶이 모두 어우러진 총체적인 삶 속에서 사람들을 이해하고 도우려 해야 한다. 무엇보다도 우리는 사람들에게 그들의 삶의 모든 측면을 하나님을 영화롭게 하는 데 사용하도록 가르쳐야 한다.

6. 평등성. 하나님의 형상으로서의 존엄은 우리의 첫 부모에게 속해 있었으므로(창 1:27), 남녀 모두, 모든 민족과 인종, 사회 안의 모든 계층에 속한다. "모든 사람은 평등하게 창조되었고", "창조주에게서 몇몇 양도할 수 없는 권리를 수여받았다"는 말은 단지 정치적인 선언이 아니라, 성경의 토양 속에 깊이 뿌리박은 진리다.[37] 인종 차별(racism, 오직 하나의 인류가 존재한다는 점에서 이 명칭은 잘못된 것이다), 성 차별, 계급 차별을 비롯한 온갖 형태의 편견은 만물의 조물주이신 살아 계신 하나님의 명예를 모독하는 것이다(욥 31:13-15). 우리는 편협성과 압제에 대항해야 하고, 압제받는 자들이 모든 사람은 근본적으로 평등하다는 것을 알 수 있게 도와야 한다.

7. 박애. 하나님의 형상은 모든 사람에게 선을 행해야 한다는 강력한 동기를 제공해 준다. 칼빈은 이렇게 말했다. "하나님은 모든 사람에게 예외 없이 '선을 행하라'[히 13:16]고 명령하신다. 하지만 상당수의 사람은 쓸모만을 놓고 보았을 때는 지극히 무가치하다. 그러나 이 점과 관련해 어떤 사람이 쓸모 있느냐 없느냐를 보지 말고 모든 사람에게서 하나님의 형상을 보고 모든 사람을 공경하고 사랑할 의무가 있다고 가르치는 성경은 가장 큰 도움이 된다."[38] 이것은 아주 오만한 상사, 패역한 자녀, 악한 이웃에게도 적용되고, 우리가 그들을 사랑하는 것은 그들을 자신의 형상을 따라 지으신 하나님을 사랑하는 것이다.

8. 권세. 농업과 산업에 종사할 권리는 하나님의 형상을 지닌 자들에게 주어진 이 세계에 대한 통치권에서 직접적으로 생겨난다. 인간이 통제된 환경에서 동물을 키우고 돌보며, 인간을 위해 일하게 하고, 음식

---

37) 미국독립선언서 전문, https://www.archives.gov/founding-docs/declaration-transcript. 미국 건국 시조 중 일부는 이신론자였지만, 그 밖의 다른 사람들은 그리스도인이었으므로, 그들은 모두 영국 문화를 형성한 기독교적인 유산을 일정 정도 공유하고 있었다.

38) Calvin, *Institutes*, 3.7.6.

과 의료를 위해, 그리고 그 밖의 다른 것을 얻기 위해 동물을 죽이는 것은 인간과 똑같은 생명을 지닌 존재를 죽이는 죄를 범하는 것이 아니다. 그것은 하나님이 인간에게 자신의 땅을 다스리라고 주신 권세를 행사하는 것이다(창 1:26, 28). 또한 한 사람이 다른 사람에 대해 합당한 권세를 행사하는 것은 독재가 아니라, 하나님의 형상을 지닌 자의 직임이다. 우리에게는 모든 사람을 공경해야 할 의무가 있지만, 특히 권세가 주어진 사람을 공경하고 순종할 의무가 있다(롬 13:1-7). 권세가 주어진 사람이 요구하는 공경이 하나님을 대체하는 것이거나(단 3:18, 28), 그 사람의 명령이 하나님의 말씀과 상충하는(행 5:29) 경우는 예외다.

9. **청지기로서의 지위.** 하나님의 형상은 하나님이 아니다. 인간은 하나님의 종이자 하나님이 세우신 왕으로서 통치하는 것이므로, 하나님의 소유인 피조물을 관리하는 왕적인 청지기다. 인간의 소명은 이 땅을 파괴하는 자가 되는 것이 아니라(계 11:19), 여호와 하나님을 대표하여 "모든 것을 선대하며 그 지으신 모든 것에 긍휼을 베푸는" 자가 되는 것이다(시 145:9). 소는 인간을 위해 일해야 하지만, 자신이 일한 것의 열매도 누려야 한다(신 25:4; 고전 9:9; 딤전 5:18). 따라서 "의인은 자기의 가축의 생명을 돌본다"(잠 12:10). 하나님은 이스라엘 백성에게 그들의 원수의 가축도 불쌍히 여기라고 명령하셨다(출 23:4-5). 왜냐하면 자비로우신 하나님은 인간의 죄에 대한 하나님의 심판 때문에 고통을 겪는 가축조차도 불쌍히 여기시기 때문이다(욘 4:11). 따라서 우리는 동물을 우상화하거나 사람처럼 대하지는 않지만, 동물에 대해 지혜로운 청지기로서의 의무를 다해야 한다. 마찬가지로 우리는 자연 환경에 대해서도 청지기로서의 의무를 다하여, 자연을 오염시키거나 불필요하게 훼손하는 것을 피해야 한다. 모든 것을 황폐화하는 전시에도 하나님은 우리에게 불필요하게 나무를 베어 죽이지 말라고 명령하시는데, 이 말씀 속에는 그 밖의 살아 있는 것들도 죽이지 말라는 명령이 함축되어 있다(신 20:19-20). 인간은 하나님의 종이고, 주인은 나중에 종에게 자신이 맡긴 일에 대해 결산하자고 하실 것이다(마 25:19).

10. **도덕성.** 하나님의 형상의 핵심에는 지식, 의, 거룩함이 있다(엡

4:24; 골 3:10). 이 특질들은 인간의 타락으로 파괴되었지만, 인류는 여전히 도덕적 행위 주체다. 하나님의 종이자 하나님이 세우신 왕으로서 우리는 하나님의 영광을 위해 하나님의 뜻을 따라 이 세계를 다스리거나, 우리의 주이자 주인이신 하나님을 거슬러 반역하여 이 세계를 다스리게 된다(시 2:1-3). 인간의 양심은 모든 사람의 내면에서 우리는 하나님이 우리를 지켜보시는 것과 하나님 앞에서의 책임을 피할 수 없다고 증언한다(롬 2:14-15). 절대적인 도덕 기준을 부정하고, 도덕과는 무관하게 삶에 대한 공리주의적인 접근방식으로 대체하려는 인본주의적 시도는 하나님의 존재를 무시하는 것일 뿐 아니라, 인간 자신의 양심의 증언도 무시하는 것이다. 정치, 의술, 사업, 가정 등 인간이 추구하는 모든 영역에서 도덕 원칙은 중요하다. 인간은 도덕성을 피할 수 없으므로, 인간의 유일한 희망은 도덕적인 하나님의 형상을 그리스도의 영으로 말미암아 새롭게 하는 데 있다.

11. **극악무도함.** 하나님의 형상을 따라 지음 받은 존재로서 인간이 지닌 큰 가치는 인간의 악이 이루 말할 수 없이 극악무도한 것일 수밖에 없는 이유를 설명해 준다. 호랑이나 상어가 자신의 먹잇감을 야만적으로 잡아먹는 것을 보았을 때, 우리는 이 생물들이 원래는 폭력성을 지닌 피조물이 아니었음을 생각하고 서글퍼할 수는 있지만, 역겨워하거나 분노하지는 않는다. 하지만 사람이 사람을 짐승처럼 다루는 것을 보았을 때는 우리는 속으로 "이것이 마땅하지 아니하니라"(약 3:10)고 말한다. 사람이 자기 자신을 우상숭배나 음행이나 탐욕에 내주는 것은 가증스러운 일이다. 화장실이 더러운 것은 분노할 일이 아니지만, 성전이 더러운 것은 신성모독이다. 인간의 부패와 악행이 역겨운 이유는 인간은 하나님의 초상화로 창조되었고, 자신의 죄로 그 거룩한 형상을 박살 내고 더럽혔기 때문이다.

12. **인간의 운명.** 하나님의 형상으로 창조된 인간은 하나님의 영광을 위해 존재한다. 이것이 지닌 의미는 여러 가지지만, 앞에서 우리는 그 전체를 관통하는 하나의 황금 실은 '아들로서의 지위'라는 개념임을 살펴본바 있다. 하나님은 우리로 하여금 하나님을 알고 하나님과 교제

하며 하나님께 순종하고 피조 된 아들로서 하나님을 공경하도록 우리를 지으셨다. 놀라운 겸양! 하나님은 최고의 소명을 위해 인간을 지으셨다. 우리로 하여금 아버지로서의 하나님의 은총을 잃게 만들고 우리를 하나님의 진노 아래 있게 한 타락은 얼마나 비극적인 일인가! 하나님의 독생자가 사람이 되신 것은 죄인들에게 이 고귀한 특권을 회복시켜 주시기 위한 것이었다. 이것은 놀라운 은혜다. 하지만 하나님이 우리를 우리 죄에서 구원하심으로써 자신을 영화롭게 하시든, 우리를 우리 죄로 말미암아 영원한 형벌에 처하심으로써 자신을 영화롭게 하시든, 결국 인류는 하나님을 영화롭게 할 것이다. 이것이 우리 인간의 피할 수 없는 운명이다.

타락한 인간인 우리는 하나님의 형상을 완벽하게 이해할 수 있는 위치에 있지 않다. 우리는 인간적이라는 것이 무엇을 의미하는지를 온전히 알지 못한다. 그러나 장래에는 알게 될 것이다. 하나님의 형상이 지닌 온전한 영광은 성육신하신 하나님의 형상이신 예수 그리스도가 재림하실 때 계시될 신비다. 요한은 "사랑하는 자들아 우리가 지금은 하나님의 자녀라 장래에 어떻게 될지는 아직 나타나지 아니하였으나 그가 나타나시면 우리가 그와 같을 줄을 아는 것은 그의 참모습 그대로 볼 것이기 때문이니"(요일 3:2)라고 말한다. 언젠가는 하나님의 형상이 예수 그리스도께 속한 자들에게 계시될 것이고(모든 꿈과 예상을 뛰어넘어), 우리는 그 형상에 참여하게 될 것이다.

묵상과 토론을 위한 질문

1. 저자들이 말하는 인간에게 주어진 하나님의 형상에 대한 "통합적" 견해는 무엇을 의미하는가?

2. 통합적 견해를 제시한 개혁파 신학자들은 누구인가?

3. 창조되고, 타락하고, 그리스도 안에서 중생한 인간에게 있는 하나님의 형상에 대한 윌리엄 에임스의 가르침은 어떤 것이었는가?

4. 하나님의 형상이 인류에 대해 지닌 다음 각각의 함의는 무엇을 의미하는지를 간단
하게 설명하라.

- 신성함
- 영적인 존재
- 이성적 존재
- 존엄성
- 통합된 존재
- 평등성
- 박해
- 권위
- 청지기로서의 지위
- 도덕성
- 극악무도함
- 인간의 운명

5. 위에 열거한 함의 중 당신이 지금 가장 기억해 두어야 할 필요성이 있는 것은 어떤
것이고, 그 이유는 무엇인가?

더 깊은 성찰을 위한 질문

6. 존 칼빈이 하나님의 형상은 인간의 타락으로 "말살되었다"고 말하면서도(창 3:1에
대한 주석에서), "완전히 없어진" 것은 아니고 "부패했을" 뿐이라고 말한(『기독교
강요』 1.15.4에서) 이유는 무엇인가? 칼빈의 말은 그 자체로 모순인가 아닌가? 그
이유는 무엇인가?

7. 하나님의 형상이 인간의 구성과 기능 둘 모두로 이루어져 있다면, 이 두 가지는 어
떻게 통합될 수 있는가?

8. 요한일서 3장 2절은 우리가 하나님의 형상에 대한 교리를 둘러싼 신비 가운데서
살아가는 것을 어떻게 돕는가? 이 성경 본문은 어떻게 그리스도인에게 소망을 주
는가?

11장

인간의 성별과 성

인간 본성에 대한 연구에서 성별과 성이라는 주제는 피할 수 없다.[1] 성, 결혼, 가족에 대한 기독교적인 견해에 토대를 제공해 주는 것은 창세기 처음 두 장이다. 첫 창조에 대한 하나님의 계시인 성경의 이 부분은 인류에 대한 하나님의 뜻을 이해하는 데 기준이 되는 본문이다.

오늘날 이 주제만큼 많은 논란이 되는 주제도 별로 없다. 성경의 가르침에서 벗어난 가장 뻔뻔스러운 주장은 '도덕은 상대적이고 바른 행실의 유일한 준칙은 사랑'이라고 단언하는 것이다. 그런 도덕 철학 아래서는 관련 당사자들이 서로 합의하기만 하면 사실상 모든 것이 받아들여질 수 있고 용납되어야 한다. 이것은 하나님의 도덕법 전체를 배척하고 감정적인 주관주의로 대체하는 것이다. 도덕적 상대주의로의 문화적 이행은 성별과 성에 대한 새로운 도덕의 등장과 뒤얽혀 있고, 이 새로운 도덕은 세 가지 논쟁으로 요약할 수 있다.

---

1) 이 장의 여러 부분은 Joel R. Beeke, *Friends and Lovers: Cultivating Companionship and Intimacy in Marriage* (Adelphi, MD: Cruciform Press, 2012); Joel R. Beeke and Paul M. Smalley, *One Man and One Woman: Marriage and Same-Sex Relations* (Grand Rapids, MI: Reformation Heritage Books, 2016)에서 가져와 사용했다.

성별과 성에 대한 오늘날의 논쟁

첫째, 페미니즘은 성별의 의미에 대한 성경의 관점과 그 관점 위에서 가족, 교회, 사회가 형성된 방식에 도전해 왔다. 오늘날의 페미니즘 운동은 찰스 그랜디슨 피니(1792-1875년) 같은 부흥 운동 설교자들이 그리스도인은 사회를 변혁할 수 있고 사회악을 이길 수 있다는 열렬한 신념을 주입시키던 때인 19세기에 생겨났다. 피니 자신도 여자가 자신의 집회에서 공적으로 기도하는 것을 권장했다. 엘리자베스 캐이디 스탠턴(1815-1902년) 같은 일부 초기 페미니즘 지도자는 성경에 대해 노골적으로 적대적이었다.[2] 초기 페미니즘은 투표하고, 정치 과정에 참여하며, 재산을 소유하고, 공정한 임금을 받으며, 고등교육을 받을 권리 같은 여성의 시민권을 위한 운동을 전개했다.[3] 이것들을 포함한 그 밖의 다른 요구들은 뉴욕주의 세네카 폴스에서 100명이 서명한 감성선언서(1848년)를 통해 발표되었다.[4] 1920년에 미합중국 수정 헌법 19조는 여성에게 투표권을 허용했고, 이후 수십 년 동안 페미니즘 논쟁은 잠잠해졌다.

하지만 1960년대에 들어와 새로운 물결의 페미니즘이 시몬 드 보부아르(1908-1986년), 베티 프리단(1921-2006년) 같은 여성의 저술을 통해 촉발되었다.[5] 실존주의 및 종종 마르크스 사상에 물든 이 새로운 페미니즘의 대표자들은 결혼 및 모성과 관련한 여성의 전통적인 역할을 본질적으로 억압적인 것으로 보고, 여성이 스스로 선택한 대로 자신의 여성

---

2) Andreas J. Köstenberger and Margaret E. Köstenberger, *God's Design for Man and Woman: A Biblical-Theological Survey* (Wheaton, IL: Crossway, 2014), 295–301.

3) Mary A. Kassian, *The Feminist Mistake: The Radical Impact of Feminism on Church and Culture* (Wheaton, IL: Crossway, 2005), 17–18.

4) "Report of the Woman's Rights Convention," National Park Service, Women's Rights National Historical Park, New York, https://www.nps.gov/wori/learn/historyculture/report-of-the-womans-rights-convention.htm. 또한 이 문서는 교회가 여자를 교회의 지도자로 세우는 것을 금지하는 것을 비판하고, 남자가 여러 형태의 음행을 행하는 것은 묵인하면서도 여자에 대해서는 가혹한 문화적 이중 잣대를 공격한다.

5) Simone de Beauvoir, *Le Deuxieme Sexe* (Paris: Gallimard, 1949), 영어로 출간된 *The Second Sex*, trans. Howard M. Parshley (London: Jonathan Cape, 1953); Betty Friedan, *The Feminine Mystique* (New York: Dell, 1964).

성을 표현할 절대적인 자유를 추구했다.[6]

여느 운동과 마찬가지로 페미니즘에도 다양성이 있다. 페미니즘의 한 형태가 복음주의 교회 속으로 들어와 복음적 평등주의로 알려진 운동이 생겨났고, 이 운동은 교회가 남자의 머리됨에 대한 성경 본문을 잘못 해석하거나 잘못 적용해 왔다고 주장했다. 그 밖의 다른 페미니스트들은 성경적이거나 전통적인 문화 개념에 따르지 않는 성별과 성에 대한 개념을 완전히 새롭게 재구축하려 했고, 이것은 두 번째 영역의 논쟁을 불러왔다.

둘째, 동성애 권리 운동이 1960년대 말에 시작되었다. 이 운동은 사회의 모든 구성원이 동성애적이거나 양성애적이거나 그 밖의 다른 성적 지향성과 실천을 선하고 건강한 것으로 받아들이고 긍정할 것을 정의의 문제로 요구했다. 그중 우리의 논의와 특히 연관이 있는 것은 이 운동이 교회에 미친 영향이다. 거의 2천 년 동안 교회는 한결같이 동성애적인 지향성과 성적 행위를 죄악 된 것으로 규정하고 반대해 왔다. 많은 개혁파적이고 복음적인 저술가는 여전히 동성애는 하나님의 법을 어기는 것이라고 가르친다. 우리가 우리 자신을 그리스도인으로 여긴다면, 동성애는 그리스도의 죄사함을 받아야 하는 죄이고, 동성애를 주도하는 세력은 분쇄되어야 한다.[7] 하지만 지난 수십 년 동안 일부

---

6) Kassian, *The Feminist Mistake*, 18-27.
7) 이것이 기독교회의 역사적 입장이다. 이 입장을 지지하는 최근의 책으로는 Sam Allberry, *Is God Anti-Gay? And Other Questions about Homosexuality, the Bible and Same-Sex Attraction* (Epsom, Surrey, UK: The Good Book Company, 2013); Michael L. Brown, *Can You Be Gay and Christian? Responding with Love and Truth to Questions about Homosexuality* (Lake Mary, FL: Charisma House, 2014); Rosaria Champagne Butterfield, *Openness Unhindered: Further Thoughts of an Unlikely Convert on Sexual Identity and Union with Christ* (Pittsburgh: Crown and Covenant, 2015); Mark Christopher, *Same-Sex Marriage: Is It Really the Same?* (Leominster, UK: Day One, 2009); Kevin DeYoung, *What Does the Bible Really Teach about Homosexuality?* (Wheaton, IL: Crossway, 2015); Robert A. J. Gagnon, *The Bible and Homosexual Practice: Texts and Hermeneutics* (Nashville: Abingdon, 2001); R. Albert Mohler Jr., *We Cannot Be Silent: Speaking Truth to a Culture Redefining Sex, Marriage, and the Very Meaning of Right and Wrong* (Nashville: Thomas Nelson, 2015); R. Albert Mohler Jr., ed., *God and the Gay Christian? A Response to Matthew Vines* (Louisville: SBTS Press, 2014); *Response to Matthew Vines*; Synod of the Reformed Presbyterian Church in North America (RPCNA), *The Gospel and Sexual Orientation*, ed. Michael Lefebvre (Pittsburgh: Crown and Covenant, 2012[http://sbts.me/ ebook에서 무료로 구할 수 있는 전자책으로서 앞으로는 *Response to Matthew Vines*로 인용

교단에서는 동성애적인 성애 활동을 하는 사람을 신자로 받아들여 환영했고 심지어 목회자로 세우기도 했다. 점점 더 많은 수의 사람과 교회가 동성애를 행하는 사람도 그리스도인일 수 있다고 말한다.[8]

셋째, 두 번째 논쟁과 구별되지만 서로 관련이 있는 문제는 태어날 때 결정된 생물학적인 성과 다른 성 정체성을 지닐 수 있다고 주장하는 성전환 논쟁이다. 성전환은 동성애와 똑같지 않고, 흔히 서로 구별되는 문제로 취급된다. 「타임」지 기자인 케이티 스타인메츠는 이렇게 썼다. "한 개인의 성 정체성과 성적 관심 간에는 구체적인 상관관계가 없다. 예컨대 이성애적인 여성은 남자로 살면서도 여전히 남자에게 끌릴 수 있다."[9] 어떤 사람들은 거기서 한참 더 나아가 성별에 대한 어떤 고정관념을 제거하고, 성 정체성의 무한한 다양성 또는 "옴니젠더"(omnigender)로 대체하려 한다.[10]

이 세 가지 서로 연결된 운동, 즉 페미니즘, 동성애, 성전환은 사회에 엄청난 영향을 미쳐 왔다. 신학자인 우리가 이 문제들과 관련된 모든 과학적, 정치적, 법적, 실천적 질문에 대답하는 것은 불가능하다. 하지만 성경은 남자, 여자, 인간의 성에 대한 근본적인 질문들에 답해 준다. 하나님 말씀은 우리가 순결하지 않은 세상 속에서 지혜롭고 경건한 삶을 살아가는 데 필요한 진리와 지침을 제공해 준다.

함]); James R. White and Jeffrey D. Niell, *The Same Sex Controversy* (Bloomington, MN: Bethany House, 2002); Donald J. Wold, *Out of Order: Homosexuality in the Bible and the Ancient Near East* (Grand Rapids, MI: Baker, 1998).

8) 그리스도인들 사이에서 동성애를 받아들여야 한다고 주장하는 책으로는 Tom Horner, *Jonathan Loved David: Homosexuality in Biblical Times* (Philadelphia: Westminster, 1978); David G. Myers and Letha Dawson Scanzoni, *What God Has Joined Together: A Christian Case for Gay Marriage* (New York: HarperCollins, 2005); Pim Pronk, *Against Nature? Types of Moral Argumentation regarding Homosexuality*, trans. John Vriend (Grand Rapids, MI: Eerdmans, 1993); Letha Dawson Scanzoni and Virginia Ramey Mollenkott, *Is the Homosexual My Neighbor? A Positive Christian Response*, rev. ed. (New York: HarperCollins, 1994); Dan O. Via and Robert A. J. Gagnon, *Homosexuality and the Bible: Two Views* (Minneapolis: Augsburg Fortress, 2003); Matthew Vines, *God and the Gay Christian: The Biblical Case in Support of Same-Sex Relationships* (Colorado Springs: Convergent Books, 2014) 등이 있다.

9) Mohler, *We Cannot Be Silent*, 68에서 재인용.

10) Virginia R. Mollenkott, *Omnigender: A Trans-Religious Approach* (Cleveland: Pilgrim Press, 2001). Mohler, *We Cannot Be Silent*, 72에 나오는 논의를 보라.

성별에 대한 성경의 기본적인 가르침

남자 또는 여자라는 것은 무엇을 의미하는가? 인간 본성과 관련된 모든 문제와 마찬가지로, 우리는 이 문제에 대한 성경의 가르침도 맨 처음에, 즉 창세기의 처음 두 장에서 시작되는 것을 발견한다.

성 정체성과 두 생물학적 성

하나님은 자신의 형상대로 사람을 창조하겠다고 선언하신 직후 사람을 서로 구별되는 두 가지 성으로 아담과 하와를 창조하셨다. 창세기 1장 27절은 "하나님이 자기 형상 곧 하나님의 형상대로 사람을 창조하시되 남자와 여자를 창조하시고"라고 말한다. 성별은 한 사람의 사고방식이나 사회적 구성물이 아니라, 하나님이 만물을 창조하실 때 확정해 놓으신 질서의 한 측면이다. "남자"와 "여자"로 번역되는 단어들은 인간만이 아니라 동물에 대해서도 사용되므로,[11] 성별은 물리적인 신체에 견고하게 뿌리내린 생물학적 구성 요소다. 이것은 각 사람의 성별은 남자냐 여자냐 하는 신체적인 성별과 일치함을 의미한다. 따라서 한 사람의 두뇌와 관련된 생물학적 요소, 또는 반대 성별에서 더 흔히 발견되는 어떤 개성적 성향을 이유로 그 사람에게 그의 생식기와 다른 성 정체성을 부여하는 것은 도움이 되지 않는다. 야곱과 에서는 개성과 관심사에서 아주 달랐지만, 둘 모두 똑같이 남자였다(창 25:27-28).[12]

한 사람의 신체에 통상적인 성적 기능에 필요한 능력이 결여되어 있는 경우도 있다. "어머니의 태로부터 된 고자"(마 19:12) 등이다. 어떤 사람은 해부학적으로나 유전학적으로 남성과 여성을 함께 지니고 태어나기도 한다(간성). 우리는 그런 사람도 존엄과 정의와 연민으로 대해야 하는 진정한 인간임을 인정한다. 하지만 그런 사람은 타락으로 말미암아 생겨난 희귀한 신체적 비정상이고, 대부분의 간성(intersex)은 남자나 여자로 규정된다. 간성은 성전환과 다르다.

---

11) 창 6:19; 7:3, 9, 16.
12) RPCNA, *Gospel and Sexual Orientation*, 23-28.

하나님은 서로 구별되는 두 가지 성별의 사람을 둘 다 "하나님의 형상대로"(창 1:27) 창조하셨다. 이것이 남자와 여자가 동등하게 존엄하다는 것의 근거이고, 남자와 여자의 삶을 해치거나 욕하는 것이 중대한 불의인 이유다(창 9:6; 약 3:9). 남자와 여자는 서로 다르지만, 하나의 인간 본성을 공유하고 똑같은 가치를 지닌다. 하나님은 남자와 여자 둘 모두에게서 자신의 영광스러운 속성을 계시하신다. 남자와 여자는 동등하게 하나님을 예배한다(참고. 갈 3:28). 남자와 여자는 땅을 정복하고 땅에 대해 권세를 행사하는 왕적인 사명을 공유한다(창 1:28). 남자와 여자 간의 성별 차이는 악이거나 결핍이 아니라, 하나님의 "지극히 선한" 첫 피조세계의 일부다(31절). 레이 오틀런드는 "인간은 하나님의 세계에서 왕으로 창조되었고, 남자와 여자는 똑같이 하나님의 영광을 동등하게 지니고 있다"고 쓴다.[13]

문화마다 성별을 표현하는 방식이 서로 다르긴 하지만, 성별 구분 자체는 남자와 여자 간의 생물학적 차이를 근거로 한다. 앨버트 몰러는 이렇게 말한다. "남자와 여자라는 양성으로 이루어진 성별 체계는 생물학적 실체를 근거로 한 것이고 사회적으로 구축된 것이 아니다……우리는 생물학적 성은 하나님이 각각의 개인과 각 개인이 속해 있는 인간 공동체에 주신 선물이라고 단언한다."[14]

성경적인 창조론은 성전환에 대한 인식을 바로잡아 준다. 성별은 우리가 선택하는 것이 아니라, 하나님이 정하신 우리의 인간 본성의 한 측면이다(창 1:27). 남자는 남자일 때 가장 선하고, 여자는 여자일 때 가장 선하다(31절). 사람은 남자와 여자의 차이를 제거하거나 성별 없는 사회를 건설하려 해서는 안 되고, 옷과 헤어스타일에서도 차이를 드러내는 서로 다른 성별을 지닌 동등한 존재로 살아가야 한다(신 22:5; 고전 11:14-16).

---

13) Raymond C. Ortlund Jr., "Male-Female Equality and Male Headship, Genesis 1-3," in *Recovering Biblical Manhood and Womanhood: A Response to Evangelical Feminism*, ed. John Piper and Wayne Grudem (Wheaton, IL: Crossway, 1991), 97.
14) Mohler, *We Cannot Be Silent*, 80.

권위 있는 지도자인 남자, 힘을 불어넣어 주는 조력자인 여자

서로 다르지만 동등한 두 성별 간의 이런 조합을 우리는 창세기 2장에서 발견한다. 이 기사는 상대적인 권위라는 관점에서 두 성별 간의 차이를 부각시킨다. 하나님은 남자를 먼저 창조하셨다(창 2:7). 사도 바울은 창조 순서는 지도자의 역할을 나타내는 것이라고 해석한다. "여자가 가르치는 것과 남자를 주관하는 것을 허락하지 아니하노니 오직 조용할지니라 이는 아담이 먼저 지음을 받고 하와가 그 후며"(딤전 2:12-13). 남자가 아직 혼자였을 때, 여호와 하나님은 그에게 살 곳과 해야 할 일을 주셨고, 선악과 관련된 계명도 주셨다(창 2:15-17). 이것은 남자가 하나님 말씀을 여자에게 가르치도록 부르심을 받았다는 것을 의미하고, 그 반대를 의미하지 않는다.

이 이야기는 하나님이 여자를 지으신 것에 대한 것으로 이어진다. 하나님이 자신의 피조세계의 여러 부분에 이름을 지어 주셨듯(1:5, 8, 10), 남자는 여호와 하나님이 자기에게 데려오신 각각의 동물에 이름을 지어 주었다(창 2:19). 그런 후에 바울이 "여자의 머리는 남자요……남자가 여자에게서 난 것이 아니요 여자가 남자에게서 났으며 또 남자가 여자를 위하여 지음을 받지 아니하고 여자가 남자를 위하여 지음을 받은 것이니"(고전 11:3, 8-9)라고 말한 방식으로 하나님은 여자를 지으셨다. 여호와 하나님이 여자를 남자에게 데려오셨을 때, 남자는 여자의 이름을 지어 주었는데, 이것도 남자가 자신의 아내에 대해 권위를 지니고 있음을 보여 준다(창 2:23; 참고, 3:20).[15] 성경을 보면 큰 왕이 작은 왕이나 신하에게 새 이름을 지어 줌으로써 그들에 대한 자신의 권위를 보인다.[16] 남자가 여자의 이름을 하와라 한 후 결혼에 대한 기사가 나오는 것은 새로운 유대를 형성하기 위해 부모를 떠나 아내와 한 몸이 되는 것에서 남자에게 주도권이 있음을 강조한다(2:24).

---

15) 이름을 지어 주는 것에 대해 말하는 모든 본문에서 "부르다"('카라')라는 같은 동사가 사용된다(창 1:5, 8, 10; 2:19-20, 23). 이 동사는 창세기의 이 두 장에서 다른 의미로는 사용되지 않는다. Wayne Grudem, *Evangelical Feminism and Biblical Truth: An Analysis of More than 100 Disputed Questions* (Sisters, OR: Multnomah, 2004), 31-33.

16) 창 41:45; 왕하 23:34; 24:17; 단 1:7.

인간의 타락에 대한 기사로 넘어가서도 우리는 계속 남자와 여자의 구별의 증거들을 본다. 뱀은 아담과 하와를 시험할 때 먼저 여자에게 말을 걸어 속이려 했고(창 3:1), 바울은 이것을 여자가 교회에서 남자를 가르치거나 남자에 대해 권위를 행사해서는 안 되는 또 하나의 근거로 해석한다(딤전 2:14). 바울의 평가는 여자의 지능에 대한 편견에서 생겨난 것이 아니라, 성 역할에 대한 이해에서 생겨났다. 왜냐하면 그는 자신의 친구 브리스길라같이 지혜롭고 가르치기를 잘하는 여자를 알고 있었기 때문이다.[17] 사탄은 여자에게 말을 걸어, 하나님이 정하신 성 역할을 뒤집으려 했다. 창세기 본문은 남자의 잘못을 변호해 주지 않지만, 남자의 잘못은 "여자가 그 열매를 따 먹고 자기와 함께 있는 남편에게도 주매 그도 먹은"(창 3:6) 것이라고 말한다. 이 기사에서 아담의 침묵은 그가 무슨 일을 한 것인지를 아주 큰 소리로 말해 준다. 그는 자기 아내를 이끌어 주고 뱀과 맞서야 했지만, 그렇게 하는 데 실패했다. 또한 바울은 뱀이 거짓말하고 있음을 아담이 분명히 알고 있었는데도, 하나님보다 자기 아내를 더 우선시하여, 하와가 자기에게 준 열매를 먹은 것이 남자의 잘못이라고 지적한다(딤전 2:14).

여호와 하나님은 타락한 부부를 찾으러 오셔서, "아담을 부르시며 그에게 이르시되 네가 어디 있느냐"(창 3:9)라고 하셨다.[18] 선악과를 먹지 말라는 명령을 최초로 받은 것은 아담이었으므로, 그 명령을 어긴 일차적인 책임은 아담에게 있었고, 이것도 지도자의 지위가 남자에게 있음을 보여 주는 또 하나의 증표다. 여자에 대한 하나님의 처벌은 어머니와 아내로서의 여자의 역할을 겨냥한 것이었지만, 남자에 대한 하나님의 처벌은 땅에 대한 저주와 인류에 대한 죽음이라는 더 세계적인 결과를 초래했다(16–19절). 인류의 대표자는 하와가 아니라 아담이었고, 불순종으로 말미암아 죽음과 정죄를 초래한 것도 하와가 아니라 아담이었다(롬 5:12–19). 창세기 5장 2절에서 우리는 남자가 인류 전체의 지도자이자 대표자라는 것을 보여 주는 또 하나의 증표를 본다. "남자와 여자

---

17) 행 18:2, 18, 26; 롬 16:3; 고전 16:19; 딤후 4:19.
18) 창 3:9에서 "그에게"와 "네가"는 둘 다 단수형이다.

를 창조하셨고 그들이 창조되던 날에 하나님이 그들에게 복을 주시고 그들의 이름을 사람['아담']이라 일컬으셨더라." 하나님은 첫 번째 남자의 이름을 인류의 이름으로 삼으셨고, 이것은 남자의 지도자적 지위를 보여 준다.

기독교 페미니스트들은 창세기 3장 16절은 아내에 대한 남편의 권위가 타락의 결과로 생겨났다는 것을 우리에게 가르쳐 준다는 반론을 제기한다.[19] 이 창세기 본문에서 여호와 하나님이 여자에게 "너는 남편을 원하고 남편은 너를 다스릴 것이니라"고 말씀하신다는 것이다.

이 반론에 대한 우리 대답은 이 창세기 본문은 자기 아내에 대한 남자의 권세를 단언하지만, 남자가 여자를 다스리는 권세가 죄의 결과인지, 아니면 죄와는 상관없이 이전부터 존재했던 것인지를 보여 주지는 않는다는 것이다. 앞에서 보았듯 창세기 2-3장에는 하나님이 남자에게 자기 아내를 다스리는 권세를 주신 것은 타락 이전이었음을 보여 주는 많은 증표가 있다. "다스리다"('마샬')로 번역된 단어는 단지 권위를 행사함을 의미하는 것으로서, 종이 집안 살림을 관장하거나(24:2), 고위 관리가 나라를 다스리는 것(45:8)에도 사용된다. "원하다"('테슈카')로 번역된 단어는 긍정적인 의미일 수 있는데, "나는 내 사랑하는 자에게 속하였도다 그가 나를 사모하는구나['테슈카']"(아 7:10)가 그 예다. 하지만 우리는 창세기 4장 7절에서 밀접한 병행을 발견한다. 거기서 여호와는 가인에게 "죄가 문에 엎드려 있느니라 죄가 너를 원하나['테슈카'] 너는 죄를 다스릴지니라['마샬']"고 경고하신다. 히브리어로 이 본문의 구문은 창세기 3장 16절의 구문과 같다.[20] 이 본문에 나오는 하나님의 말씀에서는 죄를, 가인을 이겨 다스리려는 '문 앞에 엎드려 있는 약탈자'로 묘사한다. 마찬가지로 여자에게 하신 하나님의 말씀은 타락한

---

19) Marianne Meye Thompson, "Response," in *Women, Authority, and the Bible*, ed. Alvera Mickelsen (Downers Grove, IL: InterVarsity Press, 1986), 95 – 96; Gilbert Bilezikian, *Beyond Sex Roles: A Guide for the Study of Female Roles in the Bible* (Grand Rapids, MI: Baker, 1985), 55 – 56.

20) 어색하지만 이 본문을 문자 그대로 직역한 것을 비교해 보라. "네 남편에 대해 네 원함이 [있을] 것이지만, 그가 너를 다스릴 것이다"(창 3:16); "너에 대해 그것의 원함이 [있을] 것이지만, 너는 그것을 다스리라"(4:7).

상태에서 여자는 자신의 남편을 이기기를 원하겠지만, 여자의 그런 노력에도 불구하고 남자가 여자를 다스리게 될 것임을 보여 준다. 따라서 창세기 3장 16절은 타락을 계기로 여자는 남편의 권위에 이의를 제기하고 다투게 될 것이고, 그런 경우에 남편이 아내를 억압하기 시작하는 것은 부당하지 않다는 것을 가르친다.[21]

그러나 창세기 2-3장은 남편의 구별되는 권위를 가르치긴 하지만, 여자와 남자는 둘 다 인간이라는 점에서 **동등하다**는 것도 강조한다. 여호와 하나님은 다음과 같은 말씀을 하고 나서 여자를 지으셨다. "사람이 혼자 사는 것이 좋지 아니하니"(2:18). 1장에서는 "좋다"라는 말씀이 반복적으로 사용되다가, 그런 후에 여기서 "좋지 아니하니"라는 말씀이 사용된 것은 의외다. 이 말씀은 "그를 위하여 돕는 배필"(18절)이 없이는 남자가 불완전한 존재임을 부각시킨다. "돕는 배필"('에제르')로 번역된 단어는 더 못한 능력을 지닌 조력자를 가리키는 폄하의 의미가 있는 단어가 아니라, 곤경에 처한 사람에게 힘과 구원을 주시는 분인 여호와를 나타내는 데도 많이 사용되는 단어다.[22] 여자는 남자에게 결여되어 있는 어떤 것을 지니고 있는데, 그것은 남자에게 힘을 불어넣어 주는 것이다. 바울은 남자는 여자 없이는 잘해 나갈 수 없다고 단언한다(고전 11:11-12). "그를 위하여"('케네그도')로 번역된 어구는 직역하면 "그의 앞에서 그에게 맞는"이고, 이것은 반려자와 동반자로 합당하고 알맞은 존재라는 뜻이다. 새나 짐승은 낙원에 있는 것이라 해도 남자의 필요를 충족시켜 주지 못할 것이다(창 2:20). 남자의 배필은 남자의 본성을 공유하면서도 남자와 동등한 존재여야 한다.

하나의 본성을 공통적으로 지니는 존재여야 한다는 것이 하나님이 특이하게도 남자의 갈비뼈로 여자를 지으신 이유 중 하나인 것으로 보인다. 남자가 기뻐하며 고백한 것처럼, 여자는 "내 뼈 중의 뼈요 살 중의 살"(창 2:23)이었다. 여자는 남자의 일부로서, 하나님이 남자를

---

21) James B. Hurley, *Man and Woman in Biblical Perspective* (Grand Rapids, MI: Zondervan, 1981), 219.

22) 출 18:4; 신 33:7, 29; 시 70:5; 121:1-2; 124:8; 146:5; 호 13:9; 참고, 창 49:25.

지으신 후 그에게 불어넣어 주신 것과 같은 인간 생명을 공유한 존재였다(7절). 이 본문에서부터 바울은 그리스도가 자신의 신부를 놀라울 정도로 사랑하시고 신부를 위해 자기를 희생하신 것처럼, 남편도 자기 아내를 자신의 일부로 사랑하고 아껴야 한다는 것이 하나님의 뜻이라는 결론을 이끌어 낸다(엡 5:25, 28-31).

타락 기사에서조차도 여자는 이성적이고 도덕적으로 책임 있는 피조물로 묘사된다(창 3:1-6). 여호와 하나님은 남자를 먼저 부르시긴 했지만, 책임 있는 도덕적 행위 주체인 여자에게도 말씀하셨다(13, 16절). 또한 하나님은 구원에 대한 최초의 약속에서도 은혜의 수혜자이자 사탄에 대해 승리할 자손을 이 세상에 오게 할 수단으로 여자를 포함시키셨다(15절; 참고, 20절). 여자가 남자와 동일한 본질을 지니고 있고, 그 점에서 남자와 온전히 동등하며, 하나님의 구원의 은혜에 온전히 참여하게 된다는 것은 분명하다.

성경은 여기서 남성우월주의와 페미니즘이 둘 다 잘못된 것임을 보여 준다. 남성우월주의는 언어를 통한 멸시, 압제적이고 불의한 행동거지, 폭력 행위를 통해 여성에 대한 남성의 우월함을 과시하는 태도다. 그런 태도는(그런 태도가 부추기는 행실과 마찬가지로) 비열한 것이고, 하나님을 직접적으로 거스르는 범죄다. 성경은 어디에서도 그런 교만을 인정하지 않는다. 도리어 창세기와 바울은 '남자는 자신에게는 여자가 필요하고, 남자와 여자는 근본적으로 동등하다'는 것을 겸손히 인정하라고 권면한다. 베드로가 말했듯 그리스도인 남편이 아내를 존중하거나 아끼지 않는다면 기도하는 데 방해를 받게 될 것이다(벧전 3:7). 베드로는 "하나님은 교만한 자를 대적하시되 겸손한 자들에게는 은혜를 주시느니라"(5:5)고 경고한다.

마찬가지로 성경은 페미니즘이 잘못된 것임을 보여 준다. 초기 페미니즘의 목표 중 일부는 보상의 불평등이나 고등교육의 배제와 같이 여성에 대한 불의를 바로잡는 것이었다. 하지만 그 밖의 다른 측면에서 행해지는 페미니즘은 하나님이 세우신 창조 질서에 대한 반역이다. 하나님은 두 가지 성별이 활동해야 하지만, 각 성별의 역할이 똑같지 않은 질서를 세우셨다. 하나님은 남자를 지도자로, 여자를 조력자("돕는 배필")로 부르셨다. 이것은 남자에게 여자를 전면적으로 다스릴 수 있는 권위를 수여하는 것은 아니지만, 바울이 가르친 것처럼 결혼생활과 교회에서의 관계를 규율한다. 여자가 남자의 합당한 권위에 순종하는 것은 여자의 지위를 낮추는 것이 아니라, 남자에게 힘을 불어넣어 주는 자신의 능력을 사용함으로써 자신의 소명을 성취하는 것이다.

그 결과는 본질적 동등성, 상호 의존, 남자의 지도자적 지위, 모든 일에서 하나님의 권위에 대한 순종을 결합한 균형 잡힌 관점이다. 안드레아스 쾨스텐베르거와 마가레트 쾨스텐베르거는 "인류에 대한 하나님의 계획은 동반자적인 것으로서, 거기서 하나님이 정하신 지도자인 남자와 그와 함께한 그의 아내는 서로 힘을 합쳐 이 땅에 대한 통치권을 행사함으로써 창조주를 대표한다"고 쓴다.[23]

성에 대한 성경의 기본적인 가르침

이제 다음과 같은 더 구체적인 질문에 대한 대답을 찾기 위해 창세기 1-2장으로 다시 돌아가 보자. 이 본문들은 성적 친밀함에 대해 무엇을 가르치는가? 또 다시 우리는 이 문제에 대해서도 균형 잡힌 관점을 발견한다. 성경은 성에 대해 말하는 것을 수줍어하지 않는다. 성경은 창조주의 아름다운 계획과 그 계획을 거스른 반역의 끔찍한 결과를 우리에게 가르친다.

성행위와 생식

성경에서 발견되는 성에 대한 최초의 관점은 생식과 관련된 것이다. 창세기 1장 27-28절에 "하나님이 사람을 창조하시되 남자와 여자로 창조하신" 것은 "생육하고 번성하는" 것으로 이어진다. 이것은 하나님이 사람을 두 가지 성별로 창조하신 것은 단지 생식을 위한 것임을 보여 주는 것이 아니다. 남자든 여자든 사람은 하나님의 형상이고, 서로

---

23) Köstenberger and Köstenberger, *God's Design for Man and Woman*, 35.

를 하나님의 형상으로 대해야 하기 때문이다. 남자와 여자는 단순히 번식하는 동물로 행해서는 안 된다. 하지만 이 본문은 자녀를 낳는 것이 성적 결합과 관련한 하나님의 아름다운 목적 중 하나임을 보여 준다.

하나님의 형상으로 지음 받은 존재에게 성적 관계는 하나님의 형상을 번성하게 하여 이 땅을 하나님의 영광으로 충만하게 하는 역할을 한다. 타락 이후에 여자에게 출산은 고통스럽고 위험한 일이 되긴 했지만(창 3:16), 하나님은 사람에게 무거운 짐을 안겨 주기 위해 자녀를 두게 하신 것은 아니다. 왜냐하면 하나님은 사람에게 "복을 주시는" 맥락 속에서 자녀를 낳아 생육하고 번성하는 소명을 주신 것이기 때문이다(1:28). 심지어 타락 이후조차도 믿는 자는 "자식들은 여호와의 기업이요 태의 열매는 그의 상급이로다"(시 127:3)라고 단언할 수 있다. 당신이 자녀를 낳을 생각 없이 배우자와 성적 친밀함을 누리려 한다면, 그것은 하나님이 합쳐 놓으신 것을 떼어 놓는 것이다.

산아 제한은 어떻게 보아야 하는가? 우리는 몇 가지 기본적인 지침을 말할 수 있다.

1. 모태에 이미 임신된 생명을 죽이는 방식의 산아 제한은 잠재적인 살인이므로 배척되어야 한다.
2. 성경은 모든 산아 제한을 정죄하는 것은 아니므로, 아내가 출산 후 회복 과정에 있거나 의학적 또는 심리적 문제로 고통받고 있는 것 같은 특정한 상황 속에서는 산아 제한을 하는 것이 지혜롭고 사랑에 부합한 최선의 행위일 것이다.
3. 율법주의의 죄를 저지르지 않으려면 산아 제한이라는 문제와 관련해 성경이 말하는 것 이상으로 입법하거나 서로를 판단해서는 안 된다. 도리어 각각의 부부가 하나님 말씀을 연구해 기도하는 가운데 각자의 상황에 합당한 결정을 스스로 내리게 해야 한다.
4. 이기주의, 물질주의, 그 밖에 남성 중심의 동기에 따라 가족의 규모를 불필요하게 제한해서는 안 되고, 우리가 희생해서라도 인간의 가장 큰 유익 속에서 하나님의 가장 큰 영광을 기도 가운데

추구해야 한다.

5. 우리는 주님이 우리 가족의 규모를 비롯해 우리 삶의 모든 분야
를 주관하는 주가 되시게 하도록 부르심을 받았다.

하지만 자녀를 낳아 하나님의 방식으로 키우는 것이 하나님이 성적
친밀함을 창조하신 유일한 목적은 아니다.

성행위와 결혼 관계

우리가 창세기에서 발견하는 성별에 대한 두 번째 관점은 관계적인
것이다. 우리는 하나님이 여자를 남자를 위한 "돕는 배필", 즉 삶을 위
한 강력하고 동등한 여자 동반자로 지으셨음을 살펴보았다(창 2:18, 20).
남자는 여자를 "내 뼈 중의 뼈요 살 중의 살"로 받아들였다. 이것은 남
자가 여자는 물리적으로는 자신의 몸에서 생겨나 자기와 공통의 본성
을 지닌 존재임을 인정한 말이다. 또한 아담의 이 말은 언약의 맹세이
기도 했다. 우리는 정치적인 계약을 비롯해 신의의 맹세 속에서 여기에
나오는 것과 병행되는 표현들을 발견한다.[24] 말라기 2장 14절에서는
"네 짝이요 너와 서약한 아내로되 네가 그에게 거짓을 행하였도다"라
고 말하며 신실하지 않은 남편을 꾸짖는다.

동반자 관계를 규정한 이 언약은 하나님이 남녀 간의 성행위와 관련
해 정해 놓으신 맥락이다. 창세기 2장 24절에서는 "이러므로 남자가 부
모를 떠나 그의 아내와 합하여 둘이 한 몸을 이룰지로다"라고 말한다.
남자는 결혼을 통해 자신의 여자 동반자와의 관계 속으로 들어가야
했다. 그리스도는 이 말씀을 창조주가 하신 말씀이라고 하심으로써, 우
리가 이 본문을 결혼에 대한 우리의 이해를 위한 토대로 삼아야 함을
가르치셨다(마 19:4-6). "떠나"라는 단어는 "그의 아버지와 그의 어머니"
로 이루어진 가정과 구별되는 새로운 가정을 공적으로 형성하는 것을

---

24) 창 29:14; 삿 9:2; 삼하 5:1-3; 19:13; 대상 11:1. Brueggemann, "Of the Same Flesh and
Bone (Gn 2, 23a)," 535-538; Hamilton, *The Book of Genesis, Chapters 1-17*, 179-
180을 보라. 우리는 이 책 6장의 적절한 곳에서 이것을 간단하게 논의했다.

의미한다. "합하여"('다바크')는 마치 함께 붙여 놓은 것처럼 단단히 붙어 있는 것을 의미한다(삼하 23:10). 이 동사는 이스라엘이 여호와에 대해 지녀야 할 언약에 대한 충성을 묘사할 때 사용된 단어다.[25] 바울이 말한 "한 몸"은 일차적으로 성적 결합을 가리킨다. 이 표현은 창기와 관계를 맺는 것에 대해서도 사용되기 때문이다(고전 6:16). 아울러 에덴동산에서 원래의 "한 몸"은 신체적인 것 이상의 것이었다. 왜냐하면 창세기 2장 25절에서는 남자와 여자가 "벌거벗었으나 부끄러워하지" 않았다고 말하고, 이것은 완벽한 자유와 서로에 대한 완전한 개방성, 즉 인격적 장애물이 전혀 없는 관계를 나타내기 때문이다. 그리스도는 이 언약적이고 신체적인 연합은 지속적인 것이므로, 이 연합을 깨는 것은 창조주에 대한 범죄라고 말씀하셨다. "그러므로 하나님이 짝지어 주신 것을 사람이 나누지 못할지니라"(마 19:6).

따라서 하나님은 결혼 제도를 인류로 하여금 성적 친밀함을 누리게 하기 위한 복된 맥락으로 제정하신 것이었다. 성은 쾌락을 위한 일시적인 만남의 도구도 아니고, 두 사람이 어떻게 조화될 수 있는지를 살펴보기 위해 연습 삼아 행하는 것도 아니며, 좋아하고 끌리는 마음을 표현하는 수단도 아니다. 성은 일생 동안 이어지는 엄숙한 약속을 통해 결합된 한 남자와 한 여자 간의 언약 관계, 두 남녀 간의 반려자 관계와 동반자 관계의 한 아름다운 측면에 속한다. 웨스트민스터 신앙고백(24.1)은 이것을 반영해, "결혼은 한 남자와 한 여자 간에 이루어져야 한다"고 말한다.[26]

한편으로 성과 결혼에 대한 성경적 관점은 결혼을 금지하거나 부부 간의 성을 독신보다 덜 영적인 것으로 여겨 멸시하는 자들을 꾸짖는다. 그런 것들은 "귀신의 가르침"이고, 성령의 가르침이 아니다(딤전 4:1-3). 성은 하나님이 주신 선하고 아름다운 선물이므로, 부부의 사랑 속에서 행해지는 경우에는 결혼 관계를 강화한다. 웨스트민스터 대교리문답(138문)에서는 일곱째 계명이 지닌 적극적인 함의는 "부부 간의 사

---

25) 신 10:20; 11:22; 13:4; 30:20; 수 22:5; 23:8.
26) *Reformed Confessions*, 4:263.

랑(잠 5:19–20)과 동거(벧전 3:7)"를 요구한다고 지적한다.[27)

잠언 5장 18-19절은 우리에게 다음과 같은 아주 강력한 권면을 준다. "네 샘으로 복되게 하라 네가 젊어서 취한 아내를 즐거워하라 그는 사랑스러운 암사슴 같고 아름다운 암노루 같으니 너는 그의 품을 항상 족하게 여기며 그의 사랑을 항상 연모하라." 하나님은 남편과 아내에게 서로의 몸을 열렬히 누리라고 명령하신다. 윌리엄 가우지(1575-1653년)는 "남자가 자신의 아내에게 늘 만족해야 하고, 아내의 사랑을 기뻐해야 하는 것처럼, 여자는 자신의 남편에게 늘 만족해야 하고 남편의 사랑을 기뻐해야 한다"고 썼다.[28)

다른 한편으로 성경은 한 남자와 한 여자의 결혼 관계 밖에서 성행위를 추구하는 자를 꾸짖는다. 우리는 이 두 진리를 히브리서 13장 4절에서 발견한다. "모든 사람은 결혼을 귀히 여기고 침소를 더럽히지 않게 하라 음행하는 자들과 간음하는 자들을 하나님이 심판하시리라." "침소"('코이테')는 성행위를 나타내는 완곡어법이다(롬 13:13). 결혼 관계 속에서 행해지는 성행위는 하나님 보시기에 더럽지 않다. 하지만 결혼 관계 밖에서의 성행위는 금지된다. "음행하는 자들"('포르노스'의 복수형)은 성적으로 부도덕한 행위를 가리키는 폭넓은 의미를 지닌 단어로 음행('포르네이아')을 하는 자들을 가리킨다.[29) 간음은 배우자 아닌 사람과 성행위를 함으로써 결혼 언약을 어기는 것이다. 모세 율법은 혼전 성행위를 금지했고(출 22:16–17; 신 22:13–21), 남자든 여자든 간음한 자는 사형에 처할 것을 요구했다(신 22:22–29).[30) 새 언약에서 그런 행실은 교회의 치리를 요구한다(고전 5:9, 11).

한 남자와 한 여자의 결혼은 여전히 인간의 성적 욕망이라는 강력한 물줄기를 흘릴 수 있는 하나님이 공인하신 수로다. 바울은 독신이 선

---

27) *Reformed Confessions*, 4:333.
28) William Gouge, *Of Domestical Duties* (1622; repr., Pensacola, FL: Puritan Reprints, 2006), 158 [2/2.4].
29) 70인역이 창 34:31; 38:24; 레 19:29; 민 25:1(참고, 6, 14–18절); 신 22:21; 호 3:3; 겔 16:15, 34에서 '포르네'/'포르네이아'/'포르뉴오'라는 단어군을 사용하고 있는 것을 보라.
30) 고대 이스라엘 사회에서 약혼은 결혼식 이전에 이루어진 법적인 결혼 관계로 여겨졌으므로, 약혼한 여자와 다른 남자 간의 성행위는 간음으로 여겨졌다.

하다는 것을 단언하면서도, "음행을 피하기 위하여 남자마다 자기 아내를 두고 여자마다 자기 남편을 두라"(고전 7:2)고 쓴다. 결혼 관계 안에서 남편과 아내는 긴 시간 동안 성관계를 갖지 않아서는 안 되고, 단지 기도하기 위해 서로 간의 합의에 의해 짧은 시간 동안만 그렇게 해야한다(4-5절). 바울은 "남편은 그 아내에 대한 선의의 의무[개역개정에는 "의무"]³¹)를 다하고 아내도 그 남편에게 그렇게 할지라"(3절 KJV)고 말한다. "선의의 의무"로 번역된 헬라어는 사랑의 의무, 친구에게 갚아야 할 빚이라는 의미를 지닌다. 가우지는 이렇게 말했다. "이것은 선의와 기쁨으로 자원해 기꺼이 즐겁게 행해져야 하므로 '선의'의 의무라 불리고, 아내는 남편에게, 남편은 아내에게 진 빚이므로 '의무'라 불린다."³²) 바울은 그리스도를 위해 독신으로 사는 것이 지닌 유익을 인정하면서도, "정욕이 불같이 타는 것보다 결혼하는 것이 나으니라"(9절)고 말한다. 웨스트민스터 신앙고백(24.2)에서는 결혼의 목적에 대한 성경의 가르침을 이렇게 요약한다. "결혼은 남편과 아내가 서로 돕게 하고(창 2:18), 합법적인 자녀를 통해 인류를 번성하게 하고 거룩한 자손을 통해 교회를 번성하게 하며(말 2:15), 음행을 막기 위해(고전 7:2, 9) 제정되었다."³³)

우리는 우리 연구를 통해 하나님은 처음부터 우리 인류의 한 중요한 측면으로 성별과 성을 창조하셨음을 발견했다. 두 개의 상호 보완적인 창조 기사가 있는 것처럼, 우리는 두 개의 창조 기사 속에서 이 문제에 대한 한 쌍의 상호 보완적인 진리를 발견한다.

---

31) "선의의 의무"로 번역된 헬라어 어구는 '오페일렌 유노이안'이다. '선의, 사랑, 친함'을 의미하는 '유노이안'은 대부분의 후대의 사본들에는 나오지만, 몇몇 더 오래된 사본에는 나오지 않는다.

32) Gouge, *Of Domestical Duties*, 161 [2/2,9].

33) *Reformed Confessions*, 4:263.

	창세기 1:26-28	창세기 2:4-3:24
성차	두 가지 생물학적 성: 남자와 여자	두 가지 관계적인 역할: 권위와 조력자
성평등	하나님의 영광의 공유: 통치권을 지닌 하나님의 형상	인간의 공통된 삶: 동일한 몸/도덕 주체
성적 연합	생식: 생육하고 번성하라	부부 간의 유대: 떠나, 합하여, 한 몸

도표 11.1 성별과 성에 대한 창세기 1장과 2-3장의 본문 비교

동성애에 대한 성경의 기본적인 가르침

지금까지 우리는 성경은 한 남자와 한 여자의 결혼 관계라는 맥락 속에서 성행위를 권함을 살펴보았다. 이것은 암묵적으로 동성애를 하나님의 창조 질서와 반대되는 것이라고 말한 것이다. 또한 성경은 동성애에 대해 명시적으로 말한다. 즉 동성애는 죄이므로, 동성애를 행하는 사람은 그리스도로 말미암아 그 죄에서 구원받아야 한다고 명확하게 규정하고 정죄한다.[34] 성경에는 동성애를 권하는 예가 단 하나도 없다. 이것은 동성애 관계를 촉진하려는 많은 사람들조차 인정한다.[35]

동성애에 대한 구약 성경의 가르침

성경에서 동성애에 대한 가장 유명한 역사적 언급은 동성애의 큰 악으로 유명한 도시였던 소돔에 대한 기사에 나온다(창 13:13; 18:20). 여호와는 거기서 열 사람의 의인도 발견하지 못하셨다. 그래서 불과 유황을 퍼부어 소돔을 멸망시키셨는데, 그 장관은 수 킬로미터 떨어진 곳에서도 볼 수 있었다(18:32; 19:24-29). 성경은 이 심판을 초래한 두 종류의

---

34) 이 논증은 Beeke and Smalley, *One Man and One Woman*에 자세하게 나와 있다.

35) "성경에서는 동성애적 성행위를 언급할 때마다 그 행위를 정죄한다." Pronk, *Against Nature?*, 279. 비아는 "동성애적 행위를 구체적으로 다루는 성경 본문들은 그 행위를 무조건적으로 정죄한다"고 쓴다. Via and Gagnon, *Homosexuality and the Bible: Two Views*, 93. 또한 드영의 저작에 인용된 Luke Timothy Johnson and Diarmaid MacCulloch, *What Does the Bible Really Teach about Homosexuality?*, 132를 보라.

악을 보여 준다. 한편으로는 이 도시에서 끊임없이 올라온 도와 달라는 "부르짖음"이 증명해 주듯 이 도시에서는 심각한 불의가 자행되었다(18:20-21; 19:13; 참고, 겔 16:49-50).[36] 다른 한편으로는 소돔 남자들이 롯을 찾아온 방문객에게 성관계를 요구한 것(창 19:4-5, 본문 8절에 사용된 "알다" [개역개정에는 "상관하리라"]는 성관계를 가리키는 완곡어법이다)에서 볼 수 있듯 이 도시에서는 성적 타락이 만연해 있었다.[37] 성경 외에도 희년서나 열두 족장의 유언서 같은 BC 2세기에 나온 유대 저작들도 소돔의 큰 죄악 중 하나가 성적인 죄였다고 말한다.[38]

모세 율법은 남자 간의 성행위를 분명하게 금지했다. 레위기 18장 22절은 "너는 여자와 동침함같이 남자와 동침하지 말라 이는 가증한 일이니라"고 말하고, 레위기 20장 13절은 "누구든지 여인과 동침하듯 남자와 동침하면 둘 다 가증한 일을 행함인즉 반드시 죽일지니 자기의 피가 자기에게로 돌아가리라"고 말한다. 케빈 드영은 "이 금지 명령들이 이렇게 단호하게 서술된 이유는 남자는 남자가 아니라 여자와 성관계를 갖도록 지음 받았기 때문이다"라고 쓴다.[39] 이 본문들은 월경 중인 여자와의 성관계도 금지하므로(18:19; 20:18), 이것은 이 금지 명령들이 영속적인 도덕 원칙이 아님을 보여 준다고 반론을 제기하는 사람이 있을 수 있다. 우리의 대답은 레위기는 동성애를 행하는 자를 사형에 처하게 함으로써(20:13), 동성애가 하나님의 도덕법을 심각하게 어기는 행위라는 것을 보여 주는 반면, 월경 중인 여자와 성관계를 한 남자는 단지 제의적으로 부정한 자가 될 뿐이라는 것이다(15:24).

---

36) Victor P. Hamilton, *The Book of Genesis, Chapters 18-50*, New International Commentary on the Old Testament (Grand Rapids, MI: Eerdmans, 1995), 20-21.

37) 창 4:1, 17, 25; 19:8; 24:16; 38:26; 민 31:17-18, 35; 삿 19:25; 삼상 1:19; 왕상 1:4. 70인역도 "알다"를 성경(창 39:10)과 성경 밖에서 성적인 의미로 사용되는 헬라어('쉰게노메타')로 번역한다. Wold, *Out of Order*, 82, 86-87.

38) 희년서 16:5-6; 레위의 유언 14:6; 베냐민의 유언 9:1; 납달리의 예언 3:4. Gagnon, *The Bible and Homosexual Practice*, 88n121에서 재인용. BC 1세기에 필로는 소돔에 대해 이렇게 썼다. "그들은 자신들의 공통의 본성을 무시하고 서로를 향해 정욕을 불태우며 합당하지 않은 짓들을 행한 사람들이었다……그래서 정도 차이는 있지만, 남자는 여자처럼 다루어지곤 했다." *De Abrahamo*, 135-136. Peter H. Davids, *The Letters of 2 Peter and Jude*, The Pillar New Testament Commentary (Grand Rapids, MI: Eerdmans, 2006), 53에서 재인용.

39) DeYoung, *What Does the Bible Really Teach about Homosexuality?*, 41.

동성애에 대한 신약 성경의 가르침

신약 성경은 이 옛 언약의 율법을 재확인함으로써, 동성애에 대한 이 율법이 모든 사람에게 도덕적으로 영속적인 의미를 지닌다는 것을 증명해 준다. 바울은 디모데전서 1장 9-10절에서 하나님의 율법은 "남색하는 자"를 비롯한 인류의 죄들과 반대되는 것이라고 쓴다. 여기서 "남색하는 자"는 '남자'와 '침상'을 뜻하는 두 개의 헬라어가 결합된 하나의 남성형 단어('아르세노코이테스')를 번역한 것으로서 "남자와 함께 [성적으로] 침상으로 가는 남자"를 의미한다.[40] 이 두 단어는 고대 헬라어 역본에서 레위기 18장 22절과 20장 13절을 번역할 때도 사용된다.[41] 따라서 바울은 동성애적 행위를 정죄하는 율법의 영속적인 도덕적 권위를 확인해 준다.

신약 성경의 책들인 유다서와 베드로후서에는 하나님의 감동을 받아 소돔과 고모라에 대해 말한 내용이 나온다. 유다서에서는 이 도시들이 "음란하며 다른 육체를 따라 가다가" 하나님의 불의 심판을 받았다고 말한다(유 7절). 여기서 "다른 육체"는 롯을 찾아온 방문객들이 천사들이었다는 사실을 가리킬 수 없다. 왜냐하면 소돔 사람들은 그들을 천사가 아니라 남자로 여겼고(창 19:5), 유다서 본문에서는 천사들이 방문하지 않은 근방의 다른 도시들에서도 이와 같은 죄가 자행되었다고 말하기 때문이다. 따라서 우리는 "다른 육체"라는 표현은 소돔과 고모라 사람들이 구체적으로 성과 관련해 하나님이 세우신 창조 질서의 테두리를 벗어나 동성애를 저지른 것을 정죄한 것으로 이해해야 한다.[42] 마찬가지로 베드로후서 2장 7절에서도 소돔에서 자행된 "무법한 자들의 음란한 행실"에 대해 말하고, 거기서 "음란한"('아셀게이아')은 성적인 방

---

40) 접미어 '-코이테스'를 붙여 만든 이것과 비슷한 단어로는 "노예와 자는 자", "자기 어머니와 자는 자", "많은 사람과 자는 자" 등이 있다. David F. Wright, "Homosexuals or Prostitutes? The Meaning of ΑΡΣΕΝΟΚΟΙΤΑΙ (고전 6:9; 딤전 1:10)," *Vigiliae Christianae* 38, no. 2 (June 1984): 130 (full article, 125-153). 이 단어가 경제적 착취를 가리킨다는 바인즈의 논증은 근거가 빈약하다. Vines, *God and the Gay Christian*, 122-125.

41) Wright, "Homosexuals or Prostitutes?," 129.

42) Davids, *The Letters of 2 Peter and Jude*, 52-53.

종이나 후안무치한 성행위를 가리킨다.[43]

성경에서 동성애에 대해 가장 길게 말하는 본문은 로마서 1장 26-27절이다. "이 때문에 하나님께서 그들을 부끄러운 욕심에 내버려 두셨으니 곧 그들의 여자들도 순리대로 쓸 것을 바꾸어 역리로 쓰며 그와 같이 남자들도 순리대로 여자 쓰기를 버리고 서로 향하여 음욕이 불일듯 하매 남자가 남자와 더불어 부끄러운 일을 행하여 그들의 그릇됨에 상당한 보응을 그들 자신이 받았느니라." 두 가지 성별에 대한 언급과 바로 앞에 나온 성적인 죄에 대한 내용(24절)을 감안했을 때, 바울이 여기서 성적인 문제와 관련해 "순리에 따른 사용"(개역개정에는 "순리대로 쓸 것")에 대해 쓰고 있음은 분명하다. "사용"('크레시스')으로 번역된 단어는 다른 헬라어 저작들에서 성관계를 가리키는 데 자주 등장한다.[44] 토머스 슈라이너가 지적하듯 로마서의 이 본문은 레위기 율법처럼 "동성애적 관계 전반을 정죄한다."[45]

사도는 동성애에 대해 우리에게 많은 것을 가르친다. 같은 성에 속한 사람들 간의 성행위는 "순리에 어긋나는" 것, 즉 "역리"다. 여기서 "순리"는 인류를 위해 하나님이 정하신 창조 질서를 가리킨다.[46] 존 머리는 "동성애라는 범죄는 성과 관련해 하나님이 세우신 질서를 버리는 것이다"라고 썼다.[47] 하나님은 남자들 간의 성행위만 아니라 여자들 간의 성행위도 정죄하신다. 같은 성에 속한 사람을 향한 성적 욕망은 죄다. 그런 성적 욕망이 지닌 문제점은 그 욕망이 지나치게 강하다는 데 있지 않고, 잘못된 대상을 통해 성적 욕망을 채우려는 것은 부패한 것이라는 데 있다.[48] 따라서 성경은 오늘날 남자 동성애자와 여자 동성

43) 롬 13:13; 갈 5:19; 엡 4:19.
44) Thomas R. Schreiner, *Romans*, Baker Exegetical Commentary on the New Testament (Grand Rapids, MI: Baker Academic, 1998), 94.
45) Schreiner, *Romans*, 95 – 96.
46) 창조에 대한 언급과 관련해서는 롬 1:20, 25와 창 1:1; 롬 1:23과 창 1:26, 30; 롬 1:27과 창 1:27; 롬 1:32와 창 2:17을 비교해 보라. Gagnon, *The Bible and Homosexual Practice*, 289 – 291을 보라.
47) Murray, *The Epistle to the Romans*, 1:47 – 48.
48) Denny Burk, "Is Homosexual Orientation Sinful?," *Journal of the Evangelical Theological Society* 58, no. 1 (2015): 101 (full article, 95 – 115).

애자라 불리는 자들의 성적 욕망과 행위는 일시적인 것이든 장기적인 것이든 죄악 된 것이라고 가르친다.

동성애적인 욕망과 행위는 인간의 품격을 떨어뜨린다. 그런 욕망과 행위는 "야비하다"('아티미아'). 여기서 "야비하다"는 것은 그것들을 행하는 자를 욕되게 한다는 의미다. 그런 욕망과 행위는 "합당하지 않은 것"('아스케모쉬네'), 즉 추잡한 것과 수치를 불러일으키는 것(참고. 계 16:15)을 낳는다. 바울은 계속해서 그런 사람들은 하나님의 길에서 벗어났을 때 필연적으로 수반될 수밖에 없는 벌을 이미 받고 있다고 말한다. 동성애는 특히 참 하나님을 아는 지식에서 돌아서 우상숭배를 하는 자들에게서 뚜렷하게 드러난다. 바울은 그런 죄를 저지르는 사람이 모두 다 우상숭배자라고 말하지는 않지만, 하나의 무리, 즉 하나의 민족이나 나라(복수형들이 사용된 것을 주목하라)가 창조주에게서 돌아서 우상을 섬길 때, 하나님은 그 무리를 음행과 동성애라는 더 큰 예속에 넘겨주신다고 말한다. 여기서 바울은 "개인이 죄에 빠지는 것에 대해 말하는 것이 아니라", "한 문화가 죄에 빠지는 것에 대한 전형적인 묘사"를 제시하고 있다.[49] 동성애는 하나님의 진노를 초래하는 죄일 뿐 아니라, 그 자체가 하나님의 진노가 우상숭배하는 무리에게 이미 임해 있음을 보여 주는 증표다.

따라서 웨스트민스터 대교리문답(139문)에서 "동성애와 모든 순리에 따르지 않은 정욕(롬 1:24, 26-27; 레 20:15-16)"은 "일곱째 계명에서 금지된" 죄라고 말한 것은 옳다.[50] 동성애적인 욕망과 행위는 둘 다 하나님의 거룩한 율법을 짓밟는 것이다.[51]

바울이 동성애적인 욕망과 행위에 자신을 내준 사람들에게 주는 율법과 복음의 메시지가 가장 분명하게 표현되어 있는 본문은 고린도전서 6장 9-10절이다. "불의한 자가 하나님의 나라를 유업으로 받지 못할 줄을 알지 못하느냐 미혹을 받지 말라 음행하는 자나 우상숭배하는

---

49) RPCNA, *Gospel and Sexual Orientation*, 18.
50) *Reformed Confessions*, 4:333.
51) RPCNA, *Gospel and Sexual Orientation*, 54.

자나 간음하는 자나 탐색하는 자나 남색하는 자나 도적이나 탐욕을 부리는 자나 술 취하는 자나 모욕하는 자나 속여 빼앗는 자들은 하나님의 나라를 유업으로 받지 못하리라." 여기서 바울은 동성애가 죄라는 하나님의 율법을 다시 되풀이해 말한다. "남색하는 자"는 앞에 나온 디모데전서 1장 10절에서 보았던 것과 같은 헬라어를 번역한 것으로 "남자와 함께 침상으로 가는 남자"('아르세노코이테스')를 뜻한다. 여기서도 이 단어는 남자 간의 온갖 성행위를 정죄하는 레위기 율법을 반영한 것인데, 그런 연결 관계는 바울이 레위기 18장과 20장에서 정죄한 또 하나의 성적인 죄인 근친상간을 방금 전에 강하게 규탄했다는 사실로써 더욱 강화된다.[52] "탐색하는 자"('말라코스')로 번역된 단어는 직역하면 "부드러운"을 의미한다. "남색하는 자"("남자와 함께 침상으로 가는 남자") 직전에 언급된 이 단어는 '부드러운 남자'를 의미하는데, 동성애에서 남성 역할을 하는 남자를 유혹하고 기쁘게 해 주는 여성 역할을 하는 남자를 가리킨다.[53] 이 두 단어를 통해 바울은 남자가 하는 온갖 동성애적인 행위를 기독교와 양립할 수 없는 죄로 규정하고 책망한다.

일부 저술가들은 바울이 대등한 남자들 간이나 애정으로 말미암는 동성애적 관계에 대해 무지했으므로, 오직 청소년이나 노예 남자와의 동성애 관계만을 정죄한 것임에 틀림없다는 반론을 제기한다.[54] 우리의 대답은 사도의 삶과 사역은 헬라-로마 문화에 깊이 물든 도시들에서 이루어졌으므로, 서로 간의 애정이나 존경으로 말미암는 것을 포함해 고대 세계에서 행해진 남자들 간의 아주 다양한 성적 관계를 잘 알고 있었으리라는 것이다.[55] 물론 억압적인 동성애 관계도 있었지만, 헬라의 역사와 문헌을 보면 동성애 관계에서 두 남자가 모두 귀족이었

---

52) David E. Garland, *1 Corinthians*, Baker Exegetical Commentary on the New Testament (Grand Rapids, MI: Baker Academic, 2003), 212-213.

53) Gordon D. Fee, *The First Epistle to the Corinthians*, The New International Commentary on the New Testament (Grand Rapids, MI: Eerdmans, 1987), 243-244.

54) Myers and Scanzoni, *What God Has Joined Together*, 84-85; Vines, *God and the Gay Christian*, 37.

55) Anthony C. Thiselton, *First Epistle to the Corinthians*, New International Greek Testament Commentary (Grand Rapids, MI: Eerdmans, 2000), 452.

던 예도 있었다.[56] 그리스도의 사도는 동성애 관계를 찬양하는 견해를 알고 있었지만, 동성애를 무조건적으로 정죄했다.

바울은 동성애를 행하는 자는 자신의 죄를 회개하지 않으면 "하나님의 나라를 유업으로 받지 못할" 것이라고 경고한다. 예수 그리스도는 하나님의 나라를 유업으로 받지 못한 자는 예외 없이 모두 지옥 불에 던져져 영원한 형벌을 받게 될 것이라고 가르치신다.[57] 따라서 남자들 또는 여자들 간의 성적 결합을 하나님의 이름으로 축복하는 것은 그들의 영혼을 위험에 빠뜨리는 것이다.[58] 하지만 바울은 우리가 그런 죄들을 저지른다면 반드시 영원한 형벌에 처해지게 될 것이라고 쓴 것이 아니라, "너희 중에 이와 같은 자들이 있더니 주 예수 그리스도의 이름과 우리 하나님의 성령 안에서 씻음과 거룩함과 의롭다 하심을 받았느니라"(고전 6:11)고 썼다. 고린도 신자 중 일부는 과거에는 바울이 열거한 죄악들을 행한 죄인으로 살았었지만, 여기서 사용된 과거 시제는 그들이 이제는 더 이상 "불의한 자들"이 아님을 보여 준다. 그들은 이제 더 이상 간음하는 자나 탐색하는 자나 남색하는 자나 도적이나 술 취하는 자가 아니었다.[59] 그들은 "그리스도 예수 안에"(고전 1:2) 있었으므로, 그들의 정체성이 바뀌었다. 그들은 이제 그리스도와 하나 된 자들이었으므로, 이전과 똑같은 사람들일 수 없었다.[60]

동성애를 행하는 사람들에게 그리스도가 그들을 죄에서 구원하실 수 있다고 말하는 것은 동성애 혐오가 아니다. 진정한 동성애 혐오는 동성애를 행하는 사람은 동성애를 행하지 않는 사람과 너무 다르므로 하나님과 하나님의 길로 결코 돌아올 수 없다고 믿는 것이다.[61] 하지만 그렇게 믿는 것과는 정반대로, 동성애를 행하는 남자나 여자라도 회개하

---

56) Gagnon, *The Bible and Homosexual Practice*, 351-352.
57) 마 25:34, 41, 46; 참고, 계 21:7-8.
58) DeYoung, *What Does the Bible Really Teach about Homosexuality?*, 77.
59) 헬라어 본문에서 시제는 미완료이고, 이것은 과거에 지속된 상태나 과거에 반복된 행위를 나타낸다.
60) RPCNA, *Gospel and Sexual Orientation*, 47.
61) Rosaria Champagne Butterfield, *The Secret Thoughts of an Unlikely Convert: An English Professor's Journey into Christian Faith*, expanded ed. (Pittsburgh: Crown and Covenant, 2015), 169.

고 죄를 버리고 은혜에 의지해 그리스도를 믿는 사람은 깨끗하게 씻음을 받아 하나님의 것으로 성별되어 그리스도로 말미암아 의로운 자로 여겨져 성도가 된다. "너희 중에 이와 같은 자들이 있더니"라는 말씀과 그런 자들에 대한 복음의 약속은 간음하는 그리스도인이나 술 취하는 그리스도인이 없는 것처럼 남자 동성애나 여자 동성애를 행하는 그리스도인도 없음을 의미한다. 물론 죄와의 내적인 갈등은 여전히 남아 있어서(갈 5:17) 신자에게 큰 좌절을 안겨 준다(롬 7:14-25). 이 갈등에 대한 해법은 하나님의 살아 있는 성전이자 영적인 가족인 지역 교회의 일원이 되어, 그리스도의 약속들을 믿음으로 굳게 붙잡는 가운데 거룩한 두려움으로 모든 죄를 버리고 거룩함을 추구하려 애쓰는 것이다(고후 6:16-7:1).

성적 지향성이라는 오늘날의 개념

동성애에 대한 성경의 견해에 대해 흔히 제기되는 반론은 성경은 한 사람의 성적 지향성에 대한 오늘날의 이해에 대해 말하지 않는다는 것이다.[62] 미국심리학회에 따르면, "성적 지향성은 남자, 여자, 양성에 대해 감정과 연애와 성이라는 측면에서 지속적으로 끌리는 양상을 가리킨다."[63] 지향성이라는 말은 한 사람의 사회적이고 성적인 욕망 경험을 토대로 한, 별 도움이 안 될 정도로 폭넓고 불명확한 개념이다.[64] 성경은 동성 간의 감정적 유대와 친근함에 대해 아주 긍정적으로 말한다. 성경은 지향성이라는 용어를 사용하지는 않지만, 남자에 대한 남자의 성적 욕망과 여자에 대한 여자의 성적 욕망을 말하고, 그런 욕망을 정죄한다(롬 1:26-27). 이렇게 성경은 한 사람이 성적으로 끌리는 것을 나타

---

62) Hendrik Hart, foreword to Pronk, *Against Nature?*, xi; Vines, *God and the Gay Christian*, 21‒41, 129. 몰러는 바인즈에 대해, "그의 주된 논지는 성경에는 성적 지향성과 관련된 어떤 범주도 없다는 것"이라고 말한다. Mohler, "God, the Gospel and the Gay Challenge: A Response to Matthew Vines," in *Response to Matthew Vines*, 14.

63) American Psychological Association, *Answers to Your Questions: For a Better Understanding of Sexual Orientation & Homosexuality* (Washington, DC: American Psychological Association, 2008), 1, https://www.apa.org/topics/lgbt/orientation.pdf.

64) Mohler, "God, the Gospel and the Gay Challenge," in *Response to Matthew Vines*, 18.

내는 성적 지향성을 말한다.

성적 지향성이라는 오늘날의 개념은 단순히 우리 욕망을 설명하는 것이 아니라, 우리 감정과 성적 체험을 토대로 정체성과 개인적 특질을 새롭게 정의하려 한다.[65] 우리가 누구인지를 정의하는 방식과 관련한 이 근본적인 변화는 사람들이 동성애적인 지향성을 자신의 기본적인 정체성으로 주장할 수 있는 판을 깔아 준다. 로자리아 버터필드는 "내가 내 자신을 이성애자나 동성애자로 정의한다면……성적이지 않은 애정을 포함한 모든 것은 인류의 이 새로운 성별에 따라 포괄된다"라고 쓴다.[66] 이렇게 동성애가 선하다는 것에 대한 모든 공격은 동성애자에 대한 공격으로 여겨진다. 우리는 정체성에 대한 이런 왜곡된 인식을 배척해야 한다.

하나님은 만물의 창조주이자 주이시고, 우리의 정체성은 하나님의 형상대로 창조된 존재라는 것이다(창 1:26). 따라서 우리 삶은 우리가 하나님 및 하나님 말씀과 어떤 관계를 맺고 있느냐에 따라 정의된다. 우리는 우리 감정을 우리 정체성으로 삼으려는 시도에 저항하고, 우리의 창조주에 의거해 우리 정체성을 알아야 한다. '나는 동성애자다'라거나 '나는 이성애자다'라고 말하는 것이 아니라, '나는 하나님의 영광을 위해 하나님의 형상을 따라 창조되었지만 죄로 타락한 남자 또는 여자다'라고 말해야 한다. 버터필드는 "성적 지향성은 잘못된 전제 위에 세워진 인위적인 범주이므로, 성적 지향성에 대해 회개하는 것은 불가능하다"고 말한다.[67] 데니 버크는 이렇게 쓴다. "하나님의 세계에서 우리는 하나님이 말씀하시는 바로 그런 존재다. 우리는 단지 우리의 타락한 성적 욕망의 총합인 존재가 아니다."[68]

우리의 정체성과 관련해 가장 기본적인 질문은 '나는 어떻게 느끼는가'와 '나는 무엇을 원하는가'가 아니라, '나는 하나님과 어떤 관계에 있는가, 즉 아담 안에 있는 죄인인가, 그리스도 안에 있는 성도인가'다.

---

65) Butterfield, *Openness Unhindered*, 94-95.
66) Butterfield, *Openness Unhindered*, 98.
67) Butterfield, *Openness Unhindered*, 107.
68) Burk, "Is Homosexual Orientation Sinful?," 113.

이 질문들은 동성애 문제, 심지어 성별 문제 자체를 뛰어넘어 하나님의 영광을 위한 우리의 존재 전체와 관련된 질문들이다. 우리는 성과 결혼은 신체적인 죽음과 함께 끝나는 일시적인 은사들이고(롬 7:3), 그리스도가 우리를 죽은 자 가운데서 살리실 때 폐기될 것임을 기억해야 한다(마 22:30). 우리는 그런 것들보다 훨씬 더 큰 것, 즉 영광의 하나님과의 영적인 연합을 위해 지음 받은 존재다.

묵상과 토론을 위한 질문

1. 성별과 성이 오늘날 논의하기 어려운 주제인 이유는 무엇인가?

2. 성별과 성에 대한 우리의 견해에 큰 영향을 미쳐 온 오늘날의 세 가지 운동은 어떤 것들인가?

3. 이 운동들은 당신의 인격적 배경과 경험에 어떤 영향을 미쳤는가?

4. 남자 또는 여자로서의 우리의 성 정체성에 대한 성경의 기본적인 가르침은 무엇인가?

5. 성경은 특히 가정에서 남자와 여자의 관계에 있어 남자와 여자의 역할을 어떻게 설명하는가?

6. 창세기 1장은 생식이라는 관점에서 성에 대해 무엇을 가르치는가?

7. 창세기 2장은 관계라는 관점에서 성에 대해 무엇을 가르치는가?

8. 구약 성경은 동성애에 대해 무엇을 가르치는가? (구체적으로 성경 본문을 인용하라.)

9. 신약 성경은 동성애에 대해 무엇을 가르치는가? (구체적으로 성경 본문을 인용하라.)

10. 성적 지향성이라는 오늘날의 개념은 무엇인가? 저자들은 이 개념을 어떻게 비판하는가?

11. 교회는 예배에 참석하고 싶어 하는 동성애자나 성전환자를 어떻게 대해야 하

는가? 그런 사람이 교회의 지체가 되려 하거나 이미 지체라면, 교회는 하나님의 사랑과 의를 그에게 어떤 식으로 보여 주어야 하는가?

더 깊은 성찰을 위한 질문

12. 당신의 출신 배경과 전통은 당신이 '남성적인' 남자 또는 '여성적인' 여성이 무엇을 의미한다고 보는 방식에 어떤 식으로 영향을 미쳤는가? 이것에 대한 당신의 생각 중에서 진리나 의의 초월적인 원칙에 따른 것은 어느 정도고, 단지 문화적 규범에 따른 것은 어느 정도인가?

13. 교회가 성과 관련해 율법주의에 빠져 있음을 보여 주는 사례로는 어떤 것이 있는가? 교회가 성적인 죄와 타협했음을 보여 주는 사례로는 어떤 것이 있는가?

14. 당신의 교회 지도자가 성 정체성에서 혼란을 느끼는 사람을 배려해 교회 건물에 남녀 구별이 없는 화장실을 추가하자고 제안했다 하자. 그 제안은 의롭고 사랑에 따른 지혜로운 것인가? 그렇거나 그렇지 않다면 그 이유는 무엇인가?

15. 성별과 성에 대한 정체성에서 큰 혼란을 겪는 문화 속에서, 그리스도인은 삶의 이 분야와 관련해 지혜와 경건 속에서 자라 가려면 어떻게 해야 하는가?

12장

인간의 구성(1부)

통일성과 이원성

하나님은 천지를 창조하실 때 두 영역, 즉 영들이 살아가는 위의 영역과 동식물이 살아가는 아래의 영역을 창조하셨다. 하지만 이 두 영역 모두에 참여하는 한 피조물도 창조하셨다. 헤르만 바빙크는 "창조는 영적인 세계와 물질적인 세계가 서로 결합된 인간에게서 절정에 도달한다"고 말했다.[1] 피조물인 인간이 발은 땅에 딛고 영혼은 하늘을 열망하도록 지음 받은 물리적인 존재이자 영적인 존재라는 것은 인간이 지닌 경이로움 중 일부다.

따라서 성경적인 인간관은 헬라의 여러 철학자 속에서 발견되는 인간관, 즉 몸과 영은 서로 대립물이어서 행복하게 공존할 수 없다고 본 관점과 상반된다. 성경은 인간을 선하신 창조주의 뜻에 따라 몸과 영이 결합되어 복된 연합을 이루는 존재로 묘사한다. 범신론이나 범재신론과는 달리, 인간은 몸과 영이 결합됨으로써 신적인 존재가 되거나, 인간의 영혼이 하나님의 파편이 된 것은 아니지만, 이 땅에서 피조 된 하나님의 형상이 되었다.[2]

인간이 몸과 영혼으로 이루어져 있다는 견해는 정통적인 기독교 전

---

1) Bavinck, *Reformed Dogmatics*, 2:511.
2) Laidlaw, *The Bible Doctrine of Man*, 59를 보라.

통에 깊이 뿌리 내리고 있다. 아타나시우스 신조는 "이성을 지닌 영혼과 육신이 한 사람"이므로, 성육신하신 그리스도는 "이성을 지닌 영혼과 인간의 육신으로 이루어진 완전하신 하나님이자 완전하신 사람"이라고 고백한다.[3] 칼케돈 신조도 몸과 영혼이 없이는 인간일 수 없다는 점에서, 예수 그리스도는 "이성을 지닌 영혼과 몸으로 이루어진 참 하나님이자 참 사람"이신 한 인격체라고 말한다.[4] 인간이 몸과 영혼으로 이루어져 있다는 견해는 성육신 교리에서 구체화했고, 개혁파 신앙고백 전통에서 계속되었다.[5] 하이델베르크 교리문답(제22주, 57문)은 "현세 이후에 내 영혼은 머리이신 그리스도에게로 즉시 들려올라가게 될 뿐 아니라, 이 나의 몸도 그리스도의 능력을 통해 다시 살리심을 받아 내 영혼과 재결합되어 그리스도의 영화로우신 몸과 같이 될" 것이라는 기독교적인 소망을 표현한다.[6]

인간의 본성은 서로 연결되어 있는 여러 부분의 복합체로 이루어져 있다. 이 부분들은 서로 어떤 관계에 있는가? 우리는 이 부분들을 정말 부분들이라고 말할 수 있는가? 인간의 구성은 한편으로는 인격적 기능의 통일성, 다른 한편으로는 몸과 영혼의 이원성 간의 흥미로운 긴장 관계로 보는 것이 최선인 것 같다.

인간의 구성의 여러 측면에 대한 성경의 용어

성경은 다양한 단어를 사용해, 인간 실존의 구성 요소 또는 차원을 설명한다. 여기서는 인간론에서 크게 중요하지 않은 몸의 여러 부분을 가리키는 용어는 생략하고, 몇 가지 가장 중요한 단어와 그 기본적인

---

3) *The Three Forms of Unity*, 10-11.

4) Philip Schaff, ed., *The Creeds of Christendom*, 3 vols. (New York: Harper and Brothers, 1877), 2:62.

5) *The Three Forms of Unity*, 34에 수록된 벨기에 신앙고백(18조); *The Three Forms of Unity*, 68, 71, 76, 79, 80, 86, 90, 93, 107, 110, 112에 수록된 하이델베르크 교리문답(1, 11, 26, 34, 37, 57, 69, 76, 109, 118, 121문); *Reformed Confessions*, 4:356에 수록된 웨스트민스터 소교리문답(22문).

6) *The Three Forms of Unity*, 86.

의미를 열거하겠다(이 단어들이 지닌 신학적 의미에 대해서는 나중에 살펴보겠다). 관련 성경 본문은 일부만 예시적으로 제시할 것이므로, 자세한 것은 어휘 사전과 신학 사전을 참고하기 바란다.

1. "숨, 호흡"(히브리어로 '네샤마')은 일시적이고 덧없으며 허약하여 부서지기 쉬운 것을 특징으로 하는 생물학적 생명을 가리키는 용어다.[7] 하지만 이 단어는 종종 내면의 심리학적 생명을 가리키는 데도 사용된다(잠 20:27).

2. "혼"(히브리어로 '네페쉬')은 동물적인 생명에서 인격체, 내적인 감정에 이르기까지 다양하고 폭넓은 의미를 지닌다.[8] 죽은 "몸"을 죽은 "혼"('네페쉬')이라고 표현하는 것도 가능하다.[9] "혼"은 어떤 사람의 목숨을 가리킬 수 있고(출 21:23; 삿 16:16), 피와 연결되기도 한다(신 12:23). 레위기 24장 17절에서 "사람을 쳐 죽인 자"는 직역하면 "사람의 혼을 쳐 죽인 자"다. 어떤 본문에서는 "혼"은 굶주림이나 목마름 같은 신체적 욕구의 주체다.[10] 그런 의미에서 짐승에게도 '네페쉬'가 있다(잠 12:10). 신약 성경에서 "혼"(헬라어로 '프쉬케')으로 번역되는 단어도 비슷한 의미를 지닌다. 아기 예수를 죽이려 한 자들은 그의 "목숨"('프쉬케')을 찾았고(마 2:20), "목숨"('프쉬케')에 대해 염려하는 것은 먹을 것과 입을 것을 걱정하는 것을 가리킬 수 있다(6:25). "목숨"('프쉬케')을 구하는 것의 반대는 죽이는 것이다(막 3:4). 하지만 "혼"('프쉬케')은 육신의 죽음 이후에 살아남아 있는 어떤 것을 가리킬 수도 있다(마 10:28).

3. "영"(히브리어로 '루아흐')은 "바람"을 의미할 수도 있고(창 3:8; 8:1), 동물과 사람의 생기를 가리킬 수도 있다.[11] 하지만 "영"은 감정이나 내적인 힘을 지닌 속사람을 가리킬 수도 있다(창 26:35; 41:8; 45:26-27). 물론 "영"은 하나님의 영(1:2)이나 악한 영(삼상 16:16; 왕상 22:19-23)도 가리킬 수 있다. 이 히브리어와 대응되는 헬라어 '프뉴마'가 가리키는 의미 범위

7) 창 2:7; 7:22; 참고, 사 2:22.
8) 창 1:20-21, 24, 30; 2:7, 19; 12:5; 14:21; 23:8; 42:21.
9) 레 21:11; 민 6:6; 9:6-7, 10.
10) 신 12:20; 시 107:9; 잠 25:25; 27:7.
11) 창 6:17; 7:15, 22; 욥 10:12; 12:10; 27:3; 34:14-15; 시 104:29-30; 146:4; 사 38:16; 42:5.

도 비슷하다.[12]

4. "마음"(히브리어로 '레브' 또는 '레바브')은 자신의 감정, 사고, 자발적인 결단, 하나님 앞에서의 도덕적인 상태, 하나님을 향한 영적 지향성을 지닌 속사람을 가리킨다.[13] 마찬가지로 신약 성경에서 이 히브리어와 대응되는 헬라어 '카르디아'도 사고, 감정, 선택 능력을 지닌 한 사람의 인격적 실존의 중심을 가리킨다.[14] 한 사람의 삶 전체와 모든 활동은 마음에서 흘러나온다(잠 4:23; 막 7:21).

5. "콩팥"(히브리어로 '킬야')은 신장을 의미하지만(출 29:13, 22; 레 3:4, 10, 15), "마음"과 비슷하게 내적인 사고, 감정, 도덕적 성향을 가리키는 데도 사용된다.[15] 이 후자의 용법은 신약 성경에도 나온다(헬라어로 '네프로스', 계 2:23).

6. "생각"(헬라어로 '누스')은 구약 성경에서는 "마음"(히브리어로 '레브' 또는 '레바브')으로 번역할 수 있다(흔하지는 않지만).[16] 신약 성경에서 이 단어는 이해력을 가리키지만,[17] 지성 자체가 아니라 영적으로 부패하거나 경건하게 새로워지는 것의 중심이라는 의미에서의 이해력을 가리킨다.[18]

7. "육"(히브리어로 '바사르')은 피부, 고기, 몸에서 그 밖의 다른 부드러운 조직, 몸 전체를 의미하지만,[19] 넓은 의미로는 사람이나 동물 자체를 가리킬 수도 있는데,[20] 이 경우에는 흔히 연약함의 함의를 지닌다.[21] 신약 성경에서 이 단어와 대응되는 헬라어 '사륵스'는 앞에서 말한 모든 의미를 포괄하는 한편,[22] 죄악 된 인간을 가리키기도 한다.[23]

8. "뼈"(히브리어로 '에쳄')는 몸의 골격의 딱딱한 물질을 가리키지만(창

---

12) 마 1:18; 막 1:23, 26; 눅 1:47; 요 3:8; 19:30; 롬 1:9; 약 2:26.

13) 창 6:5-6; 8:21; 17:17; 20:5-6; 24:45; 27:41; 왕상 11:2-4.

14) 마 5:28; 9:4; 롬 2:29; 10:1, 6; 벧전 3:4.

15) 시 7:9; 16:7; 26:2; 73:21; 잠 23:16; 렘 11:20; 12:2; 17:10; 20:12.

16) 출 7:23; 수 14:7; 욥 7:17; 사 10:7, 12.

17) 롬 14:5; 고전 14:14; 계 13:18; 17:9.

18) 눅 24:45; 롬 1:28; 7:23, 25; 12:2; 엡 4:17, 23; 참고, 롬 8:6-8; 골 1:21.

19) 창 2:21, 23-24; 17:11.

20) 렘 32:27. 또한 6:12-13, 17, 19; 7:15-16, 21; 8:17, 21; 9:11, 15-17에 나오는 "모든 육체"를 보라.

21) 대하 32:8; 시 56:4; 78:39; 사 31:3; 40:6; 렘 17:5.

22) 눅 14:38; 요 1:14; 롬 3:20; 6:19.

23) 롬 7:5, 18, 25; 8:1, 3-9, 12-13; 갈 5:13, 16-17, 19, 24; 6:8.

2:23), 한 사람의 힘(욥 21:24)이나 감정 상태를 나타낼 수도 있다.[24] 신약 성경에서 이 히브리어에 대응되는 헬라어 '오스테온'은 오직 신체적인 뼈만을 가리킨다.[25]

9. "몸"(헬라어로 '소마')은 구약 성경을 번역한 70인역에서는 시체를 가리키는 경우를 제외하면 흔히 히브리어 '바사르'("육")를 옮긴 말이다.[26] 신약 성경에서 이 용어는 눈, 손 등으로 이루어져 있고 음식으로 지탱되며 질병에 위협받고 죽음에 종속되는 물리적인 몸을 의미한다.[27] 그러나 앞으로 보게 되겠지만, "몸"은 한 사람 전체를 가리킬 수 있고, 영적인 상태 및 거룩함과 관련해서도 중요한 역할을 한다.[28]

용어에 대한 이 개관에 비추어 보았을 때, 우리는 의미가 서로 구별된다고 생각되는 단어들이 사실은 서로 의미가 겹친다는 것을 발견한다. "혼"과 "영" 같은 용어들은 신체적인 목숨을 가리킬 수 있고, "뼈"와 "신장" 같은 단어들은 정신적이고 심리적인 특질을 가리킬 수 있다. 우리는 이 현상을 어떻게 설명해야 하는가?

인간의 기능적 통일성

성경은 인간 본성이 상당한 정도의 통일성을 지니고 기능하는 체계임을 보여 준다. 달리 말하면, 인간의 각각의 활동을 인간 구성의 서로 다른 여러 부분에 깔끔하게 할당하는 것은 불가능하다는 것이다. 예컨대 그리스도는 하나님의 가장 큰 계명을 행하는 데는 우리 존재의 모든 측면이 개입되어야 한다고 가르치셨다. "네 마음을 다하고 목숨을 다하고 뜻을 다하고 힘을 다하여 주 너의 하나님을 사랑하라 하신 것이요"(막 12:30). 마찬가지로 바울도 한 사람이 전인적으로 거룩해지도록

---

24) 시 6:2; 31:10; 32:3; 35:10; 51:8; 102:3; 잠 15:30.
25) 마 23:27; 눅 24:39; 요 19:36; 엡 5:30; 히 11:22.
26) 레 6:10; 14:9; 15:2, 3, 13, 16 등. 헬라어 '소마'로 번역된 히브리어 "시체"의 의미론적 범위에 대해서는 *TDNT*, 7:1044-45를 보라. "몸"을 가리키는 히브리어 '육'('바사르')에 대해서는 Robert H. Gundry, *Sōma in Biblical Theology: With Emphasis on Pauline Anthropology* (Grand Rapids, MI: Zondervan, 1987), 118을 보라.
27) 마 5:29-30; 6:25; 막 5:29; 14:8; 15:43.
28) 롬 6:6, 12; 12:1.

기도했다. "평강의 하나님이 친히 너희를 온전히 거룩하게 하시고 또 너희의 온 영과 혼과 몸이 우리 주 예수 그리스도께서 강림하실 때에 흠 없게 보전되기를 원하노라"(살전 5:23).

거룩함을 오로지 영혼이나 인간의 영적 차원과 결부시켜 생각하는 데 익숙한 사람들은 이 말이 의외일 수 있다. 하지만 성경은 영적인 것에 대해 말할 때, 몸을 포함하는 포괄적인 접근방법을 사용한다. 성경은 우리에게 거룩함을 위해 "육과 영"을 깨끗하게 하라고 명령하고(고후 7:1), "몸과 영을 다 거룩하게"(고전 7:34) 하라고 권면한다. 다윗은 시편 63편 1절에서 "하나님이여 주는 나의 하나님이시라 내가 간절히 주를 찾되 물이 없어 마르고 황폐한 땅에서 내 영혼이 주를 갈망하며 내 육체가 주를 앙모하나이다"라고 썼다.

인간의 구성이 지닌 이 기능적 통일성은 성경이 한 사람 전체를 가리키는 데 "영혼"이라는 용어를 사용할 수 있었던 이유를 설명해 준다. 하나님이 인간을 처음으로 창조하신 것에 대해 말하는 창세기 2장 7절에서는 인간이 영혼을 "받았다"거나 "소유했다"고 말하지 않고, "사람이 생령이 되었다"고 말한다. 어떤 본문에서는 "영혼"을 "자기 자신"이라는 의미로 이해하는 것이 가장 좋다.[29] 어떤 본문에서는 "영혼들"의 수는 사람의 수를 의미한다.[30]

이것과는 반대로 성경은 한 사람 전체를 가리키는 데 "몸"이라는 단어를 사용한다. 특히 구체적인 실존과 실제적인 행실이라는 관점에서 본 인간을 나타내려는 경우에 그렇다(약 3:2, 6). 바울이 신자들에게 "너희 몸을" 하나님께 산 제물로 "드리라"고 권한 것(롬 12:1)은 우리의 속사람을 배제한 채 외적인 예배를 드리라는 의미가 아니라, 우리의 존재 전체로 예배를 드리라는 의미다. 그리스도가 우리의 죄를 위해 자신의 "몸"을 드리셨다는 것(히 10:9-10)은 자신의 인성 전체를 하나님 뜻에 순종하여 드리셨음을 의미한다. 몸은 한 사람과 아주 밀접하게 동일시되므로, 성경에서 어떤 본문은 한 사람의 "몸"을 장사했다고 말하지만(마

---

29) 원어로 된 본문에서 민 35:3-12; 렘 3:11; 37:9; 눅 12:19.
30) 신 10:22; 렘 52:29-30; 행 2:41; 7:14; 27:37; 벧전 3:20.

14:12; 막 15:43, 45), 어떤 본문은 그 사람을 장사했다고 말한다.[31]

성경이 "몸"과 "영혼"을 한 사람 전체를 가리키는 의미로 사용한다 해서, 이 단어들이 서로 의미가 같거나, 한 사람 전체와 의미가 같은 것은 아니고, 단지 한 사람의 삶은 그 사람 전체가 관여되어 있어서, 인간의 구성에서 겉사람인 몸과 속사람인 마음은 생명 활동과 기능에서 하나로 움직인다는 것, 즉 기능적 통일성을 보여 주는 것일 뿐이다(롬 6:12-14, 17; 12:1).[32]

따라서 우리는 사람을 살아 있는 통일체로 보아야 한다. 하나님은 한 사람의 영혼이 단지 그 사람의 몸을 거처로 삼는 방식으로 인간을 지으신 것이 아니라, 몸과 영혼이 하나가 되어 있는 인간을 지으신 것이다. 윌리엄 퍼킨스는 인간은 천사와는 달리 "몸과 하나가 되어 있는" 영혼을 지니고 있어 "이 둘이 하나의 전인적인 사람을 이루고 있다"고 말했다.[33] 안토니우스 티시우스는 인간 본성에 대해 말하면서, "우리가 말하려는 것은 몸과 영혼은 분리되어 있지 않고, 이성을 지닌 영혼과 몸이 아주 단단하고 긴밀하게 결합되어 하나의 본성을 이루고 있으며, 한 사람 안에서 하나로 통일되어 있다는 것"이라고 말했다.[34]

인간의 구성은 기능적 통일성을 지니므로, 몸과 영혼은 서로에게 지대한 영향을 미친다. 두뇌 손상, 질병, 호르몬 변화를 비롯한 신체적인 상태는 우리의 사고와 감정에 영향을 준다. 여호와 하나님이 엘리야와 그의 두려움과 절망에 대해 대화를 나누시기 전에 그에게 음식과 잠을 주신 것은 의미심장해 보인다(왕상 19:4-7). 데이비드 머리는 우울과 염려는 죄에서 생겨날 수 있지만, "한 사람의 죄 때문이 아니라 타락한 세상에서 타락한 몸으로 살아가는 데서 생겨날 수도 있다"고 쓴다.[35] 반대로 우리의 신념은 우리의 태도와 감정에 영향을 미쳐 우리의 신체적

31) 마 8:21; 눅 16:22; 행 2:29; 5:9-10; 고전 15:4.
32) Murray, *The Epistle to the Romans*, 2:110-111; Gundry, *Sōma in Biblical Theology*, 29-30.
33) Perkins, *An Exposition of the Symbol*, in *Works*, 5:69.
34) Polyander, Walaeus, Thysius, and Rivetus, *Synopsis Purioris Theologiae*, 13.3 (1:315).
35) David P. Murray, *Christians Get Depressed Too: Hope and Help for Depressed People* (Grand Rapids, MI: Reformation Heritage Books, 2010), 63.

인 건강에 영향을 준다. 잠언 17장 22절에서는 "마음의 즐거움은 양약이라도 심령의 근심은 뼈를 마르게 하느니라"고 지적한다. 바울은 성적으로 부도덕한 행실은 우리의 영적인 상태에만 해를 끼치는 것이 아니므로, 음행하는 자는 "자기 몸에 죄를 범하는" 것이라고 말한다(고전 6:18). 따라서 우리는 몸과 영혼이 하나로 통합된 삶을 살아야 하고, 다른 사람들에 대해서도 전인적인 관심을 가지고 섬겨야 한다.

몸과 영의 이원성 대 일원론적 인간론

그렇다면 이것은 인간 본성에는 이원성이 없고, 몸과 영혼 간에는 실질적인 차이가 없음을 의미하는가? 우리는 이 질문에 대해 그렇다고 대답하는 관점을 일원론적 인간론이라 부른다. 어떤 경우에 그런 일원론은 일종의 유물론, 즉 모든 실재가 물리적인 물질과 힘으로 이루어져 있다고 보는 관점이다. 일원론적 유물론을 주창한 근대 초기의 영향력 있는 철학자는 토머스 홉스(1588-1679년)였다. 그는 심리적인 상태는 단지 신체의 생물학의 결과일 뿐이라고 주장했다. 또 다른 종류의 일원론에서는 바뤼흐 스피노자가 가르친 것으로, 인간 본성은 두 가지 양태를 지닌 한 본질이라고 말한다.[36]

일부 근대 자유주의 신학자는 몸은 인간에게 본질적인 것이 아니라는 극단적 이원론을 받아들인 반면,[37] 루돌프 불트만(1884-1976년)과 존 로빈슨(1919-1983년) 같은 신학자는 성경이 "몸"을 한 사람 전체를 나타내는 데 사용한 것을 토대로 일원론을 주장했다.[38] 하지만 로버트 건드리는 "몸"('소마')으로 번역된 헬라어를 주의 깊게 연구한 후 이렇게 쓴다.

---

36) 토머스 홉스와 바뤼흐 스피노자의 일원론적 인간론에 대해서는 John W. Cooper, *Body, Soul, and Life Everlasting: Biblical Anthropology and the Monism-Dualism Debate* (Grand Rapids, MI: Eerdmans, 1989), 17-22를 보라.

37) Erickson, *Systematic Theology*, 479-480.

38) Gundry, *Sōma in Biblical Theology*, 3-8. Rudolf Bultmann, *Theology of the New Testament, Volume 1*, trans. Kendrick Grobel (New York: Charles Scribner's Sons, 1951), 192-203; J. A. T. Robinson, *The Body: A Study in Pauline Thought*, Studies in Biblical Theology 5 (London: SCM, 1952)를 보라. 로빈슨에 대한 제임스 바 등의 비판을 요약해 놓은 것으로는 Erickson, *Systematic Theology*, 483-485를 보라.

우리의 결론은 바울 서신, 그 밖의 다른 신약 문헌, 70인역, 성경 외의 고대 헬라 문헌에는 '전인적 인간'이라는 정의를 설득력 있게 밑받침해 주는 증거는 없다는 것이다. 이것은 (교부 전통 밖에서는) 강조점이 인간 존재의 통일성에 있음을 부정하는 것은 아니다. 그러나 그것은 일원론적인 통일성이라기보다는 여러 부분의 통일성, 속과 겉의 통일성이다……'소마'가 전인적 인간을 나타내는 이유는 '소마'가 혼/영과 하나가 되어 살아가기 때문인 것으로 보인다.[39]

신정통주의 신학자들도 자유주의 신학의 지나치게 이원론적인 흐름을 배척하고 일원론적 인간론을 받아들였다.[40] 에밀 브루너는 몸, 혼, 영을 "기능들"로 규정하고, "인간은 존재론적으로 통일체"라고 단언했다.[41] 칼 바르트는 성경은 인간이 무엇으로 이루어져 있는지를 설명하지 않고, 전적으로 인간과 하나님의 관계에만 초점을 맞추고 있음을 역설하면서도, 성경의 인간관을 "전인적 인간"으로 규정했다.[42] 하지만 하나님의 형상에 대한 우리의 연구에서 보았듯, 순전한 기능주의는 환원주의적이고 지성적으로 불만족스럽다. 기능은 존재와 구성에 토대를 두어야 하기 때문이다. 하나님을 대표하고 하나님과 관계를 맺으며 하나님의 종으로 이 땅을 다스리는 인간의 유일무이한 능력은 인간이 '동물이 소유하지 않은 본성을 지니고 있음'을 보여 준다.

성경은 인간의 몸과 영혼 간의 구별이 있다고 가르친다. 여호와 하나님은 "모든 육체의 영들[개역개정에는 "생명"]의 하나님"이다(민 16:22; 27:16). 하나님은 "사람 안에", 직역하면 "사람의 내적인 부분들에" "사람의 영을 지으신다"(슥 12:1). 따라서 영은 육체와 같지 않고, 하나님이 인간의 몸 안에 따로 구별되게 지으신 어떤 것이다. 그리스도는 온 세상을 얻는 것을 사람이 자기 "목숨"('프쉬케')을 잃는 것과 비교하셨고(마

---

39) Gundry, *Sōma in Biblical Theology*, 79–80(강조는 원래의 것).
40) Erickson, *Systematic Theology*, 481–482.
41) Brunner, *Man in Revolt*, 362–363n1, 373n3.
42) Barth, *Church Dogmatics*, III/2, sec. 46.5 (432–433).

16:26), 이것은 "목숨"이 몸의 건강이나 물질적인 형통과 다른 어떤 것임을 의미한다. 또한 그리스도는 제자들의 자원하는 "영"('프뉴마', 개역개정에는 "마음")과 그들의 연약한 "육신"('사륵스')을 대비시키셨는데, 거기서는 제자들이 피곤하여 잠든 것과 관련되어 있으므로, 분명히 "육신"은 그들의 신체적인 연약함을 가리킨다(마 26:41; 막 14:38).[43] 바울은 한 사람의 "육신"이 멸망을 받더라도 그 사람의 "영은 구원을 받을" 수 있다고 말한다(고전 5:5).

성경은 특히 죽음과 관련해 몸과 영혼을 구별한다.[44] 전도서 12장 7절은 "흙은 여전히 땅으로 돌아가고 영은 그것을 주신 하나님께로 돌아갈" 것이라고 말한다. 창세기 35장 18절은 라헬이 죽어 갈 때 "그의 혼이 떠났다(또는 '나갔다'. 히브리어로 '야차')"고 말한다. 엘리야는 한 죽은 아이를 다시 살려 주시라고 하나님께 기도할 때, "이 아이의 혼으로 그의 몸에 돌아오게[직역하면 '그의 안으로 돌아오게', 히브리어로 '슈브 알 키룹보'] 하옵소서"(왕상 17:21)라고 말했다. 그리스도가 한 죽은 소녀를 다시 살리시자, 그 소녀의 "영이 돌아왔는데"(눅 8:55 ESV), 이것은 그 소녀의 영이 "물리적인 몸과 구별되고 몸이 죽은 후에도 살아 있다"는 것을 보여 준다.[45] 인간의 영은 몸을 살아 움직이게 하고, "영혼 없는 몸"은 "죽은 것"이다(약 2:26). 찰스 하지는 이렇게 썼다. "영혼은 몸의 생명의 원천이라는 의미에서, 이 둘의 관계는 생명의 연합이다. 영혼이 몸을 떠나면, 몸은 살아 있기를 그친다."[46] 주 예수님은 사람들은 "몸은 죽여도 영혼은 능히 죽이지 못한다"고 말씀하셨고(마 10:28), 이것

---

43) 마 26:41에 대해서는 Gundry, *Sōma in Biblical Theology*, 110-111을 보라.

44) Greg Nichols, *Lectures in Systematic Theology, Volume 2: Doctrine of Man* (Seattle: CreateSpace Independent Publishing Platform, 2017), 174-175.

45) Robert H. Stein, *Luke*, The New American Commentary 24 (Nashville: Broadman & Holman, 1992), 263. 삿 15:19(70인역)에 나오는 '에피스트렙센 토 프뉴마'라는 똑같은 헬라어 어구가 '생명이 돌아왔다'는 의미인 것으로 보이므로, 눅 8:55를 그 소녀의 '생명이 돌아왔다'로 번역해야 한다는 주장이 있을 수 있다. 하지만 사사기 본문은 죽은 자를 다시 살리는 것을 가리키는 것이 아니라, 어떤 사람이 죽은 후에 다시 살아난 것을 가리킨다. 따라서 정확히 같은 단어들을 사용한 것은 아닐지라도, 더 나은 병행은 엘리야가 죽은 한 소년을 다시 살려 달라고 하나님에게 기도하는 본문이다('에피스트라페토……헤 프쉬케', 3 Kingdoms 17:21 70인역 [왕상 17:21]).

46) Hodge, *Systematic Theology*, 2:45.

12장 | 인간의 구성(1부) 291

은 몸과 영혼이 서로 구별되는 속성을 지닌 두 실체임을 보여 준다. 경건한 자는 죽어 갈 때 자신의 영을 하나님께 맡긴다(눅 23:46; 행 7:59; 참고. 시 31:5). 성경은 죽어 하늘로 간 "영혼들" 또는 "영들"에 대해 말한다(히 12:23; 계 6:9; 20:4). 그래서 바울은 인간은 죽은 후에도 "몸을 떠나" 존재한다고 말한다(고후 5:8).

우리의 결론은 성경은 인간의 구성이 기능적 통일성과 실체적 이원성을 특징으로 함을 밑받침해 준다는 것이다. 하나님은 인간 안에 몸과 영을 결합해 놓으셨고, 이 둘은 죽음으로써 부자연스럽게 분리되지만, 장차 부활의 때에 몸과 영혼이 재결합되어 인간은 완성된다는 것이다. 몸과 영은 아주 깊이 서로에게 침투해 영향을 미치므로, 인간의 구성과 관련된 성경 용어들의 의미는 상당한 정도로 서로 겹친다. 인간의 삶은 여러 부분으로 구획될 수 없다. 하지만 성경은 인간이 두 가지 서로 구별되는 실체로 이루어져 있다는 것도 가르친다. 몸은 영혼과 똑같지 않고, 영혼은 몸의 기능으로 축소될 수 없다.

인간 구성의 이원성에 대한 반론

인간은 몸과 영혼이라는 두 실체가 기능적으로 통일된 하나의 인격체라는 견해에 대해 여러 반론이 제기된다.

1. 성경의 이원성은 단지 기능적인 것이다. 이것은 몸과 영혼을 대비시키는 성경 본문은 인간의 삶의 서로 다른 기능 또는 차원을 반영한 것이고, 몸과 영혼이 서로 다른 실체임을 보여 주지 않는다는 반론이다.

우리의 대답은 성경은 인간의 영 또는 영혼은 물리적인 죽음으로 파괴되지 않고, 몸이 없어도 부활의 때까지 의식을 가진 채 계속 존재한다고 가르친다는 것이다.[47] 영혼의 불멸성에 대해서는 다음 장에서 증명할 것이므로, 여기서 우리의 결론은 사람의 영혼 또는 영은 몸의 죽음 이후에도 몸과 분리된 채 한동안 계속 살아 있으므로 몸과는 구별

---

47) 시 17:15; 31:5; 73:24-26; 사 14:9-10; 전 12:7; 마 10:28; 17:3; 22:31-32; 눅 16:22-23; 23:43, 46; 행 7:59; 고후 5:6, 8; 빌 1:21-23; 히 12:23.

되는 별개의 실체일 수밖에 없다는 것이다. 따라서 일원론적 인간론은 거짓된 것이고, 승리한 교회가 지금 하늘에서 영광을 누리고 있다고 믿는 그리스도인의 소망을 훼손한다. 존 칼빈이 영혼은 "하나님이 몸에 주입하신 힘" 또는 "일시적인 에너지"가 아니라, "피조 되었지만 불멸인 본질"이라고 말한 것은 옳다.[48]

2. 인간론 전체는 성경의 전인적 관점에서 보아야 한다. 20세기 신학자들 사이에서 유행했던 일원론은 개혁파 신학자들에게 어느 정도 영향력을 행사해 왔다. 예컨대 베르카우어는 "따라서 성경은 인간을 이원론적이거나 다원론적인 존재로 묘사하지 않고, 모든 다양한 표현 속에서 전인적인 인간이 전면에 등장한다는 것은 분명해 보인다"고 말했다.[49] 앤서니 후크마는 인간은 사후에도 계속 존재한다는 성경의 가르침을 인정했고, 성경은 그런 지속적인 존재를 "영혼"과 "영"의 관점에서 말할 수 있었음을 인정했다.[50] 하지만 로빈슨 같은 성경학자와 베르카우어 같은 신학자의 영향을 받아, 후크마는 "인간은 몸과 영혼으로 이루어져 있다는 견해"를 배척하고, 스스로 "정신-신체의 통일성"이라고 부른 것을 택했다.[51]

베르카우어와 후크마의 입장은 우리를 대단히 혼란스럽게 한다. 첫째, 성경은 종종 "몸"과 "영혼"이라는 용어를 전인적인 방식으로 사용하긴 하지만, 언제나 그런 방식으로 사용하는 것은 아니고, 전인적 인간이 이 용어들의 본질적인 의미인 것도 아니다. 성경과 일치하게 우리는 전인적 존재로서의 인간의 통일성을 가르쳐야 하지만, 영혼 또는 영이 사후에도 계속 살아 있다는 것도 가르쳐야 한다. 둘째, 인간이 영혼과 몸이라는 두 실체로 이루어져 있음을 부정하면서, 동시에 믿는 자는 몸이 죽은 후에도 그리스도의 임재 안에서 살아간다는 것을 긍정하는 것은 불가능해 보인다. 만일 인간에게 영이라는 별개의 실체가 존재

---

48) Calvin, *Institutes*, 1.15.2.
49) Berkouwer, *Man: The Image of God*, 203. 거기서 "The Whole Man"(194-233)이라는 장을 보라.
50) Hoekema, *Created in God's Image*, 220-222. 그는 마 10:28; 히 12:23; 벧전 3:18; 계 6:9를 인용했다.
51) Hoekema, *Created in God's Image*, 209-210, 216-217.

하지 않는 것이라면, 몸이 죽으면 인간은 끝이다. 따라서 우리는 베르카우어와 후크마가 제시한 인간론은 혼란스러운 것이라고 판단하고, 영혼은 살아서는 몸과 결합되어 있다가, 죽으면 불멸인 비물질적인 실체라고 단언한다.

3. 이원론적인 인간론은 구분된 세계관으로 귀결된다. 인간이 몸과 영혼으로 이루어져 있다고 보는 견해에 대한 또 다른 반론은 그런 인간론은 인간의 삶을 세속적인 영역(몸)과 신성한 영역(영혼)으로 구분하는 분열된 세계관을 낳는다는 것이다. 그런 정신적인 이분법은 그리스도인이 성경의 원리를 과학, 정치 등과 같은 이른바 세속적인 영역에 적용하는 것을 방해하고, 그리스도인으로 하여금 수면 부족이나 적절한 영양 공급의 결여 같은 신체적인 요인이 우리의 영적인 삶에 영향을 미친다는 것에 대해 눈을 감게 만들 수 있다. 또한 구분된 세계관은 이른바 객관적이고 중립적이라고 주장되는 연구 분야에서 촉진되는 불경건한 사상들이 그리스도인에게 해를 끼치는 것을 방치하게 만든다.

우리의 대답은 그런 위험들이 실제로 존재함을 인정하지만, 그런 구분된 세계관은 성경의 이원론적 인간론에서 생겨나는 것이 아니라는 것이다. 존 쿠퍼는 이렇게 쓴다. "이 둘 간에 인과관계가 성립한다고 보기는 어렵다. 내가 죽고 나서 몸으로 부활할 때까지 그리스도와 함께 있게 될 것이라고 믿는 것이 나를 정치나 지적 활동이나 삶의 그 밖의 다른 모든 것이 신앙적으로 중립적인 것이라고 생각하도록 이끌 이유가 어디 있는가?"[52] 여기서 성경은 이원성과 통일성을 둘 다 긍정함을 기억하는 것이 중요하다. 인간의 몸과 영혼은 둘 다 하나님이 창조하신 것이어서 근본적으로 선하고 하나님의 영광을 위해 존재한다. 몸과 영혼은 죽음으로써 분리될 때까지는 유기적으로 결합되어 하나로 기능하고, 몸과 영혼의 분리는 부자연스러운 상태여서, 이 상태는 부활을 통해 치유된다. 여기에는 세속적인 영역과 신성한 영역이라는 이원론이 들어설 여지가 없다.

4. 통일성과 이원성의 결합은 가능할 것 같지 않다. 또 하나의 반론은

---

52) Cooper, *Body, Soul, and Life Everlasting*, 201.

인간에게서 통일성과 이원성이 어느 한쪽을 희생시킴이 없이 공존하는 것은 불가능해 보인다는 것이다.

밀러드 에릭슨은 화학적 합성물에서 인간의 통일성과 이원성을 이해하는 데 도움이 되는 유비를 제시한다.[53] 염화나트륨으로 이루어져 있는 소금을 예로 들어 보자. 나트륨 자체는 물과 섞이면 격렬하게 반응하는 금속이고, 염화물은 독성이 있는 기체다. 하지만 소금은 기체를 담고 있는 금속 용기가 아니다. 도리어 소금은 염화물 분자와 나트륨 분자가 서로 뒤섞이고 한데 결합되어 결정체를 형성한다. 소금은 그 구성 요소인 염화물과 나트륨 중 어느 쪽과도 아주 다른 특질, 즉 음식을 맛있게 만들고 물에 녹으며 인간의 삶에 유익한 특질을 지닌다. 나트륨은 소금이라는 합성물에서 오직 하나의 구성 요소인데도, 대중적인 언어에서는 '나트륨을 줄인다'거나 '나트륨이 낮은' 같은 어구를 통해 종종 소금의 내용물을 '나트륨'이라는 말로만 표현한다.[54]

마찬가지로 소금이 기체를 담고 있는 금속 용기가 아닌 것처럼, 인간의 본성도 영혼을 담고 있는 몸이 아니다. 도리어 몸과 영혼은 서로 뒤섞이고 한데 결합되어 합성체인 인간을 형성하고, 사람은 단지 몸인 것도 아니고 단지 영혼도 아닌 그 이상의 존재다. 몸과 영혼이 죽음을 통해 분리되면, 몸은 불안정해져 금세 분해되는 반면, 영혼은 하나님이 또 다른 장소로 보내신다. 하지만 몸과 영혼은 함께 결합되어 살아 있는 하나님의 형상, 즉 천사나 동물과는 다른 특질을 지닌 인간을 형성한다. 이 유비에 따라 우리가 내릴 수 있는 결론은 통일성과 이원성이 공존하는 인간론은 얼마든지 가능한 개념이라는 것이다.

하지만 우리는 몸과 영혼에 대한 모든 질문은 우리 인간의 이해력의 범위를 벗어나 있음을 인정한다. 인간의 통일성과 이원성은 신비이자 필연이다. 사람들이 이 놀라운 교리 앞에서 넘어진다 해도 우리는 놀라지 않아야 한다. 존 플라벨(1628-1691년)은 "하늘과 땅이 한 사람 안에서

---

53) Erickson, *Systematic Theology*, 492.

54) 물론 영양학은 우리에게 중탄산나트륨, 글루탐산나트륨같이 나트륨의 원천이 되는 다른 식품이 있음을 가르쳐 주지만, 대중적인 언어에서 '나트륨을 줄인'이라는 표현은 대체로 '소금이 적은'이라는 뜻이다.

결혼해 함께 결합되어 있는 것, 땅의 먼지와 불멸의 영이 그토록 자애로운 사랑 속에서 서로를 꼭 껴안고 있는 것을 보는 지극히 놀라운 신비다"라고 말했다.[55] 하지만 인간이 이런 통일성과 이원성을 동시에 지니고 있지 않았다면, 인간으로 하여금 이 땅에서 하나님의 형상으로 살아갈 수 있게 해 주는 토대, 즉 하나님의 자녀이자 이 세계의 왕적인 청지기로 살아가는 데 필수적인 '알고 선택하고 행할 수 있는' 기본적인 능력을 갖출 수 없었을 것이다.

천사나 동물의 구성과 대비되는 인간의 구성

이 시점에서 인간의 본성을 하늘에 속한 존재 및 땅에 속한 그 밖의 다른 피조물과 대비시켜 보는 것이 유익할 것이다. 그렇게 하면 육체와 영의 결합인 인간의 구성이 다른 피조물들과 구별된다는 것이 분명해질 것이다.

첫째, 몇 가지 점에서 인간과 천사는 많은 공통점을 지닌다. 인간과 천사는 둘 다 하나님의 아들들로 창조되었다.[56] 하나님은 인간과 천사를 둘 다 하나님의 뜻을 따라 하나님을 섬기게 하려고 지으셨고, 인간과 천사는 둘 다 하나님에게 도덕적으로 책임을 질 수 있다.[57] 인간은 몸과 영의 합성체로 이루어져 있다. 천사는 영이지만,[58] 물리적인 몸의 형태로 나타날 수 있고, 심지어 음식을 먹을 수 있는 몸을 지닌 형태로 나타날 수 있다.[59] 죽은 신자의 영은 하늘 도성에서 천사와 함께 거한다(히 12:22-23). 하나님이 자기 백성을 죽은 자 가운데서 일으키실 때, 그들은 몇 가지 점에서 천사와 같을 것이다. 부활한 성도는 다시는 죽지 않고 더 이상 결혼도 하지 않을 것이기 때문이다(눅 20:34-36).

하지만 인간과 천사는 아주 다르기도 하다. 천사는 이 땅에서 소임을 행하려고 일시적으로 몸을 입을 수 있지만, 그런 몸은 전적으로 영

---

55) John Flavel, *Pneumatologia: A Treatise of the Soul of Man*, in *The Works of John Flavel*, 6 vols. (1820; repr., Edinburgh: Banner of Truth, 1968), 2:493.
56) 1:6; 2:1; 38:7; 눅 3:38.
57) 창 2:15-17; 시 103:20; 유 5-6절.
58) 왕상 22:21; 시 104:4; 행 23:8-9.
59) 창 18:1-8, 22; 19:1, 15.

인 그들의 본성에 본질적인 것이 아니다. 플라벨은 "우리가 여관에 들어가 하룻밤이나 짧은 기간 머무는 것처럼, 천사는 그런 식으로 몸에 머문다"고 말했다.[60] 반면에 인간의 몸은 우리의 온전한 정체성과 기능에 본질적인 것이다. 티시우스는 "천사는 몸과 구별되는 실체이고 본성적으로 몸을 필요로 하지 않는 경향성을 지니지만, 영혼은 본성적으로 몸을 필요로 하는 경향성을 지닌다는 점에서, 인간의 영혼의 본성은 천사(영이기도 한)와 같지 않다"고 말했다.[61] 성경은 천사를 영이라고 말하기는 하지만(히 1:14), "영혼들"(히브리어로 '네페쉬', 헬라어로 '프쉬케'의 복수형)이라고 말하지는 않는 것으로 보인다는 것은 흥미롭다.

따라서 천사와 인간은 서로 구별되는 본성과 운명을 지닌다. 천사는 죽을 수 없지만(눅 20:36), 인간은 죽을 수 있고 실제로 죽는다(창 2:17; 히 9:27). 하나님은 인간이 현세에서 소유하지 않은 민첩함과 능력의 복을 천사의 본성에 수여하셨다(시 104:4). 그래서 인간은 천사보다 조금 못하다(히 2:7, 9). 하지만 하나님은 성자의 성육신을 통해 인간의 본성에 최고의 영예를 복으로 주셨다. 그리스도는 천사를 죄에서 속량하기 위해 천사의 본성을 입은 적은 없지만, 자신의 언약 백성을 구원하기 위해 인간의 본성을 입으셨다(16절). 하나님은 천사가 아니라 성육신하신 주 예수님과 그가 영광으로 이끌게 될 자녀들로 하여금 내세를 다스리게 하셨다(5, 9-10절). 하나님이 본성적으로는 천사를 인간보다 더 우월하게 지으셨지만, 결국에는 천사로 하여금 은혜로 말미암아 구원하신 자들의 종이 되어 섬기게 하신 것은 놀라운 일이다(히 1:14; 참고, 고전 6:3).

둘째, 인간과 동물을 비교해 보아도 많은 유사점이 발견된다. 인간과 동물은 둘 다 흙에서 유래한 몸을 지니고 있고,[62] 암수가 있으며, 성적 생식을 통해 번식한다.[63] 둘 다 "호흡" 또는 생물학적인 생명이라는 의미에서 "영"을 지니고 있고, 둘 다 죽는다.[64] 동물과 인간은 둘 다 살아

---

60) Flavel, *Pneumatologia*, in *Works*, 2:511.

61) Polyander, Walaeus, Thysius, and Rivetus, *Synopsis Purioris Theologiae*, 13.17 (1:321).

62) 창 1:24; 2:7; 3:19; 전 12:7.

63) 창 1:22, 27-28; 6:19; 7:3, 9, 16; 9:1.

64) 시 49:12, 20; 전 3:19-21.

움직이는 피조물이라는 점에서 "혼"이라고 부를 수 있다.[65]

하지만 하나님은 오직 인간을 하나님의 형상대로 창조하셨고, 인간에게 동물을 다스릴 권세를 주셨다.[66] 성경은 이성, 의지, 도덕적 주체, 책임성, 불멸성이라는 속성을 동물에게는 돌리지 않고 인간에게만 돌린다. 인간의 혼 또는 영이 짐승의 혼이나 영과 다른 본성을 지니고 있다는 것은 분명하다. 한 사람의 남자나 여자나 아이가 많은 동물보다 더 큰 가치를 지닌다.[67] 인간은 하나님의 형상으로 지음 받았으므로, 인간의 몸은 신성한 특질을 지니고 있어서, 인간의 생명을 불법적으로 빼앗는 것은 중대한 범죄인 반면, 인간은 동물을 죽이고 먹을 수 있다(창 9:3-6). 하나님은 동물에게도 자비로우셔서, 동물이 물리적으로 필요로 하는 것들을 공급해 주시기는 하지만,[68] 인간의 경우와는 달리 동물과 가족으로서의 관계를 맺거나, 동물을 하나님의 자녀라고 부르지는 않는다.[69] 성경은 인간과 천사를 심판하게 될 날에 대해서는 자주 말하지만, 동물을 심판하게 될 날에 대해서는 단 한 번도 말하지 않는다. 성경에는 동물이 사후에도 계속 존재함을 보여 주는 것은 없는 반면, 성경은 인간의 영혼은 창조주의 뜻에 따라 불멸이라고 분명하게 가르친다.

---

65) 창 1:20-21, 24, 30; 2:7, 19; 9:4-5, 10, 12, 15-16. 아리스토텔레스의 철학에서는 생명을 다음과 같이 구분했다. (1) 식물적 생명. 식물에게서 볼 수 있는 것으로서, 성장과 번식의 생명력이다. (2) 감각적 생명. 동물에게서 볼 수 있는 것으로서, 식물적 생명이 지닌 특질 외에 물리적인 지각을 사용하고 감각 인지에 반응하는 능력을 지닌다. (3) 이성적 생명. 인간과 영에게서 발견되는 것으로서, 식물적 생명과 감각적 생명이 지닌 특질 외에 지적 대상을 고찰하는 능력을 지닌다. Aquinas, *Summa Theologica*, Pt. 1, Q. 78, Art. 1. 이 구별을 Brakel, *The Christian's Reasonable Service*, 1:310-311이 채택했다. 하지만 이런 구분은 오늘날 생물학적 생명에 대한 과학적 이해를 반영한 것은 아니다. 식물도 환경을 지각하고 반응하기 때문이다.
66) 창 1:26-28; 9:2-6; 시 8:6-8.
67) 마 6:26; 10:30; 12:12.
68) 시 104:10-30; 145:9; 마 6:26.
69) 눅 3:38; 요 1:12; 롬 8:15; 고후 6:18; 갈 4:5.

묵상과 토론을 위한 질문

1. 성경에서 신체적인 생명을 가리킬 때 "혼"이나 "영"이라는 단어를 사용한 예로는 어떤 것들이 있는가?

2. 성경에서 단지 물리적인 몸만이 아니라 전인적인 인간을 나타내기 위해 "뼈"나 "몸"이라는 단어를 사용한 예로는 어떤 것들이 있는가?

3. 저자들이 말한 인간 구성의 "기능적 통일성"은 무엇을 의미하는가?

4. 성경은 각 사람의 기능적 통일성에 대해 어떻게 증언하는가?

5. 성경은 몸과 영혼의 실체적 이원성에 대해 어떻게 증언하는가?

6. 몸과 영혼의 이원성에 대한 네 가지 반론과 거기에 대한 저자들의 반박을 간단하게 설명하라.

7. 인간의 구성과 천사의 구성은 어떤 점에서 유사하고 어떤 점에서 대비되는가?

8. 인간의 구성과 동물의 구성은 어떤 점에서 유사하고 어떤 점에서 대비되는가?

더 깊은 성찰을 위한 질문

9. "몸"('소마')으로 번역되는 헬라어는 종종 전인적인 인간을 나타낼 수는 있지만 그 자체로 "전인적 인간"을 의미하지는 않는다는 로버트 건드리의 결론을 논평해 보라. 이 결론은 성경 본문과 바른 이성적 추론으로써 밑받침되는가? 그렇거나 그렇지 않다면 그 이유는 무엇인가?

10. 영혼이 물리적인 몸과 구별되는 별개의 실체가 아니라면, 그것은 인간의 책임성과 관련해 어떤 함의를 지니는가? 사후의 삶과 관련해서는 어떤 함의를 지니는가?

11. 인간의 몸과 영혼의 기능적 통일성은 정신적이고 감정적인 문제로 고통을 겪는 사람을 상담할 때 어떤 함의들을 지니는가?

13장

인간의 구성(2부)

몸과 영혼

앞 장에서는 하나님이 자신의 말씀 속에서 인간은 인격적이고 생명적이며 기능적인 통일성 가운데 함께 결합되어 있는 몸과 영혼이라는 두 실체로 이루어져 있다는 것을 계시하셨음을 논증했다. 이 장에서는 성경이 몸과 영혼에 대해 무엇을 가르치는지를 살펴보려 한다. 이 논의 전체에 걸쳐 하나님이 몸과 영혼을 함께 결합시켜 놓으셨음을 기억하는 것이 중요하다. 우리는 몸과 영혼을 분리해 따로 논의할 수는 있지만, 오직 죽음이라는 부자연스러운 심판으로써만 이 둘은 서로 분리되고, 그것도 오직 부활의 때까지 한시적으로만 분리된다. 우리는 몸과 영혼을 '인간이 가지고 있는 어떤 것이 아니라' 인간 존재 자체로 보아야 한다.

인간의 몸

인간의 합성된 본성의 가시적 요소는 온갖 다양한 조직과 부분과 기관이 생물학적 체계를 이루고 결합되어 있는 몸이다. 인간에 대한 생물학적 연구는 영광스러운 소임이다. 신학자인 우리는 몸과 관련된 성경의 세 가지 큰 주제, 즉 창조론, 성화론, 영화론에 초점을 맞춘다. 조직신학이 왜 몸에 관심을 가져야 하는지에 대해 의문을 제기하는 사람이 있을 수 있다. 그렉 앨리슨은 "인간 실존의 정상적인 상태는 몸을 지닌 실존"이라고 쓴다.[1] 달리 말하면, 우리는 현세에서나 내세에서나 우리의 몸을 벗어 버릴 수 없고, 몸을 벗어 버리려는 것은 하나님의 뜻이 아니다. 따라서 우리는 인간의 몸에 대한 성경적 관점을 지녀야 한다.

하나님이 지으신 것인 몸의 선함

인간의 몸은 흙에서 발견되는 요소들로 지어졌지만, 자연적인 과정으로써가 아니라 하나님의 초자연적인 행위로 생겨났다(창 2:7). 몸은 "지극히 선하다"(1:31, "심히 좋았더라"). 일부 사상 조류와는 반대로, 몸은 악하지 않고, 우리의 영에 장애물인 것도 아니며, 하나님을 영화롭게 하는 것에서 우리 영혼보다 못한 것이 아니다. 몸과 그 본성적인 기능들, 즉 결혼생활의 성과 음식을 즐기는 것 같은 것들은 창조주의 선물로 받아들이는 것이 합당하다(딤전 4:1-3). 바울은 "하나님께서 지으신 모든 것이 선하매 감사함으로 받으면 버릴 것이 없나니 하나님의 말씀과 기도로 거룩하여짐이라"(4-5절)고 설명했다. 우리는 우리 몸과 관련해 하나님께 감사해야 한다.

다윗은 자기가 잉태된 때부터 시작해 여호와가 자신의 삶에 개입하셨다고 말하면서(시 139편), 하나님이 모태에서 그의 몸을 "만드신", 즉 직역하면 "엮어 짜신"('사카크') 것을 신기해한다(13절). 이것은 하나님이 공예품을 만들듯 정교하고 노련하게 사람들을 지으신 것으로 묘사하고 있는 것이다(참고. 욥 10:11). 그런 후에 다윗은 "내가 주께 감사하옴은 나를 지으심이 심히 기묘하심이라 주께서 하시는 일이 기이함을 내 영혼이 잘 아나이다"(시 139:14)라고 쓴다. "나는 두렵고 기이하게 지음 받았다"(개역개정에는 "나를 지으심이 심히 기묘하심이라")로 번역된 구절에서 "두렵고"('야레'의 니팔 분사형)는 '두려움이나 경외심을 불러일으키는'을 의미하고, "기이하게 지음 받았다"('팔라'[palah]의 니팔형)는 '특별하게 구별되

---

1) Greg R. Allison, "Toward a Theology of Human Embodiment," *Southern Baptist Journal of Theology* 13, no. 2 (2009): 5 (full article, 4–17).

었다'를 의미한다. "기이하게 지음 받았다"와 음은 비슷하지만 의미는 다른 단어인 "기이한"('팔라'[pala]의 니팔형. 개역개정에는 "기이함")은 이적, 즉 하나님의 능력에 따른 이례적인 행위를 가리키는 데 사용되는 용어다. 인간의 몸은 하나님의 이적적인 창조 행위에 따라 만들어진 기이한 것이다. 존 칼빈은 "인간의 몸은 그 자체로 지극히 독창적이고 정교한 합성체임을 보여 주므로, 우리가 몸을 지으신 분을 기이한 일을 행하시는 분이라고 판단하는 것이 옳음을 보여 준다"고 말했다.[2] 몸은 우리가 사용하는(또는 남용하는) 단순한 기계가 아니다. 몸은 하나님의 영광을 보여 주는 신성한 예술 작품이다.

인간의 몸이 지닌 선함과 가치는 우리의 신체적인 삶과 그 삶을 지탱해 주는 활동에 대한 부정적인 견해를 무너뜨린다. 적절한 자양분을 섭취하고 건강을 위한 운동은 시간 낭비가 아니라, 우리 몸을 우리에게 맡기신 하나님을 기쁘시게 해 드리는 지혜로운 청지기로서의 직무의 일부다. 결혼생활 안에서 사랑으로 말미암은 성적 친밀함은 더럽거나 더럽히는 것이 아니라, 즐거운 동반자 관계를 유지하고 자녀를 낳으며 우리를 음행에서 보호해 주기 위해 하나님이 주신 아름다운 선물이다. 건축, 농업, 숙련된 수공업 같은 직업은 신앙을 가르치는 것이나 과학적인 연구 같은 더 학문적인 직업과 마찬가지로 고귀하다.[3] 종교개혁자들과 청교도는 하나님이 각 사람에게 사회에서 소명이나 직업을 할당하셨고(고전 7:17, 20), 우리는 공동체 속에서 몸의 여러 부분처럼 우리의 공동의 번영을 위해 서로를 의지하게 하셨다고 이해했으므로, 이것과 관련해 우리에게 많은 것을 가르쳐 줄 것을 주었다.[4]

---

2) Calvin, *Institutes*, 1.5.2.

3) Cooper, *Body, Soul, and Life Everlasting*, 203.

4) Ronald S. Wallace, *Calvin's Doctrine of the Christian Life* (Tyler, TX: Geneva Divinity School Press, 1982), 148-156; William Perkins, *A Treatise of the Vocations, or, Callings of Men* (London: John Legat, 1603), 3, 13, 22-23, 28; William Gouge, *Building a Godly Home, Volume 1, A Holy Vision for Family Life*, ed. Scott Brown and Joel R. Beeke (Grand Rapids, MI: Reformation Heritage Books, 2013), 18-19; Richard Steele, *The Tradesman's Calling* (London: for J. D. by Samuel Spring, 1684), 1; Stephen Innes, *Creating the Commonwealth: The Economic Culture of Puritan New England* (New York: W. W. Norton, 1995), 7.

거룩함에서 몸의 중요성

인간의 몸은 성화 과정에서 아주 중요한 부분을 담당한다. 몸은 죄와의 싸움에도 관여한다. 바울은 "그러므로 너희는 죄가 너희 죽을 몸을 지배하지 못하게 하여 몸의 사욕에 순종하지 말고"(롬 6:12)라고 쓴다. 성경은 우리를 내세적인 신비의 길로 이끌지 않고, 우리의 물리적인 몸을 사용하는 실천적인 성화로 이끈다. 바울은 "너희가 육신대로 살면 반드시 죽을 것이로되 영으로써 몸의 행실을 죽이면 살리니"(8:13)라고 말한다. 몸은 삶 전체에서 예배를 위해 하나님께 성별되어 드려져야 한다. 우리는 12장 1절에서 "그러므로 형제들아 내가 하나님의 모든 자비하심으로 너희를 권하노니 너희 몸을 하나님이 기뻐하시는 거룩한 산 제물로 드리라 이는 너희가 드릴 영적 예배니라"는 말씀을 읽는다.

거룩함과 관련해 신자의 몸이 지닌 중요성을 가장 잘 보여 주는 것은 신자의 몸은 그리스도와 연합되어 있다는 것이다. 그리스도인과 그리스도의 연합은 물리적인 것이 아니라, 성령으로 말미암은 것이다(고전 6:17). 하지만 성령은 단지 우리 영혼을 그리스도와 연합시키는 것이 아니어서, "너희 몸"은 "그리스도의 지체"다(15절). 하나님의 아들이 성육신에서 "혈과 육"을 포함해 인간의 본성을 온전히 입으셨던 것처럼(히 2:14, 17), 성령은 자기 백성의 몸과 영혼을 그리스도와 연합시킨다. 그리스도는 자신의 죽음으로 신자를 전인적으로 사셨으므로, 바울은 "너희 몸"은 "성령의 전"이고, "그런즉 너희 몸으로 하나님께 영광을 돌리라"(고전 6:19-20)고 말한다. 몸은 "주를 위하여" 있다(13절). 머리를 다듬는 것부터 음식을 먹는 것에 이르기까지 몸과 관련된 모든 것은 하나님께 영광을 돌리고 다른 사람에게 선을 행하는 것을 지향해야 한다(10:31; 11:14-15).

그리스도와의 연합은 한편으로는 몸을 존귀하게 만들고, 다른 한편으로는 몸을 머리이신 그리스도 아래 둔다. 참된 거룩함은 엄격한 금욕주의가 아니라, 그리스도의 죽으심 안에서 이루어지는 그리스도와의 경험적 친교에서 발견된다(골 2:19-23). 믿음으로 말미암아 부활하신 주님과 연합된 신자는 단순한 신체적인 만족을 추구하는 것이 아니라, 자신의 마음을 들어올려 그리스도와 함께하는 하늘의 영광을 구하고, 몸을 악용하고 남용하려는 죄의 모든 움직임을 죽인다(3:1-5). 그들은 영광스러운 상을 구하는 운동선수처럼 자신의 몸을 하나님 뜻에 "복종하게" 하려 애쓴다(고전 9:27). 하지만 그들은 자신의 몸을 원수로 대하지 않고, 하나님께 영광을 돌리도록 설계된 하나님의 피조물로 대한다.

몸의 구원에 대한 그리스도인의 소망

몸은 영혼이 더 높이 날기 위해 빠져나와야 하는 고치가 아니다. 몸은 영생에 참여한다. 바울은 몸을 의복과 장막에 비유하여, "이렇게 입음은 우리가 벗은 자들로 발견되지 않으려 함이라 참으로 이 장막에 있는 우리가 짐 진 것같이 탄식하는 것은 벗고자 함이 아니요 오히려 덧입고자 함이니 죽을 것이 생명에 삼킨바 되게 하려 함이라"(고후 5:3-4)고 쓴다. 그리스도인의 소망은 몸을 벗는 것("벗고자 함이 아니요")이 아니라, 몸을 불멸로 만드는 것("생명에 삼킨바 되게 하려 함이라")이다(참고. 사 25:8).

모든 사람은 영원토록 몸을 지니게 되어 있다. 많은 몸이 티끌로 돌아갔지만, "의인"이든 "악인"이든(행 24:15) 모든 사람이 부활의 때에 다시 몸을 입게 될 것이다. 그리스도는 "이를 놀랍게 여기지 말라 무덤 속에 있는 자가 다 그의 음성을 들을 때가 오나니 선한 일을 행한 자는 생명의 부활로, 악한 일을 행한 자는 심판의 부활로 나오리라"(요 5:28-29)고 말씀하셨다. 악인의 몸은 영혼과 재결합되어 그리스도의 정죄의 선고를 받고 지옥에 던져져 영원히 고통받게 될 것이다(마 5:29-30; 10:28). 하지만 의인에게는 더 나은 소망이 있다.

장차 그리스도는 영광중에 다시 오셔서, "만물을 자기에게 복종하게 하실 수 있는 자의 역사로 우리의 낮은 몸을 자기 영광의 몸의 형체와 같이 변하게 하실" 것이다(빌 3:21). "낮은 몸"(ESV)이라는 어구는 '천한 몸'으로 번역할 수도 있지만, 몸이 본질적으로 깨끗하지 않다고 폄하하는 의미는 아니고, 문자적으로 '우리의 낮아진 상태에서의 몸'('토 소마 테스 타페이노세오스 헤몬')을 의미한다. 그리스도가 "낮아지셨지만"('타페이노오')

높아지셔서 영광을 받으셨던 것처럼(2:8-9), 그리스도와 연합된 자들도 그들의 현재의 낮아진 상태의 몸에서 들어올려져 그리스도의 영화롭게 되신 몸같이 될 것이다. 우리를 그리스도와 연합하게 해 주는 분은 성령이고, 바로 그 성령이 장차 신자를 그리스도의 부활 생명으로 이끄실 것이다(롬 8:11). 이런 변화를 통해 우리는 하나님 자녀로서 하나님과 우리 관계를 온전히 경험하게 될 것이다. 왜냐하면 우리의 "양자 됨"의 온전한 영광은 "우리 몸의 속량"(23절)을 포함하기 때문이다. 하나님은 우리의 죽을 몸 또는 죽은 몸을 썩을 것에서 썩지 않을 것으로, 욕된 것에서 영광스러운 것으로, 약한 것에서 강한 것으로, 본성적인 생명에서 영적인 생명으로 바꾸실 것이다(고전 15:42-44). 그리스도인의 이 영광스러운 소망으로 말미암아 신자는 기뻐할 수 있다. "사망아 너의 승리가 어디 있느냐 사망아 네가 쏘는 것이 어디 있느냐 사망이 쏘는 것은 죄요 죄의 권능은 율법이라 우리 주 예수 그리스도로 말미암아 우리에게 승리를 주시는 하나님께 감사하노니"(55-57절).

인간의 영혼

우리가 영혼이나 영을 직접 눈으로 보는 것은 불가능하다. 우리는 생각과 감정을 통해 우리 자신의 영혼의 기능을 직접적으로 경험하지만, 인간의 영혼을 보거나 느낄 수는 없고, 과학적 도구를 사용해 천사의 영을 탐지할 수도 없다. 존 플라벨에 따르면, 아타나시우스(약 297-373년)는 "본질적으로 사람이 알 수 없는 것이 세 가지가 있는데, 그것은 하나님, 천사, 인간의 영혼이다"라고 말했다.[5] 이렇게 우리가 여기서 다루는 주제는 신비에 싸여 있다. 마르틴 루터는 "우리는 여전히 영혼을 정의할 수 없다"는 것을 인정했다.[6]

신학자들은 영혼에 대해 여러 유익한 설명을 제시해 왔다. 칼빈은 "영혼은……몸 안에 있는……무형의 실체로……몸의 모든 부분을 살

---

5) Athanasius: Flavel, *Pneumatologia*, in *Works*, 2:489에서 재인용.
6) Luther, *Lectures on Genesis*, in *LW*, 1:13 (창 1:2).

아 움직이게 할 뿐 아니라……사람을 들어올려 하나님을 높이게 한다"고 말했다.[7] 플라벨은 "인간의 영혼은 이해력, 의지, 다양한 감정을 부여받은 살아 있고 영적이며 불멸하는 실체로, 몸에 끌리도록 창조되었고, 하나님에 의해 몸에 주입되었다"고 썼다.[8] 빌헬무스 아 브라켈은 "영혼은 지성과 의지로 치장된 영적이고 무형이며 눈으로 볼 수 없고 만질 수 없으며 불멸하는 인격적 실재다"라고 말했다.[9] 이 정의들은 유익하지만, 주로 우리에게 영혼이 무엇이 아니고 어떤 기능을 하는지를 말해 줄 뿐이고, 영혼이 본질적으로 무엇인지를 말해 주지는 않는다.

우리는 인간의 영혼에 대한 몇몇 진리를 알지만, 이것은 하나님이 자신의 말씀 속에서 계시하셨기 때문이다. 하지만 우리는 인간의 영이라는 주제를 일정 정도 인식론적으로 유보적인 태도로 접근해야 하고, 성급하게 합리주의적인 결론을 내리려는 것이 아니라, 성경의 가르침을 고수해야 한다.

인간 영혼의 불멸성

성경이 죽음에 대해 가르치는 것 속에서 우리는 인간의 영혼이 몸과 구별되어 별개로 존재함을 보여 주는 아주 분명한 증거를 발견한다. 몸은 죽을 수밖에 없는 반면, 영혼은 불멸이다. 우리는 여기서 불멸이라는 단어를 본성에 따른 절대적인 불멸성이라는 의미로 사용하지 않는다. 그런 불멸성은 오직 하나님에게 해당된다(딤전 6:16). 따라서 여기서 영혼의 불멸성이라는 것은 은혜의 선물인 하나님과의 친교 가운데서의 영생을 의미하거나(딤후 1:10), 창조주에게 불가능한 것은 없으므로, 하나님이 원하시기만 한다면 영혼을 멸하지 않으실 수 있음을 의미한다(렘 32:17). 우리는 영혼 불멸에 대한 헬라 사상, 즉 영혼은 영원부터 존재해 있었고 윤회한다는 사상을 긍정하지 않는다.[10] 하나님은 인간

---

7) Calvin, *Institutes*, 1.15.6.
8) Flavel, *Pneumatologia*, in *Works*, 2:495.
9) Brakel, *The Christian's Reasonable Service*, 1:310.
10) Plato, *Phaedo*, 71–72, 77–78, in *Plato, Volume 1, Euthyphro, Apology, Crito, Phaedo, Phaedrus*, trans. H. N. Fowler, Loeb Classical Library (New York: Macmillan, 1908), 243, 257, 267.

을 태초에 창조하셨고(창 1:1, 26: 2:7), 사후에는 심판이 있기 때문이다(히 9:27). 또한 우리는 영혼은 죽음의 경험과 무관하다고 말하지도 않는다. 영혼은 몸의 죽어 가는 과정에 함께하고, 몸이 죽었을 때 몸에서 분리되는 것을 경험하기 때문이다. 그래서 성경은 몸이 죽는다고 말하지 않고, 사람이 죽는다고 말한다. 인간 영혼의 불멸성은 죽음으로 말미암아 몸은 파괴되어 티끌로 돌아가지만, 신체적인 죽음으로써 영혼은 파괴되지도 않고 파괴될 수도 없음을 의미한다.

그리스도는 사람들을 "몸은 죽여도 영혼은 능히 죽이지 못하는 자들"이라고 말씀하심으로써(마 10:28) 영혼의 불멸성을 가르치셨다. 사람은 몸의 생명을 소멸시킬 수는 있지만, 인간의 어떤 행위로도 영혼을 죽이는 것은 불가능하다. 만일 여기 언급된 "영혼"('프쉬케')이 '생명'을 의미하는 것으로 해석한다면, 이 말씀은 의미 자체가 성립할 수 없게될 것이다. 영혼은 몸과 다르고, 영혼과 몸은 서로 다른 본성을 지닌다. 몸은 죽을 수밖에 없지만, 영혼은 불멸이어서 죽음에 종속되지 않는다.

영혼멸절설이나 조건부 불멸설을 지지하는 사람은 그리스도가 계속 "몸과 영혼을 능히 지옥에 멸하실 수 있는 이를 두려워하라"(마 10:28)고 말씀하셨다는 반론을 제기한다. 그들은 "멸하다"('아폴뤼미')로 번역된 헬라어는 여기서 '죽게 하다'를 의미할 수 있으므로(2:13), 하나님이 지옥의 소멸시키는 불을 통해 악인의 영혼을 멸절시키실 때, 그 영혼은 죽게 될 것이라고 말한다.[11]

우리의 대답은 이렇다. 먼저 "멸하다"('아폴뤼미')는 '파멸시키다, 못쓰게 하다'를 의미할 수 있다는 것이다. 마태복음 9장 17절이 그 예다. "새 포도주를 낡은 가죽 부대에 넣지 아니하나니 그렇게 하면 부대가 터져 포도주도 쏟아지고 부대도 버리게['아폴뤼미'] 됨이라 새 포도주는 새 부대에 넣어야 둘이 다 보전되느니라." "가죽 부대"로 번역된 단

---

11) Clark Pinnock, "The Conditional View," in *Four Views on Hell*, ed. William Crockett (Grand Rapids, MI: Zondervan, 1992), 146; Edward William Fudge, "The Case for Conditionalism," in Edward William Fudge and Robert A. Peterson, *Two Views of Hell: A Biblical and Theological Dialogue* (Downers Grove, IL: InterVarsity Press, 2000), 20-21, 43.

어는 "포도주를 담은 가죽 부대"(ESV)를 의미한다. 낡은 가죽 부대는 발효가 된 포도주의 압력 때문에 완전히 파괴되는 것이 아니라 터져서 포도주를 담는 데 더 이상 사용할 수 없게 된다. 둘째, 다른 성경 본문은 지옥 불이 영원히 탄다는 것을 분명하게 보여 준다(마 18:8; 25:41; 막 9:43-48). 왜냐하면 그리스도는 악인에게 영원한 형벌을 선고하실 것이기 때문이다(마 25:46). 지옥에서는 "그 고난의 연기가 세세토록 올라가고", 악인은 "누구든지 밤낮 쉼을 얻지 못한다"(계 14:11). 따라서 성경은 하나님이 지옥에서 악인을 멸하시는 것이 아니라, 그들을 영원한 파멸에 넘겨주실 것이라고 가르친다. 영혼은 불멸이어서 신체적인 죽음 이후에도 생존하고, 그 생존은 영원토록 지속된다.

영혼의 불멸성을 부정하는 것은 오래된 오류에 빠지는 것이다. 누가는 사두개인들이 저지른 오류는 부활과 천사 또는 "영"('프뉴마')의 존재를 부정한 것이라고 지적했다(행 23:8). 그리스도는 아브라함, 이삭, 야곱의 하나님은 "죽은 자의 하나님이 아니요 살아 있는 자의 하나님이시니라"(마 22:32)고 말씀하셔서 그런 오류를 바로잡으셨다.

또한 그 밖의 다른 성경 본문은 인간의 영은 사후에 몸을 떠나 의식을 지닌 채 계속 존재함을 보여 준다. 전도서 12장 7절은 "흙은 여전히 땅으로 돌아가고 영은 그것을 주신 하나님께로 돌아가기 전에 기억하라"고 말한다. 이 본문은 창세기 3장 19절에서 하나님이 아담과 그의 종족인 인류에게 죽음의 벌을 내리신 것을 간접적으로 인용한 것이다. "너는 흙이니 흙으로 돌아갈 것이니라." 하지만 "영"('루아흐')은 흙으로 돌아가거나 소멸하는 것이 아니라, 일단은 영을 창조하셔서 인간의 몸에 주입하신 하나님께로 돌아간다(창 2:7).

그리스도는 우리에게 영혼의 불멸성을 가르치셨다. 그리스도는 어떤 부자와 거지의 죽음에 대해 말씀하시면서, 거지는 "천사들에게 받들려" 아브라함을 만난 반면, 부자는 몸은 땅에 장사되었지만 그 자신은 "음부에서" 고통을 당했다고 하셨다(눅 16:22-23). 누가복음 23장 46절에서 그리스도는 죽어 가시면서 시편 31편 5절의 말씀을 빌려, "아버지 내 영혼을 아버지 손에 부탁하나이다"라고 기도하셨다. 이 기도를 하시기 직전에 그리스도는 자기 옆의 십자가 위에서 죽어 가는 회개한 강도에게 "내가 진실로 네게 이르노니 오늘 네가 나와 함께 낙원에 있으리라"(눅 23:43)고 약속하셨다. 그리스도의 몸은 죽어 장사되었지만, 그의 영은 바로 그날 하늘에 계시는 아버지 하나님께로 가셨다. 거기에는 저 강도의 영과, 회개하고 죽은 모든 죄인의 영들이 그리스도와 함께 여전히 살아 있다.

그 밖의 다른 신약 본문도 같은 것을 보여 준다. 스데반은 죽으면서 "주 예수여 내 영혼을 받으시옵소서"(행 7:59)라고 기도했다. 하늘에 있는 하나님의 도성에 있는 성도는 "온전하게 된 의인의 영들"(히 12:23)이라 불린다. 노아 세대의 악인들은 지금은 "옥에 있는 영들"(벧전 3:19)이다. 이 본문들은 인간의 영은 사람이 죽을 때 소멸되는 것이 아니라, 복이나 벌을 받기 위해 자기를 창조하신 분을 만난다는 것을 보여 준다.

영혼이나 영에 대한 명시적인 언급이 없는 경우에도 성경은 신자가 사후에 몸 없이 계속 인격적으로 존재함을 계시해 준다. 종종 성경은 몸을 마치 사람이 일시적으로 거하는 "장막"에 불과한 것처럼 말한다(고후 5:1, 4; 벧후 1:13-14). 그런 맥락 속에서 사도 바울은 죽음에 대해 "우리가 담대하여 원하는 바는 차라리 몸을 떠나 주와 함께 있는 그것이라"(고후 5:8)고 말한다. 또한 "내게 사는 것이 그리스도니 죽는 것도 유익하기" 때문에 "차라리 세상을 떠나서 그리스도와 함께 있는 것이 훨씬 더 좋은 일"이라고 쓴다(빌 1:21, 23).[12] 따라서 죽음에 대한 기독교적인 견해는 사람의 영이나 영혼은 불멸이어서, 사람은 사후에도 계속 의식을 지닌 채 존재한다는 것이다.

인간 영혼의 비물질성과 영적인 성질

이미 앞에서 보았듯 마태복음 10장 28절에서는 인간의 영혼은 사람

---

12) "하나님의 말씀"으로 말미암아 "죽임을 당한 영혼들"이 그들의 영을 가리키는 것인지, 아니면 그들 자신을 가리키는 것인지는 분명하지 않다. "영혼들"('프쉬케'의 복수형)은 어느 쪽이든 의미할 수 있기 때문이다(계 6:9). 하지만 요한계시록은 순교자들이 하나님과의 친교 속에서 살아서 활동하는 것으로 묘사한다는 것은 분명하다.

이 죽일 수 없다고 말함으로써, 인간의 영혼은 인간의 몸과 다른 본성을 지니고 있음을 보여 준다. 이것은 인간의 영혼이 땅에 속한 물질로 이루어지지 않았음을 의미한다. 땅에 속한 물질로 이루어졌다면 물질적인 힘에게 파괴될 수 있기 때문이다. 따라서 인간의 영혼은 단지 물질의 활성화된 상태 또는 물질의 기능이나 활동 중 하나일 수 없고, 비물질적인 별개의 실체다.

우리는 부활하신 주 예수님의 말씀 속에서 영의 비물질성을 확인할 수 있다. "내 손과 발을 보고 나인 줄 알라 또 나를 만져 보라 영은 살과 뼈가 없으되 너희 보는 바와 같이 나는 있느니라"(눅 24:39). 그리스도는 제자들로 하여금 그리스도의 영만이 돌아왔다고 생각하지 않게 하려고, 자기가 죽은 자 가운데서 몸으로 부활했음을 증명하기 위해 이렇게 말씀하셨다. 그리스도는 촉각("만져 보라")과 시각("보고")이라는 감각을 근거로 한 증명을 제시하셨는데, 이것은 그리스도와 그의 제자들이 영은 본성적으로 만질 수 없고 볼 수 없다고 이해했음을 보여 준다. 또한 그리스도는 "영은 살과 뼈가 없으되"라고 말씀하셔서 이 진리를 분명히 하셨다.

영혼을 비물질적인 실체라고 말하는 순간, 그 즉시 우리는 용어 문제에 걸리게 된다. 비물질적인 것과 물질적인 것을 정확하게 정의하는 것은 철학적으로든 과학적으로든 어려운 과제다. 물리학자들이 원자 이하의 수준에서 '물질'의 입자는 에너지장의 파동처럼 행동함을 발견한 이후로는 특히 더 그렇다. 따라서 여기서는 육안으로 확인할 수 있는 수준, 즉 질량이 있고, 감각으로 탐지가 가능하며, 부피같이 측정할 수 있는 면적이나 양을 지닌 물질에 초점을 맞출 것이다. 그리스도도 이런 상식적인 물질 개념에 따라 "영"과 물질을 구별하시고서 제자들에게 자신의 부활한 몸을 손으로 만지고 눈으로 보라고 하셨던 것으로 보인다. 이것은 영이 실체를 지니고 있지 않음을 의미하는 것이 아니라, 우리 몸과는 다른 종류의 실체로 이루어져 있음을 의미한다. 여기서 우리는 실체라는 단어를 전문적이고 철학적인 의미로 사용하지 않고, 실체를 가지고 진정으로 존재하는 어떤 실재를 가리키는 통상적인 의미로 사용한다.[13] 사실 이 실체가 정확히 무엇인지는 우리가 알지 못한다.

하지만 우리는 인간의 영의 속성에 대해서는 어느 정도 말할 수 있다. 사람이 사후에 몸을 떠나 계속 존재한다는 것은 인간의 인격의 핵심이 몸이 아니라 영혼에 있음을 의미한다. 따라서 영혼은 분명히 이해력과 의지를 지닌 인격적 실체다. 영혼은 죽기 전에는 우리 몸 안에 또는 우리 몸과 함께 거하고, 죽은 후에는 부활하신 그리스도와 함께 거하거나 고통스러운 곳에 거한다. 따라서 영혼에게는 거처가 있다. 또한 영혼이 사고와 감정과 선택권을 지닌 인간의 핵심이라면, 몸을 지도하고 신체적인 감각에서부터 정보와 인상을 받기 위해 물질세계와 교감할 수 있어야 한다.

인간의 핵심이 영혼에 있다는 것은 윤리적으로 중요한 함의를 지닌다. 인격성은 몸의 발전이나 올바른 작동에 달려 있지 않다. 어떤 사람이 모태에 있는 태아든,[14] 정신적으로 장애를 지닌 아이든, 장애를 입은 퇴역 군인이든, 자신의 자녀를 알아보지 못하는 나이 든 여자든, 몸과 영혼으로 이루어져 있기만 하다면, 그는 인격을 지닌 사람이다. 그런 사람은 자신의 인격을 온전히 표현할 수 없을지는 모르지만, 본질적으로는 여전히 인격을 지닌 사람이다.[15] 따라서 우리는 모든 사람을 사람에 걸맞은 존엄과 정의로 대해야 한다.

우리는 인간의 영이 비물질적인 것이라는 사실이 영은 몸과 분리되어 존재하는 것이 자연스러운 것이고, 몸을 단지 하나의 집 또는 도구로 사용하는 것임을 의미하는 것이라고 오해해서는 안 된다. 이 점에서 칼빈이 몸을 영혼의 "감옥"이라고 부른 것은 지나치다.[16] 우리가 성경

---

13) *Merriam-Webster's Collegiate Dictionary*, 11th ed. (Springfield, MA: Merriam-Webster, 2003)에서 실체(substance)와 본질(essence)에 대한 정의를 보라.

14) 다윗은 하나님이 자기 어머니의 모태에 형성하신 것을 "나"라고 불렀다. "나"라는 인칭대명사를 사용한 것은 태아가 단지 사람이 되어 가는 과정 가운데 있는 물질에 불과한 것이 아니라, 가장 초기 형태의 사람 자체라는 것을 보여 준다(시 139:13-16).

15) 인격에 대한 기능적 정의와 본질적 정의에 대해서는 Bruce A. Ware, "Human Personhood: An Analysis and Definition," *Southern Baptist Journal of Theology* 13, no. 2 (Summer 2009): 18-31을 보라.

16) Calvin, *Institutes*, 1.15.2; 3.3.20; 3.9.4; *Commentaries*, 고후 5:4. 데릭 브라운은 이 점에서 칼

용어를 개관하며 보았듯 하나님은 영혼 또는 영을 몸의 생명과 밀접하게 연결시키신다. 안토니우스 티시우스는 이렇게 말했다. "영혼은 몸을 인간 구성의 또 다른 절반으로 여기고 몸에 대한 자연스럽고 변함없는 감정을 지니고서 몸을 의지한다……영혼은 몸이 없을 때 온전히 복된 것이 아니라, 몸과 연합하여 하나가 되었을 때만 온전히 행복하다. 이 것은 인간의 지극한 복을 위해서는 몸의 부활이 필수적임을 보여 주는 증거다."[17]

플라벨은 하나님은 "몸에 이끌리는 성향을 지닌" 영혼을 창조하셨다고 말했다.[18] 바울은 "누구든지 언제나 자기 육체를 미워하지 않고 오 직 양육하여 보호하는" 것을 일반적인 원칙으로 천명한다(엡 5:29). 플라벨은 "몸과 영혼은 서로 아주 다른 본성을 지니고 있지만 인격적으로 하나라는" 점에서 "본질적으로 하나인 것은 아니지만", 하나님은 몸과 영혼을 마치 남편과 아내처럼 결혼시켜 하나가 되게 하셨다고 말했다.[19]

인간 영혼의 통일성 대 삼분법

지금까지 우리는 인간 구성과 관련해 "영"과 "영혼"을 사실상 서로 대체해 사용할 수 있는 용어로 사용해 왔다. 하지만 일부 신학자는 인간 본성과 관련해 삼분법으로 알려진 견해를 지지한다. 삼분법에서는 인간은 세 부분, 즉 몸과 혼과 영으로 이루어져 있다고 말한다. 이 견해의 근거로 사용되는 핵심 본문은 데살로니가전서 5장 23절이다. "평강의 하나님이 친히 너희를 온전히 거룩하게 하시고 또 너희의 온 영과

빈이 플라톤 철학의 영향을 받았다고 비판한다. Derek J. Brown, "Calvin's Theology of the Human Body," in *Reformation Faith: Exegesis and Theology in the Protestant Reformation*, ed. Michael Parsons (Eugene, OR: Wipf and Stock, 2014), 31–37. 칼빈은 『기독교 강요』(1.15.6)에서 영혼이라는 주제를 설명할 때 명시적으로 플라톤을 다룬다. 우리가 칼빈의 "감옥"이라는 표현을 어떤 식으로 평가하든, 몸에 대한 그의 전체적인 견해는 많은 긍정적인 요소를 지니고 있다는 것은 분명하다. 또한 우리는 칼빈이 고통스러운 의학적 상태에 있었던 것을 감안해 이 표현을 읽어야 한다.

17) Polyander, Walaeus, Thysius, and Rivetus, *Synopsis Purioris Theologiae*, 13.24 (1:324–325).
18) Flavel, *Pneumatologia*, in *Works*, 2:495.
19) Flavel, *Pneumatologia*, in *Works*, 2:594.

혼과 몸이 우리 주 예수 그리스도께서 강림하실 때에 흠 없게 보전되기를 원하노라." 삼분법 지지자들은 이 성경 본문은 인간이 세 부분으로 구성되어 있고, 이 세 부분이 인간 본성을 포괄함을 보여 준다고 주장한다.

삼분법적 인간론을 밑받침하는 데 사용되는 또 하나의 본문은 히브리서 4장 12절이다. "하나님의 말씀은 살아 있고 활력이 있어 좌우에 날선 어떤 검보다도 예리하여 혼과 영과 및 관절과 골수를 찔러 쪼개기까지 하며 또 마음의 생각과 뜻을 판단하나니." 삼분법 지지자들은 이 본문은 "혼과 영"을 두 가지 실재로 구별하고 있다고 말한다.

하지만 그런 해석은 문제가 있다. 만일 그런 논리를 일관되게 적용한다면, 우리는 히브리서 4장 12절에 따라 인간 본성을 구성하는 서로 구별되는 여섯 가지 부분, 즉 혼, 영, 관절, 골수, 생각, 뜻이 있다고 결론을 내려야 한다. 만일 우리가 이와 같은 해석 방법을 사용해 다른 본문에 접근한다면, 신명기 6장 5절은 우리가 세 부분, 즉 마음, 혼(개역개정에는 "뜻"), 힘으로 이루어져 있다고 말하는 것이 될 것이다. 하지만 주 예수님이 이 본문을 인용하신 마가복음 12장 30절에서 우리는 인간이 네 부분, 즉 마음, 혼(개역개정에는 "목숨"), 지성(개역개정에는 "뜻"), 힘[20]으로 이루어져 있다고 말씀하고 있는 것을 발견한다. 이 귀류법적 논증은 어떤 본문이 인간 본성에 대해 여러 가지 것을 열거한다 해도, 그것은 우리에게 인간 구성의 서로 구별되는 여러 부분에 대해 우리에게 가르치려는 것이 아님을 보여 준다. 도리어 그런 성경 본문들은 하나님이 우리에게 우리의 존재 전체로 거룩한 사랑을 행할 것을 명령하신다는 것을 강조하려고 인간 본성과 관련된 여러 용어를 가져와 중첩적으로 사용한 것이다.

성경은 흔히 "혼"과 "영"을 사실상 서로 대체할 수 있는 방식으로 사용한다. "혼"과 "영"은 둘 모두 동물의 생명을 가리키는 데 사용된다.[21] 한나는 자기가 "마음['루아흐', 영]이 슬픈 여자"여서 "여호와 앞에 내

---

20) 참고, Erickson, *Systematic Theology*, 479.
21) 창 1:20-21, 24, 30; 2:7, 19; 6:17; 7:15, 22; 전 3:21.

심정['네페쉬', 혼]을" 쏟아 부은 것이라고 말했다(삼상 1:15). 욥은 "그런즉 내가 내 입을 금하지 아니하고 내 영혼['루아흐', 영]의 아픔 때문에 말하며 내 마음['네페쉬', 혼]의 괴로움 때문에 불평하리이다"라고 말했다(욥 7:11). 이사야는 "밤에 내 영혼['네페쉬', 혼]이 주를 사모하였사온즉 내 중심['루아흐', 영]이 주를 간절히 구하오리니"라고 기도했다(사 26:9). 마리아는 하나님을 경배하며, "내 영혼[혼]이 주를 찬양하며 내 마음[영]이 하나님 내 구주를 기뻐하였음은"이라고 말했다(눅 1:46-47). 마찬가지로 요한은 그리스도가 "지금 내 마음[혼]이 괴로우니"(요 12:27)라고 말씀하셨다고 보도했고, 예수에 대해 "심령[영]이 괴로우셨다"고 썼다(13:21). 요한복음의 이 두 본문에서는 "괴롭다"('타랏소'의 수동태)로 번역된 똑같은 단어를 사용하지만, 한 본문에서는 "혼"과 함께, 다른 한 본문에서는 "영"과 함께 사용한다. 이런 병행 표현들은 같은 개념을 상호 보완적인 단어들을 사용해 말하는 전형적으로 히브리적인 서술 방식이고, 이것은 속사람을 가리키는 데 "혼"과 "영"이라는 단어 중 어느 쪽도 사용할 수 있음을 의미한다.

"혼"과 "영"의 의미론적 범위는 똑같지 않을 수 있지만, 이 용어들은 둘 다 인간의 비물질적인 부분과 관련해서는 똑같은 것을 가리킨다. 따라서 우리는 인간의 구성은 본질적으로 삼분법적이 아니라 이분법적이라고 말한다.

인간 영혼의 여러 능력

하나님은 인간의 영혼을 지으실 때, 영혼이 여러 가지 방식으로 행할 수 있게 하셨다. 성경에서 "마음"은 인간 활동의 지휘 본부다. 한 사람의 삶의 모든 행위가 마음에서 흘러나온다(잠 4:23; 막 7:21-23). 성경이 영이나 혼이라는 용어를 어떻게 사용하는지를 연구해 보면, 영혼이 어떤 것들을 행할 수 있는 능력을 지니고 있다는 것이 쉽게 드러난다. 영혼의 행위에는 지식(고전 2:11), 이해(사 29:24), 기억과 묵상(시 77:6) 같은 **정신적인 것**도 있고, 소원(사 26:9), 고민(욥 7:11), 슬픔(마 26:38; 막 8:12), 기쁨(눅 1:47) 같은 감정적인 것도 있으며, 선택(출 35:21; 스 1:1, 5), 성향(마 26:41) 같

은 의지적인 것도 있다.[22]

신학자들은 오랫동안 영혼의 활동을 영혼의 능력에 따라 구별해 왔다.[23] 능력(faculty)이라는 용어(라틴어 facultas에서 유래했다)는 합성된 실체의 서로 다른 여러 부분을 가리키는 것이 아니라, 어떤 것을 할 수 있는 능력을 가리킨다.[24] 지롤라모 잔키(1516-1590년)는 이렇게 말했다. "영혼의 모든 잠재력은 능력('뒤나메이스')이라 불린다. 영혼의 잠재력을 '파쿨타스'(facultas)라고 부르는 이유는 영혼이 자신의 특정한 잠재력으로 창조주가 정해 놓으신 특정한 일을 쉽게(라틴어로 '파킬레') 할 수 있기 때문이다."[25]

인간이 하나의 인격체로 작동하려면 영혼의 능력이 필수적이다. 우리가 삼위일체론에서 설명했듯 성부와 성자와 성령이 서로를 알고 사랑하는 것처럼, "인격체"이려면 이성적이고 의지적이며 다른 인격체와 관계를 맺을 수 있어야 한다.[26] 하나님은 인간을 지성과 의지의 여러 능력을 지닌 인격적인 피조물로 창조하셨으므로, 사람은 하나님 및 사람들과 인격적인 방식으로 관계를 맺고서, 각자가 자기 자신을 유일무이한 개체로 인식하여 "나"라고 부르고, 다른 사람을 "너"라고 부르며 서로 소통할 수 있다.[27]

고대부터 오늘날에 이르기까지 철학자와 신학자는 영혼의 능력들, 그 능력들 서로 간의 관계, 그 능력들과 몸의 감각, 상태, 움직임의 관계

---

22) 그 밖의 성경적 근거는 Nichols, *Lectures in Systematic Theology*, 2:180-181에 나와 있다.

23) 개혁파 정통 신학에서 영혼의 능력론과 이전 시대의 그 뿌리에 대한 탁월한 개론은 Paul Helm, *Human Nature from Calvin to Edwards* (Grand Rapids, MI: Reformation Heritage Books, 2018)에서 찾아볼 수 있다.

24) Richard A. Muller, *Dictionary of Latin and Greek Theological Terms: Drawn Principally from Protestant Scholastic Theology*, 2nd ed. (Grand Rapids, MI: Baker Academic, 2017), 118; 참고, 토마스 아퀴나스의 설명, "영혼의 능력[라틴어로 '포텐티아']은 영혼의 작용의 가장 가까운 원리 외의 다른 것이 아니다." *Summa Theologica*, Part 1, Q. 78, Art 4, Answer.

25) Girolamo Zanchi, *De primi hominis lapsu, de peccato, et de lege Dei*, 1.6.2, in *Reformed Thought on Freedom: The Concept of Free Choice in Early Modern Reformed Theology*, ed. Willem J. van Asselt, J. Martin Bac, and Roelf T. te Velde, Texts and Studies in Reformation and Post-Reformation Thought (Grand Rapids, MI: Baker Academic, 2010), 74.

26) 이 책 2권 625-628.

27) Nichols, *Lectures in Systematic Theology*, 2:178.

를 복합적으로 분석해 왔다.[28] 플라톤은 인간의 삶은 다음 세 가지 요인에 따라 움직인다고 말했다. "이성, 신체적 욕구, 야심/분노"다.[29] 아리스토텔레스는 인간의 모든 욕구 배후에는 영혼의 다음 두 가지 기본적인 능력이 작용하고 있다고 전제했다. "지성과 욕망"이다.[30] 아우구스티누스는 "기억", "이해력", "의지"가 함께 합쳐져 "하나의 삶", "하나의 지성", "하나의 실체"를 이룬다고 말했다.[31] 아퀴나스는 지성과 의지가 인간 활동을 주관하는 두 가지 핵심적인 요소라고 규정했고, 이 둘은 서로 분리될 수 없는 방식으로 함께 행한다고 말했다.[32] 에드워드 레이놀즈(1599-1676년)가 말했듯 이해력이 의지에 무엇이 선한지에 대한 정보를 제공해 주지 않으면, "의지는 단독으로는 눈먼 능력이어서" 선한 것을 선택할 수 없다.[33]

오늘날에는 영혼의 활동을 지성, 감정, 의지라는 관점에서 말하는 것이 일반적이다. 플라벨은 영혼의 능력을 세 가지, 즉 "이해력, 의지, 여러 감정"으로 구별했다.[34] 그는 "이해력은 이성을 지닌 영혼의 한 능력으로, 사람은 이 능력을 사용해 지성으로 알 수 있는 모든 사물을 이해하고 판단한다"고 말했다. 또한 그는 "의지는 이성을 지닌 영혼의 한 능력으로, 사람은 이 능력을 사용해, 이해력이 분별하고 아는 것들을 선택하거나 거부한다"고 말했다.[35] 플라벨은 "감정"은 영혼을 이끌어 영혼이 참된 행복으로 인식하는 것을 향하게 하고, 불행으로 인식하는

---

28) *Institutes*, 1.15.6에 나오는 철학자들의 분석에 대한 칼빈의 언급을 보라. 이 헬라 철학자들은 "영혼"('프쉬케')을 정통 기독교 신학과는 다른 의미로 사용했음을 유의해야 한다.

29) Plato, *The Republic*, trans. and ed. Desmond Lee, rev. ed., Penguin Classics (London: Penguin, 1974), 4.434d - 441c (206 - 217).

30) Aristotle, *De Anima (On the Soul)*, trans. and ed. Hugh Lawson-Tancred, Penguin Classics (London: Penguin, 1986), 3.10 (213 - 214).

31) Augustine, *On the Trinity*, 10.11.18, in *NPNF*[1], 3:142.

32) Aquinas, *Summa Theologica*, Part 1, Q. 82, Art. 4. Brian Davies, *Aquinas*, Outstanding Christian Thinkers (London: Continuum, 2002), 99를 보라.

33) Edward Reynolds, *A Treatise on the Passions and Faculties of the Soul*, in *The Whole Works of Right Rev. Edward Reynolds*, 6 vols. (1826; repr., Morgan, PA: Soli Deo Gloria, 1996), 6:317(앞으로는 *Passions and Faculties*로 인용함).

34) Flavel, *Pneumatologia*, in *Works*, 2:495.

35) Flavel, *Pneumatologia*, in *Works*, 2:503, 506.

것을 피하도록 압박한다.[36]

하지만 칼빈, 윌리엄 에임스, 티시우스, 제임스 어셔, 레이놀즈, 조나단 에드워즈(1703–1758년) 같은 다른 개혁파 신학자들은 영혼은 이해력과 의지라는 두 가지 기본적인 능력을 지니고 있고, 의지는 선에 대한 욕구 또는 욕망을 포함하는 것으로 여기는 접근방법을 채택했다.[37] 아우구스티누스는 이렇게 말했다. "그것들 모두[모든 감정] 속에는 의지가 존재한다. 사실 모든 감정은 의지 외의 다른 것이 아니다. 욕망과 기쁨은 우리가 원하는 것에 동의한다는 의지가 아니면 무엇이겠는가? 두려움과 슬픔은 우리가 원하지 않는 것을 피하려는 의지가 아니면 무엇이겠는가?"[38] 헤르만 바빙크는 이렇게 말했다. "의지는 특정한 능력이 아니다. 의지는 최고의 형태의 욕구하는 능력 외의 다른 것이 아니다……이 욕구하는 능력은……본능과 욕망, 소원과 갈망으로 나타나는 온갖 종류의 성향을 포함하고, 이것은 의지의 능력도 마찬가지다."[39]

감정과 의지의 관계를 보여 주는 가장 중요한 예인 사랑을 고찰해 보는 것이 도움이 될 것이다. 사랑에는 감정이 포함되어 있다는 것은 분명하지만(신 21:15–16), 사랑은 의지의 선택이기도 하다(신 10:15; 30:19–20). 성경은 의지의 선택보다는 마음의 사랑에 대해 훨씬 더 많이 말한다. 아우구스티누스는 이렇게 말했다. 인류 안에서의 큰 구분인 "두 도성"은 "두 가지 사랑에 따라" 정의된다. "땅의 도성은 하나님을 멸시하고 자기를 사랑하는 것을 특징으로 하고, 하늘의 도성은 자기를 멸시하고 하나님을 사랑하는 것을 특징으로 한다. 한마디로 말해, 전자는 자기

---

36) Flavel, *Pneumatologia*, in *Works*, 2:509.

37) Calvin, *Institutes*, 1.15.7; *Commentaries*, 창 1:26; Ames, *The Marrow of Theology*, 1.8.73 (106); 참고, 1.4.52 (87); Polyander, Walaeus, Thysius, and Rivetus, *Synopsis Purioris Theologiae*, 13.32 (1:327); Ussher, *A Body of Divinity*, 5th head (91); Reynolds, *Passions and Faculties*, in *Works*, 6:278, 329; Edwards, *Religious Affections*, in *WJE*, 2:96. 『신앙감정론』, 부흥과개혁사 역간, 2005.

38) Augustine, *The City of God*, 14.6, in *NPNF*[1], 2:266.

39) Herman Bavinck, *Foundations of Psychology*, trans. Jack Vanden Born, Nelson D. Kloosterman, and John Bolt, in *Bavinck Review* 9 (2018): 232 (full article, 1–244). 이 저작은 성경신학적인 글이 아니라, 영혼과 그 능력에 대한 심리학적이고 철학적이며 역사적인 논의다.

자신을 자랑하고, 후자는 하나님을 자랑한다."[40] 하나님은 하나님을 알고 사랑하는 것이 우리 영혼의 가장 큰 의무이자 즐거움이 되도록 우리 영혼을 창조하셨다(신 4:35, 39; 6:4-5). 영혼의 능력은 '알고 사랑하는 능력'이라고 요약하는 것이 최선이라고 우리는 잠정적으로 말할 수 있다.

인간의 영혼과 그 능력은 도덕적으로나 영적으로나 중립적이지 않고, 언제나 하나님 및 하나님 뜻과 어떤 관계 속에 서 있다. 지성 또는 이해력은 어둠과 눈먼 것을 특징으로 하는 것이거나 빛과 영적 지각을 특징으로 하는 것, 이 둘 중 하나다(엡 1:18; 4:17-18; 참고, 마 6:22-23). 성경은 마음이 한 사람의 행위를 지도하는 도덕적이고 영적인 성격을 지니고 있다고 설명한다. 악한 마음은 악한 언행이라는 악한 열매를 낳는 반면, 선한 마음은 선한 언행을 낳는다(눅 6:43-46). 선한 마음을 갖는 것은 하나님 말씀에 바르게 응답하는 데 아주 중요하다(눅 8:15). 신학자들은 한 사람의 생각, 선택, 행위를 이끌어 나가는 지배적이고 지속적인 성격을 가리키는 데 영혼의 능력의 "성향"(라틴어로 '하비투스')이라는 표현을 사용한다.[41] 죄인에게 "새 마음"을 주는 것(겔 36:26)은 영혼에 새로운 실체나 구성 요소를 창조하거나 새로운 능력을 더하는 것이 아니라, 기존의 능력에 새로운 성향, 즉 하나님을 의뢰하고 사랑하며 하나님의 계명을 지키는 성향을 나누어 주는 것이다.

앞으로 보게 되겠지만, 영혼의 능력 교리는 죄와 구원에 대한 신학적 논의를 위한 중요한 토대를 제공해 준다. 폴 헴은 개혁파 정통 신학자들은 "능력 심리학을 다시 다듬어, 유효한 은혜에 대한 아우구스티누스의 설명을 거기에 통합시켰다"고 쓴다.[42] 아우구스티누스의 원죄론에서는 죄가 욕망만이 아니라 지성과 의지까지도 부패시켰다고 설

---

40) Augustine, *The City of God*, 14.28, in *NPNF*[1], 2:282-283.

41) Editorial "Glossary of Concepts and Terms," in Polyander, Walaeus, Thysius, and Rivetus, *Synopsis Purioris Theologiae*, 2:665; Muller, *Dictionary of Latin and Greek Theological Terms*, 146. 아퀴나스는 "습관은 성향이고, 이 성향에 따라 사람은 좋은 것 또는 나쁜 것에 이끌리는 성향을 지니게 된다"고 한 아리스토텔레스의 말을 인용했다. *Summa Theologica*, Part 2.1, Q. 49, Art. 1.

42) Helm, *Human Nature from Calvin to Edwards*, 107.

명한다.[43] 영적인 삶에서 아주 중요한 영혼의 한 능력인 이해력의 한 측면은 양심이다. 플라벨은 양심은 "한 사람이 하나님의 판단에 비추어 자기 자신을 판단하는 것"이라고 말했다. 이것을 예시하기 위해 그는 다음과 같은 예를 들었다. "양심의 음성은 하나님의 음성이다. 양심은 하나님이 세우신 대리 통치자이자 대변인이기 때문이다."[44] (죄인 안에서의 양심과 그 활동에 대해서는 나중에 죄에 대한 형벌이라는 주제를 다루는 장에서 논의하겠다.[45] 죄론과 구원론에서 아주 중요한 주제인 의지의 자유로운 선택에 대해서는 별개의 독립된 장에서 따로 다룰 것이다.[46] 나중에 구원론 아래 다룰 중생론은 하나님이 영혼의 기존의 능력에 새로운 영적인 성향을 주셔서 죄인이 하나님을 알고 의뢰하고 사랑하게 된다는 관점에서 제시될 것이다.[47])

영혼의 능력과 성향이라는 고전적인 표현은 신학적 담론을 위해 여전히 유익하다. 하지만 우리는 다음과 같은 단서를 달아 이 표현들을 사용할 것이다. 첫째, 우리는 영혼이 통상적으로 몸과 결합되어 자신의 능력을 행사함을 인정한다. 따라서 영혼의 지성, 기억, 감정 등은 한 사람의 몸의 상태에 따라 깊이 영향을 받아 형성된다. 이런 능력들은 사후에도 계속된다(눅 16:23-26). 둘째, 우리가 능력이라는 표현을 사용한다 해서, 스콜라 신학자들이 영혼의 능력 및 성향과 관련해 단언했던 온갖 논리적 결론을 긍정하는 것은 아니다. 셋째, 우리가 영혼의 능력이라고 말한다 해서, 영혼을 여러 부분이나 단위로 구분하는 것은 아니고, 한 영혼이 행하는 능력에 대해 말하려는 것일 뿐이다. 이 능력들은 서로 구별하여 고찰할 수는 있지만, 분리될 수는 없다. 감정 없는 사고 또는 지식 없는 선택을 누가 상상할 수 있겠는가?[48]

---

43) 이 책 21장을 보라.
44) Flavel, *Pneumatologia*, in *Works*, 2:504.
45) 이 책 24장에 나오는 죄에 대한 형벌의 인간적인 수단에 대한 논의를 보라.
46) 이 책 22장을 보라.
47) *RST*, vol. 3을 보라.
48) 지성과 의지가 "서로 섞여 짜여 있는 것"에 대해서는 Helm, *Human Nature from Calvin to Edwards*, 151 - 174를 보라.

인간 영혼의 기원

하나님은 흙으로 만드신 몸에 생명을 불어넣어 사람이 "생령"(창 2:7)이 되게 하심으로써, 인간의 구성을 완성하고 인간의 창조를 완료하셨다. 인간의 몸은 흙에서 기원했지만, 플라벨이 말한 것처럼, 인간의 생명인 영혼은 "하나님의 창조 능력의 직접적인 결과물"이었다.[49] "생령"이라는 표현은 그 자체로는 특별히 동물과 구별되는 인간의 영을 가리키지 않는다(19절). 하지만 하나님이 첫 사람에게 생명을 주셨다는 것은 하나님이 인간의 영을 창조하셨음을 의미한다. 왜냐하면 인간의 영은 물질적인 몸을 살아 움직이게 하기 때문이다(약 2:26). 그 영은 별개의 비물질적인 실체다. 영혼이 물질에서 생겨났다고 추정하는 것은 비합리적이다. 영혼과 물질은 서로 다른 본성을 지니기 때문이다. 따라서 우리는 창세기 2장 7절과 성경의 더 폭넓은 가르침에 따라, 하나님이 아담의 영혼을 무에서 특별히 창조하셨다는 결론을 내린다. 욥기 32장 8절에서는 "그러나 사람의 속에는 영이 있고 전능자의 숨결이 사람에게 깨달음을 주시나니"라고 말한다.

하지만 아담의 후손인 모든 사람의 영혼이 어떻게 존재하게 되었는지를 묻는 것은 완전히 다른 문제다. 신학자들은 주로 세 가지 대답을 제시한다.[50] 첫째, 영혼 선재설에서는 이성을 지닌 모든 사람은 영혼이 몸으로 들어오기 전에 이미 영으로 살고 있었다고 본다. 이 사상은 플라톤이 가르친 것이었고,[51] 나중에 기독교 신학자 오리게네스가 채택했다.[52] 예수 그리스도 후기성도교회(모르몬교)는 영혼은 창조된 것이 아니라 태초에 하나님과 함께 존재했다고 가르친다.[53] 하지만 그런 견해는 사변적인 것이고, 성경적 근거가 없다. 다윗은 하나님이 "나를"

---

49) Flavel, *Pneumatologia*, in *Works*, 2:492.
50) Berkhof, *Systematic Theology*, 196–197.
51) Plato, *Phaedo*, 71–72, 77–78 (243, 257, 267).
52) Origen, *De Principiis*, 1.7.3–4, in *ANF*, 4:263–264.
53) Joseph Smith, "The King Follett Sermon," The Church of Jesus Christ of Latter-Day Saints, https://www.lds.org/ensign/1971/05/the-king-follett-sermon?lang=eng&clang=pes; *Doctrine and Covenants*, 93:29, The Church of Jesus Christ of Latter-Day Saints, https://www.lds.org/scriptures/dc-testament/dc/93.29?lang=eng#28.

어머니의 모태에서 지으셨다고 말했고(시 139:13-15), 이것은 각 사람이 이미 존재해 있었던 것이 아니라 물리적으로 잉태될 때 처음으로 생겨난 것임을 의미한다. 로마서 9장 11절은 사람이 "아직 나지" 않은 때는 "무슨 선이나 악을 행하지 아니한 때"임을 보여 준다. 선재설은 영혼이 몸 속으로 들어와 잉태되기 전에 이미 도덕적 행위 주체로 존재했다고 주장한다. 하지만 하나님이 첫 사람의 몸을 만드시고 그에게 생기를 불어넣으셨을 때, 첫 사람은 생령이 되었다(창 2:7).[54]

둘째, 영혼 유전설은 테르툴리아누스,[55] 많은 루터파 신학자,[56] 일부 개혁파 신학자[57]가 가르친 것으로서, 아이의 영혼은 아이의 몸과 마찬가지로 부모에게서 생성된다고 본다. 어떤 사람들은 테르툴리아누스처럼 영혼을 유형적이고 물질적인 실체로 보고, 어떤 사람들은 비물질적인 실체로 보긴 하지만, 다른 영혼에게서 생성되거나 형성되거나 불붙여질 수 있다고 본다. 이 견해의 지지자들은 하나님은 일곱째 날에 창조 사역을 마치셨으므로(창 2:2), 각각의 영혼은 아담에게서 유래할 수밖에 없다고 주장한다. 영혼 유전설은 어떻게 각각의 사람이 아담에게서 도덕적 부패와 죽음을 대물림 받는지를 설명하는 데도 사용된다(롬 5:12; 참고. 시 51:5). 하지만 이런 논거들은 결정적이지 않다. 하나님은 처음 엿새 동안 새로운 종류의 피조물을 창조하는 사역을 마치셨지만, 그것은 하나님이 추가적으로 초자연적인 역사를 행하지 않으신다는 것을 의미하지 않는다.[58] 원죄는 자연적인 출생을 통해 이어지긴 하지만, 부모의 영혼에서 유래하는 것이 아닌 어떤 다른 방식으로 이어질 수

---

54) Vermigli, *The Peter Martyr Library*, 4:40.

55) Tertullian, *A Treatise on the Soul*, chaps. 4-5, in *ANF*, 3:184-185. 테르툴리아누스는 영혼은 몸과 밀접한 관계에 있다는 점에서 어떤 의미에서 "유형적인" 것이라고 주장했다.

56) L'Ubomir Batka, "Luther's Teaching on Sin and Evil," in *The Oxford Handbook of Martin Luther's Theology*, ed. Robert Kolb, Irene Dingel, and L'Ubomir Batka (Oxford: Oxford University Press, 2014), 244-245.

57) Hungarian *Confessio Catholica*, in *Reformed Confessions*, 2:564; William G. T. Shedd, *Dogmatic Theology*, 2 vols. (New York: Charles Scribner's Sons, 1888), 2:19-94. Reymond, *A New Systematic Theology of the Christian Faith*, 424-425에서는 영혼 유전설을 조심스럽게 지지한다.

58) Flavel, *Pneumatologia*, in *Works*, 2:514; Turretin, *Institutes*, 5.13.11 (1:481); Brakel, *The Christian's Reasonable Service*, 1:314.

있다(롬 5:18).[59]

셋째, 영혼 창조설은 각 사람이 인간의 삶을 시작할 때 하나님이 각 사람의 영혼을 무에서 창조하신다고 본다. 페트루스 롬바르두스[60] 및 칼빈, 요한네스 볼레비우스, 티시우스, 프란키스쿠스 투레티누스, 에드워드 같은 개혁파 신학자들이 이 견해를 지지했다.[61] 영혼 창조설의 지지자들은 하나님이 모든 사람의 영을 지으셨다고 가르치는 성경 본문들을 근거로 제시한다.[62] 하지만 이 성경 본문들은 하나님이 각각의 영혼을 무에서 창조하시는 것인지, 아니면 부모의 몸을 사용해 아이의 몸을 지으시듯 부모의 영혼에서 아이의 영혼을 창조하시는지에 대해서는 분명하게 계시하지 않는다(시 139:13-16).

신학자들이 영혼 창조설을 채택해 온 주된 이유는 인간의 영은 단일한 영적 실체라는 그들의 믿음 때문이다. 영적 실체는 몸의 물리적 물질이 만들어 낼 수 없다. 여러 부분을 갖고 있지 않은 단일한 실체는 구분할 수도 없고 증식할 수도 없다. 따라서 인간의 몸이나 영은 새로운 영혼을 만들어 낼 수 없으므로, 각 사람의 영혼은 하나님이 무에서 직접 창조할 수밖에 없다고 그들은 결론을 내린다.[63] 영혼의 단순성과 불가분성이라는 철학적인 논거도 제시되지만,[64] 성경에서는 그런 개념들을 가르치지도 않고, 성경의 가르침에서 그런 결론을 도출해 낼 수

---

59) Flavel, *Pneumatologia*, in *Works*, 2:519-522. 원죄에 대해서는 이 책 19-21장을 보라.

60) Lombard, *The Sentences*, 2.19.7.2 (2:81).

61) Calvin, *Commentaries*, 창 3:6; Wollebius, *Compendium*, 1.5.(4).ii (57); Polyander, Walaeus, Thysius, and Rivetus, *Synopsis Purioris Theologiae*, 13.53 (1:335, 337); Turretin, *Institutes*, 5.13 (1:477-482); Jonathan Edwards, "The Great Concern of a Watchman for Souls," in *WJE*, 25:64. 루이스 벌코프는 아무 인용도 없이 착각하여 에드워즈가 영혼 유전설을 지지했다고 말했다. Berkhof, *Systematic Theology*, 197.

62) 사 42:5; 57:16; 슥 12:1; 히 12:9.

63) Reynolds, *Passions and Faculties*, in *Works*, 6:246; Flavel, *Pneumatologia*, in *Works*, 2:519; Turretin, *Institutes*, 5.137 (1:480); Brakel, *The Christian's Reasonable Service*, 1:313; Hodge, *Systematic Theology*, 2:71.

64) "영적인 것이라는 이 속성에서 즉시 다음으로 단순성, 통일성, 현실성이 흘러나온다. 왜냐하면 물질은 모든 완전한 합성, 두 가지 본질적인 부분인 질료와 형상으로 이루어지는 모든 합성물의 뿌리이기 때문이다." Reynolds, *Passions and Faculties*, in *Works*, 6:254. 레이놀즈는 키케로("Tully")를 인용했고, 합성, 형상, 질료에 대한 아리스토텔레스 철학의 전제 위에 자신의 논증을 세웠다. Thomas Ainsworth, "Form vs. Matter," in *The Stanford Encyclopedia of Philosophy* (Spring 2016 Edition), https://plato.stanford.edu/archives/spr2016/entries/form-matter/를 보라.

도 없다. 사실 우리는 영혼의 존재론적 속성에 대해 거의 알지 못한다. 따라서 우리는 사변적이고 논리적인 논증에 지나지 않는 영혼 창조설을 받아들이는 것을 주저한다.

정통 신학자들은 이 문제의 불확실성을 인정해 왔다. 아우구스티누스는 영혼 유전설과 창조설이 둘 모두 가능성이 있다고 말했지만, 어느쪽이 올바른지를 성경적이고 신학적으로 어떻게 입증해야 하는지에 대해서는 확신하지 못했다.[65] 레이놀즈는 창조설을 지지하는 논증을 제시했지만, "그럼에도 성 아우구스티누스가 이 문제를 확정하기를 주저함으로써 보여 준 자유와 겸손을 자기 자신과 사람들이 본받도록 판단을 유보한다"는 단서를 달았다.[66] 찰스 하지는 영혼 유전설에 반대했지만, "인류의 새로운 개인이 만들어지는 출생은 불가사의한 신비"라고 고백했다.[67] 바빙크와 루이스 벌코프는 창조설을 지지했지만, 유전설과 창조설은 둘 다 훌륭한 논거를 가지고 있음을 인정했다.[68] 레이놀즈는 전도서 11장 5절을 근거로, 성령이 우리가 이 문제를 알지 못하게 하셨다고 믿었다. "바람의 길이 어떠함과 아이 밴 자의 태에서 뼈가 어떻게 자라는지를 네가 알지 못함같이 만사를 성취하시는 하나님의 일을 네가 알지 못하느니라."[69] 여기서 우리는 신비와 맞닥뜨리고, 하나님이 계시하거나 숨기기로 작정하신 것을 그대로 받아들여 만족하는 것이 최선인 것으로 보인다(신 29:29).

하나님이 영혼을 어떤 식으로 형성하시든, 성경은 하나님이 각 사람의 몸과 영을 지으신다는 것을 분명하게 보여 준다.[70] 따라서 우리는 우리가 하나님에게 의존되어 있음을 인정하고, 우리 마음의 모든 움직임을 우리를 지으신 하나님께 복종시키는 것이 마땅하다는 것을 인정해야 한다. 하나님은 모든 영혼을 주관하시고, 영혼들은 하나님께 책임을 져야 한다.

---

65) Augustine, Letter 166, to Jerome, in *NPNF*[1], 1:523 – 532. Turretin, *Institutes*, 5.13.1 (1:477).
66) Reynolds, *Passions and Faculties*, in *Works*, 6:245.
67) Hodge, *Systematic Theology*, 2:78.
68) Bavinck, *Reformed Dogmatics*, 2:581; Berkhof, *Systematic Theology*, 200.
69) Reynolds, *Passions and Faculties*, in *Works*, 6:245.
70) 시 139:14-16; 슥 12:1; 참고, 시 33:15.

하나님을 기쁘시게 하는 것에서 인간 영혼의 중심성

우리는 이 장의 앞부분에서 인간의 몸은 하나님을 섬기는 것과 성화 과정에서 중요한 기능을 한다고 말한바 있다. 하지만 또한 성경은 영혼은 한 사람의 중심이므로, 하나님을 기쁘시게 하는 것에서도 중심임을 계시한다. 속사람 또는 "마음"을 드림이 없는 신앙은 하나님의 진노를 불러일으킨다(사 29:13을 인용한 마 15:8).

시편은 하나님께 내적으로 영을 드리는 것의 중요성을 특히 강조한다. 다윗은 자신의 마음과 영을 새롭게 해 주시라고 하나님께 부르짖었다. 하나님이 원하시는 예배가 죄에 대해 상한 마음으로 통회하는 영에서 생겨남을 알았기 때문이었다(시 51:10, 17). 하나님에 대한 이스라엘의 불순종의 뿌리는 그들이 "그들의 마음이 정직하지 못하며 그 심령이 하나님께 충성하지 아니하는 세대"(시 78:8 ESV)였다는 것에 있었다. 하나님은 우리 몸을 지으셨지만, 신체적인 위대함이 아니라 내적인 경건을 기뻐하신다. 시편 147편 10-11절에서는 "여호와는 말의 힘이 세다 하여 기뻐하지 아니하시며 사람의 다리가 억세다 하여 기뻐하지 아니하시고 여호와는 자기를 경외하는 자들과 그의 인자하심을 바라는 자들을 기뻐하시는도다"라고 말한다. 이런 이유로 하나님은 단지 외적으로 행하는 것만으로 사람을 판단하지 않으시고, "여호와는 심령을 감찰하신다"(잠 16:2).

따라서 구원하는 은혜와 관련해 가장 중요한 약속은 하나님이 사람들에게 "새 마음"과 "새 영"을 주겠다고 하신 약속이다(겔 36:26; 참고. 11:19). 영혼의 구원은 하나님과의 올바른 관계에서 아주 중요하다. 영혼 구원을 받지 못한 사람은 아무리 좋게 말해도 죽음이 가득한 회칠한 무덤에 지나지 않기 때문이다. 당신은 거듭났는가? 진리를 머리로 알고 행실을 고치는 것만으로는 충분하지 않다. 예수 그리스도는 당시에 성경을 가장 잘 알고 가장 독실한 신앙을 지닌 자들 중 한 사람에게 "거듭나야 하겠다"(요 3:7)고 말씀하셨다. 당신에게는 하나님을 사랑하는 새 마음과 새 영이 있는가?

영적으로 다시 태어나는 것은 오직 시작일 뿐이다. 중생 후에도 계속 하나님이 그리스도인들의 영에 역사하여 더 큰 영적인 지혜와 사랑을 주셔서 그들로 하여금 선행에서 더 많은 열매를 맺게 하셔야만, 그들의 삶은 하나님을 더 기쁘시게 해 드리는 삶이 될 수 있다.[71] 하나님은 우리의 물리적인 몸이 필요로 하는 것도 공급해 주시지만(마 6장), 신자인 우리에게 가장 필요한 것은 "그의 성령으로 말미암아 너희 속사람을 능력으로 강건하게 하시오며 믿음으로 말미암아 그리스도께서 너희 마음에 계시게 하시는"것이다(엡 3:16-17).

사람들이 바르게 먹는 것, 운동하는 것, 몸을 편안하게 하고 건강하게 하는 것에 몰두하는 시대에, 우리의 우선순위는 "너희의 심령이 새롭게 되어" 죄를 벗어 버리고 그리스도를 닮은 새사람을 입는 것이 되어야 한다(엡 4:23). 바울은 "육체의 연단은 약간의 유익이 있으나 경건은 범사에 유익하니 금생과 내생에 약속이 있느니라"(딤전 4:8)고 쓴다. 당신의 우선순위는 어디에 있는가? 당신의 영혼을 계발하기 위해 시간과 은혜의 수단을 어떻게 사용하고 있는가? 속지 말라. 몸은 귀하지만, 몸과 그 몸을 기쁘게 해 주는 소유보다 생명이 더 귀하다. 그리스도가 마태복음 16장 26절에서 하신 말씀을 차분하게 숙고하지 않는다면, 인간 영혼에 대한 연구는 아직 끝난 것이 아니다. "사람이 만일 온 천하를 얻고도 제 목숨을 잃으면 무엇이 유익하리요."

묵상과 토론을 위한 질문

1. 조직신학이 인간의 몸에 관심을 가져야 하는 이유는 무엇인가?

2. 하나님이 인간의 몸을 창조하셨다는 것이 몸과 관련해 지니는 함의는 무엇이고, 인간과 관련해 지니는 함의는 무엇인가?

3. 우리의 몸이 거룩함을 추구하는 데 중요한 이유는 무엇인가?

4. 영생은 그리스도의 몸과 관련해 어떤 의미를 지니는가?

5. 저자들이 영혼의 "불멸성"이라고 말할 때 의도하지 않는 것으로는 어떤 것들이 있

---

71) 엡 1:17-19; 빌 1:9-11; 골 1:9-12.

는가?

6. 당신이라면 영혼이 불멸하다는 것을 성경에 근거해 어떻게 증명하겠는가?

7. 성경은 영혼이 비물질적임을 어떻게 계시하는가?

8. 영혼의 "능력"으로는 어떤 것들이 있는가? 몇 가지 예를 들어 보라.

9. 각 사람의 영혼의 기원에 대한 세 가지 견해는 어떤 것들인가?

10. 영혼이 하나님을 알고 기쁘시게 하는 데 중심적인 이유는 무엇인가?

더 깊은 성찰을 위한 질문

11. 인간 본성과 관련해 "삼분법"이라 불리는 견해는 무엇인가? 삼분법을 위해 어떤 논거가 제시되는가? 당신은 삼분법에 동의하는가? 그렇거나 그렇지 않다면 그 이 유는 무엇인가?

12. 영혼의 기원에 대한 견해 중 가장 강력한 증거를 지닌 것은 어떤 것인가? 그 이유 는 무엇인가? 어느 견해를 확고한 교리로 삼기에 충분할 정도로 결정적인 증거가 있는가, 아니면 이 문제를 결론을 내리지 말고 열어 놓아야 하는가? 그 이유는 무 엇인가?

14장

하나님이 아담과 맺으신 언약(1부)

성경의 가르침

로버트 롤록(약 1555–1599년)은 "하나님은 언약 없이는 인간에게 아무것도 말씀하지 않으시므로, 하나님의 모든 말씀은 어떤 언약에 속한다"라고 말했다.[1] 성경 역사는 하나님의 언약의 역사라고 말하는 것은 과장이 아니다. "언약"('베리트')으로 번역되는 히브리어는 구약 성경에 280번 이상 나오고, 신약 성경에는 "언약"('디아테케')을 가리키는 헬라어가 30번 이상 나온다. 성경 역사의 모든 중요한 사건은 하나님이 언약을 맺고 지키시는 것과 관련되어 있다. 예수 그리스도의 구원 사역은 언약을 통해 약속되었고, 그의 죽으심으로 언약이 확증되었으며, 그의 직임은 언약을 중보하시는 것이었고, 그의 종들은 언약의 일꾼들이며, 그의 백성은 언약의 복을 받는다.[2] 성경은 언약 문서다.

"개혁신학은 언약신학이다"라는 말이 있다.[3] 언약신학은 대대로 이어지는 하나님의 구원 계획 속에는 본질적인 통일성이 있다고 본다. 신

---

1) Robert Rollock, *A Treatise of God's Effectual Calling*, in *Select Works of Robert Rollock*, 2 vols. (Grand Rapids, MI: Reformation Heritage Books, 2008), 1:33.

2) 사 42:6; 49:8; 54:10; 55:3; 렘 31:31-34; 32:40; 겔 37:26; 마 26:28; 막 14:24; 눅 22:20; 고전 11:25; 고후 3:6; 갈 3:15-17, 29; 히 7:22; 8:6-13; 9:15; 13:20.

3) Richard L. Pratt Jr., "Reformed Theology Is Covenant Theology," *Reformed Perspectives Magazine* 12, no. 20 (May 16 – 22, 2010), http://thirdmill.org/articles/ricpratt/ricpratt.RTiscovenant.html.

학자들이 '은혜 언약'이라 부르는 것 안에서 하나님의 약속의 연속성이 이 통일성을 떠받치고 있다. 은혜 언약은 하나님이 낙원에서 아담과 맺으신 이른바 '행위 언약'을 인간이 어김으로써 야기된 끔찍한 문제에 대한 대답이다. 행위 언약론은 그리스도가 자신의 택하신 백성의 대표자로서 하나님 및 하나님의 율법과 관련해 행하신 구원 사역을 이해하기 위한 중요한 토대를 제공해 준다.

행위 언약론에 대한 반론

신학자들은 신정통주의[4]에서 복음주의적인 세대주의[5]에 이르기까지 폭넓게 여러 다양한 관점에서 아담과의 행위 언약이라는 개념에 반대해 왔다. 은혜 언약을 전통적인 개념으로 삼는 개혁파 진영 안에서조차도 존 머리와 앤서니 후크마 같은 일부 신학자는 행위 언약이라는 표현을 배척해 왔다.[6] 따라서 우리는 그런 반론을 살펴보고 행위 언약이라는 표현의 정당성을 논증할 필요가 있다. 존 머리와 앤서니 후크마는 행위 언약론의 많은 요소를 받아들이면서도, 다음과 같은 이유로 '행위 언약'이라는 표현을 배척했다.[7]

1. 언약이라는 단어가 창세기 2장에 나오지 않는다. 언약이라는 단어는 창세기 6장 18절에서 하나님이 노아와 맺으신 언약을 가리킬 때 처음으로 등장한다. 따라서 아담과의 언약을 말하는 것은 신학적인 범주를 성경에 억지로 덧씌우는 것이다.

우리의 대답은 성경 본문에 특정한 단어가 사용되지 않고 있다는 이

---

4) Barth, *Church Dogmatics*, IV/1, sec. 57.2 (64).

5) John MacArthur and Richard Mayhue, eds., *Biblical Doctrine: A Systematic Summary of Bible Truth* (Wheaton, IL: Crossway, 2017), 870.

6) 행위 언약을 배척하는 다른 신학자에 대한 개관으로는 Cornelis Pronk, "The Covenant of Works in Recent Discussion," in *No Other Foundation than Jesus Christ: Pastoral, Historical, and Contemporary Essays* (Mitchell, ON: Free Reformed, 2008), 223–231을 보라.

7) 이 네 가지 반론은 모두 John Murray, "The Adamic Administration," in *Collected Writings of John Murray*, 4 vols. (Edinburgh: Banner of Truth, 1977), 2:49에 간략하게 나와 있고, Hoekema, *Created in God's Image*, 119–121에 더 자세하게 설명되어 있다.

유로 그 단어가 나타내는 어떤 개념이 그 본문에 존재할 수 없다고 말하는 것은 추론상의 오류라는 것이다.[8] 삼위일체와 인간의 타락이라는 단어가 성경에 나오지 않지만, 우리는 삼위일체와 인간의 타락에 대해 말한다. 결혼 관계는 말라기 2장 14절에 가서야 비로소 언약이라 불리지만, 창세기 2장은 결혼 관계를 언약으로 제시한다. 아래에서 우리는 창세기 2장에는 언약이라는 단어가 나오지 않지만 본질적으로 언약에 대한 내용을 담고 있음을 논증할 것이다.

2. 창세기 2장에서 하나님과 아담은 언약을 맺을 때 행하는 공식적인 맹세를 하지 않는다. 여호와가 아브라함과 맺으신 언약(창 15장)에서 보듯이 맹세는 언약의 본질적인 요소다. 따라서 창세기 2장 16-17절의 말씀은 언약이 아니라 명령이다.

우리의 대답은 공개적인 맹세는 언약에 본질적인 것이 아니라는 것이다. 하나님이 다윗에게 하신 약속(삼하 7장)에는 공식적인 맹세나 언약이라는 단어가 명시적으로 나오지 않지만, 다른 성경 본문에서는 이 약속을 하나님의 언약이자 맹세라 부른다(삼하 23:5; 시 89:3, 34-35).

3. 하나님과 아담의 관계는 공과를 따지는 법적인 관계가 아니라 아버지로서의 은혜의 관계다. 따라서 이것을 '행위 언약'이라고 설명하는 것은 지혜롭지 못하다. 행위 언약이라는 용어는 심지어 하나님이 인간을 율법주의적이고 이해관계에 따라 냉정하게 대했다는 오해를 불러일으킬 수조차 있다.

우리의 대답은 이렇다. 하나님이 은혜와 차고 넘치는 선하심 가운데 아담을 대하셨음을 우리도 인정한다. 아담은 하나님의 아들이었다(눅 3:38). 또한 우리는 신학적으로 일치하는 경우에는 용어나 표현을 놓고 다투고 싶지 않다. 그러나 우리는 성경에서 "행위"라는 용어는 비록 죄인을 의롭게 해 주지는 못하지만, 하나님의 자녀들의 순종을 나타내는 아름답고 달콤한 단어라는 것을 발견한다.[9] 창세기는 하나님과 아담의

---

8) 이 반론과 다음 반론에 대한 대답에 대해서는 Justin Taylor, "Was There a Covenant of Works?," in *Covenant Theology: A Baptist Distinctive*, ed. Earl M. Blackburn (Birmingham, AL: Solid Ground, 2013), 137-138 (full chapter, 137-143)을 보라.

9) 잠 31:31; 마 5:16; 엡 2:10; 딤전 2:10; 5:10, 25; 6:18; 딤후 3:17; 딛 2:7, 14; 3:8, 14; 히 10:24; 약

관계가 아담의 행위, 즉 아담이 하나님의 법에 순종하느냐 불순종하느냐에 달려 있었다고 묘사한다. 바울은 아담과 그리스도를 대비시킬 때 "불순종"과 "순종"이라는 관점에서 둘을 대비시킨다(롬 5:19).[10] '행위 언약'은 하나님이 인간과 맺으신 첫 번째 언약에 대해 계시하신 모든 것을 말해 주지는 않지만, '행위 언약'이라는 용어가 전해 주는 것은 성경에 충실하다.

4. 성경에서 하나님과의 언약은 언제나 하나님이 인간을 구속하려 하시는 것과 관련되어 있다. 그런데 에덴동산에서 하나님이 아담에게 하신 말씀들은 인간이 아직 범죄하기 전에 하신 것들이므로 구속과 아무 상관이 없었다. 따라서 타락 이전에 일어난 일에 대해서는 언약이라는 용어를 사용해서는 안 된다.

우리의 대답은 이렇다. 이 반론은 의문을 해결하기보다는 도리어 의문을 불러일으킨다. 성경은 어디에서도 모든 언약이 구속과 관련 있다고 말하지 않는다. 앞으로 증명하겠지만, 성경은 타락 이전에 하나님이 아담에게 하신 말씀들은 아담의 순종을 조건으로 한 언약이었음을 보여 주고, 그 밖의 다른 성경 본문은 그 말씀들이 실제로 언약이었음을 확인해 준다.

행위 언약에 대한 반론에 대답하는 것은 성경이 행위 언약을 가르친다고 말하는 것으로는 충분하지 않고, 성경 본문을 통해 적극적으로 증명할 필요가 있다. 그런 증명을 하려 할 때 부딪치는 어려움 중 많은 부분은 언약을 어떻게 정의할 것이냐 하는 문제에 있다. 따라서 증명에 앞서 우리는 언약에 대한 정의를 살펴보겠다.

언약의 본질적이고 공통적인 요소

언약이란 무엇인가? 언약에 대한 개혁파의 전통적인 정의는 당사자

2:14-26; 벧전 2:12; 계 14:13.

10) Richard C. Barcellos, *The Covenant of Works: Its Confessional and Scriptural Basis*, Recovering Our Confessional Heritage 3 (Palmdale, CA: Reformed Baptist Academic Press, 2016), 88.

들 간의 상호적인 협약, 합의, 계약이라는 것이다.[11] '언약은 계약'이라는 이 정의는 개혁파 신학 체계에서 어떤 형식상의 긴장 관계를 만들어 냈다. 만유의 주이신 하나님이 자신의 피조물과 계약을 맺는다는 것은 부적절하기 때문이다.[12] 하나님은 우리의 동의를 구하지 않으시고 자신의 뜻을 스스로 정하시는 분이다.[13]

우리의 판단으로는 하나님과 인간 사이의 언약을 적절하게 해 주는 더 세련되고 성경적인 정의, 성경이 증언하는 그런 정의에서 시작하는 것이 더 낫다. 헤르만 바빙크는 하나님의 언약은 "사실은 계약이 아니라 서약이고", 하나님이 사람들에게 요구하시는 응답은 언약이 성립되기 위한 조건이 아니라, 하나님이 사랑 가운데서 자신의 권위로 이미 언약을 확정해 놓으신 후 그 언약에 따라 사람들에게 요구하시는 행위라고 말했다.[14] 따라서 언약은 계약이라기보다는 서약, 약속, 맹세,

---

11) Joel R. Beeke and Mark Jones, *A Puritan Theology: Doctrine for Life* (Grand Rapids, MI: Reformation Heritage Books, 2012), 219-220. 윌리엄 퍼킨스는 이렇게 말했다. "은혜 언약"은 "영속적인 화해와 생명에 대해 하나님과 인간 간에 맺어진 협약 외의 다른 것이 아니다……이 언약을 주도하시는 분은 하나님이고, 하나님은 그리스도 안에서 의와 영생을 약속하신다. 또한 인간은 하나님의 은혜로 말미암아 이 언약 속으로 들어와 그 약속을 믿고 의지한다." Perkins, *An Exposition of the Symbol*, in *Works*, 5:94-95. 프란키스쿠스 투레티누스는 이렇게 정의했다. 하나님의 언약은 "하나님과 인간의 합의다. 이 합의에 따라 하나님은 인간에게 자신의 좋은 것들을 약속하시고……인간은 의무와 예배를 행한다……언약은 계약 당사자들의 상호적인 의무로 이루어져 있다." Turretin, *Institutes*, 8.3.3 (1:574). 또한 Wollebius, *Compendium*, 1.21.iv-v (118); Ussher, *A Body of Divinity*, 8th head (109-110); Herman Witsius, *The Economy of the Covenants between God and Man*, 2 vols. (1822; repr., Grand Rapids, MI: Reformation Heritage Books, 2010), 1.1.3, 9-12; 2.1.5 (1:43-47, 165); Hodge, *Systematic Theology*, 2:354-355를 보라.

12) 계약은 당사자들이 교환 정의에 따라 좋은 것들을 교환하도록 구속하지만, 언약에서는 하나님이 사람들에게 자신의 좋은 것들을 어떻게 분배할지를 주권적으로 결정하시고, 사람들이 하나님께 드리는 모든 것은 하나님이 먼저 그들에게 주신 것들이다. 이 책 2권 467에 나오는 교환 정의에 대한 논의를 보라.

13) "엄밀하게 말하면 하나님과 인간의 언약이라는 것은 있을 수 없다"는 투레티누스의 말을 주목하라. Turretin, *Institutes*, 8.3.1 (1:574). 존 길은 고유한 언약은 오직 성부 하나님과 성자 하나님 사이에서만 존재한다고 가르침으로써 이 문제를 해결하려 했다. Gill, *Body of Divinity*, 216. 하지만 그의 그런 해법은 하나님이 그리스도 및 하나님의 작정에 따라 그와 연합된 자들과 맺으신 언약을 제대로 설명해 주지 못한다(참고, Westminster Larger Catechism, Q. 31). 성경은 흔히 하나님이 그리스도만이 아니라 사람들과 언약을 맺으셨다고 증언한다.

14) Bavinck, *Reformed Dogmatics*, 204. 헤르만 바빙크는 특히 아브라함과의 언약과 관련해 하나님의 언약은 "사실 계약이 아니라 서약"이라고 말했지만, 이후에 하나님이 아브라함 언약에 따라 이스라엘을 대하실 때 이 원칙은 "점점 더 분명하게" 재확인되었다고 말한다. 그는 70인역 번역자들이 하나님의 '베리트'("언약")를 헬라어로 '쉰테케'('합의, 계약, 조약'; 참고, 단 11:6 70인역)이 아니라 '디아테케'(자신의 권리와 자산을 주권적으로 처분하는 '유언')로 번역한 것은

공적 약속의 성격을 더 많이 지닌다. 존 머리는 성경의 언약은 "상호적인 계약"이라기보다는 "신의성실에 대한 맹세"라고 하는 것이 더 낫다고 지적했다.[15] 따라서 우리는 잠정적으로 언약을 신의성실의 관계를 정의하기 위한 언어적이고 법적인 도구 역할을 하는 공적 약속으로 정의하려 한다. 이 정의를 더 자세하게 살펴보자.

언약의 핵심에는 공적 약속이 있다.[16] 공적 약속은 조건적인 것일 수도 있고 무조건적인 것일 수도 있다. 성경에서 "언약"('베리트')이라는 용어는 하나님이 노아를 구원하고 다시는 이 땅을 홍수로 멸하지 않을 것이라고 하신 약속에서 처음으로 등장한다.[17] 많은 성경 본문은 하나님의 언약을 하나님의 약속 또는 맹세라고 말한다.[18] 하나님의 율법은 인간을 의무 아래 둔다. 하나님은 언약을 통해 자유의지 가운데서 자신이 사람들에 대한 의무를 이행할 것을 선택하시고 공적으로 서약하심으로써 사람들과 관련해 자신을 구속하신다.[19]

언약은 신의성실의 관계를 정의하기 위한 언어적이고 법적인 도구 역할을 한다. 구약 성경에서 언약은 신의성실과 신실하고 변함없는 사랑을 의미하는 히브리어('헤세드')와 밀접하게 결부되어 있다. '헤세드'는 "긍휼", "인자", "인애", "선하심"(KJV), "변함없는 사랑"(ESV) 등 여러 가지로 번역된다. 성경은 흔히 여호와를 언약을 지키시고 변함없는 사랑을 주시는 하나님으로 묘사한다.[20] 우리는 사람들 간의 언약 속에서

"언약이 지닌 서약"의 성격 때문이었을 것이라고 지적했다. Bavinck, *Reformed Dogmatics*, 205. Vos, *Reformed Dogmatics*, 2:77-78을 보라.

15) John Murray, *The Covenant of Grace* (1953; repr., Phillipsburg, NJ: Presbyterian and Reformed, 1988), 10. 또한 Geerhardus Vos, *Redemptive History and Biblical Interpretation: The Shorter Writings of Geerhardus Vos*, ed. Richard B. Gaffin Jr. (Grand Rapids, MI: Baker, 1980), 167-168을 보라.

16) Calvin, *Institutes*, 4.14.6; Ames, *The Marrow of Theology*, 1.24.11 (150); Greg Nichols, *Covenant Theology: A Reformed and Baptistic Perspective on God's Covenants* (Birmingham, AL: Solid Ground, 2011), 117, 155.

17) 창 6:18; 9:9, 11-13, 15-17; 참고, 사 54:9-10.

18) 신 29:12-13; 수 23:14-16; 대상 16:16; 대하 21:7; 느 9:8; 시 105:9; 눅 1:68-73; 롬 9:4; 갈 3:15-18; 엡 2:12; 히 8:6; 9:15.

19) O. Palmer Robertson, *The Christ of the Covenants* (Phillipsburg, NJ: Presbyterian and Reformed, 1980), 6-7.

20) 신 7:9, 12; 왕상 8:23; 대하 6:14; 느 1:5; 9:32; 단 9:4; 참고, 시 25:10; 89:28, 50; 106:45; 사 54:10; 55:3.

병행을 발견한다. 아브라함과 아비멜렉은 그들이 맺은 언약 속에서 정의된 신의성실로 서로를 대하겠다고 맹세했다(창 21:22-32). 언약은 신의성실의 의무에 묶이고 신의성실을 기대할 수 있는 관계를 정립한다.[21]

성경의 언약들은 서로 간에 상당한 정도의 다양성을 보여 주긴 하지만, 다수(전부는 아닐지라도)의 언약에 등장하는 몇 가지 공통적인 요소가 있다. 이 요소들은 언약에 본질적인 것은 아니지만, 우리가 언약이 어떤 것인지를 알고 언약이 어떤 식으로 작동하는지를 이해하는 데 도움을 준다.

언약에서는 흔히 한쪽 당사자가 주로서의 지위를 지니고, 다른 쪽 당사자가 거기에 종속되는 지위에 놓인다. 하나님이 이스라엘을 자기 백성으로 삼으시고, 자기가 그들이 순종해야 할 하나님이라고 선언하신 것이 그런 예다(출 6:7; 20:1-17). 하나님과 인간의 모든 언약에서 하나님은 주권적인 주로 행하셔서, 조건을 협상하지도 않으시고, 인간에게서 어떤 유익을 구하지도 않으시며, 오직 자신의 영광과 인간의 유익을 위해 자신의 뜻에 따라 언약을 선언하실 뿐이다. 윌리엄 에임스는 "율법 앞에서 대등한 자들이 아니라 주종 관계에 있는 자들이 이런 식으로 언약을 맺는다"고 말했다.[22]

사람들 간의 언약 중에도 이런 주종 관계를 보여 주는 것이 있다. 요나단과 다윗은 변함없는 사랑을 맹세하고 언약을 맺었다. 이것은 개인적인 우정 이상의 것이었다. 그것은 요나단이 자신이 나중에 맡게 될 왕위를 다윗에게 넘기는 정치적 협약이기도 했다. 왜냐하면 요나단은 다윗에게 장차 왕이 될 자신의 신분을 나타내는 옷과 무기를 주었고, 하나님이 다윗으로 하여금 그의 모든 원수에게 승리하게 해 주실 것임을 인정했기 때문이다.[23] 왕들과 나라들도 서로 언약을 맺었는데, 그들이 충성과 협력을 약속하는 상호 조약을 맺을 때는, 일반적으로 그중

---

21) 로버트 곤잘레스는 언약을 "자기 자신에게 부과하거나 다른 당사자 또는 당사자들에게 부과하는 공식적인 약속 또는 의무"로 정의한다. Robert Gonzales Jr., "The Covenantal Context of the Fall: Did God Make a Primeval Covenant with Adam?," *Reformed Baptist Theological Review* 4, no. 2 (2007): 8 (full article, 5-32).

22) Ames, *The Marrow of Theology*, 1.10.10 (111).

23) 삼상 18:3-4; 20:8-17; 23:16-18.

한 나라는 충성을 맹세하고 다른 나라는 보호해 줄 것을 맹세하는 주종 간의 봉신 조약이었다.[24]

언약 속에는 순종을 요구하는 법이 포함되거나 부록으로 첨부될 수 있었다. 하나님이 이스라엘 민족과 맺으신 언약이 그 예다.[25] 하나님이 노아와 맺으신 언약(창 9:8-17)은 무조건적인 것이긴 했지만, 하나님이 인류에게 주신 최초의 의무, 즉 생육하고 번성하며 땅에 충만하고 땅의 피조물을 다스릴 의무를 갱신하는 맥락 속에서 맺어졌다(1-7절). 하나님의 새 언약은 하나님이 주권적으로 자기 백성으로 하여금 그에게 신실하게 하실 것이라는 약속들로 이루어져 있지만, 그럼에도 그들의 신실함은 이 언약의 핵심이다.[26]

언약은 한편으로는 두 당사자의 주종 관계를 공식화하는 내용을 담고 있을 수 있지만, 다른 한편으로는 종속적인 지위에 있는 당사자의 직임을 공인하는 내용을 포함할 수 있다. 하나님은 시내산에서 이스라엘과 언약을 맺으실 때, 이스라엘 백성을 "제사장 나라"와 "거룩한 백성"으로 삼으셨다(출 19:6). 하나님이 레위 지파 중 아론 가문으로 하여금 제사장의 직무를 맡도록 명령하신 것도 언약이었다.[27] 하나님과 다윗의 언약은 다윗의 자손이 하나님의 권위 아래 "종"으로서 영원토록 왕으로 다스리게 하실 것이라는 약속을 중심으로 하는 것이었다(7:5, 8, 13-14).[28]

성경 언약의 본질적인 특징은 아니지만 또 하나의 공통적인 특징은 당사자들이 흔히 자신과 연합되어 있는 더 큰 집단의 대표자로 언약을 맺는다는 것이다. 하나님이 노아, 아브라함, 아론, 비느하스, 다윗과 맺으신 언약도 그들의 자손을 포함하는 것이었다.[29] 마찬가지로 다윗과 요나단의 언약도 요나단의 가문과 자손에게 신실한 사랑을 보여야

---

24) 수 9:6-16; 삼상 11:1; 왕상 5:12; 15:19; 20:34; 겔 17:11-18.
25) 출 19:5; 레 26:3, 14-15, 44-45; 렘 31:32, 36-37.
26) 사 54:9-10, 13 (참고, 요 6:44-45); 렘 31:31-34; 32:38-40; 히 8:10-11.
27) 레 24:5; 민 18:19; 25:12-13; 느 13:29; 렘 33:21; 말 2:4-7.
28) 다윗은 하나님에 대한 응답으로 기도하면서 자신을 "주의 종"이라고 반복하여 불렀다(삼하 7:19-21, 25-29; 참고, 왕상 3:6-7; 8:24-26, 66; 11:32-38; 14:8 등).
29) 창 9:9; 15:18; 17:7-10; 민 18:19; 25:13; 시 89:28-37.

한다는 의무 조항이 있어서(삼상 20:15, 42), 이것은 결과적으로 요나단의 아들 므비보셋에게 큰 복을 가져다주었다(삼하 9장). 아브라함과 아비멜렉이 맺은 언약에서는 아브라함은 자신의 가족과 수백 명의 종을 대표했고, 아비멜렉은 그랄성을 대표했다(창 20:2; 21:22-34). 하나님이 이스라엘과 언약을 맺으실 때, 공식적인 예식에서 70인의 장로가 이스라엘 민족을 대표했다(출 24:1-2, 9-11).

하나님은 흔히 자신의 언약을 가시적으로 상기시켜 주기 위해 가시적인 표징이나 "표"(히브리어로 '오트')를 주셨다. 하나님이 노아와 맺으신 언약의 표징은 무지개였다(창 9:12-13, 17). 하나님은 아브라함에게 그의 가솔 중 남자에게 할례를 행하라고 명령하시면서, "너희는 포피를 베어라 이것이 나와 너희 사이의 언약의 표징이니라"(17:11; 참고. 롬 4:11)고 말씀하셨다. 여호와가 이스라엘에게 안식을 거룩히 지키라고 명령하셨을 때, 그들이 이 명령에 순종하는 것이 여호와가 그들을 자신의 거룩한 백성으로 성별하셨음을 보여 주는 "표징"이 될 것이었다(출 31:13, 16-17). 하지만 성경은 하나님이 다윗과 맺으신 언약과 관련해서는 "표징"이 무엇이었는지를 분명하게 말하지 않는다. 따라서 표징은 언약에 본질적인 것은 아니다.

결론적으로 언약의 본질은 신의성실의 관계를 법적으로 정의하는 언어적인 공적 약속이라고 조심스럽게 정의할 수 있다. 언약은 흔히 주종관계, 순종할 것을 명령하는 법, 종속적인 당사자의 직임에 대한 공인, 한 집단의 대표성, 가시적인 표징 같은 그 밖의 다른 요소를 포함한다.

창세기 2장에 나오는 언약의 본질적인 요소들

창세기 2장 15-17절에 나오는 하나님 말씀은 해당 문맥 속에서 언약에 대한 이 정의를 충족한다. 본문에서는 이렇게 말한다. "여호와 하나님이 그 사람을 이끌어 에덴동산에 두어 그것을 경작하며 지키게 하시고 여호와 하나님이 그 사람에게 명하여 이르시되 동산 각종 나무의 열매는 네가 임의로 먹되 선악을 알게 하는 나무의 열매는 먹지 말라 네가 먹는 날에는 반드시 죽으리라 하시니라."

우리는 여기서 언약의 여러 본질적인 특징을 발견한다. 하나님이 아담에게 하신 말씀은 엄숙하고 법적이며 언어적인 공적 계시였다. 하나님은 이 창조 기사 전체에 걸쳐 행하시지만, 이 말씀은 창세기 2장에서 하나님이 인간에게 직접 하신 유일한 말씀이다. 이것은 이 말씀의 중요성을 강화한다. 또한 히브리어 구문에서는 강조를 위해 동사들을 반복해 사용한다. 이 본문을 직역하면 다음과 같다. "동산 각종 나무로부터 네가 먹되, 먹어도 되지만", 한 가지 금지된 나무로부터 먹는다면, "너는 죽되, 반드시 죽으리라."[30] 여기서 마지막 구문은 흔히 법정에서 사형을 선고할 때 사용된다.[31] 이 동사 또는 또 다른 동사를 사용해 구문론적으로 이 문장과 똑같이 만들어진 구문은 "맹세의 의미"를 지닐 수도 있다고 그렉 니콜스는 말한다.[32] "죽음"이라는 단어는 인간에게 닥칠 냉정하고 무시무시한 결과를 나타낸다. 따라서 이 말씀은 법이나 맹세에 적합한 엄숙한 경고를 전달해 준다.

하나님의 이 말씀은 문맥 속에서 암묵적인 약속을 담고 있다. 하나님은 아담이 금지된 나무를 제외하고 "생명나무"(창 2:9)를 포함한 모든 나무의 열매를 먹는 것을 공인하셨다. 생명나무를 먹은 자는 "영생" 하게 되어 있었다(3:22). 따라서 우리는 하나님 명령을 어기면 죽을 것이라는 경고와 생명나무의 존재를 서로 결합해 보면, 거기에는 하나님 명령을 지키면 영생을 얻게 될 것이라는 약속이 함축되어 있었다는 결론을 내리게 된다. "이를 행하라 그러면 살리라."[33] 이 약속에는 공로에 대한 암시는 전혀 없다. 하나님은 아담에게 무엇을 요구하기 이전에 이미 아담에게 풍요로운 삶을 제공해 주셨기 때문이다. 하나님이 명시적인 약속을 주신 것이 아니라 명령을 하셨다 해서 이 말씀이 언약의

---

30) 이 구문은 같은 동사가 처음에는 부정사 절대형으로 나오고 두 번째는 미완료로 나오는 것으로 이루어져 있다.

31) Mathews, *Genesis 1 – 11:26*, 211. 창 20:7; 26:11; 출 19:12; 21:12, 15-17; 22:19; 31:14-15; 레 20:2, 9-10, 15; 24:16-17; 민 15:35; 35:16-18, 21, 31; 삼상 20:31; 22:16; 겔 18:13을 보라.

32) Nichols, *Covenant Theology*, 353. 창 32:12; 46:4; 민 26:65 (참고, 시 95:11); 삿 21:5; 삼상 14:39, 44; 왕상 2:37, 42를 보라.

33) 참고, 레 18:5; 겔 20:11, 13; 롬 10:5; 갈 3:12.

역할을 하지 못하는 것이 아니다. "명하다"('차바')로 번역된 동사는 언약과 얼마든지 양립할 수 있다. 시편 111편 9절에서는 여호와께서 "그의 언약을 영원히 명하셨다['차바', 개역개정에는 '세우셨으니']"고 말한다. 많은 성경 본문에서는 하나님의 약속의 언약들을 "명하셨다"는 말로 요약한다. 여호와 하나님은 자신의 언약을 사람에게 주권적으로 부과하시기 때문이다.[34]

하나님의 이 말씀은 아담과 자신의 관계를 서로 간의 충성과 사랑이라는 관점에서 정의한다. "명하셨다"는 동사는 하나님이 말씀하신 권위와 인간에게 부과된 의무를 강조한다. 하지만 하나님은 인간을 노예로 취급하신 것이 아니다. 왜냐하면 하나님은 자신이 아담에게 아름답고 먹을 것이 풍부한 거처를 마련해 주시는 등 사람에 대한 자신의 사랑을 차고 넘치게 보여 주셨음을 상기시키는 가운데 금지 명령을 주셨기 때문이다. 하나님이 사람에게 명령하신 것은 어려운 일이 아니었고, 도덕적으로 완전한 피조물에게 하나님의 주권을 인정할 것을 요구한 아주 쉬운 일이었다. 에임스는 하나님의 이 명령은 "말하자면 창조주와 피조물 간의 우정의 언약"이었다고 말했다.[35] 하나님과 아담의 관계는 사실 너그러우신 아버지와 아버지의 형상으로 지음 받은 순종하는 아들이 서로에 대한 사랑으로 연합된 관계 같은 것이었다(참고. 창 5:1-3; 눅 3:38).

사랑의 관계였다면 그런 시험이 포함되지 않았을 것이라는 반론이 제기될 수 있다. 하지만 우리는 성경 전체에 걸쳐 하나님이 자신의 언약 백성을 시험하셨음을 발견한다. 윌리엄 스트롱(1654년 사망)은 "하나님은 자신의 최고의 피조물의 순종을 시험하셔서, 자기가 그들에게 주신 은혜를 사용할 수 있는 일과 기회를 주기를 기뻐하신다"고 썼다.[36] 그런 시험은 하나님 백성에게 성숙할 기회를 주므로 그들에게 유익

---

34) 신 4:13; 29:1; 수 7:11; 23:16; 삿 2:20; 왕상 11:11; 왕하 17:35; 18:12; 대상 16:15; 시 105:8; 렘 11:8.

35) Ames, *The Marrow of Theology*, 1.24.13 (150-151).

36) William Strong, *A Discourse of the Two Covenants*, Westminster Assembly Project (1678; facsimile repr., Grand Rapids, MI: Reformation Heritage Books, 2011), 4.

하다. 심지어 예수 그리스도도 시험을 통해 인성에서 자라 가셨다(히 5:8). 이것은 아담도 마찬가지였다. 니콜스가 지적했듯 마치 왕이 자신의 아들로 하여금 통치할 능력을 갖추게 하려고 "혹독하고 힘든 훈련"을 시키는 것처럼, 이 금지 명령은 아담에게 시험 아래에서 경험적으로 순종을 배울 기회를 제공해 주었기 때문이다.[37] 로버트 곤잘레스는 "선악"을 아는 지식은 "왕에게 필수적인 자질이자 특권이었기(삼하 14:17, 20; 왕상 3:9)"때문에, 선악을 알게 하는 나무는 하나님이 인간을 시험하여 하나님의 왕적인 아들로서 땅을 다스리는 데 필요한 지혜를 추가적으로 갖추게 하려고 계획하신 것이었다고 쓴다.[38]

선악을 알게 하는 나무의 열매를 먹는 것은 본질적으로는 도덕적으로 중립적인 행위였지만, 하나님이 그 나무의 열매를 먹지 말라고 하셨을 때 도덕적으로 극히 중요한 의미를 지닌 일이 되었다. 선악을 알게 하는 나무를 사용한 시험은 하나님에 대한 아담의 사랑을 강화하고 발전시킬 수 있을 것이었고, 그렇게 함으로써 하나님과 인간의 교제를 깊게 할 수 있을 것이었다. 아담이 그 금지된 열매가 자신의 감각에 매력적인 것임에도(창 2:9; 3:6) 그 열매를 먹지 않았다면, 사실상 이렇게 말한 것이 되었을 것이다. '내게는 주 하나님이 가장 좋다. 그래서 나는 주 하나님과 그의 뜻을 선택한다.' 만일 아담이 그런 충성을 보였다면, 하나님의 사랑을 감안했을 때, 예수님이 자신의 순종하는 제자들에게 약속하셨던 것처럼(요 14:21, 23), 하나님은 아담으로 하여금 자기 자신을 경험적으로 더 깊게 알게 하시고 그와 더 달콤한 친교를 나눌 수 있게 하셨을 것이다.

하나님이 아담에게 하신 말씀은 신의성실의 관계를 법적으로 정의한 공적이고 언어적인 약속이었다. 따라서 우리는 하나님이 아담과 언약

---

37) Nichols, *Covenant Theology*, 345-346. 하지만 우리는 니콜스가 아담 언약의 교육적 기능을 법적이고 시험을 위한 기능과 대비시키는 것에는 동의하지 않는다. "이 언약은 시험을 위한 것이라기보다는 부모의 입장에서 나온 것이다"(344). 이 둘은 상호배타적이지 않다. 왜냐하면 인간이 계속 하나님의 아들의 지위를 유지할 것인지 아닌지는 인간의 순종과 불순종에 달려 있는 조건부의 것이었고, 아담이 하나님 대신에 사탄의 말을 청종했을 때 인간은 그 특권을 상실했기 때문이다(참고, 요 8:42-44).
38) Gonzales, "The Covenantal Context of the Fall," 28-29.

을 맺으신 것이라고 결론을 내린다.

창세기 2장에 나오는 그 밖의 공통적인 언약 요소

또한 우리는 성경 언약들에 흔히 나오는 그 밖의 다른 요소들이 이 본문에도 등장하는 것을 발견한다. 아담에게 말씀하시는 하나님은 언약의 주를 나타내는 이름을 사용하신다. 여기에서와 창세기 2장 4-25절 전체에 걸쳐 사용된 하나님의 이름은 "여호와 하나님"('야웨 엘로힘')이고, 이 이름은 창세기 1장 1절-2장 3절에서 사용된 "하나님"('엘로힘')과 대비된다. "여호와"라는 이름은 언약과 관련해 특별한 의미를 지니고 있었다. 왜냐하면 하나님은 자기가 맺으신 언약을 지키고 자기 백성을 그들의 주이신 자기 아래 두시는 주권적이고 신실하신 하나님이심을 증명하신 것과 이 이름의 의미를 서로 연결시키셨기 때문이다(출 3:14-17; 6:2-8).[39] 정확히 "여호와 하나님"이라는 이름은 하나님이 나라에 대해 다윗과 맺으신 언약 및 다윗의 왕적인 자손에 대한 신실하심과 관련해 여러 번 사용된다.[40] 그리고 종종 "이스라엘의 하나님"을 나타내는 또 다른 이름으로 사용된다.[41] 따라서 이 이름은 하나님이 언약의 주로서 아담을 대하셨음을 보여 준다.

하나님은 언약의 주라는 것을 나타내는 이름을 사용하신 것과 부합하게, 인간에게 금지 명령을 주시는 내내, 자신이 인간에 대해 주로서의 지위를 지니고 있음을 확증해 주셨다. 하나님은 인간을 창조하셔서 이 세계와 거기에 거하는 생물을 다스리게 하셨지만,[42] 이 새롭게 창조된 왕에게 말씀하실 때, 아담이 종속적인 위치에 있음을 확인해 주시고, 그렇기 때문에 아담이 계속 언약의 주이신 그에게 충성과 순종을 드려야 함을 전달해 주셨다. 토머스 왓슨이 말했듯 하나님은 이 금지

---

39) 창세기 1장에서 묘사된 창조에 대한 우주적 관점이 어떻게 창세기 2장에서는 언약적 관점으로 옮겨 가는지에 대해서는 이 책 6장의 논의를 보라.

40) 삼하 7:25; 대상 17:16-17; 28:20; 대하 1:9; 6:41-42; 시 72:18; 80:4, 17-19; 84:8-9, 12.

41) 시 59:6; 72:18. 우리가 발견할 수 있는 다른 용례는 출 9:30; 왕하 19:19; 욘 4:6뿐이다.

42) 창 2:15, 19-20; 참고, 1:26-28.

명령을 주시면서, "[아담을] 자기에게 단단히 묶어 두기" 위해 "자신의 주권을 보여 주셨다."[43]

하나님은 자기가 아담의 언약의 주라는 것을 천명하셨을 뿐 아니라, 아담이 선지자와 제사장과 왕의 직임을 맡아 수행하는 것을 공인하셨다.[44] 이스라엘에서 이 직임들은 하나님의 언약을 수행하는 것과 밀접하게 연결되어 있었다. 마찬가지로 아담의 직임도 하나님의 행위 언약에서 생겨났다. 우리는 창세기 1장이 이미 하나님이 하나님의 형상대로 인간을 창조하셨음을 계시했음을 기억해야 한다. 우리는 하나님의 형상이 하나님을 계시하고 하나님을 예배하며 하나님 대신에 다스리는 능력을 의미함을 보았다.[45] 창세기 2장은 하나님이 인간에게 이 능력을 발휘하도록 부르셨음을 계시한다. 아담이 에덴동산에서 생존을 위해 일해야 했던 것으로 보이지 않지만, 하나님은 아담에게 일을 맡기셨다(창 2:15). 볼프강 무스쿨루스는 이것은 "마치 왕이 자신의 아들에게 공무를 맡겨", 모든 것이 풍족한 삶을 살아가는 아들이 게으른 자가 되지 않게 한 것과 같았다고 주해했다. 아울러 하나님이 아담에게 일을 주신 것은 "그에게 하나님의 섭리와 자비하심을 알 수 있는 최고의 기회를 제공해 주신 것이었고, 그로 하여금 가장 큰 즐거움을 얻게 해 주신 것이었다."[46]

아담은 세상의 의로운 왕이었다. 창세기에서 "여호와 하나님이 그 사람을 이끌어 에덴동산에 두어 그것을 경작하며 지키게"(창 2:15) 하셨다고 말할 때, "두어"로 번역된 동사('누아흐'의 니필형)는 평안히 살아가게 하는 것을 의미하고,[47] 성경에서는 하나님이 특히 왕으로 말미암은 태평성대를 통해 자기 백성이 각자의 기업에서 평안히 살아가게 하시는 것을 가리키는 데 이 동사를 여러 번 사용한다.[48] 따라서 이 창세기 본

---

43) Watson, *A Body of Divinity*, 128.
44) Liam Goligher, "Adam, Lord of the Garden," in *God, Adam, and You*, 66-70.
45) 이 책 8장을 보라.
46) Wolfgang Musculus, *In Mosis Genesim* (1554), 63. *RCS/OT*, 1:87에서 재인용.
47) Mathews, *Genesis 1-11:26*, 208.
48) 신 25:19; 수 1:13, 15; 21:44; 22:4; 23:1; 삼하 7:1, 11; 왕상 5:4; 대상 16:21; 22:9, 18; 23:25; 대하 14:6-7; 15:15; 20:30; 사 14:1; 63:14; 겔 37:14.

문은 아담이 자신의 왕적인 통치를 시작했음을 시사해 주는 것일 수 있다. 마르틴 루터는 하나님이 "사람을 그 동산에 두셨다"는 것은 "요새와 성전"에 두신 것이고, 그곳은 아담의 "거처와 왕궁"이었다고 말했다.[49] 여호와가 "아담이 무엇이라고 부르나 보시려고" 동물들을 그에게 데려가시자, 아담은 "모든" 동물에게 "이름을 주었다"(19-20절). 이것은 아버지 하나님이 자신의 왕적인 아들로 하여금 왕의 권세를 처음으로 행사하게 하신 것과 같았다. 이름을 주는 것은 주권을 지닌 자의 행위이기 때문이다.[50]

아담은 하나님의 영광을 위한 거룩한 제사장같이 하나님을 섬겼다. 아담에게 주어진 일은 문자 그대로 에덴동산을 "섬기는 것"(히브리어로 '아바드'. 개역개정에는 "경작하며")과 "지키는 것"('샤마르')이었다(창 2:15). 레위인과 제사장이 하는 일을 묘사할 때도 이와 같은 동사들이 사용된다.[51] 리처드 벨처가 썼듯 이것은 "인간의 일은 하나님을 섬기기 위해 행해지는 것이라는 점에서 영적인 차원이 있음"을 보여 준다.[52] "여호와"를 주어로 한 "명하셨다"('차바')는 동사는 창세기에서 오직 두 번 더 나오지만, 오경에는 많이 나온다. 이 동사는 성막의 건축(출 39-40장)과 제사장의 성별(레 8-9장)에 대한 성경 본문에 특히 집중적으로 나온다.[53] 에덴동산은 성전과 같았으므로,[54] 하나님은 아담을 성별된 예배자 또는 제사장의 일로 부르셔서, 여호와 앞에서 섬기며 여호와의 성소의 거룩함을 지키게 하셨음을 우리는 알게 된다. 인간의 삶 전체는 하나님께 드려지는 산 제물이 되도록 의도되었고(롬 12:1), 여호와는 7일 중 하루를 정하여 예배의 거룩한 일에 특별히 헌신하게 하셨다(창 2:1-3). 아담의 제사장적 사역의 핵심에는 하나님의 영광을 위해 하나님 명령에 순

---

49) Luther, *Lectures on Genesis*, in *LW*, 1:101 (창 2:15). 안토니우스 티시우스는 하나님이 아담을 에덴동산에 두신 것은 "아담의 왕궁에 주인을 둔 것과 같았다"고 말했다. Polyander, Walaeus, Thysius, and Rivetus, *Synopsis Purioris Theologiae*, 13.47 (1:333).
50) 창 1:5, 8, 10; 왕하 23:34; 24:17.
51) 민 3:7-8; 8:26; 18:7.
52) Belcher, *Genesis*, 62.
53) Mathews, *Genesis 1-11:26*, 210.
54) 이 책 6장을 보라.

14장 | 하나님이 아담과 맺으신 언약(1부)   341

종하는 것이 있었다(16~17절). 루터는 이 본문은 "담도 없고 화려함도 없는 교회가 세워졌고", "성전이 가정"이나 "정부보다 이전에 존재했음"을 보여 준다고 말했다.[55]

이 세상에서 최초의 제사장-왕은 선지자이기도 했다. 하나님은 에덴동산에서 아담에게 직접 말씀하셨다(창 2:16~17). 루터는 "여기서 여호와는 아담에게 말씀하셔서 아담이 전할 말씀을 주신다"고 말했다. 루터는 아담은 혼자였으므로, 그에게는 이제 곧 하나님이 지으실 자신의 아내를 시작으로 나중에 태어나게 될 자녀들, 그리고 다른 사람들에게 하나님 말씀을 전할 암묵적인 책임이 주어졌다.[56] 인류를 향한 하나님 말씀은 율법이었다. "여호와 하나님이 그 사람에게 명하여." 이 어구는 오경에서 자주 반복되는 "여호와께서 모세에게 명령하셨다"는 표현과 비슷하다.[57] 모세가 이스라엘과 여호와의 언약 관계를 정한 하나님 말씀을 받아 전한 것처럼, 아담은 인류와 창조주의 언약 관계를 정한 하나님 말씀을 받아 전했다.

창세기 2장에 나오는 여호와 하나님의 말씀과 행위는 아담에게 선지자, 제사장, 왕의 기능을 결합한 직임을 수여하는 것이었다. 아담은 구원의 중보자는 아니었지만, 이 직임을 통해 타락 이전의 상황에 적합한 기능을 수행했다.

하나님은 아담을 그의 자연적인 자손들의 대표자로 대우하셨는데, 이것은 성경의 다른 언약이 흔히 언약 당사자의 자손이나 그가 다스리는 나라를 포함하고 있는 것과 같은 것이었다. 여호와는 이제 곧 아담의 아내를 지으시고, 둘 사이에서 자녀가 태어나게 하실 것이었지만, 하나님이 허용과 금지와 형벌에 대한 말씀을 아담에게 하실 때 단수형 "너"를 사용하신다(창 2:16~17).[58] 이 사법적 제도 속에서 아담은 자신의 가족을 대표했다. 하나님은 아담에게 죽음의 형벌을 경고했었지만, 창세기

---

55) Luther, *Lectures on Genesis*, in *LW*, 1:103~104 (창 2:16~17).
56) Luther, *Lectures on Genesis*, in *LW*, 1:105 (창 2:16~17).
57) "여호와께서 모세에게 명령하셨다"는 출애굽기에 20번, 레위기에 10번, 민수기에 22번 나온다.
58) 이 대명사는 히브리어 본문에 나오지 않지만, "네가 임의로 먹되", "먹지 말라", "반드시 죽으리라"는 세 개의 정형 동사는 모두 2인칭 남성 단수형으로 되어 있다.

5장의 족보는 아담의 죽음만이 아니라, "그는 죽었더라"는 후렴구를 여덟 번 사용해 아담의 자손의 죽음도 보도한다.[59] 아담이 불순종했을 때 죽을 것이라는 하나님 말씀은 아담의 자연적인 자손에게도 죽음을 가져다주었고, 이것은 이 언약 속에서 아담이 하나님 앞에서 자신의 자손을 대표했음을 보여 준다(롬 5:12; 고전 15:22).

마지막으로 창세기 2장 16-18절에는 "징표"라는 단어가 나오지는 않지만, 하나님이 아담에게 주신 말씀의 중심에는 신실함을 보여 주는 가시적인 표지가 자리하고 있다. "선악을 알게 하는 나무의 열매"를 먹지 않는 것이다. 그 나무의 열매를 먹지 않는 것은 아들에게 할례를 받게 하는 것이나 안식일을 지키는 것과 마찬가지로 내면의 신실함을 보여 주는 징표 역할을 했다. 루터는 하나님이 이 나무를 지으신 것은 "하나님에 대한 예배와 공경을 표현할 분명한 방법을 아담에게 주시기 위한 것이었다"고 말했다.[60] 이 나무의 열매는 내재적인 역겨움이나 독을 지니고 있지 않았고, 도리어 "먹음직도 하고" "보암직도" 했다(3:6). 아담이 이 나무의 열매를 먹지 말아야 했던 것은 단지 하나님이 그가 먹는 것을 금지하셨기 때문이다. 이 나무의 열매를 먹거나 먹지 않는 것 그 자체는 사실 중요한 것이 아니었지만, 아담이 이 나무의 열매를 먹지 않겠다고 작정하는 것은 하나님 명령에 순종함으로써 하나님 뜻을 따르겠다고 하는 마음의 겸손한 자세를 보여 주는 것이었다. 존 칼빈은 하나님에 대한 순종은 "바르게 살아가는 유일한 준칙이라는" 점에서 "인간이 자신의 삶의 지휘자와 주가 계신다는 것을 아는 것이 순종과 관련해 일종의 첫 번째 교훈"이었다고 말했다.[61] 앤드루 윌렛(1562-1621년)은 그레고리우스 1세(약 540-604년)의 생각을 그대로 가져와, 사람이 자기에게 좋은 어떤 것을 하나님을 위해 하지 않는 것은 "창조주에 대한 겸손을 보여 주는" 것이겠지만, 수많은 나무의 열매가 있는 에덴동산에서 한 나무의 열매를 먹지 않는 것은 쉬운 일이었는데도

---

59) 창 5:5, 8, 11, 14, 17, 20, 27, 31.
60) Luther, *Lectures on Genesis*, in *LW*, 1:94 (창 2:9).
61) Calvin, *Commentaries*, 창 2:16-17.

그 나무의 열매를 먹었다면, 그것은 순전히 "하나님의 명령을 어기려는 불순종"에서 생겨난 것임이 명백하다고 썼다.[62]

하나님은 왜 "선악을 알게 하는 나무"의 열매를 금지하신 것인가? 칼빈은 이렇게 말한다. "이것은 하나님이 인간에게 지식과 지혜를 주고자 하지 않으셨기 때문이 아니다. 만일 그런 것이라면 하나님이 인간을 자신의 형상을 따라 지으신 것과 모순될 것이기 때문이다. 따라서 이것은 '인간이 인간에게 합당한 것 이상으로 지혜로워지거나, 자신의 총명을 의지해 하나님의 멍에를 벗어 버리고 스스로 선과 악의 판단자가 되려는 것을 막기 위한' 것이었다."[63] 이 나무는 인간이 어떤 식으로 지식을 구하려 하는지를 시험하는 것이었다. 여호와 하나님 말씀에 순종하고 의지해 구하려 하는가, 아니면 마치 자기가 자신의 주이자 신인 것처럼 교만하게 독자적으로 구하려 하는가(창 3:5-6, 22)?[64] 전자는 인간으로 하여금 하나님과 하나님 뜻에 대한 달콤한 지식을 경험하게 해 줄 것이었고, 후자는 악과 그 결과에 대한 비극적인 지식을 경험하게 해 줄 것이었다.

선악을 알게 하는 나무 외의 다른 나무들은 하나님이 자기가 지으신 피조물인 인간을 사랑하신다는 것과, 인간이 순종하기만 하면 하나님이 인간에게 생명을 신실하게 수여하실 것임을 가시적으로 보여 주었다. 우리는 이 나무들을 주술적인 것으로 보아서는 안 되고, 삶과 죽음을 주관하시는 하나님과의 신실한 친교의 수단으로 보아야 한다.[65] 잠언에서 생명나무는 하나님의 지혜를 받은 자에게 하나님이 주시는 복을 나타내는 은유 역할을 한다.[66] 다마스쿠스의 요안네스는 이것은 여호와가 "너는 모든 피조물을 사용해 그 피조물들의 창조주인 내게로 올 것이고, 그 피조물들로부터 참 생명인 나[여호와]라는 단 하나의 열

---

62) Willet, *Hexapla*, 33, citing Gregory, *Morals in Job*, 35.10, in *RCS/OT*, 1:91.
63) Calvin, *Commentaries*, 창 2:9.
64) Huldrych Zwingli, cited in *RCS/OT*, 1:93; Hamilton, *The Book of Genesis, Chapters 1–17*, 165–166.
65) Hamilton, *The Book of Genesis, Chapters 1–17*, 163.
66) 잠 3:18; 11:30; 13:12; 15:4.

매를 거둘 것이다"라고 말씀하신 것과 같다고 썼다.[67]

하나님은 아담과 언약을 맺으셨다. 우리는 창세기 2장에는 "언약"이라는 단어가 나오지 않음을 인정한다. 하지만 거기서 하나님은 자신을 언약의 하나님으로 나타내셔서, 아담에게 자신의 뜻을 공식적이고 법적이며 언어적으로 계시하시고 영생에 대한 암묵적인 약속을 주셨다. 이 계시에서는 하나님과 인간의 상호 관계를 너그러우신 아버지와 순종하는 아들로 규정했고, 인간은 선지자와 제사장과 왕으로, 즉 자신의 신실함을 보여 줄 가시적인 징표들을 수여받은 가운데 자신의 자손을 대표하는 공인된 직분자로 하나님을 섬기도록 부르심을 받았다. 따라서 우리가 이것을 언약이라고 부르는 것은 전적으로 정당하다.

행위 언약을 보여 주는 다른 성경 본문

우리는 다른 성경 본문에서도 행위 언약에 대한 언급을 발견한다. 호세아 6장 6-7절에서 여호와는 이스라엘을 이렇게 꾸짖으셨다. "나는 인애를 원하고 제사를 원하지 아니하며 번제보다 하나님을 아는 것을 원하노라 그들은 사람들처럼[개역개정에는 "아담처럼"] 언약을 어기고 거기에서 나를 반역하였느니라." 여기서 핵심 어구는 "사람들처럼"(히브리어로 '케-아담')이다. 일부 해석자는 '아담'이 아담이라는 이름의 도시를 가리키는 것으로 보고(수 3:16), "아담에서"로 번역해 왔다. 하지만 이스라엘이 그 도시에서 하나님께 범죄했음을 보여 주는 성경 기록이 없으므로, 그렇게 번역하려면 히브리어 본문의 "~처럼"을 "~에서"로 수정해야 한다. 또 다른 해석은 이 본문이 이스라엘의 죄를 인류 전체가 언약을 어긴 것과 비교하고 있는 것으로 보는 것이다. 그렇게 해석하려면 우리는 어떻게 인류가 하나님과 언약 관계에 있게 되었는지를 물어야 한다. 성경에서 하나님이 온 인류 전체와 맺은 "언약"이라고 명시적으로 언급한 것은 노아 언약뿐이고, 이 언약은 단지 이 세상 전

---

67) John of Damascus, *An Exact Exposition of the Orthodox Faith*, 2.11, in *ACCS/OT*, 1:61.

체를 다시는 홍수로 심판하지 않겠다고 약속할 뿐이다. 또 다른 해석은 이 어구를 "아담처럼"으로 읽는 것이고(KJV 난외주, ESV), 이것이 가장 유력해 보인다. 그렇게 읽었을 때 호세아 6장 7절은 이스라엘이 하나님의 언약의 율법을 어기고 반역한 것은 아담이 하나님의 최초의 언약의 명령을 어기고 반역한 것과 병행된다는 것을 보여 준다.[68] 이 어구가 아담이 언약을 어긴 것을 가리킨다고 보는 것은 호세아서가 인류의 초기 역사에서 저질러진 죄들을 언급하고(2:3; 9:10) 창세기를 간접 인용한 것(11:8; 12:3-4)과 부합한다.[69]

행위 언약과 관련해 또 하나의 중요한 본문은 이사야 24장 5-6절이다. "땅이 또한 그 주민 아래서 더럽게 되었으니 이는 그들이 율법을 범하며 율례를 어기며 영원한 언약을 깨뜨렸음이라 그러므로 저주가 땅을 삼켰고 그 중에 사는 자들이 정죄함을 당하였고 땅의 주민이 불타서 남은 자가 적도다." 하나님이 온 세상에 "저주"를 보내신 것은 세상에 사는 사람들이 "영원한 언약을 깨뜨렸기" 때문이었다. 여기서 "땅"('에레츠')을 이스라엘 땅을 가리키는 것으로 이해할 수도 있다. 하지만 문맥은 열방을 염두에 두고 있음을 보여 준다. 이사야서의 이 단원(24-27장)은 세계적인 심판과 최종적인 구원을 말한다. 이 본문은 여호와가 여러 나라에 대한 심판을 선언하시는 예언을 담고 있는 긴 단원(12-23장) 직후에 나온다. 24장은 "바다 모든 섬"("바다의 해변 땅들", ESV)과 "땅의 왕들"을 언급함으로써(15, 21절), 다루는 범위가 국제적임을 보여 준다. 따라서 이사야 24장 5-6절은 만국 백성이 하나님의 언약을 어겼으므로, 하나님의 저주를 받게 될 것임을 가르친다. 성경에서 하나님이 온 인류에게 어떤 법을 세우시고 그 법에 불순종했을 때 세상에 저주를 내리셨음을 보여 주는 유일한 예는 하나님이 첫 사람 아담에게 내리신 명령뿐이다. 에드워드 영은 "여기서 말한 영원한 언약은 하나님이 자신의 법과 규례를 아담에게, 그리고 아담 안에서 온 인류에게

---

68) Robertson, *The Christ of the Covenants*, 22 - 24.

69) Benjamin B. Warfield, *Selected Shorter Writings*, ed. John E. Meeter (Nutley, NJ: Presbyterian and Reformed, 1970), 1:128.

주신 사실을 가리킨다"고 결론을 내렸다.[70]

사도 바울은 로마서 5장 12-19절에서 아담과 그리스도를 비교하고 대비시켰다. 우리는 나중에 원죄를 논의할 때 이 중요한 본문을 살펴보겠다. 하지만 여기서 우리가 주목해야 할 것은 인류에 대한 "정죄"('카타크리마')를 포함해 아담의 죄가 가져온 직접적인 결과다(16, 18절). 이 단어는 여기에서와 로마서 8장 1절에서만 "심판"의 강조된 형태로 되어 있고, 동족어 동사('카타크리노')는 어떤 사람이 법적으로 유죄여서 형벌을 받아야 한다고 판결하는 것을 의미한다.[71] 여기서 형벌은 "사망"(12-17절)이고, 이 형벌은 하나님이 에덴동산에서 아담에게 경고했던 바로 그 심판이다. 로마서 5장에 나오는 바울의 논증은 하나님이 아담과 법적인 효력을 지니는 언약을 맺으셔서, 아담이 불순종한 경우에 온 인류가 죄책과 형벌 아래 놓이게 된 것임을 전제한다. 그런 점에서 아담은 그리스도의 모형 또는 그림자였다(14절). 바울은 그리스도의 구원 사역이 옛 언약들의 약속을 성취하는 언약적인 맥락 속에서 일어난 것으로 이해했다.[72] 또한 바울은 아담의 죄를 "범죄"(14절)라고 지칭하고, 이것은 "율법"을 어겼음을 의미한다(4:15). 이 문맥 속에서 바울이 말한 "율법"은 이스라엘에게 주어진 "율법"(5:13, 20)이었고, 이것은 물론 언약이었다. 따라서 바울도 하나님이 에덴동산에서 아담과 법적인 관계를 정하신 것을 하나님이 이스라엘 및 그리스도와 맺으신 언약 관계와 비슷한 방식으로 보았다는 결론을 내리는 것이 합리적이다.

만일 선악을 알게 하는 나무의 열매를 먹은 것이 단지 첫 사람이 하나님 명령을 어긴 문제였다면, 바울은 우리에 대한 정죄가 아담이 아니라 하와로 말미암아 일어난 것으로 설명했을 것이다. 그런데 바울이 그렇게 하지 않고 인류의 타락을 아담의 발아래 놓은 것은 인간 중에서 아담만이 오직 하나님이 수여하실 수 있는 특별한 법적 지위를 지니

---

70) Edward Young, *The Book of Isaiah*, 3 vols. (Grand Rapids, MI: Eerdmans, 1969), 2:158.
71) 마 12:41-42; 20:18; 27:3; 막 10:33; 14:64; 16:16; 눅 11:31-32; 요 8:11; 롬 2:1; 8:3, 34; 14:23; 히 11:7; 약 5:9; 벧후 2:6.
72) 롬 9:4-5; 11:27; 고전 11:25; 고후 3:6; 갈 3:15-17; 4:24; 엡 2:12-13. 바울이 그리스도와 관련해 언약과 관련된 "……의 하나님"이라는 문구를 어떻게 사용했는지 주목하라(고후 11:31; 엡 1:3, 17; 참고, 요 20:17; 벧전 1:3).

고 있었음을 보여 준다. 요한네스 폴리안데르(1568-1646년)는 아담은 "온 인류의 머리이자 보편적 시작"이었다고 말하고, 하와가 먼저 범죄했음에도 "하나님이 아담과 맺으신 언약으로 말미암아 첫 부모 중 아담이 인류를 대표했으므로" 인류를 파멸로 빠뜨린 것은 아담의 죄였다고 말했다.[73]

지금까지 우리는 창세기 2장이 아담의 순종 또는 불순종을 조건으로 생명을 약속하고 죽음을 경고한 언약을 계시함을 보았다. 아담 안에서 모든 사람은 언약을 어긴 자들이 되었고, 하나님의 정죄와 저주 아래 놓이게 되었다. 새 언약에서 그 약속들을 성취하신 그리스도만이 죄인을 모든 정죄에서 건져 내신다(롬 8:1). 행위 언약은 우리의 마지막 아담이신 그리스도 안에 있는 하나님의 구원의 은혜 언약의 대척점으로 서 있다. 행위 언약론을 버리면, 아담 안에서의 인류의 타락과 그리스도 안에서의 인류의 칭의를 위한 법적 토대를 잃게 되고, 특히 죄의 전가와 의의 전가와 관련해 아담과 그리스도 간의 병행을 훼손하게 된다.[74]

하나님과 인간의 관계의 토대로서의 언약의 지위

여호와는 첫 사람 및 그의 모든 자연적인 자손과 언약을 맺으셨고, 여러 언약을 중심으로 구속사 전체를 구성하셨으므로, 우리는 하나님이 인간과의 모든 관계에서 언약이 기본적인 틀의 기능을 하게 하셨다는 결론을 내리게 된다. 이것은 언약이 실천적인 경건에서 아주 중요함을 의미한다. 성경에서 경건한 자들이 드리는 기도를 읽어 보면, 그들은 흔히 언약을 지키시는 하나님의 신실하심에 의거해 하나님께 기도를 드린다. 바빙크는 "언약은 참된 신앙의 핵심이다"라고 말했다.[75]

첫째, 창조주와 피조물 간의 무한한 간격을 생각해 보라. 이것만을 고려하더라도, 인간은 오직 종이 자기 주인을 아는 방식으로만 하나님

---

73) Polyander, Walaeus, Thysius, and Rivetus, *Synopsis Purioris Theologiae*, 14.5 (1:339).

74) Belcher, *Genesis*, 68 – 69.

75) Bavinck, *Reformed Dogmatics*, 2:569. 아래에 열거한 것들은 바빙크의 논의를 요약한 것이다.

을 알 수 있다. 사실 하나님과 인간 사이에는 어떤 교제나 우정도 있을 수 없다. 하지만 언약이라는 수단을 통해 여호와는 이 간격을 메우시고, "나는 너희 중에 행하여 너희의 하나님이 되고 너희는 내 백성이 될 것이니라"(레 26:12)고 약속하신다. 바빙크는 "그렇게 하려고 하나님은 높은 곳에서 내려와 자신을 낮추시고 자신의 피조물을 상대해 인간들에게 자신을 나누어 주고 계시하며 내주셔야 했다"고 말했다.[76]

둘째, 본성적으로 피조물인 존재는 창조주에게 어떤 권리도 주장할 수 없다. 인간은 자신이 존재하는 모든 날 동안 하나님을 섬긴 후, 오직 "우리는 무익한 종이라 우리가 하여야 할 일을 한 것뿐이라"(눅 17:10)고 말할 수 있을 뿐이다. 언약의 약속은 언약의 조건을 성취한 사람에게 하나님께 가까이 나아가 하나님에게서 복과 생명을 기대할 권리와 자유를 수여한다.

셋째, 바빙크가 말했듯 언약 속에서 하나님은 인간을 식물이나 동물이나 생명 없는 물체가 아니라, "이성적이고 도덕적인 존재", "자유롭게 자신의 의지에 따라 사랑 가운데 하나님을 섬기도록 부르심을 받은 사람들"로 대하신다.[77] 단순한 계명과 율법은 하나님의 주권적 권리에 속하긴 하지만, 하나님의 풍부한 약속과는 달리 사람들의 즐거운 순종을 이끌어 낼 수 없다.

따라서 지혜로우신 하나님은 인류와의 관계에서 언약을 중심으로 삼으셨다. 하나님은 자신의 차고 넘치는 선하심과 지속적인 신실하심을 보여 주시면서, 사람들에게 하나님을 영화롭게 하고 영원토록 하나님을 기뻐하도록 구애하시려고 처음부터 율법과 약속을 함께 주셨다.

---

76) Bavinck, *Reformed Dogmatics*, 2:569.
77) Bavinck, *Reformed Dogmatics*, 2:570.

묵상과 토론을 위한 질문

1. 행위 언약 교리에 대한 네 가지 반론은 어떤 것들인가? 저자들은 이 반론들에 대해 어떻게 대답하는가?

2. 저자들은 언약을 어떻게 정의하는가? 저자들이 말하려는 것을 당신 자신의 말로 어떻게 설명하겠는가?

3. 언약에 대한 저자들의 정의가 하나님과 아담의 관계를 설명해 주는 것임을 보여 주는 어떤 증거가 있는가?

4. 성경 언약의 다섯 가지 통상적이지만 본질적이지는 않은 특징은 어떤 것들인가?

5. 언약의 이 통상적인 특징들은 하나님과 아담의 관계에서 어떻게 분명하게 나타나는가?

6. 다음 성경 본문은 하나님과 아담 간의 언약과 관련해 무엇을 보여 주거나 함축하는가? (1) 호세아 6장 6-7절, (2) 이사야 24장 5-6절, (3) 로마서 5장 12-19절.

7. 언약이 하나님과 인간의 관계와 관련해 하나님이 정하신 기본적인 틀인 이유는 무엇인가?

8. 이 장을 읽음으로써 하나님의 언약에 대한 당신의 이해가 어떤 식으로 깊어졌는가? 당신에게 여전히 남아 있는 의문은 어떤 것인가?

더 깊은 성찰을 위한 질문

9. 언약에 대한 저자들의 정의를 강점과 약점으로 구별해 성경적이고 신학적으로 비판해 보라. 이 정의를 개선하기 위해 당신은 수정하거나 재정의하고 싶은가? 어떤 식으로?

10. 질문 6에서 열거한 성경 본문 중 하나를 선택하라. 그 본문이 행위 언약을 언급하고 있음을 보여 주기 위해 어떤 논거를 제시할 수 있는가? 그 본문이 행위 언약을 언급하고 있지 않음을 보여 주기 위해 어떤 논거를 제시할 수 있는가? 어느 쪽이 최선의 해석이고, 그 이유는 무엇인가?

15장

하나님이 아담과 맺으신 언약(2부)

역사신학과 조직신학

언약 신학은 17세기 이래로 개혁파의 신앙고백적 정체성을 구성하는 하나의 요소였다.[1] 웨스트민스터 신앙고백(7.1)은 "하나님과 피조물 사이의 거리가 너무 커, 비록 이성을 지닌 피조물에게는 자신의 창조주이신 하나님께 마땅히 순종해야 할 의무가 있지만, 하나님 편에서의 어떤 자발적인 낮아지심 외에는 하나님에게서 그들의 복과 상인 어떤 결실도 얻을 수 없는데, 하나님은 언약이라는 방법으로 이 낮아지심을 표현하시기를 기뻐하셨다"고 말한다.[2] 이렇게 성직자들의 회합에서는 하나님이 하늘과 땅을 연결하고 인간과 자신의 관계를 정립하기 위해 사용하신 위대한 자리로 언약을 제시했다. 이 신앙고백(7.2)은 계속 "사람과 맺으신 첫 언약은 행위 언약이었고,(갈 3:12), 그 안에서 완전하고 개인적인 순종을 조건으로(창 2:17; 갈 3:10) 아담, 그리고 아담 안에서 그의 모든 자손에게 생명이 약속되었다(롬 10:5; 5:12-20)"고 말한다.[3]

우리는 이와 같은 교리를 웨스트민스터 소교리문답(12문)에서도 발견하는데, 거기서는 이렇게 말한다. "하나님은 사람을 창조하셨을 때

---

1) 아담 언약과 관련한 초기 신앙고백의 예로는 아일랜드 신조(21조)를 보라. 대륙에서는 스위스 일치신조(7-12조)가 행위 언약을 단언했다. *Reformed Confessions*, 4:93 – 94, 522 – 523.
2) *Reformed Confessions*, 4:242.
3) *Reformed Confessions*, 4:242.

완전한 순종을 조건으로 사람과 생명의 언약을 맺으셔서 죽음의 형벌 위에서 사람에게 선악을 알게 하는 나무의 열매를 먹는 것을 금지하셨다(갈 3:12; 창 2:17)."[4] 여기서 행위 언약은 "생명의 언약"이라 불리지만, 이 언약을 어긴 결과는 인류의 파멸이었다. 웨스트민스터 소교리문답(16문)은 이렇게 설명한다. "아담과 맺으신 언약은 그 자신만을 위한 것이 아니라 그의 자손을 위한 것이어서, 통상적인 출생을 통해 그의 자손이 된 온 인류는 그의 첫 번째 범죄 안에서 그와 함께 타락했다(창 2:16-17; 롬 5:12; 고전 15:21-22)."[5]

이 장에서는 이 교리의 역사적 뿌리를 살펴보고, 개혁파 정통 신학이 이 교리를 성숙하게 정형화해 표현한 것에 대한 조직신학적인 분석을 제시하겠다.

행위 언약에 대한 개혁파 정통 교리의 역사적 뿌리

언약 신학은 "비교적 최근에 발전된 것"으로 고대와 중세 시대의 교회에는 "알려져 있지" 않았고, 웨스트민스터 신앙고백에 언급되긴 했지만 요하네스 코케이우스가 네덜란드에서 이 주제에 대해 쓸 때까지는 온전히 발전되지 않았다고 주장되어 왔다.[6] 하지만 언약 신학의 뿌리는 훨씬 더 깊어, 종교개혁자들을 거쳐 교회의 가장 초기까지 이어져 있다.[7]

교부 신학, 중세 신학, 대항 종교개혁 신학

초기 기독교 신학자들은 타락 이전의 아담의 상태를 행위 언약의 여

---

4) *Reformed Confessions*, 4:354.
5) *Reformed Confessions*, 4:355.
6) Charles Fred Lincoln, "The Development of the Covenant Theory," *Bibliotheca Sacra* 100 (1943): 136 (full article, 134 - 163).
7) Andrew A. Woolsey, *Unity and Continuity in Covenantal Thought: A Study in the Reformed Tradition to the Westminster Assembly*, Reformed Historical-Theological Studies (Grand Rapids, MI: Reformation Heritage Books, 2012); J. Ligon Duncan III, "The Covenant Idea in Ante-Nicene Theology" (PhD diss., University of Edinburgh, 1995), https://www.era.lib.ed.ac.uk/bitstream/handle/1842/10618/Duncan1995.pdf.

러 중요한 요소와 부합하는 방식으로 이해했다. 이레네오는 역사 전체에 걸쳐 있는 "법적" 언약은 하나님이 인간의 본성 속에 심어 두신 자신의 불변의 뜻을 반영한 "본성적인 교훈들"에 토대를 둔 것이므로, 인간은 순종을 통해 영광 가운데 하나님과의 교제를 누릴 수 있다고 보았다.[8] 아담은 자신의 불순종으로 말미암아 스스로를 망쳤고 하나님의 형상을 훼손했지만, 그리스도는 우리를 구원하기 위한 아담의 "발생반복"이다.[9] 히에로니무스(420년 사망)와 알렉산드리아의 키릴로스(444년 사망)는 호세아 6장 7절이 이스라엘의 죄와 언약을 어긴 아담의 죄를 비교하고 있는 것으로 해석했다.[10]

하나님이 타락 이전의 아담과 언약을 맺으셨다는 교리는 일찍이 아우구스티누스에게서 명시적인 형태로 등장한다. 그는 이렇게 말했다. "하나님이 첫 사람과 맺으신 최초의 언약은 바로 이런 것이었다. '네가 먹는 날에는 반드시 죽으리라'"(창 2:17).[11] 만일 아담이 "계속 먹지 않았다면", 그는 하나님의 복을 상으로 얻었을 것이다.[12] 생명나무는 "성례전"이었고 "징표"였다.[13] 아우구스티누스는 펠라기우스주의자에 반대하여, 아담은 온 인류를 대표했으므로, 모든 사람과 자녀는 "저 한 사람", 즉 아담(참고, 롬 5:12)"안에서 하나님의 언약을 깨뜨렸고, 모두가 범죄했다"고 말했다.[14] 앤드루 울지는 "아우구스티누스가 에덴동산에서 하나님과 타락 이전의 아담의 관계에 대해 제시한 그림은 나중에 '언약

---

8) Irenaeus, *Against Heresies*, 4.13; 4.14.1; 4.15.1; 4.25.1, 3, in *ANF*, 1:477–479, 496.

9) Irenaeus, *Against Heresies*, 3.18.1–2; 3.21.10; 3.22.3; 3.23.1, in *ANF*, 1:446, 454–455. 또한 John Chrysostom, Homilies 10 and 12 on Romans, in *NPNF*[1], 11:402–403, 423을 보라.

10) Warfield, *Selected Shorter Writings*, 1:116–117. 키릴로스에 대해서는 *Patrologiae Graeca*, ed. J. P. Migne, 161 vols. (Paris: Imprimerie Catholique, 1864), vol. 71, col. 169–170을 보라.

11) Augustine, *The City of God*, 16.27, in *NPNF*[1], 2:326.

12) Augustine, *On Rebuke and Grace*, chap. 32, in *NPNF*[1], 5:484.

13) Augustine, *The Literal Meaning of Genesis*, 8.4.8, in *The Works of Saint Augustine: A Translation for the Twenty-First Century, Part I, Volume 13, On Genesis*, intro. and trans. Edmund Hill, ed. John E. Rotelle (Hyde Park, NY: New City Press, 2002), 351(앞으로는 *Works*, 1/13으로 인용함).

14) Augustine, *The City of God*, 16.27, in *NPNF*[1], 2:326; 참고, *On Marriage and Concupiscence*, 2.24.11, in *NPNF*[1], 5:292.

신학자들'이 묘사한 언약의 모든 구성 요소를 담고 있다"고 쓴다.[15]

아담 "언약"은 중세 신학자들이 명시적으로 다룬 주제였다고 할 수는 없겠지만, 그 개념은 아우구스티누스 전통 속에 깊이 새겨져 있었다. 예컨대 페트루스 롬바르두스는 하나님이 아담과 그의 자손에게 현세적인 생명을 주시고 영원한 생명을 약속하셨다고 말했다.

> 하나님은 자기가 인간에게 주신 것을 보존하고, 인간으로 하여금 자기가 그들에게 약속하신 것을 받을 수 있게 하려고, 창조 때 인간의 영혼 속에 두신 본성적인 이성에 순종하라는 명령을 더하셨는데, 인간은 이 이성을 사용해 선과 악을 분별할 수 있었다. 이 명령을 지키면 인간은 하나님에게서 받은 것을 잃지 않을 것이었고, 순종이라는 공로에 대한 상으로 하나님이 약속하신 것도 얻을 수 있을 것이었다.[16]

또한 우리는 도미니쿠스 수도회의 신학자이자 대항 종교개혁의 변증론자인 암브로지오 카타리노(또는 카타리누스) 폴리티(1484–1553년)의 가르침에서도 아담 언약을 발견한다. 그는 하나님은 인간에게 인간에 대한 주로서의 하나님의 지위를 인정하여 영생으로 승화할 수 있는 길을 열어 주려고 타락 이전에 인류의 대표자인 아담과 언약을 맺으셨다고 말했다.[17] 개신교 저술가들은 아담과 아담 언약에 대한 카타리노의 견해를 알고 있었다.[18]

---

15) Woolsey, *Unity and Continuity in Covenantal Thought*, 173.

16) Lombard, *The Sentences*, 2.20.6 (2:91–92). 또한 John of Damascus, *An Exact Exposition of the Orthodox Faith*, 2.30, in *NPNF*[2], 9.2:43–44를 보라.

17) Aaron C. Denlinger, *Omnes in Adam ex Pacto Dei: Ambrogio Catarino's Doctrine of Covenantal Solidarity and Its Influence on Post-Reformation Reformed Theologians* (Göttingen: Vandenhoek and Ruprecht, 2011), 11, 142–143, 157; William Cunningham, *The Reformers and the Theology of the Reformation* (Edinburgh: T&T Clark, 1866), 377–378.

18) John Salkeld, *A Treatise of Paradise* (London: by Edward Griffin for Nathaniel Butter, 1617), 301.

16세기의 개혁파 신학

16세기가 진행되는 동안에 하나님이 아담과 맺으신 언약에 대한 개혁파 교리는 아우구스티누스의 전통 속에 이미 존재했던 씨앗에서 점진적으로 발전해 갔다.[19] 존 칼빈과 그의 후계자인 테오도르 베자(1519-1605년)가 가르친 율법론에는 행위 언약이 함축되어 있다. 칼빈과 베자는 구속사 전체에 걸친 하나님의 언약들은 실질적인 내용에서는 하나라고 보았지만, 여전히 완전한 순종에 대해 영생을 약속한 율법 언약에 대해 썼다.[20] 칼빈은 하나님의 언약에 의거해 선행은 공로가 된다는 중세적인 개념을 거부했지만, "행위에 대한 상은 율법과 관련된 하나님의 자유로운 약속에 의거한다"고 단언했다.[21] 그는 에덴동산에서 하나님이 아담에게 주신 명령은 언약적인 율법의 이 원칙을 보여 주는 가장 중요한 예였고, 아담이 순종했다면 이 원칙에 의거해 영생이 그에게 주어졌을 것이라고 말했다.[22] 사실 칼빈은 아담에게 주어진 생명나무는 노아에게 주어진 무지개처럼 하나님의 언약의 성례전이자 인침이었다고 말했다.[23] 칼빈과 베자는 에덴동산에서 하나님과 아담의 관계를 언

---

19) R. Sherman Isbell, "The Origin of the Concept of the Covenant of Works" (ThM thesis, Westminster Theological Seminary, 1976), 14-73; David A. Weir, *The Origins of the Federal Theology in Sixteenth-Century Reformation Thought* (Oxford: Oxford University Press, 1990), 99-152; Rowland S. Ward, *God and Adam: Reformed Theology and the Creation Covenant* (Wantirna, Australia: New Melbourne Press, 2003); Beeke and Jones, *A Puritan Theology*, 217-236; Woolsey, *Unity and Continuity in Covenantal Thought*, 344-539.

20) Calvin, *Institutes*, 2.9.4; 2.17.5; *Commentaries*, 렘 32:40; 롬 5:19; Theodore Beza, Theodore Beza's Confession (Art. 18, 22), in *Reformed Confessions*, 2:247, 272-273; *A Booke of Christian Questions and Answers*, trans. Arthur Golding (London: by William How, for Abraham Veale, 1572), 56v. 원본은 *Quaestionum et responsionum christianarum libellus* (1570)였다. 현대어 역본으로는 Theodore Beza, *A Little Book of Christian Questions and Answers* (Allison Park, PA: Pickwick, 1986), Q. 129, 163-164를 보라.

21) Calvin, *Commentaries*, 롬 3:20. 중세의 공로 개념에 대해서는 Heiko Augustinus Oberman, *The Harvest of Medieval Theology: Gabriel Biel and Late Medieval Nominalism* (Durham, NC: Labyrinth, 1983), 166-172; Peter A. Lillback, *The Binding of God: Calvin's Role in the Development of Covenant Theology*, Texts and Studies in Reformation and Post-Reformation Thought (Grand Rapids, MI: Baker Academic, 2001), 46-50을 보라.

22) Calvin, *Commentaries*, 창 2:16-17; 3:19; *Institutes*, 1.15.8; Beza, *A Booke of Christian Questions and Answers*, 43v.

23) Calvin, *Institutes*, 4.14.18.

약이라고 부르지는 않았지만, 우리는 이 개념이 초기 제네바 신학에 씨 앗 형태로 있음을 발견한다.[24]

자카리우스 우르시누스(1534-1583년)는 하나님과 아담 간의 "창조 언 약"과 "자연 언약"이라는 표현을 사용한 최초의 개혁파 신학자였던 것 같다.[25] 우르시누스의 동료였던 카스파르 올레비아누스(1536-1587년)도 이 언약에 대해 쓰면서, 이 언약을 "창조 언약", "자연 언약", "최초 의 언약", "창조 법"이라고 지칭했다.[26] 프란키스쿠스 유니우스(1545-1602년)도 아버지 하나님이 자기 아들에 대한 사랑 안에서 우리의 첫 부 모와 맺으신 "언약", 하나님을 공경하면 생명을 주겠다고 약속하시고 그렇지 않았을 때는 죽음을 경고하신 "언약"에 대해 언급했다.[27]

지금까지 알려진 바로는 "행위 언약"이라는 표현을 가장 먼저 사용 한 것은 영국의 개혁파 신학자들이었다. 이 어구를 사용한 최초의 신 학자였던 것으로 보이는 더들리 페너(1558-1587년)는 1585년에 "행위 언 약"의 라틴어 표현인 '포이두스 오페룸'(foedus operum)을 "은혜 약속의 언약"인 '그라투이타이 프로미시오니스 포이두스'(gratuitae promissionis foedus)와 대비시켰다.[28] 그는 자기보다 나이 많은 친구였던 토머스 카 트라이트(1535-1603년)에게 이것을 배웠던 것 같은데, 카트라이트는 사 후에 출판된 자신의 저작물에서 "복음이라 불리는 은혜 언약"을 죄

---

24) Woolsey, *Unity and Continuity in Covenantal Thought*, 282. 이 결론과 관련된 자세한 논증 은 Lillback, *The Binding of God*, 276-304를 보라.

25) 또한 그는 "하나님의 율법"은 "하나님이 창조 때 인류와 맺으신 언약 같은 것"을 가르친다고 말 했다(Q. 10, p. 164). 이 저작의 연대를 대략 1562년경으로 추정하는 것에 대해서는 비어마의 서 론(137)을 보라. 또한 Zacharius Ursinus, *The Summe of the Christian Religion*, trans. Henry Parry (London: James Young, 1645), 517, 617 (Q. 92, 115)을 보라.

26) Lyle D. Bierma, *The Covenant Theology of Caspar Olevianus* (Grand Rapids, MI: Reformation Heritage Books, 2005), 112-116에서 재인용; 참고, Woolsey, *Unity and Continuity in Covenantal Thought*, 427-429.

27) Franciscus Junius, *Theses Theologicae* (1592), 25.3, in *Opuscula Theologica Selecta*, ed. Abraham Kuyper, Bibliotheca Reformata 1 (Amsterdam: Fredericum Muller cum Soc. Et Joannem Hermannum Kruyt, 1882), 184. 유니우스와 아담 언약에 대해서는 William K. B. Stoever, "The Covenant of Works in Puritan Theology: The Antinomian Crisis in New England" (PhD diss., Yale University, 1970), 31-32; Mark W. Karlberg, *Covenant Theology in Reformed Perspective* (Eugene, OR: Wipf and Stock, 2000), 98을 보라.

28) Dudley Fenner, *Sacra Theologia*, 2nd ed. (Apud Eustathium Vignon, 1586), 4.1 (39). 초판 은 1585년에 출간되었다. 페너에 대해서는 Weir, *The Origins of the Federal Theology*, 141-143을 보라.

와 복음의 계시 이전에 "아담에게 주어진" "율법이라 불리는 행위 언약"과 대비시켰다.[29] 로버트 롤록은 1596년에 하나님과 인간의 언약은 "이중적"이어서, "자연 또는 행위 언약과 은혜 언약(갈 4:24)"으로 이루어져 있다고 말했다.[30] 행위 언약은 선행을 "조건"으로 영생을 약속했다.[31] 조건이라는 용어는 인간의 선행이 공로라거나 선행에는 반드시 대가가 주어져야 함을 의미하지 않는다. 왜냐하면 인간의 선행은 하나님이 창조주를 영화롭게 하라고 인간에게 창조의 선물로 주신 것이어서 도리어 인간이 감사해야 할 것이기 때문이다.[32] 아담의 범죄로 그의 자손으로 태어난 온 인류는 죄와 사망 아래 놓이게 되었는데, 이것은 한편으로는 우리의 첫 아버지인 아담에 대한 우리의 관계 때문이고, 다른 한편으로는 하나님이 아담에게 주신 우리의 언약의 대표자로서의 역할 때문이다.[33] 윌리엄 퍼킨스도 "하나님이 완전한 순종을 조건으로 맺으시고 도덕법으로 표현된" "행위 언약"을 가르쳤다.[34] 퍼킨스는 "율법 또는 행위 언약은 자비를 뺀 채 하나님의 정의만을 제시한다"고 말한 후, 율법 또는 행위 언약을 아담의 원래의 상태와 연결했다. "율법은 창조에 따른 본성적인 것이었다. 복음은 본성을 초월하는 것으로 타락 이후에 계시되었다."[35] 하나님은 에덴동산에서 인간에게 순종을 요구하셨고, 선악을 알게 하는 나무의 열매를 먹는 것을 금지하심으로써 순종을 시험하셔서, 인간이 "계속 순종 안에 머물러 있는" 경우에는 영생을 누릴 수 있게 하실 것이었고, 그 명령을 어기고 범죄했을 때는 "현

---

29) Thomas Cartwright, *A Treatise of Christian Religion* (London: Felix Kyngston for Thomas Man, 1616), chaps. 13-14 (80, 74[쪽수가 잘못 매겨져 있는데 원래는 86이어야 한다]). 카트라이트와 퍼너는 유럽 대륙으로 여행했으므로, 거기서 이 어구를 알았을 가능성이 있다. Woolsey, *Unity and Continuity in Covenantal Thought*, 443-445.

30) "Robert Rollock's Catechism on God's Covenants," trans. and intro. Aaron C. Denlinger, *Mid-America Journal of Theology* 20 (2009): 110 (Q. 2) (full article, 105-129).

31) Rollock, "Catechism," 111 (Q. 7-8).

32) Rollock, *A Treatise of God's Effectual Calling*, in *Select Works*, 1:37; "Catechism," 111-112 (Q. 12-13).

33) Breno L. Macedo, "The Covenant Theology of Robert Rollock" (ThM thesis, Puritan Reformed Theological Seminary, 2012), 118-120.

34) Perkins, *A Golden Chain*, chap. 19, in *Works*, 6:65.

35) Perkins, *Commentary on Galatians*, 갈 4:24-25, in *Works*, 2:302-303.

세적인 죽음과 영원한 죽음"을 겪게 하실 것이었다.[36]

따라서 하나님이 아담과 맺으신 언약은 아우구스티누스가 명시적으로 가르쳤고, 롬바르두스, 칼빈, 베자가 암묵적으로 긍정했으며, 우르시누스, 롤록, 퍼킨스 같은 16세기의 다른 개혁파 신학자들이 점점 더 정교하게 발전시킨 교리였다. 분명히 이 교리는 웨스트민스터 총회에 참여한 성직자들 같은 17세기 신학자들이 만들어 낸 것이 아니었다.

개혁파 정통 교리에 대한 조직신학적 분석

행위 언약은 개혁파 정통 신학의 표준적인 일부가 되었다. 우리는 요한네스 볼레비우스, 제임스 어셔 같은 신학자들이 쓴 영향력 있는 조직신학 책들,[37] 네덜란드의 공인역 또는 흠정역인 국가 공인 성경(1637년)에 나오는 신약 성경 서론에서 이 교리를 발견한다.[38] 데이비드 딕슨, 존 볼(1585-1640년), 새뮤얼 러더퍼드(1600-1661년), 코케이우스, 프랜시스 로버츠(1609-1675년), 윌리엄 스트롱, 앤서니 버기스(1664년 사망), 프란키스쿠스 투레티누스, 느헤미아 콕스(1670년에 활동. 1689년 사망), 이지키얼 홉킨스(1634-1690년), 헤르만 비치우스(1636-1708년), 빌헬무스 아 브라켈, 토머스 보스턴, 존 커훈(1748-1827년), 토머스 벨(1733-1802년) 같은 신학자들이 행위 언약에 대한 중요한 글을 많이 썼다.[39]

---

36) Perkins, *A Golden Chain*, chap. 9, in *Works*, 6:31.

37) Wollebius, *Compendium*, 1.8.(1).2 (64); Ussher, *A Body of Divinity*, 8th head (111).

38) "Inhoudt des Nieuwen Testaments," in *Statenvertaling* (Leiden: Paulus Aertsz van Ravesteyn, 1637), fol. *2r; 영역으로는 "The Argument of the New Testament," *The Dutch Annotations upon the Whole Bible*, trans. Theodore Haak (1657; facsimile repr., Leerdam, The Netherlands: Gereformeerde Bijbelstichting, 2002)다. Kersten, *Reformed Dogmatics*, 1:192를 보라.

39) David Dickson, *Therapeutica Sacra; Shewing Briefly the Method of Healing of Diseases of Conscience, Concerning Regeneration* (Edinburgh: Evan Tyler, 1664), 71–85; John Ball, *A Treatise of the Covenant of Grace* (London: by G. Miller for Edward Brewster, 1645), 6–14; Samuel Rutherford, *The Covenant of Life Opened: or a Treatise of the Covenant of Grace* (Edinburgh: by Andre Anderson, for Robert Broun, 1655), 3–56; Johannes Cocceius, *The Doctrine of the Covenant and Testament of God*, trans. Casey Carmichael (Grand Rapids, MI: Reformation Heritage Books, 2016), 27–57; Francis Roberts, *Mysterium et Medulla Bibliorum. The Mysterie and Marrow of the Bible: Viz. God's Covenants with Man* (London: by R. W. for George Calvert, 1657), 1.2–2.1 (10–

이 신학자들은 아담 언약과 관련해 세부적인 문제에서는 이견을 보이기도 했지만, 전체적으로는 통일된 견해를 보여 주었다. 아래에서는 몇 가지 주된 원칙 아래 아담 언약에 대한 개혁파 정통 신학의 가르침을 분석할 것이다.

언약 일반

개혁파 정통 신학자들은 조직신학에서 언약 교리의 중심성을 인정했다. 행위 언약과 관련된 오류는 은혜 언약을 모호하게 하고, 율법과 그리스도의 구원 사역에 대한 혼란을 낳는다.[40] 아담 언약에 대한 바른 이해는 우리 자신과 하나님의 구속 의지를 실질적으로 알게 해 주는 토대를 놓아 준다.[41] 그래서 비치우스는 하나님의 언약을 공부하려는 사람은 누구든지 가르침을 잘 받아들이는 "성경의 제자"로서 "거룩한 경외심"을 가지고 공부해야 한다고 말했다.[42]

성경은 여러 종류의 언약을 계시한다. 개혁파 정통 신학자들은 언약을 당사자들 간의 상호 합의로 정의하는 경향을 보여 주었다. 따라서 그들은 흔히 언약을 마치 당사자들이 서로 합의한 조항에 '서명하는'

---

60); Strong, *A Discourse of the Two Covenants*, 1 – 111; Anthony Burgess, *Vindiciae Legis: or, A Vindication of the Morall Law and the Covenants*, Westminster Assembly Project (1647; facsimile repr., Grand Rapids, MI: Reformation Heritage Books, 2011), 104 – 140; Turretin, *Institutes*, 8.3 – 6 (1:574 – 586); Nehemiah Coxe, *A Discourse of the Covenants that God Made with Men before the Law* (London: J. D. for Nathaniel Ponder and Benjamin Alsop, 1681), 15 – 45, reprinted in Nehemiah Coxe and John Owen, *Covenant Theology from Adam to Christ*, ed. Ronald D. Miller, James M. Renihan, and Francisco Orozco (Palmdale, CA: Reformed Baptist Academic Press, 2005), 42 – 58; Ezekiel Hopkins, *The Doctrine of the Two Covenants* (London: Richard Smith, 1712), 59 – 124; Witsius, *The Economy of the Covenants*, book 1 (1:41 – 62); Brakel, *The Christian's Reasonable Service*, 1:355 – 367; Thomas Boston, *A View of the Covenant of Works*, in *Works*, 11:171 – 339; John Colquhoun, *A Treatise on the Covenant of Works* (Edinburgh: Thomsons Brothers, 1821); Thomas Bell, *A View of the Covenants of Works and Grace; and a Treatise on the Nature and Effects of Saving Faith. To which Are Added, Several Discourses on the Supreme Deity of Jesus Christ* (Glasgow: by Edward Khull and Co. for W. Somerville et al., 1814), 3 – 296. 벨은 제드버러와 글래스고에서 섬긴 구제 장로교단(Presbytery of Relief) 소속 목회자였다.

40) Brakel, *The Christian's Reasonable Service*, 1:355; Hopkins, *The Doctrine of the Two Covenants*, 1.

41) Coxe, *A Discourse of the Covenants*, 2.1 (17).

42) Witsius, *The Economy of the Covenants*, 1.1.1 (1:41 – 42).

15장 | 하나님이 아담과 맺으신 언약(2부) 359

법적인 계약인 것처럼 논의했다. 일부 신학자들은 하나님은 사람들에게 언약을 주권적으로 부과한다는 점에서, 하나님과 사람들 간의 관계는 고유한 의미의 계약이 아니라는 의외의 결론에 도달하게 되었다.[43] 하지만 이 신학자들도 성경의 언약이 영속적인 효력을 지니는 작정, 공식적인 약속이나 언약임을 인정했다(민 18:19; 렘 33:20; 히 9:15-17).[44] 그런 경우에 언약은 편무 서약, 투레티누스의 용어를 사용하면 "일방적인"(헬라어로 '모노플류론') 서약이 되겠지만, 사실 성경의 언약은 "쌍방적인"(헬라어로 '디플류론') 서약인 경우가 더 흔하다.[45] 우리는 여기서 개혁파 정통 신학자들의 석의적 민감성의 한 예를 본다. 그들은 "교리를 미리 만들어 놓은" 후 성경에서 증거 본문을 찾으려 한 것이 아니라, 열린 마음으로 성경을 연구해 교리를 이끌어 내는 것을 목표로 삼았다.[46]

개혁파 신학이 쌍방적인 언약들에서 발견한 자발적인 동의라는 요소는 하나님이 사람들과 언약을 맺는 데 가장 중요한 것은 아니었지만, 하나님의 언약에는 인간의 응답이 필수적이었음을 우리에게 보여 준다. 왜냐하면 동의는 하나님을 공경하고 감사해야 하는 인간에게 주어진 의무이고, 인간이 언약의 약속들을 주장할 수 있는 유일한 수단이기 때문이다.[47] 하지만 우리는 인간의 동의가 하나님에 대한 인간의 언약적 의무들로 인간을 구속하는 데 필수적이라고 생각해서는 안 된다. 하나님의 언약은 하나님의 주권적인 명령이기 때문이다(히 9:20).[48] 하나님은 자신의 모든 언약을 주권적으로 주도하시므로, 모든 언약은 본질적으로 "일방적인" 것이지만, 하나님의 언약은 "상호성"과 "책임성"의 관계를 만들어 낸다.[49] 따라서 언약과 택하심을 개혁파 사상에서 상호 보

---

43) Burgess, *Vindiciae Legis*, 124; Roberts, *Mysterium et Medulla Bibliorum*, 2.1.4 (25); Turretin, *Institutes*, 8.3.1 (1:574); Hopkins, *The Doctrine of the Two Covenants*, 5-8.

44) Ball, *A Treatise of the Covenant of Grace*, 3; Witsius, *The Economy of the Covenants*, 1.1.3 (1:42-43).

45) Turretin, *Institutes*, 8.3.3 (1:574).

46) J. Mark Beach, "Christ and the Covenant: Francis Turretin's Federal Theology as a Defense of the Doctrine of Grace" (PhD diss., Calvin Theological Seminary, 2005), 92.

47) Coxe, *A Discourse of the Covenants*, 1.2.2; 1.3.5-6 (5, 8-9).

48) Witsius, *The Economy of the Covenants*, 1.1.13 (1:47).

49) Richard A. Muller, "The Covenant of Works and the Stability of Divine Law in Seventeenth-Century Reformed Orthodoxy: A Study in the Theology of Herman

완전한 진리가 아니라 마치 서로 다른 두 흐름인 것처럼 대립시키는 것은 잘못이다.

개혁파 정통 신학자들은 흔히 언약을 마치 법적 계약인 것처럼 논의했다. 그런데 역설적으로 계약적 관점은 언약이 **사랑으로 말미암은 인격적인 신의성실**을 인치는 것이라는 사실, 즉 언약 신학에서 중요한 주제를 모호하게 만들 수 있다.[50] 또한 우리는 언약 신학자들이 인격적인 사랑 없는 단순한 계약 관계를 단언했다고 오해해서는 안 된다. 언약이 구속력을 지니는 형식으로 맺어진다 해서, 신실한 사랑이 배제되는 것이 아니라, 도리어 언약은 신실한 사랑을 인치는 것이다. 이것은 결혼식에서 행해지는 공식적인 서약이 신부와 신랑 간의 사랑을 인치는 것인 것과 같다.[51]

아담 언약 서론

개혁파 정통 신학자들은 창세기는 하나님과 아담의 관계를 명시적으로 언약이라 부르지 않지만, 창세기 본문은 **아담 언약**에 대한 암묵적인 계시를 담고 있다고 말했다. 하나님의 금지 명령을 어겼을 경우에 죽을 것이라는 경고는 논리적으로 하나님의 법을 지켰을 경우에는 생명이 주어질 것이라는 약속을 함축하고, 이것은 성경 전체에 걸쳐 볼 수 있는 "이것을 행하라 그러면 살리라"는 원칙이다.[52] 생명나무는 생명에 대한 약속을 가시적으로 확인해 준 것이었고, 선악을 알게 하는 나무는 그것과 정반대되는 죽음에 대한 경고를 보여 주는 징표였다. 이것은 무지개가 노아 언약의 징표였던 것과 같다(창 9장).[53] 창세기 2장

Witsius and Wilhelmus à Brakel," *Calvin Theological Journal* 29 (1994): 86–87 (full article, 75–101).

50) Turretin, *Institutes*, 8.3.2 (1:574).

51) Theodore Beza, *Sermons upon the Three First Chapters of the Canticle of Canticles*, trans. John Harmar (Oxford: Joseph Barnes, 1587)를 보라.

52) 레 18:5; 신 27:26; 겔 20:11; 마 19:17; 갈 3:12.

53) 이 논증에 대해서는 Ball, *A Treatise of the Covenant of Grace*, 6; Burgess, *Vindiciae Legis*, 123; Turretin, *Institutes*, 8.3.7 (1:575–576); Brakel, *The Christian's Reasonable Service*, 1:360–362; Boston, *A View of the Covenant of Works*, in *Works*, 11:182; Colquhoun, *A Treatise on the Covenant of Works*, 66을 보라. 또한 Won Taek Lim, *The Covenant Theology of Francis Roberts* (Chungnam, South Korea: King and Kingdom, 2002), 70–

에 대한 이 해석은 호세아 6장 7절로 확증된다. 이 호세아 본문은 "아담처럼('케-아담') 언약을 어겼다"로 번역하는 것이 최선이라는 것은 "아담처럼('케-아담') 내 범죄를 숨겼다"(개역개정에는 "다른 사람처럼 내 악행을 숨긴"; 참고, 창 3:12)로 번역되는 욥기 31장 33절과 비교해 보면 분명하게 드러난다.[54]

사도 바울의 가르침도 하나님이 아담과 맺으신 행위 언약을 보여 준다. 바울은 "행위의" 법과 "믿음의 법"을 칭의를 위한 서로 다른 두 가지 길로 대비시킨다(롬 3:27).[55] 바울이 "생명에 이르게 할 그 계명"(롬 7:10)이라고 말하는 것으로 보아, 원래의 죄 없는 상태의 인간에게는 처음에 생명이 주어졌을 것임에 틀림없다.[56] 자녀는 부모가 저지른 죄로 말미암아 정죄되지 않는데도, 아담의 죄는 인류에게 정죄를 가져다주었고(롬 5장), 이것은 하나님이 아담과 법적인 효력을 지닌 특별한 계약을 맺었음을 의미한다. 바울이 제시한 아담과 그리스도 간의 병행은 우리가 언약에 따라 그리스도 안에서 구원을 받는 것처럼 하나님과 아담이 맺은 언약에 따라 아담 안에서 정죄받은 것임을 보여 준다.[57]

갈라디아서 4장 21-31절에서 바울은 "두 언약"(갈 4:24)에 대해 말하면서, 율법 행위로 말미암는 칭의에 대한 약속을 명시적으로 언약이라 부른다.[58] 바울은 모세 언약을 행위 율법으로 축소하지는 않는다. 모세는 복음에 대해서도 썼고, 옛 언약의 성도들은 그리스도에 대한 약속에 따라 소망을 가졌기 때문이었다.[59] 바울이 말한 언약은 저주의 경고를

89도 보라.

54) Turretin, *Institutes*, 8.3.8 (1:576); Brakel, *The Christian's Reasonable Service*, 1:365–366; Boston, *A View of the Covenant of Works*, in *Works*, 11:182; Colquhoun, *A Treatise on the Covenant of Works*, 6–7.

55) Boston, *A View of the Covenant of Works*, in *Works*, 11:182; Colquhoun, *A Treatise on the Covenant of Works*, 12–13.

56) Colquhoun, *A Treatise on the Covenant of Works*, 13.

57) Burgess, *Vindiciae Legis*, 123–124; Boston, *A View of the Covenant of Works*, in *Works*, 11:183; Colquhoun, *A Treatise on the Covenant of Works*, 7–10, 18–20.

58) Rollock, "Catechism," 110 (Q. 2); Perkins, *Commentary on Galatians*, 갈 4:24–25, in *Works*, 2:302–303; Boston, *A View of the Covenant of Works*, in *Works*, 11:181; Colquhoun, *A Treatise on the Covenant of Works*, 5–6.

59) Strong, *A Discourse of the Two Covenants*, 22; Bell, *A View of the Covenants of Works and Grace*, 8.

수반한 가운데 완전한 순종을 요구한 율법이었다(갈 3:10; 5:3).[60] 이 율법은 죄인에게 오직 죽음을 가져다줄 수 있었다(고후 3:6). 바울은 죽음의 기원을 첫째 아담에게 돌리고, 생명을 마지막 아담에게 돌린다(롬 5:12, 17; 고전 15:21-22).[61] 바울이 두 언약을 대비시킨 것과 아담 안에서 주어진 죽음을 그리스도 안에서 주어지는 생명과 대비시킨 것을 나란히 놓고 보면, 바울이 염두에 둔 언약은 하나님이 아담과 맺으신 율법 언약이라는 것이 분명하게 드러난다.[62]

신학자들은 하나님이 아담과 맺으신 언약을 지칭하는 데 서로 다른 여러 이름을 사용했다. 당사자들이 이미 서로 사이좋게 지내고 있어 화해가 필요하지 않았다는 이유로 "우정의 언약"이라 불렀고, 하나님이 창조하신 그대로 원래의 흠 없는 인간 본성을 지니고 있던 아담을 대상으로 한 것이었다 해서 "창조 언약" 또는 "자연 언약"이라 부르기도 했으며, 순종을 조건으로 생명에 대한 암묵적인 약속을 담고 있었다 해서 "생명의 언약"이라 부르기도 했고, 하나님의 명령에 대한 순종을 조건으로 한 것이었다 해서 "율법 언약" 또는 "행위 언약"이라 부르기도 했다.[63] 이 언약이 다양한 명칭으로 불렸다는 사실은 특정한 명칭에 절대적인 지위를 부여해서는 안 됨을 우리에게 상기시켜 준다.

개혁파의 정통적인 가르침을 따라 우리는 역사 속에서 맺어진 **최초의 언약**에 대한 요약을 다음과 같이 제시할 수 있다. "여호와 하나님은 자유의지 가운데 아담을 그의 모든 자연적인 자손의 대표자로 삼아 선악을 알게 하는 나무와 생명나무라는 가시적인 징표에 따라 불순종에 대해서는 죽음을 경고하고 완전한 순종에 대해서는 영원한 생명을 약

---

60) Bell, *A View of the Covenants of Works and Grace*, 90, 93.
61) Bell, *A View of the Covenants of Works and Grace*, 150-152.
62) 이 주장은 이전 장에서 주해를 통해 발전시켰고 변호했다.
63) Rollock, *A Treatise of God's Effectual Calling*, in *Select Works*, 1:34; Ames, *The Marrow of Theology*, 1.24.13 (150-151); Dickson, *Therapeutica Sacra*, 80-82; Roberts, *Mysterium et Medulla Bibliorum*, 1.2.3; 2.1.4 (17, 24-25); Strong, *A Discourse of the Two Covenants*, 2; Rutherford, *The Covenant of Life Opened*, 18-20; Goodwin, *Of the Creatures*, in *Works*, 7:22-23, 49; *Ephesians*, in *Works*, 1:157; Turretin, *Institutes*, 8.3.4 (1:575); Coxe, *A Discourse of the Covenants*, 1.5; 2.6-7 (12, 28-29); Witsius, *The Economy of the Covenants*, 1.1.15; 1.2.1 (1:49-50); Colquhoun, *A Treatise on the Covenant of Works*, 3; Gill, *Body of Divinity*, 313.

속한 언약을 맺으셨다."[64]

행위 언약과 율법

하나님은 인간에게 요구하신 순종을 에덴동산의 나무들의 열매를 먹는 것과 관련한 율법으로 구체화하셨다. 신학자들은 이것을 실정적이고 상징적이며 성례전적인 율법이라고 불렀다. 이 율법은 하나님의 본성 또는 하나님의 형상으로 지음 받은 인간의 본성에서 직접적으로 생겨난 것이 아니라, 단지 하나님의 뜻에서 생겨난 것이라는 점에서 실정적인 것이었다.[65] 이 율법은 하나님의 권위에 대한 순종을 더 공개적으로 드러내 보일 수 있게 해 주는 것이었다는 점에서 상징적인 것이었다.[66] 이 율법은 동산의 나무들이 하나님이 아담에게 약속하신 생명과 경고하신 죽음이 확실한 것임을 분명하게 보여 주는 언약의 징표 역할을 했다는 점에서 성례전적인 것이었다.[67] 이 나무들은 생명을 나누어 주거나 죽음을 가할 내재적인 힘을 지니고 있지 않았고, 생명과 죽음을 불러일으키는 것은 하나님 말씀의 능력이었다.[68] 하나님이 금지하신 나무가 선악을 알게 하는 나무라는 이름을 지니게 된 것은 하나님의 금지 명령에 대한 인간의 반응은 선악에 대한 새로운 경험적 지식을 낳게 될 것이었기 때문이었다.[69]

또한 개혁파 정통 신학자들은 이 언약은 인간에게 이미 주어져 있던 자연적이고 본성적인 도덕법과 관련된 것이었다고 가르쳤다. 동산의 나

---

64) Witsius, *The Economy of the Covenants*, 1.2.1 (1:50); Strong, *A Discourse of the Two Covenants*, 1; Colquhoun, *A Treatise on the Covenant of Works*, 5.

65) Burgess, *Vindiciae Legis*, 104; Colquhoun, *A Treatise on the Covenant of Works*, 47–50.

66) Burgess, *Vindiciae Legis*, 106.

67) Witsius, *The Economy of the Covenants*, 1.6.1 (1:104–105); Colquhoun, *A Treatise on the Covenant of Works*, 112; Roberts, *Mysterium et Medulla Bibliorum*, 2.1.1; 2.1.4 (22, 25), citing Augustine, *The Literal Meaning of Genesis*, 8.4.8; 8.6.12; 8.13.28–30, in *Works*, 1/13:351, 354, 363.

68) 루터를 인용한 Strong, *A Discourse of the Two Covenants*, 3. Luther, *Lectures on Genesis*, in *LW*, 1:95–96 (창 2:9)을 보라.

69) Roberts, *Mysterium et Medulla Bibliorum*, 2.1.4 (31–33); Witsius, *The Economy of the Covenants*, 1.6.18 (1:113–114); Turretin, *Institutes*, 8.4.3–5; 8.5.3 (1:579, 581); Hopkins, *The Doctrine of the Two Covenants*, 66; Colquhoun, *A Treatise on the Covenant of Works*, 116.

무들에 대한 실정적인 율법은 하나님께 순종해야 하는 인간의 자연적이고 본성적인 의무에 뿌리를 두고 있었다.[70] 자연적이고 본성적인 율법은 하나님의 본성에 근거를 두고 인간의 본성에 내재된 하나님의 율법이다.[71] 자연적이고 본성적인 율법을 보여 주는 고전적인 성경 본문은 로마서 2장 14-15절이다. 거기서 사도 바울은 "율법 없는 이방인", 즉 기록된 하나님 말씀이 없는 자들도 "그 마음에 새긴 율법의 행위"와 "그 양심이 증거가 되어" 몇몇 율법 계명을 "본성으로" 따른다고 말한다. 하나님의 형상으로 지음 받은 인간은 내면의 율법, 즉 그리스도 안에서 약속된 구원의 은혜(렘 31:33)가 아니라, 하나님의 명령과 인간으로서의 의무에 대한 보편적인 지각을 지니고 있다.[72] 아담의 자연적이고 본성적인 율법과 십계명의 도덕법은 신학적으로는 서로 구별되지만,[73] 똑같은 윤리 원칙을 담고 있으므로, 아담은 십계명의 핵심을 자신의 생각과 마음속에 지니고 있었다.[74] 지금은 우리가 율법을 죄인에 대한 강제와 결부시키지만(딤전 1:9), 죄가 없었던 아담에게 율법은 "자유롭게 하는 온전한 율법"(약 1:25)이었을 것이다.[75]

로버츠는 아담 안에 있던 하나님의 자연적이고 본성적인 율법 또는 도덕법을 행위 언약과 동일시했지만, 대부분의 신학자들은 이 둘을 구별했다.[76] 자연적이고 본성적인 율법은 창조주이신 하나님의 절대적인 권위에서 생겨나고, 이 율법에 대한 순종은 상에 대한 어떤 약속도 수반되지 않는다. 반면에 언약은 하나님의 사랑에서 생겨난다. 왜냐하면

---

70) Turretin, *Institutes*, 8.4.4 (1:579).

71) Colquhoun, *A Treatise on the Covenant of Works*, 44.

72) Burgess, *Vindiciae Legis*, 60 – 62, 67, 105, 115 – 118; Coxe, *A Discourse of the Covenants*, 2.2 (18 – 19); Turretin, *Institutes*, 8.3.12 (1:577); Boston, *A View of the Covenant of Works*, in *Works*, 11:179, 191.

73) Burgess, *Vindiciae Legis*, 148 – 149. 버지스는 세 가지 차이를 지적했다. (1) 도덕법은 특정한 날인 안식일에 대한 계명 같은 실정적인 율법을 담고 있다. (2) 도덕법에서는 계시로 말미암아 의무가 늘어난다. (3) 이스라엘과의 언약 전체라는 맥락 속에서 고찰했을 때, 도덕법은 믿음과 회개로의 부르심을 포함한다.

74) Burgess, *Vindiciae Legis*, 150; Colquhoun, *A Treatise on the Covenant of Works*, 45. 자연법에 대해서는 Witsius, *The Economy of the Covenants*, 1.3.2, 8 (1:60, 62)을 보라.

75) Witsius, *The Economy of the Covenants*, 1.3.5 – 6 (1:61 – 62); Brakel, *The Christian's Reasonable Service*, 1:358.

76) Roberts, *Mysterium et Medulla Bibliorum*, 2.1.1 (20 – 21).

하나님은 순종에 대한 상을 주지 않아도 되는데도 언약을 통해 상을 약속하시기 때문이다.[77] 하나님은 자연적이고 본성적인 율법을 창조를 통해 인간의 마음에 새기셨지만, 언약은 자신의 말씀과 징표를 통해 맺으셨다. 우리는 그리스도 안에서 행위 언약의 형벌을 피하고 은혜로 말미암아 의롭다 함을 얻지만, 자연적이고 본성적인 도덕법은 여전히 우리를 지도할 삶의 준칙으로 남는다. 왜냐하면 인간은 언제나 하나님의 권위 아래 있기 때문이다.[78]

율법 언약은 인간을 완전하고 지속적인 순종의 요구 아래 두었다.[79] 이 순종은 내면의 동기에서 완전하고(마 7:18), 하나님의 율법의 모든 부분과 관련해 완전하며(갈 3:10; 약 2:10), 인간 실존의 모든 부분에서 최고 수준으로 완전하고(눅 10:27-28), 하나님이 이 시험을 끝내고 상을 수여하실 때까지 지속적인 것이어야 했다.[80] 대부분의 신학자는 이 시험은 단지 제한된 검증 기간만 지속될 것이었고, 그 기간이 끝나면 하나님이 상을 주실 것이었다고 생각했다.[81] 이 순종의 시험은 비합리적인 것이 아니었다. 왜냐하면 하나님은 아담을 하나님의 형상으로서 흠 없는 지식과 의로움과 거룩함을 지닌(엡 4:24; 골 3:10) 완벽하게 선한 상태로 창조하셨기 때문이다(창 1:27, 31).[82] 따라서 아담에게 완전하고 지속적인 순종은 타락한 죄인의 경우와는 달리 불가능한 기준을 달성하기 위해 애쓰는 것을 의미하지 않았고, 단지 하나님이 그를 창조하신 모습을 그대로 유지하고, 그 거룩함에서 선행을 낳는 것을 의미할 뿐이었다. 하나님이 지으신 아담은 이 순종의 언약을 지키는 데 필요한 모든 것을

77) Burgess, *Vindiciae Legis*, 122.
78) Dickson, *Therapeutica Sacra*, 71–72; Boston, *A View of the Covenant of Works*, in *Works*, 11:191–192.
79) Westminster Larger Catechism (Q. 20), in *Reformed Confessions*, 4:303.
80) Boston, *A View of the Covenant of Works*, in *Works*, 11:194–196; Colquhoun, *A Treatise on the Covenant of Works*, 54–56, 58–59.
81) Witsius, *The Economy of the Covenants*, 1.2.17; 1.3.25 (1:59, 70); Boston, *An Illustration of the Doctrines of the Christian Religion*, in *Works*, 1:232; Colquhoun, *A Treatise on the Covenant of Works*, 5, 58. 하지만 우리는 홉킨스가 이 제한된 검증 기간을 '성경에 분명하게 계시된 것이 아니라 사변적인 교리'라고 생각했음을 유념해야 한다. Hopkins, *The Doctrine of the Two Covenants*, 117–118.
82) Witsius, *The Economy of the Covenants*, 1.2.9 (1:54); Boston, *A View of the Covenant of Works*, in *Works*, 11:184–185.

갖추고 있었다.[83]

이 언약을 어기면 **율법 전체를** 어기는 것이 될 것이었다. 아담이 하나님 명령에 불순종한다면, 그것은 사실상 그의 최고의 목적이자 최고 선이신 하나님을 버리고, 육신의 정욕과 안목의 정욕과 이생의 자랑(요일 2:16)을 받아들이는 것이 될 것이었다.[84] 우리의 첫 부모는 바로 그 반역의 한 행위로 말미암아 원칙적으로 십계명 전체를 깨뜨렸다. 그들은 자신들의 하나님을 버렸고, 그들 자신과 마귀로부터 신들을 만들어 냈다. 그들은 하나님이 정하신 규례에 순종했다면 하나님을 영화롭게 할 수 있었는데도 그 규례를 지키지 않았다. 그들은 선하심, 지혜, 신뢰할 수 있음 같은 속성을 지닌 하나님의 이름을 멸시했고, 성례전적인 징표를 더럽혔으며, 하나님 말씀을 무시했고, 하나님의 섭리 사역을 잘못 해석했다. 그들은 그들 자신을 안식일에 거룩한 예배를 드리기에 합당하지 않은 자로 만들었다. 그들은 남편과 아내로서의 자신의 의무를 내팽개쳤고, 자신들의 자손을 버렸으며, 하늘에 계신 그들의 아버지를 공경하지 않았다. 그들은 그들 자신과 온 인류를 죽였다. 그들은 그들 자신을 감각적인 욕망에 내주었다. 그들은 자기들의 것이 아닌 것을 훔쳤다. 그들은 여호와에 대해 거짓 증언을 했다. 그들은 불만족하고 탐욕스럽게 되었다. 진정 이 한 죄는 악의 세계 전체를 담고 있었다.[85] 모세 율법이 모든 각각의 계명에 순종하지 않는 모든 자에 대한 저주를 경고한 것처럼(갈 3:10; 참고. 신 27:26; 28:15), 선악을 알게 하는 나무의 열매를 먹은 이 한 행위는 아담과 그의 인류로 하여금 아담 언약에서 경고한 모든 형벌을 받게 만들었다.[86]

---

83) Roberts, *Mysterium et Medulla Bibliorum*, 2.1.5 (34); Witsius, *The Economy of the Covenants*, 1.3.23 (1:69).

84) Strong, *A Discourse of the Two Covenants*, 14; Coxe, *A Discourse of the Covenants*, 2.8.3 (31).

85) Polyander, Walaeus, Thysius, and Rivetus, *Synopsis Purioris Theologiae*, 14.7–8 (1:341); Ussher, *A Body of Divinity*, 8th head (119–120); Boston, *Human Nature in Its Fourfold State*, 132–133.

86) Roberts, *Mysterium et Medulla Bibliorum*, 2.1.4 (30–33); 참고, Witsius, *The Economy of the Covenants*, 1.3.24 (1:69–70).

행위 언약의 인간 당사자

개혁파 정통 신학자들은 행위 언약에서 아담은 **자신의 자연적인 자손**들의 언약 대표자의 지위에 있었다고 말했다.[87) 창세기 본문은 아담이 인류를 대표하는 머리였다고 가르친다. "생육하고 번성하라"(창 1:28)는 하나님 말씀은 아담에게만 하신 것이 아니라, 인류 전체에게 하신 것이다. 혼인법(2:18-24)도 아담만을 위한 것이 아니었으므로, 그리스도는 혼인법을 하나님이 인류에게 주신 율법이라고 말씀하셨다(마 19:5). 하나님이 아담에게 경고하신 죽음의 형벌(창 2:17)은 모든 사람에게 죽음을 가져다주었다(롬 5:12). 바울이 첫째 아담과 마지막 아담을 각각 정죄 또는 칭의의 원천으로 대비시킨 것(롬 5:15-19)은 그리스도가 하나님의 택하신 자들을 대표했듯 아담은 자신의 자손을 법적으로 대표했음을 우리에게 보여 준다.[88) 우리의 자연적인 부모는 하나님 앞에서 그런 식으로 우리를 대표하지 않으므로, 온 인류의 대표자로서의 아담의 역할은 인류의 아버지로서 그가 자연적으로 지니게 된 머리라는 지위에서 기인한 것이 아님은 분명하다. 따라서 그것은 하나님이 언약을 통해 아담에게 이 막중한 지위를 법적으로 부여하셨음을 전제한다.[89)

개혁파 정통 신학자들은 하나님이 아담과 맺으신 행위 언약이 펠라기우스주의적인 경향을 보여 주는 신학들을 반박하는 자신들의 변증에서 결정적으로 중요한 역할을 하는 것으로 이해했다. 이 언약을 부정하는 경우에는 원죄론의 토대가 흔들리게 된다.[90) 개혁파 정통 신학자들은 이 언약을 긍정하는 것은 불공평하다고 반론을 제기하는 자들에게 만일 아담이 온 인류에게 복을 가져다주었더라면 불평하는 사람이 아무도 없었을 것이라고 대답했다. 여호와는 우리에게 모든 것이 잘 갖

---

87) Strong, *A Discourse of the Two Covenants*, 2, 73-74; Goodwin, *Ephesians*, in *Works*, 1:75; Coxe, *A Discourse of the Covenants*, 2.5 (26-27); Turretin, *Institutes*, 8.3.11; 9.9.11-13 (1:576-577, 616-617); Boston, *A View of the Covenant of Works*, in *Works*, 11:186-188; Colquhoun, *A Treatise on the Covenant of Works*, 18-20, 33-39.

88) Witsius, *The Economy of the Covenants*, 1.2.14-15 (1:58); Hopkins, *The Doctrine of the Two Covenants*, 92-94.

89) Hopkins, *The Doctrine of the Two Covenants*, 85-88.

90) Boston, *A View of the Covenant of Works*, in *Works*, 11:180.

취진 죄 없는 대표자를 주셨다. 과연 우리가 아담보다 더 잘해 낼 수 있었을까? 게다가 모든 참된 신자는 그리스도가 우리의 대표자로 행하여 우리에게 구원을 가져다주신 것을 생각해 대표 원리를 기뻐한다. 궁극적으로 개혁과 정통 신학자들은 하나님은 무한한 지혜와 주권적인 권세로 행하셨고, 우리는 하나님의 길에 만족하고 순종해야 함을 반대자들에게 상기시켜 주었다.[91]

그리스도가 자기 백성을 대표하신 것과 비슷한 방식으로 아담은 인류를 대표했지만, 행위 언약은 하나님과 인간 사이에서 직접적으로 맺어졌으므로, 이 언약에는 은혜의 중보자가 없다. 하나님이 인간을 자신의 거룩하신 형상을 따라 창조하셔서, 중보자가 필요하지 않았다. 따라서 인간은 자신의 죄에 대한 대속이나 하나님의 거룩한 임재 앞에서 자신을 중재해 줄 분을 필요로 하지 않았다.[92] 생명나무는 하나님에게서 생명을 받게 될 것임을 보여 주는 성례전적인 징표이긴 했지만, 구원하는 은혜의 중보자이신 그리스도의 성례전은 아니었다.[93] 이것은 행위 언약과 은혜 언약 간의 큰 차이다. 이 두 언약은 칭의를 위한 똑같은 순종을 요구했지만, 행위 언약은 인간에게 하나님이 그에게 이미 공급해 주신 선에 의거해 자신의 의를 이루어 낼 것을 요구한 반면, 은혜 언약은 다른 이의 의를 죄인에게 수여한다.[94]

행위 언약의 결과

아담과의 언약은 가장 온전한 의미의 죽음에 대한 경고를 담고 있었다.[95] 하나님이 아담에게 경고하신 죽음은 가장 넓은 의미에서 생명으로부터의 분리를 포함했다. 성경에서 죽음은 하나님으로부터의 영혼

---

91) Witsius, *The Economy of the Covenants*, 1.2.16 – 18 (1:58 – 59); Boston, *A View of the Covenant of Works*, in *Works*, 11:189.

92) Ball, *A Treatise of the Covenant of Grace*, 9; Dickson, *Therapeutica Sacra*, 77 – 78; Roberts, *Mysterium et Medulla Bibliorum*, 2.1.5 (34).

93) Burgess, *Vindiciae Legis*, 136; Witsius, *The Economy of the Covenants*, 1.6.3, 20 (1:106, 114).

94) Hopkins, *The Doctrine of the Two Covenants*, 78.

95) Coxe, *A Discourse of the Covenants*, 2.2 (20).

의 분리(영적 죽음; 엡 2:1, 5; 참고, 4:18; 딤전 5:6), 육신과 영혼의 분리(육신의 죽음; 요 8:52), 육신의 죽음을 초래하는 환난(출 10:17; 고전 15:31; 고후 11:23), 지옥에서 형벌을 받는 죄인이 하나님의 선하심을 누리는 것에서부터 완벽하게 분리되는 것(영원한 죽음; 계 20:14)을 포함한다. 하나님이 아담과 하와에게 죽음을 선고하셨을 때, 그 죽음에는 비탄, 땀 흘리는 것, 수고 같은 온갖 환난이 포함되어 있었다(창 3:16-19). 바울이 "사망"이 아담으로 말미암아 왔다고 썼을 때(롬 5:12), 영적인 죽음을 포함하는(8:6-7) 그 죽음은 "영생"과 대비되는 온전한 "죄의 삯"이었다(6:23). 하나님은 아담과 그의 권속에게 이 죽음을 여러 단계에 걸쳐 집행하셨다. 가장 먼저 영적인 죽음이 왔고, 환난이 곧 그 뒤를 이었으며, 하나님이 정하신 때에 각 사람에게 육신적인 죽음이 왔고, 궁극적으로는 영원한 죽음이 모든 거듭나지 않은 자에게 임할 것이었다.[96] 인류를 대표한 아담의 죄는 행위 언약을 깨뜨린 것이었다. 이 행위 언약이 약속한 칭의와 생명이 인류에게 주어질 소망은 이제 더 이상 없었다. 반면에 이 언약으로 말미암은 저주는 그리스도의 은혜로 하나님과 화목하게 된 자를 제외한 모든 사람 위에 머물러 있다(요 3:18; 엡 2:3). 아담의 타락 이후로 인간이 율법을 지킬 수 없게 되었다 해서, 이 사망 선고에서 벗어나게 되는 것은 아니다.[97] 우리가 하나님께 순종을 드릴 수 없게 되었다 해서, 우리의 순종을 요구할 수 있는 하나님의 권리가 없어지는 것은 아니다. 순종할 수 없는 우리 무능력이 우리가 순종하려 하지 않는 것에서 기인하므로 특히 그렇다.

또한 행위 언약은 영생이라는 상을 약속했다. 창세기 2장 17절 본문은 죽음에 대한 경고 외에 생명에 대한 약속을 명시적으로 포함하고 있지 않지만, 개혁파 신학자들은 그 약속이 암묵적으로 있음을 논증했다. 첫째, 불순종하면 죽을 것이라는 경고는 순종하면 살게 될 것이라는 약

---

96) Roberts, *Mysterium et Medulla Bibliorum*, 2.1.4 (27-30). 다음도 보라. Burgess, *Vindiciae Legis*, 109; Witsius, *The Economy of the Covenants*, 1.5.3-21 (83-93); Boston, *A View of the Covenant of Works*, in *Works*, 11:208-214; Colquhoun, *A Treatise on the Covenant of Works*, 88-100.

97) Dickson, *Therapeutica Sacra*, 78-79.

속을 함축한다. 둘째, 생명나무는 무한한 생명을 가시적으로 보여 주는 성례전적 징표였다(3:22; 참고, 계 2:7). 셋째, 아담에게 주어진 율법과 본질적으로 똑같은 '모세를 통해 계시된 도덕법'은 순종에 대한 생명의 상을 약속한다.[98] 넷째, 성경에 무지한 사람들은 일반적으로 하나님이 선을 행하는 자에게 상을 주실 것이라고 믿는다. 이것은 하나님이 인간 본성에 이 원칙을 새겨 놓으셨고, 양심을 통해 이 원칙을 알 수 있게 하셨기 때문이다(롬 2:15). 다섯째, 하나님은 행위 율법 아래 아담을 시험하셨는데, 시험 아래 있는 자가 순종을 통해 그 시험을 통과했을 때 하나님이 상을 주지 않으실 것이라고 생각하기는 어렵다.[99]

개혁파 신학자들은 하나님은 아담이 하나님의 명령에 순종한다면 하나님과 교제하는 가운데 영원히 살게 될 것이라고 약속하셨다는 것에 동의했다. 불순종하는 경우에 죽을 것이라는 경고(창 2:17), 생명나무의 열매를 먹는 자는 영원히 살게 될 것이라는 하나님의 설명(3:22)이 이것을 분명하게 보여 준다. 하지만 하나님이 약속하신 생명이 아담을 하늘의 영광으로 옮기시는 것이었는지, 아니면 지상의 완전한 낙원에서 계속 살아가게 하시는 것이었는지에 대해서는 신학자들 사이에 논란이 있었다.[100] 토머스 굿윈과 존 길은 아담이 영광중의 초자연적인 삶이 아니라, 이 땅에서 복되고 무한한 자연적이고 본성적인 삶을 누리게 되었을 것이라고 주장했다. 구약 성경의 도덕법은 하늘의 삶을 약속하지 않고, "이것을 행하고 살라"는 명령을 이 땅에서 은총을 누리며 살아가는 것과 결부시킨다. 바울은 아담의 지상의 삶을 그리스도의 천상의 영광과 대비시킨다(고전 15:47-50).[101] 로버츠, 콕스, 비치우스, 홉킨스 같은 몇몇 신학자는 천상의 영광이라는 상을 선호하면서도, 성경이 이 문제에 침묵한다는 이유로 단정적인 대답을 제시하는 것에는 반대했다.[102]

---

98) 레 18:5; 시 19:11; 롬 7:10; 10:5; 갈 3:11-12.

99) Brakel, *The Christian's Reasonable Service*, 1:360-362; Witsius, *The Economy of the Covenants*, 1.4.2-3, 7 (1:71-72, 74); Coxe, *A Discourse of the Covenants*, 2.3 (21-25).

100) Beeke and Jones, *A Puritan Theology*, 227-229.

101) Goodwin, *Of the Creatures*, in *Works*, 7:49-53; Gill, *Body of Divinity*, 314-315.

102) Roberts, *Mysterium et Medulla Bibliorum*, 2.1.4 (26-27); Coxe, *A Discourse of the Covenants*, 2.3.1 (23); Witsius, *The Economy of the Covenants*, 1.4.9 (1:76); Hopkins,

칼빈, 투레티누스, 보스턴, 커훈 같은 신학자는 아담이 계속 순종했다면 하나님은 어느 시점에서는 아담을 하늘의 영광으로 옮기셨을 것이라고 말했다. 신약 복음서에서 하나님의 율법은 온전히 지키는 자에게 하나님 나라에서의 영생을 약속한다(마 19:16-17; 눅 10:28). 바울은 이것이 그리스도가 율법의 요구를 만족시키고 얻으셨고 우리가 믿음으로 받는 바로 그 영생임을 보여 준다.[103] 또한 하나님이 불순종한 경우에 지옥에서의 영원한 죽음을 경고하셨다면, 순종한 경우에는 아담에게 천국에서의 영생을 수여하셨을 것이라고 생각하는 것이 이치에 맞다.[104] 이 문제에 대해 여러 다양한 견해를 보여 준 개혁파 신학자들도 그리스도인은 쓰디쓴 죄를 맛보다가 성육신하신 주 예수 그리스도의 보배로운 피로 말미암아 속량함을 얻어 주 예수 그리스도와 친교를 나누는 자들이라는 이 한 가지 이유만으로도, 그리스도를 믿는 자들이 얻게 될 천국의 삶은 아담이 순종하였다면 얻게 되었을 천국의 삶보다 더 달콤하리라는 것에 대해서는 일반적으로 동의했다.[105]

개혁파 정통 신학자들은 흔히 인간의 순종에 상을 수여하시는 것과 관련해 하나님의 주권을 강조했다. 하나님은 자신과 대등한 자가 아니라 자기보다 무한히 아래인 피조물과 언약을 맺으셨다. 하나님에게는 상에 대한 약속 없이도 순종을 요구할 지극히 당연한 권리가 있었다. 순종은 여호와 하나님에 대한 인간의 의무이기 때문이다(눅 17:10). 따라서 하나님의 언약은 인간에 대한 사랑과 선하심을 보여 주는 행위였다.[106] 하지만 이것은 한 가지 질문을 불러일으킨다. 하나님의 사랑과 선하심으로 말미암아 필연적으로 하나님은 언약의 하나님이 되

The Doctrine of the Two Covenants, 60 - 64.

103) 롬 7:10; 8:3-4; 갈 3:11-12; 4:5.

104) Calvin, *Commentaries*, 창 2:17; Turretin, *Institutes*, 8,6,4-9 (1:583-585); Boston, *A View of the Covenant of Works*, in *Works*, 11:204; Colquhoun, *A Treatise on the Covenant of Works*, 68, 73-76.

105) Goodwin, *Of the Creatures*, in *Works*, 7:49-52; Coxe, *A Discourse of the Covenants*, 2,3,1 (23); Hopkins, *The Doctrine of the Two Covenants*, 67-68; Boston, *A View of the Covenant of Works*, in *Works*, 11:205-206; Gill, *Body of Divinity*, 314-315; Colquhoun, *A Treatise on the Covenant of Works*, 77-78.

106) Roberts, *Mysterium et Medulla Bibliorum*, 2,1,2, 4 (23, 25); Coxe, *A Discourse of the Covenants*, 1,3 (6-7); Witsius, *The Economy of the Covenants*, 1,4,11-13 (1:76-77).

실 수밖에 없었던 것인가, 아니면 언약은 하나님의 자유롭고 주권적인 선택인 것인가? 예컨대 비치우스는 이 문제를 붙들고 씨름했다. 그는 하나님은 자신의 피조물에게 아무 빚도 없으시다는 것을 단언했고(롬 11:35-36), 하나님의 불가해성 앞에 엎드렸음에도, 결국 하나님은 아담의 순종을 조건으로 영생을 상으로 주지 않을 수 없으셨을 것이라는 결론을 내렸다.[107] 투레티누스는 거기서 더 나아가, 정의는 하나님으로 하여금 인간에게 상을 주도록 명령하지 않았지만, 하나님은 "자신의 의무를 다하는 피조물을 사랑하고 상 주실 수밖에 없는" 분이므로, 하나님의 선하심과 사랑은 영원한 상을 약속하는 언약을 "요구했다"고 말했다.[108] 콕스와 커훈 같은 다른 신학자는 하나님의 선하심에 따른 행위는 언제나 주권적이고 자유로운 행위라고 단언했다.[109] 하나님이 사람들을 지으시고, 그들의 순종을 통해 자신을 영화롭게 하시며, 그들을 고통 없이 무로 되돌리시는 것은 하나님의 정의나 선하심을 짓밟으시는 것이 아니다.[110] 굿윈은 우리는 하나님의 "의무"나 "보답"에 대해 말해서는 안 되지만(롬 11:35), 하나님은 자신이 행하시기에 가장 합당한 일을 하신다(히 2:10)고 말할 수는 있다고 했다.[111]

행위 언약과 하나님의 영광

하나님이 아담과 맺으신 언약은 기이한 방식으로 하나님 자신의 영광을 인간에게 알게 해 주었다. 개혁파 정통 신학자들은 이 언약은 하나님의 속성을 전반적으로 계시한 것이라고 가르쳤다. 이 언약은 하나님은 피조물에 대해 절대적인 주권과 권세를 지니고 계시는데도, 피조물에 불과한 존재인 인간과 언약을 맺으셨다는 점에서 하나님의 무한

---

107) Witsius, *The Economy of the Covenants*, 1.4.10-23 (1:76-82).
108) Turretin, *Institutes*, 8.3.6, 9, 10 (1:575-576). "요구했다"로 번역된 라틴어 동사는 '포스툴로'(postulo)이고, "~밖에 없는"으로 번역된 동사는 '포세'(posse)의 완료 시제인 '논 포투이트'(non potuit)다. '논 포세'(non posse)라는 관점에서 하나님에 대해 말하는 것은 하나님의 본성에 따라 필연적인 일을 보여 주는 강력한 표현이다.
109) 출 33:19; 사 45:9; 롬 9:15, 19-21을 보라.
110) Coxe, *A Discourse of the Covenants*, 2.4.1 (25); Colquhoun, *A Treatise on the Covenant of Works*, 80.
111) Goodwin, *Of the Creatures*, in *Works*, 7:23-24.

하신 겸손을 증명해 주는 것이었다. 이 언약은 하나님이 인간을 언약 당사자로 대하시고 그렇게 하지 않아도 되는데도 생명에 대한 약속을 주셨다는 점에서 하나님의 후하신 선하심을 보여 주는 것이었다. 이 언약에서 하나님은 인간에게 지키기 쉬운 명령을 주심으로써, 하나님의 절대 주권을 달콤하고 온건한 것으로 보도록 격려하셨다. 이 언약은 하나님이 이치에 맞는 율법과 놀랄 만한 상을 제시하여 인간의 자발적이고 자유로운 섬김을 이끌어 내시는 방식으로 이성적인 피조물을 대하셨다는 점에서 하나님의 지혜를 분명하게 보여 주는 것이었다. 하나님이 인간을 선하고 거룩하게 지으시고, 이 언약을 통해 정신이 번쩍 나게 하는 율법을 주어 시험에서부터 인간을 보호해 주심으로써 하나님의 선하심과 거룩하심을 알게 해 주었다. 또한 이 율법을 어겼을 경우에 대한 무시무시한 경고는 죄를 벌하시는 하나님의 정의를 증명할 길을 마련해 둔 것이었다. 인간의 죄라는 배은망덕함은 하나님의 의로우신 응보를 부각시켰다. 왜냐하면 인간은 그런 언약을 깨뜨림으로써 하나님의 선하심을 멸시했기 때문이다. 이 언약이 제시한 순종이라는 조건은 최고의 피조물이라 해도 얼마나 쉽게 변해서 창조주를 변함없이 의지하는 것에서부터 떨어져 나갈 수 있는지를 보여 주는 데 아주 적합했다. 반대로 하나님이 이 언약의 말씀을 절대로 깨뜨릴 수 없다는 것은 하나님은 변함없이 신실하셔서 자기가 약속하신 것을 반드시 행하신다는 것을 증명해 주었다. 끝으로 행위 언약은 하나님이 전적으로 자신의 영광을 위해 인간을 아담이 서 있던 것보다 더 높이 존귀하게 만드시려는 자신의 영원하신 뜻에 따라 그리스도 안에서 은혜를 나타내실 수 있는 길을 마련해 주었다.[112]

또한 개혁파 신학자들은 행위 언약은 특히 하나님의 선하심을 보여 준다고 말했다. 그런 언약을 맺으신 것은 마치 하나님이 자신의 영화로우신 보좌에서 일어나 자신을 무한히 낮게 굽히셔서 자신의 선하심의 무한한 보화를 나타내 보이신 것과 같았다. 이 언약을 통해 하나님은

---

112) Dickson, *Therapeutica Sacra*, 74–77; Watson, *A Body of Divinity*, 129; Colquhoun, *A Treatise on the Covenant of Works*, 120–124.

인간을 자신과의 더 친밀한 사랑과 우정으로 달콤하게 초청하셨다.[113]
이 언약은 풍성하신 선하심이 차고 넘치게 솟아나는 샘으로서, 상을 받
을 자격이 전혀 없는 인간에게 분에 넘치는 상을 약속함으로써, 하나님
은 "자기를 찾는 자들에게 상 주시는 이"라는 진리를 널리 알리셨다(히
11:6).[114]

　　이 언약에서 드러나는 하나님의 선하심은 보스턴이 제시한 유비(일부
수정했다)가 잘 보여 준다.[115] 가업을 아들에게 물려주려는 농장주를 생
각해 보자. 아버지는 아들에게 자기가 지정해 준 특정한 포도원을 잘
관리하면 가업을 물려주겠다고 약속한다. 그리고 자신의 의도가 참되
고 진지한 것임을 알려 주기 위해 그런 취지의 법률 문서를 작성한다.
하지만 이것은 냉정하고 상업적인 거래가 아니라, 아버지의 사랑이 듬
뿍 담긴 행위다. 아들의 훈련과 그 훈련에 필요한 도구는 모두 아버
지가 아들에게 거저 준다. 아들에게는 아버지가 약속한 상이 있든 없든
아버지에게 순종할 의무가 이미 있다. 그런데도 아버지가 이렇게 풍성
한 약속을 덧붙인 것은 아들에 대한 아버지의 선함이 차고 넘치는 것을
보여 주는 증표다. 이것은 하나님이 자기 아들인 타락 이전의 아담에게
보여 주신 무한한 선하심을 나타내 보이기에는 약한 유비다.

　　최초의 언약에 담긴 하나님의 선하심이 지극히 커서, 개혁과 정통 신
학자들은 하나님이 아담에게 베푸신 은혜라는 관점에서 이 언약에 대
해 말할 수 있었다.[116] 러더퍼드는 "은혜의 어떤 행위와 출발점이 없
었다면, 하나님은 어떤 언약도, 심지어 행위 언약조차도 맺는 것을 좋
아하지 않으셨을 것이다"라고 말했다.[117] 에덴동산에서 우리는 "율
법에 사랑이라는 꿀이 발라져 있는" 것을 발견한다.[118] 또한 하나님

---

113) Dickson, *Therapeutica Sacra*, 73–74; Burgess, *Vindiciae Legis*, 127–128; Turretin, *Institutes*, 8.2.16 (1:574); Colquhoun, *A Treatise on the Covenant of Works*, 26, 122–124.

114) Boston, *A View of the Covenant of Works*, in *Works*, 11:184.

115) Boston, *A View of the Covenant of Works*, in *Works*, 11:181.

116) Roberts, *Mysterium et Medulla Bibliorum*, 1.2.3 (17).

117) Rutherford, *The Covenant of Life Opened*, 22.

118) Rutherford, *The Covenant of Life Opened*, 35.

이 에덴동산에서 인간에게 주셨거나 인간의 순종에 대해 약속하신 것은 공로에 따른 것이 아니었다. 왜냐하면 하나님은 인간에게 빚진 것이 없으시고, 도리어 인간이 모든 것을 하나님께 빚진 것이며, 인간이 순종했다 해서 영생을 수여받을 가치가 있는 것은 전혀 아니기 때문이다.[119] 행위 언약은 성경 신학에 불법적으로 침입한 율법주의가 아니다. 빌렘 반 아설트(1946-2014년)가 말했듯 개혁파 신학자들이 행위 언약이라는 개념을 도입한 것은 "인간과의 교제 또는 우정이라는 지속적인 관계를 정립하려 한 하나님의 원래의 은혜로우신 의도의 영속성을 정확하게 표현해 내기" 위한 것이었다.[120]

행위 언약에는 하나님의 지극히 풍성하신 선하심이 드러나 있지만, 우리는 이 언약은 은혜 언약이 아님을 기억해야 한다. 하나님은 완전한 순종이라는 조건 아래 인류의 머리인 아담과 행위 언약을 맺으셨다. 이 언약은 자비나 죄사함을 주지 않고, 단지 "이것을 행하면 살리라"고 말할 뿐이다. 하나님은 율법의 모든 요구를 충족시키신 그리스도의 사역이라는 담보를 조건으로 예수 그리스도 및 예수 그리스도 안에서 하나님이 택하신 자들과 은혜 언약을 맺으셨다. 은혜 언약은 풍성한 자비와 온전한 죄사함을 약속하고, "구원을 위해 오직 그리스도를 믿고 살라"고 말한다. 러더퍼드는 이 두 언약 모두에서 행위가 중요하지만, 순서에서 중요한 차이가 있음을 우리에게 상기시킨다. "율법 언약의 경륜에서는 먼저 거룩한 삶이 이루어지고 난 후 그 다음에 면류관이 주어진다. 은혜의 경륜에서는 먼저 믿고 그리스도를 우리의 생명과 영광의 소망으로 받아들인 후, 그 다음에 거룩한 삶이 현세에서 시작되어 내세에서 완성된다."[121]

---

119) Rutherford, *The Covenant of Life Opened*, 23, citing Thomas Bradwardine, *De Causa Dei*, 1.39; Turretin, *Institutes*, 8.4.16-17 (1:578); Colquhoun, *A Treatise on the Covenant of Works*, 79.

120) Willem J. van Asselt, "Christ, Predestination, and Covenant," in *The Oxford Handbook of Early Modern Theology, 1600-1800*, ed. Ulrich L. Lehner, Richard A. Muller, and A. G. Roeber (Oxford: Oxford University Press, 2016), 223 (full chapter, 213-227).

121) Rutherford, *The Covenant of Life Opened*, 47.

묵상과 토론을 위한 질문

1. 초기 교회와 언약 신학의 발전과 관련해 종종 어떤 주장이 제시되는가?

2. 종교개혁 이전에 행위 언약 교리가 최소한 씨앗의 형태로 있었음을 보여 주는 어떤 증거가 있는가?

3. 하나님이 아담과 맺으신 언약에 대한 교리는 16세기 개혁파 신학에서 어떤 식으로 발전되었는가?

4. "일방적" 언약과 "쌍방적" 언약의 차이를 설명해 보라.

5. 개혁파 신학자들이 아담 언약을 지칭한 명칭으로는 어떤 것들이 있는가?

6. 개혁파 신학에서 하나님이 아담에게 주신 명령을 실정적이고 상징적이며 성례전적인 율법이라 부르는 이유는 무엇인가?

7. 개혁파 정통 신학자들은 하나님이 아담과 맺으신 언약을 자연적이고 본성적인 율법과 어떤 식으로 결부시키는가?

8. 아담은 하나님과의 언약에서 "언약 대표자"로서의 역할을 어떤 식으로 수행하는가? 이 교리가 펠라기우스주의에 대항한 개혁파의 싸움에서 중요한 이유는 무엇인가?

9. 개혁파 신학자들은 하나님이 아담과 맺으신 언약이 영생이라는 상에 대한 약속을 포함하고 있었음을 어떤 식으로 논증하는가?

10. 행위 언약 교리는 어떤 식으로 하나님을 영화롭게 하는가?

11. 당신이 이 장을 읽고 나서 하나님과 하나님의 언약들에 대해 배운 것이나 더 분명하게 알게 된 것 중 한 가지는 무엇인가? 당신은 그 진리에 대해 믿음과 사랑 가운데 어떻게 응답해야 하는가?

더 깊은 성찰을 위한 질문

12. 개혁파 정통 언약 신학은 흔히 하나님의 언약을 서술하는 데 계약과 관련된 용어를 사용해 왔다. 그런 용어의 장점은 무엇이고 약점은 무엇인가?

13. 아담에게 약속된 영생이라는 상과 관련해 개혁파 신학자들 사이에서 논쟁이 된 것은 무엇이었는가? 어떤 논증들이 제시되었는가? 어느 논증이 가장 성경적인가? 그 이유는 무엇인가?

14. '하나님이 아담과 맺으신 언약은 은혜 언약이었다'고 말하는 사람이 있다. 이 말은 어떤 의미에서 참되고 어떤 의미에서 거짓인가? 당신에게 이 말을 더 정확하게 다시 말해 보라고 한다면, 어떤 식으로 말하겠는가?

16장

하나님이 아담과 맺으신 언약(3부)

실천적 함의

개혁파 신학은 경험적이고 실천적인 신학이다. 하나님이 아담과 맺으신 언약에 대한 교리는 지나간 시대의 신학적 추상물처럼 보일 수 있지만, 사실은 오늘날 우리에게 풍부한 함의를 지닌다. 따라서 우리는 행위 언약에 대한 우리의 서술을 여러 신학자가 제시한 실천적 적용 중 일부를 언급하는 것으로 끝맺으려 한다.[1] 우리는 이 적용을 창세기 2장을 연구한 이전의 장들에서 찾아낸 성경의 가르침과 통합해 살펴보겠다.[2]

행위 언약은 언약의 주를 계시한다

행위 언약에서 하나님은 자신이 "여호와 하나님", 즉 언약의 하나님이심을 알게 하셨다(창 2:4-25). 행위 언약은 하나님을 자기 백성의 언약의 주로 계시했다. 하지만 하나님은 본성적으로 및 인간을 창조하신 창조주로서 이미 주로서의 지위를 소유하고 계셨으므로, 여기서 주로서

---

1) 특히 Brakel, *The Christian's Reasonable Service*, 1:367; Boston, *A View of the Covenant of Works*, in *Works*, 11:216–220; Nichols, *Covenant Theology*, 355–358을 보라.
2) 이 책 6장과 14장을 보라.

의 하나님의 지위는 단순한 주권(sovereignty)이 아니었고, 아버지이신 하나님과 이 땅에서 살아가는 하나님의 아들들 간의 가족적인 유대를 창설한 언약의 주로서의 지위였다. 행위 언약에서 창조주는 아담이 순종하기만 한다면 영원토록 인류에게 필요한 모든 것을 공급해 주시는 주이자 아버지가 되어 주실 것이라고 아담에게 맹세하셨다.

우리 생명의 주

첫째, 창세기 2장은 행위 언약의 하나님을 우리 생명의 주로 계시한다. 하나님은 인간에게 생명을 주셨고, 인간이 범죄하면 그 생명을 앗아 가실 것이라고 경고하셨다. 행위 언약에서 하나님이 가장 먼저 하신 말씀은 "동산 각종 나무의 열매는 네가 임의로 먹되"(창 2:16)였다. 인간이 동산에서 숨 쉬고 산 모든 순간은 인간에 대한 하나님의 선하심을 증언해 주었다(7절). 동산에서 인간이 매순간 보고 냄새 맡고 맛본 각종 나무의 푸르른 잎사귀와 열매는 하나님의 인자하심을 노래하는 생명으로 반짝이는 물줄기가 길러 낸 것들이었다. 생명나무는 조용히 영생을 약속했다.

따라서 우리는 하나님의 풍성하신 너그러우심을 찬송하는 것이 마땅하다. 광야 같은 이 세상에서 하나님의 선하심에 대해 의구심이 들 때마다, 우리는 하나님이 원래는 인간을 낙원에 두셨다는 사실을 기억해야 한다. 하나님은 복 주시기 위해 인간을 지으셨다(창 1:28). "여호와께서는 모든 것을 선대하시며 그 지으신 모든 것에 긍휼을 베푸시는도다"(시 145:9)라고 노래하는 것이 우리 몸에 배어 있게 해야 한다.

또한 행위 언약은 우리에게 하나님의 엄중한 정의를 두려워하라고 말해 준다. 하나님이 아담과 언약을 맺으시면서 마지막으로 하신 말씀은 "네가 먹는 날에는 반드시 죽으리라"(창 2:17)는 것이었다. 하나님의 선하심은 인간이 반역과 악을 저지를 때도 무조건적 긍정적으로 바라봐 주고 기계적으로 밝게 웃음 지어 주는 것이 아니다. 하나님은 "세상을 심판하시는 이"로서 반드시 "정의를 행하신다"(창 18:25). 하나님의 정의는 면도날같이 예리한 칼처럼 죄인에게 임해 그의 생명을 끊는다. "죄의 삯은 사망이다"(롬 6:23).

우리의 거처와 직업의 주

둘째, 행위 언약의 하나님은 삶 속에서 우리의 거처와 직업의 주이시다. 하나님이 아담과 언약을 맺으시며 말씀하신 곳은 하나님이 인간을 두시고 인간에게 해야 할 일을 정해 주신 에덴동산이었다(창 2:15). 행위 언약에서 하나님이 나무들을 언급하신 것은 아담이 이 언약을 지키는 것 속에는 하나님이 그에게 주신 장소에서 경작과 관련된 매일의 일상적인 일에서 하나님의 뜻을 행하는 것이 포함되어 있음을 그에게 상기시켜 주었다.

따라서 행위 언약은 우리에게 하나님의 섭리에 따라 정해진 직업에 **복종할** 것을 가르친다. 하나님은 우리 각자를 특정한 장소에 두셨고, 해야 할 직업을 주셨다. 아담이 언약의 주이신 하나님께 순종하는 것은 내세적인 영적 경건을 추구하는 것도 아니었고, 매주 예배를 드리는 것(아담은 하나님께 예배를 드렸다. 창 2:1-3)에 국한된 것도 아니었다. 이것에서 우리는 우리 각자의 위치, 지위, 관계, 직업에 따른 우리의 통상적인 의무를 행하는 과정에서 하나님을 섬겨야 함을 배운다. 바울은 우리에게 "그런즉 너희가 먹든지 마시든지 무엇을 하든지 다 하나님의 영광을 위하여 하라"(고전 10:31)고 명령한다.

또한 행위 언약이 맺어진 장소는 아버지이신 하나님이 부과하신 훈련을 끝까지 받도록 우리를 부르셨음을 보여 준다. 동산은 아름다운 낙원이었지만, 연단의 장소이기도 했다. 거기서 인간은 금지된 나무를 대면했다. 거기서 인간은 그를 시험하는 사탄을 만났다. 하나님이 이것들을 안배하신 것은 악한 의도에서 그런 것이 아니라, 인간이 하나님의 왕적인 아들로 성숙해질 필요가 있었기 때문이었다. 언약의 주이신 하나님이 그리스도로 말미암아 우리의 주가 되셨다면, 우리는 하나님이 연단을 통해 우리를 훈련시키실 것임을 예상해야 한다. 언약적인 존재인 우리의 소명은 연단이 우리를 거룩함 및 주와의 친교로 더 깊이 인도하게 될 것임을 믿고 연단 아래 믿음과 순종을 끝까지 지키는 것이다(히 12:5-14).

우리의 율법의 주

셋째, 행위 언약은 하나님이 우리의 율법의 주이심을 계시한다. 하나님의 언약은 권위의 말씀으로 세워졌다. "여호와 하나님이 그 사람에게 명하여"(창 2:16). 인간의 원래의 상태는 존 드라이든(1631-1700년)이 쓴 것 같은 것이 아니었다.

> 그러나 알라, 오직 나만이 나의 왕이라는 것을.
> 예속의 천한 법이 시작되기 전
> 숲 속에서 고귀한 야만이 사납게 날뛰었을 시절에
> 자연이 처음 인간을 지었을 때처럼 나는 자유롭다.[3]

반대로 행위 언약은 인간이 자신의 왕이었던 적은 없었고, 사람들은 처음부터 하나님의 율법 아래 살아 왔음을 우리에게 가르친다.

행위 언약은 우리가 하나님의 권위 있는 명령에 순종해야 함을 가르친다. 특정한 나무의 열매를 먹지 말라는 자의적인 것 같아 보이는 금지 명령은 인간은 다른 이유 때문이 아니라 오직 하나님이 지니신 최고의 권세 때문에 하나님의 율법을 따라야 함을 보여 준다. 하나님은 약속과 경고라는 추가적인 유인책을 덧붙이시고, 이것은 하나님의 율법을 "많은 순금"보다 더 사모할 것으로 만들고 "송이꿀보다 더 달게" 만든다. "주의 종이 이것으로 경고를 받고 이것을 지킴으로 상이 크기" 때문이다(시 19:10-11).

또한 행위 언약의 약속과 경고는 하나님의 신실하신 말씀을 믿을 의무를 우리에게 부과한다. 우리가 죄와 불행으로 떨어지게 된 출발점은 하나님 말씀을 불신하라는 사탄의 부추김이었다. "너희가 결코 죽지 아니하리라"(창 3:4). 하지만 진실은 "하나님은 사람이 아니시니 거짓말을

---

3) John Dryden, *The Conquest of Granada by the Spaniards* (London: by T. N. for Henry Herringman, 1672), 7.

하지 않으신다"(민 23:19)는 것이다. 하나님은 자신의 모든 언약에서 자신의 말씀을 믿을 것을 요구하신다. "믿음이 없이는 하나님을 기쁘시게 하지 못하나니 하나님께 나아가는 자는 반드시 그가 계신 것과 또한 그가 자기를 찾는 자들에게 상 주시는 이심을 믿어야"(히 11:6) 하기 때문이다.

우리의 사랑의 주

넷째, 행위 언약은 하나님이 우리의 사랑의 주이심을 계시한다. 하나님의 언약의 말씀을 기록한 후에 곧바로 하나님이 혼인 언약을 제정하신 것에 대한 설명(창 2:18-25)으로 넘어간 것은 우연이 아니다. 행위 언약은 말하자면 약혼의 말씀이었다. 왜냐하면 행위 언약을 통해 여호와 하나님은 인간에게 의와 사랑 가운데 영원히 혼인하자고 제안하신 것이기 때문이다(참고, 호 2:19-20).

따라서 우리는 우리 같은 자와 언약을 맺기 위해 자신을 무한히 낮추신 하나님의 사랑을 찬송하는 것이 마땅하다. 토머스 보스턴은 "자신의 피조물인 인간을 향한 하나님의 놀라우신 겸손과 선하심과 은혜"를 환기시키면서, "하나님은 자신을 굽히시고 지극히 낮추셔서 자신의 피조물과 언약을 맺으셨고, 그 언약을 통해 자신이 인간을 향해 지극히 너그러우시고 은혜로우신 하나님이심을 보여 주셨다"고 말했다.[4] 영원하신 영광의 주께서 티끌과 숨에 불과한 존재와 언약을 맺으셔서 자신을 거기에 묶으셨다는 것이 말이 되는가? 우리는 다윗처럼 "주 여호와여 나는 누구이오며 내 집은 무엇이기에 나를 여기까지 이르게 하셨나이까"(삼하 7:18)라고 말해야 한다. 아담이 이 언약을 어긴 것은 하나님의 의도를 무효로 만들지 못했다. 도리어 하나님은 놀랍게도 자신이 영원 전부터 계획하셨던 구원의 은혜를 인간에게 주시기 위해 한 걸음 더 나아가셨다(엡 1:3-5).

우리는 행위 언약이 깨진 지금 단지 역사적 관심으로 하나님의 사랑을 찬송해서는 안 되고, 은혜 언약 안에서 하나님의 사랑의 유대를 받

---

4) Boston, *A View of the Covenant of Works*, in *Works*, 11:216.

아들여야 한다. 그리스도는 자신의 신부를 구애하여 얻기 위해 오실 신
랑이므로, 신부는 혼인의 날이 이를 때까지 신실하게 신랑을 기다려야
한다(고후 11:2; 계 19:7-8). 따라서 에드워드 피어스(약 1633-1673년)가 썼듯
우리는 "이 복되신 남편 주 예수 그리스도와 혼인 언약"을 맺어야 하
는데, 이 혼인 언약 속에는 우리 자신을 그리스도께 자유롭고 진심으로
드리는 것, 성령으로 말미암는 우리 간의 친밀한 연합, 풍부하고 지속
적인 우정, 강력하고 열렬한 애정, 영원토록 서로를 기뻐하고 만족하는
것이 포함되어 있다.[5]

　행위 언약은 하나님을 자기 백성의 언약의 주로 계시한다. 하나님은
그들에게 모든 것이다. '그들의 너그러우신 공급자, 의로우신 심판주,
일을 맡겨 주시는 주인, 성품을 훈련시키시는 아버지, 권위를 지니신
입법자, 신실하게 약속을 지키시는 분, 그들의 눈높이로 내려와 그들을
사랑해 주는 영원한 남편.' 하나님은 이런 분이다! 하나님의 영광은 행
위 언약에서보다도 은혜 언약에서 훨씬 더 밝게 빛난다. 따라서 우리는
우리 자신을 드려 하나님의 찬송이 되어야 한다. 존 뉴턴(1725-1807년)이
말했듯 "우리는 구주의 이름을 사랑하고 노래하며 경탄하고 찬송해야
한다."[6]

행위 언약은 언약의 종을 만들어 낸다

　언약의 주가 존재한다는 것은 언약의 종도 존재함을 의미한다. 우
리는 종이라는 단어를 폄하해 노예의 동의어로 사용하지 않고, 큰 왕
의 종이라는 공식적인 의미로 사용한다. 인간이 하나님의 형상으로 창
조되었다는 것은 아담이 하나님의 아들임을 의미했으므로(창 5:1-3; 눅
3:38), 아담은 자기 아버지를 지극히 공경하는 마음으로 섬겼다. 하나님

---

5) Edward Pearse, *The Best Match, or the Soul's Espousal to Christ* (London: for Jonathan Robinson and Brabazon Aylmer, 1673), 2, 6-22. 이 책은 '솔리 데오 글로리아'(Soli Deo Gloria) 출판사가 1994년에 오늘날의 영어로 바꿔 재간행했다.

6) John Newton, "Praise to the Redeemer," in *Twenty-Six Letters on Religious Subjects . . . To Which Are Added, Hymns, Etc. by Omicron* (London: W. Oliver, 1777), 297.

은 인간에게 선지자, 제사장, 왕이라는 세 가지 기능을 통해 자기를 섬기도록 공인하셨다. 이것은 인간이 어떤 존재이고 어떻게 행해야 하는지에 대해 많은 것을 우리에게 가르쳐 준다.

선지자적인 종

첫째, 하나님은 인간이 하나님의 선지자적인 종이 되게 하셨다. 하나님은 다른 인간이 존재하기 이전에 아담에게 말씀하심으로써 아담과 언약을 맺으셨다. 행위 언약은 하나님의 모든 언약과 마찬가지로 하나님이 인간에게 말씀을 주시는 것을 중심으로 행해졌다.

이것으로부터 우리는 하나님 말씀을 듣고 묵상하도록 하나님이 인간을 지으셨음을 알게 된다. 신실한 언약의 종의 태도는 "여호와여 말씀하옵소서 주의 종이 듣겠나이다"(삼상 3:9)라고 말하는 것이다. 예레미야는 "만군의 하나님 여호와시여 나는 주의 이름으로 일컬음을 받는 자라 내가 주의 말씀을 얻어먹었사오니 주의 말씀은 내게 기쁨과 내 마음의 즐거움이오나"(렘 15:16)라고 말함으로써, 참된 선지자 정신이 무엇인지를 표현했다. 하나님 말씀을 묵상하는 것은 단지 설교자만의 소명인 것이 아니라(딤전 4:15), 하나님이 복 주시는 길로 걸으려는 모든 사람의 소명이다.[7]

또한 행위 언약에서 아담의 원래의 직임이 지닌 선지자적 차원은 우리가 하나님 말씀을 다른 사람에게 전해야 함을 가르쳐 준다. 아담은 혼자 언약의 말씀을 받았으므로, 그 말씀을 아내와 가족에게 전해야 했는데, 이것은 하나님이 자기 백성 중 아버지들에게 각자의 가정에서 그렇게 행하라고 명령하신 것과 같다(신 6:6-7). 그리스도인은 "너희 속에 있는 소망에 대한 이유"(벧전 3:15)를 온유함과 두려워하는 마음으로 외인에게 말할 준비를 갖추고 있어야 한다(골 4:6).

제사장적인 종

둘째, 행위 언약은 하나님이 인간을 자신의 제사장적인 종이 되도록

---

7) 시 1:1-3; 63:6; 119:15, 23, 48, 78, 97, 99, 148.

지으셨음을 보여 준다. 에덴동산은 하나님이 인간과 만나는 특별한 임재의 신성한 장소였다. 제사장과 레위인이 성막과 성전을 섬기고 지켰던 것처럼, 하나님은 인간에게 낙원을 "섬기고"('아바드', 개역개정에는 "경작하며") "지키게"('샤마르') 하셨다(창 2:15).[8] 아담은 한 주간의 처음 엿새 동안은 통상적인 노동을 통해, 하나님이 거룩한 안식을 위해 구별하신 일곱째 날에는 특별한 방식으로 낙원을 섬기고 지켰다(1-3절).

행위 언약에서 아담의 직임이 지닌 제사장적 측면은 거룩하신 주를 예배해야 할 우리 의무를 보여 준다. 우리가 행복하든 슬프든 모든 날은 찬송과 기도로 채워져야 한다(약 5:13). 우리에게는 주의 날에 교회의 공예배를 통해 하나님을 영화롭게 해 드려야 할 의무가 있다. 하나님 말씀은 우리에게 "기쁨으로 여호와를 섬기며 노래하면서 그의 앞에 나아갈지어다"(시 100:2)라고 명령한다. 이 시편이 나중에 "그의 문"과 "그의 궁정"을 언급한 것은 특히 공예배를 염두에 둔 것임을 분명하게 보여 준다(4절).

이 의무로 말미암은 당연한 결론은 하나님의 예배를 거룩하게 유지해야 할 우리 책임이다. 하나님은 아담에게 동산을 유지하고 지키라고 명령하셨다. 제사장은 "거룩한 것과 거룩하지 않은 것, 깨끗하지 않은 것과 깨끗한 것"을 구별해, 하나님의 예배가 깨끗하지 않은 것으로 더럽혀지지 않게 하여, 사람들이 주께서 명령하신 대로 예배를 드릴 수 있게 해야 했다.[9] 예배는 하나님 앞에서 거룩한 것이다. 인간에게는 하나님 말씀에 따라 예배를 드림으로써 하나님의 거룩하심을 높일 제사장적인 중대한 책임이 있다.

왕적인 종

셋째, 하나님이 아담과 맺으신 언약은 아담을 하나님의 왕적인 종으로 만들었다. 하나님은 아담과 하와에게 이 땅을 다스리라고 명령하셨다(창 1:28). 창세기 2장의 언약적 맥락 속에서, 우리는 하나님이 아담

---

8) 민 3:7-8; 8:26; 18:7.
9) 레 10:10-11; 참고, 9:5-7, 10, 21; 10:1-2.

에게 동산을 경작하게 하시고 동물들을 그에게로 데려와 이름을 짓게 하셨을 때, 하와의 창조 이전에 아담은 이미 왕적인 종으로서의 일을 시작했음을 발견한다.

하나님의 왕적인 언약의 종인 우리에게는 하나님의 세계를 누릴 자유가 주어져 있다. 하나님은 "우리에게 모든 것을 후히 주사 누리게 하신다"(딤전 6:17). 맛있는 음식, 사랑 가운데서 이루어지는 남편과 아내의 성적 결합 등, 이것들은 하나님이 우리가 누리기를 원하시는 선한 선물들이다. 바울은 "하나님께서 지으신 모든 것이 선하매 감사함으로 받으면 버릴 것이 없나니 하나님의 말씀과 기도로 거룩하여짐이라"(4:4-5)고 설명했다.

하지만 우리는 인간은 가장 높은 왕이 아니라, 만주의 주이신 하나님의 종인 왕임을 기억해야 한다. 따라서 우리에게는 하나님 뜻을 행해야 할 책임도 있다. 사람은 이 땅의 청지기이자 각자에게 주어진 자원의 청지기이고, 하나님은 모든 것의 소유주시다. 나중에 주인은 자신의 청지기에게 결산할 것을 요구하실 것이다(눅 12:42-48). 우리는 이 책임의 막중함을 알아야 한다. 행위 언약이 주는 큰 교훈 중 하나는 사람들은 주 앞에서 언약의 종이고, 주님은 각자의 행위를 따라 그들 모두를 심판하시리라는 것이다(마 16:27).

행위 언약은 종이 주를 배교했음을 분명하게 보여 준다

창세기 2장에 나오는 하나님의 언약에 대한 계시는 아담이 아니라 우리를 위해 기록되었다. 이 계시는 타락한 상태에 있는 인류를 향해 말하고, 우리가 우리의 창조주에게 배교했음을 올바르게 이해할 수 있게 해 준다. 우리는 인간론의 다음 주된 주제인 죄론을 다룰 때 역사적 사건으로서의 이 배교와 인류에 대한 그 결과를 말할 것이므로, 여기서는 최초의 언약이 그 배교와 관련해 지니는 실천적 함의 중 일부만 요약해 제시하겠다.

아담의 배교

첫째, 에덴동산의 언약은 인류가 하나님에게서 떨어져 나온 것을 아담 안에서 이루어진 공동체적인, 또는 집단적인 배교로 보아야 함을 우리에게 가르쳐 준다. 우리는 개별적으로 하나님에게서 떨어져 나온 것이 아니다. 하나님은 자신의 주권에 따라 우리의 최초의 아버지를 언약 대표자로 삼아 인류와 언약을 맺으셨다(롬 5:12-19).

이것에서부터 우리는 적어도 인간이 변할 수 있음을 인정하는 것을 배워야 한다. 완전하게 의로운 상태에서조차도 인간은 깊은 타락의 늪으로 떨어질 수 있었다. 인간은 죄를 지으실 수 없는 영원하시고 변할 수 없으신 창조주가 아니라 피조물이다.[10] 우리는 인간이 강하고 견고하다는 온갖 망상을 버려야 한다. 다윗은 "내가 형통할 때에 말하기를 영원히 흔들리지 아니하리라 하였도다"(시 30:6)고 후회하는 마음으로 회상했다. 경험은 그에게 그렇지 않음을 가르쳐 주었다. 우리는 사람을 의지하지 말아야 하고(렘 17:5-8), 따라서 당연히 우리 자신도 의지하지 말아야 한다. 죄가 없었던 아담이 그토록 신속하게 타락할 수 있었다면, 오늘날 우리는 죄악 된 사람들에 대해 어떻게 생각해야 하겠는가? 우리 자신 속에서 우리의 의를 발견하려 애쓰면, 토머스 왓슨이 말한 대로, 우리는 견고한 토대 위에 세워져 있지 않으므로, "두려움과 의심으로 가득한" 우리 자신을 발견하게 된다.[11]

이렇게 행위 언약은 우리가 죄 안에서 아담과 연대되어 있음을 인정하라고 가르친다. "모든 사람이 죄를 범하였으매 하나님의 영광에 이르지 못하더니"(롬 3:23)라는 말씀은 참되다. 자신의 죄를 인정하는 것은 그리스도인이 되는 첫걸음일 뿐 아니라, 우리가 하나님과 동행할 때 반복적으로 행해야 하는 것이기도 하다(요일 1:5-10). 하지만 행위 언약은 우리에게 더 깊이 들어가라고 말한다. 우리는 아담의 죄가 우리의 죄이고, 아담에 대한 정죄가 우리에 대한 정죄임을 깨달아야 한다(롬 5:12, 16, 18). 존 커훈은 "독자여, 이 언약은 당신의 이름으로, 또는 특히 당신을

---

10) Nichols, *Covenant Theology*, 356.
11) Watson, *A Body of Divinity*, 130.

위해 첫째 아담과 맺어진 것임을 믿으라"고 말했다.[12] 아담 안에서 우리는 모두 언약을 깨뜨린 자다. 우리와 아담 간의 연대를 인정하는 것은 우리를 낮아지게 하지만, 또한 우리에게 더 나은 언약의 머리의 필요성을 알게 하는 데도 도움이 된다.

율법으로부터의 배교

둘째, 행위 언약은 우리의 배교의 성격을 보여 준다. 우리의 배교는 하나님의 율법에 대한 반역이고, 하나님의 의로우신 계명에 따라 살아가는 데 실패한 것이다. 이 원칙은 인간의 본성에 새겨진 자연적이고 본성적인 율법을 통해 보편적으로 적용되지만(롬 2:14-16), 아담의 죄가 하나님 명령에 대한 그의 반역으로 구체화되었듯 하나님이 명시적으로 말씀하신 율법들에 대해 우리가 어떻게 응답하는가에서 특히 분명하게 드러난다.

행위 언약은 우리로 하여금 인간이 율법에 의거한 외적인 의를 추구하는 것을 이해할 수 있게 해 준다. 인간은 하나님의 율법에 반역하는 상태에 있으면서도, 인간의 본성과 언약 지향성은 지속적으로 인간을 부추겨 율법으로 말미암은 의를 추구하게 만들고, 종종 큰 열심을 가지고 그렇게 하게 만든다. 커훈은 "우리가 살기 위해 무엇인가를 행하는 것, 우리의 행위가 우리로 하여금 하나님 은총을 받게 해 주고 하나님을 누릴 수 있게 해 줄 것이라고 생각하는 것, 우리가 우리 몫을 행하면 하나님은 하나님 자신의 몫을 하실 것이라고 생각하는 것보다 우리 인간에게 더 자연스럽고 본성적인 것은 없다"고 말했다.[13] 우리는 바울 당시에 종교심이 대단했지만 거듭나지는 않은 유대인들이 그런 식으로 행하고 생각했음을 안다(롬 10:2-3). 죄인들은 일반적으로 바리새인처럼 하나님의 율법을 외적인 행위들에 대한 인간의 전통으로 대체하는 방식으로 율법적인 의를 추구한다(마 23장). 그 결과는 위선적인 종교다(마 15:1-20). 이 충동은 특정한 민족이나 문화에 국한되지 않는다. 윌리엄

---

12) Colquhoun, *A Treatise on the Covenant of Works*, 40.
13) Colquhoun, *A Treatise on the Covenant of Works*, 40.

스트롱이 지적했듯 타락한 인간은 "율법 아래에 있고자"(갈 4:21) 하고, 가인처럼 믿음과 회개의 마음이 없는 외적인 예배를 하나님께 드리려 한다(창 4장).[14] 우리는 우리 자신의 마음이 우리 행위로 말미암는 의를 완고하게 추구하는 것을 발견하고서 놀라지 않아야 한다.

행위 언약은 우리에 대한 율법의 의로운 판결 아래에서 우리가 낮아 져야 함을 보여 준다. 이것이 여호와 하나님이 시내산에서 우레 같은 율법의 말씀을 주신 목적이고, 그리스도가 스스로를 의롭다고 여기는 부자 청년 관원에게 사랑의 율법 말씀을 주신 목적이었다.[15] 물론 하나님의 율법은 죄인이 듣기가 힘겹다. 하나님의 율법은 우리 죄를 보여 주고, 우리의 부패한 마음을 드러내며, 죄인에 대한 하나님의 진노하심을 계시한다(롬 3:19-20; 4:15; 7:7). 우리는 본성적으로 하나님의 율법을 미워하고 그 율법에 복종할 수 없다(8:7-8). 하지만 하나님이 아담과 맺으신 언약은 문제가 율법에 있지 않고 우리에게 있음을 보여 준다. 하나님의 율법은 인간이 낙원에서 완전한 순수함 속에서 살아가고 있을 때 우리에게 주어졌다. 율법은 부당한 것이 아니었지만, 우리는 불의하게 되었다. 율법이 우리에게 '너희는 범죄했고 죄악 되어 지옥에서 영원토록 하나님의 진노를 받아 마땅하다'고 말할 때, 우리는 근심 어린 마음으로 '예, 주님, 그 말씀이 참됩니다'라고 대답해야 한다.

극악무도한 배교

셋째, 행위 언약은 인간의 타락이 살아 계신 하나님으로부터의 극악 무도한 배교였음을 알게 도와준다. 달리 말하면, 인간의 타락은 우주 전체에 영향을 미친 범죄였고 극형을 받아 마땅한 범죄였다. 사람들은 '열매 한 조각을 먹은 것이 뭐 그리 대단한 것이냐'고 반문하며, 동산에서 아담이 저지른 죄를 가볍게 여길지도 모른다. 하지만 우리의 첫 부모의 죄는 자기들을 지으신 창조주에 대한 엄청난 반역이었고, 하나님

---

14) Strong, *A Discourse of the Two Covenants*, 22-23.
15) Dickson, *Therapeutica Sacra*, 85. 출 19-20장; 막 10:17-22를 보라.

이 그들에게 행하신 모든 것에도 불구하고 하나님의 선하심을 극악무도하게 배척한 것이었다.

행위 언약은 인간의 배은망덕함과 대역죄의 중대함에 대해 마음 아파하라고 우리를 압박한다. 여호와 하나님은 인간에게 생명과 존재를 주셨다. 여호와 하나님은 인간과 인격적인 교제와 친교를 나누셨다. 여호와 하나님은 인간에게 의미 있는 일과 즐거움으로 가득한 집을 마련해 주셨다. 여호와 하나님은 인간을 높여 동물을 다스리게 하셨다. 여호와 하나님은 인간에게 이 땅에서 함께 살아가기에 가장 적합한 동반자와 친구를 주셨다. 하나님이 인간의 충성과 복종을 보기 위해 요구하신 모든 것은 나무 하나에 열린 열매를 먹지 말라는 것이었고, 이것은 하늘과 땅의 최고의 주께 충성 맹세를 하는 데 지불해야 할 대가로는 작은 것이었다. 하나님이라는 이 한 가지 사실만으로도 인간은 하나님께 전적인 충성을 바쳐야 할 의무가 있었다. 인간은 하나님의 율법을 깨뜨림으로써, 모든 것을 후히 주시는 자신의 주를 마치 사악한 폭군이신 것처럼 취급했고, 만유의 주이신 하나님의 배신자, 반역자, 원수가 되었다. 이 범죄의 끔찍한 무게를 안다면, 우리는 마음 아파하고 낮아지는 것이 마땅하다. 이 범죄는 아담 안에서 우리의 범죄였고(롬 5:12), 우리가 지금 자유로운 선택에 따라 저지르고 있는 우리의 범죄다(1:21).

또한 하나님의 행위 언약은 우리에게 스스로의 힘으로 구원을 받으려는 모든 거짓 소망을 포기하라고 말한다. 죄가 없었던 아담이 서지 못했다면, 어떻게 우리 같은 죄인이 설 것이라고 생각할 수 있겠는가? 우리는 "여호와여 주께서 죄악을 지켜보실진대 주여 누가 서리이까"(시 130:3)라고 말해야 한다. 다윗은 지혜롭게도 "주의 종에게 심판을 행하지 마소서 주의 눈앞에는 의로운 인생이 하나도 없나이다"(시 143:2)라고 기도했다.

이지키얼 홉킨스는 율법의 행위로 말미암아 의롭게 되려 하는 자는 행위 언약이 보여 주는 다음과 같은 정신 번쩍 들게 해 주는 사실들을 똑바로 바라보아야 함을 우리에게 상기시켜 주었다.

1. 하나님의 거룩한 율법은 온전하고 완벽한 순종을 요구하고, 그중 한 가지만이라도 지키지 못한 자는 저주 아래 있다(갈 3:10). 당신은 몇 가지 선한 행위를 했다 해서 당신이 의롭게 될 것이라고 생각하는가?
2. 하나님의 거룩한 정의는 하나님의 율법을 범했을 때마다 속죄를 요구한다. 당신이 하나님을 위해 행하는 모든 것은 하나님에 대해 당신이 당연히 해야 할 의무인데, 당신의 죄에 대해 어떤 식으로 속죄를 할 수 있겠는가?
3. "이것을 행하면 살리라"는 하나님의 언약은 도덕적으로 완전한 아담에게 주어졌다. 그런데 원죄와 부패의 습성으로 물들어 있는 사람이 어떻게 율법이 요구하는 순전함으로 자신을 회복시킬 수 있겠는가?[16]

하나님의 거룩한 율법은 죄인을 의롭게 만들지 못하고, 오직 우리의 죄와 정죄를 보여 줄 뿐이다.

당신이 회개하고 그리스도를 믿음으로 회심하지 않았다면, 아담 안에서의 당신의 타락과 당신 자신이 하나님의 계명을 어긴 행위는 하나님 앞에서 당신이 장차 영원한 형벌에 처해지게 될 상태에 있음을 당신에게 확인시켜 줄 뿐이다. 당신은 끔찍한 곤경의 상태에 있다. 하나님의 원수를 갚으시는 정의가 칼처럼 당신 위에 걸려 있다. 당신은 스스로는 어떻게 할 수가 없다. 당신은 아담 안에서 실패했고, 지금도 계속 매일 실패하고 있다. 죽음의 문과 지옥의 문이 당신을 받기 위해 활짝 열려 있다. 당신은 철저하게 유죄이므로, 하나님의 율법에 따른 정죄 아래 있다. 당신의 악은 크고, 그리스도만이 당신을 악에서 구할 수 있다.

---

16) Hopkins, *The Doctrine of the Two Covenants*, 118 – 122.

행위 언약은 구속의 주이자 종이신 그리스도를 미리 보여 준다

아담은 그리스도의 모형이었다고 바울은 썼다(롬 5:14). 그리스도의 인격과 사역에 대한 자세한 설명은 나중에 기독론에서 다루게 되겠지만, 하나님이 아담과 맺으신 언약과 복음의 관계를 살펴보기 위해 우리는 여기서 미리 몇 가지를 언급하려 한다. 행위 언약은 하나님을 언약의 주로 계시하고 인간을 하나님의 언약의 종으로 만든 것처럼, 그리스도를 주와 종으로 미리 보여 주었다.

우리 생명의 주이자 종이신 그리스도

첫째, 여호와 하나님은 인간에게 생명을 주셨고, 인간이 삶을 유지하고 만족하는 데 필요한 것을 풍성하게 공급해 주셨다. 또한 하나님은 순종하면 영생을 얻게 해 주는 율법을 인간에게 주셨다. 성육신하신 그리스도는 이 두 가지 역할을 성취하신다.

그리스도 안에서 성취될 모형이라는 관점에서 바라본 아담 언약은 우리에게 그리스도를 주와 생명의 수여자로 믿으라고 말한다. 하나님은 첫 사람에게 생명을 불어넣어 주셨다(창 2:7). 그리스도는 자기 백성에게 생명을 주시는 성령을 불어넣어 주신다(요 20:22). 하나님이 아담에게 생명을 주입하시기 전에는 아담에게는 생명이 없었다. 그리스도는 영적으로 죽은 죄인에게 부활이자 생명이시다(요 11:25; 엡 2:5-6). 하나님은 물이 흐르는 강 옆에 아담을 두셨다(창 2:10). 그리스도는 죄인에게 생수의 강, 즉 영생하도록 솟아나 영혼을 만족시키는 내면의 샘을 수여하신다(요 4:14; 7:37-39). 그리스도를 의지하여 영원히 마시라.

그리스도는 신실한 언약의 종이 되심으로써 자기 백성을 위해 영생을 확보하셨다. 따라서 우리도 그리스도를 생명을 주시는 마지막 아담으로 믿어야 한다. 사망은 첫째 아담의 죄로 말미암아 왔지만, 부활 생명은 그리스도의 순종으로 말미암아 왔다(롬 5:17; 고전 15:21-22). 그리스도는 자신을 낮추시고 죽기까지 순종하심으로써, 아버지 하나님에 의해 다시 살리심을 받고 높임을 받아(빌 2:8-9) 생명을 주는 성령을 지니신 분이 되셨다(고전 15:45). 아담이 되려는 것을 멈추고, 하나님이 세우신 마지막 아담에게 당신의 모든 소망을 두라.

우리의 거처와 직업의 주이자 종이신 그리스도

둘째, 에덴동산은 자양분을 섭취하고 즐거움을 누리는 곳이었을 뿐 아니라, 일과 시험의 장소이기도 했는데, 이것은 모두 여호와 하나님이 정하신 것이었다. 아담은 낙원에 계속 머물려면 시험을 이기고 끝까지 여호와를 섬겨야 했다. 그리스도는 우리가 하늘의 낙원에 이르기까지 우리의 매일의 일의 주이심과 동시에 스스로도 여호와 하나님께 끝까지 순종하신 종이시다.

하나님이 아담과 맺으신 언약은 우리의 매일의 직업 속에서 주 그리스도를 섬겨야 함을 상기시켜 준다. 바울은 "무슨 일을 하든지 마음을 다하여 주께 하듯 하고 사람에게 하듯 하지 말라 이는 기업의 상을 주께 받을 줄 아나니 너희는 주 그리스도를 섬기느니라"(골 3:23-24)고 말했다. 자신들을 위해 죽으셨다가 다시 살아나신 분을 위해 일한다는 것은 그리스도인에게만 주어진 특별한 기쁨이다(고후 5:14-15). 당신이 학생이든 기술자든 가정주부든 배관공이든 은퇴 후에 어떤 분야에서 자원봉사를 하는 사람이든 예수 그리스도를 섬기고 "잘하였도다"라는 칭찬과 함께 상을 받게 되기를 기대하라(마 25:14-30).

하지만 그리스도를 단지 우리의 섬김의 주로만 보는 것이 아니라, 주이신 여호와 하나님의 종으로 보는 것도 우리에게 주어진 특권이다(사 42:1). 그리스도는 죄가 없으셨지만 아버지 하나님이 그에게 부과하신 고통스러운 고난을 통해 인간적인 순종에서 자라 가셨다(히 4:15; 5:7-8). 그리스도는 자기 "앞에 있는 기쁨을 위하여" 십자가의 부끄러움을 참으심으로써 지상에서의 경주를 끝까지 완주하시고, 하늘에 오르셔서 "하나님 보좌 우편에" 앉으셨다(12:1-2). 우리는 그리스도를 따라 이 세상의 고난과 환난을 통과해야 한다. 우리도 그리스도의 성령으로부터 힘을 이끌어 내고 그리스도의 겸손한 모범에 눈을 고정한다면(빌 1:19-

20; 2:5), 이 세상의 고통스러운 고난과 환난 속에서 끝까지 순종하여 하늘의 낙원에서 그리스도와 함께할 수 있다(눅 23:43). 연합과 친교의 은혜를 힘입어 끝까지 순종하신 그리스도는 자신의 구속받은 백성으로 하여금 끝까지 순종하게 하실 수 있다.

우리 율법의 주이자 종이신 그리스도

셋째, 여호와 하나님은 자신의 계명을 통해 인간과 자신의 관계를 정하셨다. 하나님과 함께 살고 친교를 나누는 것은 아담이 하나님의 율법에 순종하느냐의 아니냐에 달려 있었다. 마찬가지로 그리스도는 율법 수여자와 율법 준수자로 오셨고, 우리는 그리스도를 율법 수여자와 율법 준수자 둘 모두로 받아들여야 한다.

예수님은 주이시므로, 우리는 율법 수여자이신 그리스도께 순종해야 한다. 아담에게는 에덴동산에서 여호와 하나님의 명령을 지킬 의무가 있었던 것처럼, 우리에게는 예수 그리스도의 명령을 지킬 의무가 있다. 산상수훈에서 그리스도는 모세보다 더 큰 자로 말씀하시면서, "내가 너희에게 이르노니"라는 깜짝 놀랄 만한 권위로 하나님의 도덕법과 경건의 참된 의미를 보여 주신다.[17] 그리스도의 명령을 지키지 않는 것은 그리스도를 사랑하지 않는 것이다(요 14:15). 참된 제자도는 그리스도의 모든 말씀에 순복하는 것과 분리될 수 없다(마 28:18-19). 그리스도가 우리의 왕이 되어 우리를 다스리시는 것을 우리가 거부한다면, 그리스도는 우리를 멸하실 것이다(눅 19:27).

하지만 우리 중에서 그리스도께 합당하게 순종해 온 사람이 누가 있는가? 우리는 그리스도의 계명을 지켜 의를 얻기 위해 그리스도께 순종하려 해서는 안 되고, 믿음으로 말미암는 하나님의 의를 구해야 한다(빌 3:9). 그리스도는 바로 그 하나님의 의이시다(고전 1:30). 그리스도만이 모든 일에서 아버지 하나님이 기뻐하시는 것만을 행하는 종이시기 때문이다(마 12:18; 요 8:29). 인간이 율법 언약을 깨뜨린 바로 그 지점에서 그리스도는 은혜 언약의 "보증"이 되셨다(히 7:22). "보증"이라는 것

---

17) 마 5:18, 20, 22, 28, 32, 34, 39, 44; 6:2, 5, 16, 25, 29.

은 다른 사람의 법적 의무를 대신 이행하고 그 사람이 받아야 할 벌을 대신 짊어지겠다고 나선 사람이다.[18] 우리는 자기 백성의 보증이신 그리스도를 의지해야 한다. 그리스도, 오직 그리스도를 하나님 앞에서 당신의 의로 받아들이라. 그러면 하나님은 당신을 오직 믿음으로 말미암아 의롭다 하실 것이다(롬 3:24, 28). 이미 깨져 버린 행위 언약을 버리고 은혜 언약으로 피하라. 당신의 선행이라는 공로를 통해 하나님의 은총을 얻으려는 생각을 버리라. 은혜 언약을 통해 하나님이 약속하신 것은 행하는 자가 아니라 그리스도를 믿는 자에게 주어진다. 그리스도를 모든 것 속에서 당신의 모든 것으로 믿고 의지하라. 그리스도를 받아들이고 구원을 얻으라.

우리의 사랑의 주이자 종이신 그리스도

넷째, 여호와 하나님이 인간과 언약을 맺으신 것은 하나님이 자신을 무한히 낮추시고서, 인간이 단지 거룩함 가운데 자기와 동행하기만 한다면 영생을 주겠다고 하신 약속으로 자신을 인간에게 묶으신 행위였다. 이 언약의 율법은 인간에게 온 마음을 다한 사랑으로 응답하여, 이 땅의 모든 가시적인 것을 능가하는 자신의 생명으로 하나님을 선택할 것을 요구했다. 그런 후에 여호와 하나님은 남자와 여자 간의 혼인 언약에 따른 사랑의 유대를 제정하심으로써, 하나님의 은혜 언약에 따라 형성될 연합을 미리 예시해 주셨다.

우리가 그리스도를 믿는 자라면, 당연히 신부인 우리의 남편이신 그리스도의 사랑을 즐거워해야 한다. 세상의 남편들 중에서 그리스도가 자신을 드려 교회를 더러운 죄에서 속량하신 것에 비견될 수 있는 사랑을 자기 아내에게 보여 준 사람은 아무도 없었다(엡 5:25-27). 죄인을 구원하실 뿐 아니라 자신의 신부로 삼으시는 이 사랑은 도대체 어떤 사랑인가? 벤저민 키이치(1640-1704년)는 "왕의 손에 입 맞추는 것은 큰 은총이지만, 왕비가 되는 것은 훨씬 더 큰 특별한 사랑의 증표다"라고 말

---

18) 창 43:9; 44:32; 잠 6:1-5.

했다.[19] 그래서 그리스도인은 "나를 사랑하사 나를 위하여 자기 자신을 버리신 하나님의 아들을 믿는 믿음 안에서"(갈 2:20 ESV) 날마다 살아갈 수 있다.

회개하고 믿은 자는 하나님의 아들과 연합되어 하나님의 양자가 된다(갈 3:26-27). 성령으로 말미암아 생겨난 믿음으로 그리스도와 연합된 자는 행위 언약이 아니라 그리스도인의 자유 가운데서 살아갈 수 있다. 그리스도인은 종이 아니라 상속자다(4:7). 그리스도인은 마치 죄인을 계속 "종노릇"하게 잡아 두는 언약 아래 있는 것처럼 살아서는 안 된다(24-25절). 그리스도인은 율법으로 말미암아 의롭다 함을 얻는 자가 아니고, 의롭다 하심을 얻으려고 율법을 지키려 해서도 안 되며, 오직 믿음으로 살면서 사랑 가운데서 자유롭게 행하는 자다(5:3-6). 그리스도인은 성령의 내적 감화에 의지해 사랑의 법인 하나님의 율법을 점점 더 순종할 수 있게 된다(14, 22절). 율법을 '의를 얻기 위한 수단이 아니라 삶을 지도해 주는 준칙'으로 보라. 빌헬무스 아 브라켈은 "하나님의 자녀조차도 흔히 자신의 행위에 집중하여 고무되거나 낙심하는 경향이 있으므로, 이 권면은 필수적이다"라고 말했다.[20] 그리스도인의 지극히 큰 특권은 하나님의 아들들에게 주어진 자유, 장차 하나님의 아들이 나타나실 때 영광으로 확대될 자유 가운데서 살아갈 수 있다는 것이다.

묵상과 토론을 위한 질문

1. 인간의 생명과 삶에 대한 주로서의 하나님의 지위에 대한 창세기 2장의 계시가 우리에게 여호와를 경외하고 여호와께 소망을 두게 하는 동기가 되는 이유는 무엇인가?

2. 여호와 하나님이 아담에게 집과 직업을 정해 주셨다는 것이 오늘날 우리 삶 속에서 거처와 직업에 대해 갖는 함의는 무엇인가?

---

19) Benjamin Keach, *The Display of Glorious Grace, or, The Covenant of Peace Opened* (London: by S. Bridge, for Mary Fabian, Joseph Collier, and William Marshall, 1698), 228.
20) Brakel, *The Christian's Reasonable Service*, 1:367.

3. 하나님이 아담에게 율법을 주신 것에서, 우리는 우리에 대한 하나님의 권위와 관련해 무엇을 배울 수 있는가?

4. 하나님이 아담의 아내를 지으셔서 두 사람이 서로 언약을 맺게 하신 것은 하나님과 하나님 백성의 관계를 어떤 식으로 미리 보여 주는가?

5. 아담의 다음과 같은 각각의 직임에 따른 각 사람의 책임을 설명해 보라. (1) 하나님의 선지자적인 종, (2) 하나님의 제사장적인 종, (3) 하나님의 왕적인 종.

6. 아담이 행위 언약을 어긴 것은 우리에게 우리 자신에 대해 무엇을 보여 주는가?

7. 죄인이 율법주의로 기우는 것을 이해하는 데 행위 언약은 어떤 식으로 도움이 되는가? 죄인이 언약을 깨뜨린 그에게 말씀하시는 하나님의 율법을 올바르게 경청하는 방식은 어떤 것인가?

8. 인간이 행위 언약을 어기는 것이 하나님에 대한 중대하고 극악무도한 범죄인 이유는 무엇인가?

9. 하나님이 아담과 맺으신 언약은 다음과 같은 점에서 그리스도를 주이자 종으로 보여 주는데, 우리는 그런 그리스도를 어떤 식으로 영화롭게 해야 하는가?

- 우리 생명의 주이자 종이신 그리스도
- 우리의 거처와 직업의 주이자 종이신 그리스도
- 우리 율법의 주이자 종이신 그리스도
- 우리 사랑의 주이자 종이신 그리스도

더 깊은 성찰을 위한 질문

10. 하나님이 아담과 맺으신 언약에 대한 교리는 복음 전도에 어떤 도움이 될 수 있는가?

11. 하나님이 아담과 맺으신 언약에 대한 교리를 버린다면, 그리스도인의 삶에 어떤 실천적 결과를 초래할 수 있겠는가?

단원 C

죄론

REFORMED
SYSTEMATIC
THEOLOGY

17장

서론

하나님은 인간을 선한 상태로 지으셨지만, 인간의 순종을 시험하셨다. 인간의 응답은 비극적이었다. "하나님은 사람을 정직하게 지으셨으나 사람이 많은 꾀들을 낸 것이니라"(전 7:29). 성경은 "죄"라는 단어의 첫 번째 용례에서 죄를 회개하지 않는 자를 멸하려고 "문에" 엎드려 있는 야수로 묘사한다(창 4:7). 인간은 재빨리 자원하여 죄의 파멸적인 힘의 종이 되었다.

우리는 창세기 3장에서 죄로의 인간의 타락을 추적하기 전에(이 책 18장을 보라), 먼저 한 걸음 물러나 성경이 죄에 대해 전반적으로 뭐라고 말하는지에 대한 큰 그림을 살펴보겠다. 죄의 본질을 이해하는 것은 사변적인 철학의 문제가 아니라, 회개와 영적 전쟁에서의 승리에 대한 정보를 얻는 문제다. 베르카우어는 이렇게 말했다. "이 주제는 가장 중요한 문제다. 왜냐하면 자신의 죄의 본질을 잘못 해석하는 사람은……절박한 위험에 빠지기 때문이다. 죄는……아주 사악하고 치명적인 원수이고 광분하는 끈질긴 능력이므로, 이기려면 반드시 알아야 한다."[1]

우리는 모두 자주 죄를 지으므로, 이 주제의 전문가일 것임에 틀림없다고 생각할지도 모른다. 하지만 죄는 인간의 마음을 속이고 눈멀게

---

1) G. C. Berkouwer, *Sin*, Studies in Dogmatics (Grand Rapids, MI: Eerdmans, 1971), 234–235.

만드는 데 놀라울 정도로 능숙하다.[2] 죄는 자신을 철저히 위장하고, 짙은 안개를 퍼뜨리며, 아주 어두운 밤을 기다려 은밀하게 움직인다. 그래서 우리는 하나님 말씀을 주의 깊게 경청하고, 그 말씀의 저자인 하나님의 성령이 우리의 마음과 생각을 조명하여 죄의 정체를 있는 그대로 보게 해 달라고 간절히 기도해야 한다.

죄론의 토대를 이루는 신학적 진리

먼저 우리는 성경의 전체적인 가르침 속에서 죄에 대한 가르침을 살펴봄으로써, 죄의 본질에 대한 일반적인 결론을 도출해 낼 것이다.

1. 죄는 망상이 아니다. 죄는 단지 인간의 인식 가운데만 존재하는 것이 아니라, "실제로 존재하는 악"이다.[3] 하나님이 사물을 바라보시는 관점은 언제나 참되다. 그런 하나님이 죄가 실제로 존재한다고 말씀하시고, 자기가 죄를 미워한다고 말씀하신다. 창세기 6장 5-7절은 "여호와께서 사람의 죄악이 세상에 가득함……을 보시고……내가 창조한 사람을 내가 지면에서 쓸어버릴" 것이라고 말한다. 하나님은 인간의 참된 상태를 아시는 분이므로, 성경에 의거해 우리는 모든 사람이 죄악 되고 부패했다고 말할 수 있다(시 14:2-3).

2. 죄는 영원히 존재하는 것이 아니다. 우리는 유일신론과 무에서의 창조로부터 이것을 추론한다.[4] 유일하게 영원하신 존재는 삼위일체 하나님뿐이다(창 1:1-2; 골 1:16). 우리는 이 세계에 선한 원리와 악한 원리라는 두 영원한 원리가 존재한다고 전제하는 본질적 이원론을 배척해야 한다.[5] 악한 천사는 원래부터 악했던 것이 아니라, 원래의 선한 상태에서 타락한 것이다(벧후 2:4; 유 6절).[6] 죄는 처음에는 인간 안에 있지 않았지만, 아담의 범죄로 말미암아 인간 세상에 들어왔다(롬 5:12).

---

2) 렘 17:9; 롬 1:21; 엡 4:22; 히 3:13.
3) Murray, "The Nature of Sin," in *Collected Writings*, 2:77.
4) 무에서의 창조에 대해서는 이 책 3장을 보라.
5) 거짓된 기원론에 대해서는 이 책 2장을 보라.
6) 사탄과 귀신에 대해서는 이 책 2권 30장을 보라.

3. 죄는 물질적 실체를 지니지 않는다. 우리는 두 번째 결론, 그리고 하나님의 창조 사역의 선하심과 보편성에서부터 이것을 추론한다.[7] 오직 한 분 창조주만이 계신다(출 20:11). 하나님은 이 세계의 모든 것을 창조하셨고(출 20:11), 하나님이 지으신 모든 것은 지극히 선했다(창 1:31). 따라서 죄는 사물이나 물질적 실체나 물질이 아니라, 하나님이 창조하신 선한 피조물들의 결핍과 타락, 즉 하나님이 원래 지으신 모습의 상실과 부패다.[8] 16세기에 루터파 그리스도인이 죄는 "사탄이 인간 본성에 주입한……본질적인 어떤 것"이라는 개념을 배척한 것은 옳았다.[9]

하지만 우리는 죄를 단지 결핍이라고 생각해서는 안 되고, 무질서에서 나오는 죄의 힘이 인간 실존에서 능력으로 작용함을 고려해야 한다. 프란키스쿠스 투레티누스는 죄는 영원한 실재 또는 피조 된 실체라는 지위를 갖고 있지 않으므로 "결핍" 또는 원의의 상실로 이해하는 것이 옳지만, 그 상실은 인간 존재를 감염시켜 "부패시킨다"고 말했다. 육신의 질병은 건강을 앗아 갈 뿐 아니라, 몸의 기관과 체계가 무질서하고 더럽히며 파괴적인 방식으로 잘못 작동하게 만드는데, 죄는 육신의 질병과 같다.[10] 죄는 인간 본성 및 그 모든 능력과 힘이 하나님과 하나님의 진리에서 떠나 피조물과 마귀의 거짓으로 향하게 만든다.[11] 따라서 죄는 본질에서는 결핍이지만, 효과에서는 강력하다.

4. 죄는 물리적인 악이 아니다. 여호와 하나님은 아담이 범죄한 경우에는 죽게 될 것이라고 경고하셨고, 죄인들에게 고난을 부과하셨으며, 낙원에서 추방하셨다(창 2:17; 3:14-19, 23-24). 하지만 이 악들은 죄가 아니라 죄의 결과였다. 게할더스 보스가 말했듯 죄는 "불쾌한 것"으로 이루어져 있는 것이 아니라, "윤리적인" 영역에서 작동한다.[12] 존 머리는 이렇게 말했다. "죄는 도덕적인 악이다……죄는 당위의 범주를 짓밟는

---

7) 창조의 보편성과 창조주의 선하심에 대해서는 이 책 2장을 보라.
8) Bavinck, *Reformed Dogmatics*, 3:136.
9) Formula of Concord (Epitome, 1.17), in *The Book of Concord*, 490. See Hoekema, *Created in God's Image*, 168.
10) Turretin, *Institutes*, 9.1.5 (1:592).
11) Bavinck, *Reformed Dogmatics*, 3:138-139.
12) Vos, *Reformed Dogmatics*, 2:24.

17장 | 서론 403

것이고 잘못된 것이다."[13] 죄는 의로우신 심판주이신 여호와를 대적하여 행하는 범죄다(13:13; 18:20, 25).

5. 죄는 단지 외적인 행위가 아니다. 도덕적인 악은 내면의 생각 속에 거한다(창 6:5). 그리스도는 인간을 더럽히는 각종 오염물이 한 원천, 즉 인간의 마음에서 나온다고 가르치셨다(막 7:21-23). 나쁜 나무가 나쁜 열매를 맺는다(마 7:17-19; 12:33). 루이스 벌코프는 "죄는 표면적인 행위에만 있지 않고, 죄악 된 습성과 영혼의 죄악 된 상태에도 있다"고 썼다.[14]

6. 죄는 단지 사람을 해치는 데서 그치는 것이 아니다. 존 맥아더와 리처드 메이휴는 이렇게 썼다. "죄는 신 중심적인 또는 하나님 중심적인 관점에서 이해해야 한다. 죄의 핵심은 창조주-피조물 관계의 위반이다. 인간은 오직 하나님이 인간을 지으셨으므로 존재한다. 따라서 인간에게는 어떤 의미에서도 자신의 창조주를 섬길 의무가 있다."[15] 그래서 요셉은 그를 유혹하는 주인의 아내를 향해 "그런즉 내가 어찌 이 큰 악을 행하여 하나님께 죄를 지으리이까"(창 39:9)라고 부르짖었다. 다윗은 자신의 간음과 살인을 통회하고 자복하는 기도에서 여호와께 이렇게 고백했다. "내가 주께만 범죄하여 주의 목전에 악을 행하였사오니"(시 51:4).[16] 베르카우어는 "죄는 언제나 하나님에 대한 것이다"라고 말했다.[17]

죄와 관련된 성경 용어

성경에는 죄를 서술하는 풍부한 용어가 나오는데, 이 용어들은 인간의 타락한 상태를 부각시키고, 하나님의 죄사함과 변화시키는 은혜를 찬송한다. 그중 다수는 간음처럼 구체적인 죄를 지칭하거나, 어리석음처럼 죄의 범주를 지칭하는 용어다. 여기서는 성경에서 죄를 가리키는

---

13) Murray, "The Nature of Sin," in *Collected Writings*, 2:77.
14) Berkhof, *Systematic Theology*, 233.
15) MacArthur and Mayhue, eds., *Biblical Doctrine*, 453.
16) 또한 창 20:6; 출 16:7-8; 레 6:2; 26:40; 민 5:6; 삼하 12:13; 시 2:2; 사 3:8; 렘 3:25; 눅 15:18; 행 4:26; 고전 8:12; 롬 8:7을 보라.
17) Berkouwer, *Sin*, 242.

데 사용되는 일반적인 용어에 초점을 맞춰 살펴보겠다.

구약 성경의 용어

우리는 구약 성경에서 죄와 밀접하게 연관된 열다섯 가지 용어를 찾아낼 수 있다. 처음 세 용어가 가장 흔히 사용된다.[18]

1. 명사 "죄"('핫타아')와 동사 "죄를 짓다"('하타')에서 사용된 히브리어 어근은 히브리어 성경에 600번 가량 나온다(예. 창 4:7). 이 어근의 문자적인 의미는 표적을 맞추지 못하거나 빗나가는 것이다. 이것은 "이 모든 백성 중에서 택한 칠백 명은 다 왼손잡이라 물매로 돌을 던지면 조금도 빗나가지['하타'] 않는[개역개정에는 "틀림이 없는"] 자들이더라"(삿 20:16)는 용례에서 분명하게 드러난다. 하지만 이 용어에 내재되어 있는 죄 개념은 단순히 실수로 잘못하는 것이 아니라, 의도적으로 잘못된 목표를 겨냥하는 것이다.[19]

2. 명사 "범법" 또는 "반역"('페샤아')과 동사 "범법하다" 또는 "반역하다"('파샤아')에서 사용된 히브리어 어근은 130번 이상 나온다(예. 출 23:21; 왕상 8:50; 12:19). 이 어근의 중심 개념은 권위에 대한 도전이다(왕하 1:1).

3. 명사 "죄악"('아온')은 230번 이상 사용된다. 이 용어는 일반적으로 도덕적인 악을 폭넓게 가리키는 데 사용된다(예. 창 15:16; 왕상 8:47).[20] 이 용어는 고백과 죄사함이 일어나지 않는 경우에 처벌을 받게 되는 죄책과 결부되어 있다(민 15:31). 그래서 이 용어는 종종 "형벌"(창 4:13, "죄벌"; 애 4:22, "죄악의 형벌")로 번역된다.

이 세 가지 히브리어 어근은 한 백성의 모든 죄와 죄책을 요약하는 몇몇 서술에서 함께 등장한다.[21] 의미에서 서로 중복되고 범위에서 포괄적인 이 세 용어는 함께 합쳐져, 어떤 사람이 죄를 짓는 것은 하나님이 그를 창조하신 목적에 의도적으로 도달하지 않는 것이고, 주의 권위

---

18) *NIDOTTE*, 2:87 – 89.
19) Erickson, *Systematic Theology*, 520.
20) *NIDOTTE*, 1:310 – 312.
21) 출 34:7; 레 16:21; 욥 13:23; 시 32:1-2, 5; 사 59:12; 렘 33:8; 겔 21:24; 단 9:24.

에 도전하여 반역하는 것이며, 따라서 형벌을 불러일으키는 죄책을 초래하는 것임을 우리에게 가르쳐 준다. 하지만 성경은 죄에서 돌이켜 하나님의 자비와 은혜와 사랑을 의지하는 자에게 수여되는 하나님의 총체적인 죄사함을 전하기 위해서도 이 용어들을 사용한다.

그 밖에도 죄와 관련된 몇 가지 일반적인 용어가 있다.

4. 종종 "청종하다"로 번역되는 동사 "듣다"('샤마아')는 죄와 관련해 중요한 역할을 한다. 하나님은 아담에 대한 심판 선고를 꾸짖는 말로 시작하셨는데, 이것은 아담이 자기 아내의 말을 "들었기" 또는 "청종했기"('샤마아', 창 3:17) 때문이었다. 이 용어가 지닌 긍정적인 의미는 '하나님 백성은 여호와께 순종함으로써 언약을 지켜야 한다'고 말하는 중요한 본문들에 나온다.[22] 하지만 부정문을 사용해 하나님 말씀을 "듣지 않는다"고 말하는 것은 죄를 표현하는 주된 방식이고, 구약 성경에서 88번, 그 중에서도 예레미야서에서만 36번 나온다.[23] 하나님 말씀을 듣는 것은 믿음의 행위이고(사 55:2), 하나님 말씀을 듣기를 거부하는 것은 불신앙의 표현이다(왕하 17:14). 이스라엘 백성이 주의 말씀을 듣기를 거부한 것은 하나님의 언약을 깨뜨려 하나님의 저주를 초래했다.[24] 듣지 않는 것은 어리석은 자의 특징이다(잠 1:7; 10:8; 15:5).

5. 듣는 것과 밀접하게 관련된 죄 개념은 죄인을 하나님 말씀에 귀먹고 눈먼 자, 즉 영적으로 분별할 수 있는 "귀"('오즈나임')나 "눈"('에나임')이 없어 영적으로 둔감한 자로 묘사하는 것이다.[25] 이 동일한 개념은 "강하게 하다"('하자크', 출 4:21; 수 11:20), "가혹하다, 완고하다"('카샤', 출

---

22) 창 22:18; 26:5; 출 19:5; 23:21-22; 24:7; 신 4:1, 30; 5:1; 6:3-4; 7:12; 9:1; 11:13, 27; 12:28; 13:4, 18; 15:5; 18:15; 26:17; 27:9-10; 28:1-2, 13; 30:2, 8, 10, 20; 삼상 3:9; 15:22; 사 1:10, 19; 렘 7:23; 11:4.

23) 레 26:14, 18, 24, 27; 민 14:22; 신 1:43; 8:20; 9:23; 11:28; 18:19; 28:15, 45, 62; 30:17; 수 1:18; 5:6; 삿 2:2, 17, 20; 6:10; 삼상 12:15; 15:19; 28:18; 왕상 20:36; 왕하 17:14; 18:12; 21:7; 22:13; 대하 25:16; 35:22; 느 9:16-17, 29; 욥 36:9; 시 81:11; 106:25; 잠 5:13; 사 28:12; 30:9; 42:24; 48:8; 렘 3:13, 25; 6:19; 7:13, 24, 26-28; 9:13; 11:3, 8; 12:17; 13:11, 17; 16:12; 17:23, 27; 18:10; 19:15; 22:5, 21; 25:3-4, 7-8; 26:4-5; 29:19; 32:23, 33; 34:14, 17; 35:13-17; 36:31; 40:3; 42:13, 21; 43:4, 7; 44:5, 16, 23; 겔 3:7; 20:8, 39; 단 9:11, 14; 호 9:17; 습 3:2; 슥 1:4; 7:11, 13; 말 2:2.

24) *NIDOTTE*, 4:178-179.

25) 신 29:4; 시 69:23; 115:5-8; 135:16-18; 사 6:9-10; 44:18; 렘 5:21; 겔 12:2.

7:3; 신 2:30; 형용사 '카셰'와 "목"을 사용해 "완고한 목", 출 32:9; 33:5; 34:9), "무거운"('카바드', 출 10:1; 사 6:10) 같은 용어를 사용해 "완악한" 마음을 지니고 있다고 말하는 것으로도 표현된다.

6. 명사 "악"('라아') 또는 동사 "악을 행하다"('라아아')는 하나님이 창조하신 원래의 세계의 "선함"과 대비된다(창 1:31; 2:17). 이 어근은 자연 재해나 신체적인 환난이라는 의미로 사용될 수 있다(사 45:7). 도덕적인 의미로 사용되는 경우에는 하나님 뜻에서 벗어나 하나님을 진노하시게 하는 일탈을 가리킨다(왕상 11:6; 14:22 등).

7. 명사 "불의"('리쉬아')와 동사 "불의를 행하다"('라샤아')는 "의로움"(잠 11:5; 13:6; 겔 18:20)의 반대다. 따라서 이 용어는 여호와 하나님 앞에서 죄책을 지닌 상태를 나타낸다(욥 10:15; 왕상 8:32).

8. "반역하다"('마라'와 '마라드')로 번역되는 다른 동사들도 왕의 권위에 도전하고 왕의 법에 불순종한다는 개념을 보여 준다(창 14:4; 신 1:26). 또 하나의 용어('사라르')는 반역의 배후에 있는 불만에 찬 완고한 태도를 강조하는 것으로 보인다(신 21:18; 잠 7:11).

9. 하나님에 대한 이스라엘의 죄(레 26:40)와 남편에 대한 아내의 부정(민 5:12, 27)을 가리키는 데 사용되는 용어('마알')에서는 그런 기만이 지닌 인격적이고 관계적인 위법성이 강조된다.

10. "속죄제"(레 5:5-7, 15-19; 참고, 창 26:10)로 번역되기도 하는 어근('아샴')에는 위법성 또는 죄책이라는 개념이 백 번도 넘게 등장한다.

11. 죄를 나타내는 데는 "무지"('세가가')를 가리키는 명사와 "어그러진 길로 가다, 또는 의도하지 않게 죄를 짓다"('세가그')를 뜻하는 동사도 사용된다. 모세 율법에서는 계명을 잘 알면서도 의도적으로 짓밟는 극악무도한 행위를 통해 저질러진 것이 아닌 죄를 가리키는 데 이 용어를 사용했지만, 이 죄에 대해서도 여전히 속죄를 요구했다(레 4:2, 22, 27; 민 15:24-29).

12. "악", "죄악", "불의" 등 여러 가지로 번역되는 또 하나의 히브리어 어근(명사는 '아웬', 동사는 '아왈')은 그 행위가 잘못되었다는 것에 초점을 맞추고 있는 것으로 보인다(시 7:3; 37:1).

13. "지나가다" 또는 "넘다"('아바르')를 가리키는 데 자주 사용되는 동사는 권위에 대한 반역의 한 예인 율법을 어기는 것을 가리키는 데 여러 번 사용된다.[26]

14. 동사 "헤매다" 또는 "어그러진 길로 가다"('타아')는 바른 길에서 벗어나거나 그렇게 하도록 유혹하는 것을 가리키는 데 사용될 수 있다.[27] 이 용어는 길 잃은 양의 비유에서 사용된다(시 119:176; 사 53:6). 또 다른 동사('샤가')도 비슷한 의미를 지닌다(시 119:10; 참고, 신 27:18).[28]

15. 이 목록에 우리는 "부정함" 또는 "더러움"(히브리어 어근 '타메'와 '닛다')이라는 개념을 더할 수 있을 것이다. 예식법에서 부정함은 도덕적으로 순전하지 않음이 아니라 육체적인 상태에서부터 생겨났다(레 11-15장). 하지만 일부 성경 본문에서 이 용어는 은유적으로 죄인이 죄에 오염되어 하나님의 거룩하심과 함께할 수 없게 된 것을 가리키는 역할을 한다.[29]

신약 성경의 용어

히브리어 성경이 죄를 가리키는 데 세 가지 주된 용어를 사용하는 것처럼, 헬라어 신약 성경도 세 가지 주된 용어를 사용하고, 다른 여러 용어를 보조적으로 사용한다. 하지만 우리가 히브리어 어근들에서 본 뉘앙스는 70인역과 헬라어 신약 성경에서는 대체로 사라졌다. 왜냐하면 헬라어에서 죄를 가리키는 세 가지 주된 단어군은 모두 포괄적인 의미로 사용되고 흔히 상호 대체적으로 사용되기 때문이다.

1. 70인역에서 헬라어 명사 "죄"('하마르티아')는 흔히 히브리어의 "죄"('핫타아')를 번역할 때 사용되었지만, "죄악"('아온')과 "범법"('페샤아')을 번역할 때도 사용되었다(시 32:1-2; 단 9:24). 이 명사는 헬라어 구약 성경에 500번 이상 나오고, 신약 성경에는 170번 이상 나오며, 이 명사

---

26) 민 14:41; 신 17:2; 26:13; 수 7:11, 15; 23:16; 삿 2:20; 삼상 15:24; 왕하 18:12; 에 3:3; 시 148:6; 사 24:5; 렘 34:18; 호 6:7; 8:1.

27) 왕하 21:9; 대하 33:9; 시 58:3; 95:10; 119:10, 176; 잠 7:25; 10:17; 12:26; 14:22; 21:16 등.

28) Erickson, *Systematic Theology*, 518.

29) 겔 36:25, 29; 슥 13:1; 참고, 시 51:7.

와 상응하는 동사('하마르티노')는 각각 250번 이상과 40번 이상 나온다. 세속 헬라어에서 이 명사는 히브리어에서 대응되는 주된 명사('핫타아')처럼 과녁을 맞히지 못하거나 빗나갔다는 구체적인 의미를 지니고 있었다. 하지만 성경의 용례에서 이 명사는 그런 구체적인 뉘앙스를 보여 주는 경우는 드물고(롬 3:23), 죄를 폭넓게 가리키는 데 사용된다.[30]

2. "불의"('아디키아')를 가리키는 헬라어 용어와 연관 단어들도 형태상으로는 "의"의 반대를 나타내지만, 성경 헬라어에서는 폭넓은 의미로 사용된다. 이 용어는 헬라어 70인역에 450번 이상 나오고, "죄"('핫타아'), "죄악"('아온')을 포함해 여남은 개의 히브리어 단어를 번역하는 데 사용된다. 신약 성경에는 70번 나오고,[31] 종종 "죄"('하마르티아')와 거의 동의어로 사용된다.[32]

3. 헬라어 "불법"('아노미아')은 70인역에서는 220번 이상 사용되고, 신약 성경에서는 15번 사용된다. 이 어근은 법을 어긴다는 구체적인 의미를 지니긴 하지만, 흔히 죄를 가리키는 일반적인 용어로서의 역할을 한다.[33]

4. 우리는 '카키아'와 '포네리아' 같은 헬라어 단어들 속에서 종종 도덕적인 의미로 사용되는 나쁨, 해로움, 해악이라는 개념을 발견한다(롬 1:29). 형용사 "악한"('포네로스')은 신약 성경에서 거의 80번 가량 사용되고, 흔히 귀신이나 악인의 도덕적인 악을 가리킨다.

5. "범법"('파라바시스')을 가리키는 헬라어는 하나님의 율법에 대한 반역이라는 의미를 지닌다.[34] 이것은 더 드물게 사용되는 동족어 동사 "법을 어기다"('파라바이노')도 마찬가지다.[35] 이 용어가 보여 주는 그림은 넘지 말아야 할 경계선을 넘는 것이다.

6. 우리는 몇몇 신약 본문에서 "순종"('휘파코에')과 반대되는 "불순

---

30) *NIDNTTE*, 1:255-256, 258-259.
31) *NIDNTTE*, 1:156-158.
32) 롬 6:13; 히 8:12; 요일 1:9; 5:17.
33) 마 7:23; 13:41; 23:28; 24:12; 고후 6:14; 딛 2:14; 히 1:9; 8:12; 10:17.
34) 롬 2:23; 4:15; 5:14; 갈 3:19; 딤전 2:14; 히 2:2; 9:15.
35) 마 15:2-3; 행 1:25; 요이 9절.

종"('파라코에')을 가리키는 헬라어 용어를 발견한다.[36] 이 용어는 듣기를 거부한다는 의미를 지닌다(참고, '파라쿠오', 마 18:17). "불순종하는"('아페이테스', 딛 1:16; 3:3)과 "불순종하다"(롬 10:21, '아페이테오')를 가리키는 단어도 의미가 비슷하고, 이 단어들은 70인역에서 반역을 가리키는 단어들을 번역하는 데 사용된다(사 30:9).[37] 듣기를 거부하는 것은 하나님의 말씀에 대한 불신앙의 행위다(요 3:36; 벧전 2:7). 신약 성경은 구약 성경과 마찬가지로 사람의 마음을 완악하게 하고 눈멀게 하는 죄의 효과를 단언한다.[38] 죄는 사람을 완고한 어리석음의 상태 속에 있게 하는 비극적인 효과를 지닌다.

7. 명사 "잘못"('플라네')과 연관된 동사 "어그러진 길로 가다"('플라나오')는 정신적으로 속는 것을 가리킬 수 있지만(마 22:29; 24:4-5), 양이 길을 잃고 헤맬 때처럼(마 18:12; 벧전 2:25) 바른 길에서 도덕적으로 떠나는 것을 가리키기도 한다.

8. 어느 정도 비슷한 개념이 "허물"('파랍토마')이라는 용어에서도 나타나는데,[39] 이 용어의 어근의 의미는 "비난받아 마땅한 도덕적인 실수 또는 넘어짐"('파라핍토')이다.[40]

9. 신약 성경에서 "부정함" 또는 "더러움"('아카타르시아'), "부정한" 또는 "더러운"('아카타르토스')이라는 개념은 하나님에 대한 거룩한 섬김과 양립할 수 없는 도덕적 오염으로서의 죄 일반을 가리키는 데 사용된다(롬 6:19; 고후 6:17). 이 용어는 구체적으로 이방인 가운데서의 도덕적인 더러움의 지배적인 형태였던 성적인 죄를 가리키는 데 여러 번 사용된다.[41]

---

36) 롬 5:19; 고후 10:6; 히 2:2.
37) *TDNT*, 6:10-11.
38) 막 4:12; 요 9:39-41; 12:37-40; 행 26:18; 28:26; 롬 1:21-22; 11:7-10; 고후 4:4; 엡 4:17-19.
39) 마 6:14-15; 막 11:25; 롬 4:24; 5:15-18, 20; 11:11-12; 고후 5:19; 갈 6:1; 엡 1:7; 2:1, 5; 골 2:13.
40) *TDNT*, 6:170-172.
41) 롬 1:24; 고후 12:21; 갈 5:19; 엡 4:19; 5:3; 골 3:5; 살전 4:7.

죄와 관련된 성경 용어에 대한 개념적 요약

우리는 죄와 관련된 성경 용어에 대한 우리의 연구를 토대로 죄에 대한 성경적 관점에 대해 다음과 같은 고찰을 제시하고, 이 관점을 창조론과 연결시킬 수 있다. 우리는 죄에 대한 세 가지 기본적인 사고의 흐름을 발견하고, 이 흐름들은 함께 합쳐져 죄의 끔찍함에 대한 우리의 인식을 높여 준다.

첫째, 죄는 하나님 말씀을 듣고 믿음과 신실함으로 응답하기를 거부하는 것이다. 우리는 이것을 죄에 대한 언약적 관점이라 부를 수 있다. 창조주는 인간과 언어로 언약을 맺으시는 말씀하시는 하나님이다. 죄는 언약의 말씀을 신뢰할 수 없는 것으로 여겨 거부하고, 언약의 하나님을 악한 분으로 여겨 거부하며, 대신에 속임수와 속이는 자를 받아들인다.

따라서 죄는 하나님에 대한 영적 완악함과 어리석음을 초래한다. 죄인은 인간의 본질적인 능력들을 유지하긴 하지만, 영적인 눈과 귀를 잃는다. 즉, 죄인의 속사람은 불신앙과 불순종 가운데 죽게 된다. 하나님은 인간을 하나님 말씀을 받아 반복하고 반영하도록 지으셨지만, 인간은 죄의 속임 때문에 완악해졌다. 그 결과는 죄에 대한 노예 상태다.

둘째, 죄는 하나님이 정하신 과녁을 빗나가는 것이고, 하나님의 형상을 지닌 자로서의 본분을 행하지 않는 것이다.[42] 우리는 이것을 죄에 대한 목적론적 관점이라 부를 수 있다. 창조주는 만물을 지극히 선하게 지으셨지만, 죄는 창조주의 계획을 파괴하고 왜곡시키는 악이다. 죄를 짓는 것은 하나님에게서 떠나고 하나님의 복 아래에서 살아가는 길에서 벗어나 사망을 추구하는 것이다.

그 결과 죄는 도덕적 오염과 더러움을 초래하여, 죄인은 하나님의 거룩하신 임재 앞에 설 수 없게 된다. 이것은 죄의 결과에 대한 제의적 관점이다. 창조주는 인간을 거룩한 장소에 두시고 하나님께 거룩한 예배를 드리게 하셨다. 죄는 인간을 오염시키는 영적 부패와 더러움이므로, 죄인은 하나님의 임재에서 추방당할 수밖에 없다. 하나님은 인간을 하나님을 예배하고 하나님과 친교를 나누도록 지으셨지만, 죄는 인간이

---

42) Hoekema, *Created in God's Image*, 175.

하나님을 예배할 수 없게 만들고, 인간을 여호와의 임재에서부터 차단시킨다.

셋째, 죄는 하나님의 권위에 대한 반역이고 하나님의 율법을 어기는 것이다. 우리는 이것을 죄에 대한 정치적 관점이라 부를 수 있다. 창조주는 소유주이고, 자신의 피조물에게 자신이 합당하다고 여기는 것을 지시하고 명령할 권한을 갖는다. 죄는 반역, 즉 최고의 왕의 통치를 뒤엎고 그 왕의 자리를 찬탈하려는 어리석은 시도다.

결과적으로 죄는 죄인에게 죄책과 형벌을 초래한다. 이것은 죄의 결과에 대한 사법적 관점이다. 창조주는 온 땅의 심판주이시기 때문이다. 죄는 하나님의 의로운 질서를 짓밟는 범죄적인 불의이고, 이 의로운 질서는 죄인에 대한 상응한 보응을 요구한다. 반역은 형벌을 초래하고, 그 결과는 두려움이다.

죄가 지닌 이 세 가지 측면을 깨닫게 되면 죄의 악을 파악할 수 있고, 그리스도 안에서 하나님이 주시는 지혜, 의로움, 성화, 구속의 선물을 받아들일 준비를 갖출 수 있다(고전 1:30). 하나님 말씀에 대한 완악함('두리티아')은 하나님의 유효한 부르심으로써 극복된다(23-24절). 아우구스티누스는 이렇게 기도했다. "닫힌 마음은 하나님의 눈을 배제할 수 없고, 인간의 마음의 완악함['두리티아']도 하나님의 손길을 내칠 수 없습니다. 하나님이 불쌍히 여겨서든 원수 갚으시기 위해서든 풀고자 하시면 그것은 풀립니다."[43] 존 머리는 죄는 "오염"(라틴어로 '마쿨라', 직역하면 '오점, 흠')과 "죄책"(라틴어로 '레아투스')을 둘 다 포함한다고 설명했다. 전자는 인간의 성품과 행위의 거룩하지 않음과 부패를 가리키므로, "인간은 하나님의 거룩하심과 정반대되는 자리에 서 있게 된다." 후자는 하나님의 정의를 거스른 인간의 불법적인 반역 때문에 생겨나는 죄과와 형벌이다.[44] 칭의는 죄의 죄책을 제거하고, 우리에게 하나님 앞에서의 의로

---

43) Augustine, *Confessions*, 5.1, in *NPNF*[1], 1:79.

44) Murray, "The Nature of Sin," in *Collected Writings*, 2:80-81. 머리는 여기서 일부 신학자가 "죄의 죄책"(라틴어로 '레아투스 쿨파이')과 "형벌의 죄책"(라틴어로 '레아투스 포이나이')으로 구별했다고 지적했다. 하지만 대부분의 개혁파 정통 신학자들은 이것은 잘못된 이분법이고, "죄의 죄책"과 "형벌의 죄책"은 같다고 말했다. Calvin, *Commentaries*, 창 3:19; Ames, *The Marrow of Theology*, 1.12.3 (116); Turretin, *Institutes*, 9.3.6 (1:595)을 보라. 투레티누스는

운 지위를 수여하며, 성화는 시간이 지나면서 죄의 오염을 제거한다.

죄의 중심과 뿌리에 대한 신학적 정의

십계명과 성경에 나오는 여러 죄 목록은 사람이 저지르는 죄가 다양함을 보여 준다. 모든 죄가 공통적으로 가지고 있는 것은 무엇인가? 죄를 죄로 만드는 핵심은 무엇인가? 죄의 뿌리와 핵심 원리를 어떻게 정의할 수 있는지와 관련해 여러 가지 제안이 있다. 우리가 아래에서 거론한 각각의 정의는 아우구스티누스의 사고의 한 흐름을 계승한 것이다.

감각적인 것 대 이성적인 것

성경은 의를 지혜와 밀접하게 결부시킨다(잠 2:1-9). 성경은 절제되고 건전한 마음가짐을 권장한다(딛 2:2, 5-6). 반면에 최초의 죄는 금지된 열매에 대한 육신적인 욕망을 만족시키는 것을 포함하고 있었다(창 3:6). 세상적인 것은 우리의 욕망이 우리를 지배하여 우리의 눈과 육신과 교만을 만족시킬 수 있게 해 준다(요일 2:16). 따라서 우리는 죄의 핵심은 경건한 이성을 따르는 것과 반대되는 감각적인 욕망을 추구하는 것, 즉 지혜로운 절제와 반대되는 혈기를 따르는 것이라고 정의할 수 있다.

우리가 고대 헬라-로마 문화에서 일반적이었던 관점, 즉 인간의 영은 인간의 육신보다 하나님께 더 가깝다고 보는 경향을 지니고 있다면, 이 정의는 우리에게 특히 설득력 있게 다가올 것이다. 아우구스티누스는 한때 이 오류에 빠져 마니교의 이원론적 교리를 일시적으로 받아들인 적이 있었다. 성숙한 아우구스티누스도 여전히 죄를 몇 가지 점에서 감각적인 것과 동일시하는 경향을 보였고, 그런 경향은 특히 성적 욕망과 혈기에 대한 그의 부정적인 견해 속에서 드러난다고 주장되기도

이 구별은 로마 가톨릭 신학자들이 죄사함을 받은 신자라 해도 여전히 현세에서 자신의 죄에 대한 벌을 받아야 한다는 그들의 사상을 밑받침하기 위해 사용했다고 말했다.

한다.[45] 페트루스 롬바르두스는 원죄는 성적인 욕망 때문에 생식을 통해 대대로 전해졌다는 아우구스티누스의 사상을 고착시켰다. 롬바르두스는 "죄를 불 붙이는 것"(라틴어로 '포메스 페카티')은 주로 물리적인 육신의 욕망이라고 생각했던 것으로 보인다.[46]

하지만 하나님은 육신과 영혼을 둘 다 지으셨고(창 2:7), 둘 다 지극히 선하게 지으셨다(1:31). 하나님은 에덴동산에서 아담과 하와에게 그들을 기쁘게 해 줄 것들을 차고 넘치게 공급해 주셨다(2:9, 16). 하나님의 금지 명령은 육신적으로 자기를 부인하라고 요구하신 것이 아니었다.[47] 우리의 첫 부모가 지은 죄는 일차적으로 음식에 대한 욕망이 아니라, 하나님을 떠나 독립적으로 지혜를 추구한 것이었다(창 3:5-6). 죄를 감각적인 것으로 정의하면, 많은 죄가 "육신의 일"로 불리기는 하지만 실제로는 육신의 악이 아니라 영혼의 악이고(갈 5:19-21),[48] 마귀 같은 영들도 죄를 짓는다는 것[49]을 제대로 설명할 수 없게 된다. 아우구스티누스는 자기가 전에 감각적인 욕망의 노예가 된 것은 여호와 하나님에 대한 자신의 교만한 반역의 결과였음을 인정했다.[50]

죄가 감각적인 것이냐 하는 주제는 우리에게 인간의 죄성에 대한 중요한 진리를 상기시켜 준다. 죄는 우리를 사로잡아 이 세상, 즉 우리가 지금 우리 감각으로 경험할 수 있는 것에 몰두하게 하고, 눈에 보이지 않는 하나님의 하늘의 영광에 대해 무감각하게 만든다. 그리스도는 "한 사람이 두 주인을 섬기지 못할 것이니" "땅에" 있는 "보물"을 위해 살아가지 말라고 사람들에게 경고하고, "하늘에" 있는 "보물"을 추구하라고 명령하신다(마 6:19-24). 하나님 나라에 대한 말씀이 사람의 마음속에서 질식하여 열매를 맺지 못하는 것은 흔히 "세상의 염려와 재물의 유혹"(13:22) 때문이다. 우리는 존 번연(1628-1688년)의 우화 속에 나오

45) Augustine, The City of God, 14.16 – 18, in NPNF[1], 2:275 – 277.
46) Lombard, The Sentences, 2.30.7 – 9 (2:148 – 149). 비평을 위해서는 Calvin, Institutes, 2.1.9를 보라.
47) Calvin, Institutes, 2.1.4.
48) Augustine, The City of God, 14.3, in NPNF[1], 2:263.
49) Vos, Reformed Dogmatics, 2:22.
50) Augustine, Confessions, 2.2.2; 7.7.11, in NPNF[1], 1:55, 107.

는 "남의 추문을 캐고 다니는" 사람처럼 살아서는 안 된다. 그 사람의 관심은 남의 허물을 캐는 데 온 힘을 허비하므로, 하나님이 준비해 놓으신 하늘의 면류관을 바라볼 수 없다.[51] 그 대신에 우리는 "그리스도께서 하나님 우편에 앉아 계시는" "위의 것을 찾아야" 한다(골 3:1). 죄가 우리를 이 세상으로 끌어당긴다는 것은 죄가 지닌 불신앙의 성격을 잘 보여 주는데, 이것에 대해서는 아래에서 살펴보겠다.

교만 대 겸손

성경은 교만을 강력하게 반대한다. "하나님이 교만한 자를 물리치시고 겸손한 자에게 은혜를 주신다"(약 4:6; 벧전 5:5). 사탄이 아담과 하와를 유혹하여 죽음에 이르게 하려 했을 때 사용한 미끼는 "너희가 하나님과 같이" 될 것이라는 말이었다(창 3:5). 교만은 사람으로 하여금 자신을 높이고 하나님을 대적하게 만들고(시 10:4), 그 사람을 결국 비천해지고 멸망하게 만든다(잠 11:2; 16:18; 18:12). 여호와의 날은 "모든 교만한 자와 거만한 자와 자고한 자"(사 2:12)를 심판하기 위한 날이다. 반대로 지혜의 시작이자 핵심은 여호와를 경외하는 것이다(욥 28:28; 잠 9:10). 그리스도는 하나님 나라로 들어가는 유일한 길은 마음의 가난과 겸손이라는 낮은 문을 통해 들어가는 길이라고 가르치셨다(마 5:3; 18:3-4). 따라서 우리는 죄의 뿌리가 교만이라고 말할 수 있다.

이 정의도 오랜 전통을 지닌다. 초기 그리스도인들이 존중했던 고대 유대의 저작인 집회서에서는 "교만은 사람이 주를 떠나 그의 마음이 조물주에게서 멀어질 때 시작되는데, 교만은 죄의 시작이기 때문이다"(집회서 10:12-13)라고 말한다. 아우구스티누스를 시작으로 그레고리우스 1세를 거쳐 페트루스 롬바르두스에 이르는 신학자들은 이 집회서 본문을 근거로, 죄의 뿌리는 마음에 있다고 설명했다.[52] 존 칼빈은 교만보다 더 깊은 것에서 죄의 뿌리를 찾으려 했지만, 아우구스티누스가

---

51) John Bunyan, *The Pilgrim's Progress, The Second Part*, in *The Works of John Bunyan*, ed. George Offor, 3 vols. (1854; repr., Edinburgh: Banner of Truth, 1991), 3:184–185.

52) Augustine, *The City of God*, 12,6; 14,13, in *NPNF*[1], 2:229, 273; Lombard, *The Sentences*, 2.43.7–8 (2:210–211). 롬바르두스는 Gregory, *Moralia*, 31,45,87을 인용했다.

그렇게 말한 것은 옳다고 인정했다.[53]

교만이 죄의 뿌리라는 것은 성경이 반역으로서의 죄를 강조하는 것과 잘 부합하고, 교만은 하나님을 사랑하는 것을 배제할 정도로 자기자신을 사랑하는 것을 의미한다는 점에서 특히 그렇다.

이기심 대 사랑

죄에 대한 또 하나의 정의는 그리스도가 율법을 두 가지 큰 계명으로 요약하신 것 위에 세워져 있다. "네 마음을 다하고 목숨을 다하고 뜻을 다하여 주 너의 하나님을 사랑하라"와 "네 이웃을 네 자신같이 사랑하라"(마 22:37, 39). 둘째 계명은 죄인이 이미 자기 자신을 사랑함을 전제한다. 바울은 죄인을 "자기를 사랑하는"자라고 말하며 정죄하고(딤후 3:2), "그들이 다 자신의"이해관계를 추구한다고 탄식하면서(빌 2:21), 참 사랑은 자신의 유익을 구하지 않는다고 말한다(고전 13:5). 따라서 우리는 '죄는 하나님과 이웃을 사랑하지 않고 오직 자기 자신을 사랑하는 것'이라고 정의할 수도 있다. 이것은 죄의 핵심을 교만이라고 하는 것과 아주 비슷하다. 아우구스티누스는 교만의 또 다른 말은 "자기 자신을 기쁘게 하는 것"이라고 말하고, 경건한 자는 "하나님을 사랑하는 것"에 따라 지도받는 반면, 경건하지 않은 자는 "자기애"의 지도를 받는다는 말을 덧붙였다.[54]

조나단 에드워즈는 죄는 무제한적인 자기애라고 가르쳤다. 그는 이것을 자신의 조부인 솔로몬 스토다드(1643-1729년)에게 배웠다.[55] 에드워즈는 "아담의 타락이 인간의 영혼에 초래한 파멸 중 아주 많은 부분은 자신의 더 고귀하고 더 광범위한 원리들을 상실하고 전적으로 자기애의 지배를 받는 상태로 떨어졌다는 것이다"라고 말했다.[56]

이 정의는 죄에 대한 우리의 이해를 하나님 율법의 핵심적인 내용과 결합시킨다는 점에서 많이 칭찬받을 만하다. 또한 이 정의는 죄가 인간

---

53) Calvin, *Institutes*, 2.1.4.
54) Augustine, *The City of God*, 14.13, in *NPNF*[1], 2:273.
55) Edwards, *Miscellanies* no. 301, "Sin and Original Sin," in *WJE*, 13:387.
56) Edwards, *Charity and Its Fruits*, in *WJE*, 8:252.

본성에 어떤 새로운 실체나 구조를 추가하는 것이 아니라 인간 본성의 결핍과 타락인데도, 어떻게 그런 엄청난 힘을 가질 수 있는지를 이해하는 데도 도움이 된다. 하지만 죄를 교만이나 자기애로 정의하는 것은 통찰력을 보여 주는 것이긴 하지만 충분하다고 할 수는 없다. 석의학적으로는 죄와 관련해 하나님 말씀의 강조점은 죄의 교만이나 이기심에 있지 않고, 하나님에 대한 반역과 배신에 있다. 게할더스 보스는 "죄는 엄밀한 의미에서 오직 하나님에 대한 죄다"라고 썼다(참고, 시 51:5).[57] 벌코프는 "죄는 언제나 하나님 및 하나님 뜻과 관련되어 있다"고 말했다.[58] 신학적으로 말하면, 앞의 세 가지 정의는 우리 관점에서 죄를 정의하므로 하나님 중심적인 것이라기보다는 인간 중심적인 것이 될 위험을 안고 있다. 경험적으로는 죄를 교만이나 자기애로 정의하는 것은 사람들이 거짓 신을 섬기거나 피조물에 대한 무절제한 사랑을 위해 그들 자신을 허비하고 깎아 내리며 심지어 파괴하기까지 하는 이유를 설명해 주지 못한다.[59] 웨인 그루뎀은 그런 정의들은 "예수님이 우리에게 '너희를 위하여 보물을 하늘에 쌓아 두라'(마 6:20)고 명하신 것에서 볼 수 있듯 자기 자신의 유익을 추구하는 것은 성경이 인정하는 선한 일"이라는 사실을 고려하지 않은 것이라고 말한다.[60] 실천적으로는 그런 정의들은 어떤 태도와 활동이 잘못된 것인지를 우리가 어떻게 결정해야 하느냐 하는 문제를 분명히 하지 않고 내버려 둔다. 우리는 우리의 상대주의적인 문화 속에서 하나님 계명을 어기는 온갖 행위를 정당화하는 데 "사랑"이라는 말이 얼마나 쉽게 사용될 수 있는지를 보아 왔다.

우상숭배 대 하나님 예배

바울이 로마의 그리스도인들에게 보낸 위대한 서신은 인간이 자신의 창조주를 영화롭게 하기를 거부하고 피조물 우상을 섬기는 어리석은

---

57) Vos, *Reformed Dogmatics*, 2:23.
58) Berkhof, *Systematic Theology*, 232.
59) Vos, *Reformed Dogmatics*, 2:22–23; Erickson, *Systematic Theology*, 530.
60) Grudem, *Systematic Theology*, 491.

선택을 했다는 죄론에 대한 설명으로 시작된다(롬 1:19-23). 이것은 하나님의 진노를 초래한 큰 범죄다(18절). 이방 세계에 범람하는 죄의 홍수는 창조주 대신에 피조물을 섬긴 인간에 대한 심판의 결과다(24-32절). 따라서 우리는 '죄는 하나님을 영화롭게 하는 것과 반대되는 우상숭배'라고 정의할 수도 있다. 여기서 우상숭배는 하나님 대신에 피조물에게 영광을 돌리는 것이다. 이것은 아담과 하와의 타락의 핵심이었다고 할 수 있다. 그들은 하나님보다 피조물(선악을 알게 하는 나무, 뱀, 그들 자신)을 선택했기 때문이다.

아우구스티누스는 교만, 자기애, 허영(헛된 영광)이라는 주제가 얼마나 밀접하게 서로 얽혀 있는지를 알았다. 그가 인간의 도성과 하나님의 도성을 대비시키고 사람은 이 두 사회 중 어느 한 쪽에 속해 있다고 말했을 때, 그 중심에는 영광이라는 문제가 있었다. 아우구스티누스는 이렇게 말했다.

> 따라서 두 도성은 두 가지 사랑으로 형성되어 왔다. 즉, 땅의 도성은 하나님을 멸시하는 정도까지 이른 자기애로 형성되어 왔고, 하늘의 도성은 자기 자신을 멸시하는 정도까지 이른 하나님에 대한 사랑으로 형성되어 왔다. 전자는 한마디로 말해 자기 자신을 자랑하는 것이고, 후자는 하나님을 자랑하는 것이다. 전자는 사람에게서 영광을 구하는 반면, 후자의 가장 큰 자랑은 양심이 증언하는 하나님이기 때문이다. 전자는 머리를 들어 자신의 영광을 구하고, 후자는 하나님을 바라보며 "여호와여 주는 나의 영광이시요 나의 머리를 드시는 자이시니이다"[시 3:3]라고 말한다.[61]

아우구스티누스는 계속 로마서 1장 21-25절을 인용해, 피조물을 섬기는 자와 참 하나님을 섬기는 자 간의 대비를 영광이라는 주제와 결합시켰다.

---

61) Augustine, *The City of God*, 14.28, in *NPNF*[1], 2:282-283.

우리의 가장 깊은 내면의 동기는 '우리가 무엇을 영화롭게 하려 하는가'에서부터 생겨난다. 웨스트민스터 소교리문답(1문)은 첫머리에서 이것을 어느 정도 밑받침해 준다. "사람의 으뜸가는 목적은 하나님을 영화롭게 하고 영원토록 하나님을 즐거워하는 것이다."[62] 최근에 성경 상담 운동 분야의 저술가들은 어떤 식으로 구체적인 죄가 무절제하게 큰 욕망이나 두려움에 뿌리를 두고 있는지를 탐구해, 어떻게 우리가 피조물을 효과적으로 우상으로 전환시키는지를 밝혀냈다.[63]

여기서 또 다시 우리는 죄의 본질에 대한 합당한 통찰을 접한다. 성경은 우리에게 탐심과 돈을 사랑하는 것조차도 거짓 예배의 문제로 보아야 한다고 말한다(마 6:24; 골 3:5). 하지만 하나님은 도덕법을 요약해 십계명으로 제시하실 때 우상을 금지하는 것에 대해서는 둘째 계명을 할애하셨고, 나머지는 다른 문제들에 할애하셨다. 우리는 성경이 모든 죄를 아우르는 가장 큰 범주로 우상숭배를 사용하거나, 마음의 우상숭배 여부를 영적 성장을 진단하기 위한 열쇠로 사용하는 것을 발견하지 못한다. 따라서 우리는 우리의 윤리학과 성화론에서 성경이 보여 주는 균형을 잃지 않기 위해, 죄는 엄밀하게 말해 우상숭배라고 정의하는 것을 주저한다. 죄에 대한 이 접근방법은 무절제한 욕망에 초점을 맞추지만, 죄는 하나님을 의지하고 순종하기를 거부하는 것에서부터도 생겨난다.

하나님의 말씀을 믿지 않는 것 대 믿는 것

죄를 정의하는 것과 관련해 또 다른 가능한 접근방법은 죄의 핵심을 불신앙에서 찾는 것이다. 다음 장에서 자세히 살펴보게 될 에덴동산에서의 시험의 성패는 뱀이 하나님 말씀을 반박했을 때 아담과 하와가 하나님 말씀을 믿었느냐 믿지 않았느냐에 달려 있었다(창 3:4). 광야에서 이스라엘 백성이 실패한 큰 요인은 "그들이 그[여호와의] 말씀을 믿

---

62) *Reformed Confessions*, 4:353.

63) David Powlison, "Idols of the Heart and 'Vanity Fair,'" *Journal of Biblical Counseling* 13, no. 2 (1995): 35–38, https://www.ccef.org/resources/blog/idols-heart-and-vanity-fair; Elyse M. Fitzpatrick, *Idols of the Heart: Learning to Long for God Alone*, rev. ed. (Phillipsburg, NJ: P&R, 2016).

지 아니한"것이었다(시 106:24). 히브리서 기자는 "믿음이 없이는 하나님을 기쁘시게 하지 못하나니"(히 11:6)라고 단언한 후, 하나님 백성으로 하여금 하나님께 순종하게 만든 동기가 믿음이었음을 여러 예를 통해 보여 주었다. 믿음은 하나님을 예배하는 데 필수적이다. 왜냐하면 우리는 하나님이 "약속하신 그것을 또한 능히 이루실 줄을" 믿고서 믿음으로 "하나님께 영광을 돌리기" 때문이다(롬 4:20-21). 또한 믿음은 모든 선행에 필수적이다. "믿음을 따라 하지 아니하는 것은 다 죄"이기 때문이다(14:23).

우리는 이 사고의 흐름도 아우구스티누스에게서 발견한다. 그는 불신앙은 "죄이고, 거기에 모든 죄가 포함되어 있다"고 말했다.[64] 종교개혁자들은 하나님이 은혜로 죄인을 구원하실 때 믿음을 도구로 사용하신다는 것을 강조했을 뿐 아니라, 불신앙이 죄의 핵심이라는 것도 부각시켰다. 마르틴 루터는 "불신앙은 모든 죄의 뿌리, 수액, 가장 중요한 힘이다"라고 말했다.[65] 또한 불신앙은 하나님을 향한 최고의 증오의 행위이자 우상숭배의 토대라고 말하기도 했다. "하나님에 대한 반역, 악, 하나님에 대한 멸시에서 하나님의 약속을 믿지 않는 것보다 더 큰 것이 어디 있는가……하나님의 약속을 믿지 않는 사람은 하나님을 부정하고 자신의 마음속에 우상을 세우는 것이 아니겠는가?"[66] 칼빈은 이렇게 말했다. "먼저 여자가 사탄의 간계에 의해 불신앙으로 말미암아 하나님의 말씀에서 떠났다……그 후에 사람들은 하나님의 말씀을 버리고 사탄의 거짓에 귀를 기울일 때 하나님을 대적하여 반란을 일으켰다." 그리고 그는 계속 이렇게 말했다. "오직 믿음이 우리를 하나님과 연합시키는 것처럼, 불신앙은 변절의 뿌리였다. 불신앙에서 야망과 교만이 흘러나왔다."[67] 칼빈은 최초의 죄는 불순종, 불경, 교만, 야망의 복합체라고 보았지만, "아담이 만일 하나님의 말씀을 믿었더라면 하나

64) Augustine, *Lectures or Tractates on the Gospel According to St. John*, 89.1, in *NPNF*[1], 7:358.
65) Luther, *Preface to the Epistle of St. Paul to the Romans*, in *LW*, 35:369.
66) Luther, *The Freedom of a Christian*, in *LW*, 31:350.
67) Calvin, *Commentaries*, 창 3:6.

님의 권위에 감히 도전하지 않았을"것이라는 점에서, 이 모든 것의 밑바닥에는 불신앙이 있다고 생각했다.[68]

따라서 불신앙은 아담의 타락 때부터 오늘날에 이르기까지 모든 죄에서 결정적인 요인이었다. 하지만 우리가 죄는 불신앙이라고 정의한다면, 불신앙을 단지 믿음의 결여 같은 소극적인 방식으로 이해해서는 안 되고, 하나님을 능동적으로 대적하는 것으로 이해해야 한다. 그렇게 하지 않으면 우리는 죄가 지닌 사악한 힘을 충분히 설명하지 못할 것이기 때문이다. 하나님에 대한 증오가 하나님 말씀에 대한 불신앙과 분리될 수 없는 것[69]은 믿음이 하나님에 대한 사랑과 보조를 같이 하는 것과 같다.[70] 이것은 우리로 하여금 죄와 관련한 성경의 용어 속에서 드러나는 중심적인 주제인 반역을 고찰하도록 이끈다.

하나님의 율법에 대한 반역 대 순종

요한은 "죄는 율법을 어기는 것이다"(요일 3:4), 또는 "죄는 불법이라"(ESV)고 쓴다. "불법"('아노미아')으로 번역된 단어는 죄를 가리키는 일반적인 용어일 수 있지만, 하나님의 율법에 대한 반역이라는 더 정확한 뉘앙스를 지니고, 이 본문은 후자에 속한다. 그렇지 않으면 이 본문은 동어반복이 되고 만다. "죄는 죄다." 따라서 요한은 죄는 의를 행하는 것과 반대되는 "불법"이라고 말함으로써, 죄에 대한 간결한 정의를 우리에게 제시한 것이다(7, 10절). 사도 바울은 "율법으로는 죄를 깨달음이니라"(롬 3:20)고 말하지만, "율법이 없는 곳에는 범법도 없고"(4:15), "율법이 없었을 때에는 죄를 죄로 여기지 아니하였다"(5:13)고 말한다. 그런 후에 그는 죄는 단지 행위가 아니라 마음의 상태라고 말한다. 즉, 죄는 하나님을 증오하여 "하나님과 원수가 된" 상태이고, 이것은 "하나님의 법에 굴복하기"를 완강하게 거부하는 결과를 초래한다(8:7).

아우구스티누스는 이렇게 말했다. "따라서 죄는 행위나 말이나 욕구

---

68) Calvin, *Institutes*, 2.1.4.
69) 요 3:18-20; 5:38, 42; 8:40-45.
70) 요 16:27; 갈 5:6; 벧전 1:8; 요일 2:3.

를 통해 영원한 법을 어기는 것이다. 그리고 영원한 법은 하나님이 정하신 질서 또는 하나님의 뜻이다."[71] 토마스 아퀴나스는 나중에 아우구스티누스의 이 말을 인용하고 거기에 동의했다.[72] 이 사상은 개혁파 정통 신학에 영향을 미쳤고, 우리는 그 영향력을 윌리엄 퍼킨스와 윌리엄 에임스의 글에서 본다.[73] 웨스트민스터 소교리문답(14문)에서는 "죄란 무엇인가? 죄는 하나님의 법에 부합함에 부족함이 있거나 어기는 것이다"라고 말하고,[74] 이 정의를 밑받침해 주는 성경 본문으로 요한일서 3장 4절을 인용했다. 죄에 대한 그런 견해는 하이델베르크 교리문답(제33주, 91문)이 말하는 것처럼 선행은 "하나님의 법에 따라 행해져야" 한다는 종교개혁 교리와 일치한다.[75]

죄를 하나님의 율법과 반대되는 것으로 정의하는 것은 많은 장점을 지닌다. 이 정의는 죄와 우리 자신의 관계가 아니라 죄와 하나님의 관계에 초점을 맞춘다. 이 정의는 죄는 하나님에 대한 반역과 하나님의 계명을 어기는 것이라는 성경의 강조점을 보존한다. 이 정의는 하나님이 금지하신 것을 어긴 것이라는 인간의 최초의 죄의 성격을 반영한다. 이 정의는 죄인에 대한 하나님의 응보 정의에 대한 교리를 밑받침한다. 이 정의는 그리스도가 하나님의 율법의 계명과 형벌 둘 모두를 만족시킴으로써 인간을 죄에서 속량하셨다고 말하는 복음을 위한 길을 열어 준다.

하지만 투레티누스는 아우구스티누스가 죄를 "하나님의 율법과 반대되는 욕구, 말, 행위"로 정의한 것은 엄밀하게 말해 "실제로 행해진 죄(그리고 작위의 죄)"에만 적용된다고 지적했다. 투레티누스는 죄에 대한 자신의 확대된 정의를 다음과 같이 제시했다. "하나님의 율법에 어긋나는 성향, 행위, 부작위." 여기서 "율법"은 인간의 양심 속에 심겨진 "자

---

71) Augustine, *Reply to Faustus the Manichaean*, 22.27, in *NPNF*[1], 4:283.
72) Aquinas, *Summa Theologica*, Pt. 2.1, Q. 71, Art. 6.
73) Perkins, *An Exposition of the Symbol*, in *Works*, 5:82; Ames, *The Marrow of Theology*, 1.11.4; 1.13.2; 1.14.2 (114, 120 – 121).
74) *Reformed Confessions*, 4:355.
75) *The Three Forms of Unity*, 99 – 100.

연적이고 본성적인" 율법과 하나님 말씀의 기록된 율법을 포함한다.[76] 벌코프는 "죄는 행위, 성품, 상태에서 하나님의 도덕법에 부합함에 부족함이 있는 것으로 정의될 수 있다"고 말했다.[77] 그루뎀은 "죄는 행위, 태도, 본성에서 하나님의 도덕법에 부합하지 못하는 것이다"라고 말한다.[78]

우리가 죄의 핵심을 하나님의 율법에 대한 위반으로 정의한다면, 하나님의 율법은 하나님과 분리될 수 없음을 분명히 해야 한다. 벌코프는 "하나님의 율법에 부합함에 부족함이 있는 것"은 "죄에 대한 올바른 형식적 정의"이지만, 율법의 "실질적 내용"은 하나님에 대한 사랑이므로, 죄는 "하나님을 대적하는 것"이라고 말한다.[79] 하나님의 율법에는 하나님의 의로우신 본성(시 119:137), 인간이 하나님의 의로우신 형상을 따라 지음 받은 것(엡 4:24), 인간은 하나님을 총체적으로 사랑해야 한다는 하나님의 요구(신 6:5)가 반영되어 있다. 따라서 죄는 하나님을 대적하는 범죄이고, 하나님이 지으신 원래의 인간을 치명적으로 왜곡하는 것이다. 하나님의 율법을 거부하는 것은 하나님을 미워하는 것이다(롬 8:7). 사람이 하나님의 율법을 어기는 것은 하나님의 계명을 "멸시하고" "싫어하는" 것이므로(레 26:15, 43), 하나님을 "거슬러 행하는" 것이다(21-28, 40-41절). 토머스 왓슨은 이렇게 말했다. "죄는 신성 자체에 대한 공격이다……죄는 하나님을 보좌에서 끌어내리려 할 뿐 아니라, 하나님을 하나님이 아니게 만들려 한다."[80] 율법을 어기는 자에 대한 하나님의 심판은 하나님이 자신의 거룩하심과 말씀을 바로 세우시는 것이다(사 5:16, 24-25).

76) Turretin, *Institutes*, 9.1.3 – 4 (1:591 – 592).
77) Berkhof, *Systematic Theology*, 233.
78) Grudem, *Systematic Theology*, 490.
79) Berkhof, *Systematic Theology*, 232; 참고. 222. 다음도 보라. Vos, *Reformed Dogmatics*, 2:25.
80) Watson, *A Body of Divinity*, 133 – 134.

죄의 복합적 의미에 대한 성찰

죄를 정의하는 것은 어려운 문제지만, 우리는 이 장에서 살펴본 여러 사고 노선을 종합해 보려 한다. 죄는 실제로 존재하지만, 독립적인 존재이거나 실체인 것은 아니다. 도리어 죄는 역사 속에서 하나님이 지으신 인격적 존재의 윤리적이고 도덕적인 왜곡, 그들의 가장 내밀한 부분에서의 왜곡으로 생겨났다. 죄의 핵심에는 우리의 창조주이자 율법 수여자이신 하나님에 대한 증오가 있다. 하나님에 대한 인간의 증오는 우리가 하나님의 형상을 따라 지음 받은 것을 왜곡하고, 그 결과 하나님 아버지의 자녀로서의 관계를 왜곡하는 형태를 취한다. 죄는 이 관계를 거부하고, 아들로서의 겸손한 사랑을 교만한 독립으로 대체하므로, 본성적인 자기애는 자기를 신격화하는 단계까지 깊이 내려간다. 하나님이 인간을 자신의 형상을 따라 지으시고 아담과 언약을 맺으신 덕분에, 인간은 선지자, 제사장, 왕이라는 삼중적 직임을 따라 하나님의 언약의 종이 될 수 있었다. 죄는 인간을 왜곡하여 하나님 말씀을 믿음으로 받기를 거부하고 거짓말을 하는 거짓 선지자로 만들었고, 하나님의 예배를 더럽히고 피조물을 우상으로 섬기는 거룩하지 못한 제사장으로 만들었으며, 하나님의 율법을 어기고 만왕의 왕이신 하나님의 응보를 초래한 반역하는 왕으로 만들었다.

인간의 정체성과 부르심이 지닌 다차원성은 죄를 하나의 초점으로 축소하는 것이 어려운 이유를 이해하는 데 도움이 된다. 죄를 "불신앙"(선지자), "우상숭배"(제사장), "반역"(왕) 중 어느 것으로 보든, 죄는 하나님의 언약의 종이 지닌 삼중 직임의 각각의 측면을 부패시킨다. 하나님의 형상을 지닌 피조 된 아들이라는 인간의 원래의 정체성은 죄에 내재된 교만과 이기심을 환기시킨다. 하나님의 형상을 하나의 어구로 정의할 수 없는 것처럼, 죄도 한 문장으로는 적절하게 정의할 수 없다.

개혁파 정통 신학은 이 문제의 복잡성을 인식했다. 요한네스 폴리안데르, 요한네스 볼레비우스, 투레티누스, 빌헬무스 아 브라켈은 모두 죄를 "불법" 또는 하나님의 율법에 대한 위반으로 정의했지만(요일 3:4),

죄의 단초는 하나님 말씀에 대한 불신앙이라고 말했다(창 3:1-5).[81] 죄의 결정적인 행위는 하나님의 율법에 대한 반역이고, 죄의 더러운 욕구는 하나님의 영광을 버리고 피조물로 향하는 것이며, 죄의 가장 깊은 뿌리는 하나님의 계시에 대한 불신앙이고, 이 모든 것은 하나님에 대한 증오로서의 죄의 가증스러운 성격을 보여 주는 것이라고 말할 수 있을 것이다.

죄의 정의의 경험적 적용: 나는 무엇을 해 왔는가

죄가 우리에게 어떤 함의를 지니는지를 고찰함이 없이 죄의 의미를 추상적으로 고찰하는 것은 큰 악일 것이다. 당신은 자신이 죄를 지어 왔다고 고백하는가? 그렇게 하지 않는다면, 당신은 스스로를 속이는 것이고 하나님을 거짓말쟁이라 부르는 것이다. 하나님 말씀은 모든 사람이 죄를 지었다고 선언하기 때문이다(요일 1:8, 10). 당신, 즉 당신의 영혼, 지성, 마음이 죄악 되고, 당신은 죄를 저지른다는 것을 인정해야 한다. 하지만 거기서 그쳐서는 안 된다. 당신이 죄를 고백한다면, 당신은 죄를 고백한다는 것이 무엇을 의미하는지를 이해하는가?

우리가 이 장에서 연구한 것이 지니는 함의를 곰곰이 생각하라. 죄는 단지 당신이 저지른 어리석은 실수인 것도 아니고, 단지 당신의 삶이나 다른 사람의 삶을 곤란하게 만든 어떤 행위인 것도 아니다. 당신의 죄를 고백한다는 것은 당신이 하나님을 대적하여 당신 자신을 높였음을 인정하는 것이고, 하나님이 성경을 통해 당신에게 말씀하셨을 때 당신이 듣기를 거부했음을 인정하는 것이다. 당신은 당신 삶의 진정한 목적과 의미, 즉 하나님을 영화롭게 하는 것을 버리고, 사람과 사물 속에서 당신의 영광을 추구했다. 당신은 만왕의 왕께 반역했고, 하나님의 통치를 전복시키려 했다. 당신은 완악한 마음을 지녔고, 완고했으며, 오염되

---

81) Polyander, Walaeus, Thysius, and Rivetus, *Synopsis Purioris Theologiae*, 14.1, 7, 12–18; Wollebius, *Compendium*, 1.9.(1).3; 1.9.(2).v; 1.11.(1) (66–67, 71); Turretin, *Institutes*, 9.1.3; 9.6.6 (1:591, 605); Brakel, *The Christian's Reasonable Service*, 1:373, 382.

었고, 더럽혀졌으며, 죄를 지었고, 형벌을 받아야 마땅했다.

요컨대 당신은 하나님을 미워했다. 존 오웬(1616-1683년)은 죄는 "하나님에 대한 증오이기"(롬 8:7, 개역개정에는 "하나님과 원수가 되나니") 때문에, 모든 죄는 여호와 하나님을 미워하는 것이고 하나님의 권위에 대적하여 반역하는 것임을 우리에게 상기시켜 주었다. "한 방울의 독도 독이어서 사람을 중독시키고, 작은 불씨 하나도 불이어서 무엇인가를 태우는" 것처럼,[82] 우리가 믿는 자이든 아니든, 아무리 작은 죄도 하나님에 대한 적개심이다. 당신 마음에 있는 죄의 아주 작은 단초조차도 하나님에 대해 적대적인 범죄 행위임을 생각하라.

죄가 어떤 것이라는 사실을 조금이라고 깨닫게 되면, 우리는 하나님 앞에서 우리 자신을 낮추고 두려워 떨며 '나는 도대체 어떤 존재이고, 내가 도대체 무슨 짓을 해 온 것입니까'라고 절규하지 않을 수 없게 된다.

묵상과 토론을 위한 질문

1. 죄가 무엇인지와 관련해 여섯 가지 중요한 오해는 어떤 것인가? 각각의 오해에 대해 죄가 무엇인지를 보여 주는 진정한 진리를 말해 보라.

2. 히브리어 구약 성경에서 죄를 가리킬 때 가장 흔히 사용하는 세 가지 일반적인 단어는 어떤 것인가? 각각의 단어는 무엇을 의미하는가?

3. 헬라어 구약 성경에서 죄를 가리킬 때 가장 흔히 사용하는 세 가지 일반적인 단어는 어떤 것인가?

4. 죄에 대한 어떤 정의가 죄를 육신과 밀접하게 연결시키는가? 이 정의가 잘못된 것인 이유는 무엇인가?

5. 모든 죄의 뿌리는 교만이라는 견해를 밑받침해 주는 성경적 근거는 무엇인가?

---

82) John Owen, *The Nature, Power, Deceit, and Prevalency of the Remainders of Indwelling Sin in Believers*, in *The Works of John Owen*, ed. William H. Goold, 16 vols. (1850-1853; repr., Edinburgh: Banner of Truth, 1965-1968), 6:177.

6. 죄에 대한 어떤 정의가 마태복음 22장 37-39절을 근거로 하는가?

7. 죄를 우상숭배로 정의하는 것의 장점과 단점은 무엇인가?

8. 모든 죄의 뿌리는 불신앙임을 보여 주는 성경적 근거는 무엇인가?

9. 죄를 불법으로 정의하는 것의 장점과 단점은 무엇인가?

10. 우리는 죄에 대한 성경의 이 다양한 인식을 어떤 식으로 종합할 수 있는가?

11. 죄의 의미에 대한 연구는 당신 자신의 죄에 대한 당신의 견해에 어떤 영향을 미쳤는가?

더 깊은 성찰을 위한 질문

12. 저자들은 죄를 가리키는 성경 용어를 어떤 식으로 요약하는가? 이 삼중적 요약은 죄에 대한 정확한 서술인가? 그렇거나 그렇지 않다면 그 이유는 무엇인가?

13. 다른 그리스도인과의 토론에서 한 사람은 모든 죄는 이기심이라고 주장하고, 또 다른 사람은 모든 죄의 뿌리는 교만이라고 주장한다. 당신은 어떤 식으로 대답하겠는가? 각각의 주장은 죄에 대한 적절한 정의인가? 그렇거나 그렇지 않다면 그 이유는 무엇인가?

18장

죄와 불행으로의 인간의 타락

죄는 단지 원리나 관념이 아니라, 역사의 특정한 때에 출현한 실제적인 해악이다. 도덕적인 악의 기원은 대부분 신비에 싸여 있지만, 성경은 창세기 3장에서 죄가 이 세상에 어떻게 들어오게 되었는지를 기록해 놓았다. 이 본문의 첫 번째 부분은 특히 하나님이 지으신 피조물이 하나님을 대적하는 죄를 보여 주고, 두 번째 부분은 피조물에 대한 하나님의 의로우신 행위를 보여 준다.

창세기 3장은 인간의 타락의 역사를 보여 준다. 앞에서 강조했듯 창세기의 처음 몇 장을 신화가 아니라 실제의 사람과 사건에 대한 역사적 이야기로 보는 것은 기독교 신앙에서 아주 중요하다.[1] 창세기 3장의 기사는 모든 사람이 순수함을 잃어버리고 죄를 짓고 있는 현실에 대한 우화이거나, 사람이 뱀을 무서워하고 옷을 입게 된 것 등의 이유를 설명해 주는 태초의 이야기가 아니다. 창세기 3장 본문은 최초의 남자와 여자에게 실제로 무슨 일이 있었는지를 보여 주는 기사라고 말하고 있고, 우리는 이 기사를 역사적 진실로 받아들여야 한다. 이 본문은 하나님 말씀이기 때문이다.

우리는 타락 이야기에 익숙해, 이 이야기가 우리에게 주는 메시지에

---

1) 이 책 3장의 전반부를 보라.

둔감해져 있으므로, 그 메시지를 진지하게 숙고하기 어려울 수 있다. 창세기 3장은 실제의 역사이지만, 신학적 역사이기도 하다. 창세기 3장은 사건만을 기록해 놓은 것이 아니라 진리를 가르친다.

하나님에 대한 피조물의 범죄

창세기 1장은 피조세계를 우주적 관점에서 서술하고, 2장은 언약적 관점에서 서술하지만, 3장은 사탄의 충동 때문에 인간이 하나님과의 언약을 깨뜨린 것에 대해 말한다.

마귀와 그의 천사들의 반란

하나님의 최초의 원수는 에덴동산에서 "뱀"으로 등장한다(창 3:1). 몇 가지 점에서 이 본문은 이 뱀을 평범한 뱀으로 서술한다. 이 뱀은 다른 동물과 비교되고, 흙 위에서 배로 다니며, 인간의 발에 밟힌다(1, 14-15절). 하지만 이 성경 본문은 더 큰 능력이 실제의 뱀을 통해서든, 아니면 뱀의 모습을 하고서든 작용하고 있었음을 보여 준다. 뱀은 가장 "간교했다." 여기서 "간교하다"로 번역된 단어('아룸')는 "총명하다"는 것을 의미할 수도 있지만,[2] 흉계를 꾸미는 자라는 의미를 지닐 수도 있다(욥 5:12; 15:5). 뱀이 여자와 대화한 것, 뱀이 속임수를 써 여자를 조종해 하나님을 대적하게 만든 것은 뱀이 초인간적인 악한 지능을 지니고 있었음을 보여 준다. 하나님은 동물들을 선하게 지으셨고 인간에게 복종하게 하셨다.[3] 따라서 창세기 3장 본문은 어떤 악한 능력이 뱀의 모습으로 낙원에 침입했음을 보여 준다.

원래의 이스라엘 청중은 이 뱀을 악한 영으로 인식했을 것이다. 애굽 왕 바로의 머리 장식에 코브라가 등장하는 것이 보여 주듯, 고대 근동 문화에서 뱀은 영계에서 생사의 운명을 쥐고 있는 세력을 상징했기

---

2) 잠 12:16, 23; 13:16; 14:8, 15, 18; 22:3; 27:12.
3) 창 1:25-26, 28; 2:19-20.

때문이다.[4] "뱀"('나하쉬')으로 번역된 단어는 애굽 세력에 대한 상징인 라합(시 89:10; 사 51:9)이나 악의 세력을 나타내는 바다 괴물 리워야단(사 27:1) 같은 큰 파충류를 가리키기도 한다. 신약 성경은 "옛 뱀 곧 마귀라 고도 하고 사탄이라고도 하며 온 천하를 꾀는 자라"(계 12:9)고 말함으로 써, 뱀을 악한 영으로 해석하는 것이 옳음을 확증해 준다.

창세기의 초점은 귀신 세력의 역사가 아니라 인간에 두어져 있다. 성경 전체의 증언은 사탄과 귀신들은 하나님이 지으신 천사들이 었다가(마 25:41; 골 1:16) 타락하여 하나님에 대해 반란을 일으켰고, 인류 에 대해 악의를 갖게 되었다는 것이다(벧전 5:8; 벧후 2:4).[5] 창세기 3장은 사탄이 에덴동산에서 하나님과 하나님 백성의 원수로 활동하고 있었음 을 분명하게 보여 준다.[6]

하나님의 말씀과 관련한 사탄의 속임수

사탄이 아담과 하와를 유혹한 것은 죄의 핵심이 하나님의 계시에 대 한 불신앙에 뿌리를 둔 하나님에 대한 반역임을 보여 준다.[7] 하나님 은 자신의 말씀을 통해 인간과 언약을 맺으셨고, 사탄은 하나님 말씀을 훼손하는 방식으로 하나님과 인간의 관계를 공격했다. 사탄의 술수는 많이 변하지 않았으므로, 창세기 3장은 실천적으로도 아주 중요한 장 이다.

여호와 하나님은 에덴동산에서 언제나 남자에게 먼저 말씀하신 반 면(창 2:16-17; 3:9), 시험하는 자는 여자에게 말을 걸었고 남자를 무시 했다(3:1-2). 뱀은 여자가 가족 대표로 말하도록 유인하려고 복수형 을 사용했고("너희에게……먹지 말라 하시더냐", 1절), 여자는 복수형으로 대답 했다("우리가 먹을 수 있으나", 2절). 마귀는 가족의 머리와의 정면 대결을 피 했고, 하나님이 정하신 리더십 질서를 뒤집었다(딤전 2:11-14).

사탄은 하나님 말씀에 대한 의심을 불러일으키는 말로 시작했다. 뱀

---

4) *NIDOTTE*, 3:85; Vos, *Biblical Theology*, 34.
5) Calvin, *Commentaries*, 창 3:1 - 3.
6) 사탄과 귀신에 대해서는 이 책 2권 30장을 보라.
7) 죄의 의미에 대해서는 앞 장을 보라.

은 여자에게 "하나님이 참으로 너희에게 동산 모든 나무의 열매를 먹지 말라 하시더냐"(창 3:1)라고 말했다. 이 본문은 "하나님이 정녕……말씀하셨느냐"(ESV)로 번역할 수 있다. "정녕"('아프 키')으로 번역된 어구는 강조의 기능을 할 수 있기 때문이다.[8] 사탄은 하나님 말씀에 대해 의문을 제기함으로써, 하와가 하나님이 말씀하신 것을 비판적으로 평가할 수 있는 재판관의 자리에 있어야 한다고 교묘하게 부추겼다.[9] 존 칼빈은 사탄은 "하나님 말씀에 대한 그들의 신뢰를 간접적으로 약화시키는" 것을 목표로 했다고 말했다.[10] 교회가 수행해야 하는 신학적이고 영적인 싸움은 비일비재하게 성경의 권위를 둘러싸고 벌어진다는 것을 우리는 이상하게 생각해서는 안 된다. 또한 사탄은 이 질문을 통해 마치 창조주가 인색해 그런 금지 명령을 내린 것인 양, 하나님의 선하심을 의심하도록 여자를 부추겼다. 일관되게 "여호와 하나님"이라는 이름을 사용해 온 맥락 속에서 사탄이 "하나님"이라는 이름을 사용한 것은 여자의 시선을 인간에게 자비로우신 언약의 하나님에게서 더 거리감이 있는 우주의 창조자로 옮겨 가게 만드는 역할을 한다.

사탄은 여자가 하나님 말씀을 왜곡하도록 이끌었다. 여자는 "동산 나무의 열매를 우리가 먹을 수 있으나 동산 중앙에 있는 나무의 열매는 하나님의 말씀에 너희는 먹지도 말고 만지지도 말라 너희가 죽을까 하노라 하셨느니라"(창 3:2-3)고 대답했다. 여자의 대답은 대체로 충실했지만, 하나님의 인자하심을 폄하하기 시작했음을 보여 주는 것이었다. 하나님이 원래 하신 말씀에서는 하나님이 아담과 하와에게 먹을 것을 풍성하게 공급해 주셨다는 것이 강조되어 있었다. "동산 각종 나무의 열매는 네가 자유롭게[개역개정에는 "임의로"] 먹되"(2:16). 하지만 하와는 단지 "동산 나무의 열매를 우리가 먹을 수 있으나"라고 말했다. 하와의 말 속에서는 인간에 대한 하나님의 아낌없이 후한 선하심에 대

---

8) Bruce Waltke and M. O'Connor, *An Introduction to Biblical Hebrew Syntax* (Winona Lake, IN: Eisenbrauns, 1990), 39.3.4d (663). Hamilton, *The Book of Genesis, Chapters 1-17*, 186n1을 보라.

9) Kidner, *Genesis*, 67.

10) Calvin, *Commentaries*, 창 3:1-3.

한 지각이 좀 약화되어 있다. 또한 하와는 "만지지도 말라"는 말을 더하여 하나님의 제한을 원래보다 과장함으로써, 마치 하나님이 가혹하신 것처럼 말했다.[11] 이것은 우리가 하나님이 공급해 주시는 것에 대해 감사하는 마음을 잃어버리고, 하나님을 지나치게 권위주의적이거나 제한하는 분으로 보기 시작한다면, 우리는 아주 위험한 상태에 있는 것임을 경고해 준다. 또한 하나님은 "반드시 죽으리라"(17절)고 말씀하셨지만, 하와는 단지 "너희가 죽을까 하노라"고 말함으로써, 하나님의 경고가 지닌 확실성과 무게를 제대로 평가하지 않았다. 이것들은 사소한 차이지만, 하나님에 대한 경건한 경외심과 하나님 말씀에 대한 신뢰가 약화되었음을 보여 준다.[12]

마귀는 대담하게 하나님 말씀을 부정하는 것으로 나아갔다. 그는 여호와 하나님이 자신의 말씀을 단언할 때 사용하셨던 것과 똑같은 강조 형태를 사용해 "너희가 결코 죽지 아니하리라"(창 3:4)고 말함으로써 하나님 말씀을 부정했다. 하나님 말씀에 대한 최초의 반박은 하나님은 죄인을 심판하실 것임을 부정한 것이었다.[13] 이것은 바울이 아무도 하나님이 악인을 벌하실 것임을 부정하는 속이는 말을 하지 못하게 하라고 교회에 경고한 이유 중 하나였을 것이다.[14] 사탄은 계속 "너희가 그것을 먹는 날에는 너희 눈이 밝아져 하나님과 같이 되어 선악을 알 줄 하나님이 아심이니라"(5절)고 말했다. 시험하는 자는 하나님의 정의, 진실하심, 사랑을 공격했다. 그는 하나님은 진리를 말씀하신 것이 아니라, 단지 인간이 영광과 지혜를 얻지 못하게 하려고 자신의 율법을 사용하신 것이라고 단언했다. 또한 사탄은 인간은 자신의 주이신 하나님께 의지하여 종으로 살아가는 대신에 지혜를 얻어 스스로 신이 되어 독립적으로 살아갈 수 있다고 말함으로써, 인간의 본성에 대해 하와를 속이려 했다. 비극적이게도 죄는 인간을 초인적인 수준으로 높여 준 것이 아니라, 하나님의 형상을 지닌 인간을 타락시키고 강등시켰다. 인간은 여

---

11) Vos, *Biblical Theology*, 35.
12) 참고, Luther, *Lectures on Genesis*, in *LW*, 1:155; Calvin, *Commentaries*, 창 3:1 - 3.
13) Kidner, *Genesis*, 68.
14) 고전 6:9; 갈 6:7; 엡 5:6.

호와 하나님에 대한 믿음을 내팽개치고 나서야 비로소 하나님에 대한 믿음이 하나님이 인간을 높은 지위에 두기 위해 사용하시는 동아줄이었음을 깨닫게 되었다.

사탄은 이렇게 하와에게 하나님 말씀에 대한 불신앙을 심어 주고 그 대신에 자신의 약속을 제시하는 전략을 통해 인간의 마음속의 보좌에서 하나님을 끌어내리고 자기가 그 보좌를 차지하려 했다. 이렇게 해서 사탄의 약속을 받아들인 인간은 마귀의 자녀가 되었고(요 8:42-47; 요일 3:8, 10), 사탄은 이 세상의 "임금"이자 "신"이 되었다(요 12:31; 고후 4:4). 마르틴 루터는 이렇게 말했다. "모든 죄의 원천은 진정으로 하나님 말씀에 대한 불신앙과 의심과 배척이다. 세상은 그런 불신앙과 의심과 배척으로 가득하므로, 우상숭배 가운데 있고, 하나님의 진리를 부정하며, 새로운 신을 만들어 낸다."[15]

하나님의 말씀에 대한 인간의 도전

인간이 마귀의 거짓말을 받아들이자, 불신앙은 불순종을 낳는 부패한 욕망을 신속하게 작동시켰다(약 1:14-15). 창세기 3장 6절은 "여자가 그 나무를 본즉 먹음직도 하고 보암직도 하고 지혜롭게 할 만큼 탐스럽기도 한 나무인지라 여자가 그 열매를 따 먹고 자기와 함께 있는 남편에게도 주매 그도 먹은지라"고 말한다.

이 짧은 본문은 한 사람을 전인적으로 부패시키는 죄를 해부해 보여 준다. 죄는 불신앙을 토대로 한 거짓된 인식으로 시작된다. "여자가 그 나무를 본즉." 이 나무는 이전과 같았지만, 이제 여자는 여호와 하나님 말씀에 대한 믿음을 버리고 사탄의 거짓말을 받아들였으므로 이 나무를 다른 시각에서 보았다. 죄는 이 거짓된 인식을 토대로 한 부패한 욕망을 통해 발전한다. 여기에 언급된 세 가지 욕망, 즉 육신을 만족시키려는 욕망, 아름다운 것을 소유하려는 욕망, 문맥상으로 하나님같이 되려는 것을 의미하는 지혜롭고자 하는 욕망은 사탄이 그리스도를 유혹할 때 사용한 것과도 부합하고, 세상을 사랑하는 것에 대한 요한의 분

---

15) Luther, *Lectures on Genesis*, in *LW*, 1:149.

석과도 일치한다. 하나님의 율법에 대한 불순종과 반역이라는 외적인 행위는 이 욕망들에서 비롯되었다. 우리는 죄의 삼중적인 기만적 욕망을 다음과 같은 도표로 예시해 볼 수 있다.

욕망	창 3:6	눅 4:1-13	요일 2:16
육신의 만족	"먹음직도 하고"	"이 돌들에게 명하여 떡이 되게 하라"	"육신의 정욕"
아름다운 소유	"보암직도 하고"	"천하만국을 보이며"	"안목의 정욕"
신 같은 위대함	"지혜롭게 할 만큼"	"성전 꼭대기"	"이생의 자랑"

도표 18.1 죄악 된 욕망의 삼중적 패턴

이것들은 인간의 모든 죄가 지닌 기본적인 차원을 볼 수 있게 해 주는 렌즈다. 하나님의 계시에 대한 불신앙과 사탄의 거짓말에 대한 신뢰는 인간의 지성을 어둡게 하여, 이제 더 이상 사물을 올바르게 인식하지 못하게 만든다. 이 자기 기만으로 말미암아 육신과 영혼의 욕망은 타락하게 되고, 죄인을 이끌어 하나님에 대한 범죄라는 외적인 행위를 저지르게 만든다. 창세기 3장 6절은 인간의 본성과 삶 전체의 타락을 증언한다. 또한 칼빈이 지적했듯 하나님 말씀에 대한 믿음이야말로 우리 마음을 지켜 주는 "최고의 수호자"라는 것도 가르쳐 준다.[16)

창세기 3장 6절이 보여 주는 지독한 반어법은 인간은 자신의 모든 욕망을 충족시키는 데 필요한 모든 선한 것을 이미 소유하고 있었고, 하나님 명령에 순종하기만 했다면 자신의 모든 욕망을 온전히 누리게 되었으리라는 것이다. 인간은 하나님의 형상으로 지음 받았고, 즐거움과 아름다움이 가득한 낙원으로 둘러싸여 있었으며, 이 세계 전체를 정복하고 다스리라는 사명도 받았다. 하지만 인간이 사탄의 속임수를 받아들이자, 하나님의 선물들은 공허한 것으로 보이게 되었고, 인간의 기쁨을 부수고 인간을 불순종으로 이끈 기만적인 욕망들이 깨어났다. 그 결과 인간은 자기가 얻으려 했던 바로 그것들을 잃었다.

---

16) Calvin, *Commentaries*, 창 3:6.

인간은 언약을 깨뜨린 자가 되었다. 아담의 죄는 열매 한 조각을 먹은 것에 불과한 작은 범죄일 뿐이었다고 말하며 아담의 죄를 별것 아닌 것으로 치부하는 사람이 많지만, 윌리엄 퍼킨스가 말했듯 이 한 죄 속에는 많은 죄가 담겨 있었다. "하나님 말씀이 참되다는 것을 믿지 않는……불신앙", "하나님에 대한 멸시", "교만과 야망", 선한 선물들을 주신 하나님에 대한 배은망덕함, 하나님보다 더 지혜로워지려는 욕망, 하나님이 "거짓말하고 시기하셨다고" 비난한 신성모독, 그들 자신과 자신들의 자손을 죽인 "살인", 그들의 높은 지위에 만족하지 않은 것 등, 요컨대 "하나님의 율법 전체를 어긴 것"이다.[17]

죄인에 대한 하나님의 의로우심

창세기 전체에 걸쳐 하나님은 주인공이시고, 자신의 선하신 뜻을 적극적으로 이루어 나가시는 위대하신 주체시다. 창세기 3장과 관련해 전적으로 뱀, 아담, 하와에게 초점을 맞추는 것은 잘못이다. 창세기 3장 본문도 여호와 하나님에 대해 많은 것을 계시하기 때문이다.

시험 때의 하나님의 침묵
창세기 1장 1절-2장 3절에서는 "하나님"의 말씀과 행위라는 북소리가 계속 울려 퍼진다. 마찬가지로 창세기 2장 4-25절 전체에 걸쳐서도 "여호와 하나님"이 계속 일하고 말씀하신다. 창세기 3장 9-24절에서 우리는 에덴동산에서 심문하고 심판하시는 하나님의 음성을 듣고, 하나님의 자비와 형벌의 행위에 대해 읽는다. 하지만 시험과 그 직접적인 결과에 대한 기사 속에서는 하나님은 침묵하신다(1-8절). 여호와 하나님의 말씀이나 행위는 전혀 기록되어 있지 않다. 하나님의 활동이 가득한 본문에서 이 침묵은 사실 우렛소리 같은 것이고, 엄청난 의미를 담고 있다.

여호와 하나님은 인간을 시험하려고 내버려 두셨다. 우리는 하나님

---

17) Perkins, *An Exposition of the Symbol*, in *Works*, 5:87–88.

이 히스기야에게 하신 것 속에서 하나의 병행을 발견한다. "하나님이 히스기야를 떠나시고 그의 심중에 있는 것을 다 알고자 하사 시험하셨더라"(대하 32:31). 이것은 하나님이 아담과 하와를 버리셨다거나, 그들에게서 모든 선한 선물을 거두어들이셨다고 말하는 것이 아니다. 또한 이것은 심판의 행위도 아니었다. 도리어 이것은 하나님이 주권적인 자유를 사용하셔서 인간을 거룩함 가운데 견고하게 붙들어 주시려고 추가적인 선물을 더해 주지 않으신 행위였다.[18] 하나님과 맺은 언약 속에서 인간은 여호와 하나님이 그에게 주시고 가르치신 모든 것을 선하게 사용해 시험하는 자를 물리쳐야 했다. 여호와 하나님은 인간의 행복, 거룩함, 영생을 위해 필요한 모든 것을 이미 공급해 주셨다. 이제 인간은 믿음과 순종 가운데서 행하든지, 타락하여 심판 아래 있든지, 둘 중 하나를 선택해야 했다.

하지만 우리는 여호와 하나님의 침묵이 마치 하나님의 주권적 섭리의 중단인 것처럼 잘못 해석해서는 안 된다(시 135:6). 인간의 타락은 하나님의 영원하신 작정의 신비 속에서 한 자리를 차지하고 있었다.[19] 하나님은 죄를 기뻐하지 않으시고, 어떤 죄의 원인일 수도 없으시지만, 자신의 선하시고 거룩하신 목적을 위해 죄를 정하셨다.[20] 창세기 자체가 이것을 가르친다. 창세기의 마지막 장에서 요셉은 불의가 하나님의 주권적 의지와는 상관없이 일어난다고 생각하지 말라고 우리에게 경고한다. 요셉은 자기 형들에게 "당신들은 나를 해하려 하였으나 하나님은 그것을 선으로 바꾸셨다"고 말했다(창 50:20). 마찬가지로 에덴동산에서 죄인들이 악한 의도로 행한 것을 하나님은 선으로 바꾸어 예수 그리스도로 말미암아 하나님의 은혜와 정의를 영화롭게 하려는 계획을 창세전에 세워 놓으셨다(롬 9:21-23; 딤후 1:9).[21]

---

18) Willard, *A Compleat Body of Divinity*, 179.
19) 하나님의 작정, 택하심, 유기에 대해서는 이 책 2권 23-26장을 보라.
20) Calvin, *Commentaries*, 창 3:1 - 3.
21) Perkins, *An Exposition of the Symbol*, in *Works*, 5:86.

죄인에 대한 하나님의 은밀한 심판

여호와 하나님은 아담이 언약을 어기면 반드시 죽게 될 것이라고 경고하셨다(창 2:17). 나중에 이 장에서 더 자세하게 논의하겠지만, 죽음은 인간 실존의 모든 부분을 지금부터 영원까지 지배하는 촉수들을 지니고 있다. 우리는 심지어 하나님이 아담과 하와를 공개적으로 만나시기 전부터도 이미 하나님의 은밀한 심판이 그들에게 임하고 있는 것을 본다.

첫째, 그들은 비참한 수치를 경험했다. 사탄은 "너희 눈이 밝아질" 것이라고 약속했고(창 3:5), 실제로 "그들의 눈이 밝아졌지만"(7절), 그 결과는 그들이 기대했던 행복한 것이 아니었다. 그들이 의로웠을 때는 "벌거벗었지만 부끄러워하지" 않았다. 하지만 이제 죄 가운데서는 "자기들이 벗은 줄을 알았고" 부끄러워 가리려 했다. 죄는 그들을 하나님에게서 소외시켰고 서로에게서 소외시켰다. 호라티우스 보나르(1808-1889년)는 "타락하기 이전의 인간은 가릴 것을 필요로 하지 않았고 요구하지도 않았지만, 타락한 인간은 죄로 말미암아 초래된 무가치하고 흉한 상태, 하나님이나 천사나 사람이 보기에 적절하지 않은 상태를 뼈저리게 인식하고 가릴 것, 심지어 하나님의 눈에서부터 자신의 수치를 숨겨 줄 것 같은 가릴 것을 달라고 소리친다"고 말했다.[22] 볼프강 카피토(약 1478-1541년)는 하나님과의 친교를 잃고 침입자인 마귀를 받아들인 아담은 "죄가 주는 치욕, 하나님에 대한 기피, 진리에 대한 증오로 말미암아 고통을 당했다"고 말했다.[23]

수치를 가리려는 인류의 시도는 처량했다. 아담과 하와는 "무화과나무 잎"을 엮어 가려 보려 했다. 나무에서 딴 잎은 금방 시들어 부서진다. 그들은 실제로 무화과나무 잎으로 수치를 가려 보려 한 것이지만, 창세기 본문에서 인류 역사 전체에 걸친 시도의 첫 번째 예인 이것은 인간이 자신의 수치를 어떤 식으로 가리려 하는지, 그 패턴을 보여

---

22) Horatius Bonar, *Earth's Morning: or Thoughts on Genesis* (New York: Robert Carter and Brothers, 1875), 99.

23) Wolfgang Capito, *Hexemeron* (1539), 285r – 86r, in *RCS/OT*, 1:143.

주는 역할을 한다. 성경에서 "잎"은 사물 중에서 가장 연약하고 가장 취약한 것을 나타내는 데도 사용된다(레 26:36; 욥 13:25). 옷은 한 사람의 의와 공식적인 인정을 상징한다.[24] 사람이 선행이나 종교 활동으로 자신의 수치를 가리려 하든, 아니면 스스로 죄 속으로 뛰어들고 다른 사람의 죄를 칭찬하는 것을 통해 자신의 수치를 가리려 하든, 그런 모든 시도는 실패하게 되어 있다.

둘째, 아담과 하와는 하나님의 임재 앞에서 죄책감과 두려움을 경험했다. 그들은 하나님이 그들에게 오시는 소리를 듣고, "여호와 하나님의 낯을 피하여 동산 나무 사이에 숨었다"(창 3:8). 그들은 "두려워하였다"(10절). 그들의 죄는 그들이 전에 하나님과 함께 나누었던 교제(2:15-25)에 독을 타 망쳐 놓았으므로, 그들은 하나님의 임재를 피해 도망쳤다. 전에는 그들에게 하나님의 선하심을 가시적으로 상기시켜 주는 역할을 했던 나무들이 이제는 그들이 하나님을 피해 숨으려 했을 때 사용하는 도구가 되었다(3:8). 하나님에 대한 그들의 반응은 자신들이 하나님의 형벌을 받아 마땅하다는 통렬한 인식을 지니고 있었음을 보여 준다. 그들은 하나님 앞에서 죄를 지어 죄인이 되었고, 그 사실을 알고 있었다.

우리의 첫 부모는 여호와 하나님에게로 달려가 죄사함과 화해를 구하지 않았다. 그 대신에 그들이 보인 반응은 하나님에 대한 완고한 적대감에 뿌리박은 두려움이었다. 또한 그들의 반응은 하나님이 그리스도의 복음으로 옷 입혀 주려고 오실 때, 타락한 인간이 하나님에게 어떤 반응을 보이는지를 보여 준다. 요한복음 3장 19-20절에서는 "그 정죄는 이것이니 곧 빛이 세상에 왔으되 사람들이 자기 행위가 악하므로 빛보다 어둠을 더 사랑한 것이니라 악을 행하는 자마다 빛을 미워하여 빛으로 오지 아니하나니 이는 그 행위가 드러날까 함이요"라고 말한다. 죄인이라 해도 하나님이 그를 그리스도의 빛에 노출시키시면 담대하게 활보하며 살아갈 수 있는데도, 사람들은 그렇게 하지 않고 죄책감 속에서 두려워 뒷걸음질 쳐 어둠을 피난처로 삼아 숨어 버리려 한다. 하나

---

24) 욥 29:14; 시 132:9; 사 61:3, 10; 슥 3:3-4.

님의 은혜로 말미암아 변화되지 않는 경우에(3. 21절) 말이다.

죄인을 참고 만나시는 하나님

여호와 하나님은 아담과 하와가 범죄한 후에도 에덴동산에서 떠나지 않으시고, 의로우심과 자비하심 가운데 그들에게 나타나셨다. 하나님의 권세, 의로우심, 전지하심, 언약에 대해 신실하심, 사랑에 비추어 보았을 때, 이 만남은 불가피한 것이었다.

하나님은 오셔서 여러 질문을 하셨는데, 이것은 하나님의 인내와 죄인이 자기 자신을 돌아보기를 원하시는 하나님의 마음을 보여 주는 것이었다(참고. 욘 4:4, 9-11). 하나님은 먼저 아담에게 말씀하셨고, 이것은 가족의 머리인 아담의 책임에 비추어 보았을 때 합당한 것이었다. "네가 어디 있느냐"는 하나님의 첫 번째 질문은 몰라서 물으신 것이 아니라, 아담을 향해 하나님 앞에 나와 죄를 고백하라고 사랑 가운데 초청하신 것이었다(창 3:9).[25] 여기서 "어디"는 장소가 아니라 상태를 가리키는 것이었으므로, 이 질문은 아담으로 하여금 자기가 하나님을 피해 숨은 이유를 곰곰이 생각해 보게 하는 것이었다. "너는 영적으로 어디에 있느냐?"[26] 아담의 반응은 피상적인 것이었고, 문제를 회피하는 것이었다. 그러자 하나님은 "누가 너의 벗었음을 네게 알렸느냐"(11절)고 더 날카로운 질문을 하셨는데, 이것은 아담으로 하여금 시험하는 자의 영향력을 인정하게 하려는 질문이었다.

그런 후에 하나님은 "내가 네게 먹지 말라 명한 그 나무 열매를 네가 먹었느냐"(창 3:11)고 직설적으로 물으셨다. 아담의 반응은 충격적인 것이었다. 왜냐하면 그는 자신의 죄를 고백한 것이 아니라, 이기심과 증오를 드러내는 것이었기 때문이다(12절). 아담은 아내 탓을 했다. 전에는 자기 아내를 "내 살 중의 살"(2:23)로 사랑했던 그였지만, 이제는 사실상 '잘못한 것은 내가 아니라 하와니 하와를 죽이십시오'라고 말한 것이다. 여기서 우리는 남자가 말로, 또는 물리적으로 아내를 공격함으로

---

25) Willet, *Hexapla* (1608), 51, in *RCS/OT*, 1:145.
26) Ambrose, *Paradise*, 14.70. *ACCS/OT*, 1:84에서 재인용.

써 자신의 수치와 죄책을 피하려는 가부장적인 폐해의 뿌리를 본다. 아담은 하와 탓을 하는 것에서 더 나아가, 하와를 "하나님이 주셔서 나와 함께 있게 하신 여자"라고 부름으로써 하나님 탓을 했다. 하나님의 질문들은 불순종의 핵심을 드러냈다. 즉 하나님과 이웃에 대한 인간의 증오다(롬 8:7; 딛 3:3). 칼빈은 "아담은……반역자로서 하나님과 대립각을 세웠다"고 말했다.[27] 아담은 자신의 죄를 고백하기는커녕 책임을 떠넘기고 하와와 하나님을 비난하는 데 몰두했으므로, 하나님은 아담에게 더 이상 질문할 필요가 없으셨다. 그래서 하나님은 여자에게 질문하셨고, 아담의 경우와 마찬가지로 회피하는 대답을 들으셨다. "뱀이 나를 꾀므로[또는 "속여서" ESV] 내가 먹었나이다"(창 3:13). 죄인은 자신을 희생자로 보고, 하나님을 공격하고 다른 사람을 공격한다.[28]

죄인들에 대한 하나님의 심판 선고

하나님은 에덴동산에서 세 죄인 각각에 대해 심판을 선고하셨다. 첫째, 하나님은 사탄에게 자신의 최고의 저주를 선언하셨다. 이 말씀이 지닌 인류를 위한 은혜로운 함의에 대해서는 나중에 이 장에서 살펴볼 것이므로, 여기서는 이 말씀이 시험하는 자에게 어떤 의미를 지니는지에 초점을 맞추겠다. 여기에는 자비의 징표는 전혀 없고, "네가 저주를 받았다"(창 3:14)는 말씀만 있다. "저주를 받았다"는 것은 하나님이 자신의 피조물을 복 주셨던 창조 질서와 반대되는 것이다(1:22, 28). 사탄이 인간을 시험할 때 실제의 뱀을 사용한 것이라면, 하나님은 이 짐승을 비천하게 하여, 자기가 죄를 기뻐하지 않는다는 징표로 삼으신 것일 가능성도 있다. 하지만 하나님의 저주는 사탄을 겨냥한 것이었다(롬 16:20). 뱀처럼 흙을 먹는다는 것은 원수의 철저한 패배를 나타내는 성경의 관용표현이다.[29] 배로 다닌다는 것은 부정한 짐승, 가증한 것임을 보여 주는 표시다(레 11:42).[30] 따라서 하나님은 사탄을 철저하게 굴욕을 겪게 하

---

27) Calvin, *Commentaries*, 창 3:12.
28) Hamilton, *The Book of Genesis, Chapters 1 - 17*, 194.
29) 시 72:9; 사 49:23; 미 7:17.
30) *NIDOTTE*, 3:86.

고 혐오스러운 존재로 만들겠다고 말씀하신 것이다(참고. 겔 28:11-19). 사탄은 여자를 속이는 데 성공했으므로, 인류 가운데서 자신의 저주받은 "씨" 또는 영적 후손을 갖게 될 것이었다. 하지만 하나님은 여자를 통해 뱀의 머리를 박살 낼 "후손"을 일으키실 것이었다(창 3:15). 때가 차면 능력의 구주가 일어나 마귀와 그의 모든 일을 멸하시고, 하나님 백성을 사탄의 모든 권세에서 건져 내실 것이었다.

둘째, 하나님은 여자에게는 가정사와 관련해 괴로움을 겪게 하는 심판을 선고하셨다. 여자는 자녀를 임신하고 낳을 때 기쁨만을 누리는 것이 아니라 큰 고통도 함께 겪게 될 것이었다(창 3:16). 많은 여자가 타락 이후에 자녀를 낳다가 죽었는데, 라헬이 그랬다(35:17-19). 여자가 남편을 주관하려 하면 성공하지 못하고, 도리어 갈등이 일어나 남편과의 관계에서 문제가 생길 것이었다(참고. 4:7).[31] 리처드 벨처는 "결혼은 부부 관계의 주도권을 쥐기 위한 전쟁터가 되었다"고 설명한다.[32] 하나님이 내리신 벌은 가정에서 남자와 여자 간의 역할 차이를 암묵적으로 단언한다. 여호와 하나님은 인간에게 복 주시기 위해 가정에서 남녀의 고유한 역할이 있게 하신 것이었지만, 죄인들에게는 이 관계가 죄의 불법과 이기심으로 말미암아 왜곡되어 심판이 될 것이었다.

셋째, 하나님은 남자에 대해서는 고된 노동과 죽음으로 벌하셨다. 먼저 여호와 하나님은 아담과 맺으신 언약에서 자신이 부과한 금지 명령을 위반한 책임을 남자에게 돌리셨다(창 3:17). 그런 후에 "땅은 너로 말미암아 저주를 받았다"고 선언하셨다. 이것은 땅이 "가시덤불"과 "엉겅퀴"를 낼 것이므로, 남자는 고된 일을 하며 "땀"을 흘려야만 살아가는 데 필요한 양식을 얻게 될 것임을 의미하는 것이었다. 하나님이 땅을 다스리고 관리할 청지기이자 왕으로 세운 아담이 타락하자, 아담의 영지인 땅에 하나님의 저주가 임했다(1:28). 여자에 대한 벌은 남편과 자녀에 대한 여자의 지향성을 반영하는 것이었던 반면, 남자에게 가해진

---

31) 이 책 11장에서 권위를 지닌 지도자로서의 남자의 역할과 남자에게 힘을 보태 주는 조력자로서의 여자의 역할에 대한 논의 아래에서 행한 창 3:16에 대한 석의를 보라.
32) Belcher, *Genesis*, 75.

벌은 생업과 일에 대한 남자의 지향성을 반영한 것이었다.[33] 그 결과 일과 가족을 포함해 낙원에서 남자에게 복으로 수여된 모든 분야(2:15, 18)가 고통과 허무함에 종속되었고, 온 피조세계가 비참한 처지로 전락해 인류와 함께 신음하기 시작했다(롬 8:20-22).

이 땅에서 죄로 말미암은 인간의 비탄은 흙으로 돌아갈 때 절정에 도달한다. "네가 흙으로 돌아갈 때까지 얼굴에 땀을 흘려야 먹을 것을 먹으리니 네가 그것에서 취함을 입었음이라 너는 흙이니 흙으로 돌아갈 것이니라"(창 3:19).[34] 하나님의 심판은 자신의 창조 행위를 되돌리는 것이었다(2:7). 다른 성경 본문들도 이렇게 흙으로 돌아가는 형벌이 하나님의 심판으로 말미암은 인류의 운명임을 암시한다.[35] 인류의 머리이자 대표자로서 하나님과 언약을 맺은 아담의 타락은 역사상에서 실제로 일어난 일이었고, 여러 가지 무시무시한 보편적인 함의를 수반했다(롬 5:12; 고전 15:21-22).

아담이 육신의 죽음에 굴복하기 훨씬 전에, 여호와 하나님은 그를 낙원에서 추방하셨다(창 3:22-24). 사탄은 선악을 알게 하는 나무의 열매를 먹으면 하나님과 같이 될 것이라고 약속했었지만, 하나님이 아담에게 내린 벌은 그 약속과 완벽하게 정반대되는 것이었다. 왜냐하면 아담은 하나님이 되려 하다가 모든 것을 잃었기 때문이다. 인간은 그를 영원토록 살 수 있게 해 줄 수 있었을 생명나무로 나아갈 수 있는 권한을 잃었다(22절). 이 땅에서 하나님이 계시는 성전인 에덴동산의 입구도 이제 무시무시한 "그룹들"과 "불 칼"로써 봉쇄되었다(24절). "그룹들"은 하나님의 성소의 존귀함을 지키고, 하나님이 하늘에서 나오실 때 왕의 수행원 역할을 하는 초자연적인 피조물인 천사들이다.[36] 죄는 인간을 하늘

---

33) Hamilton, *The Book of Genesis, Chapters 1 - 17*, 203.
34) "접속사 '까지'는 단지 기한이라는 시간적인 의미만을 지니지 않고, 다음과 같은 것을 의미할 수 있다. '너는 죽는 순간까지 고된 노동을 감내해야 할 것이다.' 그리고 이런 의미는 '네 고된 노동이 마침내 너를 죽이게 될 것이다'라는 뉘앙스 속에서 절정에 도달한다. 흙에 대한 인간의 투쟁 속에서 흙은 마침내 인간을 정복하고 주장하게 될 것이다." Vos, *Biblical Theology*, 37.
35) 욥 34:15; 시 104:29; 전 3:20; 12:7.
36) 출 25:18-22; 26:1, 31; 삼상 4:4; 삼하 22:11; 왕상 6:23-35; 대하 3:7-14; 시 18:10; 80:1; 99:1; 사 37:16; 겔 10장(참고, 1장); 28:14, 16.

의 천군천사에게서 소외시켰다. 인간은 창조주에게서 소외됨으로써 하늘과 땅의 원수가 되었다.

여기서 주목할 만한 것은 하나님은 타락에 대한 죄를 물어 남자와 여자에게 온갖 괴로움을 더하셨지만, 뱀을 저주하신 것과는 달리 인간을 저주하지는 않으셨다는 것이다. 심지어 하나님은 인류를 벌 주시면서도, 그들이 당장에 육신적으로 죽게 하지 않으시고, 그들에게 주어진 창조 명령, 즉 생육하고 번성해 땅에 충만해 피조물을 다스리라는 명령을 계속 수행하게 하셨다(창 1:28; 9:1-3). 하나님이 인류 전체에 대한 자신의 저주를 온전히 집행하지 않으신 것은 하나님의 놀라운 오래 참으심과 자비하심을 보여 주는 것이었고, 이것을 의지해 인류는 회개하고 하나님의 신실하신 사랑에 소망을 둘 수 있었다. 그리고 결국 구주가 오셔서 아담이 초래한 가시를 쓰시고, 죄의 저주를 담당하실 것이었다(마 27:29).[37]

하나님의 준엄하심과 선하심

이제 창세기 3장을 다 살펴보았으므로, 하나님이 우리 타락한 인류를 어떻게 대하시는지를 살펴보는 것이 적절할 것이다. 이 성경 본문은 죄인에게 죽음을 부과하셨다는 점에서 하나님의 준엄하심을 보여 주고, 회개하고 믿는 죄인에게 구원을 약속하셨다는 점에서 하나님의 선하심을 보여 준다.

죄로 말미암은 삼중적 죽음이라는 하나님의 처벌

여호와 하나님은 아담과 맺으신 언약 속에 다음과 같은 처벌 조항을 넣어 놓으셨다. "네가 먹는 날에는 반드시 죽으리라"(창 2:17). 창세기 3장에 대한 석의는 이 죽음을 삼중적인 처벌로 해석하는 것을 뒷받침해 준다.

첫째, 아담의 죄의 직접적인 결과는 영적인 죽음이었다. 하나님 말씀

---

37) Tertullian, *On the Crown*, 14.3, in *ACCS/OT*, 1:95.

에 대한 인간의 반역은 하나님과의 관계를 균열시켜, 하나님에 대한 증오라는 엄청난 틈이 생겨났는데, 이 증오심은 수치심, 죄책감, 두려움, 자신의 책임을 받아들이려 하지 않는 태도로 표현되었다(창 3:7-13). 타락 이후에 인간의 부패의 깊이는 충격적인 것이었다. 영적으로 살아 있던 인간은 이제 영적으로 완전히 죽었다. 영적인 죽음은 생명을 주시는 하나님과의 교제에서부터의 분리와 소외였다(엡 2:1-3; 4:18). 거기에는 인간이 지니고 있던 하나님의 형상의 핵심적인 내용물, 즉 영적인 지식, 의로움, 거룩함의 파괴도 포함되어 있었다(24절).

아담의 직계 자손들은 하나님이 기뻐하지 않으시는 방식으로 예배를 드리고, 살인하며, 성적인 죄를 짓고, 회개하기를 거부하고 도리어 죄를 자랑함으로써 자신들의 영적 상태를 드러냈다(창 4장). 창세기는 하나님의 구원하시는 은혜를 떠난 인간의 상태를 다음과 같은 말로 요약한다. "여호와께서 사람의 죄악이 세상에 가득함과 그의 마음으로 생각하는 모든 계획이 항상 악할 뿐임을 보시고"(6:5). 전에는 "지극히 선했던"(1:31, 개역개정에는 "심히 좋았더라") 인간의 마음은 이제 완벽하게 부패했다. 하나님의 도덕적 형상을 잃어버린 후에 남은 것은 빈 공간이 아니라 내면의 악함이었다. 이 상태가 만연되어 있었으므로, 하나님은 노아와 그의 가족만을 제외하고 이 땅에서 살아가는 모든 사람을 홍수로 죽이셨다. 오늘날도 이 상태는 여전히 만연되어 있다(롬 3:10-18).

둘째, 하나님은 인간에게 **육신적인 죽음**을 선고하셨다. 인류의 필멸성은 이제 곧 육신의 피로와 고통으로 나타날 것이었다(창 3:16, 19). 그리고 이 필멸성은 때가 되면 각 사람의 삶을 주장해, 모든 사람이 죽게 될 것이었다(5:5, 8, 11 등). 영은 떠나고, 전에는 생명과 아름다움으로 가득했던 육신은 땅 속에서 끔찍한 부패 과정을 거쳐 사멸한다(3:19). "흙은 여전히 땅으로 돌아가고 영은 그것을 주신 하나님께로 돌아갈" 것이다(전 12:7). 이 땅에서 하나님의 형상을 지닌 인류는 허무함에 종속되었다. 필멸성은 에덴동산의 인류를 사로잡았고, 모든 사람에 대한 하나님의 사망 선고를 하나님이 정하신 때에 집행하기 시작했다(욥 14:5, 14; 히 9:27).

셋째, 인간은 **영원한 죽음**(죽음의 궁극적인 나타남)에 종속되었다. 지옥에 대한 본격적인 교리는 타락 기사에 명시적으로 계시되어 있지 않지만, 이미 그림자처럼 드리워져 있다. 하나님은 영생이 약속되고 가능했던 이 땅의 낙원에서부터 인간을 추방하고, 인간이 들어오지 못하도록 천사들을 무장시켜 지키게 하셨다(창 3:24). 땅은 인간에게 반기를 들어 인간의 노동을 좌절시키고 마침내 인간의 목숨을 앗아 간다(17-18절). 하늘과 땅 둘 모두가 인간을 배척한다면, 도대체 인간은 어디로 가야 하는가? 인간은 하나님의 진노와 저주의 장소로 가야 한다.

죄는 하나님의 저주를 불러일으킨다(창 3:14; 갈 3:10). 이 저주는 아직 온전히 임하지 않았다. 하나님이 계속하여 이 세상에서 인간에게 많은 복을 수여하시기 때문이다. 하나님은 마귀에게는 "저주"를 선언하셨지만, 최초의 남자와 여자에게는 저주를 선언하지 않으셨다. 하지만 회개하지 않는 죄인에게는 하나님의 저주가 임한다(창 4:11; 9:25; 12:3). 그들은 마귀의 영적 자녀이기 때문이다(요일 3:10-12). 그 저주는 그리스도가 악인들에게 "저주를 받은 자들아 나를 떠나 마귀와 그 사자들을 위하여 예비된 영원한 불에 들어가라"(마 25:41)고 말씀하실 마지막 날에 온전히 나타날 것이다. 우리는 지옥을 생각만 해도 무서워 벌벌 떨지만, 지옥은 아담이 인류에게 가져다준 죽음의 절정이다.

하나님의 후손: 승리자에 대한 약속

성경에서 가장 어두운 장 한가운데서 우리는 그리스도에 대한 약속을 통해 빛나는 하나님의 선하심의 찬란한 빛을 발견한다. 창세기 3장 15절은 원복음, 즉 '최초의 복음'을 담고 있다. 거기서 하나님은 구원이 어떻게 이루어지고 적용될 것인지를 계시하셨다. 하나님이 여자와 남자에 대한 벌을 선언하시기 전에 먼저 마귀에게 저주를 선언하심으로써 그리스도의 은혜를 알게 하신 것은 하나님의 은혜를 분명하게 드러내신 것이었다. 여호와 하나님은 뱀에게 "내가 너로 여자와 원수가 되게 하고 네 후손도 여자의 후손과 원수가 되게 하리니 여자의 후손[38])은

---

38) 히브리어 대명사('후')는 남성이다. 어떤 이유로 라틴어 불가타 역본에서 창 3:15를 번역할 때 남성형 '입세'(ipse) 대신에 여성형 '입사'(ipsa)가 사용되었고, 이 때문에 일부 중세 저술가와 로

네 머리를 상하게 할 것이요 너는 그의 발꿈치를 상하게 할 것이니라"
고 말씀하셨다.

여기서 "씨"('제라아', 개역개정에는 "후손")로 번역된 히브리어는 흔히 자손 또는 자녀를 의미한다. 이 단어는 하나님이 노아, 아브라함, 아론, 비느하스, 다윗, 그들의 "씨"와 맺으신 언약에서 아주 중요한 용어다.[39] 이 단어는 창세기에서 하나님이 족장들에게 하신 약속과 관련해 40번 가량 등장한다. "씨"의 이 용법은 이 약속이 역사 속에서 이후에 맺어질 언약들에서 점진적으로 계시된 하나님의 은혜 언약을 표현하고 있음을 보여 준다.

"씨"라는 단어는 단수형이지만, 개인을 가리킴과 동시에 공동체를 가리킨다(참고. 창 4:25; 15:5). 즉, 이 본문에서 "씨"는 한편으로는 사탄과 그의 백성을 나타내고, 다른 한편으로는 그리스도와 그의 백성을 나타낸다.[40] 토머스 굿윈은 온 인류는 사탄의 포로가 되어 사탄을 이길 힘이 없었던 반면, 그리스도만이 사탄에 대해 여기서 말한 승리를 거둔 대장이시라는 점에서(히 2:14), "여자의 씨"라는 표현의 초점은 오직 그리스도에게 맞춰져 있음에 틀림없다고 주장했다. 하지만 "여자의 씨"는 인류 중에서 가인 같은 악인들(요일 3:8, 12)을 가리키는 사탄의 "씨"와 반대되는 개념이라는 점에서 하나님 백성이라는 공동체를 포함하고 있음에 틀림없다. 신약 성경은 그리스도만이 아니라 교회도 사탄을 자신의 발아래 박살 낼 것이라고 약속한다(눅 10:19; 롬 16:20).[41]

하나님은 창세기 3장 15절에서 구원의 적용에 대해서도 약속하셨다. 사탄은 여자를 유혹하여 하나님을 떠나 마귀에게 가게 했지만, 하나님은 여자의 "씨"와 사탄의 "씨" 간에 "증오"('에바'; 참고. 민 35:21-22) 또는 적개심을 두어 서로 원수가 되게 하심으로써 둘 간의 거룩하지 못한 동맹을 깨실 것이라고 말씀하셨다. 이 말씀은 하나님이 자신의 주권적인

마 가톨릭 저술가가 이 대명사가 동정녀 마리아를 가리키는 것으로 보게 되었다.

39) 창 9:9; 17:7-8; 22:15-18; 민 18:19; 25:13; 삼하 7:12; 시 89:3-4; 렘 33:21-22.

40) Anonymous [Westminster Divines], *Annotations upon All of the Books of the Old and New Testament* (London: Evan Tyler, 1657), 창 3:15.

41) Goodwin, *Of Christ the Mediator*, in *Works*, 5:310–315.

은혜를 여자와 그의 후손에게 주어 회개와 믿음 가운데서 자기에게로 돌아오게 하실 것이라는 의미를 담고 있다.

하나님은 "뱀의 후손"과 "여자의 후손"을 나누겠다고 약속하심으로써, 자신의 은혜로 말미암은 이 적대 관계를 인류 전체로 확대하셨다. 뱀의 후손은 마귀가 이끄는 귀신들의 무리가 아니라, 인류 중에서 사탄의 사악한 영향력 아래 사탄의 영적 자녀로 사탄을 본받는 삶을 살아가는 자들을 가리킨다.[42] 반면에 여자의 후손은 하나님의 주권적인 은혜로 말미암아 하와의 발자취를 따라 믿음과 회개의 길을 걷는 하와의 영적 자손이다(참고, 롬 4:12). 우리는 악명 높은 가인의 자손(창 4장)과 경건함으로 유명한 셋의 자손(창 5장)에게서 서로 대비되는 이 두 후손을 발견한다.

하나님의 주권적 은혜는 이 땅에서 두 백성 간의 영적 전쟁을 불러일으켰다. 인류는 하나님을 거슬러 반역하고 사탄을 따랐지만, 여호와 하나님은 한 백성을 다시 자기에게로 부르실 것이었다. 게할더스 보스는 이렇게 말했다. "인간은 범죄함으로써 뱀의 편에 서서 하나님을 대적했다. 뱀에 대한 이런 태도는 이제 적대적인 태도로 변할 것이고, 하나님에 대한 인간의 태도에도 변화를 가져다줄 것이다."[43]

또한 하나님은 구원의 성취에 대해서도 약속하셨다. 이 약속은 전반부에서는 두 백성을 포괄하는 방식으로 확장되었지만, 후반부에서는 이것을 축소해 여자의 후손을 단수형으로 표현하여 뱀과 여자의 위대한 후손 간의 일대일의 결정적인 싸움에 초점을 맞춘다.[44] 팔머 로버트슨은 이렇게 쓴다.

이 마지막 구절에서 말하는 싸움은 앞에 나온 구절에서와는

---

42) 눅 3:7; 요 8:42-44; 요일 3:10, 12; 참고, 마 13:38-39.
43) Vos, *Biblical Theology*, 42.
44) Belcher, *Genesis*, 77. 70인역은 여자의 후손을 가리키는 대명사를 남성 단수형 대명사('아우토스')로 번역했다. 존 콜린스는 "씨"('제라아')를 가리키는 히브리어가 집합명사로 사용된 경우에는 언제나 복수형 대명사로 받으므로, 여기서 단수형 대명사는 "씨"가 개인을 가리킨다는 것을 보여 주는 것이라고 말한다(삼하 7:13). C. John Collins, "A Syntactical Note (Genesis 3:15): Is the Woman's Seed Singular or Plural?," *Tyndale Bulletin* 48, no. 1 (1997): 139-147.

달리 "후손" 대 "후손"의 싸움이 아니다. 이번에는 사탄이 직접 이 싸움에 다시 참전한다. 사탄은 자기 백성의 왕으로서 그들의 대표자로 나선다. 적대 관계에 있는 양쪽 진영의 한쪽에서 "후손" 대신에 "사탄"이 직접 나선 것처럼, 다른 쪽에서도 여자의 많은 "후손" 대신에 사탄과 적대 관계에 있는 하나님 백성을 대표하는 단수형의 "그"가 나서는 것은 어쩌면 지극히 합당해 보인다.[45]

바울은 단수형 "후손"은 개인을 가리킴과 동시에, 그 개인과 연합되어 있는 공동체를 가리킨다고 가르쳤다(갈 3:16, 29). 창세기는 이미 아담과 관련해 하나님의 언약에서 많은 사람을 대표하는 개인이라는 개념을 제시한바 있다. "여자의 후손"은 하나님이 첫째 아담의 타락으로 말미암아 초래된 모든 것을 무효화하기 위해 보내신 마지막 아담이다.

하나님은 사탄에게 여자의 후손의 "발꿈치"를 "상하게" 할 힘을 주셨지만, 여자의 후손은 뱀의 "머리"를 "상하게" 할 것이라고 약속하셨다.[46] 원수를 발로 밟는다는 것은 절대적인 승리를 나타낸다. "네가 사자와 독사를 밟으며 젊은 사자와 뱀을 발로 누르리로다"(시 91:13 ESV).[47] 이 영적인 전쟁의 결전에서 사탄과 마지막 아담은 둘 다 서로에게 상처를 입힐 것이었지만, 마지막 아담은 뱀의 머리를 박살 내고 발로 밟게 될 것이었다. 여기서 우리는 그리스도가 말씀하신 패턴, 즉 영광으로 이어지는 메시아의 고난이라는 패턴이 메시아에 대한 구약성경의 증언에 포함된 것을 발견한다(눅 24:26-27). 창세기 3장 15절에 나오는 여호와 하나님의 말씀은 예수 그리스도의 십자가와 빈 무덤 둘 모두를 미리 보여 주신 것이었다.

요한이 종말에 대해 본 묵시들 속에서도 이 싸움이 암시되어 있다.

---

45) Robertson, *The Christ of the Covenants*, 99.
46) "상하게 하다"('슈프')라는 똑같은 단어가 여자의 후손과 뱀 둘 모두의 행위를 나타내는 데 사용된다. 이 단어는 오직 여기서와 욥 9:17에 나오고(시 139:11에서도 비슷한 어근을 사용한 것일 수 있긴 하지만), 의미는 약간 불확실하다. 롬 16:20에서 바울이 사용한 "상하다, 깨뜨리다, 박살 내다"('쉰트리보')를 의미하는 단어는 '슈프'를 해석한 것으로 보인다.
47) 또한 시 7:5; 44:5; 60:12; 108:13; 사 10:6; 14:25; 미 7:10; 말 4:4를 보라.

그는 "온 천하를 꾀는" "옛 뱀"이 여자가 낳은 남자 아이를 삼키려고 매복하고 있지만, 그 아이는 하늘에서 다스리기 위해 올려진다고 쓴다(계 12:4-5, 9). 마귀는 "하나님의 계명을 지키며 예수의 증거를 가진" 여자의 "자손"과만 전쟁을 수행할 수 있다(17절).[48] 요한이 기록한 말씀 속에서 우리는 종말론적인 표상으로 묘사된 뱀, 여자, 여자의 후손(그리스도 개인과 교회 공동체)을 본다.

끝으로, 하나님은 구원 사역을 수행할 자를 약속하셨다. 여자의 후손인 그는 여자에게서 태어난(갈 4:4) 사람이어야 한다(참고. 창 4:25). 사탄이 "그의 발꿈치를 상하게" 할 것이므로(창 3:15), 그는 고난을 감당할 수 있어야 한다. 하지만 그는 뱀으로 위장한 악한 마귀 세력을 이길 수 있을 정도로 대단히 탁월해야 한다. 그런 승리를 거두려면 그는 초자연적인 사람이어야 했고, 여호와 하나님은 그런 맥락 속에서 자신의 위격적 복수성을 암시한다("우리", 22절). 따라서 하나님은 자기가 이미 죄인에게 적용하고 있는 구원은 인성과 신성을 둘 다 갖춘 자를 통해 이루어질 것이라고 약속하신 것이다. 우리는 이 본문에서부터 온전히 발전된 기독론을 이끌어 내지 않도록 조심해야 하지만, 이 본문은 성육신하신 하나님이 오실 것임을 암시한다.

구주는 자신의 원수에 대항해 하나님을 영화롭게 하려고 오셨다. 마이클 배럿은 이렇게 말한다. "이 최초의 복음 선언은 인류를 향한 것이라기보다는 사탄인 뱀에 대한 저주의 일부다. 사람들은 분명히 은택을 입게 되겠지만, 하나님의 영광이 이 선언의 핵심이었다. 뱀의 패배와 사람들의 구원은 하나님의 영광을 선포하기 위한 수단이었다."[49]

여호와 하나님은 아담과 하와에게 짐승의 가죽으로 만든 옷을 입혀 그들의 벌거벗음을 가려 주심으로써 그리스도의 사역에 대한 모형을 제시하셨다(창 3:21). 하나님은 그들의 죄로 말미암아 그들에게 임한 수

---

48) 요한계시록 12장이 창 3:15를 간접 인용하고 있다는 것에 대해서는 John (Giovanni) Diodati, *Pious and Learned Annotations upon the Holy Bible*, 3rd ed. (London: by James Flesher, for Nicholas Fussell, 1651), 창 3:15; Goodwin, *Of Christ the Mediator*, in *Works*, 5:315-316을 보라.

49) Michael P. V. Barrett, *Beginning at Moses: A Guide for Finding Christ in the Old Testament*, rev. ed. (Grand Rapids, MI: Reformation Heritage Books, 2018), 112.

치를 치유할 방법을 마련해 주셨다(2:25; 3:7). 하나님의 이 행위는 나중에 그리스도의 대속에 대한 예표로 주어질 짐승의 희생제사를 미리 보여 주신 것이었다(참고, 4:4; 8:20; 22:13). 하나님은 우리의 최초의 부모에게 그들은 죽어 마땅하지만, 그들을 대신한 것의 죽음을 통해 그들의 수치가 가려지고 그들이 다시 한 번 존귀하게 될 수 있음을 보여 주셨다. 그들은 무화과나무 잎으로 상징되는 그들 자신의 행위를 버리고, 하나님이 마련해 주신 수단을 의지해야 한다.[50]

창세기 3장은 아담이 하나님의 약속을 믿음으로 받았다는 증거를 담고 있다. 20절에서는 "아담이 그의 아내의 이름을 하와라 불렀으니 그는 모든 산 자의 어머니가 됨이더라"고 말한다. 아담은 전에는 하와를 "여자"라고 불렀다(2:23). 아담이 자기 아내에게 인류의 어머니라는 의미를 지닌 이름을 붙여 준 것은 놀랍지 않지만, 하나님이 방금 그들 모두에게 사망 선고를 내렸는데도(3:19), 그가 "살다"('하와'), "삶"('하이')처럼 들리는 "하와"('하와')라는 이름을 선택한 것은 놀랍다. 이것은 아담이 자기 아내가 사망을 이기고 생명을 회복시켜 줄 "후손"의 어머니가 될 것이라는 하나님의 약속을 염두에 두고 자기 아내에게 "하와"라는 이름을 다시 붙여 준 것임을 보여 준다.[51]

아담이 그런 약속을 담은 짧은 말씀을 듣고도 하나님의 은혜로 믿음을 가질 수 있게 되었다면, 성경 전체가 주어진 우리는 예수 그리스도께 전적으로 소망을 두는 것이 마땅하지 않겠는가? 우리에게는 그리스도가 육체로 오셔서 우리의 죄를 위해 죽으셨다가 죽은 자 가운데서 다시 살아나셨다고 말씀해 주시는 하나님의 증언이 있다. 또한 그리스도는 다시 오실 것이다. 하나님은 그리스도와 연합된 백성에게 자기가 "속히 사탄을 너희 발아래에서 상하게 하시리라"(롬 16:20)고 약속하신다. 하지만 이 약속은 오직 믿음으로 그리스도와 그의 모든 은택을 받아들이는 자에게만 해당된다.

그렇게 하지 않는 경우를 생각해 보라. 아담의 죄로 말미암아 당신

---

50) Belcher, *Genesis*, 76.
51) Luther, *Lectures on Genesis*, in *LW*, 1:220.

은 죄, 죄책, 하나님으로부터의 소외, 다른 사람들로부터의 소외 가운데 있다. 그리스도를 떠나 있는 당신은 영적으로 죽고 마귀의 권세에 종속된 상태에 있다. 육신적인 죽음은 당신의 몸에서 이미 활동하고 있고, 언젠가는 당신을 죽일 것이다. 육신적인 죽음 이후에는 영원한 죽음이 당신에게 임해, 당신은 자신의 죄로 말미암아 영원토록 고통을 당하게 된다.

우리 주 예수 그리스도로 말미암아 하나님께 감사한다! 믿는 자는 그리스도 안에서 마귀, 죄, 죽음, 지옥을 이겼다. 믿음으로 그리스도를 붙잡으라. 그러면 당신은 그리스도가 당신을 이미 붙잡고 계신다는 것을 발견할 것이다. 그리스도를 끝까지 따르라. 그러면 그리스도는 당신을 반갑게 맞아 낙원으로 인도하실 것이다.

묵상과 토론을 위한 질문

1. 창세기 3장에서 뱀(또는 뱀 배후에 있는 자)은 누구인가? 이 해석을 밑받침해 주는 어떤 논거를 제시할 수 있는가?

2. 사탄은 에덴동산에서 죄가 없었던 남자와 여자를 유혹하기 위해 어떤 전략을 사용했는가?

3. 여자가 사탄의 거짓말에 넘어갔을 때, 하나님이 금지하신 나무의 열매에 대한 여자의 인식이 어떻게 바뀌었는가?

4. 하와가 시험을 받는 동안 하나님이 침묵하신 것으로부터 우리는 어떤 교훈을 배울 수 있는가?

5. 인류 가운데서 최초의 두 죄인에게 즉시 임한 결과는 어떤 것들이었는가?

6. 여호와 하나님은 이 두 죄인을 다시 만나셨을 때, 자신의 인내를 어떤 식으로 보여 주셨는가?

7. 여호와 하나님은 남자와 여자에게 어떤 심판을 내리셨는가?

8. 우리가 아담 안에서 타락했을 때, 인류에게 임한 "삼중적 죽음"은 무엇인가? 거기에

영적인 죽음과 영원한 죽음이 포함되어 있음을 당신은 성경에 근거해 어떻게 증명하겠는가?

9. 창세기 3장 15절은 구원의 적용과 성취에 대해 어떤 식으로 계시하는가?

10. 아담 안에서 타락한 자 중 한 사람인 당신 자신의 삶 속에서 아담의 시험, 죄, 그 결과라는 패턴이 어떤 식으로 나타났는가?

더 깊은 성찰을 위한 질문

11. 저자들이 창세기 3장, 그리스도가 받으신 시험, 요한일서에서 본 죄와 관련한 삼중적인 패턴은 무엇인가? 이 패턴에 대한 저자들의 분석이 어떤 식으로 도움이 되는가? 그 이유는 무엇인가?

12. 창세기 3장 15절의 약속이 그리스도와 그의 백성을 가리킨다는 해석에 대한 찬성과 반대의 논거는 각각 어떤 것인가? 이 본문에 대한 바른 해석은 무엇인가? 그 이유는 무엇인가?

19장

죄의 상태(1부)

원죄에 대한 역사신학

『뉴잉글랜드 입문서』는 여러 세대의 자녀에게 "아담의 타락 안에서 우리는 모두 범죄했다"(In Adam's fall, we sinned all)는 운문을 사용해 "A"라는 글자를 가르쳤다.[1] 마찬가지로 원죄론은 성경적인 기독교의 ABC의 일부다. 원죄라는 용어는 최초의 죄를 가리키는 것이 아니라, 아담의 모든 자연적인 자손을 괴롭히고 다른 모든 죄의 원천인 죄의 상태를 가리킨다(롬 5:12). 원죄와 관련된 한 교리는 전적 타락이라 불린다. "타락"(라틴어로 '데프라바티오')은 부패 또는 왜곡의 상태를 의미한다. "전적"은 죄의 강도를 가리키는 것이 아니므로, 모든 사람이 최고 수준으로 타락했다는 뜻이 아니고, 부패의 범위를 가리키는 것으로, 죄는 한 사람의 모든 부분을 부패시키고 우리가 행하는 모든 것을 오염시킨다는 의미다. 기독교는 기본적으로 선하지만 종종 잘못을 저지르는 사람들을 위한 종교가 아니라, 하나님에 대한 증오로 심각하게 부패된 마음을 지닌 사람들을 위한 구원의 좋은 소식이다.

원죄는 성경적인 기독교의 기본이지만, 논쟁이 심한 교리이기도 하다. 우리는 이것에 대해 놀랄 필요가 없다. 마귀는 언제나 믿음에 가장 중요한 진리를 가장 맹렬하게 공격한다. 또한 자기 의에 빠져 있는

---

1) Ford, ed., *The New England Primer*, 64.

자의 "가려운 귀"를 긁어 주어 기분 좋게 해 주는 거짓 교사의 말을 열심히 듣는 자는 항상 많다(딤후 4:3-4). 우리가 정직하다면, 우리는 모두 우리 자신의 교만한 영혼을 낮추어 주고 근심하게 하는 말보다는 듣기 좋은 말을 선호함을 인정할 것이다. 하지만 하나님은 자신의 영광과 우리의 유익을 위해 성경에 원죄에 대해 계시하셨으므로, 우리는 원죄를 무시해서는 안 된다.

원죄론은 기독교 역사에서 예정론과의 밀접한 연관 속에서 발전해 왔다. 신론에서 우리는 초기 교회를 시작으로 펠라기우스의 논쟁을 거쳐 개혁파 정통 신학에 이르기까지 예정에 대한 여러 다양한 견해를 추적했다.[2] 이 장에서는 앞서의 예정론 연구를 토대로 죄론의 역사적 발전을 더 자세하게 살펴보겠다.

초기 교회와 중세 교회

교회는 거짓 가르침 때문에 가장 심한 도전을 받는 분야에 자신의 신학적 노력을 집중시키는 경향이 있다. 기독교의 초기 수 세기 동안 가장 심한 공격을 받은 분야는 삼위일체와 그리스도의 위격에 대한 교리였다. 그 결과 4세기 말과 5세기 초에 펠라기우스주의가 등장하기 전에는 죄론은 많은 주목을 받지 못했다.[3]

초기 교회와 원죄

아담 안에서의 인간의 타락과 인간의 책임 간의 긴장 관계는 성경 해석자들 사이에서 아주 초기에 등장한다. 1세기 말이나 2세기 초에 나온 유대의 한 묵시 저작에서는 이렇게 말한다. "오, 너 아담이여, 너는 무슨 짓을 한 것이냐. 왜냐하면 범죄한 것은 너였지만, 너만 홀로 타락한 것이 아니라, 너에게서 나오는 우리 모두가 타락한 것이기 때문이다"(에

---

2) 예정에 대한 역사신학에 대해서는 이 책 2권 25장을 보라.
3) William Cunningham, *Historical Theology*, 2 vols. (Edinburgh: T&T Clark, 1863), 1:179-180.

스드라2서 7:48). 이 기사에서 한 천사는 인간이 "싸워" "승리를 얻어야" 한다고 대답하고, 모세가 "너는 생명을 선택하여 살라"고 말했음을 화자에게 상기시킨다(57–59절).[4]

초기 교회에서 우리는 인류가 아담으로 말미암아 타락하여 죄와 불행에 빠지게 되었다고 단언하는 말을 산발적으로 발견한다.[5] 동시에 인간은 자유로운 도덕적 주체라고 증언했다.[6] 하지만 이 둘을 체계적으로 통합해 제시하지는 않았고, 철학적 숙명론을 피하고 사람들에게 회개와 믿음을 촉구하기 위해 인간의 책임을 단언했다.[7]

펠라기우스와 그의 추종자였던 켈레스티우스(400–430년에 활동)는 이렇게 이 두 교리가 신학적으로 통합되지 않은 상황을 이용해, 인간의 타락에 대한 교리를 무너뜨릴 정도로 지나치게 인간의 자유를 단언했다.[8] 펠라기우스주의자들은 아담의 죄는 인류 전체에 정죄 또는 도덕적 부패를 가져오지 않았다고 가르쳤다. 그들에 따르면, 죄성은 잘못된 선택이 축적되어 악한 습성으로 발전할 때 생겨난다. 인간은 본성적으로 언제나 범죄할 수도 있고 범죄하지 않을 수도 있는 능력을 지니고 있고, 이론적으로는 어떤 사람이 전혀 범죄하지 않는 것도 가능하다.[9] 켈리의 요약에 따르면, 아담의 죄로 말미암아 "악행을 선호하는 내재적인 편향성"이 인간 속으로 들어온 것이 아니라, 아담의 죄는 "습관과 모범을 통해" 죄를 부추긴 것일 뿐이다.[10] 켈레스티우스는 이렇게 말했다. "죄는 인간과 함께 태어나는 것이 아니라, 인간이 나중에 저지르

---

4) Peter Sanlon, "Original Sin in Patristic Theology," in *Adam, the Fall, and Original Sin*, ed. Madueme and Reeves, 90을 보라.

5) Justin Martyr, *Dialogue with Trypho*, chap. 88, in *ANF*, 1:243; Irenaeus, *Against Heresies*, 3.18.1 – 2; 5.16.3, in *ANF*, 1:446, 544; Athanasius, *On the Incarnation of the Word*, secs. 4, 6, in *NPNF*[2], 4:38 – 39; *Against the Heathen*, sec. 3, in *NPNF*[2], 4:5; *Against the Arians*, 1.51, in *NPNF*[2], 1:336. 다음을 보라. J. N. D. Kelly, *Early Christian Doctrines*, 5th ed. (London: Bloomsbury, 1977), 167, 170–171, 346–348.

6) Tertullian, *Exhortation to Chastity*, chap. 2, in *ANF*, 4:50–51.

7) Calvin, *Institutes*, 2.2.4, 9; Cunningham, *Historical Theology*, 1:181.

8) Bavinck, *Reformed Dogmatics*, 3:85–86.

9) Pelagius, *The Christian Life and Other Essays*, trans. Ford Lewis Battles (Pittsburgh: s.n., 1972), 55–56, 61, 64.

10) Kelly, *Early Christian Doctrines*, 358.

19장 | 죄의 상태(1부) 455

는 것이다. 죄는 본성의 결함이 아니라 자유의지의 결함이다."[11] 하지만 펠라기우스주의는 기독교 안의 한 변이가 아니었고, 인간은 자신의 힘으로 의롭게 될 수 있다는 이교의 신앙을 받아들인 배교였다.[12]

펠라기우스주의는 인간의 마음이 거룩한 의도를 회복해 하나님께 순종하려면 하나님이 수여하시는 은혜가 필수적이라고 성경이 말하는 것(엡 2:5, 10; 빌 2:13)과 충돌한다. 펠라기우스는 특히 은혜를 구하는 아우구스티누스의 다음과 같은 기도에 분노했다. "주님이 명령하시는 것을 주시고, 주님이 원하시는 것을 명령하십시오."[13] 아우구스티누스는 기독교 신앙의 본질적인 부분은 아담과 그리스도 간의 대비라고 말했다. "이 두 사람 중에서 아담으로 말미암아서는 우리가 죄 아래 팔렸고, 그리스도로 말미암아서는 우리가 죄에서 속량함을 받았다. 아담으로 말미암아서는 죽음으로 떨어졌고, 그리스도로 말미암아서는 생명으로 해방되었다. 아담은 자기를 창조하신 분의 뜻 대신에 자신의 뜻을 행하여 우리를 파멸시켰고, 그리스도는 자신의 뜻을 행하지 않으시고 자기를 보내신 이의 뜻을 행하여 우리를 구원하셨다."[14] 아담의 죄는 "본받는 것"을 통해서가 아니라 "자연적이고 본성적인 혈통"을 통해 온 세상에 죄를 가져왔으므로, "다른 죄는 없고 원죄만 있는 사람이라도 정죄를 받기에 충분하다."[15] 아우구스티누스는 죄의 대물림과 관련해 현실적인 견해를 고수했다. 즉, 죄와 죄책은 성적 생식을 통해 아담의 자손에게 대물림되었다.[16] 아우구스티누스는 자기는 새로운 교리를 고

11) G. F. Wiggers, *An Historical Presentation of Augustinism and Pelagianism from the Original Sources*, trans. and ed. Ralph Emerson (Andover: Gould, Newman, and Saxton, 1840), 83에서 재인용.

12) Benjamin B. Warfield, "Augustine and the Pelagian Controversy," in *Two Studies in the History of Doctrine* (New York: Christian Literature Co., 1897), 5; Bavinck, *Reformed Dogmatics*, 3:86-87.

13) Augustine, *Confessions*, 10.29, in *NPNF*[1], 1:153. 아우구스티누스는 *A Treatise on the Gift of Perseverance*, chap. 53, in *NPNF*[1], 5:547에서 이 갈등에 대해 언급했다.

14) Augustine, *On Original Sin*, 2.28.24, in *NPNF*[1], 5:246-247.

15) Augustine, *On the Merits and Remission of Sins, and on the Baptism of Infants*, 1.9.9; 1.15.12, in *NPNF*[1], 5:18, 20.

16) J. V. Fesko, *Death in Adam, Life in Christ: The Doctrine of Imputation*, Reformed, Exegetical and Doctrinal Studies (Fearn, Ross-shire, Scotland: Christian Focus, 2016), 38-39.

안해 낸 것이 아니라, 보편적인 기독교 신앙을 재천명하는 것이라고 역설했다.[17] 그는 암브로시우스(397년 사망)의 말을 인용해, "우리 모든 인간은 죄의 권세 아래 태어나고, 우리의 기원 자체가 죄책에 있다"고 말했다.[18] 아우구스티누스는 우리의 부패가 아담의 죄로 말미암은 죄책에 대한 형벌이라는 의미로, "원죄"는 "죄"이자 "그 자체로 죄에 대한 형벌이기도" 하다고 말했다.[19]

교회는 펠라기우스 때문에 생겨난 위기에 여러 가지 견해로 대응했는데, 많은 신학자는 준아우구스티누스주의 또는 반(半)펠라기우스주의라 부를 수 있는 입장을 취했다. 카르타고 공의회(418년)는 유아는 아담으로 말미암아 "원죄"를 지니고 태어난다고 단언했고(롬 5:12), 펠라기우스주의를 보편 기독교의 가르침과 반대되는 것으로 정죄했다.[20] 하지만 일부 신학자는 아우구스티누스의 예정론과 인간의 전적 무능력 교리를 배척했다. 요안네스 카시아누스(약 360-433년)는 아담의 타락은 인간의 자유의지를 약화시켜 하나님의 은혜가 필요하게 만들었지만, 하나님이 영혼을 구원하려면 여전히 자유의지와 은혜가 협력해야 한다고 말했다. 죄는 인간에게 상처를 입혔지만, 인간을 영적 죽음으로 내던지지는 않았다는 것이다. 오랑주 공의회(529년)는 은혜가 인간의 마음의 모든 선한 움직임을 유발한다고 단언함으로써 반(半)펠라기우스주의에 반대했지만, 영벌로의 주권적 유기에 대한 교리도 배척했다.[21] 오랑주 공의회의 결정은 중세 시대에 편찬되어 10세기 이래로 가장 흔히 사용된 공의회 문서집에서 빠져 있었으므로, 1538년에 출간될 때까

---

17) Bavinck, *Reformed Dogmatics*, 3:85.
18) Augustine, *Answer to Julian*, 2.3.5, in *Works*, 1/24:307에서 재인용. Ambrose, *Penance*, 1.3.13, in *NPNF*², 10:331을 보라.
19) Augustine, *Answer to the Pelagians, III: Unfinished Work in Answer to Julian*, 1.47, in *Works*, 1/25:73-74.
20) Wiggers, *An Historical Presentation of Augustinism and Pelagianism*, 171-173; Sanlon, "Original Sin in Patristic Theology," in *Adam, the Fall, and Original Sin*, ed. Madueme and Reeves, 86-88.
21) Kelly, *Early Christian Doctrines*, 371-372; Reinhold Seeberg, *Text-Book of the History of Doctrines*, trans. Charles E. Hay (Philadelphia: Lutheran Publication Society, 1905), 1:370-371, 380-382.

지 제한적인 영향력만을 지니고 있었다.[22]

중세 교회와 원죄

원죄에 대한 아우구스티누스의 견해와 준아우구스티누스적인 견해
는 중세 가톨릭교회에서 지속되었고, 우리가 물리적인 몸 또는 공유한
인간 본성을 통해 아담과 실제로 연합되어 있다는 것이 강조되었다. 캔
터베리의 안셀무스(약 1033-1109년)는 하나님이 자신의 선하심 가운데 아
담에게 "정의와 행복"의 인간 본성을 미래 세대에게 물려줄 특권을 수
여하셨지만, 아담은 타락한 본성을 물려주었는데, 타락한 본성은 여전
히 온전한 의를 이룰 의무를 지고 있었지만, 죄로 말미암아 부패해 속
죄해야 할 의무도 지고 있었다고 말했다.[23] 안셀무스에 따르면, 이 상
태가 미래 세대에 대물림된 것은 그들이 동정녀에게서 태어나신 그리
스도와는 달리 자연적이고 본성적인 능력과 의지를 통해 아담에게서
태어났기 때문이었다.[24] 하지만 안셀무스는 "아담의 죄는 유아에게 대
물림되므로, 유아는 스스로 죄를 짓지 않았어도 벌을 받아야 한다"는
것을 믿지 않았다.[25] 원죄는 개인적인 범죄가 아니라, 하나님을 대적하
는 인간 본성의 범죄라는 것이다.[26]

페트루스 롬바르두스는 아담 자손의 죄성은 본받는 방식이 아니라
자연적이고 본성적인 생식을 통해 그들의 첫 조상으로부터 온다고 가
르침으로써 아우구스티누스를 따랐다.[27] 롬바르두스는 생식을 대단히
물리적인 방식으로 보고, 모든 각각의 사람이 아담의 몸에서 나왔다고

---

22) A. N. S. Lane, introduction to John Calvin, *The Bondage and Liberation of the Will*, ed. A.
N. S. Lane, trans. G. I. Davies, Texts and Studies in Reformation and Post-Reformation
Thought (Grand Rapids, MI: Baker, 1996), xxviin94.

23) Anselm, *The Virgin Conception and Original Sin*, chap. 2, in *A Scholastic Miscellany:
Anselm to Ockham*, ed. and trans. Eugene R. Fairweather, Library of Christian Classics,
Ichthus Edition (Philadelphia: Westminster, 1956), 185.

24) Anselm, *The Virgin Conception and Original Sin*, chap. 23, in *A Scholastic Miscellany*,
ed. Fairweather, 195.

25) Anselm, *The Virgin Conception and Original Sin*, chap. 22, in *A Scholastic Miscellany*,
ed. Fairweather, 194.

26) Anselm, *The Virgin Conception and Original Sin*, chap. 23, in *A Scholastic Miscellany*,
ed. Fairweather, 197.

27) Lombard, *The Sentences*, 2.30.4 (2:146 - 147).

말했다.[28] 그는 성적 생식은 비이성적인 욕정을 포함할 수밖에 없으므로, 그 욕정이 몸에 주입되자마자 오염된 몸과 부패한 영혼을 지닌 유아를 만들어 낸다고 말했다.[29] 원죄는 몸 안의 "폭군"인 "정욕", 즉 내면에서 "쾌락에 끌리는 욕망"으로 이루어져 있으므로 결함이고, 하나님의 심판과 진노를 불러일으킬 수밖에 없다.[30]

토마스 아퀴나스도 원죄를 가르쳤다. 그는 로마서 5장 12절을 인용해, "첫 사람의 최초의 죄는 기원이 되어 그의 자손에게 대물림된다"고 말했다. 그는 "아담에게서 태어난 모든 사람은 그들의 최초의 부모에게서 받은 하나의 공통된 본성을 지니므로 한 사람이라고 할 수 있다"고 설명했다.[31] 통상적인 부모와 자녀 간의 관계와는 달리, 아담의 자손은 "그의 죄책을 공유한다."[32] 아담의 죄로 말미암아 인간의 본성이 지니고 있던 원의가 박탈되었으므로, 아담의 모든 자손은 죄에 대한 소질을 지니고 태어난다. 왜냐하면 "최초의 죄는 본성의 부패함으로 인간 본성을 감염시키기" 때문이다.[33] 원죄는 단지 의의 부재가 아니라, 죄를 향한 "습성" 또는 "성향", 즉 "정욕"이다.[34]

하지만 일부 프란치스코 수도회 신학자는 이 교리에 대한 타협을 시작했다. 그래서 토머스 브래드워딘(1349년 사망)은 "많은 사람이 맹목적으로 펠라기우스주의로 돌진하고 있다"고 탄식했다.[35] 오컴의 윌리엄(1347년 사망)과 가브리엘 비엘(1495년 사망)은 거듭나지 않은 사람은 타락한 상태에서 최선을 다함으로써 "재량 공로"를 쌓아 하나님에게서 은혜로 상을 받을 수 있다고 가르쳤다. 명목론 신학은 회심하지 않은 사람도 본성적으로 하나님에 대한 사랑에서 나오는 순전한 행위를 할

---

28) Lombard, *The Sentences*, 2.30.14 (2:152).
29) Lombard, *The Sentences*, 2.31.4 (2:154).
30) Lombard, *The Sentences*, 2.30.7–8 (2:148–149).
31) Aquinas, *Summa Theologica*, Pt. 2.1, Q. 81, Art. 1.
32) Aquinas, *Summa Theologica*, Pt. 2.1, Q. 81, Art. 1, Reply Obj. 1.
33) Aquinas, *Summa Theologica*, Pt. 2.1, Q. 81, Art. 2, Answer and Reply Obj. 3.
34) Aquinas, *Summa Theologica*, Pt. 2.1, Q. 82, Art. 1, 3.
35) Heiko A. Oberman, *The Dawn of the Reformation: Essays in Late Medieval and Early Reformation Thought* (Edinburgh: T&T Clark, 1986), 213에서 재인용; 참고, Calvin, *Institutes*, 3.11.15.

수 있고, 그 행위에 대해 하나님은 주입된 영적 은혜를 약속하셨다고 말함으로써 펠라기우스주의로 나아갔다.[36]

종교개혁 교회

종교개혁자들이 오직 은혜로 말미암은 구원을 강조했음을 감안하면, 종교개혁의 변증에서 원죄론이 아주 중요한 위치로 부상했다는 것은 이상하지 않다.

루터파 교회의 원죄론

마르틴 루터는 온 인류가 오직 나쁜 열매만 맺을 수 있는 나쁜 나무로 부패했다는 아우구스티누스적인 원죄관을 받아들여 가르쳤다.[37] 그는 하이델베르크 논쟁(1518년)에서 타락한 인간의 자유로운 선택은 죽을죄를 저지르는 것 외의 다른 것을 할 수 없다고 단언했다.[38] 원죄는 "원의의 결여" 이상의 것으로, "악을 향한 경향성", "선에 대한 역겨움, 빛과 지혜에 대한 혐오, 오류와 어둠에 대한 기쁨"이라고 말했다.[39] 루터는 아담이 자기 형상과 같은 셋을 낳았는데(창 5:3), 거기에는 "아담이 자신의 죄로 말미암아 초래한 원죄와 영원한 죽음의 형벌"도 포함되어 있었다고 말했다.[40] 이렇게 아담의 죄는 그의 자손에게 정죄와 부패 둘 모두를 가져다주었다.

르네상스 시기의 학자이자 로마 가톨릭 신학자였던 데시데리우스 에라스무스(1466-1536년)는 『자유의지론』(1524년)에서 인간의 부패에 대한 루터의 견해를 공격했다. 그는 성경은 흔히 "인간에게는 인간

36) Alister E. McGrath, *Iustitia Dei: A History of the Christian Doctrine of Justification*, 3rd ed. (Cambridge: Cambridge University Press, 2005), 146; Oberman, *The Harvest of Medieval Theology*, 132-133.
37) L'ubomir Batka, "Martin Luther's Teaching on Sin," December 2016, *Oxford Research Encyclopedias: Religion*, http://religion.oxfordre.com/view/10.1093/acrefore/9780199340378.001.0001/acrefore-9780199340378-e-373.
38) Luther, *Heidelberg Disputation*, in *LW*, 31:40, 48-49.
39) Luther, *Lectures on Romans*, in *LW*, 25:299 (롬 5:12).
40) Luther, *Lectures on Genesis*, in *LW*, 1:340 (창 5:3).

을 영원한 구원으로 이끄는 것을 받아들이거나 거부할 수 있는 능력이 있다"는 것을 확인해 준다고 주장했다.[41] 반(半)펠라기우스주의자와 마찬가지로 에라스무스는 죄는 인간의 자유의지에 상처를 입히긴 했지만 파괴하지는 않았다고 말했다.[42] 아담의 타락으로 인간의 의지는 죄의 노예가 되긴 했지만, 하나님의 보편 은혜는 인간의 의지를 회복시켜, 모든 사람에게 노력하기만 하면 더 큰 은혜를 발견할 수 있는 기회를 주셨다.[43] 하나님은 인간에게 명령하셨을 뿐 아니라, 자신이 명령한 것을 행할 수 있는 능력도 인간에게 주셨다.[44] 인간은 하나님의 은혜에 자신의 노력을 더해, 하나님이 명령하신 것을 이룰 수 있다. "우리에게는 하나님이 주시는 은혜를 거부할 수 있는 능력도 있기 때문이다."[45] 에라스무스는 구원을 대체로 은혜에 돌림으로써 펠라기우스주의를 피하려 했지만, 타락의 결과가 하나님의 보편 은혜로 말미암아 완화되었다고 보고, 인간의 자유의지도 구원에 작은 기여를 함을 강조했다.[46] 그 결과 그의 접근방법은 반(半)펠라기우스적인 것이 되었다.

에라스무스의 『자유의지론』를 반박하기 위해 루터가 쓴 『노예의지론』(1525년)은 인간의 죄와 자유만이 아니라 하나님의 예정과 섭리까지 광범위하게 파고든 책이다.[47] 루터의 이 책의 요지는 "하나님을 하나님 되게 하라"로 요약할 수 있다.[48] 루터는 숙명론을 펼친 것도 아니었고, 하나님이 죄의 원천이라고 말하려 한 것도 아니었지만, 사람들이 자신의 글을 그런 식으로 잘못 해석할지도 모른다고 생각했다.[49] 루터

41) Desiderius Erasmus, *A Diatribe or Sermon Concerning Free Will*, in *Discourse on Free Will*, trans. and ed. Ernst F. Winter (New York: Continuum, 1989), 20.
42) Erasmus, *Diatribe*, in *Discourse on Free Will*, 26.
43) Erasmus, *Diatribe*, in *Discourse on Free Will*, 22-23, 29.
44) Erasmus, *Diatribe*, in *Discourse on Free Will*, 32.
45) Erasmus, *Diatribe*, in *Discourse on Free Will*, 43-44; 참고, 60, 71, 77.
46) Erasmus, *Diatribe*, in *Discourse on Free Will*, 92-93.
47) 다음을 보라. Robert Kolb, *Bound Choice, Election, and Wittenberg Theological Method*, Lutheran Quarterly Books, ed. Paul Rorem (Grand Rapids, MI: Eerdmans, 2005); Joel R. Beeke, *Debated Issues in Sovereign Predestination: Early Lutheran Predestination, Calvinian Reprobation, and Variations in Genevan Lapsarianism* (Göttingen: Vandenhoek and Ruprecht, 2017), 13-24. 다음도 보라. *LW*, 25:385-394; 33:199, 272.
48) Kolb, *Bound Choice*, 32.
49) Luther, *Lectures on Genesis*, in *LW*, 5:50; *Bondage of the Will*, in *LW*, 33:175, 178-179.

는 모든 사람은 하나님의 진노 아래 있고(롬 1:18), 영적으로 선한 것이 전혀 없다고 말했다(3:9-20).[50] 성경은 "끊임없이 악으로 기우는 인간 의지의 성향과 동력"을 가르친다(참고. 창 6:5).[51] 하나님의 율법은 인간에게 율법을 지킬 능력이 있음을 보여 주지 않는다. 만일 하나님의 율법이 인간의 그런 능력을 보여 주는 것이라면, 모든 사람에게는 하나님 뜻을 완전하게 지킬 능력이 있다는 의미일 것이기 때문이다. 도리어 그것과는 정반대로 하나님의 율법과 명령은 죄인이 자기가 마땅히 행해야 할 것을 행할 수 없음을 보여 주어 그들을 그리스도께로 내모는 역할을 한다.[52]

루터파는 아우크스부르크 신앙고백(1530년)에서 "아담의 타락 이래로 자연에 따라 번식되는 모든 사람은 죄를 지니고, 즉 하나님에 대한 경외 없이, 하나님에 대한 신뢰 없이, 정욕을 지니고 태어나고", 이것은 "거듭나지 않은 사람을 정죄하여 영원한 죽음을 가져다준다"고 선언했다.[53] 사람들은 외적으로 의로운 행위를 행할 수 있는 자유의지를 여전히 보유하고 있어서 시민 사회를 유지할 수 있지만, 하나님의 말씀으로 말미암는 성령의 구원의 감화 없이는 마음속에 "영적인 의로움"을 만들어 낼 수 있는 능력이 없다.[54]

나중에 일치신조(1577년)에서 루터파는 원죄는 인간의 본성 자체가 아니라(죄는 물질적인 실체가 아니므로), 인간 본성에 널리 깊게 퍼져 있는 부패라는 것을 분명히 했다.[55] 인간 의지는 죄 안에서 죽어 있으므로(엡 2:5), 전적으로 하나님을 대적하고(롬 8:7), 자신을 변화시킬 수 없다. 하지만 성령이 하나님 말씀으로 말미암아 역사하기 시작해 은혜를 주셨을 때, 인간 의지는 "돕고 협력할" 수 있다.[56] 이 은혜의 초기 단계에

---

50) Martin Luther, *The Bondage of the Will*, trans. James I. Packer and O. R. Johnston (Grand Rapids, MI: Baker, 1957), 273-284. 번역자들은 이 전거들을 바이마른 판본의 Luther's *Works* (WA), 18:756-764와 연계시킨다.

51) Luther, *The Bondage of the Will*, 242 (WA, 18:736).

52) Luther, *The Bondage of the Will*, 152-158 (WA, 18:673-680).

53) Augsburg Confession (Art. 2), in *The Book of Concord*, 39.

54) Augsburg Confession (Art. 18), in *The Book of Concord*, 51.

55) Formula of Concord (Epitome, Art. 1), in *The Book of Concord*, 487-491.

56) Formula of Concord (Epitome, 2.3, 11), in *The Book of Concord*, 492-493; 참고,

서 인간은 하나님의 은혜에 저항하지 않아야 한다. "지속적으로 성령에 저항하고 진리와 맞서 완강하게 싸우는 자는……회심할 수 없기 때문이다."[57] 하지만 회심은 전적으로 성령의 선물이므로, 저항하지 않는 것 자체도 오직 성령이 주시는 은혜로 말미암아서만 가능하다.[58]

초기 개혁파 교회의 원죄론

원죄론은 개혁파 신학 초기부터 현저하게 부각되었다. 1차 스위스 신앙고백(8-9조)에서 하인리히 불링거(1504–1575년)를 비롯한 스위스 신학자들은 원죄는 "인류 전체로 퍼진……전염병"이라고 선언했다. 인간은 여전히 "자유의지"를 지니고 있지만, 그럼에도 불구하고 "우리가 선을 받아들여 따르는 것은 불가능하다(그리스도의 은혜의 빛을 받고 성령의 감동을 받을 때 외에는)."[59]

존 칼빈은 원죄를 우리가 아담에게서 "물려받은 부패"와 "타고난 결함"이라고 불렀다.[60] 칼빈은 사람은 단지 아담을 본받아 죄인이 된 것임을 부정하고, 만일 그런 것이라면 바울은 아담과 그리스도를 비교할 수 없었을 것이라고 말했다(롬 5:17). 도리어 아담은 "인간 본성의 뿌리"였고, 그 본성을 파멸로 내팽개쳤다. 이것은 단순히 죄책의 공유의 문제가 아니라, 인간 본성이 부패와 악으로 감염된 것의 문제이다.[61] 원죄는 "다른 사람의 범법을 책임지는 것"이 아니다. 도리어 우리가 아담의 죄로 말미암아 정죄 아래 놓이게 된 것은 우리가 실제로 어떤 죄를 범하기 전에 이미 그 똑같은 부패에 휘말려들었기 때문이다.[62] 아담의 죄가 그의 자손에게 미치게 된 것은 "육신이나 영혼의 실체"를 통해

Formula of Concord (Solid Declaration, 2.7 – 14), in *The Book of Concord*, 544 – 546.

57) Formula of Concord (Solid Declaration, 2.60), in *The Book of Concord*, 555. 다음도 보라. Formula of Concord (Epitome, 11.12; Solid Declaration, 11.40), in *The Book of Concord*, 518, 647.

58) Formula of Concord (Solid Declaration, 2.89), in *The Book of Concord*, 561.

59) *Reformed Confessions*, 1:344 – 345.

60) Calvin, *Institutes*, 2.1.5. 칼빈은 롬 5:12; 시 51:5를 인용했다.

61) Calvin, *Institutes*, 2.1.6.

62) Calvin, *Institutes*, 2.1.8. 참고, *Commentaries*, 롬 5:15, 17.

서가 아니라, "하나님이 그렇게 정하셨기 때문이다."[63]

칼빈은 원죄를 이렇게 정의했다. "영혼의 모든 부분에 퍼져 있는 우리 본성의 유전적인 타락과 부패로서, 먼저 우리를 하나님의 진노 아래 있게 하고, 다음으로 우리 안에 성경이 '육체의 일'[갈 5:19]이라 부르는 것들을 만들어 내는 것."[64] 칼빈이 인간 본성의 모든 부분의 부패를 강조한 것은 롬바르두스 같은 중세 신학자들이 주로 육신의 부패를 강조한 것과 대비된다.[65] 인간의 의지는 "인간의 본성과 분리될 수 없는 것이므로" 타락으로 파괴되지는 않았지만, "악한 욕망과 아주 단단히 묶여 있어 올바른 것을 추구할 수 없고", "오직 악을 낳을 수 있다."[66]

에라스무스가 루터를 공격했던 것처럼, 칼빈의 예정론과 원죄론은 알베르트 피기우스(약 1490-1542년), 제롬 볼섹(약 1510-1584년), 장 트롤리에(1550년에 활동), 세바스찬 카스텔리오(1515-1563년)의 반대를 받았다. 칼빈은 피기우스를 반박하기 위해 『인간의 선택의 예속과 해방에 대한 바르고 정통적인 교리에 관한 옹호』(1543)라는 글을 썼다.[67] 칼빈은 의지의 자유를 논의하면서, 강제로부터의 자유와 필연으로부터의 자유를 구별했다. 그는 전자를 인정했다. 인간의 의지는 심지어 타락한 상태에서조차도 "외적인 충동으로 말미암아 강제로 움직여지는" 것 없이 활동한다고 믿었기 때문이었다. 강제된 의지라는 말은 그 자체로 모순이다. 반면에 그는 후자를 거부했다. 인간의 의지는 어떤 외적 강제로 말미암아서가 아니라 "부패해서" "필연적으로 악한 것으로 내몰리고 악 외에는 아무것도 추구할 수 없다"고 보았기 때문이었다. 이런 이유로 칼빈은 의지의 "자유"라는 표현은 사람이 은혜 없이 하나님을 선택할 수 있다는 인상을 준다는 이유로 이 표현을 선호하지 않았다.[68]

개혁파 기독교는 원죄론을 주요한 초기 신앙고백 문서에 집어넣어

---

63) Calvin, *Institutes*, 2.1.7.
64) Calvin, *Institutes*, 2.1.8.
65) Calvin, *Institutes*, 2.1.9.
66) Calvin, *Institutes*, 2.2.12, 26.
67) Lane, introduction to Calvin, *The Bondage and Liberation of the Will*, xiv.
68) Calvin, *The Bondage and Liberation of the Will*, 68-69.

통합시켰다.[69] 벨기에 신앙고백(15조)에서는 이렇게 말한다.

> 우리는 아담의 불순종으로 말미암아 원죄가 온 인류에 미치
> 게 된 것을 믿는다. 원죄는 본성 전체의 부패이자 유전적인 질병
> 이고, 유아조차도 모태에서 원죄에 감염되며, 원죄는 인간 안에
> 서 온갖 종류의 죄의 뿌리로서 인간 안에서 온갖 종류의 죄를 낳
> 는다. 그러므로 원죄는 하나님이 보시기에 지극히 악하고 가증
> 스러운 것이어서 온 인류를 정죄하기에 충분하다.[70]

하이델베르크 교리문답(7-8문)에서는 이렇게 말한다. "인간 본성의
부패"는 "낙원에서 우리의 최초의 부모인 아담과 하와의 타락과 불순
종에서부터" 온다. "그래서 우리의 본성은 부패하게 되어, 우리는 모두
죄 가운데 잉태되고 태어나며", 우리의 본성은 "부패해서 우리는 어떤
선도 전혀 행할 수 없고 모든 악으로 기운다."[71]

트렌트 공의회 신학과 오늘날의 로마 가톨릭 신학의 원죄론

로마 가톨릭교회는 트렌트 공의회에서 낙원에서의 아담의 범법으로
말미암아 아담의 후손은 인간의 원의를 상실했고, 죄와 사망의 권세 및
하나님의 진노 아래 놓이게 되었다고 선언했다. 원죄는 본받음을 통해
서가 아니라 생식을 통해 대물림된다. 인간의 능력이나 공로로는 원죄
를 제거할 수 없고, 오직 그리스도의 은혜가 원죄를 제거할 수 있다.[72]
하지만 트렌트 공의회에서는 세례를 통해 원죄의 죄책과 오점은 완전
히 제거되고, 세례받은 자 안에 남아 있는 정욕은 단지 죄로 끌리는 것

---

69) First Confession of Basel (Art. 2); First Helvetic Confession (Art. 8); French Confession
   (Art. 10-11); Thirty-Nine Articles (Art. 9); Second Helvetic Confession (chap. 8), in
   Reformed Confessions, 1:288, 345; 2:144-145, 757, 820-822.
70) *The Three Forms of Unity*, 32.
71) *The Three Forms of Unity*, 70.
72) The Canons and Decrees of the Council of Trent, Session 5, Art. 1-3, in *The Creeds of
   Christendom*, ed. Schaff, 2:84-85. "복되고 순결한 동정녀 마리아"만은 예외였다(5조, 2:88).

일 뿐이므로, 죄라고 부르는 것은 옳지 않다고도 말했다.[73] 이 마지막 부분에서 로마 교회는 종교개혁의 입장을 거부했다.

전통적인 로마 가톨릭 신학에 따르면, 원의는 인간 본성에 더해진 초본성적인 은혜다. 그리고 원죄의 핵심은 인간 본성 전체의 부패가 아니라 원의라는 초본성적인 은혜의 상실에 있다. 정욕은 인간의 영이 이제 더 이상 육신 및 땅에 속한 육신의 욕망을 다스릴 수 있는 힘을 받지 못했을 때 생겨난다.[74] 그렉 앨리슨은 "가톨릭의 입장은 인간의 이성 또는 지성을 황폐화하는 죄의 효과를 최소화한다"고 말한다.[75] 로마 가톨릭 신학자들은 종교개혁자들이 "원죄가 인간을 철저하게 왜곡했고 인간의 자유를 파괴했다고 가르쳤다"고 말하면서, 펠라기우스주의자와 개신교 종교개혁자 둘 모두에 반대했다.[76] 우리는 오늘날 일부 로마 가톨릭 신학자들이 창세기와 전통적인 교리를 신화론적인 방식으로 재해석해, 인간의 타락에 대한 창세기 기사는 역사적 사실이 아니라, 인간의 도덕적이고 영적인 실패라는 보편적인 경험을 다룬 우화로 보아 왔다는 것을 유념해야 한다.[77]

16세기 신학 사상의 다른 흐름들

16세기에 소키아누스주의로 알려져 있는 반삼위일체적이고 합리주의적인 분파가 로마 가톨릭 신앙에 반대하는 자들 사이에서 생겨났다. 파우스투스 소키누스(1539-1604년)는 원죄론을 부정했다.[78] 그의 견해는 폴란드에서 영향력을 발휘했다. 라코우 교리문답(1605년에 나왔고, 1680년

---

73) The Canons and Decrees of the Council of Trent, Session 5, Art. 5, in *The Creeds of Christendom*, ed. Schaff, 2:87 - 88.

74) *Catechism of the Catholic Church* (New York: Doubleday, 1995), secs. 399 - 400, 405. 이 교리문답은 http://www.vatican.va/archive/ENG0015/INDEX.HTM에서 온라인상으로도 이용할 수 있다.

75) Gregg R. Allison, *Roman Catholic Theology and Practice: An Evangelical Assessment* (Wheaton, IL: Crossway, 2014), 128.

76) *Catechism of the Catholic Church*, sec. 406.

77) Roger Haight, "Sin and Grace," in *Systematic Theology: Roman Catholic Perspectives*, ed. Francis Schüssler Fiorenza and John P. Galvin (Minneapolis: Fortress, 1991), 2:93 - 94.

78) David Munro Corey, *Faustus Socinus* (1932; repr., Eugene, OR: Wipf and Stock, 2009), 108.

에 개정됨)에서는 "아담의 타락으로 말미암아 인간의 본성은 하나님이 형벌의 위협이나 상의 약속 아래 인간에게 요구하신 것들에서 하나님을 순종하거나 순종하지 않을 자유와 능력을 결코 박탈당하지 않았다"고 단언했다. 그리고 "아담의 타락은 단 한 번의 행위였으므로 그의 자손의 본성은 말할 것도 없고 그 자신의 본성을 부패시킬 능력도 지닐 수 없었다"는 말을 덧붙였다. 죄를 지으려는 성향은 실제로 죄를 짓는 습관에 따라 형성된다.[79] 영국의 소키누스주의자였던 존 비들(1615-1662년)은 "우리의 최초의 부모의 죄"가 "그들의 자손"에게 "지옥 불의 죄책을" 가져다주었고, "그들에게 있는 하나님의 형상을 지웠으며, 그들의 총명을 어둡게 했고, 그들의 의지를 예속시켰으며, 그들에게서 선을 행할 능력을 빼앗았고, 죽음을 야기했다"는 것을 부정했다.[80] 원죄에 대한 이런 완벽한 부정은 오늘날의 일위신론(Unitarianism)으로 이어졌다.

재세례파는 다양성을 지닌 분파여서, 그중 일부는 원죄를 부정하거나 최소화했지만,[81] 적어도 이 분파에 속한 신학자 중 일부는 그들만의 독특한 뉘앙스를 보여 줄지라도 원죄를 긍정했다. 발타사르 후프마이어(약 1480-1528년)는 아담의 타락으로 말미암아 하나님의 말씀으로 치유될 때까지 인간의 육신은 죄 외의 다른 것을 할 수 있는 능력을 상실했고, 혼은 무력한 상태에 놓이게 되었다고 말했다. 하지만 후프마이어는 자신의 인간론에서 영은 여전히 순수한 것으로 보았다.[82] 메노 시몬스(1496-1561년)는 아담의 타락으로 말미암아 아담 자신과 그의 모든 자손은 부패했고, 하나님의 의로우신 정죄 아래 놓이게 되었다고 가르쳤다.[83]

---

79) *The Racovian Catechism*, trans. and introduction Thomas Rees (London: Longman, Hurst, Rees, Orme, and Brown, 1818), 325 – 326.
80) John Biddle, *A Twofold Catechism* (London: J. Cottret, for Ri. Moone, 1654), 24 – 25. Owen, *Vindiciae Evangelicae*, in *Works*, 12:144를 보라.
81) Bavinck, *Reformed Dogmatics*, 3:87, 90.
82) Chankyu Kim, *Balthasar Hubmaier's Doctrine of Salvation in Dynamic and Relational Perspective* (Eugene, OR: Pickwick, 2013), 47 – 50.
83) Menno Simons, *A Clear, Incontrovertible Confession and Demonstration . . . and Solution of the Principal Points of the Defense of John A'Lasco against Us*, in *The*

종교개혁 이후의 교회

16세기 말과 17세기에 개혁파의 원죄론은 조직적인 도전에 직면했고, 신학적 방어로써 강화되었으며, 수정과 타협 때문에 위태로워졌다.

아르미니우스주의의 원죄론

야코부스 아르미니우스는 아담의 죄로 말미암아 그의 자연적이고 본성적인 자손은 원의를 상실하고 하나님의 진노 아래 죽을 처지에 놓여 있게 되었다고 가르쳤다.[84] 우리가 주목해야 할 것은 아르미니우스는 원죄가 원의의 상실과 부패의 존재로 이루어져 있는 것이 아니라, 오직 "원의의 부재"로 이루어져 있다고 보았다는 것이다.[85] 아르미니우스의 이런 견해는 로마 가톨릭의 견해와 아주 유사한 것이었다.

아르미니우스는 이렇게 말했다. "이 상태에서 참된 선에 대한 인간의 자유의지는 훼손되었고 불구가 되었으며 부실하게 되었고 굽어졌으며 약화되었을 뿐 아니라, 갇혔고 파괴되었으며 상실되었다……인간의 자유의지는 하나님의 은혜로 말미암지 않고는 어떤 것을 행할 능력이 없다."[86] 이 말은 그 자체로만 보면 개혁파의 전적 무능력 교리와 다른 것이 없다. 하지만 여기서 "은혜"가 무엇을 의미하는지를 보면 사정이 완전히 달라진다. 아르미니우스는 선행 은혜론을 제시해, 인간이 선행 은혜를 거부하지 않으면 더 큰 은혜를 받아 구원을 얻을 수 있다고 가르쳤다. 여기서 은혜는 필수적이지만, 구원이라는 결과와 관련해 인간의 의지는 결정적으로 중요하다.[87] 이 점에서 아르미니우스는 개혁파 신학으로부터 걸어나와 반(半)펠라기우스주의로 나아갔다.

아르미니우스 이후에 일부 아르미니우스주의자는 거기서 한 걸음 더

Complete Works of Menno Simons, 2 parts in 1 vol. (Elkhart, IN: John F. Funk and Brother, 1871), 2:155-156.

84) Arminius, *Public Disputations*, 7.15-16, in *Works*, 2:156-157.

85) Arminius, *Private Disputations*, 31.10, in *Works*, 2:375.

86) Arminius, *Public Disputations*, 9.7, in *Works*, 2:192.

87) Arminius, *Declaration of Sentiments*, in *Works*, 1:664; *Apology*, Art. 17, in *Works*, 2:20; *Certain Articles*, 17.13, 17, in *Works*, 2:722.

나아갔다. 필립 판 림보르흐는 아담의 죄는 인류에게 죽음을 가져다주었지만, 아담의 자손을 영적인 죽음 또는 영원한 죽음에 빠뜨리지 않았을 뿐 아니라, 그들에게 부패함이나 죄책을 직접적으로 전해 주지도 않았다고 말했다. 림보르흐는 "유아는 아담이 지음 받았을 때 원래 지니고 있던 것보다는 덜 순수하게 태어나고, 죄에 이끌리는 일정 정도의 성향도 지니지만, 이것은 아담이 아니라 유아의 친부모에게서 유래한다"고 말했다.[88] 림보르흐에게 죄는 언제나 본성의 부패가 아니라, 개인적이고 의지적인 행위였다.[89]

개혁파 정통 신학의 원죄론

개혁파 교회는 도르트 공의회(1618-1619년)에서 아르미니우스의 추종자들의 교설에 응답했다. 도르트 신조(세 번째와 네 번째 교리, 1-2조)에서는 이렇게 가르친다. 유일하게 그리스도를 제외하고는 모든 사람은 "각자의 친부모에게서 유래한 부패함을 지니고 있고", 거기에는 "눈먼 지성, 끔찍한 어둠, 허망하고 사악한 판단"이 포함되어 있다. 그래서 인간은 "마음과 의지에서 악하고 반역하며 완고하게" 되었고 "감정에서 불순하게" 되었다.[90] "거듭나지 않은 사람"은 "죄 가운데서 완전히 죽었고", "영적인 선에 대한 모든 능력이 결여되어 있다."[91] 원죄는 "그 자체로 온 인류를 정죄하기에 충분하다."[92] 어떤 사람이 복음을 거부할 때, "그 잘못은 그들 자신에게 있지만", 어떤 사람이 복음을 듣고 회심했을 때, 그것은 "다른 사람보다 자유의지를 제대로 행사하여 믿음에 충분한 은혜를 공급받은 그 사람에게 돌려져서는 안 되고……전적으로 영원 전에 자기 사람을 그리스도 안에서 택하신……하나님께 돌려져야

---

88) Van Limborch, *Compleat System*, 1:192.
89) John Mark Hicks, "The Theology of Grace in the Thought of Jacobus Arminius and Philip van Limborch: A Study in the Development of Seventeenth-Century Dutch Arminianism" (PhD diss., Westminster Theological Seminary, 1985), 67–73, http://evangelicalarminians.org/wp-content/uploads/2013/07/Hicks.-The-Theology-of-Grace-in-the-Thought-of-Arminius-and-Limborch.pdf.
90) *The Three Forms of Unity*, 140.
91) Canons of Dort (Head 3/4, Rej. 4), in *The Three Forms of Unity*, 149.
92) Canons of Dort (Head 3/4, Rej. 1), in *The Three Forms of Unity*, 148.

한다."⁹³⁾ 회심은 "죽은 자 가운데서의 부활"로서, 받아들이거나 거부하는 인간의 능력에 있지 않다.⁹⁴⁾

웨스트민스터 신앙고백(6.2-4)에서도 아담과 하와가 하나님의 금지 명령에 불순종함으로써 "원의와 하나님과의 친교에서부터 떨어져 죄 가운데 죽게 되었고, 영혼과 육신의 모든 기능과 부분이 전적으로 더러워졌다"고 말한다. 그 결과 "그들[아담과 하와]은 온 인류의 뿌리여서, 이 죄의 죄책은 전가되어, 죄 안에서의 똑같은 죽음과 부패한 본성이 통상적인 출생을 통해 그들에게서 태어난 모든 자손에게 전해졌다." 이 말은 아담이 지닌 인류의 머리로서의 지위가 자연적이고 본성적인 것("출생……뿌리")임과 동시에 법적인 것("죄책……전가되어")임을 전제한다.⁹⁵⁾ 웨스트민스터 성직자들은 "이 원래의 부패로 말미암아 우리는 모든 선을 전적으로 내키지 않아 하고, 할 수 없게 되었으며, 반대하게 되었고, 전적으로 모든 악으로 기울어져 모든 자범죄로 나아가게 된다"고 말했다.⁹⁶⁾ 아담의 죄는 "인류에게 죄와 불행의 상태를 초래했는데", 이것은 하나님이 "아담과 맺으신 언약은 그 자신만이 아니라 그의 자손을 위한 것이어서, 그에게서 통상적인 출생을 통해 태어난 온 인류는 그의 최초의 범죄를 통해 그의 안에서 범죄했고 그와 함께 타락했기" 때문이다.⁹⁷⁾

스위스 일치신조(10조)에서는 이렇게 말한다.

아담의 죄는 하나님의 신비롭고 의로우신 심판에 따라 그의 모든 자손에게 전가된다. 사도는 "아담으로 말미암아……모든 사람이 죄를 지었고", "한 사람이 순종하지 아니함으로 많은 사

---

93) Canons of Dort (Head 3/4, Art. 9-10), in *The Three Forms of Unity*, 143.
94) Canons of Dort (Head 3/4, Art. 12), in *The Three Forms of Unity*, 145. See 3/4.r8 (152).
95) Westminster Shorter Catechism (Q. 16), in *Reformed Confessions*, 4:355를 보라. 19세기 미국 장로교에서 벌어진 인류의 머리로서의 아담의 지위의 본질에 대한 논쟁에 대해서는 George P. Hutchinson, *The Problem of Original Sin in American Presbyterian Theology* (Nutley, NJ: Presbyterian and Reformed, 1972)를 보라.
96) Westminster Confession of Faith (6.4), in *Reformed Confessions*, 4:241-242.
97) Westminster Shorter Catechism (Q. 16-17), in *Reformed Confessions*, 4:355.

람이 죄인 되었으며"(롬 5:12, 19), "아담 안에서 모든 사람이 죽었다"(고전 15:21-22)고 증언한다. 그러나 그 죽음의 형벌을 초래한 어떤 사람의 죄가 선행되지 않았다면, 하나님의 의로우신 심판에 따라 유전적인 부패함이 영적인 죽음과 함께 온 인류에게 임할 수 있는 길은 없었다. 왜냐하면 온 땅의 최고의 심판주이신 하나님은 죄를 지은 자 외에는 아무도 벌하지 않으시기 때문이다.[98]

개혁파 정통 신학과 영국의 청교도 신학은 호교적 논쟁과 실천적 함의 둘 모두에서 계속해서 원죄론을 유지했다. 앤서니 버기스는 『원죄론: 신구의 대적들인 소키누스주의자, 교황주의자, 아르미니우스주의자, 재세례파의 주장을 반박하여 원죄론을 바르게 세우고, 실천적으로는 가장 낮은 수준의 교육에 유익을 끼치기 위해 개선한 것』이라는 제목을 지닌 555쪽의 글을 썼다.[99] 토머스 굿윈도 『하나님 앞에서 거듭나지 않은 사람의 죄책: 죄와 형벌이라는 관점에서』라는 비슷한 분량의 글을 썼는데, 그중 상당 부분은 아담의 죄책과 부패함이 인류에게 전가되고 전해지는 것을 다룬 내용이다.[100]

개혁파 원죄론의 두 가지 주목할 만한 특징은 전적 타락과 전적 무능력이다. 우리는 이 장의 처음에서 전적 타락을 정의했다. 굿윈은 전적 타락을 이렇게 요약했다. "죄는 우리 영혼의 모든 능력의 무질서와 혼란 외의 다른 것이 아니다. 죄로 말미암아 우리는 반역자로 변하고, 하나님에게 굴복하지 않으려 한다(롬 8:7)."[101] 전적 무능력은 타락한 인간은 사회에 유익한 것을 아무것도 할 수 없음을 의미하는 것이 아니라,

---

98) *Reformed Confessions*, 4:523. 이것은 도르트 신조(세 번째와 네 번째 교리, 2조)에 나오는 "하나님의 의로우신 심판의 결과로"에 대한 설명이다(*Reformed Confessions*, 4:135).

99) Anthony Burgess, *The Doctrine of Original Sin, Asserted and Vindicated against the Old and New Adversaries Thereof, Both Socinians, Papists, Arminians, and Anabaptists. And Practically Improved for the Benefit of the Meanest Capacities* (London: by Abraham Miller for Thomas Underhill, 1658).

100) Goodwin, *An Unregenerate Man's Guiltiness before God, in Respect of Sin and Punishment*, in *Works*, 10:1-567.

101) Goodwin, *An Unregenerate Man's Guiltiness*, in *Works*, 10:125.

거듭나게 하는 은혜 없이는 하나님을 기쁘시게 하는 것을 아무것도 할 수 없고, 하나님이 요구하시는 선을 행하려는 의지의 첫걸음도 뗄 수 없음을 의미한다. 버기스는 이렇게 말했다. "그것은 이 원죄로 말미암아 선을 행할 수 있는 우리의 능력이 상실되었음을 의미하는 것처럼, 선을 행하려는 우리의 의지와 욕망이 상실되었다는 것도 의미한다…… 따라서 우리는 인간이 비참하게 더럽혀져 있고 스스로는 아무것도 할 수 없지만, 모든 예속 상태에서부터 자유롭게 되려고 간절히 진심으로 원한다고 생각해서는 안 된다." 반대로 인간의 원죄는 하나님의 율법과 복음을 "원하지 않고 싫어하는 것"을 포함한다. 인간의 의지는 하나님을 철저하게 대적한다.[102]

1720년에 토머스 보스턴은 『인간 본성의 4중 상태: 최초의 흠 없는 상태, 전적 타락, 회복의 시작, 행복 또는 불행의 완성』이라는 책을 출간했고, 이 책은 스코틀랜드 개혁파 실천신학의 고전이 되었다.[103] 이 책에서 "자연 상태"를 다룬 두 번째 부분에서는 인간의 죄성, 하나님의 진노 아래에서의 불행, 스스로의 힘으로 자신을 구원할 수 없는 무능력을 다룬다. 보스턴의 책은 이 주제에 대한 저술 가운데서 최고의 책 중 하나로 평가되어 왔다(『인간 본성의 4중 상태』, 부흥과개혁사 역간, 2015).

원죄론에 대한 오늘날의 공격

존 테일러(1694-1761년)가 『자유롭고 솔직한 검토를 위해 제시한 원죄에 대한 성경의 가르침』이라는 책을 출간하면서, 원죄론은 신앙고백 위에 서 있는 기독교회 안에서 또 다시 공적인 공격을 받게 되었다.[104] 테일러는 자기가 성경을 믿는다고 고백했지만, "인류의 상식 및 이해력

---

102) Burgess, *The Doctrine of Original Sin*, 97‒98.
103) Thomas Boston, *Human Nature in Its Fourfold State: Of Primitive Integrity, Entire Depravation, Begun Recovery, and Consummate Happiness or Misery* (Edinburgh: James McEuen and Co., 1720). 우리는 다른 곳에서 이 책을 인용할 때 앞에서 인용한 '배너 오브 투르스'(Banner of Truth)의 1964년 재간행본을 사용할 것이다.
104) John Taylor, *The Scripture-Doctrine of Original Sin Proposed to Free and Candid Examination* (London: for the author, by J. Wilson, 1740).

과 상반되는"성경 해석은 받아들여져서는 안 된다고 말했다.[105) 그래서 그는 타락은 인간 이성에 중요한 수준의 부패를 초래하지 않았다는 전제 아래 원죄에 대한 탐구를 시작함으로써 의구심을 자초했다. 그가 아담의 죄는 단지 개인적인 것이었고, 그의 자손에게 죽음 외에는 어떤 것도 초래하지 않았다고 결론을 내린 것은 이상한 일이 아니다.[106) 테일러의 책은 인기를 끌었고 영향력이 있어 20년 동안 3판을 찍었고, 저자가 죽은 후인 1767년에는 4판이 간행되었다.[107)

테일러의 이단적인 인간론은 영국에서 격렬한 반발을 불러일으켜, 아이작 와츠(1764-1748년), 데이비드 제닝스(1691-1762년), 존 웨슬리(1703-1791년) 등이 그를 반박하는 책을 썼다.[108) 웨슬리의 책은 주로 "다른 사람들의 저작, 특히 와츠의 저작을 길게 발췌한 내용"으로 이루어져 있었다.[109) 웨슬리는 "타락이 인류에게 죄와 불행의 상태를 초래했다"는 웨스트민스터 성직자들의 말에 동의했다.[110) 그는 "우리의 본성은 깊이 부패되어 있고, 악으로 기울어져 있으며, 영적으로 선한 모든 것을 싫어하므로, 초본성적인 은혜 없이는 하나님이 기뻐하시는 것을 행하려 하지도 않고 행할 수도 없다"고 말했다.[111) 하지만 웨슬리는 아르미니우스처럼 보편적이고 선행적인 은혜론을 덧붙였다. "사람들이 본성적으로 어떤 상태에 있든, 하나님의 은혜는 정도 차이는 있지만 모든 사람에게 주어졌다. 사람들은 본성적으로는 전적으로 모든 악으로 기울어져 있지만, 은혜에 의지해 모든 선함을 회복할 수 있다."[112) 웨슬리는

---

105) Taylor, *The Scripture-Doctrine of Original Sin*, 3.
106) Taylor, *The Scripture-Doctrine of Original Sin*, 13, 19, 23, 25, 35.
107) G. T. Eddy, *Dr. Taylor of Norwich: Wesley's Arch-Heretic* (Eugene, OR: Wipf and Stock, 2003), 51. 에디는 테일러가 후속 저작에서는 대속을 부정했다고 말한다(53).
108) Isaac Watts, *The Ruin and Recovery of Mankind: or, an Attempt to Vindicate the Scriptural Account of These Great Events upon the Plain Principles of Reason* (London: R. Hett and J. Brackstone, 1740); David Jennings, *A Vindication of the Scripture-Doctrine of Original Sin, from Mr Taylor's Free and Candid Examination of It* (London: R. Hett and J Oswald, 1740); John Wesley, *The Doctrine of Original Sin According to Scripture, Reason, and Experience* (Bristol: E. Farley, 1757).
109) Eddy, *Dr. Taylor of Norwich*, 103.
110) Wesley, *The Doctrine of Original Sin*, 135.
111) Wesley, *The Doctrine of Original Sin*, 154.
112) Wesley, *The Doctrine of Original Sin*, 139; 참고, 154. 원본에서 이 인용문의 첫 번째 문장

토머스 보스턴의 『인간 본성의 4중 상태』를 60쪽으로 발췌한 내용으로 자신의 책을 끝맺었다.[113]

대서양을 건너 조나단 에드워즈도 테일러를 반박했다.[114] 그는 성경은 모든 사람이 죄를 지어 행위로 의롭다 함을 얻을 수 없다고 말하므로, 모든 사람은 율법에 따라 정죄를 받아 하나님의 형벌을 받게 되어 있다고 말했다.[115] 이것은 모든 사람이 도덕적 악에 이끌리는 강력하고 전반적인 경향성에 종속되어 있음을 보여 주는 것이라고 그는 말했다.[116] 또한 인간의 본성이 타락했으므로, 사람들은 영적인 "어리석음과 우둔함"의 상태에 놓여 있어서, 하나님이 피조세계와 말씀을 통해 자신을 계시하셨는데도 참 하나님보다는 우상을 선택한다고 말했다.[117] 테일러는 바울이 아담의 불순종으로 말미암아 인간에게 임했다고 말한 "죽음"(롬 5장)을 단순히 육신의 죽음으로 해석하려 했지만, 에드워즈는 로마서 전체에 걸쳐 사용한 "죽음"의 용례를 살펴보면 바울이 말한 "죽음"은 육신의 죽음을 훨씬 뛰어넘는 것인데도, 테일러는 그 점을 고려하지 못했다고 지적했다.[118] 에드워즈의 저작은 18세기에 6판까지 나왔고, 19세기의 첫 40년 동안 6판을 더 찍었다.[119]

19세기에 시작된 근대주의적 자유주의 신학은 원죄로의 타락을 부정했고, 인간의 선함에 대한 거짓된 낙관론을 단언했다. 프리드리히 슐라이어마허는 창세기의 역사적 진정성을 부정했다.[120] 그는 경건은 단지 몇몇 개인에게서만 발견되는 것이 아니라, "인간의 본성 일반"에서 발견되는 "삶의 보편적 요소"인 "절대적 의존의 감정"이라고 정의

은 수사의문문의 일부였다. "사람들이 본성적으로 어떤 상태에 있든, 하나님의 은혜는 정도 차이는 있지만 모든 사람에게 주어져 있는 것이 아니겠는가?"

113) Wesley, *The Doctrine of Original Sin*, 463–522.
114) Jonathan Edwards, *The Great Christian Doctrine of Original Sin Defended . . . A Reply to the Objections and Arguings of Dr. John Taylor* (Boston: S. Kneeland, 1758).
115) Edwards, *Original Sin*, in *WJE*, 3:114–115. 그는 왕상 8:46; 욥 9:2-3; 시 143:2; 전 7:20; 롬 3:19; 갈 2:16; 3:10; 고후 3:6-9; 요일 1:7-10을 인용한다.
116) Edwards, *Original Sin*, in *WJE*, 3:120.
117) Edwards, *Original Sin*, in *WJE*, 3:148–149, 152. 에드워즈는 시 115:4-8; 렘 2:12-13; 로마서 1장의 후반부를 언급한다.
118) Edwards, *Original Sin*, in *WJE*, 3:305–308.
119) Clyde A. Holbrook, introduction to Edwards, *Original Sin*, in *WJE*, 3:93.
120) Schleiermacher, *The Christian Faith*, 40 (1:151).

했다.[121] 이 경건은 "연약하고 억압되어 있긴" 하지만, "인간 본성에 이미 존재하는 가운데" 그리스도의 감화로 말미암아 "자극되기"를 기다리고 있다.[122] 알브레히트 리츨(1822-1889년)은 죄인들은 서로 영향을 미친다는 것을 인정했지만, 죄의 기원은 각 개인의 선택 외의 다른 곳에 있음을 부정했다.[123] 따라서 20세기 초의 근대주의적 자유주의 신학자들은 인간은 기본적으로 선하다는 일종의 펠라기우스주의를 가르쳤다.[124] 인간 진화론과 결합된 자유주의 신학은 "인류는 교육이나 사회 정의 같은 외적인 수단을 통해 개선되어 가는" 것으로 보았다.[125]

20세기 전반의 전쟁과 만행 때문에 깨어난 신정통주의 신학자들은 인간의 죄와 관련해 그들의 선생이자 동료였던 근대주의적 자유주의 신학자들보다 더 현실적인 견해로 되돌아갔다. 하지만 신정통주의 신학자들은 인류의 보편적인 죄의 뿌리를 아담의 죄에 두지는 않았다. 칼 바르트는 역사 속에서 인간의 타락이 아담 안에서 일어났다는 것을 부정했고, 그 대신에 "아담"을 모든 사람의 교만의 상징으로 해석했다.[126] 에밀 브루너는 사도 바울이 말한 대로 "죄가 지금 인간과 인성 전체를 지배하고 있다"는 것을 인정했지만, 창세기가 인간의 타락을 가르치고 있고, 그것이 바울의 주된 주제라는 것을 부정했다. "모든 사람이 정죄를 받게 되는 직접적인 원인은 아담의 타락이 아니라 모든 사람이 죄를 지었기 때문이다."[127] 인류 역사에 대한 과학적 재구성과 인간의 책임을 고려했을 때, 우리는 원죄론을 포기할 수밖에 없다고 브루너는 말했다.[128]

근대주의적인 자유주의 신학과 신정통주의 신학은 둘 다 성경의 역

---

121) Schleiermacher, *The Christian Faith*, 33 (1:134).
122) Schleiermacher, *The Christian Faith*, 106 (2:476).
123) Bavinck, *Reformed Dogmatics*, 3:45 - 46, 88에서 재인용.
124) J. Gresham Machen, *Christianity and Liberalism* (1923; repr., Grand Rapids, MI: Eerdmans, 1992), 64.
125) Bavinck, *Reformed Dogmatics*, 3:46 - 47.
126) Barth, *The Epistle to the Romans*, 181; Barth, *Christ and Adam*, 78 - 79.
127) Brunner, *Man in Revolt*, 119 - 120n.
128) Brunner, *Man in Revolt*, 120 - 121.

사적 기사에 대한 회의적인 견해를 토대로 원죄를 부정했다.[129] 그들은 그렇게 함으로써 기독교의 구원론을 근본적으로 다시 구축해야 했다. 바울의 신학은 아담의 타락과 그리스도의 구원 사역의 대비를 축으로 전개된다(롬 5장). 따라서 우리가 아담이 역사 속에서 죄를 지었고, 그 죄가 그의 자연적이고 본성적인 자손에게 전가되었다는 교리를 버리게 되면, 우리는 인간의 불행에 대한 성경의 진단을 버리는 것이고, 따라서 그리스도의 복음이라는 성경의 치료책도 버리는 것이다.

원죄론의 역사에 대한 요약적 성찰

성경적인 기독교는 가장 초기부터 아담의 죄가 인류에 미친 파괴적인 결과를 인정해 왔다. 아담이 하나님의 명령을 어긴 것은 단순히 개인적인 범죄이기는커녕, 인류를 타락시켜 영적인 부패와 죽음의 상태로 떨어뜨렸다. 하지만 교회는 대대로 도덕적 주체로서의 인간과 인간의 책임에 대해서도 단언해 왔다. 이 두 가지 교리를 모두 인정하고 통합하는 것은 쉬운 일이 아니라는 것이 그 동안 증명되어 왔다.

펠라기우스주의는 원죄론을 버리고, 내면의 중생의 은혜 없이 선을 선택할 수 있는 인간 의지의 능력을 단언하는 방식으로 이 문제를 해결하려 한다. 정통 기독교는 그런 해법을 모든 사람이 아담의 타락 이래로 죄악 되고 죄의 노예가 되어 있으며 정죄 아래 있다고 말하는 성경의 가르침과 반대되는 것으로 보고 배척한다(롬 3:10-20; 5:12-19; 6:17). 그럼에도 펠라기우스적인 인간관은 신앙고백을 한 그리스도인 사이에서 주기적으로 다시 표면으로 떠오른다.

루터, 칼빈, 개혁파 교회가 재천명하고 분명히 한 아우구스티누스 전통에서는 인간의 죄악 된 상태는 오직 구원하는 은혜의 변화시키는 능력으로 치료될 수 있다고 가르친다. 인성은 보편적으로 죄의 노예가 되어 있고(전적 무능력, 롬 8:7-8), 인성의 모든 측면에서 죄의 노예가 되어

---

129) 특별 계시에 대한 자유주의 신학과 신정통주의 신학의 견해에 대해서는 이 책 1권 364-375, 387-394를 보라.

있다(전적 타락. 딛 3:3). 인간은 여전히 죄에 대해 도덕적인 책임이 있지만, 하나님이 예수 그리스도의 은혜로 말미암아 구원하실 때까지는 영적으로 죽어 있다(엡 2:1-10).

하지만 대대로 많은 신학자가 아우구스티누스주의와 펠라기우스주의 사이의 중간노선을 만들어 내려는 시도를 해 왔다. 이 중간노선에서는 인간이 하나님의 은혜로 부분적으로 치료가 되면, 사람들은 더 큰 은혜를 받을 수 있는 능력을 갖게 된다고 주장한다. 이 해법은 구원의 영광을 전적으로 하나님께 돌리려 하지만, 실제적으로는 인간에게 구원을 궁극적으로 거부할 수 있는 능력을 부여한다는 점에서, 논리적으로는 구원의 영광을 인간과 하나님이 나누어 갖게 하는 것이 될 수밖에 없다. 결국 하나님은 인간으로 하여금 자원하여 은혜에 협력하게 할 수 없어 단독으로는 인간을 구원하실 수 없기 때문이다. 따라서 이 중도적인 견해는 하나님은 최선을 다해 노력하는 사람을 구원하신다는 중세 시대의 공식을 밑받침해 줄 뿐이다. 그런 견해가 지닌 함의 전체를 받아들이는 경우에는 오직 은혜로 말미암는 구원을 전하는 복음이 파괴되고, 복음은 인간을 구원할 수 없는 율법으로 대체되고 만다.

성경은 원죄에 대해 무엇을 가르치고, 성경의 원죄론은 자유의지라는 문제와 어떤 관계에 있는가? 우리는 다음 세 장에 걸쳐 이 문제를 살펴보겠다.

묵상과 토론을 위한 질문

1. 다음 용어를 정의하라. (1) 원죄, (2) 전적 타락.

2. 처음 여러 세기의 기독교 신학자들이 가르친 인간의 영적 상태에 대한 교리 속에는 어떤 긴장 관계가 있는가?

3. 원죄와 은혜에 대한 다음 신학자의 가르침을 짧게 설명하라. (1) 펠라기우스, (2) 아우구스티누스, (3) 요안네스 카시아누스, (4) 캔터베리의 안셀무스, (5) 토마스 아퀴나스, (6) 오컴의 윌리엄.

4. 루터파 교회는 아우크스부르크 신앙고백과 일치신조에서 원죄와 구원의 은혜에 대해 무엇을 단언했는가?

5. 당신은 1차 스위스 신앙고백, 벨기에 신앙고백, 하이델베르크 교리문답에 선언된 원죄에 대한 개혁파의 입장을 어떻게 요약하겠는가?

6. 로마 가톨릭교회는 트렌트 공의회에서 이 교리에 대해 어떻게 말했는가?

7. 원죄에 대한 야코부스 아르미니우스의 견해는 무엇이었는가? 필립 판 림보르흐 같은 후대의 아르미니우스주의들은 어떠했는가?

8. 도르트 신조는 사람들이 원죄론에 부합하는 방식으로 어떻게 복음에 응답한다고 설명하는가? 이것은 복음에 대한 우리 자신의 응답을 바라보는 데 어떤 영향을 미치는가?

더 깊은 성찰을 위한 질문

9. 카시아누스와 존 웨슬리 같은 신학자들은 보편 은혜를 가르침으로써 원죄론을 어떻게 수정했는가? 이것은 영원한 멸망에 처해지게 될 죄인에 대한 우리의 견해에 어떤 영향을 미치는가?

10. 존 테일러는 우리의 원죄론은 인간의 상식 및 이해와 상충되어서는 안 된다고 말했다. 이것은 타당한 접근방법인가? 그렇거나 그렇지 않다면 그 이유는 무엇인가?

20장

죄의 상태(2부)

보편적인 죄, 전가된 죄책, 의의 결여

원죄는 인기 있는 개념이 아니다. 장 자크 루소처럼 생각하는 것이 훨씬 더 일반적이다. 그는 이렇게 말했다. "내가 나의 모든 글에서 추론한 도덕의 근본 원리는……인간은 본성적으로 선한 존재이고 정의와 질서를 사랑한다는 것, 인간의 마음은 원래부터 사악한 것이 아니라는 것, 본성의 최초의 움직임은 언제나 옳다는 것이다."[1] 오늘날의 많은 사람들처럼 루소는 인간의 죄는 사회의 불평등 때문이라고 말했다.[2] 희생자를 양산하는 문화 속에서 살아가는 것이 문제라는 것이다. 반면에 인간의 부패와 정죄에 대한 성경의 가르침에 대해서는 오늘날의 사람들은 비정상적으로 부정적이고 사랑이 없으며 비인간적이라고 생각하는 경우가 흔하다.

원죄론은 논란이 되고 있지만, 죄가 실재한다는 것은 반박할 수 없을 정도로 분명하다. 죄의 독은 요람에서 시작되고, 아이들의 거짓말과 놀이터에서의 잔인성에서 죄는 자신의 추악한 머리를 든다. 죄는 우리

---

1) Jean-Jacques Rousseau, *Letter to Beaumont* (1763), in *The Collected Writings of Rousseau, Volume 9, Letter to Beaumont, Letters Written from the Mountain, and Related Writings*, trans. Christopher Kelly and Judith R. Bush, ed. Christopher Kelly and Eve Grace (Hanover, NH: University Press of New England, 2001), 28.
2) Tatha Wiley, *Original Sin: Origins, Developments, Contemporary Meanings* (New York: Paulist, 2002), 112–113.

의 관계를 왜곡하고, 우리의 사업상의 거래를 추악하게 만들며, 우리의 성생활을 더럽히고, 우리 세계를 훼손한다. 죄의 파괴적인 효과는 결혼 생활의 파탄에서 인종 학살의 전쟁에 이르기까지 광범위하다. 우리가 마지막 숨을 쉴 때까지 죄는 우리를 놓아주지 않고, 죄 가운데 죽는 것보다 더 끔찍한 최후는 없다.

하나님 말씀은 우리 죄를 우리에게 다시 보여 주어, 우리로 하여금 회개하고 그리스도를 믿어 구원받아 점점 더 순종의 자유함 가운데 행하게 해 주는 거울과 같다(약 1:21-25). 따라서 하나님이 이 암울한 죄론에 대해 우리에게 계시해 주신 것을 듣는 것은 필수적이므로, 우리는 듣기가 불편하더라도 경청해야 한다.

보편적인 죄의 상태

바울이 여러 구약 성경 본문을 통해 보여 주듯(롬 3:9-18), 죄의 상태는 '어떤 윤리적이거나 종교적인 배경을 가지고 있느냐'와는 상관없이 인간의 보편적인 상태다. 존 머리는 "사도는 구약 성경에서부터 인간의 성품과 행위를 광범위하게 보여 주는 일련의 고발문을 선별해 가져와, 어떤 측면에서 인간을 바라보더라도 인간에 대한 성경의 판결은 보편적인 전적 타락임을 보여 준다"고 주해했다.[3] 에드워드 레이놀즈는 "모든 사람, 그리고 인간의 모든 부분은 죄책과 죄의 권세 아래 갇혀 있다"고 말했다.[4] 예컨대 바울은 "의인은 없나니 하나도 없으며 깨닫는 자도 없고 하나님을 찾는 자도 없고 다 치우쳐 함께 무익하게 되고 선을 행하는 자는 없나니 하나도 없도다"(10-12절)라고 말한다. 그런 후에 사도는 인간의 말(13-14절), 행위(15-17절), 생각(18절)의 부패에 대해 쓴다.

이것이 성경 전체의 증언이다. 창세기 3장 이래로 성경의 역사는 죄의 역사다. 이스라엘의 역사는 여호와 하나님을 대적한 반역과 불신

---

3) Murray, *The Epistle to the Romans*, 1:102.
4) Reynolds, *The Sinfulness of Sin*, in *Works*, 1:121.

앙의 연대기다.[5] 솔로몬은 "범죄하지 아니하는 사람이 없사오니"(왕
상 8:46)라고 증언했다. 이스라엘의 주변 나라들은 우상숭배, 음행, 불의
에 빠져 있었다.[6] 지혜자는 "내가 내 마음을 정하게 하였다 내 죄를 깨
끗하게 하였다 할 자가 누구냐"(잠 20:9)고 반문한다. "선을 행하고 전
혀 죄를 범하지 아니하는 의인은 세상에 없다"(전 7:20). 군왕들과 나라
들은 여호와 하나님을 대적해 광분한다(시 2:1-2). 종교인은 입으로는 하
나님을 공경하지만, 마음으로는 하나님에게서 멀고, 지혜자의 지혜는
죽었다(사 29:13-14). 토머스 굿윈은 죄는 "지면 전체를 뒤덮고 있는 홍
수"라고 말했다.[7]

아이라고 해서 이 영적인 전염병에서 자유로운 것은 아니다. 인간의
마음의 움직임은 "어려서부터 악하다"(창 8:21). 다윗은 자기가 모태에
잉태된 순간부터 "죄악 중에" 있었고 "죄 중에" 있었다고 고백했다(시
51:5). 그는 자신의 상태를 죄에 대한 잠재력이나 경향성이라고 부른 것
이 아니라, 자신의 상태가 죄 가운데 있는 상태라고 말했다. 아이는 성
인에 비해 어느 정도 순수함을 지니고 있긴 하지만(사 7:16), 부모와 교사
의 경험은 "악인은 모태에서부터 멀어졌음이여 나면서부터 곁길로 나
아가 거짓을 말하는도다"(시 58:3)라고 말하는 성경의 증언을 확인시켜
준다.[8] 슬프게도 우리는 아이에게 죄를 짓는 법은 가르칠 필요가 없는
반면, 조금이라도 죄를 덜 짓게 하려면 훈련시켜야 한다. "아이의 마음
에는 미련한 것이 얽혔기" 때문이다(잠 22:15). 여기서 "미련한 것"은 생
각이 단순하다는 뜻이 아니라, 제멋대로 행하는 도덕적으로 파괴적인
고집을 가리킨다(5:23; 17:12).

신약 성경도 인류의 보편적인 죄악 됨을 선언한다. 베드로는 이사야
서 말씀을 되풀이한다. "너희가 전에는 양과 같이 길을 잃었더니"(벧전
2:25; 참고. 사 53:9). 정욕과 우상숭배 가운데 살아가는 것이 "이방인의 뜻"

---

5) 출 16:28; 32:7, 9; 신 29:4; 31:6, 29; 왕하 17:7-23; 느 9:16-17, 26-30, 33-35; 시 78편; 106편;
   단 9:5-15.
6) 사 44:9-20; 렘 10:1-16; 암 1장; 참고. 엡 4:17-19; 살전 4:5.
7) Goodwin, *An Unregenerate Man's Guiltiness before God*, in *Works*, 10:6.
8) Bavinck, *Reformed Dogmatics*, 3:89.

이다(벧전 4:3). 요한은 "만일 우리가 죄가 없다고 말하면 스스로 속이고 또 진리가 우리 속에 있지 아니할 것이요……만일 우리가 범죄하지 아니하였다 하면 하나님을 거짓말하는 이로 만드는 것이니 또한 그의 말씀이 우리 속에 있지 아니하니라"(요일 1:8, 10)고 경고한다. 야고보는 "우리가 다 실수가 많으니"(약 3:2 ESV)라고 말한다. 바울은 "모든 사람이 죄를 범하였으매 하나님의 영광에 이르지 못하더니"(롬 3:23)라고 쓴다. 하나님의 율법이 타락한 인간에게 결산을 요구할 때, 자신의 행위로 하나님 앞에서 의롭다 함을 얻을 사람은 한 사람도 없고, 온 세상이 "하나님의 심판 아래 있다"(19-20절).

우리 각자는 이 교리를 자신의 것으로 받아들여 이렇게 고백해야 한다. '나의 나라는 죄악 됩니다. 나의 가족은 죄악 됩니다. 나는 하나님을 대적해 죄를 지어 왔습니다. 나는 본성적으로 죄 가운데 있는 죄인입니다. 하나님의 은혜를 떠나서는 내 마음은 우상들을 만들어 내는 공장이고 더러움을 솟구쳐 내는 샘입니다. 내게는 하나님 앞에서 자랑할 것이 아무것도 없고, 나를 의롭다고 하고 다른 사람을 멸시할 명분이 없습니다. 만일 하나님이 나를 있는 그대로 심판하신다면, 나는 영원한 멸망에 처해져 지옥에 떨어지는 것이 마땅합니다.'

원죄의 치명적인 차원

성경은 이렇게 어디에나 스며들어 있는 부패의 뿌리로 하나의 원천을 보여 준다. "한 사람으로 말미암아 죄가 세상에 들어오고 죄로 말미암아 사망이 들어왔나니"(롬 5:12). 아담의 죄는 그의 모든 자연적이고 본성적인 자손을 도덕적이고 영적인 구덩이 속으로 내던졌다. 그의 죄는 생식을 통해 그의 자손에게 전해져 그들을 두 가지 방식으로 죄인으로 만들었다. 즉 "죄책의 전가와 죄의 대물림"이다.[9] 원죄라는 것은 우리 자신이 실제로 죄를 짓기 전에 존재하는 우리의 죄를 가리킨다. 빌

---

9) Ames, *A Sketch of the Christian's Catechism*, 17-18. 다음을 보라. Watson, *A Body of Divinity*, 143.

헬무스 아 브라켈은 "원죄는 전가된 죄책과 생래적인 오염으로 이루어 진다"고 썼다.[10] 이 두 가지는 칭의와 성화로 이루어지는 구원하는 은 혜와 대비된다.

죄의 전가는 죽음의 형벌을 초래하는 법적인 죄책과 정죄를 가져 온다. 전가한다는 것은 간주하는 것, 돌리는 것, 책임을 묻는 것을 의미 한다(참고. 롬 4:8). 찰스 하지는 "전가한다는 것의 사법적이고 신학적인 의미는 합당한 근거 위에서 어떤 것을 어느 사람이나 사람들에게 돌려 상벌의 사법적 또는 공로적인 근거로 삼는 것이다"라고 말했다.[11] "한 범죄로 모든[개역개정에는 "많은"] 사람이 정죄에 이르렀기"(5:18) 때문 에, 신학자들은 아담의 죄가 인류에게 전가되었다고 말한다.

죄의 전가는 인간 본성의 생래적인 결핍과 부패인 죄의 대물림을 수 반한다. 헤르만 바빙크는 "아담과 그의 모든 자손의 경우에 죄악 된 상 태는 죄악 된 행위를 수반했다"고 말했다.[12] 죄악 된 아담은 자신의 죄 악 됨을 닮은 자손을 낳았다(창 5:3). 아담의 자연적이고 본성적인 자손 은 영혼의 상태와 관련해 이중적인 문제점을 지닌다. 즉 하나님의 형 상 속에 내재되어 있던 원의의 결여와 악에 이끌리는 지배적인 경향성 이다(6:5).

웨스트민스터 소교리문답(18문)에서는 "타락한 상태의 사람의 죄악 됨은 일반적으로 원죄라 불리는 것, 즉 아담의 최초의 죄로 말미암은 죄책, 원의의 결여, 본성 전체의 부패와 원죄에서 나오는 모든 자범죄 에 있다"고 말한다.[13]

이 장의 나머지 부분에서는 아담의 최초의 죄로 말미암은 죄책과 원

---

10) Brakel, *The Christian's Reasonable Service*, 1:382. 다음을 보라. Berkhof, *Systematic Theology*, 245-246; Matthew Barrett, *Salvation by Grace: The Case for Effectual Calling and Regeneration* (Phillipsburg, NJ: P&R, 2013), 38. 일부 개혁파 신학자는 아담의 죄의 전가 를 가르치면서도, 그것이 원죄의 한 측면이라고 생각하지 않고, 원죄를 인간의 생래적인 부패에 만 국한시킨다. 이것은 Turretin, *Institutes*, 9.10.2 (1:629-630)에서도 마찬가지다. 그런 경우 에 용어에서는 차이가 있지만, 교리의 내용에서는 차이가 없다. Hodge, *Outlines of Theology*, 325를 보라.
11) Hodge, *Systematic Theology*, 1:194.
12) Bavinck, *Reformed Dogmatics*, 3:106-107.
13) *Reformed Confessions*, 4:355.

의의 결여에 대해 살펴보겠고, 다음 장에서는 인간 본성 전체의 부패와 그 두 가지 비극적인 결과인 전적 타락과 전적 무능력에 대해 고찰하 겠다.

죄의 전가: 아담의 최초의 죄로 말미암은 죄책

아담은 단지 한 사적인 개인으로 죄를 지은 것이 아니었고, 그의 최 초의 죄는 그가 온 인류를 대표해 하나님과 맺은 언약을 어긴 것이 었다.[14] "네가 먹는 날에는 반드시 죽으리라"(창 2:17)는 하나님 말씀은 단수형인 "너"를 사용해 아담에게 주어진 것이긴 하지만, 그의 타락 후 에 죽음은 아담의 모든 자손에게 임했다(창 5장). 나중에 하나님은 노아 의 가족 외의 온 인류를 대홍수로 멸하셨는데, 그 온 인류 속에는 하나 님의 율법에 불순종해 의도적으로 자범죄를 지은 적이 없는 많은 수의 아이도 포함되어 있었다(7:21-23). 죽음은 죄에 대한 형벌이라는 점에서, 아담의 죄책이 인류 전체에 전가되었음을 의미한다.[15] 레이놀즈는 이 렇게 말했다. "우리는 모두 아담 안에서 하나였고 아담과 함께였다. 하 나님과 아담 사이에 맺어진 언약 및 그 조항과 관련해 우리는 모두 법 적으로 아담 안에서 하나였고……본성적으로도 아담 안에서 하나였으 므로, 아담의 타락으로 인간 본성이 끌어들인 모든 예속과 무거운 짐에 종속될 수밖에 없었다."[16]

아담과 그리스도에 대한 사도 바울의 가르침

사도 바울은 아담 안에서의 인간의 타락과 예수 그리스도의 구원 사 역을 대비시켜 아담의 죄가 가져온 결과를 고찰한다. 바울은 "사망이 한 사람으로 말미암았으니 죽은 자의 부활도 한 사람으로 말미암는

---

14) 이 책 14-15장을 보라.
15) John Brown of Haddington, *Systematic Theology: A Compendious View of Natural and Revealed Religion* (1817; repr., Grand Rapids, MI: Reformation Heritage Books, 2015), 210.
16) Reynolds, *The Sinfulness of Sin*, in *Works*, 1:118.

도다 아담 안에서 모든 사람이 죽은 것같이 그리스도 안에서 모든 사람이 삶을 얻으리라"(고전 15:21-22)고 쓴다. 바울은 죽음을 죄에 대한 형벌로 본다(3절; 참고. 롬 6:23). "아담 안에서 모든 사람이 죽었다"는 것은 하나님의 언약에 대해 불순종했을 경우에 하나님이 아담에게 구체적으로 경고하셨던 죽음의 벌을 가리킨다(창 2:17).[17] 따라서 하나님은 인류의 조상이자 언약 대표자인 아담의 죄로 말미암아 인류를 벌하고 계시는 것이다.

이 형벌의 이유는 로마서 5장에 나오는 아담의 죄의 전가에 대한 바울의 가르침에서 분명하게 드러난다. 거기서 그는 "그러므로 한 사람으로 말미암아 죄가 세상에 들어오고 죄로 말미암아 사망이 들어왔나니 이와 같이 모든 사람이 죄를 지었으므로 사망이 모든 사람에게 이르렀느니라"(12절)고 쓴다. "사망이 모든 사람에게 이르렀다"와 "모든 사람이 죄를 지었다"를 연결시켜 주는 헬라어 어구('에프 호')는 여러 가지로 해석되어 왔다.[18] 여기서 우리는 '장소, 결과, 원인'의 세 가지 주된 해석 노선을 살펴보겠다.

1. "그의 안에서 모든 사람이 죄를 지었다": 장소적 의미로 해석하면 "아담 안에서 모든 사람이 죄를 지었다"는 뜻이 된다. 라틴어 역본인 불가타에서 이렇게 해석한다('인 쿠오').[19] 이것은 모든 사람이 에덴동산에서 아담과의 연대 가운데 죄를 지은 것으로 간주되었음을 의미한다. 장소적 의미로 해석하는 것은 문법적으로나 신학적으로 가능하지만, 석의자들은 이 해석에 대해 두 가지 반론을 제기한다. 그중 하나는 "한 사람"은 이 문장에서 이 어구와 너무 멀어(헬라어 본문에서 21단어 떨어져 있다) 선행사로 삼기에는 무리가 있다는 것이고, 다른 하나는 바울은 그리스

---

17) Goodwin, *An Unregenerate Man's Guiltiness*, in *Works*, 10:13, 15.
18) 전치사 '에피'는 폭넓은 의미로 사용된다. 여격과 함께 사용된 경우에는 장소(on, in, upon, above), 권위(over), 토대, 원인, 목적, 결과, 방식, 시간(시점, 기간)을 가리킬 수 있다. 조셉 피츠마이어는 '에프 호'에 대한 11가지 해석을 열거한다. *Romans: A New Translation with Introduction and Commentary*, The Anchor Bible 33 (New York: Doubleday, 1993), 413–416.
19) 장소적 의미로 사용된 수 5:15; 왕하 19:10(70인역); 막 2:4(대다수의 헬라어 본문의 읽기); 행 7:33을 참고하라.

도 "안에서"나 아담 "안에서"라고 말할 때 전치사 '엔'을 사용하는 것을 선호한다는 것이다(고전 15:22).[20]

2. "그 결과 모든 사람이 죄를 지었다": 결과를 나타내는 의미로 읽은 경우에는 모든 사람에게 사망이 임한 것이 각 사람이 자범죄를 짓게 된 원인이 된다.[21] 그러나 영적인 죽음은 자범죄를 낳기는 하지만, 이 문맥 속에서 바울이 강조하는 것은 죄가 사망을 낳는다는 것이고, 그 반대가 아니다.[22]

3. "모든 사람이 죄를 지었으므로": 대부분의 영역 성경과 오늘날의 주석자는 이 어구를 원인의 의미로 해석해(참고. 고후 5:4), 이 어구가 모든 사람에게 죽음이 임한 이유를 나타내는 것으로 본다.[23] 이 어구가 원인을 나타내는 것이라면, 우리는 "모든 사람이 죄를 지은" 것이 언제인지를 물어야 한다. 아담의 죄가 인류를 부패시켜 각 사람이 자범죄를 저질렀으므로, 모든 사람에게 사망이 임했다고 생각할 수도 있다. 이것이 간접적 전가론이다.[24] 또는 바울이 아담의 최초의 죄(12절a)와 모든 사람의 자범죄(12절b), 이렇게 "사망의 원인을 두 가지로 보았다"고 말할 수도 있다.[25]

하지만 여기서 바울이 아담의 죄가 인류에게 직접적으로 전가되었다

---

20) Fitzmyer, *Romans*, 414; Schreiner, *Romans*, 273–274.

21) Schreiner, *Romans*, 276.

22) 롬 5:17, 21; 6:23; 7:5; 8:10. 또한 바울이 롬 5:12에서 한 말도 주목하라. "죄로 말미암아 사망이 들어왔나니." 이 어구를 근거로 슈라이너는 자신의 로마서 주석에서 제시했던 '에프 호'에 대한 견해를 바꾸어, "모든 사람이 죄를 지었으므로"와 같이 원인을 나타내는 것으로 보는 견해를 받아들였다. Thomas R. Schreiner, "Original Sin and Original Death: Romans 5:12–19," in *Adam, the Fall, and Original Sin*, ed. Madueme and Reeves, 274.

23) S. Lewis Johnson Jr., "Romans 5:12—An Exercise in Exegesis and Theology," in *New Dimensions in New Testament Study*, ed. Richard N. Longenecker and Merrill C. Tenney (Grand Rapids, MI: Zondervan, 1974), 305. "because"("~때문에")는 English Standard Version, New International Version, Holman Christian Standard Bible, New Revised Standard Version, New King James Version의 번역이다. New American Standard Bible(1995)은 "inasmuch as"("~하는 한")로 번역했는데, 이것도 아마 원인을 나타내는 것으로 본 것일 가능성이 크다. KJV의 "for that"이라는 번역도 원인을 나타내는 것으로 보인다(요 12:18; 행 4:16).

24) Berkhof, *Systematic Theology*, 239, 243에 나오는 논의와 반박을 보라.

25) Fitzmyer, *Romans*, 416. 이것은 결과를 나타내는 것으로 보는 읽기라 불리지만, 원인을 나타내는 것으로 해석하는 것과 아주 비슷하다.

486   개혁파 조직신학 3

고 가르치는 것으로 이해하는 것이 최선이다.[26] 바울은 "모든 사람이 죄악 된 자가 되었다"거나 "모든 사람이 죄를 짓고 있다"고 쓴 것이 아니라, "모든 사람이 죄를 지었다"고 쓴다. 또한 바울은 계속 아담처럼 "죄를 짓지 아니한 자들까지도" 사망이 지배했다고 말한다(롬 5:14). 달리 말하면, 사망이 모든 사람에게 임한 것은 그들이 각자 지은 자범죄 때문이 아니라는 것이다.[27] 그렇다면 왜 모든 사람이 죽는가? 바울은 "한 사람의 범죄로 말미암아 사망이 그 한 사람을 통하여 왕 노릇 하였다"(17절)고 말한다. 따라서 "모든 사람이 죄를 지었으므로"는 아담의 죄가 모든 사람의 죄로 간주되었고, 아담의 죄책이 모든 사람의 죄책이었으며, 아담이 초래한 사망이 모든 사람의 사망이 되었음을 가리킨다. 로마서 5장 12절은 그와 똑같은 사고로 시작되고 끝난다. 아담의 죄는 모든 사람에게 사망을 가져다주었고, 모든 사람은 아담 안에서 죄를 지었으므로 죽는다.[28]

아담의 죄가 직접적으로 전가되었다는 교리는 한 사람의 죄가 모든 사람의 "정죄"의 근거가 되었다고 말하는 바울의 가르침으로써 확증된다(롬 5:16, 18). "정죄"('카타크리마')는 "심판"('크리마'; 참고, 2:2-3; 13:2)과 함께 법적이고 법정적인 용어다.[29] 굿윈은 "하나님이 한 사람의 그 행위로 말미암아 모든 사람을 정죄할 수 있었던 것은 한 사람의 그 행위 안에서 모든 사람이 죄를 지었다고 한 하나님의 판결이 의로웠기 때문이다"라고 말했다.[30] 존 머리는 이렇게 썼다. "정죄는……우리를 불의하다고 선언하는 사법적 선고다……모든 사람은 한 사람의 한 죄 때문에 하나님의 정죄 아래 있다."[31] 사망이 모든 사람에게 임한 것은 단지 모든 사람이 죽을 수밖에 없는 한 사람의 자손이라는 사실에서 기인하는 자연스러운 결과가 아니었다. 사망은 아담의 죄로 말미암아 하나님

---

26) Fesko, *Death in Adam, Life in Christ*, 213; Johnson, "Romans 5:12," in *New Dimensions in New Testament Study*, ed. Longenecker and Tenney, 312–316.
27) Murray, *The Epistle to the Romans*, 1:183.
28) Fesko, *Death in Adam, Life in Christ*, 209.
29) 막 14:64; 약 5:9에서 동사 '카타크리노'("정죄하다")의 용법을 보라.
30) Goodwin, *An Unregenerate Man's Guiltiness*, in *Works*, 10:11.
31) Murray, *The Epistle to the Romans*, 1:195.

이 모든 사람에게 법적인 정죄의 판결을 내리셨으므로 모든 사람에게 임한 것이다. 바울은 이 정죄를 그리스도로 말미암은 죄인의 칭의와 대비시킨다(참고. 8:33-34). 그리스도가 죽기까지 순종하신 것이 믿는 자로 하여금 자신의 행위와는 상관없이 의로운 것으로 여김을 받게 한 것처럼(5:19; 참고. 3:24-25, 28; 4:3, 6), 아담의 불순종은 그의 안에서 모든 사람이 정죄를 받아 죄인으로 여김을 받게 만들었다. 우리의 죄악 된 행위로 우리의 정죄가 더 가중되긴 하지만, 죄인으로서의 우리의 지위는 각자의 자범죄가 아니라 아담의 죄에서 시작된다.

아담과 관련된 하나님의 정의와 인간의 죄책

하나님이 아담의 죄책과 정죄를 인류의 죄책과 정죄로 간주하신 것은 어떤 근거에서 정당한가? 하나님이 아담의 죄를 인류에게 전가하신 근거는 온 인류가 본성과 언약에서 아담과 연합되어 있다는 데 있다.[32] 성경은 "연대의 법칙"을 가르친다. 이 법칙에 따라 자녀는 부모의 행위에 따라 복을 받기도 하고 고난을 받기도 하지만(출 20:5; 히 7:9-10),[33] 바빙크가 말한 대로, 연대로 말미암은 고난은 "다른 사람의 죄로 말미암아 벌을 받는 것과 똑같지 않다."[34] 각 사람은 아버지의 죄가 아니라 자신의 죄로 말미암아 벌을 받는다(겔 18:1-4). 아담 안에서 인간의 본성 자체가 죄를 짓고 죄책을 지게 된 것이라고 말하는 것은 도움이 되지 않는다. 죄책을 지는 것은 추상적인 본성이 아니라 구체적인 사람이고, 아담이 죄를 지었을 때 그의 자손은 아직 존재하지 않았기 때문이다.[35] 따라서 바울은 아담과 그의 자연적이고 본성적인 자손 사이에 특별한

---

32) 윌리엄 셰드를 비롯한 일부 신학자가 전가의 근거를 오로지 아담과의 본성적이거나 현실적인 관계에서 찾으려 한 것에 대해서는 John Murray, *The Imputation of Adam's Sin* (Grand Rapids, MI: Eerdmans, 1959), 22-41; Hutchinson, *The Problem of Original Sin in American Presbyterian Theology*, 36-59를 보라.

33) 루이스 주니어 존슨은 히 7:9-10을 해석하려면 히브리서 저자의 논증에서 모형론의 역할을 고려해야 하고, 이것은 연대 개념을 일반화하여 우리와 우리 선조 간의 연대를 말하는 것이 옳지 않음을 보여 준다. Johnson, "Romans 5:12," in *New Dimensions in New Testament Study*, ed. Longenecker and Tenney, 314-315.

34) Bavinck, *Reformed Dogmatics*, 3:105.

35) Johnson, "Romans 5:12," in *New Dimensions in New Testament Study*, ed. Longenecker and Tenney, 309.

법적 관계가 있었으므로 아담의 죄가 그들의 죄로 간주되었다고 보았을 것임에 틀림없다. 그리고 이 법적 관계는 하나님이 아담과 맺으신 언약에 따라 정립되었다.[36] 제임스 어셔는 이렇게 썼다. "이 언약에서 첫째 아담의 죄가……육적인 출생을 통해 그에게서 나오는 모든 자손의 죄로 간주된 것은 그들이 그의 안에 있었고, 그에게 속하여, 그와 하나였기 때문이었다." 그 결과 "아담의 타락으로 말미암은 범죄와 죄책 둘 모두가 우리 모두에게 전가되었다."[37]

아담의 죄의 전가에 대한 이 교리에 대한 가장 강력한 반론은 불의하다는 것이다. 하나님은 자신이 정하신 율법에서 부모의 죄로 말미암아 자녀를 벌하는 것을 금지하셨다. "아버지는 그 자식들로 말미암아 죽임을 당하지 않을 것이요 자식들은 그 아버지로 말미암아 죽임을 당하지 않을 것이니 각 사람은 자기 죄로 말미암아 죽임을 당할 것이니라"(신 24:16; 참고. 왕하 14:6). 에스겔 18장 20절은 "범죄하는 그 영혼은 죽을지라 아들은 아버지의 죄악을 담당하지 아니할 것이요 아버지는 아들의 죄악을 담당하지 아니하리니 의인의 공의도 자기에게로 돌아가고 악인의 악도 자기에게로 돌아가리라"고 말한다. 따라서 이 반론을 제기하는 사람은 어떤 사람을 다른 사람의 죄로 말미암아 정죄하지 않는다는 것이 하나님의 정의라고 결론을 내린다.[38]

우리의 대답은 이렇다. 하나님은 단지 어떤 사람의 조상이 죄를 지었다 해서 그 사람에게 죄를 전가하지 않으신다는 것을 우리도 인정한다. 그러나 아담은 인류와 특별한 관계에 있었다. 창세기 기사는 죄를 지은 최초의 사람은 하와였음을 보여 주는 것으로 보인다. 하지만 온 인류에게 죄와 정죄와 사망을 가져다준 것은 아담의 범죄였다(롬 5:12-19). 낙원에서 하나님은 아담을 언약의 머리 또는 우리 모두의 언약 대표자로 삼아 언약을 맺으셨다. 따라서 하나님의 경륜 속에서 아담이 범죄했을 때 "모든 사람이 죄를 지은" 것이므로, 하나님이 아담의 죄를

---

36) Gill, *Body of Divinity*, 330.
37) Ussher, *A Body of Divinity*, 9th head (126-127).
38) McCall, *Against God and Nature*, 165.

온 인류에게 전가하신 것은 "범죄하는 그 영혼은 죽을지라"는 원칙과 모순되지 않는다.

반론을 제기하는 사람이 그것은 공평하지 않다고 주장한다면, 우리는 이렇게 대답할 것이다.

1. 피조물이 창조주에게 무엇이 정의이고 무엇이 불의라고 지시하는 것은 합당하지 않다. 우리가 누구이기에 하나님과 논쟁하겠는가?
2. 아담은 인간 본성의 자연스러운 뿌리였다. 왜냐하면 모든 사람, 심지어 하와조차도 아담에게서 나왔기 때문이다. 이것은 우리가 하나님이 아담을 그의 권속의 대표자로 세워 언약을 맺으신 것이 이치에 맞는다는 것을 아는 데 도움이 된다.[39]
3. 하나님은 인류에게 온전히 선하고 모든 점에서 죄가 없으며 하나님의 율법을 지킬 수 있는 탁월한 대표자를 주셨고, 행복과 풍요가 넘치는 곳에서 오직 가장 쉬운 금지 명령으로 시험하셨을 뿐이다. 이것은 우리에게 하나님의 선하심을 보여 주는 것이 아닌가?
4. 만일 하나님이 아담의 죄를 그가 대표한 사람들에게 전가하는 것이 의롭지 못하다면, 하나님이 그리스도의 의를 그가 대표한 사람들에게 전가하는 것도 의롭지 못한 것이 될 것이다. 이것은 바울이 로마서 5장에서 제시한 병행이다. 한 사람의 행위를 다른 사람에게 전가하는 것을 불의한 것으로 여겨 배척하면, 둘째 아담으로 오셔서 우리를 대신해 행하신 그리스도에 대한 복음의 구조는 훼손된다.
5. 만일 하나님이 각 사람을 그 자신의 "아담"으로 삼으셔서, 자기 밖의 어떤 대표자와는 무관하게 각자의 행위로 말미암아 서거나 넘어지게 하셨다면, 죄를 지은 사람이 구원을 받게 될 가능성은 전무했을 것이다. 이것이 사탄과 귀신들의 입장이다. 그런데도

---

39) 참고, the Westminster Confession of Faith (6.3), in *Reformed Confessions*, 4:242.

우리는 그 입장에 동조하려는가?

6. 아담 안에 있는 사람은 누구든지 존재하기 시작한 첫 순간부터 아담의 부패에 참여해 자범죄를 저지를 수 있게 되자마자 아담의 반역을 확증한다. 장차 심판 날에 각 사람이 한 일이 그 사람을 정죄할 것이므로, 자기에게는 죄가 없고, 하나님이 자기를 정죄하시는 것은 불의하다고 주장할 수 있는 사람은 아무도 없을 것이다.

우리는 아담의 죄책의 무게를 느껴야 한다. 아담의 범죄는 율법 수여자이신 크신 하나님의 권위에 도전하고, 우리의 최고선이신 하나님을 멸시하며, 하나님을 거짓말쟁이로 취급하고, 하나님을 사랑이 없고 악의적인 분이라고 비방하며, 마치 우리가 하나님에게서 독립할 수 있다는 듯, 왕이신 여호와께 도전한 것이라는 점에서 심각하고 중대한 것이었다.[40] 아담의 죄로 말미암은 우리의 정죄는 얼마나 큰가! 우리의 최초의 아버지가 에덴동산에서 저지른 범죄의 크기를 생각해 보고, 당신의 양심 속에서 그 범죄가 당신의 범죄라는 것을 생각해 보라. 아담의 죄는 "교만, 야망, 반역, 배신, 배은망덕, 우상숭배, 정욕, 절도, 배교, 사악한 감정, 언약의 위반, 하나님이 약속하신 자비에 대한 전반적인 거부"를 담고 있었다.[41] 이것이 모든 세대에 걸친 무수히 많은 사람의 죄와 불행을 개시시킨 "동력인"(efficient cause)이다.[42] 우리는 아담의 불순종의 한 행위가 지닌 무시무시한 무게에 놀라는 것이 마땅하다. 아담의 타락으로 말미암은 죄책을 짊어진 인류에게 화가 있으리로다!

생명의 부재: 원의의 결여

아담은 범죄함으로써 자녀에게 물려줄 영적 유산을 파괴했다. 여호

---

40) Goodwin, *An Unregenerate Man's Guiltiness*, in *Works*, 10:28 – 30.
41) Reynolds, *The Sinfulness of Sin*, in *Works*, 1:118.
42) Polyander, Walaeus, Thysius, and Rivetus, *Synopsis Purioris Theologiae*, 15.11 (1:359).

와 하나님은 인간을 자신의 형상대로 지으셨다(창 1:28). 그 형상의 핵심은 지식과 의로움과 거룩함 가운데 하나님에 대해 살아 있는 것이다(엡 4:24; 골 3:10; 참고, 롬 6:12).[43] 하나님이 불순종에 대해 죽음을 경고하셨을 때(창 2:17), 그 죽음의 한 측면은 하나님과의 교제 가운데 영적인 삶을 사는 것을 즉시 상실하는 것이었다.[44] 인간의 영적인 선함은 타락 때문에 단지 감소된 것이 아니라 소멸되었다. 그 결과 타락한 인간의 생각은 선한 것이 하나도 없게 되었다(6:5).

누군가가 창세기에서는 인간의 의의 결여와 아담의 범죄를 명시적으로 결합시키지 않는다는 반론을 제기한다면, 우리는 제임스 해밀턴처럼 창세기는 신학 논문이 아닌 이야기라는 장르답게 타락의 결과를 밝히고 있을 뿐이라고 대답할 것이다. "창세기는 1장 31절에서 '심히 좋았더라'고 말한 후에, 6장 5절에서는 '항상 악할 뿐'이라고 말하는데, 그 중간인 3장 1-7절에서는 아담의 죄를 다룬다……화자는 그 전환점이 아담의 죄라는 것을 자신의 청중에게 굳이 말할 필요가 없었다. 이미 보여 주었기 때문이다."[45] 창세기의 줄거리 속에서 창세기 3장이 다룬 아담의 죄는 죄의 출현과 인간의 타락의 시작점이다.

성경은 아담의 죄가 어떻게 인류에게 대물림되는지를 우리에게 말해 주지 않는다. 하나님이 누군가에게서 죄를 만들어 내거나 부추기지 않으신다는 것은 분명하다(약 1:13). 영혼의 기원과 관련해 유전설을 지지하는 신학자는 영혼은 유전되므로 각 사람의 죄성은 부모의 죄성에서 온다고 주장한다.[46] 영혼의 기원과 관련해 창조설을 지지하는 신학자는 아담 자손의 영혼은 아담의 죄가 초래한 사법적 결과로 모태에서 원의 없이 즉시 창조되고, 타락한 육신과의 결합으로 추가적으로 부패한다고 말한다.[47] 우리가 이 문제를 접근할 때 마치 영혼이 한순간이라

---

43) 하나님의 형상에 대해서는 이 책 8-10장을 보라.
44) 언약을 어긴 자에 대한 하나님의 처벌로서의 삼중적 죽음에 대해서는 이 책 18장을 보라.
45) James M. Hamilton, "Original Sin in Biblical Theology," in *Adam, the Fall, and Original Sin*, ed. Madueme and Reeves, 193(강조는 원래의 것).
46) 영혼의 기원에 대해서는 이 책 13장을 보라.
47) Perkins, *An Exposition of the Symbol*, in *Works*, 5:90; Flavel, *Pneumatologia*, in *Works*, 2:519-522; Turretin, *Institutes*, 9.12.8-19. 약간 다른 견해로는 Reynolds, *Passions and*

도 육신과 분리되어 존재하는 것처럼 접근하면 이 문제는 혼란스럽게 된다. 우리는 추상적인 영혼을 다루는 것이 아니라, 전인적인 한 사람, 즉 언약을 어긴 아담의 죄책을 공유하는 한 자손의 잉태를 다룬다.[48] 데이비드 클라크슨(1622-1686년)이 말했듯 우리는 구덩이에 빠진 사람을 발견하면 그 사람이 어떻게 구덩이에 빠졌는지를 궁금해하며 서 있는 것이 아니라, 어떻게 그 사람을 구덩이에서 꺼내야 할지에 집중하게 된다.[49] 원죄와 관련해 중요한 것은 어떻게 원죄가 우리에게 대물림되었는가 하는 것이 아니라, 원죄가 무엇인지를 알아 우리에게 구원자가 필요함을 깨닫는 것이다.

원죄는 인간의 본성에 영적으로 선한 것이 결핍되게 되었음을 의미한다. 바울은 "내 속 곧 내 육신에 선한 것이 거하지 아니하는 줄을 아노니"(롬 7:18)라고 쓴다. 이 문맥 속에서 "육신"은 타락해 하나님과 적대 관계에 있는 사람을 가리킨다(5절; 8:5-8). 바울은 이미 하나님의 율법을 즐거워하는 믿는 자가 되었으므로(7:22), 오직 자기 속에서 "육신", 즉 옛사람의 잔재와 관련해서만 "선한 것"이 없다고 말한다. 그렇다면 "성령 안에" 거하지 않고 여전히 "육신에" 거하는 사람에 대해서는 바울이 뭐라고 말했겠는가(8:9)? 아담의 타락은 인간 안에서 선한 것을 하나도 남겨 두지 않았으므로, 성령으로 거듭나기 전에는 우리 안에 선한 것이 전혀 없다. "선을 행하는 자는 없나니 하나도 없도다"(3:12).

성경은 의와 진리를 빛으로 묘사하는데, 구원받기 이전의 "너희는 어둠이었다"고 말한다(엡 5:8 ESV). 불신자가 어둠 가운데 있다는 것은 사실이지만(사 9:2; 벧전 2:9), 불신자는 단지 어둠 가운데 있는 것이 아니라 어둠이다. 어둠과 속임이 그들의 생각과 마음을 가득 채우고 있다(롬 1:21; 엡 4:18). 어둠은 그들의 일상 활동을 뒤덮고 있다(요일 1:6). 그들은 사탄의 나라, 즉 어둠의 영적 권세의 지배를 받는다.[50]

Faculties, in *Works*, 6:247-249를 보라.

48) Brakel, *The Christian's Reasonable Service*, 1:393; Gill, *Body of Divinity*, 335-337.

49) David Clarkson, "Of Original Sin," in *The Works of David Clarkson*, 3 vols. (Edinburgh: Banner of Truth, 1988), 1:5.

50) 행 26:18; 참고, 눅 22:53; 고후 6:14; 엡 6:12; 골 1:13.

인류는 죄 때문에 단지 약화된 것이 아니라, "허물과 죄로 죽었다"(엡 2:1; 참고, 롬 8:6; 골 2:13). 어떤 사람의 종교심이 대단해도, 그는 영적으로 죽은 사람일 수 있다(계 3:1). 하나님은 이스라엘을 "마른 뼈"(단지 죽었을 뿐 아니라, 하나님의 초자연적인 성령 없이는 소생할 소망이 전혀 없는)가 가득한 골짜기에 비유하셨다(겔 37:1-14). 구원이라는 것은 한 사람의 현재의 영적 상태가 "사망에서 생명으로" 옮겨 가는 것을 가리킨다. 즉 미워하는 것에서 그리스도인의 사랑으로 변화되는 것이다(요일 3:13-14). 예수님은 탕자의 회심을 "죽었다가 다시 살아난" 것으로 묘사하셨다(눅 15:24, 32). 자신의 뜻대로 방종하게 살아가는 것은 살아 있는 동안에도 죽은 것이다(딤전 5:6). 그리스도는 "내 말을 듣고 또 나 보내신 이를 믿는 자는……사망에서 생명으로 옮겼느니라"고 말씀하시고서는, 이 변화를 일으키는 것은 죽은 자를 다시 살리는 그리스도 자신의 전능하신 능력이라고 말씀하셨다(요 5:24-25).

구원의 은혜 없이는 인간은 영적인 생명이 전혀 없이 존재한다. 그들은 금식과 기도 같은 어떤 종교 활동이나 우정과 자녀 양육 같은 시민적 미덕에 참여할 수는 있지만, 도덕적으로는 악해 하나님을 기쁘시게 할 수 없다(마 5:46-47; 6:5; 7:11). 그리스도는 이것이 압도적으로 대다수인 사람들의 상태라고 말씀하셨다(7:13-14). 자기가 하나님의 계명을 지키며 살아가고 있다고 생각한 사람들에게 주 예수님은 "선한 이는 오직 한 분", 즉 하나님뿐이라고 말씀하신다(19:17). 따라서 구원은 인간의 노력으로는 "불가능하고" 오직 하나님의 전능하신 능력으로 가능하다(26절). 하나님이 사람의 마음속에 친히 새롭게 창조하신 경건만이 참된 것이어서 종교심이 많은 사람들 속에서 다양한 방식으로 번성할지라도, 그리스도는 "심은 것마다 내 하늘 아버지께서 심으시지 않은 것은 뽑힐 것이니"(15:13)라고 말씀하셨다.

따라서 우리가 본성적으로 어떤 영적 자산을 지니고 있는지를 생각해야 한다. 하나님은 우리를 거룩함에서 부요하게 지으셨지만, 아담은 우리 모두를 거지로 만들었다. 다윗은 자신의 죄를 슬퍼하면서, 자신의 간음과 살인의 뿌리를 자기가 잉태된 때부터 부패했던 것에서 찾았다(시 51:5). 이것은 자신의 죄를 변명한 것이라기보다는 자기가 원래부터 형편없는 존재였음을 강조한 것이었다. 원죄는 우리의 자범죄의 뿌리이므로, 우리의 가장 깊은 통회는 원죄에까지 미쳐야 한다.[51] 우리는 우리 죄에 대해 마음 아파할 때 가장 먼저 우리 안에 원의의 부재에 대해 마음 아파해야 한다. 클라크슨은 이렇게 말했다. "인간의 영혼은 폐허가 된 성채처럼 남아 있다. 곳곳이 무너져 내린 성벽, 여전히 남아 있는 여러 설비의 잔재를 통해 우리는 이 성채가 어떤 모습이었을지 추측할 수 있다. 하지만 이 성채의 장식물과 귀한 내용물은 모두 없어졌다."[52]

그리스도가 하나님 나라의 참된 지체임을 보여 주는 표시로 제시하신 것 중에서 가장 먼저 등장하는 것은 심령이 가난하다는 것이다(마 5:3). 그리스도의 제자는 자신이 악한 일을 하는 것은 자신의 마음이 악하기 때문임을 안다. 회개는 단지 악한 행실을 고치는 데 있지 않고, 우리의 타락한 본성 속에는 영적으로 선한 것이 하나도 없음을 깨닫고 마음 아파하며, 하나님의 은혜로 말미암아 의에 주린 마음을 가지고서 우리에게 의를 주시는 그리스도께 돌이키는 것이다(6절). 우리 자신이 영적으로 부요하다고 생각하는 한, 우리는 그리스도가 주시는 "어떤 것도 필요하지 않다"고 말할 것이다. 우리의 "곤고한 것과 가련한 것과 가난한 것과 눈먼 것과 벌거벗은 것"(계 3:17-18)을 알 때만, 우리는 기꺼이 그리스도가 지니신 부요함을 받아들이게 된다(계 3:17-18). 당신은 자신이 본성적으로 가진 것이 없어서, 믿음으로 말미암아 그리스도가 오셔서 당신 안에 거하지 않으신다면, 하나님께 드릴 것이 아무것도 없음을 아는가? 아니면, 당신은 자기 의에서 부요한가? 후자라면, 당신의 빈곤함을 보여 주시라고 하나님께 구하라.

---

51) Clarkson, "Of Original Sin," in *Works*, 1:4.
52) Clarkson, "Of Original Sin," in *Works*, 1:6.

묵상과 토론을 위한 질문

1. 사람들이 죄론에 대해 듣는 것을 아주 힘들어하고 심지어 싫어하는 이유는 무엇인가?

2. 성경은 이 땅의 모든 사람이 죄인임을 어떤 식으로 증언하는가?

3. 원죄의 다음과 같은 측면의 의미를 설명해 보라. (1) 죄의 전가, (2) 죄의 대물림.

4. 로마서 5장은 아담의 죄가 인류에게 직접적으로 전가되는 것에 대해 어떻게 가르치는가?

5. 하나님이 아담의 죄로 말미암아 그의 모든 자연적이고 본성적인 자손을 정죄하실 수 있었던 이유는 무엇인가?

6. 이것이 아버지의 죄로 말미암아 자녀를 벌해서는 안 된다는 정의 원칙을 어긴 것이 아닌 이유는 무엇인가?

7. 아담 안에 있는 모든 사람은 영적으로 선한 것이나 영적인 생명 없이 이 세상에 태어난다는 것을 보여 주는 성경 본문은 어떤 것들인가?

8. 데이비드 클라크슨은 "인간의 영혼은 폐허가 된 성채처럼 남아 있다"고 말했다. 이 예시가 죄의 상태에 있는 인류에 대해 말해 주는 것은 무엇인가?

9. 인간에게는 원의가 결여되어 있음을 아는 것은 우리의 심령이 가난해지게 되는 것에 어떻게 도움이 되는가?

10. 당신은 그리스도 없이는 당신에게 의가 없음을 어떻게 아는가? 그런 지식은 당신에게 어떤 영향을 미치고 있는가? 그런 지식은 당신에게 어떤 영향을 미치는 것이 마땅한가?

더 깊은 성찰을 위한 질문

11. 로마서 5장 12절에 나오는 '에프 호'에 대한 세 가지 주된 해석은 어떤 것인가? 어느 것이 최선의 해석인가? 그 이유는 무엇인가? 그 해석은 원죄론과 관련해 어떤 함의를 지니는가?

12. 그리스도인이 아닌 어떤 사람이 당신에게 이렇게 말한다. '너희 개혁파 그리스도인의 문제점은 원죄론을 비롯해 인간에 대해 지나치게 부정적인 견해를 지니고 있다는 것이다. 그러니 그리스도인들이 역사 속에서 인간에 대해 그토록 증오심을 갖고 있었고, 고집불통이었으며, 폭력적이었던 것은 이상한 일이 아니다. 너희가 인간의 선함에 대해 긍정적인 견해를 지니게 된다면, 인간을 사랑하는 법을 배우게 될 것이다.' 당신은 어떻게 대답하겠는가?

21장

죄의 상태(3부)

전적 타락과 전적 무능력

죄의 부패함은 무쇠 주먹(철권)이어서, 우리는 우리 자신의 힘으로는 죄의 철권통치에서 벗어날 수 없다. 성경에서 죄는 단지 악한 선택인 것이 아니라, 지배하고 파괴하는 악한 권세다. 죄의 통치가 무너졌을 때조차도, 죄는 여전히 그 통치를 회복하려고 전쟁을 수행한다. 아마도 최악인 것은 죄는 영혼을 마비시켜 무감각하게 만들고 마음의 눈을 멀게 하므로, 죄인은 흔히 자기 자신에게 대단히 만족하는 가운데 멸망해 간다는 것이다. 역사상 가장 악한 죄인 중 일부는 아주 독실한 종교인이었다. 안드레아스 리베투스(1573-1651년)가 말했듯 "사탄은" 죄라는 "질병을 숨김으로써 치료할 수 없게 만들려 한다."[1]

우리는 죄의 가면을 벗겨 그 정체와 힘을 있는 그대로 드러내야 한다. 우리는 음란한 방식으로 죄에 대한 지식을 추구하는 것이 아니다. 사람들이 어둠 가운데 행하는 일들을 말하는 것은 그 자체로 부끄러운 일이기 때문이다. 따라서 우리는 악을 하나님 말씀의 빛으로 가져오는 방식으로 악을 드러낸다. 죄에 대한 기독교적인 접근방법은 통회와 싸움의 결합이다. 죄는 큰 원수이고, 우리 모두 안에 있다. 하지만 하나님은 예수 그리스도의 죽음과 부활을 통해 죄를 이기셨다. 그리

---

1) Polyander, Walaeus, Thysius, and Rivetus, *Synopsis Purioris Theologiae*, 15.5 (1:353).

스도는 자기 백성을 그들의 죄에서 구원하시고 마귀의 일을 멸하려 오셨다. 그러므로 우리는 복음적인 회개와 소망을 가지고 죄를 연구할 수 있고, 사실 그렇게 해야 한다.

전적 타락: 인간 본성 전체의 부패

요한네스 볼레비우스는 "원죄는······원래 주어진 선의 상실만이 아니라 거기에 상응하는 악의 추가로 이루어져 있다"고 말했다.[2] 영적으로 죽은 자는 이 세상과 그 통치자인 마귀의 영향력 아래 행하여, 자신의 반역하는 마음과 몸이 원하는 것을 추구한다(엡 2:1-3). 죄인은 단지 하나님과의 교제가 없는 데서 그치지 않고, "하나님의 생명에서 떠나" 있다(4:18). 이것은 "유혹의 욕심을 따라 썩어져 가는" "옛사람", 즉 아담 안에 있는 인류다(22절). 인간은 자기 자신 속에 "하나님과 원수"인 은밀한 사망을 지니고 살아간다(롬 8:7; 참고, 약 4:4). 인간은 하나님과 하나님의 복음과 경건한 사람들의 원수다.[3] 이 타락 또는 부패는 총체적이다. 즉, 인간 본성 전체가 이 타락 또는 부패에 물들어 있다. 그래서 윌리엄 퍼킨스는 원죄를 "인간의 모든 기능과 성향에 존재해 율법을 거슬러 행하도록 모든 사람을 난폭하게 내모는 무질서 또는 악한 경향성"이라고 정의했다.[4] 웨스트민스터 소교리문답(18문)에서는 "[인간의] 본성 전체의 부패"로 말미암아 죄는 인간의 삶 전체에 전면적으로 영향을 미친다고 말한다.[5]

마음의 타락

인간을 지배하는 죄의 요새는 마음에 있다. 창세기 6장 5절에서는 하나님이 인간에 대해 "그의 마음으로 생각하는 모든 계획이 항상 악할

---

2) Wollebius, *Compendium*, 1.10.(1).viii (70).
3) 롬 5:8; 11:28; 빌 3:18; 골 1:21.
4) Perkins, *An Exposition of the Symbol*, in *Works*, 5:89. 다음을 보라. Ames, *The Marrow of Theology*, 1.13.2 (120).
5) *Reformed Confessions*, 4:355.

뿐임을" 아셨다고 말한다. 인간의 마음은 언제나 쉬지 않고 도덕적인 악만을 만들어 낸다. 토머스 보스턴은 이렇게 말했다. "여기서 그들의 모든 악행은 하나의 근원과 원천에서 나온다. 부패한 마음은 모든 것의 근원이다. 영혼의 모든 기능은 바르게 지음 받았지만, 지금은 완전히 고장나 버렸다. 인간의 마음은 하나님의 마음을 따라 지음 받았지만, 지금은 정반대로 악을 주조해 내는 용광로다." 따라서 "내면의 모든 움직임"은 "오직 악할 뿐이다."[6]

예레미야는 "유다의 죄는 금강석 끝 철필로 기록되되 그들의 마음 판과 그들의 제단 뿔에 새겨졌거늘"(렘 17:1)이라고 말했다. 돌에 새겨진 십계명과는 대조적으로 죄와 거짓 예배는 인간의 마음에 깊이 새겨져 있다. 존 맥케이는 예레미야의 표현은 "인간의 마음의 악성은 깊이 뿌리박혀 있고 교정할 수 없음을 보여 준다"고 쓴다.[7] 돌에 새겨져 있다는 것은 영속성을 나타낸다. 하나님의 초자연적인 역사 없이는 죄는 제거될 수 없고, 언약에 대한 충실함으로 대체될 수 없다(31:33). 에스겔은 사람들이 "음란한 마음"을 지닌 채 여호와 하나님을 떠나 우상을 따르고 있다고 말했다(겔 6:9 ESV).

사람들은 죄를 불법적이고 악한 행위라는 관점에서 생각하는 것이 보통이지만, 죄의 핵심은 마음에 있는 죄다. 지혜로우신 여호와 하나님은 범죄적인 행위가 아니라 악한 욕망을 십계명의 마지막 계명으로 삼으셨다(출 20:17). 죄는 분명한 선택을 통한 의지의 행위일 경우에만 죄라고 반론을 제기할지도 모르겠다. 시험은 우리에게 선택을 요구하긴 하지만, 죄와 똑같은 것은 아니다. 우리 주 예수님도 사탄에게 시험을 받으셨지만 죄를 짓지는 않으셨기 때문이다(마 4:1; 히 4:15). 하지만 웨스트민스터 신앙고백(6.5)이 말하듯 우리 내면의 부패에서 나오는 "모든 움직임은 진정으로 정확하게 죄다(롬 7:5, 7-8, 25; 갈 5:17)."[8] 악한 욕망이나 생각에도 우리의 의지가 개입될 수 있으므로, 그 욕망이

---

6) Boston, *Human Nature in Its Fourfold State*, 61.
7) John L. Mackay, *Jeremiah: An Introduction and Commentary, Volume 1, Chapters 1-20*, Mentor Commentary (Fearn, Ross-shire, Scotland: Christian Focus, 2004), 508.
8) *Reformed Confessions*, 4:242. 다음을 보라. Turretin, *Institutes*, 9.2 (1:593-594).

나 생각은 우리의 의식적인 결정이 결여되어 있더라도 의지적인 것일 수 있다.[9] 로마서 7장에서 사도 바울은 죄는 자기 안에 거하는 악한 세력이라고 썼다. 데이비드 클라크슨은 바울의 말을 분석해, 바울은 자기 안에 있는 죄를 금지된 악(7절), 사악한 악이자 열매 맺는 악(8절), 속이는 악(11절), 타락시키는 악(14절), 선천적인 친밀한 악, 영속적인 악(17절), 항상 깨어 있는 악(21절), 전제적인 악, 강력한 악, 완벽한 악, 치명적인 악, 비참한 악(24절)으로 규정했다고 말했다.[10]

위선적인 신앙인은 외적인 것에 초점을 맞추고 마음의 죄를 무시한다(마 23:23-28). 그리스도는 "사람에게서 나오는 그것이 사람을 더럽게 하느니라 속에서 곧 사람의 마음에서 나오는 것은 악한 생각 곧 음란과 도둑질과 살인과 간음과 탐욕과 악독과 속임과 음탕과 질투와 비방과 교만과 우매함이니 이 모든 악한 것이 다 속에서 나와서 사람을 더럽게 하느니라"(막 7:20-23)고 말씀하셨다. 인간의 근본적인 문제는 각 사람의 생물학적인 이상이나 장애, 부모, 친구, 사회에 있지 않고 부패한 마음에 있다.

삶 전체의 타락

마음의 내적인 더러움은 죄인의 삶 전체를 오염시킨다. 욥기 14장 4절은 "누가 깨끗한 것을 더러운 것 가운데에서 낼 수 있으리이까 하나도 없나이다"라고 말한다. 그 결과 15장 14절에서는 "사람이 어찌 깨끗하겠느냐 여인에게서 난 자가 어찌 의롭겠느냐"고 반문한다. 타락한 인간은 "가증하고 부패해서" "악을 저지르기를 물 마심같이 한다"(16절).[11]

죄는 사람들의 언어, 행위, 관계, 뜻, 사고방식을 부패시킨다(시 36:1-4; 롬 3:13-18). 사람들의 욕망은 악한 정욕이 된다(약 4:1-4; 벧전 2:11). "양심" 조차도 "더럽다"(딛 1:15). 인류는 "육체 안에" 있다. 즉, 하나님의 성령

---

9) Turretin, *Institutes*, 9.2.2 (1:593).
10) Clarkson, "Of Original Sin," in *Works*, 1:4. 클라크슨이 한 말을 선별해 재배열했다.
11) 죄가 죄인이 좋아하는 양식이라는 것에 대해서는 잠 9:17; 19:28; 20:17; 사 44:20을 보라.

이 없는 인간의 타락한 상태에 있다(롬 7:5-6; 8:9). 그리고 우리가 저지르는 온갖 자범죄는 이 선천적인 부패에서 생겨난다. 자범죄는 "육체의 일"(갈 5:19-21)이기 때문이다. "육체"는 육신의 부패를 포함하지만(고후 7:1; 참고, 롬 6:12; 8:12-13), 육신만을 가리키는 것은 아니다. 인간의 마음과 지혜도 "육체적인"(고후 1:12; 골 2:18, "육신의") 것일 수 있어서, 육체의 일은 분노와 시기 같은 정신적인 죄도 포함하기 때문이다(갈 5:19-21).[12]

영혼의 상처는 그 기능의 일부에만 영향을 미친다. 그러나 영혼의 영적인 죽음은 하나님과 관련한 영혼의 모든 기능을 무력화한다(롬 8:6-8). 해딩턴의 존 브라운(1722-1787년)은 이렇게 말했다. "저주받은 영혼의 모든 능력은 영혼이 살아 있는 동안에도 죽어 있다. 총명의 눈은 감겨 있고, 안개가 낀 것처럼 뿌옇게 볼 수 있을 뿐이다. 진심에서 우러나오는 기도와 찬송은 사라지고, 하나님을 향한 올바른 감정은 멈추며, 모든 영적인 지각은 봉쇄되고, 내면의 모든 것은 돌처럼 차갑게 굳어 있다."[13]

인간의 지성을 초토화하는 죄의 효과는 특히 섬뜩하다. 인류가 하나님을 배척한 이래로 우리의 사고는 영적인 문제에서 허무하거나 무익하게 되었다(롬 1:21; 엡 4:17). 아무리 똑똑한 사람도 영적인 우매함에 사로잡혀 여호와 하나님을 무시하고 우상을 숭배한다(시 92:5-6; 렘 10:7-8, 14). 인간은 스스로의 지혜로 하나님을 알 수 없다(고전 1:21). 성경으로 전문적인 고도의 훈련을 받은 종교 지도자라 해도 하나님의 은혜가 결여되어 있으면 눈먼 인도자일 뿐이다.[14] 복음은 죄인에게는 말도 안 되는 어리석은 것이고, 이 세상에서 지혜로운 자에게는 더욱 그렇다(18-20절). 본성이 타락한 상태에서 인간은 "하나님의 성령의 일들을 받지 아니하나니 이는 그것들이 그에게는 어리석게 보이기" 때문이다(2:14). 우리는 인간을 신뢰해서는 안 된다. 그것은 여호와 하나님을 떠나는 것이기 때문이다(렘 17:5). 우리의 마음을 따라서도 안 된다. 마음은 우리를

---

12) Goodwin, *An Unregenerate Man's Guiltiness*, in *Works*, 10:43, 127 - 128.
13) Brown, *Systematic Theology*, 216.
14) 마 15:14; 23:16, 17, 19, 24, 26; 눅 6:39; 참고, 요 3:1-3, 10-12.

영적인 매춘으로 이끌기 때문이다(민 15:39). 인간은 동물을 다스리도록 지음 받았지만, 짐승보다 더 어리석은 존재가 되어 버렸다.[15] 예레미야는 "만물보다 거짓되고 심히 부패한 것은 마음이라 누가 능히 이를 알리요"(렘 17:9)라고 말했다. 인간의 마음은 인간을 인도하는 빛으로 지음 받았다. "그러므로 네게 있는 빛이 어두우면 그 어둠이 얼마나 더하겠느냐"(마 6:23).

전적 타락에 대한 교리는 모든 사람이 최대한의 수준으로 죄악 되다거나(딤후 3:13),[16] 인간에게는 양심도 없고 죄에 대한 인식도 없다거나(롬 1:32; 2:14-15), 죄인은 도덕적인 행위와 연민에 따른 행위를 전혀 알지 못한다거나(행 2:47), 모든 죄인은 온갖 종류의 죄를 죄로 여기지 않는다(고전 5:1)는 것을 의미하지 않는다.[17] 전적 타락은 원죄로 말미암은 본성의 부패가 한 사람을 전인적으로 감염시키고 그 사람이 행하는 모든 행위를 오염시킨다는 것을 의미한다. 바울은 본성의 부패가 인간의 추론, 의지, 감정을 감염시킨다고 말한다. "우리도 전에는 어리석은 자요 순종하지 아니한 자요 속은 자요 여러 가지 정욕과 행락에 종노릇한 자요 악독과 투기를 일삼은 자요 가증스러운 자요 피차 미워한 자였으나"(딛 3:3). 바울은 과거에 율법을 지키는 바리새인이었음에도 불구하고, 자신을 그런 사람들 속에 포함시킨다(빌 3:6).[18] 에드워드 레이놀즈는 "바닷물 한 방울 한 방울에" 염분이 존재하듯 "인간의 모든 기능 속에는 죄가 존재한다"고 말함으로써 예시를 통해 이 진리를 보여 주었다.[19] 불신자의 경우에는 이 부패가 전면적으로 지배한다(롬 5:21; 참고. 6:14). 불신자가 행하는 모든 것은 죄다(3:12-18). 각자가 저지르는 죄

---

15) 잠 6:6-8; 사 1:3; 렘 8:7. Boston, *Human Nature in Its Fourfold State*, 67을 보라.
16) 클라크 피녹은 다음과 같이 씀으로써 이 점에서의 혼란을 증명해 준다. "전체적으로 성경은 우리가 거룩함에서와 만찬가지로 죄에서도 발전할 수 있다는 인상을 우리에게 주지 않는가? 타락의 정도가 모든 사람에게서 언제나 일정한 것이 아니라, 사람마다 다르다면, 그것은 어떻게 전적 타락이라고 말할 수 있겠는가?" Clark H. Pinnock, "From Augustine to Arminius: A Pilgrimage to Theology," in Clark H. Pinnock, ed., *The Grace of God and the Will of Man* (Minneapolis: Bethany House, 1989), 22.
17) Berkhof, *Systematic Theology*, 246; Barrett, *Salvation by Grace*, 40.
18) Boston, *Human Nature in Its Fourfold State*, 84.
19) Reynolds, *The Sinfulness of Sin*, in *Works*, 1:122.

의 종류가 다르고, 흉악성의 정도는 다르지만 말이다(요 19:11). 어떤 사람은 범죄자이고, 어떤 사람은 어엿한 시민이지만, 이사야 64장 6절은 그들의 서글픈 상태를 이렇게 묘사한다. "우리의 의는 다 더러운 옷 같으며." 회개하지 않은 죄인이 드리는 기도와 예배는 하나님께 가증스러운 것이다(잠 15:8; 28:9). 성경의 이런 가르침에 비추어 보았을 때, 우리는 이른바 '긍정적 사고' 또는 자기 존중의 복음이라 불리는 것을 오류로 규정하고 배척해야 한다. 로버트 슐러(1926-2015년)는 원죄는 자존감의 결여라고 재정의했다. "우리는 우리 자신을 지나치게 무가치하다고 느낀다⋯⋯본성적으로 우리는 악한 것이 아니라 두려워한다. 원죄는 못된 성질이 아니라, 믿으려고 하지 않는 경향성이다."[20] 슐러는 하나님을 믿지 않는 것은 하나님의 진실성에 대한 모욕이고, 불신앙은 반역임을 인정하지 않았다. 그에게서는 죄에 대한 정의가 달라졌으므로 구원에 대한 정의도 달라졌다. 슐러는 "죄로 말미암아 가장 근본적인 저주가 우리의 자존감을 무너뜨린 것이라면, 십자가가 지닌 속죄 능력은 우리가 버린 자존감을 속량한 것이다"라고 썼다.[21] 슐러는 "거듭난다는 것은 부정적인 자화상에서 긍정적인 자화상으로, 즉 열등감에서 자존감으로, 두려움에서 사랑으로, 의심에서 믿음으로 변화되는 것을 의미한다"고 말했다.[22] 이것은 고전적인 교리를 오늘날의 문화에서 '인기 있지만 잘못된' 개념에 맞춰 재해석한 서글픈 예다. 인간의 상태에 대한 잘못된 진단과 거짓 복음에 맞서 우리는 죄는 하나님에 대한 반역이고, 이 반역은 인간의 본성에 아주 깊이 스며들어 있으므로, 우리는 전인적으로 불순종하고 불법을 행한다고 말하는 성경 진리를 고수해야 한다.

영적인 죽음은 부패와 역겨운 더러움을 포함하고 있어 영적으로 부패하는 시신이라고 할 수 있다는 점에서 단순한 생명의 부재보다 더 나쁘다. 우리의 자범죄는 하나님의 진노를 한층 더 불러일으키긴 하

---

20) Robert H. Schuller, *Self-Esteem: The New Reformation* (Waco, TX: Word, 1982), 67. 다음을 보라. Reymond, *A New Systematic Theology of the Christian Faith*, 455.
21) Schuller, *Self-Esteem*, 101.
22) Schuller, *Self-Esteem*, 68.

지만(엡 5:6), 본성적으로 우리를 하나님의 진노의 대상으로 만드는 것은 우리의 원죄다(2:3). 클라크슨이 지적했듯 자범죄는 특정한 때에 하나님의 율법 중 특정한 명령을 어기는 것이지만, 모든 죄의 뿌리의 핵심을 항상 지닌 채 우리 인격 속에 존재하는 원죄는 "하나님의 모든 명령을 단번에 어기는 것이다."[23] 그래서 존 칼빈은 이렇게 말했다. "우리가 사람 앞에서 아무리 훌륭해 보인다 해도……하나님은 우리를 혐오하신다. 우리는 하나님 앞에서 저주를 받아 영원한 멸망에 처해지게 되어 있다. 천사도 우리를 혐오한다……만물도 하나님께 우리에게 원수를 갚아 줄 것을 요구한다. 우리가 만물을 더럽혔기 때문이다."[24]

하나님은 믿는 자에게 영적인 생명이라는 내면의 새로운 원리를 주셔서 선행을 할 수 있게 하셨지만, 믿는 자의 존재 전체도 여전히 타락에 물들어 있다. 믿는 자가 행하는 가장 선한 행위조차도 의와 남아 있는 죄의 혼합물이다. 믿는 자 안에 남아 있는 죄는 행위 자체는 물론이고 동기를 더럽힌다. 믿는 자가 이 땅에서 사는 모든 날 동안 온 마음과 목숨과 힘을 다해 하나님을 사랑하는 것은 결코 불가능하지만, 하나님의 율법은 그렇게 하기를 요구한다(신 6:5). 경건한 이사야조차도 거룩하신 하나님 앞에서 "화로다 나여 망하게 되었도다 나는 입술이 부정한 사람이요 나는 입술이 부정한 백성 중에 거주하면서 만군의 여호와이신 왕을 뵈었음이로다"(사 6:5)라고 부르짖을 수밖에 없었다. 따라서 믿는 자가 드리는 찬송과 선행조차도 중보자이신 그리스도의 온전한 의로 말미암아서만 하나님을 기쁘시게 할 수 있으므로, 반드시 그리스도를 거쳐 드려져야 한다(히 13:15-16).

전적 무능력: 죄의 지배

죄는 죄인을 완벽하게 지배한다. 그리스도는 그를 피상적으로 믿는

---

23) Clarkson, "Of Original Sin," in *Works*, 1:8.
24) John Calvin, *Sermons on the Epistle to the Ephesians* (Edinburgh: Banner of Truth, 1973), 129.

자들에게 다음과 같은 불길한 경고를 하셨다. "진실로 진실로 너희에게 이르노니 죄를 범하는 자마다 죄의 종이라"(요 8:34). 육신적으로는 아브라함의 자손일지라도 죄로 점철된 삶을 사는 자들은 이삭 같은 아들이 아니라 이스마엘 같은 종이므로, 장차 하나님의 집에서 추방될 것이다(35절). 34절에서 "종"('둘로스')으로 번역된 단어는 "자유민"(36절)의 반대인 "노예"(ESV)로 번역할 수도 있다. 하지만 그리스도는 여기서 자신의 의지와 반대되게 노예가 된 것에 대해 말씀하신 것이 아니라, 의지 자체가 노예가 되어 있는 것에 대해 말씀하신 것이었다. 그리스도는 "너희는 너희 아비 마귀에게서 났으니 너희 아비의 욕심대로 너희도 행하고자 하느니라['텔레테 포이에인', 직역하면 '행하기를 선택한다']"(44절)고 말씀하셨다. 이 사람들은 의식적으로는 사탄을 따르고 있는 것이 아니었지만(그들은 외적으로는 유일신론을 믿는 독실한 유대인이었다), 그리스도의 말씀을 배척하고, 하나님의 사자들을 미워하며, 사탄의 거짓말을 사랑함으로써 사탄적인 방식을 따르는 쪽을 선택했다. 자원해서 노예가 되는 것은 가장 끔찍한 예속 상태다. 그런 노예를 해방시킬 수 있는 방법은 없기 때문이다. 크리스토퍼 러브(1618-1651년)는 이렇게 말했다. "아들이 너희를 자유롭게 해 주시지 않으면, 너희는 꼼짝없이 노예일 수밖에 없다. 죄의 노예, 정욕의 노예, 피조물의 노예, 마귀의 노예! 너희는 자원해 마귀의 포로가 되고 노예가 되었기 때문이다."[25]

아담은 하나님 말씀을 듣지 않고 사탄의 거짓말을 들음으로써 최초로 죄를 지었다. 그때 이후로 인간은 마귀의 노예로 살아왔다(히 2:14-15). 사탄은 "이 세상의 임금"(요 12:31; 14:30; 16:11 ESV), 즉 "이 세상의 신"(고후 4:4)이다. 죄인은 "마귀에게서 난" "마귀의 자녀"다(요일 3:8, 10). 인간은 "마귀의 올무" 가운데 있고, 오직 하나님이 회개의 선물을 주셔서 인간을 거기서 건져 내실 수 있다(딤후 2:25-26). 세상은 마귀의 나라이

---

25) Christopher Love, *The Naturall Mans Case Stated: or, an Exact Mapp of the Little World Man, Considered in Both His Capacities, Either in the State of Nature, or Grace* (London: by E. Cotes, for George Eversden, 1652), 61 – 62; 오늘날의 표현으로 수정한 판본으로는 Christopher Love, *The Natural Man's Condition*, ed. Don Kistler (Orlando, FL: Northampton Press, 2012), 37.

고, 마귀는 아주 강력한 힘으로 통치하고 있으므로, 마귀보다 더 강하신 분인 하나님의 아들이 그를 이기지 않으시면, 인간은 거기서 벗어날 수 없다(눅 11:18-22; 골 1:13).

로마서에서 바울은 '죄는 그리스도의 죽음과 부활로 말미암아 아직 구원을 받지 못한 자들을 지배하는 권세'라고 설명한다. 바울은 "유대인이나 헬라인이나 다 죄 아래에 있다"고 쓴다(롬 3:9; 참고, 갈 3:22). 존 머리는 "'죄 아래' 있다는 것은 죄의 지배 아래 있다는 것이다"라고 말했다.[26] 믿는 자는 "죄가 너희를 주장하지 못하리니"라는 말씀을 듣고 기뻐할 수 있지만, 그리스도 밖에 있는 자들에게는 그런 자유가 없다(롬 6:14, 17). 그들의 주이자 주인은 죄다. 그들은 "의에 대하여 자유롭지만"(6:20), 하나님께 순종해야 할 도덕적인 의무가 그들에게 없는 것이 아니라, 의가 그들의 삶에 유효한 영향력을 미치지 못하고, 심지어 하나님의 율법은 그들에게 더욱 죄를 짓도록 부추기는 역할을 할 뿐이다(7:5, 7-13).

따라서 우리는 사람은 자유의지의 힘으로 스스로 죄에서 벗어날 수 있다고 가르치는 펠라기우스주의의 주장을 배척해야 한다. 그런데도 복음주의 일부 진영이 이 오류에 감염되어 온 것은 유감스러운 일이다. 찰스 피니는 "인간의 의지는 자유로우므로, 인간은 자신의 의무를 행할 수 있는 힘 또는 능력을 지니고 있다"고 말했다.[27] 이것은 모든 사람에게는 마음과 목숨과 힘을 다해 하나님을 사랑하고 결코 죄를 짓지 않을 힘을 지니고 있음을 의미한다는 점에서 경악할 만한 주장이다. 이 주장은 야코부스 아르미니우스조차도 배척했을 극단적인 펠라기우스주의다. 찰스 피니는 "도덕적 타락"은 "선택"에 있다고 말했고, 선택 배후에 있는 본성이나 마음의 상태에 타락 또는 죄가 있음을 부정했다.[28]

---

26) Murray, *The Epistle to the Romans*, 1:102.
27) Charles G. Finney, *Lectures on Systematic Theology: Embracing Ability, (Natural, Moral, and Gracious,) Repentance, Impenitence, Faith and Unbelief, Justification, Sanctification, Election, Reprobation, Divine Purposes, Divine Sovereignty, and Perseverance* (Oberlin, OH: James M. Fitch, 1847), 17.
28) Charles G. Finney, *Lectures on Systematic Theology: Embracing Lectures on Moral Government, Together with Atonement, Moral and Physical Depravity, Regeneration,*

그런 교설은 우리의 구원관을 왜곡한다. 찰스 피니는 일단 성령이 죄인에게 진리를 아는 지식을 주면, 죄인은 중생에서 능동적인 주체가 되므로, "중생은 죄인이 자신의 궁극적인 선택을 바꾸는 데 있다"고 말했다.[29] 이 오류에 반대해 우리는 성경은 인간이 자유로운 도덕 주체라는 것과 죄의 권세의 지배를 받아 노예가 되어 있음을 둘 다 가르친다는 것을 인정해야 한다. 중생은 인간이 행하는 단순한 선택이나 결정이 아니라 삼위일체 하나님에 의한 강력한 구원 역사다(딛 3:3-6).

인간의 영적 죽음과 죄의 노예 상태에 비추어 보았을 때, 하나님이 그리스도로 말미암아 인간을 구원하실 때까지 타락한 인간은 선을 행하는 데 전적으로 무능력하다고 신학자들은 말한다. 에임스는 "죄의 노예 상태는 영적으로 선하고 받아들여질 수 있는 행위를 행할 능력을……파괴하기"때문에, "인간은 죄의 포로가 되어 있고 거기서 벗어날 능력을 지니고 있지 않다"고 말했다.[30]

성경에는 죄인이 하나님을 섬길 "능력이 있다"('뒤나타이')는 것을 부정하는 여러 가지 말씀이 나온다. 중생하지 않은 죄인은 다음과 같은 것을 행할 능력이 없다.

- 하나님이 선하게 여기시는 말을 할 수 없다. 마태복음 12장 34, 37절은 "독사의 자식들아 너희는 악하니 어떻게 선한 말을 할 수 있느냐 이는 마음에 가득한 것을 입으로 말함이라……네 말로 정죄함을 받으리라"고 말한다.
- 하나님의 법에 순종할 수 없고 하나님을 기쁘시게 할 수 없다. 로마서 8장 7-8절은 "육신의 생각은 하나님과 원수가 되나니 이는 하나님의 법에 굴복하지 아니할 뿐 아니라 할 수도 없음이라 육

Philosophical Theories, and Evidences of Regeneration (Oberlin, OH: James M. Fitch, 1846), 450. 앞으로 인용할 때는 Finney, Lectures on Systematic Theology (1846)로 표기하겠다.

29) Finney, Lectures on Systematic Theology (1846), 497, 500. 죄와 중생에 대한 피니의 견해에 대해서는 R. C. Sproul, Willing to Believe: The Controversy over Free Will (Grand Rapids, MI: Baker, 1997), 181 - 185를 보라.

30) Ames, The Marrow of Theology, 1.12.43 - 44 (119).

신에 있는 자들은 하나님을 기쁘시게 할 수 없느니라"고 말한다.

- **구원받을 수 없다.** 마태복음 19장 25-26절은 "제자들이 듣고 몹시 놀라 이르되 그렇다면 누가 구원을 얻을 수 있으리이까 예수께서 그들을 보시며 이르시되 사람으로는 할 수 없으나 하나님으로서는 다 하실 수 있느니라"고 말한다.

- **영적으로 깨달을 수 없고, 하나님 나라에 들어갈 수 없다.** 요한복음 3장 3, 5절은 "사람이 거듭나지 아니하면 하나님의 나라를 볼수 없느니라……사람이 물과 성령으로 나지 아니하면 하나님의 나라에 들어갈 수 없느니라"고 말한다.

- **열린 마음으로 하나님의 말씀을 들을 수 없다.** 요한복음 8장 43절은 "어찌하여 내 말을 깨닫지 못하느냐 이는 내 말을 들을 줄 알지 못함이로다"라고 말한다(참고, 렘 6:10).

- **하나님의 성령이 계시하는 진리를 받을 수 없다.** 고린도전서 2장 14절은 "육에 속한 사람은 하나님의 성령의 일들을 받지 아니하나니 이는 그것들이 그에게는 어리석게 보임이요, 또 그는 그것들을 알 수도 없나니 그런 일은 영적으로 분별되기 때문이라"고 말한다.

- **믿음으로 그리스도께 나아갈 수 없다.** 요한복음 6장 65절은 "내 아버지께서 오게 하여 주지 아니하시면 누구든지 내게 올 수 없다"고 말한다(참고, 44절).

- **구원을 받기 위해 그리스도를 믿을 수 없다.** 요한복음 12장 39-40절은 "그들이 능히 믿지 못한 것은 이 때문이니 곧 이사야가 다시 일렀으되 그들의 눈을 멀게 하시고 그들의 마음을 완고하게 하셨으니 이는 그들로 하여금 눈으로 보고 마음으로 깨닫고 돌이켜 내게 고침을 받지 못하게 하려 함이라 하였음이더라"고 말한다.

- **예수님이 주시라고 진심으로 고백할 수 없다.** 고린도전서 12장 3절은 "성령으로 아니하고는 누구든지 예수를 주시라 할 수 없느니라"고 말한다.

- 성령을 받을 수 없다. 요한복음 14장 17절은 "그는 진리의 영이라 세상은 능히 그를 받지 못하나니 이는 그를 보지도 못하고 알지도 못함이라 그러나 너희는 그를 아나니 그는 너희와 함께 거하심이요 또 너희 속에 계시겠음이라"고 말한다.
- 하나님을 영화롭게 하는 선한 열매를 맺을 수 없다. 요한복음 15장 5절은 "나는 포도나무요 너희는 가지라 그가 내 안에, 내가 그 안에 거하면 사람이 열매를 많이 맺나니 나를 떠나서는 너희가 아무것도 할 수 없음이라"고 말한다.

타락한 인간은 철저하게 죄의 지배를 받으므로, 하나님의 법이나 복음에 올바르게 응답할 수 없다. 죄인에게도 눈은 있지만, 하나님의 위대하심과 선하심에 대해서는 눈멀어 보지 못한다. 죄인에게도 귀는 있지만, 하나님의 말씀에 대해서는 귀먹어 듣지 못한다.[31] 죄인은 삼손처럼 "우리의 큰 원수의 수중에 떨어져" 마음의 눈을 뽑혔다.[32] 이것은 하나님을 떠난 인류에 대한 하나님의 심판이다(롬 11:7-10): 죄인의 마음은 둔감하고, 눈은 멀어 있다.[33] 레이놀즈는 이것은 죄인이 성경에 나오는 문장의 "문법적 구조"를 이해하는 것을 방해하지는 않지만, "말씀의 영적인 빛과 아름다움"을 볼 수 없게 한다고 지적했다.[34] 하나님이 새 마음을 주어 새로운 영적 지각과 하나님을 향한 새로운 사랑이 생겨나게 하실 때까지 죄인은 그런 상태에 머물러 있다(신 29:4; 30:6).

전적 무능력 교리는 구원받지 않은 사람에게 하나님이 주신 은혜의 도움을 받아 하나님을 선택할 수 있는 능력이 있다는 가르침과 모순된다. 아르미니우스주의자는 인간의 의지는 언제나 중립적인 상태에 있어 선을 행하려 할 수도 있고 악을 행하려 할 수도 있다고 말한다. 아르미니우스는 "의지의 자유는 인간은 행하려 할 것인지 행하지 않으

---

31) 신 28:28-29; 시 58:4; 115:4-8; 135:15-18; 사 42:18-19; 43:8; 56:10; 59:9-13; 마 15:14; 23:16-17, 19, 24, 26; 눅 4:18; 6:39; 요 9:39; 롬 11:7; 고후 3:14; 4:4; 요일 2:11; 계 3:17.
32) Boston, *Human Nature in Its Fourfold State*, 79.
33) 마 13:14-15; 막 4:12; 눅 8:10; 요 12:37-41; 행 28:26-27에 인용된 사 6:9-10.
34) Reynolds, *The Sinfulness of Sin*, in *Works*, 1:103.

려 할 것인지를 요구하는 모든 것에서 그것을 행하려 할 수도 있고 행하지 않으려 할 수도 있는 중립적인 상태에 있다는 데 있다"고 썼다.[35] 여기서 아르미니우스는 로마 가톨릭 철학자 루이스 데 몰리나(1535–1600년)가 제시하고[36] 몰리나의 동료인 예수회 신학자들이 채택한[37] 정의를 사용했다. 아르미니우스는 중세 명목론 신학자인 가브리엘 비엘이 가르친 반(半)펠라기우스주의적인 원칙, 즉 하나님의 은혜는 모든 사람에게서 기꺼이 행하려는 응답을 구하고, "자기 안에 있는 것을 행하는 자에게" 추가적인 은혜를 수여한다고 단언했다.[38] 그런 견해에서는 의지의 자유는 "성령에 대적해" 성령의 구원의 부르심을 무효화하는 "능력"을 포함한다.[39]

인간 의지에 대한 그런 견해는 인간의 의지에 하나님의 의지를 막을 수 있는 힘을 수여하므로, 마르틴 루터는 그런 견해를 가르치는 신학자는 "자유로운 선택에 신성을 부여하는" 것이라고 말했다.[40] 이 경우에 하나님은 자신이 할 수 있는 모든 것을 행하실 뿐이고, 그 후에 최종적인 결정권은 인간에게 있게 된다. 이것은 우리 주님이 "아버지께서 내게 주시는 자는 다 내게로 올 것이요……나를 보내신 아버지께서

---

35) "Libertas arbitrii consistit in eo, quod homo positis omnibus requisitis ad volendum vel nolendum, indifferens tamen sit ad volendum vel nolendum." Jacobus Arminius, *Articuli nonnulli diligenti examine perpendi* (c. 1620), 11. https://reader.digitale-sammlungen. de/resolve/display/bsb10945232.html에서 이용 가능하며, John Owen, *A Display of Arminianism*, in *Works*, 10:117에 나오는 영역을 보라. 다음을 보라. Arminius, *Certain Articles*, 6.9, in *Works*, 2:487.

36) Luis de Molina, *Concordia*, 1.2.3. Alexander Aichele, "The Real Possibility of Freedom," in *A Companion to Luis de Molina*, ed. Matthias Kaufmann and Alexander Aichele (Leiden: Brill, 2014), 5에서 재인용.

37) Gisbertus Voetius, *Disputatio philosophico-theologica, continens quaestiones duas, de Distinctione Attributorum divinorum, et Libertate Voluntatis*, in *Reformed Thought on Freedom*, 148–150을 보라.

38) Richard A. Muller, "Grace, Elections, and Contingent Choice: Arminius's Gambit and the Reformed Response," in *The Grace of God, the Bondage of the Will*, ed. Thomas R. Schreiner and Bruce A. Ware, 2 vols. (Grand Rapids, MI: Baker, 1995), 2:261.

39) Arminius. Owen, *A Display of Arminianism*, in *Works*, 10:117에서 재인용. Arminius, *Certain Articles*, 17.5, in *Works*, 2:497을 보라.

40) Luther, *The Bondage of the Will*, in *LW*, 33:106–107. Matthew Barrett, "The Bondage and Liberation of the Will," in *Reformation Theology: A Systematic Summary*, ed. Matthew Barrett (Wheaton, IL: Crossway, 2017), 459에서 재인용.

이끌지 아니하시면 아무도 내게 올 수 없으니"(요 6:37, 44)라고 가르치신 것과 모순된다. 존 오웬은 아르미니우스주의자는 자유의지에 성령을 능가하는 최고의 대권을 수여함으로써 자유의지를 "우상"으로 만들었다고 비난했다.[41]

조나단 에드워즈 같은 일부 신학자는 본성적 능력과 도덕적 능력을 구별해, 타락한 인간에게도 영혼의 능력들이 여전히 존재하므로 본성적 능력은 지니지만, 죄의 부패로 말미암아 도덕적 능력은 결여되어 있다고 말했다.[42] 이 구별은 전에 존 캐머런(1580-1625년)과 아미라우트(1596-1664년)의 수정된 개혁파 신학에서 발견된다. 하지만 대부분의 개혁파 신학자는 이 견해를 지지하지 않아 왔다. 본성적 능력과 도덕적 능력은 대립물이 아니다. 우리의 무능력은 본성적인 무능력임과 동시에 도덕적인 무능력이다. 모든 사람은 자신의 선택이나 경험이나 오랜 시간에 걸쳐 발전된 습관에 따라서가 아니라 태어날 때부터 "본성적으로" 죄의 상태에 있다는 점에서(엡 2:3), 우리의 무능력은 "본성적 무능력"이다. 인간에게는 본성적 능력이 여전히 있다고 말하는 것은 인간 본성의 중생 없이도 인간은 자기 자신 속에 복음을 믿고 하나님을 사랑할 수 있는 능력을 지니고 있다고 말하는 것이나 다름없다. 에드워즈는 그런 잘못된 가르침을 의도한 것은 아니었지만, 그의 단어 선택은 혼란을 초래한다. 우리는 한편으로는 **전적 무능력**을 가르치면서, 다른 한편으로는 하나님의 형상의 이런저런 측면이 타락한 인간 본성 속에 여전히 남아 있다고 가르치는 것이 더 낫다.[43] 인간은 여전히 자유롭게 선택할 수 있는 의지를 지니고 있다. 이것에 대해서는 우리가 다음 장에서 더 자세하게 검토할 것이다. 하지만 그 의지는 부패해 하나님을 구하거나 의지하거나 순종하거나 기쁘시게 하는 어떤 것도 할 수 없다.

도르트 신조(셋째와 넷째 교리, 3조)는 죄의 노예 상태 가운데 있는 인류

---

41) Owen, *A Display of Arminianism*, in *Works*, 10:115 – 117.

42) Edwards, *The Freedom of the Will*, in *WJE*, 1:159.

43) Bavinck, *Reformed Dogmatics*, 3:121 – 122; Hodge, *Systematic Theology*, 2:260 – 267; Hodge, *Outlines of Theology*, 340 – 342; Vos, *Reformed Dogmatics*, 58 – 60; Berkhof, *Systematic Theology*, 247 – 248.

를 이렇게 요약한다. "모든 사람은 죄 가운데 잉태되고 본성적으로 진노의 자식이어서 구원을 위한 선을 행할 수 없고 악에 이끌리며 죄 가운데 죽어 있고 죄의 노예 상태에 있으며, 성령의 중생의 은혜 없이는 하나님께 돌이키거나 본성의 타락을 개혁하거나 개혁에 자신을 맡기는 것을 행할 수도 없고 원하지도 않는다."[44]

인간에게 하나님께 돌이키거나 선을 행할 수 있는 능력이 없다면, 자유의지가 없는 것이므로, 하나님이 죄인에게 명령하고 심판하는 것은 의롭지 않게 될 것이라는 반론이 있을 수 있다. 자유에 대한 이 견해에 따르면, "행위 주체는 자기가 행한 것과 다르게 행하는 것을 선택할 수 있었을 때 자유롭다."[45] 각 사람이 구원받는 쪽을 선택한 경우에 하나님이 적어도 그가 구원받는 데 필요한 것을 공급해 주지 않으신다면, 하나님은 불의하신 것이다.[46] 이것이 옛 펠라기우스의 논거다.[47]

우리의 대답은 하나님 말씀은 한편으로는 인간의 책임을 가르치고, 다른 한편으로는 구원하는 은혜를 떠나서는 하나님을 기쁘시게 해 드릴 수 없는 인간의 무능력을 가르친다는 것이다. 또한 개혁파 신학자는 자유를 구분한다. 볼레비우스는 이렇게 썼다. "의지는 강제로부터는 여전히 자유롭지만, 선악을 선택하는 데는 자유롭지 않다. 의지는 철저하게 악해져, 자유롭다기보다는 노예가 되어 있다고 설명하는 것이 더 낫다."[48] 인간이 도덕적으로 책임을 져야 하는 이유는 자기가 선택한 것을 행하고, 자기가 기뻐하는 것을 선택하지만, 철저하게 부패해 오직 죄를 기뻐하기 때문이다.[49]

---

44) *The Three Forms of Unity*, 141.
45) Bruce R. Reichenbach, "Freedom, Justice, and Moral Responsibility," in *The Grace of God and the Will of Man*, ed. Pinnock, 285.
46) Reichenbach, "Freedom, Justice, and Moral Responsibility," in *The Grace of God and the Will of Man*, ed. Pinnock, 289. 라이헨바흐는 응보 정의와 분배 정의를 구별하고, 분배 정의라는 개념을 토대로 논증을 전개해 나간다. 본질적으로 그는 하나님은 정의에 따라 미리 정해 놓으신 수준의 선을 모든 죄인에게 집행하실 수밖에 없다고 본다.
47) Robert F. Evans, *Pelagius: Inquiries and Reappraisals* (New York: Seabury, 1968), 100–101, 104; Karen C. Huber, "The Pelagian Heresy: Observations on Its Social Context" (PhD diss., Oklahoma State University, 1979), 59–60.
48) Wollebius, *Compendium*, 1.10.(1).xix–xx (71).
49) 자유의지라는 주제에 대해서는 다음 장을 보라.

하나님의 율법은 우리의 능력에 대해서는 가르치지 않고, 우리의 의무에 대해서만 가르친다. 율법은 "너는 행할 수 있다"고 말하지 않고, "너는 행해야 한다"고 말한다. 하나님은 인간을 의로운 상태로 창조하셔서 인간의 양심에 자신의 율법을 새기셨고, 이것은 인간에게 전적으로 적절했다(전 7:29; 롬 2:14-15). 인간은 더 나쁜 쪽으로 변했지만, 하나님의 율법은 변하지 않았다. 회심하지 않은 죄인은 율법에 순종할 수 없지만, 율법은 여전히 죄인에게 그의 죄를 보여 주는 역할을 한다(롬 3:20).

또한 인간은 여전히 서로에게 많은 선을 행하고 용기와 연민의 고귀한 행위를 행한다는 반론이 있을 수 있다. 우리의 대답은 인간에게는 우리와 처지가 같거나 우리에게 잘 대해 주는 다른 사람에게 자기애를 확장해 행하는 일종의 사랑이 여전히 남아 있음을 우리도 인정하지만, 그리스도는 죄인 가운데 일반적으로 있는 이 사랑은 하나님을 기쁘시게 할 수 없다고 가르치셨다는 것이다. "너희가 만일 너희를 사랑하는 자만을 사랑하면 칭찬받을 것이 무엇이냐 죄인들도 사랑하는 자는 사랑하느니라 너희가 만일 선대하는 자만을 선대하면 칭찬받을 것이 무엇이냐 죄인들도 이렇게 하느니라 너희가 받기를 바라고 사람들에게 꾸어 주면 칭찬받을 것이 무엇이냐 죄인들도 그만큼 받고자 하여 죄인에게 꾸어 주느니라"(눅 6:32-34). 도르트 신조(셋째와 넷째 교리, 4조)는 악인의 가정적이고 시민적인 미덕을 다음과 같이 설명한다.

하지만 인간에게는 타락 이후에도 본성의 희미한 빛이 남아 있어, 하나님, 본성에 속한 일, 선악의 차이에 대한 일부 지식을 지니고 있고, 미덕, 사회의 선한 질서, 외적으로 단정한 품행을 유지하는 것에 대한 일부 존중을 드러낸다. 그러나 이 본성의 빛은 인간을 하나님에 대한 구원의 지식과 참된 회심으로 이끄는 데 충분하지 않아, 인간은 본성적이고 시민적인 것에서조차도 이 본성의 빛을 올바르게 사용할 수 없다. 아니, 더 나아가 인간은 이 본성의 빛을 여러 방식으로 전적으로 오염시키고 불

의하게 보유하여 사용함으로써 하나님 앞에서 변명할 수 없게 된다.[50]

그리스도인이 전적 타락과 전적 무능력에 대해 말하는 것은 일상의 윤리적인 행실이라는 수준에서 말하는 것이 아니라, 하나님의 율법이라는 거룩한 기준에서 말하는 것이다.[51] 보스턴은 그리스도의 산상수훈에 제시된 것 같은 도덕법의 영적 요구에 대해 눈이 열린 사람 앞에서는 타락한 인간의 선함에 대한 단언은 박살이 날 것이라고 지적했다. 본성적인 인간, 즉 자연인의 경건, 도덕, 인격 수양은 참된 의에 도달할 수 없다(마 5:20). 성령이 능력으로 역사하여 하나님 율법을 인간 마음에 적용해 내면의 부패한 것들, 즉 악의적인 분노, 성적인 욕망, 하나님이 아니라 사람이 주는 영광을 얻기 위해 종교를 악용하는 것, 하늘의 보화가 아니라 땅에 있는 보화를 사랑하는 것 같은 것들을 드러내면, 인간은 자신의 자유의지를 묶고 있는 죄의 사슬을 끊어 내기 위해서는 하나님의 주권적인 은혜가 반드시 필요함을 깨닫게 된다.[52]

따라서 죄의 상태에 있는 인간은 외적으로는 문명화할 수 있지만, 여전히 죄의 노예이고 하나님의 원수다. 그는 하나님이 창조하실 때 주신 인간 본성의 모든 능력을 여전히 지니고 있지만, 영적인 선함을 다 잃어버리고 죄로 철저하게 부패되어 있어 하나님을 바르게 섬길 수 없다. 또한 그는 죄가 자기를 괴롭히지 않는 한, 자신의 그런 모습을 후회하지도 않고 죄에 대해 근심하지도 않는다. 만일 하나님이 하늘에서 내려오셔서 인간에게 의와 죄와 구원에 대해 가르치지 않으셨다면, 인간은 하나님을 멸하기 위해 자기가 할 수 있는 모든 것을 할 것이다. 십자가에 못 박히신 예수 그리스도가 바로 그것을 가장 극명하게 보여 준다.

---

50) *The Three Forms of Unity*, 141.
51) Bavinck, *Reformed Dogmatics*, 3:122–123.
52) Boston, *Human Nature in Its Fourfold State*, 97.

죄인에 대한 하나님의 놀라운 인내와 자비

인간이 자선과 예의범절을 행한다 해서, 인간의 타락성, 무능력, 하나님을 싫어하는 것이 줄어드는 것은 아니지만, 그래도 하나님은 놀라운 인내와 자비로 악인을 대하신다. 하나님은 그들의 죄 때문에 크게 분노하시고 그들을 미워하시지만(시 5:5; 롬 1:18), 그 풍성하신 선하심으로 말미암아 그들에게 인자하심을 쏟아 부어 회개로 이끄신다(행 14:15-17; 롬 2:4). 그리스도는 예루살렘 사람들이 자기를 십자가 위에서 잔인하게 죽이게 될 것을 미리 아셨으면서도, 그들을 불쌍히 여기시며 "암탉이 그 새끼를 날개 아래에 모음같이 내가 네 자녀를 모으려 한 일이 몇 번이더냐 그러나 너희가 원하지 아니하였도다"(마 23:37)라고 탄식하셨다.

죄의 지배에 대한 교리를 들으면, 우리 마음은 큰 충격을 받고 심하게 흔들려 그리스도를 찾는 것이 마땅하다. 퍼킨스는 이렇게 말했다. "우리는 그리스도 안에서 우리가 죄의 노예인 이 상태에서부터 자유를 얻었음을 양심 속에서 확신하고……우리가 어둠의 권세에서 건짐을 받아 그리스도의 나라로 옮겨졌음을 감사할 수 있을 때까지 결코 쉬지 말아야 한다." 이것이 유일하게 이치에 맞는 반응이다. "죄 아래서의 영적인 노예 상태는 온갖 불행 중에서도 가장 지긋지긋하고 견디기 힘든 불행이기" 때문이다.[53]

그리스도인은 열방을 불쌍히 여겨야 한다. 열방은 죄 가운데 있어 비난받아 마땅하지만, 가련하고 무력하기도 하다. 우리는 그들의 죄를 미워하고 그들이 저지르는 불의한 행위에 반대해야 하지만, "목자 없는 양과 같이 고생하며 기진한" "무리를 보시고 불쌍히 여기신"(마 9:36) 예수님을 본받아야 한다. 은혜로 말미암아 구원받은 우리도 전에는 지금 중생하지 않은 죄인들처럼 죄 가운데 죽어 있는 가운데 사탄적인 거짓말과 이기적인 야심에 휘둘려 행하는 자였고, 하나님의 진노 아래 영원한 멸망에 처해질 자였으며, 구주와 구원의 소망에서 멀리 있던 자였음을 기억해야 한다(엡 2:1-3, 12). 우리는 하나님이 그들에게 복음 전도자를

---

53) Perkins, *An Exposition of the Symbol*, in *Works*, 5:94.

보내셔서 그들의 눈을 열어 주시라고 간절히 기도해야 한다(마 9:37-38; 행 26:16-18). 하나님이 우리의 은사와 부르심을 따라 섭리로 말미암아 우리에게 허락하신 정도만큼, 우리는 그들에게 사랑 가운데 진리를 말해야 한다. 하나님 말씀은 하나님이 죽은 자에게 생명을 주실 때 사용하시는 수단이기 때문이다.

무엇보다도 우리는 죄인을 이 끔찍한 죄의 상태에서 구원하신 하나님을 찬송해야 한다. 죄론은 "그의 은혜의 영광을 찬송하기"(엡 1:6) 위한 암울한 배경을 보여 준다. 하나님의 택하신 자들이 "죄 가운데 죽어" 있었을 때, "긍휼이 풍성하신" 하나님이 우리를 사랑하신 "그 큰 사랑"으로 말미암아 그들을 그리스도와 함께 살리셨기 때문이다(2:4-5). 원죄 교리가 없다면, 우리는 하나님의 사랑을 당연한 것으로 여길 것이다. 우리는 우리 자신을 사랑받을 만하다고 여기기 때문이다. 하지만 우리의 불순종과 더러움의 무게 아래에서 낮아진 우리 그리스도인은 하나님이 우리를 사랑하셔서 자기 아들로 말미암아 우리를 구원하신 것을 기이하게 여긴다.

묵상과 토론을 위한 질문

1. 인간의 마음이 죄로 부패되어 있음을 증언하는 성경 본문으로는 어떤 것들이 있는가?

2. 인간의 마음의 부패가 우리의 영적인 상태와 관련해 그토록 중요한 이유는 무엇인가?

3. 당신이라면 죄가 인간의 본성 전체를 부패시켰다는 것을 성경에 근거해 어떻게 보여 주겠는가?

4. 로버트 슐러는 죄를 어떤 식으로 재정의했는가? 죄에 대한 그의 견해가 지니는 함의로는 어떤 것들이 있는가?

5. 성경은 타락한 인간이 마귀의 노예가 되어 있음을 어떤 식으로 계시하는가?

6. 전적 무능력 교리는 무엇인가? 성경에 근거해 증명하라.

7. 전적 무능력 교리는 모든 사람이 지닌 자유의지와 모순되고, 하나님이 사람들의 죄를 심판하는 것이 의로울 수 없다는 함의를 지닌다는 반론에 대해 우리는 어떤 식으로 대답할 수 있는가?

8. 전적 무능력 교리는 회심하지 않은 사람이 많은 선한 행위를 행한다는 사실을 설명해 주지 못한다는 반론에 대해 우리는 어떤 식으로 대답할 수 있는가?

9. 전적 타락과 전적 무능력 교리는 하나님의 놀라운 선하심, 인내, 자비를 어떤 식으로 부각시키는가?

10. 당신 자신의 본성적인 타락성과 무능력을 생각할 때, 하나님께 감사하고 찬송하려는 마음이 어떤 식으로 드는가?

더 깊은 성찰을 위한 질문

11. 죄는 인간 본성의 "악한 소질" 또는 "습관에 따른 일탈"이라고 말하는 것은 무엇을 의미하는가? 인간 본성 자체가 죄라거나, 죄는 인간 본성에 있는 실체라고 말하지 않고 그렇게 말하는 이유는 무엇인가?

12. 죄는 인간의 마음과 생각에 어떤 영향을 미쳐 왔는가? 이것은 하나님의 진리를 가르치고 전하는 데 어떤 함의들을 지니는가? 이것은 우리에게 기도할 동기를 어떤 식으로 제공하는가? 당신은 말씀 사역에 능력을 더해 줄 하나님의 은혜를 구하는 기도를 얼마나 많이 하는가?

22장

의지의 자유로운 선택

죄의 지배는 인간의 자유, 의지, 도덕적 행위 주체, 책임이라는 문제를 불러일으킨다. 의지의 자유는 원래 인간론에 속하지만, 인간의 자유에 대한 중요한 문제는 '중생하지 않은' 죄인이나 '구속받았지만 불완전한' 성도인 인간의 현재의 상태와 관련된 것이므로, 우리는 죄론에서 다루는 쪽을 선택했다.

자유의지론은 좌로나 우로나 떨어지기 쉬워 타기 힘든 말과 같다. 한편으로는 인간이 자유로운 도덕 주체라는 것을 완전히 부정하는 쪽으로 빠질 수 있다. 고대 이래로 일부 철학자는 우리의 자유와 책임은 숙명론적인 세계에서 망상일 뿐이라고 주장해 왔다. 현대 세계에서 많은 세속 과학자는 인간의 모든 행위를 두뇌의 화학 작용으로 돌림으로써, 인간에게 영혼과 자유의지가 있음을 부정하는 경향을 보여 준다. 그 결과 현대의 세속 사회는 이러지도 저러지도 못하는 딜레마에 처해 있다. 인간에게 자유가 있다고 믿을 만한 근거는 없다고 생각하지만, 인간이 사회에서 책임 있게 행동하려면 반드시 인간에게 자유가 있어야 하기 때문이다.[1] 역사적으로 정통 기독교 신앙은 그런 결정론적이거나 숙

---

1) Stephen Cave, "There's No Such Thing as Free Will: But We're Better Off Believing in It Anyway," *The Atlantic* (June 2016), https://www.theatlantic.com/magazine/

명론적인 사고에 반대해, 인간은 의지를 지니고 있고, 진정한 선택을 할 수 있으며, 그 선택에 대해 하나님 앞에서 도덕적으로 책임을 져야 한다고 단언해 왔다.

다른 한편으로는 인간의 의지에 일종의 신성을 부여해 인간을 자기 자신의 주인으로 만드는 방식으로 말에서 떨어질 수 있다. 하나님이 무엇을 작정하셨든, 인간이 얼마나 죄악 된 존재가 되었든, 그런 것과는 상관없이 인간은 선을 선택할 수도 있고 악을 선택할 수도 있는 능력을 지니고 있으므로, 죄를 이기거나 하나님의 뜻을 좌절시킬 수 있는 능력을 지니고 있다고 주장하는 것이 바로 그것이다. 정통 기독교 신앙은 이 자유주의적인 오류에 반대해, 인간은 언제나 하나님의 주권 아래 있다고 단언한다. 또한 인간의 도덕적 상태는 절대적 자유의 상태가 결코 아니고, 각 사람은 죄의 노예이거나 하나님의 종이다.

자유의지와 관련한 용어와 개념

이 문제를 고찰할 때, 우리가 성경에 실제로는 없는 것을 마치 성경의 가르침인 것처럼 성경을 읽지 않으려면, 우리의 철학적 전제를 하나님 말씀에 비추어 검토할 필요가 있다. 성경은 자유와 의지에 대해 실제로 무엇이라 말하는가? 기독교회의 신학 전통에서 "자유의지"는 무엇을 의미하는가?

자유와 의지에 대한 성경 용어

성경은 흔히 선택 행위에 대해 말하고, 이것을 표현하는 다음의 여러 단어를 가지고 있다. "선택하다"(히브리어로 '바하르', 헬라어로 '에클레고마이'), "원하다"(히브리어로 '아바', 헬라어로 '텔로')를 비롯해 원함, 기뻐함, 의도, 목적과 관련된 동사들이다. 인간이 의지적인 행위에 관여해 실제로 선택을 한다는 것은 의심할 여지가 없다. 하지만 신약 성경은 인간의 "의지"(헬라어로 '텔레마')에 대해 자주 말하지 않고, 말할 때도 "의지"는 구체

archive/2016/06/theres-no-such-thing-as-free-will/480750/.

적인 선택, 원함, 의지의 행위를 가리키고, 영혼의 추상적인 기능을 가리키지는 않는다.[2] 마찬가지로 우리는 이 헬라어 단어가 구약 성경을 헬라어로 번역한 70인역에서 "기뻐함"('헤페츠'; 예. 사 44:28)이나 "원함"('라촌'; 예. 시 145:19) 같은 히브리어 단어의 역어로 사용된 경우에도 구체적인 선택이나 원함이 강조되는 것을 본다.

성경은 인간의 결정의 원천을 추상적인 의지에 돌리기보다는 인간의 삶의 중심인 "마음", 즉 우리의 사고, 욕망, 의도의 거점이자 우리의 말과 행위의 원천인 "마음"에 돌린다(잠 4:23; 막 7:21). 의지적으로 행하는 사람은 "자원하는 마음"('네디브 레브'; 출 35:5, 22; 대하 29:31)에서 나오는 의지를 따라 행하는 것이다. 죄인은 자신의 마음에서 악을 "꾀하거나 계획한다"('하라쉬'; 잠 6:14, 18).[3] 이 동사는 제조해 내는 것을 의미한다는 점에서,[4] 마음은 죄를 제조해 내는 공장 같은 곳이라고 말하는 것이다.[5]

모든 인간에게는 자신의 마음을 하나님과 하나님의 계시로 향하게 할 책임이 있다.[6] 인간의 생각과 선택은 마음에서 흘러나온다는 점에서, 이 책임의 존재는 '인간은 자신의 마음의 방향을 스스로 결정할 수 있고, 그러므로 책임이 있음'을 의미한다. 하나님에 대한 인간의 도덕적 책임은 하나님이 인간의 마음을 감찰하시고 시험하시는 것으로 표현된다.[7] 성경은 인간의 마음이 선악 사이에서 도덕적 중립의 상태로 있다고 결코 말하지 않고, 태어날 때부터 악이나 의에 기울어져 있다고 말한다(창 6:5; 시 73:1; 125:4). 그리스도는 "선한 사람은 그 쌓은 선에서 선한 것을 내고 악한 사람은 그 쌓은 악에서 악한 것을 내느니라"(마 12:35)고 말씀하셨다.

또한 우리는 성경 기자들이 자유를 가리키는 단어들을 어떤 식으로

---

2) 마 21:31; 눅 12:47; 22:42; 23:25; 요 1:13; 고전 7:37; 16:12; 엡 2:3; 벧후 1:21.
3) 참고, 삼상 23:9; 잠 3:29; 12:20; 14:22.
4) 창 4:22; 왕상 7:14; 렘 17:1; 또한 출 28:11; 신 27:15("장색"); 삼상 13:19("철공"); 삼하 5:11("목수와 석수"); 사 44:11-13 등에 나오는 동족 명사 "장인"을 참고하라.
5) Goodwin, *The Vanity of Thoughts*, in *Works*, 3:511.
6) 삼상 7:3; 대하 12:14; 19:3; 20:33; 30:19; 스 7:10; 욥 11:13; 시 57:7; 78:8; 90:12; 108:1; 112:7; 잠 22:17; 23:12.
7) 대상 28:9; 29:17; 시 7:9; 44:21; 렘 11:20; 17:10; 20:12; 계 2:23.

사용했는지도 고찰해야 한다. 자유를 가리키는 히브리어 단어들은 오늘날의 저술가들이 생각하는 의지의 자유라는 개념 영역이 아니라, 형통함과 정치적이고 법적인 자유라는 개념 영역에서 사용된다. 그중 한 단어의 어근은 종살이나 종살이의 의무에서 "놓이는"('하파쉬') 것을 의미한다.[8] 또 하나의 단어('데로르')는 예컨대 희년에 종살이에서 놓인다는 의미에서 "자유"를 가리킨다.[9] "자원 제물"(영어로 "freewill offerings", 레 22:18 등)로 번역되는 용어에는 "자유로운"을 나타내는 히브리어 단어가 포함되어 있지 않고, "자원 제물"은 히브리어로 "자원함"('네다바')을 의미하는 한 단어를 번역한 것일 뿐이다(참고. 시 110:3; 호 14:4).[10] 구약 성경에는 의지의 자유를 명시적으로 언급한 본문이 없다.

자유에 대해 말할 때 신약 성경은 법적 의무나 노예 신분에서부터의 자유를 가리키는 헬라어 단어군('엘류테로스', '엘류테리아', '엘류테로오')을 사용한다.[11] 이 단어군은 그리스도인의 영적 자유를 가리키는 데도 사용된다(갈 5:1). 그리스도인의 자유는 옛 언약의 예식법을 지킬 의무에서 놓인 것(고전 9:19; 갈 2:4; 5:1) 및 죄의 권세의 지배와 죄의 종살이에서 건짐을 받은 것으로 이루어져 있으므로, 그리스도인은 의 가운데 하나님을 섬길 수 있다.[12] 이렇게 신약 성경은 종살이에서부터의 자유라는 구약의 개념을 가져와, 죄의 종살이에서 영적인 속량이라는 개념으로 바꾸어 놓는다.[13] 이 내면의 영적 자유는 하나님의 자녀의 특권이지만,[14] 스스로 독립적으로 결정할 수 있는 절대적인 능력이 아니라, 하나님의 성령을 힘입어 살아가는 하나님의 신실한 자녀로서 선을 선택하고 행할 수 있는 능력이다.

우리의 결론은 성경은 인간이 자신의 행동 방향을 스스로 결정하는

---

8) 출 21:2; 레 19:20; 신 15:12; 사 58:6; 렘 34:9-16.
9) 레 25:10; 사 61:1; 렘 34:8, 15, 17; 겔 46:17.
10) 시 119:45에서 "자유"('라합')로 번역된 단어는 괴롭게 갇혀 있는 것과 반대되는 넓은 곳을 가리킨다.
11) 마 17:26; 롬 7:3; 고전 7:21-22; 12:13; 엡 6:8; 골 3:11; 계 6:15; 13:16.
12) 요 8:31-36; 롬 6:18, 20, 22; 8:2; 고후 3:17-18.
13) D. A. Carson, *The Gospel According to John*, The Pillar New Testament Commentary (Grand Rapids, MI: Eerdmans, 1991), 350.
14) 요 8:35-36; 롬 8:2, 14-15, 21; 갈 4:7, 30-31.

본거지인 의지에 초점을 맞추고 있지 않고, 선악을 선택하는 의지의 능력을 설명하기 위해 "자유"라는 표현을 사용하지 않는다는 것이다. 대신에 성경 기자들은 인간을 주관하는 관제소인 마음에 초점을 맞추고 있고, 시민법에 따른 종살이나 영적인 노예 상태에서 놓이는 것을 설명하기 위해 "자유"라는 표현을 사용한다. 우리는 법적이거나 영적인 자유와 관련해 의지나 자유라는 표현을 사용하는 성경 본문 속에 의지의 자유라는 개념을 집어넣어 읽지 않게 주의해야 한다. 또한 그리스도인이 인간은 자신의 인식과 원함에 따라 마음에서부터 의지적으로 행하고, 하나님 앞에서 도덕적으로 책임을 질 수 있고 져야 하며, 설교자는 인간을 수동적인 벽돌처럼 대하지 말고 권면과 약속과 호소와 경고를 해야 한다는 성경 진리를 인정한다면, "자유의지"라는 용어를 받아들이지 않는다 해도, 아무도 그를 비성경적이라거나 이단적이라고 비난해서는 안 된다.[15]

자유의지라고 말하는 것은 오해를 불러일으키기 쉽다. 아무 단서도 붙이지 않은 채 자유의지를 단언하는 것은 사람들을 펠라기우스주의로 이끌 수 있고, 오직 은혜로 말미암아 구원을 받는다는 진리를 훼손할 수 있다. 존 칼빈은 용어 문제로 다투길 원하지 않았지만, "인간에게 자유의지가 있다는 말을 들었을 때, 그 즉시 인간은 자기 자신의 생각과 의지의 주인으로서 자기 자신의 힘으로 선이나 악을 행할 수 있다는 뜻이라고 생각하지 않을 사람이 과연 얼마나 될지 나는 묻지 않을 수 없다"고 경고했다.[16] 반면에 아무 단서도 붙이지 않은 채 자유의지를 부정하는 것은 숙명론과 도덕폐기론을 장려할 수 있고, 하나님에 대한 인간의 책임에 대한 교리를 훼손할 수 있다. 하지만 "자유의지"라는 용어는 현대 문화와 기독교 세계의 신학 전통에 깊이 새겨져 있으므로, 우리는 이 용어를 피할 수는 없다. 따라서 이 용어를 성경적으로 정의

---

15) 루터는 의지의 자유를 단호하게 부정한 것으로 보인다. Luther, *The Bondage of the Will*, 104, 148-149 (WA, 18:635-636, 670-671). 하지만 시민적인 의와 예의범절의 영역이 아니라, 영적인 의와 관련해서만 그렇게 한 것일 가능성이 크다. the Augsburg Confession (Art. 18), in *The Book of Concord*, 51을 보라.

16) Calvin, *Institutes*, 2.2.7.

하고 설명해야 한다.

철학적이고 신학적인 자유의지 개념

철학자들은 고대 이래로 인간의 선택과 자유의 의미에 대해 논쟁을 해 왔다. 헬라인은 '아우텍수시아'(자기 권위 또는 자기 결정)라는 용어를 사용했고, 로마인은 '리베룸 아르비트리움'(자유로운 판단 또는 자유로운 선택)과 '볼룬타스'(의지, 의도, 원함)라는 용어를 사용했다. 스토아학파 같은 일부 헬라 철학자는 결정론 또는 숙명론, 즉 일어나는 모든 일은 반드시 그렇게 일어날 수밖에 없고 다르게 일어날 수 없다는 신념을 가르쳤다. 아리스토텔레스의 견해에 대해서는 논란이 있지만, 그는 자신의 철학에서 결정론을 가르치지 않았고, 우연성을 허용한 것으로 보인다.[17]

또한 아리스토텔레스는 의지를 갖고 있다는 것이 무엇을 의미하는지에 대해 논의했다. 그는 "선택"은 "우리의 능력 안에 놓여 있는 것에 대한 의도적인 욕구"라고 말했다.[18] 달리 말하면, 인간의 의지는 한편으로는 가능한 목표를 고찰하고 어느 것이 최선인지를 숙고하는 추론을 포함하고, 다른 한편으로는 모든 목적과 목표는 어떤 좋은 것을 추구한다는 점에서 좋은 것으로 인식되는 것에 대한 욕구 또는 욕망을 포함한다는 것이다.[19] 이성적 판단과 욕망이 서로 일치할 때, 선택이 이루어진다. 의지에 대한 아리스토텔레스의 정의는 토마스 아퀴나스, 칼빈, 프란키스쿠스 투레티누스 같은 기독교 신학자에게 영향을 주었다.[20]

자유의지라는 표현은 성경에서 명시적으로 사용되고 있지 않지만, 자유의지라는 개념은 기독교 신학 전통에서 중요한 위치를 차지하고, 투레티누스가 말했듯 올바르게 정의되기만 하면 유용할 수 있다.[21] 아우구스티누스는 자유의지라는 용어를 사용하긴 했지만, "우리 안에는

---

17) Richard A. Muller, *Divine Will and Human Choice: Freedom, Contingency, and Necessity in Early Modern Reformed Thought* (Grand Rapids, MI: Baker Academic, 2017), 87–103.
18) Aristotle, *Ethics*, 3.3 (120); 참고, 6.2 (205–206).
19) Aristotle, *Ethics*, 1.1 (63).
20) Aquinas, *Summa Theologica*, Pt. 2.1, Q. 13, Art. 1; Calvin, *Institutes*, 1.15.7; Turretin, *Institutes*, 10.1.4; 10.2.7 (1:660, 663).
21) Turretin, *Institutes*, 10.1.3 (1:660).

자유의지가……언제나 존재하지만, 언제나 선한 것은 아니다"라고 씀
으로써 그 의미를 분명히 했다.[22] 스프로울은 "우리에게는 선한 자유
의지도 있을 수 있고 악한 자유의지도 있을 수 있다"고 설명했다.[23] 중
생하지 않은 죄인은 죄의 노예 상태에 있고, 그리스도 안에 있는 영적
자유는 자원하는 심령으로 하나님을 섬길 수 있는 능력이라고 말하는
성경적인 견해와 모순되지 않는 방식으로 자유의지를 말하려면 우리는
어떻게 해야 하는가?

개혁파 전통이 흔히 의지의 자유를 긍정해 왔다는 것을 알면 사람
들은 의외라고 생각할 수도 있다. 칼빈은 "자유가 강제와 반대되는 것
이라면, 나는 인간의 선택은 자유로운 것임을 인정할 뿐 아니라 일관되
게 그렇게 주장하고, 다르게 생각하는 모든 사람을 이단으로 여길 것
이다"라고 말했다.[24] 하인리히 불링거는 2차 스위스 신앙고백(9장)에서
이렇게 썼다. "그러나 외적인 일에서 중생한 자든 중생하지 않은 자든
자유의지를 지니고 있음을 아무도 부정하지 않는다……따라서 그는 말
할 수도 있고 침묵할 수도 있으며, 집을 나갈 수도 있고 집 안에 머물러
있을 수도 있다."[25] 지롤라모 잔키는 "타락 이후의 인간은 죄의 노예가
되었고 많은 불행에 종속되었긴 하지만, 여전히 모든 선택의 자유를 다
잃어버리지는 않았고, 자신에게 본성적인 선택의 자유를 언제나 지니
고 있다"고 말했다.[26] 윌리엄 에임스는 "의지의 자유는" 죄의 "노예 상
태"에 있을 때조차도 "인간의 본성에 필수적이다"라고 썼다.[27] 존 오웬
은 이렇게 말했다. "우리는 인간이 자신의 모든 행위의 실질에서 피조
된 본성만으로 할 수 있는 능력, 해방, 자유를 지닌다는 것을 인정한다.
우리는 인간이 모든 외적인 강제, 내면의 본성적인 필연성의 선택에서
자유롭고, 선택과 숙고에 따라 행하며, 자기에게 좋아 보이는 것을 자

---

22) Augustine, *On Grace and Free Will*, 31.15, in *NPNF*[1], 5:456.
23) Sproul, *Willing to Believe*, 62.
24) Calvin, *The Bondage and Liberation of the Will*, 68.
25) *Reformed Confessions*, 2:824.
26) Zanchi, *De primi hominis lapsu*, 1.6.1, in *Reformed Thought on Freedom*, 64.
27) Ames, *The Marrow of Theology*, 1.12.44 (119).

발적으로 받아들인다는 것을 인정한다."[28] 투레티누스는 "우리는 우리의 대적보다 훨씬 더 진정으로 자유의지를 굳게 세운다"고 역설했다.[29]

웨스트민스터 신앙고백(9.1)은 "하나님은 인간의 의지에 본성적 자유를 부여하셔서 강제되거나 어떤 본성의 절대적 필연성에 따라 선이나 악으로 결정되지 않게 하셨다(마 17:12; 약 1:14; 신 30:19)"고 말한다.[30] 인간 본성에는 일종의 자유("본성적 자유")가 내재되어 있고, 이 자유가 없다면 인간은 이성적 행위 주체, 즉 인간일 수 없다.[31] 인간은 진정한 선택을 할 수 있고, 올바른 선택을 하도록 권면받아야 한다.

또한 웨스트민스터 신앙고백은 한 사람의 선택은 "본성의 어떤 절대적 필연성에 따라" 완벽하게 미리 정해져 있다는 결정론을 피한다. 달리 말하면, 한 사람이 자신의 의지로 선택하는 것은 기계나 로봇처럼 단지 그의 본성, 경험, 환경의 결과도 아니고, 짐승처럼 본성적인 본능의 결과도 아니라는 것이다. 칼빈은 "우리는 스토아학파와는 달리 자연 속에 담겨 있는 영속적인 상관관계와 긴밀하게 연결된 일련의 원인에서부터 필연성을 고안해 내지 않는다"고 말했다.[32] 도리어 의지의 선택은 한 사람이 상황을 인식하고 무엇이 좋은 것인지를 판단한 후 마음 안에서 자발적으로 생겨난다.[33]

하지만 개혁파 신학자는 인간의 의지가 하나님의 의지에서부터 독립되어 있고 하나님의 의지를 좌절시킬 수 있다고 말하지는 않는다. 성경은 그 반대를 가르치기 때문이다(시 33:10-11; 잠 21:1). 자유로운 선택에 대한 개혁파 교리는 하나님의 주권에 대한 개혁파 교리와 결합해 볼 때 한층 더 인상적이다.[34] 웨스트민스터 신앙고백(3.1)은 이렇게 말한다. 하나님은 "일어나는 모든 일을 정하셨다. 하지만 하나님은 죄의 창조

---

28) Owen, *A Display of Arminianism*, in *Works*, 10:116.
29) Turretin, *Institutes*, 10.1.3 (1:660).
30) *Reformed Confessions*, 4:246.
31) Turretin, *Institutes*, 10.3.11 (1:667).
32) Calvin, *Institutes*, 1.16.8.
33) Turretin, *Institutes*, 10.2.5; 10.3.10 (1:662, 667). 다음을 보라. Cunningham, *The Reformers and the Theology of the Reformation*, 499-500.
34) 하나님의 작정과 섭리에 대한 교리에 대해서는 이 책 2권 23-28장을 보라.

자도 아니시고, 피조물의 의지에 폭력이 가해지지도 않으며, 이차적인 원인들의 자유와 우연성은 제거되지 않고 도리어 견고히 세워진다."[35] 하나님의 작정과 섭리는 장차 일어날 일을 결정하지만, 이 필연성은 사람에게 자신의 선호와 반대되는 구체적인 선택을 하도록 강제하지도 않고, 하나님은 필연적으로 선하시긴 하지만 선하도록 강제되지 않는다.[36] 하나님의 섭리는 전능하신 능력 가운데 인간의 의지와 양립하는 방식으로 작용한다. 인간의 지각으로는 알 수 없지만 말이다. 웨스트민스터 신앙고백(5.2)에서는 하나님의 섭리는 하나님의 작정이 그 자체로 자유롭거나 우연적일 수 있는 "이차적인 원인들"을 통해 "변함없고 틀림없이 일어나는(행 2:23)"것을 보장한다고 말한다.[37] 사실 개혁파 신학자는 인간의 자유의지는 하나님의 주권적 의지와 양립할 수 있을 뿐 아니라, 하나님의 주권적 의지에 완전히 의존되어 있음을 강조한다. 하나님은 창조주이시고 인간은 피조물이기 때문이다.[38] 오직 하나님이 절대적인 자유의지를 지니시고(시 115:3), 인간이 지닌 의지의 자유는 하나님의 절대적인 자유의지의 유한한 형상일 뿐이다.

그렇다면 인간의 자유의지라는 것은 무엇인가? 우리는 인간의 자유의지는 외적인 강제나 내적인 필연 없이 자신이 좋다고 판단하는 것을 선택하는 영혼의 능력이라고 정의할 수 있다.[39] 인간의 의지는 아무도 강제하지도 않고, 기계적이거나 자동적이지도 않는다. 인간의 의지는 인간이 자신의 마음에서 좋다고 인식하는 것을 원하고 선택하는 인격적 능력이다.

---

35) *Reformed Confessions*, 4:238.
36) John Bradford, *A Treatise of Election and Free-Will*, in *The Writings of John Bradford, Volume 1, Sermons, Meditations, Examinations, Etc.*, ed. Aubrey Townsend for the Parker Society (Cambridge: Cambridge University Press, 1848), 213. 다음도 보라. Paul Helm, *John Calvin's Ideas* (Oxford: Oxford University Press, 2004), 151-152.
37) *Reformed Confessions*, 4:240.
38) Zanchi, *De primi hominis lapsu*, 1.6.1, in *Reformed Thought on Freedom*, 65.
39) 참고, Girolamo Zanchi, *De operibus Dei intra spatium sex dierum creatis* (1591), 3.3.3, in *Reformed Thought on Freedom*, 55; *De primi hominis lapsu*, 1.6.1, in *Reformed Thought on Freedom*, 73; Franciscus Junius, *Theses Theologicae* (Leyden, 1592), 22.17, in *Reformed Thought on Freedom*, 100; Owen, *A Display of Arminianism*, in *Works*, 10:119; Turretin, *Institutes*, 10.1.2 (1:660).

인간의 네 가지 상태와 자유의지

우리의 의지는 언제나 자유롭지만 언제나 선한 것은 아니라는 아우구스티누스의 가르침은 이 교리를 고찰할 때 중요한 한 가지 요소를 보여 준다. 즉 구속사 속에서 인간의 상태는 변한다는 것이다.[40] 아우구스티누스주의적인 신학자들은 인간의 네 가지 상태라는 개념을 발전시켰다.[41] 잔키는 "인간의 상태는 타락 이전의 상태, 타락 이후의 상태, 은혜 아래 있는 상태, 영광 가운데 있는 상태, 이렇게 네 가지가 있으므로, 인간의 자유로운 선택에 대해서도 네 가지로 나누어 논의하는 것이 관례다"라고 말했다.[42] 토머스 보스턴은 이 네 가지 상태는 "천국을 보려는 모든 이가 반드시 알아야 하는 것"이라고 말하기까지 했다.[43]

1. 죄 없는 상태: 하나님을 선택할 수 있는 가변적인 능력

인간의 네 가지 상태에 대한 우리의 고찰은 인간의 창조에서 시작한다. 웨스트민스터 신앙고백(9.2)에서는 "인간은 자신의 죄 없는 상태에서 하나님이 기뻐하시는 선한 것을 원하고 행할 수 있는 자유와 능력을 지니고 있었지만(전 7:29; 창 1:26), 가변적이어서 그 상태에서 타락할 수도 있었다(창 2:16-17; 3:6)"고 말한다.[44] 창세기에 나오는 인간의 창조와 타락에 대한 기사에서는 "의지"를 언급하지 않지만, 의지와 관련해 중요한 함의를 지닌다. 하나님은 아담과 맺으신 언약에서 순종 또는 불순종을 조건으로 인간에게 생명이나 죽음을 제시하셨다. 칼빈은 "이 죄 없는 상태에서 인간은 자유의지를 통해 원하기만 한다면 영생을 얻을 수 있는 능력을 지니고 있었다"고 말했다. 아담은 자신의 죄에 대해 책

---

40) Augustine, *On Grace and Free Will*, 31.15, in *NPNF*[1], 5:456.
41) Lombard, *The Sentences*, 2.25.5 – 6 (2:118); Wollebius, *Compendium*, 1.8.xii (65); Turretin, *Institutes*, 8.1.9 (1:571). 우리는 이 책 1장에서 기독교 신앙이 구속사적인 방식으로 인간론을 어떻게 접근하는지를 논의할 때 이 개념을 소개했다.
42) Zanchi, *De operibus Dei*, 3.3.3, in *Reformed Thought on Freedom*, 53 (참고, 58).
43) Boston, *Human Nature in Its Fourfold State*, 37.
44) *Reformed Confessions*, 4:246.

임이 있었다. "그는 오로지 자신의 의지로 타락했다."[45]

이 상태에서 인간은 "지극히 선했다." "하나님이 자기 형상대로 사람을 창조하셨기" 때문이었다(창 1:27, 31). 이 형상은 지식, 의, 거룩함을 포함했으므로(엡 4:24; 골 3:10), 인간은 도덕적으로 바른 상태에 있었다(전 7:29, "정직했다").[46] 하나님은 인간을 의롭고 의를 행할 수 있는 상태로 창조하셨다. 보스턴의 표현에 따르면, 인간의 의로운 영혼의 한 기능인 의지는 "원래 창조주의 뜻을 따르도록 지음 받았다." 인간의 의지는 중립적인 의지가 아니었고 선한 의지였다. 보스턴은 이렇게 썼다. "인간의 의지는 선이나 악 어느 쪽으로도 기울지 않는 평형 상태에 놓여 있었던 것이 아니었다. 만일 인간이 그런 상태에 놓여 있었다면, 인간은 바르지 않았을 것이고, 태생적으로 율법을 지키는 것도 불가능했을 것이며, 한순간도 자신의 으뜸가는 목적인 하나님 쪽으로 기울 수도 없었을 것이고, 자기 자신에게 신이 될 수도 없었을 것이다."[47]

하지만 하나님의 금지 명령과 인간의 타락은 인간이 죄를 지을 수 없을 정도로 확고하게 의 가운데 있지 않았음을 보여 준다. 아우구스티누스는 "인간이 바르게 창조되었을 때 받은 최초의 의지의 자유는 죄를 지을 수 없는 능력이 아니라 죄를 지을 수 있는 능력에 있었다"고 말했다.[48] 엄밀하게 말하면, "죄를 지을 수 있는 능력"은 능력이 아니라, 능력의 한계다. 속사람의 참된 능력은 절제, 즉 성벽이 있는 성같이 시험과 유혹을 물리치는 힘이기 때문이다(잠 16:32; 25:28). 인간은 바르게 행할 수 있는 능력을 지녔지만, 인간의 능력은 무한하거나 불변한 것이 아니어서 남용되거나 상실될 수 있었다.

2. 죄의 상태: 하나님을 선택할 수 없는 무능력

아담의 죄로 말미암아 인간은 자신의 원래 상태를 상실하고 죄와 불행의 상태로 전락했다. 웨스트민스터 신앙고백(9.3)에서는 "인간은 죄

---

45) Calvin, *Institutes*, 1.15.8.
46) 하나님의 형상에 대해서는 이 책 8-10장을 보라.
47) Boston, *Human Nature in Its Fourfold State*, 41.
48) Augustine, *The City of God*, 22.30, in *NPNF*[1], 2:510.

의 상태로 타락함으로써 구원을 수반하는 온갖 영적 선에 대한 의지의 모든 능력을 온전히 잃어버렸다(롬 5:6; 8:7; 요 15:5). 따라서 자연인은 그 선을 전적으로 싫어하고(롬 3:10, 12) 죄 가운데 죽어 있어서(엡 2:1, 5; 골 2:13) 자기의 힘으로 회심하거나 회심을 준비할 수 없다(요 6:44, 65; 엡 2:2-5; 고전 2:14; 딛 3:3-5)"고 말한다.[49] 인류는 죄로 말미암아 부패해 구원의 은혜를 떠나서는 하나님을 구하거나 기쁘시게 할 수 없다.[50]

새로워지지 않은 인간의 의지는 악의 노예가 되어 있어 하나님이나 어떤 참된 영적 선으로 돌이킬 수 없다. 칼빈은 이렇게 말했다. "우리는 모두 본성적으로 죄인이다. 그러므로 우리는 죄의 멍에 아래 있다. 인간이 전인적으로 죄의 권세 아래 놓여 있다면, 전인적인 인간의 가장 중요한 본거지인 의지가 아주 튼튼한 쇠사슬로 묶여 있을 것임은 두말할 필요가 없다."[51] 일시적인 환난이나 이성적인 설득으로는 의지를 영적으로 선한 것으로 돌이키는 데 충분하지 않다.[52] 데이비드 클라크슨은 인간을 노예로 만들어 버리는 원죄의 힘에 대해, "사랑의 모든 끈, 환난의 모든 쇠사슬로도 이것을 막을 수 없다"고 말한 후, "무한한 능력 외의 어떤 것도 원죄의 힘을 이길 수 없고, 하나님의 전능한 팔 외의 누구도 원죄의 힘을 막을 수 없다"는 말을 덧붙였다.[53] 이런 이유로 하나님은 죄 아래 있는 인간의 무능력을 보시고, "힘없는"(롬 5:6, "연약할") 자들을 구원하려고 친히 오셨다(사 59:16-21).

하지만 죄의 상태에 있는 인간도 여전히 의지를 지니고 있고, 그 의지는 자신이 전에 지녔던 자유의 그림자를 유지한다. 칼빈은 "인간은 선택을 행하고, 그 선택은 스스로 결정하는 것이므로, 인간이 행하는 모든 악은 인간과 인간 자신의 의지적인 선택으로 돌려져야 한다"고 말했다.[54] 프란키스쿠스 유니우스는 "인간의 선택의 자유는 전적으로 부패했지만, 우리는 그 자유의 흔적을 여전히 찾아볼 수 있다"고 말

---

49) *Reformed Confessions*, 4:246.
50) 이 책 21장을 보라.
51) Calvin, *Institutes*, 2.2.27.
52) 왕하 17:13-14; 잠 27:22; 렘 5:3.
53) Clarkson, "Of Original Sin," in *Works*, 1:12.
54) Calvin, *The Bondage and Liberation of the Will*, 69.

했다.[55] 웨스트민스터 성직자들도 이와 똑같이 단언했다. 웨스트민스터 신앙고백이 의지의 "본성적 자유"를 단언하며 인용한 성경 본문은 모두 타락 이후의 인간과 관련된 것이다.[56]

성경은 악인이 온갖 세상적인 일에서 선택을 한다고 말한다. 자기가 결혼할 사람을 선택하고(창 6:2), 자신이 듣기를 원하는 설교자를 선택하며(요 5:35), 누구를 왕으로 세워 자기를 다스리게 할지를 선택한다(삼상 8:18). 사람들은 자신의 의지로 소송을 제기하고 채무를 진다(마 5:40, 42). 군대의 지휘관은 자신의 군대를 여러 곳에 어떻게 배치할지를 선택한다(삼상 13:2; 삼하 10:9; 17:1). 장인은 자기가 만들려는 물건에 어떤 재료가 가장 적합할지를 선택한다(사 40:20). 그런 모든 일에서 사람들은 의지의 자유를 지닌다.

악인도 자유롭게 악행을 선택한다. 죄인은 하나님이 미워하시는 일을 행하는 것을 선택한다(사 65:12; 66:3). 자기가 어느 거짓 신과 우상을 섬길 것인지를 선택하고(삿 10:14; 사 1:29; 41:24), 자신의 의지로 하나님을 시험한다(마 12:38). 교만한 자는 잔치에서 상석에 앉는 것같이 자기 자신을 높이기 위한 최선의 수단을 선택한다(눅 14:7). 그리스도의 원수는 악한 죄인을 선택하고 영광의 주를 배척한다(마 27:21). 의인에 대해 권세 있는 자는 자신이 원하는 대로 의인을 박해한다(17:12). 복음을 통해 그리스도의 부르심을 듣고도 그리스도께로 오려 하지 않는다(23:37; 요 5:40).

아우구스티누스는 "포로가 된 자유의지는 죄를 위한 것 외에는 아무 소용이 없어서, 하나님이 자유롭게 해 주고 도와주지 않으신다면, 의를 위해서는 아무 소용이 없다"고 말했다.[57] 불링거는 2차 스위스 신앙고백(9장)에서 "따라서 악이나 죄와 관련해 인간은 하나님이나 마귀에 의해 강제되어서가 아니라 스스로 악을 행하고, 이 점에서 지극히 자유로운 의지를 지닌다"고 썼다.[58] 아우구스티누스는 회심하지 않은 자에

---

55) Junius, *Theses Theologicae*, 22.43, in *Reformed Thought on Freedom*, 104.
56) 신 30:19; 마 17:12; 약 1:14, *Reformed Confessions*, 4:246.
57) Augustine, *Against Two Letters of the Pelagians*, 3.24.8, in *NPNF*[1], 5:414.
58) *Reformed Confessions*, 2:823. 다음을 보라. Zanchi, *De primi hominis lapsu*, 1.6.1, in

대해 이렇게 말했다. "이 의지는 악을 기뻐하므로 악에서는 자유롭지만, 자유롭게 지음 받지 않았으므로 선한 일에서는 자유롭지 않다. 인간은 악을 원할 수 없으신 분, 즉 우리 주 예수 그리스도로 말미암는 하나님의 은혜의 도움 없이는 어떤 선한 것도 원할 수 없다."[59]

"포로가 된 자유의지"라는 표현 속에는 분명한 긴장 관계가 있다. 그것은 "악에서는 자유롭지만" 선을 행할 수는 없는 자유의지다. 앞에서 우리는 인간에게 있는 하나님의 형상이 어떤 점에서는 파괴되었지만 어떤 점에서는 지속되고 있다고 말하는 성경 진리 속에서도 똑같은 긴장 관계를 보았었다. 인간은 인간이기를 그치지 않았지만, 이전의 인간이기를 그쳤다. 아우구스티누스는 이렇게 말했다.

> 인간은 자신의 자유의지를 악하게 사용함으로써, 자유의지와 자기 자신 둘 모두를 파괴했다. 자신을 죽이는 사람은 자신을 죽일 때 당연히 살아 있어야 하지만, 자신을 죽인 후에는 살아 있기를 그치고, 자신을 생명으로 돌이킬 수 없다. 마찬가지로 인간이 자신의 자유의지로 죄를 지었을 때, 죄는 그에 대해 승리를 거두었고, 그의 의지의 자유는 상실되었다……죄의 노예가 죄를 지어 자기를 기쁘게 할 때를 제외하고 어떤 자유를 지닐 수 있는지 나는 묻고 싶다. 그는 노예 상태에 있더라도 자기 주인의 의지를 기쁘게 하는 일에서는 자유롭기 때문이다. 따라서 죄의 종인 사람은 죄에 대해 자유롭다.[60]

죄의 상태에서 인간은 자유와 노예 상태의 역설 속에서 살아간다. 보스턴은 이렇게 말했다. "죄는 자연인의 요소다. 물고기가 물을 벗어나 뭍으로 나오려 하지 않는 것처럼, 자연인은 죄와 헤어지려 하지 않는다……자연인은 포로이고 죄수이자 노예지만, 자기를 이긴 자, 자신

Reformed Thought on Freedom, 67.
59) Augustine, *Against Two Letters of the Pelagians*, 1.7.3, in *NPNF*[1], 5:379.
60) Augustine, *Enchiridion*, chap. 30, in *NPNF*[1], 3:247.

의 간수, 자신의 주인을 사랑한다."[61] 부패한 자유와 비난받아 마땅한 노예 상태는 서로 엮여 있고 서로를 강화하므로, 타락한 자유의지는 그 자체가 인간의 족쇄다. 클라크슨은 중생하지 않은 죄인은 "할 수 없고, 할 수 있기를 원하지 않으며, 원할 수 없다"고 말했다.[62]

회개하지 않은 죄인도 여전히 하나님과 하나님의 길을 선택할 책임이 있고, 그렇게 하길 거부하면 죄를 짓는 것이다. 출애굽 때의 애굽 왕바로는 완악한 마음의 극치를 보여 주었고, 하나님은 그런 그를 꾸짖으셨다. "네가 어느 때까지 내 앞에 겸비하지 아니하겠느냐 내 백성을 보내라 그들이 나를 섬길 것이라"(출 10:3). 엘리야는 두 가지 생각 사이에서 오락가락하는 신실하지 못한 이스라엘을 꾸짖어 이렇게 말했다. "여호와가 만일 하나님이면 그를 따르고 바알이 만일 하나님이면 그를 따를지니라"(왕상 18:21). 하나님의 지혜는 "지식을 미워하며 여호와 경외하기를 즐거워하지 아니하는"(잠 1:29) 어리석은 자를 책망한다.

어떻게 악인이 행하는 이런 의지의 행사를 자유라고 부를 수 있느냐고 반문하는 사람이 있을 것이다. 성경적으로 영적 자유라는 것은 그리스도 안에 있는 하나님의 영광을 깨닫고 반영하는 방식으로(고후 3:17-18) 선을 행하고 악을 배척하는 능력이기 때문이다(요 8:32-36; 롬 6:18, 22). 우리의 대답은 타락한 인간 본성의 잔해 속에는 훼손된 하나님의 형상의 잔재가 남아 있다고 말할 수 있는 것처럼, 선을 선택하는 인간의 자유의 왜곡된 파편이 남아 있다고 말할 수 있다는 것이다. 죄인은 여전히 자신의 생각에 선해 보이고 자신의 의지를 기쁘게 해 주는 것을 선택한다(참고. 창 3:6). 그 점에서 죄인은 선을 원하시고 악을 미워하시는 하나님을 어느 정도 반영하고 있다(참고. 롬 12:2, 9). 물론 여기서 죄인에게 "선"은 육신, 개인적인 출세, 인간 사회에 유익하고 도움이 되는 것을 가리킬 수 있음을 기억해야 한다.[63] 하나님의 일반 은혜 덕분에 생존을 유지하는 악인은 흔히 이 제한된 의미에서 많은 선한 것을 선택하

---

61) Boston, *Human Nature in Its Fourfold State*, 99.
62) Clarkson, "Man's Insufficiency to Do Anything of Himself," in *Works*, 2:104.
63) Brakel, *The Christian's Reasonable Service*, 1:410.

고, 자기 자신과 자신을 둘러싸고 있는 환경에 해로운 것으로 인식되는 것을 배척한다.

하지만 죄인은 하나님을 배척하여 자기 자신을 어리석은 자로 만들었고, 하나님은 그들을 "그 상실한 마음대로 내버려 두사 합당하지 못한 일을 하게 하셨다"(롬 1:28 ESV). 선에 대한 그들의 지각과 사랑은 부패되어 있어서, 그들은 자신이 선한 것이라고 생각하는 망상에 따라 행하는 것이므로, 자신이 미워하는 하나님께 순복하는 것과는 거리가 멀다. 그래서 성경은 그들에 대해 "악을 선하다 하며 선을 악하다 하며 흑암으로 광명을 삼으며 광명으로 흑암을 삼으며 쓴 것으로 단 것을 삼으며 단 것으로 쓴 것을 삼는 자들은 화 있을진저"(사 5:20)라고 말한다. 그들의 생각은 어두워져 있고, 그들의 의지는 타락해 있어서, 그들은 죄의 노예 상태 속에서 거짓되게 생각하고 죄를 자유롭게 원하며 죄를 짓는다.

3. 은혜 상태: 하나님을 선택할 수 있는, 새로워졌지만 불완전한 능력

한 사람에게 구원이 적용될 때, 그 사람에게 영적인 자유가 주어지는 과정이 시작된다. 바울은 "주는 영이시니 주의 영이 계신 곳에는 자유가 있느니라"(고후 3:17)고 말한다. 웨스트민스터 신앙고백(9.4)은 이렇게 말한다. "하나님이 죄인을 회심시켜 은혜의 상태로 옮기실 때, 그를 죄 아래에서의 본성적인 노예 상태에서 해방하셔서(골 1:13; 요 8:34, 36), 오직 그의 은혜로 말미암아 영적으로 선한 것을 자유롭게 원하고 행할 수 있게 하신다(빌 2:13; 롬 6:18, 22). 하지만 그의 남아 있는 부패 때문에, 그는 온전히 또는 오로지 선한 것을 원하지 않고, 악을 원하기도 한다(갈 5:17; 롬 7:15, 18-19, 21, 23)."[64]

회심은 노예 상태에서 자유로 옮겨 가는 것이지만, 그 자유는 새로운 주인 아래에서 주어지는 자유다. 바울은 로마서 6장 17-18절에서 "하나님께 감사하리로다 너희가 본래 죄의 종이더니 너희에게 전하여 준 바 교훈의 본을 마음으로 순종하여 죄로부터 해방되어 의에게 종이 되

---

[64] *Reformed Confessions*, 4:246.

었느니라"고 쓴다. 아우구스티누스는 이렇게 말했다. "그는 죄에서 해방되어 의의 종이 되기 시작할 때까지는 바르게 행하는 데 자유롭지 않다. 그리고 이것은 참된 자유다. 그는 의로운 행위를 기뻐하기 때문이다. 아울러 이것은 거룩한 노예 상태다. 그는 하나님의 뜻에 순종하기 때문이다."[65]

죄가 마음에 철필로 새겨져 있고, 돌판에 기록된 하나님 율법이 그 죄를 정죄하는 상태는 이제 더 이상 없다. 이제는 하나님 말씀이 성령의 지울 수 없는 먹으로 심비에 기록된다(고후 3:3; 히 8:10). 죄인에게는 새 마음"(겔 36:26), 즉 하나님 말씀을 받아 인내로 결실하는 "정직하고 선한 마음"(눅 8:15, "착하고 좋은 마음")이 주어진다. 중생은 의지의 새로운 선택이 아니라, 마음의 새로운 창조, 즉 의지를 포함한 모든 기능의 방향을 재정립하는 '하나님을 향한 새로운 생명의 소질'이 초자연적으로 주어지는 것이다.

자유의지는 이제 더 이상 공허한 그림자가 아니라, 살아 움직이는 실체다. 따라서 중생한 사람은 하나님이 그 사람 속에서 역사하여 만들어 내신 새로운 자원함을 갖게 된다. "하나님이 너희 안에서 역사하셔서 자기의 기쁘신 뜻을 원하게 하시고 행하게 하시느니라"(빌 2:13, "너희 안에서 행하시는 이는 하나님이시니 자기의 기쁘신 뜻을 위하여 너희에게 소원을 두고 행하게 하시나니"). 성령은 중생한 사람 안에 내주하지만, 그들을 마음도 없고 생각도 없는 로봇으로 취급하지 않는다. 보스턴은 이렇게 말했다. "중생의 은혜는 강력하고 효력이 있어 의지의 방향을 전환시킨다. 강제로 그렇게 하는 것이 아니라, 온유하지만 강력하게 이끌어 그렇게 하므로, 하나님 백성은 주의 권능의 날에 자원하는 마음을 지니게 된다(시 110:3)."[66] 그들은 악인의 삶보다 하나님의 집을 선택한다(84:10). 그들은 하나님의 길과 하나님의 말씀을 선택한다(119:30, 173). 그들은 조명을 받은 마음과 생각으로 가장 선한 것, 그러니까 유일하게 필수적인 것, 즉 그리스도의 말씀을 듣는 제자가 되는 것을 선택한다(눅 10:42).

---

65) Augustine, *Enchiridion*, chap. 30, in *NPNF*[1], 3:247.
66) Boston, *Human Nature in Its Fourfold State*, 213.

성령의 역사로 말미암아 생겨나는 이 소원과 선택은 믿는 자 안에 남아 있는 내주하는 죄로부터의 극렬한 반대를 만나, 남아 있는 죄와 불완전한 순종에 대한 좌절과 애통함을 낳는다(롬 7:15-24; 갈 5:17). 하지만 하나님은 자신이 시작한 일을 신실하게 완성하셔서 믿는 자를 전인적으로 온전히 거룩하게 하실 것이다(빌 1:6; 살전 5:23-24).[67]

4. 영광의 상태: 하나님을 선택할 수 있는 완전하고 변할 수 없는 능력

믿는 자는 하나님이 택하신 자들의 최종적인 상태에서만 약속된 완전에 도달한다. 웨스트민스터 신앙고백(9.5)에서는 "인간의 의지는 영광의 상태에서만 선에 대해 완전하고 변함없이 자유롭게 된다"고 말한다.[68] 오직 하늘에서 우리는 "온전하게 된 의인의 영들"(히 12:23 ESV)을 발견한다. 그리스도가 눈에 보이는 하나님의 영광으로 다시 오셔서 죽은 자를 다시 살리실 때, 하나님의 자녀에게서 하나님의 형상은 온전히 완전해질 것이다(요일 3:2). 그들은 하나님의 낙원으로 다시 돌아갈 것이고, 거기에는 그들을 시험할 뱀이나 선악을 알게 하는 나무는 없고, 생명나무만 있을 것이다. "그들이 세세토록 왕 노릇 하리로다"(계 22:1-5).

그때 그들은 피조물이 소유할 수 있는 최고 수준의 자유, 즉 "하나님의 자녀들의 영광의 자유"(롬 8:21)에 도달할 것이다. 이 불변의 자유는 인간이 지닐 수 있는 하나님의 무한하고 영원한 자유의 이상적인 형상이다. 하나님의 자유의지는 지극히 선해 죄를 지을 수 없기 때문이다(약 1:13). 아우구스티누스는 이렇게 설명했다.

> 또한 우리는 죄가 그들을 기쁘게 해 줄 힘을 지니지 않게 될 것이므로 자유의지가 퇴화될 것임에 틀림없다고 생각해서는 안 된다. 반대로, 의지는 죄를 짓는 것을 기뻐하는 것에서 해방되어 죄를 짓지 않는 것을 확고하게 기뻐할 것이므로 훨씬 더 진정으

---

67) 유효한 부르심, 성화, 견인에 대한 교리는 구원론에서 다루어진다. *RST*, vol. 3을 보라.
68) *Reformed Confessions*, 4:246.

로 자유롭게 될 것이다. 인간이 바르게 창조되었을 때 받았던 최초의 의지의 자유는 죄를 짓지 않을 수 있는 능력과 죄를 지을 수 있는 능력 둘 모두에 있었던 반면, 이 마지막 의지의 자유는 죄를 지을 수 없게 될 것이라는 점에서 더 우월할 것이다.[69]

따라서 의지의 자유는 의지가 선악 간의 중립적인 상태에 있는 것이 아니라, 진정으로 선한 것, 특히 최고의 선을 이성에 따라 선택할 수 있는 능력이다. 하나님을 떠나는 것이 그토록 끔찍한 자유의지의 남용이자 부패인 이유가 거기에 있다. 예레미야 2장 12-13절은 "너 하늘아 이 일로 말미암아 놀랄지어다 심히 떨지어다 두려워할지어다 여호와의 말씀이니라 내 백성이 두 가지 악을 행하였나니 곧 그들이 생수의 근원되는 나를 버린 것과 스스로 웅덩이를 판 것인데 그것은 그 물을 가두지 못할 터진 웅덩이들이니라"고 말한다.

인간의 자유는 에덴동산에서 '죄는 없지만 제한이 있는' 방식으로 시작되었다. 그 자유는 타락으로 박살이 났지만, 파편은 여전히 남아 있었다. 하나님은 중생을 통해 영적 자유를 회복시키시고, 생명으로의 부활 때 그 자유를 완성하신다. 우리에게 죄를 선택할 수 있는 능력이 없다면 우리는 진정으로 자유로울 수 없다는 반론을 제기하는 사람은 아우구스티누스가 다음과 같이 말한 것을 생각해 보라. "하나님은 죄를 지을 수 없으시므로 자유롭지 않다고 우리는 말해야 하는가?"[70] 참된 자유는 우리가 하나님을 닮았다는 데 있다. 그래서 하나님은 우리를 그렇게 지으셨다.

의지의 자유와 노예 상태가 지닌 실천적 함의

인간의 자유의지에 대한 교리는 논쟁을 촉발하는 발화점이긴 하지만 아주 실천적인 교리다. 이것은 교회가 영원한 멸망에 처해질 죄인을

---

69) Augustine, *The City of God*, 22.30, in *NPNF*[1], 2:510.
70) Augustine, *The City of God*, 22.30, in *NPNF*[1], 2:510.

전도하는 것과 관련해 특히 그렇다. 따라서 우리는 그리스도의 구속 사역(사 53장), 교회와 그리스도의 열매 맺는 연합(사 54장)을 토대로 한 복음 전도로의 하나님의 부르심인 이사야 55장에서 도출한 몇몇 실천적 적용으로 끝을 맺으려 한다.

1. 죄인을 위한 충분한 구주이신 그리스도를 제시하라. "오호라 너희 모든 목마른 자들아 물로 나아오라 돈 없는 자도 오라 너희는 와서 사먹되 돈 없이, 값없이 와서 포도주와 젖을 사라 너희가 어찌하여 양식이 아닌 것을 위하여 은을 달아 주며 배부르게 하지 못할 것을 위하여 수고하느냐 내게 듣고 들을지어다 그리하면 너희가 좋은 것을 먹을 것이며 너희 자신들이 기름진 것으로 즐거움을 얻으리라"(사 55:1-2). 하나님이 누구를 택하셨는지에 대해서는 신경 쓰지 말고, 사람들을 그리스도께 나아오라고 초청하라. 하나님이 그리스도 안에서 믿음으로 나아오는 모든 자를 온전히 만족시킬 영적 잔치를 마련해 놓으셨다고 그들에게 약속하라.

2. 그리스도로 말미암는 언약을 맺으신 하나님은 신실하시다는 것을 죄인에게 보이라. "너희는 귀를 기울이고 내게로 나아와 들으라 그리하면 너희의 영혼이 살리라 내가 너희를 위하여 영원한 언약을 맺으리니 곧 다윗에게 허락한 확실한 은혜이니라"(사 55:3). 우리는 우리 자신의 자유와 능력을 의지해 구원받는 것이 아니라, 언약에 신실하신 우리 주 예수 그리스도의 아버지이신 하나님을 의지함으로써 구원받는다. 사람들에게 그리스도 안에서 하나님이 주신 약속을 믿고 의지하라고 말하라.

3. 하나님을 의지하여 영화롭게 되신 선지자이자 왕이신 그리스도께로 죄인들을 모으라. "보라 내가 그를 만민에게 증인으로 세웠고 만민의 인도자와 명령자로 삼았나니 보라 네가 알지 못하는 나라를 네가 부를 것이며 너를 알지 못하는 나라가 네게로 달려올 것은 여호와 네 하나님 곧 이스라엘의 거룩하신 이로 말미암음이니라 이는 그가 너를 영화롭게 하였느니라"(사 55:4-5). 기독교회는 사람들에게 그리스도를 증언해야 하지만, 그리스도만이 노예 상태의 열방을 자기에게로 부르셔

서 그들이 자원하여 간절한 마음으로 그에게 달려오게 하실 수 있는 능력을 갖고 계신다.

4. 하나님과 의로 돌이킬 책임이 있는 도덕 주체인 죄인을 부르라. "너희는 여호와를 만날 만한 때에 찾으라 가까이 계실 때에 그를 부르라 악인은 그의 길을, 불의한 자는 그의 생각을 버리고 여호와께로 돌아오라 그리하면 그가 긍휼히 여기시리라 우리 하나님께로 돌아오라 그가 너그럽게 용서하시리라"(사 55:6-7). 중생하지 않은 자는 죄의 노예지만 여전히 생각과 의지를 지닌 인간, 즉 그 생각과 의지를 바르게 사용할 책임이 있는 인간이다. 따라서 우리는 하나님이 자신의 말씀 속에서 하시는 것처럼, 그들에게 명령과 권면과 경고와 책망과 약속과 격려를 하는 것을 주저하지 않아야 한다.

5. 당신이 이해하지 못하는 일에서 하나님 말씀에 순종하라. "이는 내 생각이 너희의 생각과 다르며 내 길은 너희의 길과 다름이니라 여호와의 말씀이니라 이는 하늘이 땅보다 높음같이 내 길은 너희의 길보다 높으며 내 생각은 너희의 생각보다 높음이니라"(사 55:8-9). 우리는 한계를 지닌 피조물이자 부패한 죄인이므로, 하나님과 하나님의 길에 대해 이해하지 못하는 것이 많다. 우리는 죄와 구원에 대해 하나님께 시비를 걸기보다는, 우리보다 무한히 더 지혜롭고 거룩한 생각을 지닌 주이신 하나님 앞에 경배하는 것이 마땅하다.

6. 새 생명의 최고의 도구인 하나님 말씀을 신뢰하라. "이는 비와 눈이 하늘로부터 내려서 그리로 되돌아가지 아니하고 땅을 적셔서 소출이 나게 하며 싹이 나게 하여 파종하는 자에게는 종자를 주며 먹는 자에게는 양식을 줌과 같이 내 입에서 나가는 말도 이와 같이 헛되이 내게로 되돌아오지 아니하고 나의 기뻐하는 뜻을 이루며 내가 보낸 일에 형통함이니라"(사 55:10-11). 죄인은 죽어 있긴 하지만, 하나님 말씀은 소용없는 것이 아니다. 하나님은 말씀을 통해 자신의 주권적 의지에 따라 불모의 세계에 생명과 결실을 주시기 때문이다.

7. 그리스도의 자유와 영원한 영광에 소망을 두라. "너희는 기쁨으로 나아가며 평안히 인도함을 받을 것이요 산들과 언덕들이 너희 앞에서

노래를 발하고 들의 모든 나무가 손뼉을 칠 것이며 잣나무는 가시나무를 대신하여 나며 화석류는 찔레를 대신하여 날 것이라 이것이 여호와의 기념이 되며 영영한 표징이 되어 끊어지지 아니하리라"(사 55:12-13). 우리는 그리스도가 자기 사람을 해방시키신다는 것, 그리고 새 하늘과 새 땅을 가득 채울 영원한 행복을 자기 사람에게 주실 것임을 온 마음으로 믿어야 한다. 그때가 되면 우리는 자유의지가 오직 하나님의 영광을 위한 것임을 알게 될 것이다.

묵상과 토론을 위한 질문

1. 인간 의지의 자유로운 선택에 대해 말할 때, 오류에 빠지지 않는 것이 어려운 이유는 무엇인가?

2. 저자들은 성경이 (1) 인간 의지, (2) 인간의 마음, (3) 자유를 가리킬 때 사용하는 단어들에 대해 뭐라고 말하는가?

3. 존 칼빈, 프란키스쿠스 투레티누스 같은 초기 개혁파 신학자들은 의지의 자유로운 선택에 대해 뭐라고 말했는가?

4. 저자들은 인간의 자유의지를 어떤 식으로 정의하는가?

5. 다음 각각의 상태에서 인간과 인간의 의지의 상태를 설명하라. (1) 죄 없는 상태, (2) 죄의 상태, (3) 은혜 상태, (4) 영광의 상태.

6. 죄의 노예인 죽어 가는 죄인에게서 어떻게 여전히 의지의 자유로운 선택이 행해질 수 있는가?

7. 인간의 의지에 대한 성경적이고 개혁파적인 교리가 소망 가운데 겸손하게 열심을 다해 복음 전도를 하는 데 힘이 되는 이유는 무엇인가?

8. 이 장의 끝에 열거된 실천적 함의 중 지금 당장 당신에게 가장 도움이 된다고 생각되는 것은 어떤 것인가? 그 이유는? 그 실천적 함의와 관련해 당신은 무엇을 할 필요가 있는가?

더 깊은 성찰을 위한 질문

9. 개혁파 신학자가 인간 의지의 자유로운 선택을 믿는다는 것(그 선택이 본성적으로 진정한 영적 선을 행하는 데는 언제나 부족하긴 하지만)을 들으면 사람들이 의외라고 생각하는 이유는 무엇인가? 당신이라면 의지의 자유로운 선택에 대한 개혁파 교리가 개혁파 신학 전체와 조화롭게 어우러지는 것을 아는 데 도움이 되게 하려고 어떤 식으로 설명하겠는가?

10. 당신이 속한 교파에서는 의지의 자유로운 선택을 전형적으로 어떤 식으로 보아 왔는가? 성경에 비추어 보았을 때 그 견해의 장점과 단점은 뭐라고 보는가?

23장

자범죄

원죄의 다양하고 해로운 열매

죄악 된 마음은 죄악 된 행위를 만들어 낸다. 성경이 말하는 "죄"는 종종 타락한 인간 안에 거하는 부패를 가리킨다(롬 7:5, 17). 그런 의미의 죄는 불신자를 지배하고 신자를 계속 내면에서부터 공격하는 악한 권세다(6:12, 17; 참고, 갈 5:17; 벧전 2:11). 하지만 성경은 인간의 행위를 가리키는 데도 "죄"라는 용어를 사용한다.[1] 그리스도는 "못된 나무가 나쁜 열매를 맺나니"(마 7:17)라고 말씀하셨다. 원죄에서부터 만들어지는 이 열매를 자범죄라 부른다.

하나님에 대한 인간의 반역은 복잡하고 다양한 자범죄를 만들어 낸다. 성경은 여러 가지 계명과 죄 목록을 통해 그 복잡성을 증언하는데, 그 계명과 죄 목록 중 어떤 것들은 아주 광범위하다.[2] 자범죄를 체계적으로 설명하려면 윤리학에 대한 책 한 권이 필요할 것이다.[3] 따라

---

1) 마 18:15, 19; 눅 15:18 등에 나오는 동사 "죄를 짓다"('하마르타노'), 요 8:34; 약 5:15; 요일 3:4, 8-9에 나오는 "죄를 범하다"('포이에오 하마르티안')라는 어구를 보라.

2) 잠 6:16-19; 마 15:19; 막 7:21-22; 롬 1:29-31; 13:13; 고전 5:9-11; 6:9-10; 고후 12:20-21; 갈 5:19-21; 엡 4:25-29, 31; 5:3-6; 골 3:5, 8-9; 딤전 1:9-10; 딤후 3:2-5; 딛 3:3; 벧전 2:1; 4:3, 15; 계 21:8; 22:15.

3) 개혁파의 경험적 관점에서 기독교 윤리 전체를 자세하게 다룬 것으로는 Brakel, *The Christian's Reasonable Service*, vols. 3-4가 있다. 하나님의 율법과 기독교적 성품에 대한 간략한 설명은 *RST*, vol. 3에 제시했다.

서 이 장에서는 여러 자범죄의 몇몇 기본 특징만을 개략적으로 살펴보겠다.

자범죄의 여러 차원

죄인은 죄의 몇몇 범주를 무시함으로써 자신을 정당화하는 경향을 보인다. 죄를 서로 다른 여러 차원에서 전체적으로 보면, 회개하고 오직 그리스도를 의지하는 데 도움이 된다.

하나님과 이웃에 대한 죄

사람들은 흔히 죄는 사적이고 개인적인 일이어서 남이 간섭할 일이 아니라고 말함으로써 죄를 변명한다. 하지만 그것은 거짓말이다. 모든 죄는 우리가 남에 대해 지고 있는 의무, 특히 우리를 지으시고 다스리시는 인격적인 하나님에 대한 우리의 의무를 위반하는 것이다.

우리 주님은 "첫째는 이것이니 이스라엘아 들으라 주 곧 우리 하나님은 유일한 주시라 네 마음을 다하고 목숨을 다하고 뜻을 다하고 힘을 다하여 주 너의 하나님을 사랑하라 하신 것이요 둘째는 이것이니 네 이웃을 네 자신과 같이 사랑하라 하신 것이라 이보다 더 큰 계명이 없느니라"(막 12:29-31; 참고. 신 6:4-5; 레 19:18)고 말씀하셨다. 우리의 이웃은 인종적으로나 문화적으로 우리와 다른 사람을 포함한다(레 19:34; 눅 10:29-37).

병행 본문인 마태복음 22장 40절에서 그리스도는 "율법과 선지자들 전체가 이 두 계명에 매달려 있다"(개역개정에는 "이 두 계명이 온 율법과 선지자의 강령이니라")는 말씀을 추가하셨다. "매달려 있다"('크레만뉘미')로 번역된 단어는 한 사람이나 어떤 대상의 무게가 그것에 의해 떠받쳐지고 지탱되고 있음을 의미한다.[4] 우리가 하나님을 온 마음으로 사랑하거나 사람들을 우리 자신처럼 사랑하길 거부한다면, 율법 전체에 대한 우리의 순종은 땅에 떨어진다.

하나님의 율법은 놀라운 단순성을 지니고 있어서, 우리는 사랑이라

---

4) 마 18:6; 눅 23:39; 행 5:30; 10:39; 28:4; 갈 3:13.

는 한 단어로 요약할 수 있다. 새뮤얼 윌러드는 "율법 전체는 사랑의 법칙 외의 다른 것이 아니다"라고 말했다.[5] 사도 바울은 "피차 사랑의 빚 외에는 아무에게든지 아무 빚도 지지 말라 남을 사랑하는 자는 율법을 다 이루었느니라"고 쓰고, 십계명 중 다섯 계명을 인용한 후, 모든 계명은 "네 이웃을 네 자신과 같이 사랑하라 하신 그 말씀 가운데 다 들었느니라 사랑은 이웃에게 악을 행하지 아니하나니 그러므로 사랑은 율법의 완성이니라"고 말한다(롬 13:8-10). 따라서 죄는 하나님과 하나님의 형상을 지닌 자에 대한 증오다.

우리는 하나님에 대한 죄와 인간에 대한 죄라는 거짓된 이분법을 설정해서는 안 된다. 하나님에 대한 우리 사랑의 의무는 절대적이고 모든 것을 포괄하는 것이어서 "네 온 마음"을 요구하고, 사람들에 대한 우리 사랑의 의무는 종속적인 것으로 하나님을 사랑하는 것의 한 중요한 측면이다. 모든 죄, 그러니까 직접적으로 인간을 대상으로 하는 살인이나 간음 같은 죄조차도 하나님에 대한 죄다(창 39:7-9; 시 51:4). 사람에 대한 모든 죄도 하나님에 대한 죄다. 하나님이 인간을 자신의 형상을 따라 지으셨기 때문이다(창 9:6; 약 3:9-12). 윌러드는 "하나님과 우리 이웃은 대등한 위치에 서 있어서, 우리의 사랑을 나누어 가지는 것이 아니라", "하나님은 우리의 모든 사랑의 궁극적인 대상, 최고의 목적이자 중심으로서 계시고", 강이 큰 바다에 도달할 때까지 쉬지 않고 흘러가는 가운데 육지에 물을 대 주는 것처럼, 하나님의 피조물인 인간은 하나님에게로 흘러가는 우리의 사랑을 받는 것이라고 설명했다.[6]

따라서 죄는 언제나 하나님을 사랑하는 것에 대한 실패를 포함한다. 모든 죄는 하나님에 대한 죄이므로, 우리는 그런 영광의 하나님을 거스르는 것의 중대성에 비추어 죄의 심각성을 인식하는 것을 배워야 한다. 존 오웬은 이렇게 말했다. "죄를 가볍게 생각하는 사람은 하나님을 경시하는 사고를 지닌 사람이다. 사람이 죄를 경시하는 것은 오직 하나님

---

5) Willard, *A Compleat Body of Divinity*, 582.
6) Willard, *A Compleat Body of Divinity*, 583.

을 멸시하는 것에서 생겨난다."[7]

예배와 거룩함에서 하나님에 대해 죄를 짓는 것은 우리 이웃에 대해서도 간접적으로 죄를 짓는 것이다. 그것은 우리가 하나님의 올바른 형상이 되는 데 실패해 나쁜 본보기를 보이고, 사람들에게 하나님 이름과 말씀을 비방할 빌미를 주는 것이기 때문이다.[8] 그렇게 함으로써 우리는 우리 세계의 부패와 죽음에 기여하고, 우리가 우리 애정과 시간과 힘을 죄의 블랙홀에 쏟는 대신에 선한 행실을 행했더라면 거기에서 생겨났을 유익을 사람들에게서 빼앗는다.

우리가 저지르는 모든 잘못에 대해, 우리는 "내가 하나님과 사람에 대해 죄를 지었다"(참고. 눅 15:18)고 말해야 한다.

부작위로 말미암은 죄와 작위로 말미암은 죄

성경은 우리가 하나님이 요구하신 것을 행하지 않음으로써 죄를 짓기도 하고(부작위로 말미암은 죄), 하나님이 금지하신 것을 행함으로써 죄를 짓기도 한다(작위로 말미암은 죄)고 말함으로써 죄에 대한 우리의 이해를 한층 더 넓혀 준다.

작위로 말미암은 죄는 "하지 말라"는 계명을 어기고 행하는 것이어서 예를 들기가 쉽다. 부작위로 말미암은 죄는 우리에게는 하나님의 계시된 뜻을 능동적으로 추구할 책임이 있음을 전제한다. 그리스도는 부작위로 말미암은 죄를 주인과 종의 관계에 비유하셔서, "주인의 뜻을 알고도 준비하지 아니하고 그 뜻대로 행하지 아니한 종은 많이 맞을 것이요……무릇 많이 받은 자에게는 많이 요구할 것이요 많이 맡은 자에게는 많이 달라 할 것이니라"(눅 12:47-48)고 말씀하셨다. 빌헬무스 아 브라켈은 부작위로 말미암은 죄에 대해, "많은 사람이 이 죄에 신경을 쓰지 않고 이 죄를 아무렇지도 않게 여기지만, 이 죄는 하나님 뜻과 관련해 자원함이 없는 것과 사랑이 없는 것에서 나오는 것이므로 큰

---

7) Owen, *A Practical Exposition upon Psalm CXXX*, in *Works*, 6:394.
8) 삼하 12:14; 롬 2:23-24; 딛 2:1-10.

죄다"라고 말했다.[9]

야고보는 부작위로 말미암은 죄 배후에 있는 원리를 간결하게 제시했다. "그러므로 사람이 선을 행할 줄 알고도 행하지 아니하면 죄니라"(약 4:17). 이것은 모든 사람이 모든 가능한 선을 행할 의무가 있다는 것이 아니다. 하나님만이 무제한적인 능력을 지니고 모든 곳에 계시기 때문이다. 야고보는 우리가 "주의 뜻"일 때만 살 수도 있고 행할 수도 있음을 인정하고서(15절), 하나님의 섭리의 제한 아래에서 순종하며 살아야 한다고 가르친 것이다. 우리가 행해야 하는 "선"은 우리가 처한 상황에서 성경이 정한 하나님과 사람들에 대한 우리의 의무들을 가리킨다.

인간이 저지르는 가장 큰 부작위로 말미암은 죄는 가장 큰 계명에 순종하지 않는 것이다. 누가 마음을 다하고 목숨을 다하고 뜻을 다하고 힘을 다하여 주 하나님을 사랑해 왔다고 말할 수 있겠는가? 우리는 날마다 순간마다 이 계명을 범하고, 그럼으로써 이 계명에 매달려 있는 율법 전체를 범한다. 우리가 다른 잘못을 범하지 않는다 해도, 바로 이 한 가지 이유만으로도 우리에게는 하나님의 영원한 저주에서 우리를 속량하시려고 죽으신 하나님의 아들이 필요하다.

부작위로 말미암은 죄와 작위로 말미암은 죄라는 구분은 중요한데도 흔히 무시되는 죄의 한 측면을 조명해 주긴 하지만, 부작위로 말미암은 모든 죄는 작위로 말미암은 죄를 암묵적으로 전제하고, 작위로 말미암은 모든 죄는 부작위로 말미암은 죄를 암묵적으로 전제함을 알아야 한다. 게할더스 보스는 "내가 하나님을 덜 사랑하고 하나님을 잊는다면, 그것은 내 마음에 다른 어떤 것이 하나님의 자리를 차지하고 있기 때문이다"라고 말했다.[10]

생각, 말, 행위로 말미암은 죄

자범죄는 내적인 행위와 외적인 행위 둘 모두를 포함하므로, 일반적

---

9) Brakel, *The Christian's Reasonable Service*, 1:394.
10) Vos, *Reformed Dogmatics*, 2:70.

으로 생각이나 말이나 행위로 하나님 율법을 지키지 않은 것으로 정의된다.[11] 모세는 신명기 10장 12절에서 "이스라엘아 네 하나님 여호와께서 네게 요구하시는 것이 무엇이냐 곧 네 하나님 여호와를 경외하여 그의 모든 도를 행하고 그를 사랑하며 마음을 다하고 뜻을 다하여 네 하나님 여호와를 섬기는……것이 아니냐"고 말했다.

마음이 하나님에게서 먼 때는 찬송과 예배의 외적인 행위는 하나님을 기쁘시게 하지 못한다(사 29:13). 그렇게 하는 것은 위선(외식하는 것)의 핵심이기 때문이다(마 15:8-9). 하나님은 "중심"의 진실함과 지혜를 원하시고, "상하고 통회하는 마음"이 수반되지 않는 예배를 기뻐하지 않으신다(시 51:6, 16-17). 구약 성경의 많은 율법은 그 언약이 이스라엘 나라의 시민적 삶을 규율하는 것이었으므로 외적인 행위에 초점을 맞추긴 했지만, 속사람에 대한 하나님의 뜻도 계시했다. 월러드는 이렇게 말했다. "이 명령들은 사람들의 외적인 행위만을 요구했고, 외적인 행위만으로 충분히 지킨 것으로 여겼다고 생각한다면 큰 잘못이다. 인간의 법은 외적인 행위만 규율할 수 있고 그 이상으로 나아갈 수 없지만, 하나님은 양심의 주이시고 양심의 심판주이시다. 그래서 하나님은 우리가 무엇을 행하는지만 아니라 어떤 마음으로 행하는지도 보신다."[12]

주 예수는 율법은 영적인 것이어서 내면에서 나오는 의를 요구함을 분명히 하셨다. 마음에서 생겨난 불의한 분노는 밖으로 표출되지 않는다 해도 이미 살인하지 말라는 하나님 계명을 어긴 것이다(마 5:21-22). 간음하지 말라는 율법은 마음에 음욕을 품고 사람을 보는 것도 금지한다(27-28절). 사람에게서 칭찬을 얻으려는 악한 동기는 구제, 기도, 금식 같은 경건한 행위를 망친다(6:1-2, 5, 16). 도덕적으로 어둡고 하나님에게 반역하는 사람의 마음은 물질적인 부를 사랑하고 땅의 보물을 추구하는 것으로 채워진다(19-24절). 따라서 우리가 하나님 나라에서 한 자리를 차지하려면, 외적인 규범만을 지키는 위선적인 종교인의 의를

---

11) 참고, Augustine, *Reply to Faustus the Manichaean*, 22.27, in *NPNF*[1], 4:283. 이 책 17장을 보라.
12) Willard, *A Compleat Body of Divinity*, 580. 윌러드는 대하 25:2; 잠 23:26; 마 5:28; 히 4:12를 인용했다.

능가하는 의가 우리에게 있어야 한다(5:20). 우리는 "심령이 가난한 자"여야 하고 "마음이 청결한 자"여야 한다(3, 8절). 즉, 낮아져야 하고 내면의 회개를 통해 깨끗한 동기를 지니고 있어야 한다(4:17).

하지만 하나님은 내면의 삶에만 초점을 맞추지는 않으시고, 사람의 혀에서 나오는 말이 선하고 손의 행위가 깨끗할 것을 요구하신다(시 15:3; 24:4). 인간을 구성하는 부분 중 어느 부분에서 저질러지든 죄는 하나님의 진노를 불러일으킨다. 솔로몬은 "여호와께서 미워하시는 것 곧 그의 마음에 싫어하시는 것이 예닐곱 가지이니 곧 교만한 눈과 거짓된 혀와 무죄한 자의 피를 흘리는 손과 악한 계교를 꾀하는 마음과 빨리 악으로 달려가는 발과 거짓을 말하는 망령된 증인과 및 형제 사이를 이간하는 자이니라"(잠 6:16-19)고 말했다. 죄인은 몸짓으로도 죄를 지을 수 있다(12-13절).

자범죄의 영역

하나님은 두 가지 큰 계명에 더하여, 하나님의 도덕법을 요약한 십계명을 통해 죄의 본질을 계시하셨다.[13] 처음 네 계명에서 우리는 하나님 사랑의 의무에 대한 수직적 차원을 보고, 나머지 여섯 계명에서는 이웃 사랑의 책임에 대한 수평적 차원을 본다. 각각의 계명은 하나님 뜻을 어기는 죄의 한 영역을 보여 준다.

1. 하나님의 유일무이하신 영광과 관련된 죄. "너는 내 앞에서(개역개정에는 "나 외에는") 다른 신들을 네게 두지 말라"(출 20:3). 사람이 하나님의 속성을 이론적으로든 실천적으로든 참 하나님 외의 다른 사람이나 대상에게 돌리는 것은 죄를 짓는 것이다. 사람은 언제나 하나님의 거룩하신 임재 안에서 살아간다는 것을 알고("내 앞에서"), 신적 예배를 하나님께만 드려야 한다.

2. 하나님이 정하신 예배와 관련된 죄. "너를 위하여 새긴 우상을 만들

---

13) Westminster Shorter Catechism (Q. 41), in *Reformed Confessions*, 4:359. 도덕법과 십계명에 대해서는 이 책 4권 8장을 보라.

지 말고 또……어떤 형상도 만들지 말며 그것들에게 절하지 말며 그것들을 섬기지 말라"(출 20:4-5). 사람들이 '하나님이 우리에게 예배에서 행하라'고 말씀하신 것에 인간이 만들어 낸 우상이나 예배 형태를 더하는 것은 하나님의 예배를 더럽히고 하나님의 거룩하심을 모욕하는 것이다.

3. 하나님의 두려운 이름과 관련된 죄. "너는 네 하나님 여호와의 이름을 망령되게 부르지 말라"(출 20:7). 사람이 하나님의 영광과 관련된 것을 경박하거나 소홀한 방식으로 다루는 것은 하나님의 영광이 마치 헛된 것인 양("망령되게") 하나님을 대하는 것이다. 그런데 하물며 사람이 하나님 이름을 욕하고 모독한다면, 그것은 얼마나 더 하나님을 모욕하는 것이 되겠는가!

4. 하나님의 성일과 관련된 죄. "안식일을 기억하여 거룩하게 지키라"(출 20:8). 하나님은 한 주간 중 한 날을 정해, 우리로 일상적인 생업에서 벗어나 안식하며 우리 자신을 공적이거나 사적인 예배에 전념하게 하셨다. 사람이 이 계명을 어기는 것은 그들의 시간을 주관하는 주이신 하나님의 권위에 도전하는 것이다. 따라서 사람이 안식일에 경건이나 필수적인 것이나 자비와 관련된 일 외의 다른 일을 하거나, 교회에 모여 하나님의 얼굴을 구하는 것을 거부하는 것은 하나님에 대해 죄를 짓는 것이다.

5. 인간의 고유한 권위와 관련된 죄. "네 부모를 공경하라"(출 20:12. 하나님에 대한 인간의 반역은 가정과 교회와 일터와 시민 정부에서 우리에 대해 권위를 지닌 사람에 대한 멸시와 반역으로 나타난다. 마찬가지로 사람이 자신에게 주어진 권위를 남용하거나 악용하는 것은 하나님이 세우신 직분을 욕되게 하는 죄를 짓는 것이다.

6. 인간의 신성한 생명과 관련된 죄. "살인하지 말라"(출 20:13). 하나님에 대한 인간의 증오는 하나님 형상에 대한 공격, 즉 인간의 몸에 대한 폭력, 인간의 인격을 향한 증오의 말, 내면의 악의, 무정한 무시 등으로 나타난다.

7. 인간의 신실한 성과 관련된 죄. "간음하지 말라"(출 20:14). 한 남자와 한 여자 간의 사랑에 기초한 혼인 관계라는 하나님이 정하신 수단 밖에서 성적 쾌락을 추구하려는 모든 시도는 하나님이 보시기에 영적

으로 더럽다.

8. 인간의 합당한 재산과 관련된 죄. "도둑질하지 말라"(출 20:15). 인간의 불법성은 재산을 정당하게 소유하고 누릴 수 있는 다른 사람의 권리를 무시하는 것으로 그 추악한 머리를 든다. 이것은 도둑질, 남의 재산을 파괴하는 것, 게을러 일하지 않는 것을 포함한다.

9. 인간의 참된 증언과 관련된 죄. "네 이웃에 대하여 거짓 증거하지 말라"(출 20:16). 진실을 아는 것은 소중하고, 죄인은 서로에게서 이 보화를 빼앗아 감으로써 위증, 거짓말, 기만, 험담을 통해 진리의 하나님께 도전한다.

10. 인간의 순종적인 만족과 관련된 죄. "무릇 네 이웃의 소유를 탐내지 말라"(출 20:17). 에덴동산에서 아담과 하와가 그랬듯 사람은 하나님이 자기가 아니라 남에게 주신 것을 탐하여 하나님의 선하신 섭리에 대한 악의적인 불신을 드러낸다. 이것은 서로에 대해 죄를 짓는 것이기도 하다. 이웃의 소유에 대한 심한 시기는 이웃 사랑과 공존할 수 없기 때문이다.

죄의 범위는 인간의 실존만큼이나 넓다. 하나님에 대한 죄의 적대는 한계가 없어, 죄는 인간의 문화의 모든 측면에 침투해 있다. 인간은 하나님에 대한 거룩한 예배의 모든 차원에서 하나님을 대적한다. 인간은 권위, 생명, 성, 재산, 증언, 만족과 관련해 하나님 형상인 인간을 대적한다. 우리가 웨스트민스터 대교리문답(91-152문)처럼 십계명이 지닌 함의를 이끌어 낸다면, 인간의 도덕적 의무 전체에 대해 반역하는 죄의 종합적인 목록을 발견하게 될 것이다.[14] 이렇게 우리는 자범죄 속에서 인간이 자신의 존재 전체로 반역자이자 역적임을 본다.

자범죄의 다양한 환경

상황은 죄를 의로 만들 수는 없지만(우리는 상황 윤리를 믿지 않는다), 죄가 우리 자신과 남들에게 미치는 영향력과 관련해서는 아주 큰 변수로 작

---

14) *Reformed Confessions*, 4:319-339.

용할 수 있다.

공개적인 죄와 은밀한 죄

어떤 죄는 공개적인 죄다. 베드로는 자기가 그리스도의 제자임을 공개적으로 부인했다(마 26:69-75). 본디오 빌라도는 불의하게도 사람들의 무리 앞에서 예수 그리스도께 십자가 사형을 선고했다(눅 23:4, 13-25). 그런 죄는 심판의 날 이전에도 분명하게 드러난다(딤전 5:24). 공개적인 죄는 신속한 처벌이 이루어지지 않는 경우에는 다른 죄인을 담대하게 만드는 경향이 있다(전 8:11).

감춰진 죄도 있다. 이스라엘 백성이 여리고를 함락시키고 얻은 물건은 모두 하나님께 바쳐졌으므로 개인이 가져서는 안 되는 것이었는데도, 아간이 그 명령을 어기고 일부 보화를 감추어 둔 것(수 7:1, 21), 다윗이 밧세바와 간음을 저지른 것(삼하 12:12; 참고, 잠 9:17)이 그 예다. 죄인은 아무도 자기가 한 짓을 알지 못할 것이라고 착각하고(시 36:2) 어둠 속에 숨기를 좋아한다(욥 24:13-17; 요 3:19). 하지만 하나님의 저주가 사람의 은밀한 죄를 발견해 내어 벌한다(신 27:15, 24; 시 101:5; 갈 6:7). 하나님의 저주는 유도 미사일처럼 죄인을 정확히 찾아내 멸한다(슥 5:1-4). 어리석은 악인은 "여호와가 보지 못할" 것이라고 장담하지만, 그의 눈을 지으신 여호와는 반드시 그의 불의를 보고 그를 벌하신다(시 94:7-9, 23). 우리는 우리가 행하는 모든 일에서 하나님을 두려워해야 한다. "하나님은 모든 행위와 모든 은밀한 일을 선악 간에 심판하실"(전 12:14) 것이기 때문이다.

죄인은 마음이 어두워져 있어 죄를 짓고도 죄인 줄 모르므로(엡 4:18-19), 죄가 죄인에게 감춰져 있는 것은 얼마든지 가능하다. 양심은 화인을 맞아 마비되어 있을 수 있다(딤전 4:2). 경건한 자도 자신의 죄악을 다 알지 못한다. 하지만 그렇다 해서 죄가 면제되는 것은 아니다. 헤르만 바빙크는 "죄의 기준은 죄라는 것을 알았다는 것이 아니라 하나님의 율법이다"라고 말했다.[15] 죄는 사람에 따라 마음을 상하게도 하고 웃

---

15) Bavinck, *Reformed Dogmatics*, 3:150.

음을 불러일으키기도 하지만(잠 10:23), 어느 경우든 악이다. 우리는 다윗처럼 "자기 허물을 능히 깨달을 자 누구리요 나를 숨은 허물에서 벗어나게 하소서"(시 19:12)라고 기도해야 한다.

개인의 죄와 사회의 죄

성경은 개인에게 책임이 있고 책임을 져야 한다고 가르친다. 하나님은 사람들을 다른 사람의 죄 때문에 벌하지는 않으시지만, "범죄하는 그 영혼은 죽으리라"(겔 18:4)고 말씀하신다. 심판 날에 하나님은 각 사람의 행위를 살피실 것이다. 바울은 "이는 우리가 다 반드시 그리스도의 심판대 앞에 나타나게 되어 각각 선악 간에 그 몸으로 행한 것을 따라 받으려 함이라"(고후 5:10)고 말한다.

하지만 성경에서는 하나님이 사람들의 집단의 죄에 대해서도 말씀하신다. 구약 성경에서 하나님은 선지자들을 감동시켜 열방의 구체적인 죄악을 고발하게 하셨다(사 13-23장; 암 1-2장). 그런 죄는 백성 사이에서 광범위한 회개가 있지 않는 경우에는 한 나라 전체에 대한 하나님의 현세적인 심판을 초래할 수 있다(욘 3장). 마찬가지로 그리스도도 한 지역의 일부 사람이 회개하고 믿어 구원받았는데도(눅 4:31, 38; 요 1:44), 그 지역 전체가 복음을 거부함으로써 영원한 심판을 인쳤다고 고발하셨다(눅 10:12-15).

특정한 문화를 지닌 한 민족 집단은 흔히 어떤 특징적인 죄를 지니고 있다. 바울이 그레데에서 사역하던 디도에게 "그레데인 중의 어떤 선지자가 말하되 그레데인들은 항상 거짓말쟁이며 악한 짐승이며 배만 위하는 게으름뱅이라 하니 이 증언이 참되도다 그러므로 네가 그들을 엄히 꾸짖으라 이는 그들로 하여금 믿음을 온전하게……하려 함이라"(딛 1:12-13 ESV)고 쓴 것이 그 예다. 바울이 디도에게 각 성에서 경건하고 흠 없는 사람들을 골라 장로로 세우라고 지시한 것을 보면, 그레데에 사는 모든 사람이 이 도덕적 결함을 지니고 있었던 것이 아니라 단지 일반화한 것임이 분명하게 드러난다(5-9절).

죄악 된 사회는 강력한 수단을 사용해, 사람들을 그 사회가 기대하는 부패한 행실을 따라하게 만든다(롬 12:2). 빌럼 테일링크(1579-1629년)는 세상을 세 개의 뿔을 지닌 괴물에 비유했다. (1) 사악한 전통과 관습(마 15:1-9; 골 2:8), (2) 죄악 된 유명 인사들과 거짓된 성공 모델(시 73:1-15), (3) 상벌 제도를 사용해 악을 촉진하는 부패한 문화 체제(민 22:7; 삼상 22:7-8) 등이다. 사회는 이 세 개의 뿔을 가지고 죄인을 세상적으로 살아가도록 몰아가고 의인을 공격한다.[16]

하나님 백성으로 이루어진 사회인 각각의 교회도 자신만의 지배적인 죄를 지니고 있다. 그리스도는 여러 교회와 관련해 한 교회 전체에 대해 말씀하시면서, 각각의 회중의 성격에 따라 칭찬하거나 책망하신다(계 2-3장). 한 회중의 잘못은 주로 죄인을 치리하지 않고 도리어 용납하는 데 있지만(2:20), 회개하지 않는 경우에는 한 몸인 교회 전체에 하나님의 징계가 임할 수 있다(5절). 이스라엘이 아간 때문에 환난을 겪었던 것처럼, 한 사람의 죄 때문에 집단이 환난을 당할 수 있다(수 7장). 이것은 하나님이 한 사람이 죄를 지었을 때, 연대 책임을 물어 그 사람이 속한 집단 전체가 그 죄에 대해 죄책이 있는 것으로 여기신다는 것을 의미하지는 않는다. 하나님은 자신이 책망하신 죄에 참여하지 않은 자들을 구별하셨기 때문이다(계 2:24; 3:4). 하나님이 어떤 집단에 경고하시면, 각 사람이 개인적으로 그 경고에 응답해야 한다(2:20). 그래서 그리스도는 각각의 교회에 대한 자신의 메시지를 단수형으로 된 "귀 있는 자"('호 에콘 우스')에게 하시는 말씀으로 끝내시고, 그리스도의 약속도 개개인, 즉 "이기는 그"('호 니콘')에게 임한다.

압제자의 죄와 희생자의 죄

하나님은 가난한 자와 약한 자를 압제하는 것을 아주 심각하게 여기신다. 이스라엘 백성은 그들 간에 서로를 대할 때 지침이 되는 똑같은 원리를 따라 그들 가운데 거주하는 외국인을 대해야 했다. "너희와 함

---

16) Willem Teellinck, *The Path of True Godliness*, trans. Annemie Godbehere, ed. Joel R. Beeke, Classics of Reformed Spirituality (Grand Rapids, MI: Reformation Heritage Books, 2003), 63-68.

께 있는 거류민을……자기같이 사랑하라"(레 19:33-34 ESV). 하나님은 이 스라엘에게 "너는 이방 나그네를 압제하지 말며 그들을 학대하지 말라 너희도 애굽 땅에서 나그네였음이라 너는 과부나 고아를 해롭게 하지 말라 네가 만일 그들을 해롭게 하므로 그들이 내게 부르짖으면 내가 반 드시 그 부르짖음을 들으리라 나의 노가 맹렬하므로 내가 칼로 너희를 죽이리니 너희의 아내는 과부가 되고 너희 자녀는 고아가 되리라"(출 22:21-24 ESV)고 말씀하셨다. 당신이 당신의 권세 아래 있는 어떤 사람을 압제하고도 회개하지 않았다면, 당신은 분명히 하나님께 죄를 지은 것 이고 하나님의 의로우신 진노를 불러일으킨 것이다. 하나님의 율법은 약자, 즉 고대 문화에서는 과부, 고아, 외국인, 가난한 자(슥 7:10)에 대한 죄를 특히 심각하고 중대한 것으로 여긴다. 하나님을 기쁘시게 하는 참 된 경건은 궁핍한 자를 돌보는 것(약 1:27), 그리고 고난, 박해, 궁핍을 겪 는 그리스도 안에서의 형제를 섬기는 것(마 25:31-46)으로 나타난다.

하지만 성경은 자유주의 신학, 즉 하나님은 가난한 자와 압제받는 자 를 그들의 영적 상태와 상관없이 편애하신다고 믿는 신학을 가르치지 않는다. 그런 신학은 하나님의 무오한 자기 계시인 성경이 아니라, 마 르크스주의적인 역사 해석을 토대로 한 것이다.[17] 하나님의 율법은 부 자에 대한 편애를 금지했지만, 가난한 자에 대한 편애도 금지했다(출 23:2-3; 레 19:15). 질서가 파괴된 사회에서는 누구나 압제자일 수 있고, 심 지어 교만한 어린아이도 압제자일 수 있다(사 3:5). 하나님은 가난하고 약하다는 이유만으로 의롭다고 하지 않으시고, 모든 사람에게 복을 받 으려면 심령이 가난해져야 한다고 말씀하신다(호 14:3; 마 5:3).

하나님의 정의는 차별하지 않는다. 유다에서는 정부 관리를 비롯한 사람들이 계속 고아와 과부에게 불의를 저질렀고, 하나님은 그들의 그 런 행태를 꾸짖으셨다(사 1:17, 23; 10:1-2). 그들의 압제 때문에 나라 전체

---

17) D. D. Webster, "Liberation Theology," in *Evangelical Dictionary of Theology*, 635-638. 해방 신학의 모태가 된 책은 Gustavo Gutiérrez, *A Theology of Liberation* (Maryknoll, NY: Orbis, 1973)이다. 해방 신학은 많은 갈래가 있지만, 라틴 아메리카의 로마 가톨릭에서 특히 두 드러진다.

에 하나님의 심판이 임할 것이었다.[18] 하지만 하나님은 "이 백성이 모두 경건하지 아니하며 악을 행하며 모든 입으로 망령되이 말하니 그러므로 주께서 그들의 장정들을 기뻐하지 아니하시며 그들의 고아와 과부를 긍휼히 여기지 아니하시리라 그럴지라도 여호와의 진노가 돌아서지 아니하며 그의 손이 여전히 펴져 있으리라"(사 9:17)고 말씀하셨다. 우리는 압제받는 자들이 마치 다른 사람보다 더 악한 죄인이라는 듯 그들을 업신여겨서는 분명히 안 되지만, 마치 우리 자신이 부자보다 더 의롭다는 듯 부자를 정죄해서도 안 된다. 우리 모두는 우리 자신의 죄때문에 멸망하지 않으려면 회개해야 한다(눅 13:1-5).

자범죄의 경중

죄의 세계에서는 여러 가지 죄의 경중을 알아야, 우리의 개인적인 성화를 추구하거나 시민 정부 아래에서 우리 가족, 친구, 교회, 사회의 책임을 따질 때 과도하거나 소극적으로 대응하는 것이 아니라 지혜롭게 대응할 수 있다.[19]

로마 가톨릭교회는 죄를 두 종류로 정의해, 간음이나 살인 같은 죄를 대죄(영혼에 "치명적인" 죄)로 분류하고, 그 밖의 다른 죄를 소죄(라틴어로 '베니알리스', "용서받을 수 있는" 죄)로 분류한다.[20] 로마 가톨릭의 견해에서는 대죄를 지은 사람은 은혜의 상태에서 벗어나 다시 영원한 정죄 아래 있는 상태로 되돌아가는 반면, 소죄는 중죄가 아니므로 은혜의 상태와 양립할 수 있다고 판단한다. 종교개혁자들은 죄에 대한 이 구별을 잘못된 것으로 인식했다.[21] 존 칼빈은 이렇게 말했다. "모든 죄는 영혼에 치명적인 대죄다. 모든 죄는 하나님 뜻에 반역하는 것이어서 필연적으로 하나님의 진노를 불러일으킬 수밖에 없고, 모든 죄는 율법을 어기는 것이

---

18) 렘 5:28-29; 7:6-7; 22:3-5; 겔 22:1, 7; 말 3:5.
19) Grudem, *Systematic Theology*, 504.
20) *Catechism of the Catholic Church*, secs. 1854-63, 2268.
21) Bavinck, *Reformed Dogmatics*, 3:153-155.

어서 예외 없이 하나님의 심판을 불러오기 때문이다."[22] 바울이 말했듯 무슨 죄를 범했는지는 상관없이 "죄의 삯은 사망"이다(롬 6:23). 하나님 명령을 단 하나라도 어긴다면, 그것은 율법 전체를 어기는 범죄가 된다(약 2:10-11). 율법은 하나님이 명령하신 모든 것을 지속적으로 지키지 않는 사람에 대해서는 누구에게나 저주를 선언한다(갈 3:10). 그리스도는 악의적인 분노를 품고 말하는 것만으로도 지옥 불에 들어가게 될 것이라고 가르치셨다(마 5:22). 게다가 다윗은 간음과 살인의 죄를 저질렀지만, 그가 은혜의 상태를 떠났음을 보여 주는 증거는 없다. 그의 하나님이 이 죄들로 말미암아 그를 호되게 징계하시긴 했지만 말이다(삼하 11-12장).

하지만 모든 죄가 동등한 무게를 지닌다고 생각하는 것도 잘못이다. 하나님은 에스겔에게 이스라엘 백성의 몇몇 죄를 보여 주셨지만, 그가 "더 큰 가증한 일"을 보게 될 것이라고 말씀하셨다(겔 8:6, 13, 15). 어느 나라는 다른 나라보다 더 부패할 수 있다(16:47-52). 어느 세대의 죄인은 이전 세대의 죄인보다 "더 악하게" 행할 수 있다(렘 7:26; 16:12).[23] 그리스도는 자기를 빌라도에게 넘긴 사람의 죄가 빌라도의 죄보다 "더 크다"고 말씀하셨다(요 19:11). 또한 그리스도는 어떤 죄는 "티"에, 어떤 죄는 "들보"에 비유하셨다(마 7:3 ESV). 악인은 자신이 저지르는 죄에서 "점점 더 악해질" 수 있다(딤후 3:13).

죄의 경중은 심판의 경중을 통해서도 증명된다(눅 12:47-48). 그리스도는 자신의 복음을 거부한 도시들에 "심판 날에 소돔 땅이 너보다 견디기 쉬우리라"(마 11:24; 참고, 10:15)고 경고하셨다. 또한 위선적인 종교 교사 같은 죄인들이 "받는 판결이 더욱 중하리라"고 말씀하셨다(막 12:40; 눅 20:47). 이 두려운 진리 앞에서 죄인들은 죄에 대한 욕망을 억누를 수밖에 없다. 더 큰 죄를 지을수록 장차 지옥에서 더 큰 고통을 받게 될 것이기 때문이다.

어떤 죄가 다른 죄보다 더 무겁고 흉악한 이유는 무엇인가? 성경은

---

22) Calvin, *Institutes*, 2.8.59.
23) Thomas Watson, *The Ten Commandments* (Edinburgh: Banner of Truth, 1965), 189.

죄를 무겁게 하는 여러 요소를 보여 준다. 그런 요소로는 다음과 같은 것들이 있는데, 이것들은 대체로 이 질문을 광범위하게 다룬 웨스트민스터 대교리문답(151문)에서 가져온 것들이다.[24]

- 죄를 짓는 자가 어떤 사람이냐 하는 것. 죄를 짓는 사람이 하나님 말씀을 아는 사람이라든지(마 11:21-24; 눅 12:47-48), 다른 사람을 가르치고 영향력을 미치는 위치에 있는 사람이라든지(갈 2:11-14; 약 3:1), 다른 사람에 비해 특권을 누리고 있는 경우에는 그의 죄는 가중된다. 우리는 우리의 본보기에 따라 좌우되는 다른 사람에게 걸림돌이 되는 것을 두려워해야 한다(마 18:6-7).
- 범죄의 대상이 되는 자가 어떤 사람이냐 하는 것. 하나님을 직접 멸시하여 저지르는 죄(왕하 19:4, 16, 22)나 하나님에게서 권위를 수여받은 사람을 멸시하여 저지르는 죄(잠 30:17)는 더 무겁고 흉악하다. 또한 개인적으로나 사회적으로 약자를 대상으로 불의를 행하는 죄는 하나님이 보시기에 큰 죄이고(암 5:11-12), 앞에서 이미 보았듯 특히 압제자에 대한 하나님의 진노를 불러일으킨다(출 22:21-24).
- 죄의 활동의 범위. 죄가 마음에서 활동하는 것도 중대한 일이지만, 그것이 물리적인 악행으로 분출될 때는 한층 더 심각해진다(약 1:14-15). 가인의 분노가 동생을 죽이는 것으로 이어진 것이 그 예다(창 4:5-12).
- 죄를 짓는 자의 이성의 타락 정도. 배고픈 사람이 음식을 훔치는 것같이 꼭 필요한 것을 불법적인 방식으로 충족시키기 위한 죄보다, 욕정에 이끌려 이웃집 아내와 간음을 저지르는 것같이 꼭 필요한 것이 아닌데도 사람이나 관계나 존엄을 파괴하는 죄가 더 크다(잠 6:30-35).
- 죄를 짓는 자의 도발의 정도. 하나님이 보내신 심판을 직접 겪거나, 다른 사람이 하나님의 심판을 받는 것을 목격한 후에도 계속

24) *Reformed Confessions*, 4:338-339.

죄를 짓는 것은 그 죄책을 무겁게 한다(렘 5:3; 단 5:18-23). 대담하게 부끄러움도 모르고 철면피처럼 범하는 죄는 하나님의 더 큰 진노를 불러일으킨다(민 15:30; 렘 3:3; 6:15).

- **죄의 비정상적인 정도.** 성경은 "역리로"(롬 1:26), 즉 본성을 거슬러 저질러진 죄에 대해 특히 분노한다. 마찬가지로 하나님 말씀은 인간이라면 누구나 지켜야 할 것을 어기는 죄를 호되게 꾸짖는다(고전 5:1; 딤전 5:8).

- **죄를 짓는 상황의 거룩함의 정도.** 가난한 자에 대한 교회의 사역과 관련된 위선(행 5:1-11), 성찬에서의 무질서(고전 12:17-30)와 같이 신성한 예배 행위에서 저질러지는 죄는 더욱 가중된다. 교회 직분자는 부패한 리더십이나 가르침을 통해 하나님의 거룩한 일을 더럽히고 속되게 하지 않으려면 하나님을 경외하는 가운데 행해야 한다(삼상 2:12-17; 말 2:1-9).

우리는 죄를 무겁게 하는 이 요소들 앞에서 잠시 멈춰 서서 숙고하지 않으면 안 된다. 가장 작은 죄를 지어도 지옥 불에 들어가야 한다면, 하물며 더 무거운 죄를 짓는 것은 얼마나 더 하나님으로 하여금 심판을 보내도록 자극하는 것이 되겠는가? 당신이 지금 어떤 흉악한 죄를 짓고 있음을 깨달았다면, 즉시 회개해야 한다. 당신이 지금 환난을 겪지 않는 것을 하나님의 무관심이나 연약하심으로 착각해서는 안 된다. 하나님이 이 세상에서 죄인에게 주시는 더 무서운 심판은 죄인을 완악한 마음에 내주심으로써 죄인이 자기도 모르는 사이에 점점 더 지옥으로 빠져들게 하시는 것이다.[25]

묵상과 토론을 위한 질문

1. "자범죄"란 무엇인가? "원죄"와 어떻게 다른가?

---

25) 성령을 거슬러 범하는 죄에 대해서는 *RST*, vol. 3을 보라.

2. 모든 죄가 하나님에 대한 죄인 이유는 무엇인가? 모든 죄는 이웃을 해치는 죄이기 도 한 이유는 무엇인가?

3. "작위로 말미암은 죄"와 "부작위로 말미암은 죄"는 무엇인가? 부작위로 말미암은 죄가 하나님의 율법을 어기는 것임을 성경에 근거해 보이라.

4. 우리가 생각과 우리 마음의 태도를 통해 죄를 지을 수 있음을 성경은 어떻게 보여 주는가?

5. 십계명에 근거해 우리가 죄를 지을 수 있는 열 가지 영역을 간단히 설명하라.

6. 자범죄의 여러 다양한 상황은 어떤 것들인가?

7. 죄의 "흉악성"은 무엇을 의미하는가? 어떤 요소들이 죄의 흉악성을 가중시키는가? 각각의 요소에 대해 그 요소가 죄를 가중시키는 요소라는 것을 보여 주는 성경적 근거를 제시하라.

8. 당신 자신을 살펴보라. 당신은 하나님이 당신의 죄에 대해 말씀해 주실 때 겸손하고 상한 마음으로 듣는가? 당신은 죄사함과 죄에 대한 승리를 위해 예수 그리스도 안 에서 하나님의 은혜를 구하는가? 당신은 성령이 당신 안에서 죄를 물리치려 할 때, 그리스도의 십자가를 믿는 믿음으로 죄를 물리치려 애쓰는가?

9. 하나님이 당신에게 깨닫게 해 주시는 특정한 죄가 있는가? 당신은 은혜에 의지해 그 죄를 회개하기 위해 어떤 식으로 애쓰는가?

10. 당신은 죄를 더 미워하는 마음을 키우려고, 이 장에 나오는 가르침을 어떤 식으로 사용하려 하는가?

더 깊은 성찰을 위한 질문

11. 한 친구가 '내가 전에는 대죄가 있고 소죄가 있다고 믿었지만, 지금은 모든 죄가 하나님 보시기에 똑같은 것을 본다'고 말한다. 당신이라면 어떻게 대답하겠는가?

12. 두 친구가 논쟁을 벌이고 있다. 한 친구는 '가난하고 착취당하며 압제받는 사람은 아주 많은 피해를 입어 왔으므로 죄를 짓는다 해도 책임을 물어서는 안 된다'고 말 한다. 다른 한 친구는 '압제받는 사람이든 압제하는 사람이든 각자의 죄에 대해 똑 같이 책임을 묻는 것이 마땅하다'고 말한다. 당신이라면 뭐라고 말하겠는가?

24장

죄에 대한 하나님의 벌

하나님이 복되신 분으로서 모든 행복의 원천이신 것처럼, 죄는 저주받은 것이고 모든 불행의 뿌리다. 하나님 말씀은 죄는 일단 열리면 악의 홍수를 세상에 쏟아 내는 판도라의 상자라고 가르친다. "네가 먹는 날에는 반드시 죽으리라"(창 2:17). 아담의 죄가 그랬고, 우리 모두의 원죄와 우리의 자범죄 하나하나가 그렇다. 이런 일이 벌어지는 것은 단지 죄의 본성적인 결과인 것이 아니라, 죄인에 대한 하나님의 벌이다. 성경은 하나님의 벌(라틴어로 '포이나', "형벌" 또는 "고통")에 대한 교리를 가르친다.[1] 따라서 사람은 "여호와를 경외함으로 말미암아 악에서 떠나게" 된다(잠 16:6).

죄의 벌에 대해 생각하는 것은 즐거운 일은 아니지만 꼭 필요한 일이다. 하이델베르크 교리문답(제1주. 2문)은 그리스도 안에서 "행복하게 살고 죽기" 위해서는 우리의 "죄와 불행"을 알아야 한다고 가르친다.[2] 웨스트민스터 소교리문답(19문)은 "인간이 타락한 저 상태의 불행은 무엇인가"라고 묻고, "온 인류는 타락으로 말미암아 하나님과의 교제를

---

1) Berkhof, *Systematic Theology*, 256. 그는 그 예로 출 32:33; 레 26:21; 민 15:31; 대상 10:13; 시 11:6; 75:8; 사 1:24, 28; 마 3:10; 24:51을 인용한다. Erickson, *Christian Theology*, 554-556도 보라.
2) *The Three Forms of Unity*, 68.

상실했고(창 3:8, 10, 24), 하나님의 진노와 저주 아래(엡 2:2-3; 갈 3:10) 현세의 삶의 모든 불행과 죽음 자체와 영원한 지옥의 벌을 받게 된다(애 3:39; 롬 6:23; 마 25:41, 46)"고 대답함으로써 이 불행을 개략적으로 설명한다.[3]

이 점에서 죄론은 하나님의 정의와 섭리론, 교회론, 종말론 같은 다른 주요한 교리 주제들과 닿아 있다. 이 조직신학에서 그런 주제들은 각각의 고유한 위치에서 더 자세하게 다루어질 것이다. 따라서 여기에는 죄를 전체적으로 보는 데 필요한 중요한 점들만을 간략하게 살펴보겠다.

죄의 벌의 두 측면

죄는 하나님을 대적하는 것이므로 벌을 받는다. 하나님은 죄를 벌하는 궁극적인 근거다. 이 벌은 두 측면, 즉 '하나님과의 친교의 상실과, 하나님의 진노 아래에서의 고통의 부과'로 구별된다. 전자는 하나님이 우리의 타락한 최초의 부모를 이전에 서로 친교를 나누셨던 에덴동산에서 추방하신 것에서 드러난다(창 3:23-24). 후자는 하나님이 우리의 타락한 최초의 부모에게 고생과 죽음을 선고하신 것에서 드러난다(16-20절).

여기서 사용된 전통적인 신학적 구별은 상실의 벌 대 감각의 벌이다. 토마스 아퀴나스는 이렇게 말했다. "죄는 하나님에게서 떠나는 것에 있다는 점에서, 그 죄에 상응하는 벌은 상실의 벌[라틴어로 '포이나 담니']이다……그러나 죄는 무절제하게 (가변적인 선으로) 돌아서는 것이라는 점에서 그 죄에 상응하는 벌은 감각의 벌[라틴어로 '포이나 센수스']이다."[4] 중세 신학에서 이 구별은 지옥에서 죄인이 받는 이중적인 벌, 즉 '하나님에 대한 지복 직관의 상실과, 지옥 불의 고통의 부과'를 설명하는 데 사용되었다. 개혁파 신학자도 이 구별을 받아들였다. 안토니우스 발라이우스(1572-1639년)는 "죄에 가해지는 벌은 이중적인 것

---

3) *Reformed Confessions*, 4:355.
4) Aquinas, *Summa Theologica*, Pt. 2.1, Q. 87, Art. 4.

이어서 상실의 벌['포에나 담니']이거나 감각의 벌['포에나 센수스']이다"라고 말했다.[5]

죄는 하나님과의 친교를 깨뜨린다

하나님과 죄는 절대적으로 반대되는 것으로 서로 대립한다.[6] 요한은 "우리가 그에게서 듣고 너희에게 전하는 소식은 이것이니 곧 하나님은 빛이시라 그에게는 어둠이 조금도 없으시다는 것이니라"(요일 1:5)고 쓴다. 우리가 하나님의 벗으로 하나님과 동행한다고 주장하면서 회개하지 않은 죄의 습성 가운데 행한다면, 우리는 거짓말쟁이고 위선자다(6절; 참고, 암 3:3). 하나님과 죄 간에는 절대로 평화가 있을 수 없다. 바울은 "의와 불법이 어찌 함께하며 빛과 어둠이 어찌 사귀며"(고후 6:14)라고 외친다.

따라서 죄는 인간과 하나님의 친교를 깨뜨렸고, 하나님과의 우호 관계와 교제를 파괴했다(사 59:2). 이것은 인간이 생각할 수 있는 상실 중에서 가장 큰 상실이다. 인간의 모든 행복은 하나님과 결부되어 있기 때문이다(시 36:9; 63:3; 73:25-26).[7] 토머스 보스턴은 이렇게 말했다. "인간은 하나님을 잃었고, 이것은 하늘에서 해가 영원히 어두워진 것보다 더 큰 상실이었다. 하나님은 모든 선의 원인이자 원천이시므로, 하나님을 잃은 것은 '선하고 탁월한' 모든 것을 잃은 것일 수밖에 없다."[8] "하나님 없이" 살아가는 것은 "소망 없이" 살아가는 것이다(엡 2:12).

죄인은 하나님과 화해할 수 있지만(고후 5:18-21), 죄는 하나님에 대한 증오이므로(롬 8:7), 절대로 하나님과 화해할 수 없다. 존 오웬은 이렇게 말했다. "원수와는 화해할 수 있지만, 증오와는 화해할 수 없다. 원수와 화해할 수 있는 유일한 길은 증오를 멸하는 것이다."[9] 그리스도가 오신 것은 죄를 품고 있는 죄인을 구원하기 위한 것이 아니라, 죄를 멸하

---

5) Polyander, Walaeus, Thysius, and Rivetus, *Synopsis Purioris Theologiae*, 16.25 (1:395).
6) 하나님의 의와 정의에 대해서는 이 책 2권 462-483을 보라.
7) Willard, *A Compleat Body of Divinity*, 216-217.
8) Boston, *An Illustration of the Doctrines of the Christian Religion*, in *Works*, 1:295.
9) Owen, *The Nature . . . of Indwelling Sin in Believers*, in *Works*, 6:176.

여(요일 3:8) 죄인을 죄에서 구원하기 위한 것이다(마 1:21). 신자 안에 내주하는 성령은 죄와 끊임없이 싸운다(갈 5:17; 참고. 벧전 2:11).

하나님이 우리에게 모든 죄가 하나님을 대적해 전쟁을 벌이고 하나님은 모든 죄를 상대로 전쟁을 하신다는 것을 볼 수 있는 눈을 주시면 얼마나 좋겠는가! 하나님의 모든 속성은 죄를 대적한다. 하나님의 편재성은 죄를 드러내고, 하나님의 지식은 죄를 판단하며, 하나님의 사랑은 죄를 혐오하고, 하나님의 의는 죄를 정죄하며, 하나님의 연민은 죄에 대해 근심하고, 하나님의 지혜는 죄에 대적할 계획을 세우며, 하나님의 위엄은 죄 위에서 어른거리고, 하나님의 능력은 죄를 벌한다.

죄는 하나님의 진노를 불러일으킨다

성경은 죄에 대한 하나님의 태도를 분노, 진노, 분개, 격노로 표현한다.[10] 하나님은 죄를 미워하시고, 따라서 회개하지 않고 죄사함 받지 않은 죄인을 미워하신다(시 5:4-5). 우리는 하나님의 진노를 통제되지 않은 격정이나 비인격적인 과정으로 생각해서는 안 되고, 도덕적으로 잘못된 것에 대한 지혜롭고 의로운 분노로 생각해야 한다.[11] 보스턴이 썼듯 하나님의 진노는 죄악 된 인간의 분노와는 달리 내면의 동요나 흥분이 섞여 있지 않고, 단지 의로우심 가운데 기뻐하지 않으시는 것이다. "분노의 의로운 불"인 것이다.[12]

'하나님은 사랑이시므로 누구에 대해서도 미워하는 마음을 갖고 있지 않고, 모든 사람을 무조건적으로 받아들이시므로 죄인에 대해 인격적인 분노를 갖고 있다고 말하는 것은 잘못이고, 사람이 하나님을 배척할 수는 있지만, 하나님은 결코 사람을 배척하지 않으신다'는 반론을 제기하는 사람이 있을 것이다.

우리의 대답은 우리는 하나님이 "자비롭고 은혜롭고 노하기를 더디하고 인자와 진실이 많은 하나님"(출 34:6)이심을 기쁜 마음으로 고백하

---

10) 하나님의 진노에 대해서는 이 책 2권 518-531을 보라.
11) 하나님의 진노는 죄인에 의해 야기되는 비인격적인 과정이라고 보는 견해에 대한 반론으로는 Berkouwer, *Sin*, 378-380을 보라.
12) Boston, *An Illustration of the Doctrines of the Christian Religion*, in *Works*, 1:296.

지만, 아울러 하나님은 "벌을 면제하지는 아니할"(7절) 것이라고도 말씀하셨다는 것이다. 베르카우어는 "성경을 편견 없이 연구해 보면 우리는 성경이 하나님의 진노를 암시하는 말을 한 횟수와 빈도에 깊은 인상을 받게 된다"고 지적했다.[13] 그는 "성경의 자료를 분석하면서 하나님의 사랑 또는 하나님의 진노 중 어느 한쪽을 선택할 권한이 우리에게는 없다"는 말을 덧붙였다.[14] 우리는 둘 모두를 믿어야 한다.

하나님의 진노는 잔인한 것이 아니라, "하나님의 지극히 높으신 위엄에 대적해 저질러지는 죄"에 대해 정의를 세우려는 열심이다.[15] 새뮤얼 윌러드는 하나님의 진노는 "지극히 의로우신 진노이고, 죄인이 자신의 죄에 대해 마땅히 받아야 하는 것 외의 다른 것이 아니다"라고 말했다.[16] 해딩턴의 존 브라운은 "하나님은 인간의 불행을 기뻐하시는가"라고 물은 후, "하나님은 인간을 괴롭게 하는 것으로서의 불행을 기뻐하지 않으시지만, 인간의 죄에 대한 정의로운 벌로서의 불행은 기뻐하신다"고 대답했다.[17]

따라서 하나님의 의는 하나님으로 하여금 죄 지은 죄인과의 교제를 끊게 만들 뿐 아니라, 그들의 죄에 합당한 큰 고통을 가하는 벌로(롬 2:6-9) 죄인에 대한 저주를 집행하게 만든다(마 25:41; 갈 3:10).

현세에서 행해지는 죄에 대한 벌

하나님의 진노는 이 세상에서 활동해 죄를 벌한다. 하나님은 "매일 분노하시는 하나님이시로다"(시 7:11). 바울은 "하나님의 진노가……하늘로부터 나타나나니"(롬 1:18)라고 쓸 때 현재 시제를 사용한다. 존 머리

13) Berkouwer, Sin, 356.
14) Berkouwer, Sin, 380. 그는 "하나님의 진노를 부각시키지 않으려는 시도는 성경에 빈번하게 나오는 위협과 심판에 대한 강력한 말씀에 직면하여 무력화된다"(384)는 말을 덧붙였다.
15) The Heidelberg Catechism (LD 5, Q. 11), in The Three Forms of Unity, 71.
16) Willard, A Compleat Body of Divinity, 218.
17) John Brown of Haddington, Questions and Answers on the Shorter Catechism (1846; repr., Grand Rapids, MI: Reformation Heritage Books, 2006), 82. 원제는 An Help for the Ignorant: or, an Essay toward an Easy, Plain, Practical, and Extensive Explication of the Assembly's Shorter Catechism (1761)였다.

는 "하나님의 진노는 인간 세상에서 역동적이고 효과적으로 시행된다" 고 주해했다.[18] 따라서 그리스도를 믿는 믿음으로 구원받은 자가 아닌 죄인에 대한 하나님의 벌은 현세적인 측면과 영원한 측면 둘 모두를 지닌다. 죄는 장차 죄인을 지옥에 떨어지게 만들 뿐 아니라, 죄인이 "현세에서 온갖 불행을 겪게" 만든다.[19] 하나님은 죄가 죽음을 가져올 것이라고 경고하셨다(창 2:17). 윌러드는 이렇게 말했다. "모든 각각의 불행 속에는 일정 정도의 죽음이 존재한다. 인간은 살아가기 시작하자마자 죽어 가기 시작한다."[20]

이것을 토대로 신학자들은 이 세상에서의 현세적인 벌과 지옥에서의 영원한 벌을 구별한다. 온전한 정의는 장차 심판의 날에 이루어질 것이지만, 하나님은 자신의 모든 섭리 사역을 통해서도 정의를 행하신다. 하나님은 주권적 자유 가운데 심판을 행하신다. 따라서 하나님은 자신이 합당하다고 여기시는 방식으로 벌을 집행하거나 연기하거나 제한하실 수 있지만, 정의는 반드시 행해진다. 또한 우리는 일차적으로 영혼을 대상으로 하는 내적인 벌과 육신이나 우리의 환경을 대상으로 하는 외적인 벌을 구별한다.[21] 이것은 아담의 죄가 초래한 일반적인 효과, 즉 원죄의 보편성과 이 세상에 임한 저주에 대해 말하는 것이 아니라, 하나님이 특정한 개인이나 집단이 저지른 죄 때문에 그들에게 보내시는 구체적인 심판에 대해 말하는 것이다.

죄에 대한 벌은 영혼에 대한 심판을 통해 이루어진다

겉사람에 대한 심판은 더 알기 쉽고 분명하지만, 효과에서는 마음과 영혼에 대한 직접적인 심판이 더 무섭다.

내적인 벌 중 하나는 죄 가운데 버려두는 심판이다(행 7:42). 바울은 로마서 1장에서 하나님의 진노에 대해 설명할 때, 하나님이 "그들을 내버

---

18) Murray, *The Epistle to the Romans*, 1:35.
19) The Westminster Shorter Catechism (Q. 19), in *Reformed Confessions*, 4:355.
20) Willard, *A Compleat Body of Divinity*, 223.
21) 이 구별에 대해서는 Brakel, *The Christian's Reasonable Service*, 1:412; Gill, *Body of Divinity*, 341-342를 보라.

려 두셨다"('파라디도미', 롬 1:24, 26, 28)라는 말을 반복적으로 사용함으로써, 외적인 심판이 아니라 내적인 심판을 부각시킨다. 넘겨주는 것을 가리키는 데 일반적으로 사용되는 이 동사는 어떤 사람을 투옥이나 채찍질이나 처형 같은 형벌에 넘겨주는 것을 가리킬 수 있다.[22] 여기서 바울은 그런 의미로 이 동사를 사용한다. 하나님은 창조주를 영화롭게 하거나 감사하기를 거부하고 우상을 섬긴 사람들을 벌하려고 그들을 성적인 죄, 동성애, 타락한 마음("상실한 마음")에 넘겨주는 심판을 집행하신다(19-23. 25. 28절). 마찬가지로 하나님은 어떤 사람들을 "강력한 미혹"(개역개정에는 "미혹의 역사")의 세력에 넘겨주어 사탄의 거짓말을 믿고 반기독교적인 종교를 따르게 하신다. 즉 복음 진리를 사랑하지 않는 것에 대한 심판이다(살후 2:9-12).

내적인 벌의 또 다른 형태는 마음을 완악하게 하여 불신앙을 고집하게 만드는 심판이다. 성경에서 마음을 완악하게 하는 벌의 고전적인 예는 출애굽 때의 애굽 왕 바로다(롬 9:17-18; 참고. 출 4-14장). 하나님은 죄에 대한 벌로 죄인을 완악한 마음에 넘겨주어 하나님 말씀에 철저하게 무감각하게 만드신다(사 6:9-10; 롬 11:7-10). 그 결과 죄인은 고집스럽고 어리석은 자가 되는데, 애굽 왕 바로가 하나님이 보내신 재앙들을 경험하고 나서도 홍해까지 이스라엘을 추격한 것이 그 예다(출 14:4).

우리는 죄 가운데 내버려 두거나 마음을 완악하게 하는 하나님의 심판을 마치 하나님이 사람들의 영혼 속에 도덕적인 악을 주입하거나 부추기는 것으로 생각해 하나님을 죄와 연루시켜서는 안 된다. 하나님은 죄의 유혹을 받는 것도 불가능하고 누군가를 죄로 유혹하는 것도 불가능하다. 반대로 하나님은 모든 선한 은사를 주시는 분이다(약 1:13, 17). 하나님은 악을 더하는 방식이 아니라 선을 제거하는 방식으로 죄인을 죄 가운데 내버려 두거나 완악하게 하신다. 하나님은 많은 불신자가 하나님의 섭리로 말미암아 여전히 누리고 있는 지성과 감정과 양심의 고유한 작용을 줄임으로써, 사람이 더 눈멀고 더 완악해지게 하신다.[23] 하

---

22) 마 4:12; 5:25; 10:17, 19, 21; 18:34; 27:2, 26; 행 8:3; 12:4; 22:4; 벧후 2:4.
23) 삼하 17:14; 왕상 12:15; 욥 12:17; 사 19:12-14.

나님이 사람에게 주시는 일반 은혜의 분량을 줄이시면, 사람은 죄 속으로 돌진해 자신을 해친다. 하나님이 사람을 완악한 마음에 내주셨을 때, 그들의 완악함은 여전히 그들이 책임져야 하는 죄다(출 9:34-10:3). 페트루스 롬바르두스는 "어떤 죄는 죄임과 동시에 죄에 대한 벌이기도 하다"고 말했다.[24]

죄에 대한 벌은 육신에 대한 심판을 통해 이루어진다

우리는 모든 환난을 그 환난을 겪는 사람의 개인적인 죄 탓으로 돌릴 수 없다. 어떤 환난은 그 환난을 겪는 사람이 지은 죄에 대한 벌과는 아무 상관이 없고, 어떤 더 큰 목적을 위한 것인 경우도 종종 있기 때문이다(욥 1-2장; 요 9:1-3). 하지만 죄인이 겪는 구체적인 환난이나 괴로움은 하나님에게서 온 심판인 경우가 많다.[25] 인간의 삶의 모든 분야는 하나님의 주권 아래 있고, 인간의 활동의 모든 측면은 죄 때문에 부패되어 있으므로, 하나님의 심판은 무수히 많은 방식으로 임할 수 있다. 이스라엘에 대한 하나님 율법의 언약 저주들은 그런 환난 속에서 하나의 연구 대상이다. 실제로 선지자들이 쓴 글들이 그것을 보여 준다.

하나님은 메뚜기 떼의 출현이나 가뭄을 통해 어떤 지역에 기근을 주신다(레 26:19-20; 신 28:22-24, 38-39). 하나님은 한 나라의 부의 토대를 공격해 경제적 파탄에 이르게 하신다(사 19:5-10). 하나님은 사람들이 전쟁에서 패하게도 하시고 승리하게도 하신다(신 28:25-26; 사 13:17-19). 하나님은 공적인 일, 예배 장소, 기반 시설을 파괴하신다(레 26:30-32; 겔 26:4). 하나님은 사람들을 폭정과 압제 아래 두신다(레 26:16-17; 사 19:4). 하나님은 사람들을 고향에서 멀리 떨어진 곳으로 포로로 잡혀가게 하여 흩으신다(레 26:33; 사 20:4).

하나님은 폭력적인 범죄와 불의를 위한 문을 열어 늘어나게 하신다(신 28:29-31). 하나님은 질병을 보내 사람의 기력을 빼앗거나 장애를 입게 하신다(레 26:16; 계 2:22). 하나님은 사람들을 채무로 묶어 재정적

---

24) Lombard, *The Sentences*, 2.36.1 (2:181).
25) 시 7:11-13; 37:10, 35; 64:7; 73:18-19; 92:7-9.

인 노예 상태에 두신다(신 28:44). 하나님은 들짐승을 보내 사람들을 다치게 하고 죽이게 하신다(레 26:22; 왕하 17:25). 하나님은 죄인의 배우자와 자녀를 심각한 악행과 큰 비탄에 내주어 그의 가족을 초토화하신다(암 7:17). 하나님은 악인을 실성하게 하는 방식으로 벌하시는데(신 28:28, 34), 느부갓네살왕을 한동안 실성하게 하신 것이 그 예다(단 4:28-33). 하나님은 사람들에게 트라우마를 보내 비이성적으로 두려워하는 상태에 두심으로써, 외적으로 그들을 위협하는 것이 전혀 없을 때도 두려워하게 만드신다(레 26:36-37). 하지만 이것은 육신의 외적인 환난이나 정신 질환 전부 또는 대부분을 도덕적 원인으로 돌리는 것은 아니다.[26]

죄인이 회개하지 않을 때, 하나님은 그들을 죽이기도 하신다(행 12:20-23; 계 2:23). 죽음은 아담의 자손에게 주어진 운명이다(고전 15:22). 현세에서 인류에 대한 이 최종적인 심판을 집행하시는 분은 하나님이다. "여호와는 죽이기도 하시고"(삼상 2:6).

현세적인 심판은 죄를 억제하는 역할을 한다. 죄인이 회개하지 않아도, 하나님은 심판을 통해 악을 행하는 그들의 능력을 줄이거나 제거하신다. 대홍수는 죄와 폭력의 세계 전체를 제거했다(창 6장). 바벨탑에 대한 하나님의 심판은 스스로를 높이려 한 인간의 야심을 좌절시켰다(창 11장). 하나님은 말하자면 악인의 이빨을 부러뜨려 하나님 백성을 사자처럼 집어삼킬 수 없게 하신다(시 58:6). 하나님은 헤롯 대왕의 죽음을 통해 예수 그리스도의 가족이 이스라엘 땅으로 돌아오는 것을 가능하게 하셨다(마 2:20). 하나님은 헤롯 아그립바 1세를 죽이심으로써 교회를 박해한 악인을 제거하셨다(행 12장).

우리는 하나님의 진노가 하늘에서부터 나타난다는 것을 보여 주는 우리 주변의 증거를 인정해야 한다. 환난이 반드시 특정한 죄에 대한 벌인 것은 아니지만, 심판이 악명 높은 죄인에게 임할 때, 우리는 하나님의 정의를 인정해야 한다. 세상은 그런 환난을 맹목적인 자연이나 존

---

26) 우울증에 대해 공감하며 논의한 것으로는 Archibald Alexander, *Thoughts on Religious Experience* (1844; repr., Edinburgh: Banner of Truth, 1967), 32-50; Murray, *Christians Get Depressed Too*를 보라.

재하지도 않는 우상 탓으로 돌림으로써, 세상의 지도자와 유명 인사가 자신의 부패와 악한 행실로 말미암아 심판을 받은 것임을 은폐한다. 하지만 하나님이 악인을 치실 때, 우리는 하나님을 두려워해야 하고, 하나님의 역사를 선포해야 하며, 하나님의 역사를 지혜롭게 묵상하고 하나님을 기뻐하며 의지해야 한다(시 64:7-10). 환난을 당한 죄인을 보았을 때 우리의 반응은 환난을 당하지 않은 우리를 의롭다고 여기는 가운데 죄인이 심판받은 것을 통쾌해하는 것이 아니라, 구원의 은혜의 복음과 다가올 심판을 선포하고, 우리도 하나님의 진노 아래 망하지 않기 위해 우리 자신의 죄를 회개하는 것이어야 한다(눅 13:1-5).

인간을 수단으로 사용한 죄에 대한 벌

이 시대에서 하나님의 섭리는 일반적으로 수단을 사용해 이루어지고, 하나님은 죄를 벌하는 데 인간을 수단으로 사용하신다. 이렇게 인간을 수단으로 사용해 죄를 벌하면, 이 세상에서 죄를 어느 정도는 억제하고 보응하게 된다. 존 칼빈은 "인간에게 두 종류의 정부"를 세우셨는데, 하나는 "내면의 마음"에 있는 양심을 통한 "영적" 정부이고, 다른 하나는 오직 "외적인 행실"만을 규율하기 위한 "정치적인" 정부라고 말했다.[27] 이 두 수단을 사용해 하나님은 죄인에 대한 자신의 의로우신 심판을 나타내신다.

죄는 내적으로는 양심에 따라 심판받는다

죄에 대한 하나님의 심판은 사람이라면 누구나 갖고 있는 감정이나 생각과 수치심을 통한 죄의 억제로 나타난다. 이것은 인간이 선하기 때문이 아니라, 성경이 양심이라고 부르는 하나님의 의로우신 심판에 대한 지각의 결과다.[28] 윌리엄 에임스는 "인간의 양심은……어떤 사람

---

27) Calvin, *Institutes*, 3.19.15.
28) 요 8:9; 행 23:1; 24:16; 롬 2:15; 9:1; 13:5; 고전 8:7, 10, 12; 10:25, 27-29; 고후 1:12; 4:2; 5:11; 딤전 1:5, 19; 3:9; 4:2; 딤후 1:3; 딛 1:15; 히 9:9, 14; 10:2, 22; 13:18; 벧전 2:19; 3:16, 21.

에 대한 하나님의 심판과 일치하게 그 사람이 자기 자신을 심판하는 것이다"라고 말했다.[29] 양심은 의지의 선택이나 행위가 아니라, "깨달음에서 오는 실천적 판단 행위"다.[30] 양심은 한 사람이 하나님의 뜻이라고 깨닫는 것과 결부된다.[31]

우리는 이방인이었던 그랄 왕 아비멜렉에게서 양심의 활동의 한 예를 발견한다. 하나님이 아비멜렉에게 그가 아브라함의 아내를 데려온 것임을 계시해 주셨을 때, 이 이방인은 "온전한 마음"(창 20:5)에 대한 관심을 보였다. 하나님은 그에게 "네가 온전한 마음으로 이렇게 한 줄을 나도 알았으므로 너를 막아 내게 범죄하지 아니하게 하였나니 여인에게 가까이 하지 못하게 함이 이 때문이니라"(6절 ESV)고 말씀하셨다. "막아"('하사크')로 번역된 동사는 저지하거나 억제하는 것을 의미한다.[32] 하나님은 아비멜렉의 육신의 상태를 사용해 그에게 이 억제를 행사하신 것으로 보인다. 창세기 본문은 나중에 하나님이 그의 불임 문제를 치유해 주신 것에 대해 말하기 때문이다(17-18절).[33] 하지만 아비멜렉은 아브라함의 잘못된 처신을 공개적으로 꾸짖고 명예로운 방식으로 이 상황을 바로잡으려 한 것으로 보아(8-16절) 도덕과 정의에 대해 진심으로 관심을 갖고 있었고, 사람들은 하나님의 벌을 두려워했다(7-8, 11절). 따라서 이 창세기 기사는 하나님이 외적으로는 육신을 통해 악을 억제하시고 내적으로는 심리를 통해 악을 억제하시는 것을 보여 준다.

신약 성경은 불신의 세상에서 통용되는 비틀거리는 도덕 속에도 여전히 옳고 그름에 대한 지각이 남아 있어, 악에 대한 어느 정도의 통제가 이루어진다고 가르친다. 성적으로 부도덕한 문화에서조차도 사람들이 일반적으로 어기지 않았던 몇몇 규범이 있었다(고전 5:1). 악인도

---

29) William Ames, *Conscience, with the Power and Cases Thereof*, 1.1, in *The Works of the Reverend and Faithfull Minister of Christ William Ames*, 2 books in 1 vol. (London: John Rothwell, 1643), 1:2.

30) Ames, *Conscience, with the Power and Cases Thereof*, 1.1.6, in *Works*, 1:3.

31) Ames, *Conscience, with the Power and Cases Thereof*, 1.3.2, in *Works*, 1:6. 에임스는 행 4:20; 20:22; 롬 1:14; 고전 9:16; 고후 5:14를 인용해 사람을 억제하는 양심의 권위를 보여 준다.

32) 창 22:12, 16; 39:9; 삼하 18:16; 욥 7:11; 잠 10:19.

33) "이 왕은 성관계를 할 수 없었다." Mathews, *Genesis 11:27-50:26*, 260.

흔히 자기 가족을 먹여 살리고(딤전 5:8), 이것은 하나님을 일정 정도 닮았음을 보여 준다(마 7:11). 세상 사람들은 살인자나 도둑을 벌한다(벧전 4:15). "아무에게도 악을 악으로 갚지 말고 모든 사람 앞에서 선한['칼로스'] 일을 도모하라"(롬 12:17 ESV; 참고. 고후 8:21)는 바울의 명령 속에는 사람이라면 누구나 갖고 있는 감정이나 생각이 함축되어 있다.[34]

하나님은 인류 가운데 하나님의 율법에 대한 도덕적 책임 의식과 율법을 어긴 경우에는 하나님의 진노를 불러일으킨다는 의식을 유지시키신다. 바울은 "율법 없는 이방인이 본성으로 율법에 담겨 있는(개역개정에는 "율법의") 일을 행할 때에는 이 사람은 율법이 없어도 자기가 자기에게 율법이 되나니"(롬 2:14)라고 설명한다. 바울은 이 본문이 속한 문맥 속에서 모든 사람이 죄를 지으며 살아가고 있다고 고발하고 있다는 점에서, 이 본문 말씀이 이방인이 하나님을 기쁘시게 하는 의로운 삶을 살아간다는 것을 의미할 수는 없다(참고. 1:18-32; 3:9-18). 바울은 그리스도인이 아닌 일부 사람이 가정과 사회에서 시민적인 미덕을 행하며 살아간다고 말하려 한 것이 분명하다. "율법에 담겨 있는 일을 행하다"로 번역된 어구는 직역하면 "율법의 일을 행하다"('타 투 노무 포이오신')이다. 즉, 이방인들이 행하는 것은 보편적인 도덕 원칙에 부합한다는 것이다.[35]

우리는 죄의 지배를 받는 이방인들이 행하는 이 도덕적인 미덕을 어떻게 설명해야 하는가? 바울은 "이런 이들은 그 양심이 증거가 되어 그 생각들이 서로 혹은 고발하며 혹은 변명하여 그 마음에 새긴 율법의 행위를 나타내느니라"(롬 2:15)고 설명한다. 여기서 바울은 새 언약에서 하나님이 은혜 가운데 사람들의 마음에 자신의 법을 새기셔서(렘 31:33; 고후 3:3) 하나님의 뜻을 행하려는 내면의 거룩한 소원을 만들어 내시는 것(시 40:8)에 대해 말하는 것이 아니다. 이방인들의 마음에 새겨져 있는 것은 "율법의 일"(롬 2:15), 즉 죄를 아는 지식과 죄인에 대한 하나님의

---

34) 롬 12:17에 대한 해석으로는 Douglas Moo, *The Epistle to the Romans*, The New International Commentary on the New Testament (Grand Rapids, MI: Eerdmans, 1996), 785를 보라.

35) Moo, *The Epistle to the Romans*, 150; Hoekema, *Created in God's Image*, 197.

진노를 아는 지식이다(3:20; 4:15). 이것은 하나님의 율법을 "증언하는" "양심"의 기능이다. 양심은 "하나님이 사람들의 은밀한 것을 심판하시는"(2:16) "진노의 날"(5절)이 장차 올 것임을 예감한다. 사람은 죄를 지을 때 죄책감과 수치심과 두려움을 통해 하나님의 진노를 미리 조금 맛보고 경험한다.

양심을 통해 하나님은 인간에 대한 자신의 의로우신 심판을 나타내신다. 칼빈은 이렇게 말했다. "사람들에게 하나님의 심판에 대한 지각이 그들 자신 속에 증인으로 있어서, 심판주의 법정 앞에서 자신의 죄를 숨길 수 없을 때, 우리는 이 지각을 '양심'이라 부른다. 양심은 사람이 자기 안에서 자기가 알고 있는 것을 억누를 수 없게 하고 스스로를 단죄하도록 종용한다는 점에서 하나님과 사람을 이어 주는 확실한 수단이다."[36]

따라서 중생하지 않은 사람 속에 있는 양심의 목소리는 타락한 인간 안에 남아 있는 선함의 불꽃이 아니라, 망가진 하나님의 형상을 감지하고 깜빡거리며 경고하는 지옥 불빛이다. 양심의 목소리는 인간 내면에 있는 의에 대한 사랑에서 나오는 것이 아니다. 인간은 하나님과 하나님의 거룩한 율법에 대한 증오의 노예가 되어 있기 때문이다(롬 8:7). 양심의 목소리는 죄가 외부로 분출되어 나오는 것을 억제하고 미덕의 행위를 촉구하지만, 벌에 대한 두려움과 자기 의에 대한 갈망에서 나온다.

양심은 인간의 행위에 대해 실제적인 억제력을 행사하지만, 우리는 양심의 영향력을 과대평가해서는 안 된다. 죄인은 "이 같은 일을 행하는 자는 사형에 해당한다고 하나님께서 정하심을 알고도 자기들만 행할 뿐 아니라 또한 그런 일을 행하는 자들을 옳다 하느니라"(롬 1:32)고 바울은 말한다. 양심은 흔히 죄인의 실천적인 판단, 감정, 행위와 관련해 무력하다. "그들의 눈앞에 하나님을 두려워함이 없기"(3:18) 때문이다. 하나님의 율법은 거룩하고 의로우며 선하지만, 죄인의 반역하는 마음을 자극해 더 많은 죄를 짓게 만든다(7:7-12).

---

36) Calvin, *Institutes*, 3.19.15.

죄는 외적으로는 시민 정부를 통해 심판받는다

하나님은 양심의 내적 활동을 죄를 벌하는 시민 정부의 외적 활동으로 강화하신다. 하나님은 폭력이 가득한 세상을 대홍수로 멸하신 후(창 6:11-13) 사형 제도를 세워, 사람들이 의도적으로 다른 사람을 죽인 자에 대해 사형을 선고하고 집행할 수 있게 하셨다(9:5-6). 하나님이 친히 사형을 집행하겠다고 하신 것("내가 반드시 찾으리라")과, 이 형벌의 근거를 하나님의 형상에 대한 공격에 두신 것은 사형이 하나님의 심판을 집행하는 것임을 분명히 보여 준다.[37] 하나님은 개인을 통한 사적 복수를 정죄하신다는 점에서(레 19:18), 노아에게 주신 이 명령은 시민 정부의 감독 속에서 법에 따라 집행되는 시민적인 과정임을 보여 주고, 나중에 하나님은 이스라엘 백성에게 명시적으로 그렇게 하라고 명령하셨다(신 19:15-21).

사회에서 시민적 정의의 집행은 죄를 억제한다. 하나님은 이스라엘 백성에게 행악자를 벌하면 사람들이 "듣고 두려워하게 될" 것이어서 악을 저지르는 것이 억제될 것이지만,[38] 반대로 "악한 일에 대한 징벌이 속히 실행되지 아니하므로 인생들이 악을 행하는 데에 마음이 담대하도다"(전 8:11)라고 반복적으로 말씀하셨다. 물론 사형은 행악자를 사회에서 제거해 더 이상 해를 끼칠 수 없게 하고, 이것은 사회적으로 약하고 박해받는 자에게 복이다(시 94:3-6, 21-23). 시민법은 신자에 대한 박해를 막거나 완화할 수 있다.[39] 이 세상에 대한 사탄의 영향력 탓에 정부 관리가 신자를 박해할 수 있지만(계 13장), 토머스 슈라이너는 "가장 압제적인 정부조차도……사회가 붕괴되어 완전한 무정부 상태가 되는 것을 막기 위해 어느 정도는 악을 억제한다"고 말한다.[40]

그러나 범죄에 대한 처벌은 사회와 교회에 유익하지만, 사법 제도의 일차적인 목적은 정의다.[41] 헤르만 바빙크는 현대 사회에서는 "범죄자

---

37) Mathews, *Genesis 1 - 11:26*, 403.
38) 신 13:11; 17:13; 19:20; 21:21.
39) 에 8-10장; 사 45:1-4, 13; 행 16:35-38; 22:24-29; 23:11-35; 딤전 2:2.
40) Thomas R. Schreiner, *1, 2 Peter, Jude*, The New American Commentary 37 (Nashville: Broadman & Holman, 2003), 129.
41) Berkhof, *Systematic Theology*, 258.

를 희생자로 보고", "범죄는 질병이 되고 형벌은 치료 수단이 되었다"
고 지적했다.[42] 하지만 "형벌을 부과하는 일차적인 이유는 그렇게 하
는 것이 유익하기 때문이 아니라 정의가 형벌을 요구하기 때문이다."[43]
하나님이 "권세들"을 세우신 것은 선을 행하는 자를 칭찬하고 복 주며,
"악을 행하는 자에게 진노하심을 따라 보응하게" 하기 위한 것이다(롬
13:1, 4; 참고, 벧전 2:13-14). 시민 정부는 내적인 신념이나 감정이 아니라,
선한 일이든 악한 일이든 외적인 "일"을 심판해야 한다(롬 13:3). 시민
적 권세는 주권자이신 하나님의 종으로서 범죄자를 벌하여 죽일 권
세("칼")를 부여받았다. 정부가 하나님에게서 부여받은 정의를 수호하
는 사명을 수행하는 것은 사람들이 사적인 복수를 하려는 욕망을 내려
놓고, 정의를 하나님의 "진노하심"(12:19)에 맡기는 것을 돕는다. 관리가
참된 정의를 수호하는 자로 행할 때, 사법 제도를 통해 범죄자를 단죄
하여 정의를 세우는 것은 죄에 대한 하나님의 진노하심의 표현이다(참
고, 신 21:22-23).[44]

시민 정부에 대한 사도의 가르침은 위정자를 '구원을 위한 은혜의
수단'이 아니라 '타락한 세상에서 정의와 진노하심의 수단'으로 제시
한다. 이 점에서 시민 정부의 기능은 가정교육 및 교회의 치리와 현저
히 다르다. 하나님은 관리에게는 "칼"을 주시는 반면, 부모에게는 "회
초리"를, 교회의 장로에게는 영적인 회초리를 주신다(고전 4:21). 부모
는 선천적인 도덕적 어리석음과 그 치명적인 효과에서 자녀를 건지려
는 사랑의 동기에서 자녀를 체벌해야 하고, 이것은 하나님의 진노하심
을 나타내 보이거나 해롭게 하려는 것이 아니다.[45] 교회의 책망은 잘
못된 길로 나가 죄에 빠진 지체를 다시 얻기 위한 것이어야 한다.[46] 교
회가 반복적인 경고에도 죄를 회개하지 않는 지체를 출교할 수밖에 없
을 때조차도, 그런 치리가 그 지체를 정신 차리게 하여 구원을 받게 하

---

42) Bavinck, *Reformed Dogmatics*, 3:164-165.
43) Bavinck, *Reformed Dogmatics*, 3:167.
44) Murray, *The Epistle to the Romans*, 2:151-153.
45) 잠 13:24; 22:15; 23:13-14; 29:15.
46) 마 18:12, 15; 눅 17:3; 약 5:19-20.

는 수단이 될 것이라는 소망 가운데서 그렇게 하는 것이다(고전 5:5). 하나님은 교회에는 "화목하게 하는 직분"(고후 5:18)을 맡기신 반면, 관리는 "하나님의 사역자가 되어 악을 행하는 자에게 진노하심을 따라 보응하는 자"(롬 13:4)로 세우셨다. 시민 정부, 가정교육, 목회 사역은 모두 고귀하지만 서로 아주 다른 성격을 지닌 소명으로서, 이 세상에서 하나님의 의로우신 계획을 진척시키는 데 서로를 보완하도록 설계되었다.

죄에 대한 벌의 영원한 성취

온갖 형태의 현세적 벌은 하나님이 장차 죄인을 지옥에 보내 영원토록 벌을 받게 하실 때 드러나게 될 영광스러운 정의에 못 미친다. 인간이 자기 자신을 높이고 하나님을 깎아 내리기 위해 온갖 시도를 다해도, "존귀한 자는 낮아지고 오만한 자의 눈도 낮아질 것이로되 오직 만군의 여호와는 정의로우시므로 높임을 받으시며 거룩하신 하나님은 공의로우시므로 거룩하다 일컬음을 받으실" 것이다(사 5:15-16).

죄는 죽음 이후에, 특히 부활 이후에 온전히 처벌받는다

죄에 대한 영원한 벌은 사람이 죽은 후 영혼에게 가해지기 시작한다. 웨스트민스터 대교리문답(86문)에서는 "악인이 죽으면 영혼은 지옥에 던져져 고통과 흑암 속에 머물며, 육신은 큰 날의 부활과 심판 때까지 마치 감옥에 있는 것처럼 무덤 속에 보존된다(눅 16:23-24; 행 1:25; 유 6-7절)"고 말한다.[47]

그리스도는 한 사람의 운명을 이렇게 설명하셨다. '큰 부와 사치를 누리던 부자가 죽어서 보니 자기가 불 속에서 고통을 받고 있었다. 그는 매일 호화로운 잔치를 즐기면서도 대문 앞에서 구걸하던 거지를 무시했지만, 죽고 나서는 갈증이 나도 마실 물 한 모금조차 구할 수 없었다'(눅 16:22-25). 랄프 베닝(약 1622-1674년)은 이렇게 썼다. "악인은 이 세상에 속한 사람이라 불린다(시 17:14). 그들은 현세에서는 자신의 분

---

47) *Reformed Confessions*, 4:317.

깃과 위로를 누리고 있다(눅 6:24; 16:25)⋯⋯그러나 지옥에 떨어지게 될 때는 부도 명예도 즐거움도 그들과 함께 거기로 내려가지 않을 것이다."[48]

영원한 벌은 "악한 일을 행한 자"가 부활하여 "심판"을 받게 될 때 온전히 실현된다(요 5:29). "인자가 아버지의 영광으로 그 천사들과 함께 오리니 그때에 각 사람이 행한 대로 갚으리라"(마 16:27). 만왕의 왕은 "자기 영광의 보좌에 앉아" 온 인류를 자기 앞으로 호출하실 것이다(25:31-32). 윌리엄 퍼킨스는 그리스도가 "무한한 영광과 위엄 가운데" 나타나시는 것은 너무 "무섭고 두려운" 것이어서, 악인은 "큰 산과 작은 산이 자기 위로 무너져 자기를 덮기를 바라게 될 것"이라고 말했다.[49] 그리스도는 악인들에게 그들의 죄를 나타내 보이실 것이고, 그들은 "영벌에" 들어가게 될 것이다(46절). 하나님의 거룩한 천사들은 그들을 "풀무 불에 던져 넣으리니 거기서 울며 이를 갈리라"(13:50).

죄는 상실과 감각으로 말미암은 비탄을 통해 온전히 처벌된다

죄에 대한 벌이 지닌 두 측면이 영원 속에서 나타날 것이다. 요한네스 볼레비우스는 "[지옥에 떨어진 자들의] 이 상태는 최고선의 상실과 최고악의 경험으로 이루어진다"고 말했다.[50] 우리는 이 둘을 그리스도의 심판의 말씀 속에서 본다. "저주를 받은 자들아 나를 떠나 마귀와 그 사자들을 위하여 예비된 영원한 불에 들어가라"(마 25:41). 이 말씀 속에서 우리는 상실의 벌("나를 떠나")과 감각의 벌("영원한 불에")을 본다.[51]

영원한 상실의 벌은 악인이 하나님에게서 분리되어 모든 은총과 자비를 누리지 못하게 되는 것이다. 윌러드는 "이것은 [그들이] 누릴 수 있었던 모든 행복을 다 박탈당하는 것이다"라고 설명했다.[52] 하나님은

---

48) Ralph Venning, *Sin, the Plague of Plagues; or, Sinful Sin the Worst of Evils* (London: John Hancock, 1669), 70; 현대어 역본: *The Sinfulness of Sin*, Puritan Paperbacks (Edinburgh: Banner of Truth, 1965).
49) Perkins, *An Exposition of the Symbol*, in *Works*, 5:294.
50) Wollebius, *Compendium*, 1.12.(1).viii (74).
51) Venning, *Sin, the Plague of Plagues*, 67.
52) Willard, *A Compleat Body of Divinity*, 238.

그들을 영원히 배척하실 것이다. 하나님은 모든 아름다움과 즐거움과 위로에서 그들을 배제하실 것이다. 하나님은 그들을 분리하여 성도와 천사의 달콤한 사귐에 참여하지 못하게 하실 것이다. 그리스도는 심판의 이 측면을 혼인 잔치에 들어오지 못하고 바깥 어둠에 내던져지는 것으로 묘사하셨다(마 8:11-12; 22:13; 참고, 25:10).

영원한 감각의 벌은 하나님의 진노하심에 따라 악인에게 끔찍한 고통이 가해지는 것이다. 하나님은 반역하는 쪽을 선택한 그들의 육신과 영혼이 비탄 속에서 영원토록 고통을 당하게 하실 것이다. 하나님은 마귀와 귀신과 악인을 함께 가두어 비탄과 고통을 당하게 하실 것이다. 그리스도는 심판의 이 측면을 활활 타오르는 풀무 불 속에 던져지는 것으로 묘사하셨다.[53] 베닝은 "지옥에 던져져 영원한 고통을 당하는 것에 비한다면 오른쪽 눈을 빼 버리고 오른손을 베어 버리는 것은 차라리 기쁜 일이고 기꺼이 할 수 있는 일이다(마 5:30)"라고 말했다.[54]

죄는 절대적으로 의로우신 진노하심에 따라 온전히 처벌된다

악인은 하나님의 진노하심을 가감 없이 온전히 경험하게 될 것이다(계 14:10). 하나님은 악인에게 "긍휼 없는 심판"(약 2:13)을 행하실 것이다. 하나님은 "멸하기로 준비된 진노의 그릇"에 "그의 능력을 알게 하실" 것이다(롬 9:22). 악인에 대한 영원한 벌은 여호와 하나님의 영광과 능력을 드러내게 될 것이다(계 19:1-4).

그것은 힘으로 바로잡는 것이 아니다. 하나님은 온 우주를 지배하는 악당처럼 악인을 힘으로 누르시는 것이 아니다. 요한계시록에 나오는 묵시 속에서 책들을 펴는 장면은 하나님이 모든 일에서 자신의 정의를 명명백백하게 드러내실 것임을 보여 준다(계 20:12). 인간의 위선은 발붙일 수 없게 될 것이다. "감추인 것이 드러나지 않을 것이 없고 숨긴 것이 알려지지 않을 것이 없기"(눅 12:2) 때문이다. 하나님은 실제로 일어난 일 속에서 죄를 보여 주실 뿐 아니라, 그 일이 하나님의 율법을 어

---

53) 마 5:22; 7:19; 13:42, 50; 18:8-9; 25:41; 막 9:43-49; 요 15:6.
54) Venning, *Sin, the Plague of Plagues*, 79.

긴 죄라는 것도 보여 주셔서, "모든 입을 막고 온 세상으로 하나님의 심판 아래에 있게"(롬 3:19) 하실 것이다. 양심이 죄인을 쳐 증언할 것이고(롬 2:15-16), 율법도 죄인을 쳐 증언할 것이다(요 5:45). 퍼킨스는 하나님이 각 사람의 양심을 여실 때, "양심은 천 명의 증인 같은 역할을 할 것이고, 거기에 따라 각 사람은 자기 자신을 고발하고 정죄하게 될 것이다."라고 말했다.[55] 하나님은 "각 사람에게 그 행한 대로 보응하실" 것이다(6절). 그때가 되면 죄가 하나님을 대적하는 가장 추악한 부패, 가장 어두운 반역, 가장 더러운 배은망덕이라는 것이 드러날 것이다.

성경이 하나님의 진노가 지닌 속성에 대해 무엇을 가르치는지 생각해 보라.[56] 죄인에 대한 하나님의 진노가 지닌 힘은 불가항력이다. 나훔은 "누가 능히 그의 분노 앞에 서며 누가 능히 그의 진노를 감당하랴 그의 진노가 불처럼 쏟아지니 그로 말미암아 바위들이 깨지는도다"(나 1:6)라고 말했다. 하나님의 진노가 지닌 힘은 상상을 초월한다. 모세는 "누가 주의 노여움의 능력을……알리이까"(시 90:11)라고 외쳤다. 하나님의 진노의 효과는 감당할 수 없다. 이사야는 "시온의 죄인들이 두려워하며 경건하지 아니한 자들이 떨며 이르기를 우리 중에 누가 삼키는 불과 함께 거하겠으며 우리 중에 누가 영영히 타는 것과 함께 거하리요 하도다"(사 33:14)라고 썼다. 하나님의 진노가 미치는 범위는 무한하다. 하나님은 "내 분노의 불이 일어나서 스올의 깊은 곳까지 불사르며 땅과 그 소산을 삼키며 산들의 터도 불타게 하는도다"(신 32:22)라고 말씀하셨다. 하나님의 진노에 따른 벌은 피할 수 없다. 신약 성경은 복음을 듣는 자에게 "우리가 이같이 큰 구원을 등한히 여기면 어찌 그 보응을 피하리요"(히 2:3; 참고, 히 12:25)라고 경고한다. 하나님의 진노의 집행은 변함이 없고 영원히 지속된다. "그 고난의 연기가 세세토록 올라가리로다……밤낮 쉼을 얻지 못하리라"(계 14:11). 그리고 하나님의 진노에 따른 심판은 의로워, 아무도 하나님을 불의하시다고 고발할 수 없다. 우리

---

55) Perkins, *An Exposition of the Symbol*, in Works, 5:297.
56) 이어지는 내용 중 일부는 Brown, *Questions and Answers on the Shorter Catechism*, 83에서 인용했다.

는 "진노의 날 곧 하나님의 의로우신 심판이 나타나는 그날"(롬 2:5)에 그것을 알게 될 것이다.

오, 죄의 무시무시한 무게여! 보스턴은 이렇게 말했다. "여기서 죄의 큰 악을 보라. 하나님의 거룩하고 의로운 율법을 어기는 것을 작은 일로 여기는 사람이 많다……하지만 죄의 무시무시한 결과를 생각하면 생각이 달라질 것이다. 죄는 가장 지독한 악이다."[57] 베닝은 "죄는 죄인을 과거와 현재와 미래의 모든 선에서부터 분리시키는 것이라는 점에서 극도로 죄악 된 것이 아니겠는가"라고 말했다.[58] 죄의 벌에 대한 교리를 들었을 때 우리 안에서 하나님을 두려워하는 마음이 강력하게 일어나는 것이 마땅하다(마 10:28).

윌러드는 이렇게 말했다. "이것은 죄인에게 그들이 현재 처해 있는 비참한 상태를 일깨워 주어 깨어나게 하는 엄중한 말씀이 되어야 한다. 현재 당신은 하나님의 오래 참으심 아래 있고, 죄인의 분깃인 온갖 불행이 당신에게 온전히 임하지 않아, 스스로를 복되게 여기고 '쓰디쓴 죽음은 지나갔다'고 말하고 있는 것이기 때문이다." 하지만 당신은 하나님을 향해 회심하지 않은 상태에 있는 자신이 안전하다고 생각함으로써 당신 자신을 우롱해서는 안 된다. 윌러드는 계속 이렇게 말했다. "당신이 하나님과 교제하고 있지 않다면, 당신은 하나님에게서 무한히 멀리 떨어져 있는 것이다. 당신은 하나님의 진노의 대상이고, 하나님의 노여움의 홍수가 밀려오는 바로 그 길에 서 있는 것이다."[59] 그 위험천만한 길에 머물러 있는 것은 얼마나 정신 나간 짓이겠는가! 당신은 죽을 자리에서 놀고 지옥의 입구에서 농담을 할 정도로 철저하게 미쳐 있을 것인가? 그리스도를 믿는 믿음을 통해 하나님과 화해하라. 윌러드가 말했듯 "이것을 숙고하여 그리스도가 당신에게 소중한 분임을 깨달으라."[60] 그리스도의 피는 하나님의 진노를 피할 수 있게 해 줄 유일한 피난처다.

---

57) Boston, *An Illustration of the Doctrines of the Christian Religion*, in *Works*, 1:300.
58) Venning, *Sin, the Plague of Plagues*, 77.
59) Willard, *A Compleat Body of Divinity*, 219–220.
60) Willard, *A Compleat Body of Divinity*, 220.

묵상과 토론을 위한 질문

1. "상실의 벌"과 "감각의 벌"은 무엇인가?

2. 우리가 하나님과 교제하며 즐거워하는 것을 죄가 깨뜨리는 이유는 무엇인가?

3. 죄가 하나님의 진노를 가져오는 이유는 무엇인가?

4. 하나님은 죄에 대한 벌로 죄인의 영혼에 어떤 심판을 보내시는가?

5. 하나님은 죄에 대한 벌로 죄인의 육신이나 소유에 어떤 심판을 보내시는가?

6. 하나님은 내적으로 죄를 심판하기 위해 양심을 어떤 식으로 사용하시는가?

7. 하나님은 외적으로 죄를 심판하기 위해 시민 정부를 어떤 식으로 사용하시는가?

8. 하나님은 언제 죄인을 온전히 벌하시는가?

9. 죄인은 장차 "상실"과 "감각"이라는 두 측면에서 하나님의 영원한 벌을 어떤 식으로 경험하게 되는가?

10. 하나님의 진노는 여덟 가지 속성을 지니고 있어 직면하기 두려운 것이 되는데, 그 여덟 가지 속성은 어떤 것인가?

11. 당신은 하나님의 진노를 영원토록 경험해야 마땅한 자인가? 그렇다면 그 진노를 피하려면 어떻게 해야 하는가? 정의로우시고 거룩하신 하나님이 당신을 지옥으로 보낼 수 없게 하려면 당신은 어떻게 해야 하는가?

더 깊은 성찰을 위한 질문

12. 어떤 사람이 현세에서 겪는 자신의 고난이 '진노하신 하나님이 그의 죄에 대한 벌로 보내신 심판'임을 어떻게 분별할 수 있는가?

13. 어떤 사람이 회개하지 않은 죄인은 하나님과 교제하는 기쁨을 상실하기는 하지만, 하나님은 사랑이시므로 누구에게도 고난을 가하지는 않으신다고 주장한다. 그 주장이 성경적으로나 신학적으로나 부적절한 이유는 무엇인가?

25장

죄와 믿는 자

사람이 자신의 죄와 어떤 관계를 맺고 있는지를 보면, 그 사람이 어떤 사람인지가 가장 분명하게 드러난다. 모든 사람에게는 양심이 있고, 양심은 그들이 하나님의 뜻이라고 인식하는 것과 반대로 행할 때 그들을 잘못되었다고 고발한다. 양심의 가책을 느끼는 사람은 많다. 하지만 하나님에게 새 마음을 받은 자만이 죄를 직시해 미워하고 죄에서 돌이켜 참 하나님께로 나아간다. 그럼에도 현세에서 그들의 삶에는 죄와 의가 섞여 있다. 그들은 중생했고 성화의 과정 중에 있지만, 아직 영화롭게 되지는 않았다.

이 장에서는 중생, 회심, 성화에 대한 교리(이것들은 구원론의 영역이다)를 설명하려는 것이 아니라,[1] 그리스도를 믿는 자가 자신의 삶 속에서 죄와 어떤 관계를 맺고 있는지를 경험적으로 고찰하려 한다. 이것은 고통스러운 주제이긴 하지만, 하나님의 은혜를 증명해 주고 하나님 백성에게 소망을 주는 주제다.

---

1) *RST*, vol. 3에 나오는 유효한 부르심, 중생, 특히 회개와 믿음을 다룬 장들을 보라.

죄에 대한 믿는 자의 겸손한 반응

하나님을 만나는 것은 자신의 죄가 드러나게 하는 것이다. 그리스도는 "죄에 대하여 세상을 책망하시는"(요 16:8) 것이 성령의 증언 사역 중 일부라고 말씀하셨다. 하나님이 죄인을 회심시키시면, 죄인은 죄를 깨닫고서 자신의 죄에 대해 내면 깊은 곳에서 상한 마음을 갖고 통회하게 된다. 다윗은 "여호와는 마음이 상한 자를 가까이 하시고 충심으로 통회하는 자를 구원하시는도다"(시 34:18)라고 말했다. 하나님은 단지 외적으로 드리는 예배를 기뻐하지 않으신다. "하나님께서 구하시는 제사는 상한 심령이라 하나님이여 상하고 통회하는 마음을 주께서 멸시하지 아니하시리이다"(51:17). 성령에 감동된 이사야는 "지극히 존귀하며 영원히 거하시며 거룩하다 이름 하는 이가 이와 같이 말씀하시되 내가 높고 거룩한 곳에 있으며 또한 통회하고 마음이 겸손한 자와 함께 있나니 이는 겸손한 자의 영을 소생시키며 통회하는 자의 마음을 소생시키려 함이라"(사 57:15)고 썼다. 하나님은 화려하게 장식된 성전 건물에는 별 관심이 없으시고, 하나님이 좋아하시는 성전은 하나님의 말씀 아래에서 낮아지고 마음이 상한 사람이다(66:1-2).

우리는 성령이 어떤 식으로 죄인을 회심으로 이끌고 죄인 안에서 새 생명을 나타내는지에 대한 규칙을 제시해서는 안 된다. 거듭남은 신비여서, 우리가 알 수 없다(요 3:8). 아치볼드 알렉산더(1772-1851년)는 "영적인 생명의 초기 단계에서 이 생명이 움직이고 활동하는 모습은 의심할 여지 없이 아주 다양하다"고 말했다.[2]

그러나 하나님이 어떤 방식으로 죄인을 자기 아들에게로 인도하시든, 하나님 나라의 모든 참된 지체에게는 한 가지 공통점이 있는데, 그것은 그들이 "심령이 가난한"(마 5:3) 자들이라는 것이다. 그리스도는 "주의 성령이 내게 임하셨으니 이는 가난한 자에게 복음을 전하게 하시려고 내게 기름을 부으시고 나를 보내사 포로 된 자에게 자유를, 눈 먼 자에게 다시 보게 함을 전파하며 눌린 자를 자유롭게……하려 하심

---

2) Alexander, *Thoughts on Religious Experience*, 23.

이라"(사 61:1을 인용한 눅 4:18)고 말씀하셨다. 그리스도의 교회는 교만한 사람들의 무리가 아니라, 열방을 심판하시는 그리스도가 성령을 통해 조심조심 양육하시는 "상한 갈대"다(사 42:1-3을 인용한 마 12:18-20).

따라서 우리는 죄에 대한 믿는 자의 반응을 **겸손**이라고 요약할 수 있다. 빌헬무스 아 브라켈은 이렇게 말했다. "겸손은 자기 자신에 대한 바른 판단에서 나온다. 겸손한 자는……자기가 죄를 지어 왔고 하나님의 영광에 미치지 못해 왔으며……이미 오래 전에 지옥에 던져졌어야 했음을 인정한다."[3] 그는 "겸손의 핵심은 마음이 낮아져 있는 것에 있다"는 말을 덧붙였다. 마음이 낮아져 있는 것은 마음이 오만함으로 부풀어 올라 높아져 있는 교만과도 반대되고, 절망 가운데 의기소침해 가라앉아 있는 낙담과도 반대된다.[4] 찰스 브리지(1794-1869년)가 말했듯 교만은 사람의 마음을 들어올려 하나님을 대적하게 하고 패권을 놓고 하나님과 싸우게 한다.[5] 반면에 겸손은 하나님을 의지하는 가운데 고백, 회개, 믿음, 기도, 깨어 있음, 영적인 싸움, 감사의 길을 따라 끝까지 나아가게 만든다.

죄의 고백

하나님이 구원을 위해 죄인으로 하여금 하나님을 만나게 하시면, 죄인은 영적인 눈이 열려 하나님의 거룩하심을 보고 죄를 고백하게 된다. 그리스도는 겸손히 자신의 잘못에 대해 슬퍼하며 "하나님이여 불쌍히 여기소서 나는 죄인이로소이다"(눅 18:13-14)라고 기도하는 사람을 하나님이 의롭다 하시고 높이신다고 말씀하셨다. 죄의 고백은 회심 후에도 계속 믿는 자의 특징이다. 다윗은 다시 죄에 빠진 자신의 끔찍한 경험을 쓰면서, "내가 이르기를 내 허물을 여호와께 자복하리라 하고 주께 내 죄를 아뢰고 내 죄악을 숨기지 아니하였더니 곧 주께서 내 죄악을 사하셨나이다"(시 32:5)라고 말했다. 다윗은 자신의 죄를 하나님과 사

---

3) Brakel, *The Christian's Reasonable Service*, 4:70.

4) Brakel, *The Christian's Reasonable Service*, 4:69.

5) Charles Bridges, *A Commentary on Proverbs*, Geneva Series of Commentaries (1846; repr., Edinburgh: Banner of Truth, 1968), 228.

람에게 숨기려 했었지만(3절), 결국 하나님을 "나의 은신처"(7절)라고 부르게 되었다. 머리 브렛은 이렇게 말한다. 우리는 "우리의 은신처를 바꿀 필요가 있다." 우리는 속임수를 써서 우리 죄를 덮고 숨기는 것이 아니라, 우리 죄를 고백하고 하나님의 자비 속에 숨어야 한다.[6] 다윗은 자신의 사례를 어떻게 경건한 자가 기도 가운데 주를 구해야 하는지를 보여 주는 모범(6절)이자 모든 사람이 믿음으로 따라야 할 본(8-10절)으로 제시했다. 이렇게 믿음으로 자원하여 죄를 고백하는 것은 "하나님의 모든 자녀에게 공통된다."[7]

하나님의 자녀는 빛 가운데 행하는 반면, 이 세상은 하나님과의 교제 없이 어둠 가운데 행한다(요일 1:5-6). 빛 가운데 행하는 것은 하나님의 명령, 특히 서로 사랑하라는 명령에 순종하여 행하는 것을 의미한다(2:8-11). 하지만 빛 가운데 행하는 것은 죄를 전혀 짓지 않고 살아가는 것을 의미하는 것이 아니라, 하나님 말씀의 빛이 자신들의 죄를 드러낼 때 죄를 고백하는 것을 의미한다. 요한은 "만일 우리가 죄가 없다고 말하면 스스로 속이고 또 진리가 우리 속에 있지 아니할 것이요 만일 우리가 우리 죄를 자백하면 그는 미쁘시고 의로우사 우리 죄를 사하시며 우리를 모든 불의에서 깨끗하게 하실 것이요"(1:8-9)라고 말한다. 그리스도인의 삶이 건강하려면 주기적으로 하나님 앞에 죄를 고백하고 죄사함을 구해야 한다(마 6:12). 외적인 강제 때문에 어쩔 수 없을 때를 제외하고는 죄를 고백하려 하지 않는 것은 여전히 죄의 노예임을 보여 주는 것일 수 있다.

하나님을 향한 회개

죄에 대한 겸손한 반응은 죄의 고백을 넘어서서 죄에 대한 진정한 회개로 나아간다. 복음은 구원을 위한 회개를 요구한다(막 1:15). 구원을 위한 회개는 단지 신념이나 종교적인 결정을 바꾸는 것이 아니라, 은혜

---

6) Murray G. Brett, *Growing Up in Grace: The Use of Means for Communion with God* (Grand Rapids, MI: Reformation Heritage Books, 2009), 54.

7) Calvin, *Commentaries*, 시 32:6.

에 의지해 삶의 방향을 완전히 바꾸는 것이다. 우리는 웨스트민스터 대교리문답(76문)에서 설명하는 회개의 의미를 회개의 원천, 동기, 행위로 구분해 분석해 볼 수 있다.

　　회개의 원천이신 하나님: "생명에 이르는 회개는 하나님의 성령(슥 12:10)과 말씀(행 11:18, 20-21)에 따라 죄인의 마음속에서 만들어지는 구원의 은혜다(딤후 2:25)."

　　회개의 동기: (1) "이 은혜로 말미암아 자신의 죄의 위험성만이 아니라(겔 18:28, 30, 32; 눅 15:17-18; 호 2:6-7), 더러움과 추악함을 보고 느끼고(겔 36:31; 사 30:22)", (2) "그리스도 안에 있는 하나님의 긍휼하심을 깨닫고 통회하여(욜 2:12-13)",

　　회개의 핵심적 행위: "자신의 죄를 슬퍼하고(렘 31:18-19) 미워하여(고후 7:11), 자신의 모든 죄에서 돌이켜 하나님께로 나아와(행 26:18; 겔 14:6; 왕상 8:47-48), 모든 새로운 순종의 길을 따라 하나님과 변함없이 동행하려 애쓴다(시 119:6, 59, 128; 눅 1:6; 왕하 23:25)."[8]

　　회개는 그리스도인의 삶의 시작일 뿐 아니라, 끝까지 그리스도인의 삶의 특징이기도 하다. 하나님의 성령은 하나님의 자녀를 이끌어 자신의 죄를 죽이게 한다(롬 8:12-14). 이렇게 회개는 그 사람의 삶이 영적이지 않음을 보여 주는 것이 아니라, 진정으로 영적임을 증명해 준다. 지속적인 회개는 교회 성장의 본질적 측면이기도 하다. 그리스도는 교회들을 향해 그들의 죄와 사랑 없음을 회개하라고 명령하신다(계 2:4-5; 3:3).

　　그리스도인의 회개는 "손"의 행위, "마음"의 생각과 동기, 속사람의 감정을 포함한 전인적인 회개다. "슬퍼하며 애통하며 울지어다"(약 4:8-

---

8) *Reformed Confessions*, 4:314.

9). 냉랭한 마음으로 또는 피상적으로 죄를 다루는 것으로는 충분하지 않다. 은혜와 자비의 하나님은 우리에게 우리의 죄를 보고 마음을 찢고 애통해하라고 명령하신다(욜 2:12-13). 죄에 대해 애통해하고, 다른 사람을 거만함이 아니라 온유함으로 대하며, 의에 주리고 목마른 자에게 하나님 나라의 복이 임한다(마 5:4-6).

하나님은 자기 백성의 성장을 촉진하는 수단으로 회개를 주셨으므로, 우리는 회개라는 수단을 선용해야 한다. 하나님 말씀을 드러내 사람의 마음을 살필 수 있게 해 주는 설교가 행해지는 곳에 꾸준히 참석해 앉아 있으라. 하나님의 율법을 묵상해 당신의 생각과 말과 행위에 적용하여 당신의 죄를 드러내라. 복음의 약속에 착념하여, 그리스도 안에 있는 하나님의 선하심이 당신에게 죄에서 떠나 당신을 사랑하는 아버지께로 돌아가라고 구애하게 하라. 경건한 사람들과 친교를 나누며 당신의 죄를 지적하여 바로잡아 달라고 요청하라. 하나님 앞에 당신의 죄를 고백하고 죄사함과 성화의 은혜를 구하는 기도를 하는 시간을 주기적으로 가지라. 당신이 그 동안 죄를 고백하지 않음으로써 스스로 속아 완악해지고 영혼이 무뎌지기 시작했음을 고백하는 것으로 시작하라.

그리스도를 믿는 믿음

믿음은 그리스도와 그의 구원의 은택을 빈손으로 받아들이는 것이다(요 1:12). 바울은 "우리도 그리스도 예수를 믿나니……의롭다 함을 얻으려 함이라"(갈 2:16)고 말한다. 그리스도인이 그리스도를 믿는 것은 거룩하게 되기 위한 것이기도 하다. 믿음은 그리스도를 "자기 백성을 그들의 죄에서 구원하러"(마 1:21) 오신 분으로 바라본다. 믿음은 그리스도를 자기 백성으로 하여금 하나님을 섬기는 일에 열심을 내게 하려고 자기 자신을 주신 구속주라 부른다(딛 2:14). 아서 핑크(1886-1952년)는 이렇게 말했다. "거룩한 마음과 의로운 삶을 열망하지 않으면서도 자기가 그리스도를 통해 구원받기를 원한다고 생각하는 자는 스스로를 속이는 자일 뿐이다. 분명한 사실은 오늘날 아주 많은 사람이 원하는 것은 단지 자신의 양심을 달래서……영원한 벌에 대한 두려움 없이 마음 편하게 자기를 기쁘게 하는 삶을 계속 살아갈 수 있게 되는 것이 전부라는 것이다."[9]

하나님은 그리스도인에게 "공의와 힘은 여호와께만 있나니"(사 45:24)라고 말하라고 가르치셨다. 믿는 자는 그로 하여금 의롭다 함을 얻게 해 주시는 의이신 그리스도를 날마다 바라보아야 한다. 요한은 믿는 자에게 "나의 자녀들아 내가 이것을 너희에게 씀은 너희로 죄를 범하지 않게 하려 함이라 만일 누가 죄를 범하여도 아버지 앞에서 우리에게 대언자가 있으니 곧 의로우신 예수 그리스도시라 그는 우리 죄를 위한 화목제물이니 우리만 위할 뿐 아니요 온 세상의 죄를 위하심이라"(요일 2:1-2)고 말한다. 그리스도가 하나님의 진노를 가라앉히기 위해 드리신 희생제사와 하나님의 오른편에서 우리를 위해 드리시는 중보기도는 우리로 하여금 하나님이 우리 죄를 사하시고 우리를 받으실 것임을 확신할 수 있게 해 주는 유일한 토대다.

또한 믿는 자는 성화의 힘을 얻기 위해서도 주를 의지해야 한다. 바울이 영적 전쟁과 관련해 가장 먼저 명령한 것은 "너희가 주 안에서와 그 힘의 능력으로 강건하여지라"는 것이었다(엡 6:10). 이 말씀을 통해 바울은 그리스도인에게 부활하신 주 예수님 안에서 하나님의 능력이 활동하고 있음을 보여 준다(1:19-20).[10] 믿는 자가 죄를 죽이려면 "위의 것"에 마음을 두어야 한다. 왜냐하면 거기에는 "우리 생명"이신 "그리스도께서 하나님 우편에 앉아 계시기" 때문이다(골 3:1-4).

하나님의 자녀는 그리스도를 믿는 믿음으로 세상을 이긴다(요일 5:4-5). 죄와 사탄을 이기는 힘은 인간의 모든 지성과 자기부인이 아니라 그리스도의 죽음 속에 있다(골 2:20-23). 존 오웬은 이렇게 말했다. "당신의 죄를 죽이려면 그리스도를 믿는 믿음이 활동하게 하라. 그리스도의 피는 죄 때문에 병든 영혼을 고치는 데 최고의 치료제다. 이 믿음 안에서

---

9) Arthur W. Pink, *Practical Christianity* (Grand Rapids, MI: Guardian, 1974), 26.
10) "그 힘의 능력으로"('엔 토 크라테이 테스 이스퀴오스', 엡 6:10)를 아주 비슷하게 번역되는 어구인 "그의 힘의 위력으로"('투 크라투스 테스 이스퀴오스', 1:19)와 비교해 보라.

살아가라. 그러면 당신은 죄를 이긴 승리자로 죽게 될 것이다. 아니, 당신은 하나님의 선하신 섭리로 말미암아 살아서 당신의 정욕이 당신의 발 앞에 죽어 있는 것을 보게 될 것이다."[11] 믿음은 모든 것이다. 믿음 없이는 이 장에 언급된 어떤 것으로도 영적으로 선한 열매를 맺지 못할 것이다. 믿음은 우리를 그리스도와 연합시키고, 그리스도는 모든 것이기 때문이다.

성령의 은혜를 구하는 기도

믿음은 기도로 표출되고, 칭의와 성화의 은혜를 위한 그리스도를 믿는 믿음은 칭의와 성화의 은혜를 구하는 기도로 표현된다. 주 예수님은 우리에게 "우리를 시험에 들게 하지 마시옵고 다만 악에서 구하시옵소서"(마 6:13)라고 기도할 것을 가르치셨다. "시험에" 든다는 것은 우리 약점이 사탄의 공격에 노출되는 심각한 시험의 상황에 처하게 되는 것을 가리킨다(26:41). 이 문맥 속에서 "악"은 도덕적인 악이나 죄를 가리킨다.[12] 물론 이 형용사는 관사가 붙어 있고 단수형이므로 "악한 자"('호 포네로스')를 가리킬 수 있고, 따라서 구체적으로 사탄을 가리킬 수도 있다.[13] 따라서 우리는 우리 육신이 필요로 하는 것("일용할 양식", 6:11)을 날마다 구해야 하는 것처럼, 하나님이 우리를 죄에서 보호해 주시고 건져 주시라고 날마다 구해야 한다.

성도가 죄에 휘말려 자신의 영혼을 다치게 하고 의에 대한 사랑을 약화시키는 때도 있을 수 있다. 마음이 죄에 있는데 기도하는 것은 지독한 불경이다(시 66:18). 죄를 버릴 마음이 없는데도 하나님 앞에 죄를 고백해 죄사함을 얻으려 해서도 안 된다(잠 28:13). 하나님 앞에 나아가 회개하려 할 때는 죄와 싸우려는 마음이 있거나, 최소한 회개를 해도 또 다시 죄를 짓는 자신의 연약함을 마음 아파하는 것이 있어야 한다.[14]

---

11) Owen, *Of the Mortification of Sin in Believers: the Necessity, Nature, and Means of It*, in *Works*, 6:79.
12) 마 5:11, 37, 39, 45; 6:23; 7:11, 17-18.
13) 마 13:38-39이 여기에 해당하고, 아마도 5:37도 여기에 해당하는 것으로 보인다. 그러나 마 5:39에서 이 표현은 사람을 가리킨다.
14) Brakel, *The Christian's Reasonable Service*, 3:454.

시편은 경건한 자에게 죄를 이길 힘을 주시라는 기도를 하나님께 드리라고 가르친다. 디윗은 "또 주의 종에게 고의로 죄를 짓지 말게 하사 그 죄가 나를 주장하지 못하게 하소서 그리하면 내가 정직하여 큰 죄과에서 벗어나겠나이다"(시 19:13)라고 말했다.

또 다른 시편에서는 믿는 자를 조명해 주셔서 말씀을 깨닫게 해 달라고 하나님께 기도한다(시 119:33-34). 그리고 그 뒤에는 하나님이 자신의 자녀를 순종의 길로 인도하시고 점점 더 큰 회개를 허락하셔서 죄에서 떠나게 해 주시라는 기도가 나온다. "나로 하여금 주의 계명들의 길로 행하게 하소서 내가 이를 즐거워함이니이다 내 마음을 주의 증거들에게 향하게 하시고 탐욕으로 향하지 말게 하소서 내 눈을 돌이켜 허탄한 것을 보지 말게 하시고 주의 길에서 나를 살아나게 하소서"(시 119:35-37).

또한 우리는 서로를 위해서도 기도해야 한다. 그리스도는 우리에게 "우리 아버지여……우리를 구하시옵소서"라고 기도하라고 가르치셨고, 이것은 우리가 하나님의 권속 전체의 성화를 위해 기도해야 함을 의미한다. 바울은 성도를 위해 도고를 드릴 것을 명령하고(엡 6:18), 자신의 서신에서 믿는 자의 영적 성장을 위해 기도함으로써 본을 보인다.[15]

시험에 들지 않게 깨어 있음

신약 성경은 자주 그리스도인에게 "깨어 있으라"('그레고레오')고 명령한다. '그레고레오'는 계속 깨어 경계하는 것을 의미하는 동사다. 성경은 흔히 그리스도가 아무도 예측할 수 없는 때에 갑자기 다시 오실 것이라는 종말론적인 전망 속에서 깨어 있으라고 명령한다.[16] 또한 성경은 그리스도가 언제 오실지 모르니 깨어 있으라는 이 관점을 종말에 영적 전쟁이 치열하다는 인식과 결합시킨다(참고. 히 1:2; 요일 2:18). 그래서 바울은 데살로니가 신자에게 "깨어 정신을 차릴지라"(살전 5:6)고 명령할 때, 주의 날이 동터올 것을 기다린다는 것(1-5절)과 그렇게 기다리며

---

15) 예, 엡 1:15-20; 3:14-21; 빌 1:9-11; 골 1:9-14; 살전 3:11-13; 살후 1:11-12를 보라.
16) 마 24:42-43; 25:13; 막 13:34-37; 눅 12:36-40; 계 16:15.

죄에 대항해 영적 전쟁을 수행한다는 맥락 속에서 그런 명령을 한다. 주 예수님은 겟세마네 동산에서 최고조에 이른 자신의 영적 싸움에서 시험에 들지 않게 깨어 있는 것의 본을 보여 주셨고, 제자들에게 그렇게 하라고 명령하셨다. "깨어 기도하라"(마 26:38-41; 막 14:34-38). 브라켈은 "영적으로 깨어 있는 것은 우리 영혼에 재앙이 닥치지 않도록 주의 깊고 면밀하게 우리 영혼을 감시하는 것에 있다"고 말했다.[17] 잠언에서는 "지극정성을 다해 네 마음을 지키라"(잠 4:23, "더욱 네 마음을 지키라")고 권면한다. 깨어 있는 것의 반대는 영적인 혼수상태, 부주의, 나태함이다. 브라켈은 "우리는 본성적으로 늘 졸지만", "원수는 늘 깨어 지치지 않고 공격을 감행한다"고 경고했다.[18] 따라서 존 플라벨이 말했듯 마음을 지키려면 "모든 거룩한 수단과 의무를……항상 부지런히 사용해 영혼을 죄에서부터 지키고 하나님과의 달콤하고 자유로운 친교를 유지해야 한다."[19]

그리스도인은 적의 다음 공격이 언제 있을지 알지 못하는 보초 같은 태도를 지녀야 한다. 한눈을 팔았다가는 죽는다. 장로는 심지어 장로들 가운데조차도 거짓 교사가 있는지를 늘 깨어 살펴야 한다(행 20:30-31). 믿는 자는 지혜롭게 정신을 바짝 차리고서 담대하게 믿음에 굳게 서야 한다(고전 16:13). 바울은 주님과 마찬가지로 깨어 있는 것과 기도를 결합시킨다. "기도를 계속하고 기도에 감사함으로 깨어 있으라"(골 4:2). 베드로는 사탄을 "두루 다니며 삼킬 자를 찾는" "우는 사자"에 비유함으로써(벧전 5:8), 영적으로 정신을 바짝 차리고 경계해야 할 필요성을 강조한다.

죄와 사탄에 대항한 싸움

성도는 깨어 기도할 뿐 아니라 싸워야 한다. 성도 안에 내주하는 성령은 육신의 욕심과 반대되는 거룩한 소원을 만들어 낸다(갈 5:17). 성도

---

17) Brakel, *The Christian's Reasonable Service*, 4:11.
18) Brakel, *The Christian's Reasonable Service*, 4:11, 13.
19) Flavel, *A Saint Indeed*, in *Works*, 5:423.

는 "성령을 따라 행하여"(16절) 죄의 역풍을 거슬러 올바른 방향으로 나아가기 위해 끊임없이 노력해야 한다. 바울은 "만일 우리가 성령으로 살면 또한 성령으로 행할지니"(25절)라고 말한다. 여기서 바울은 행군하거나 보조를 맞추는 것을 의미하는 또 다른 동사('스토이케오')를 사용해, 우리가 말씀을 통해 행사되는 성령의 리더십을 따라야 함을 보여준다(6:16). 그리스도인은 자기부인을 해야 하고, 죄악 된 육정을 죽여야 하며, 사랑 가운데 서로를 섬겨야 한다(5:13, 19-24).

모든 각각의 그리스도인에게는 죄와 사탄에 대항해 싸워야 할 책임이 있다. 우리가 "하나님의 전신 갑주"(엡 6:11)를 입어야만 싸울 수 있다는 것은 사실이다. 핑크는 이렇게 말했다. "이것을 '하나님의 전신 갑주'라고 부르는 이유는 이 전신 갑주를 마련하여 주시는 분이 하나님이시기 때문이다. 우리가 스스로 마련할 수 있는 전신 갑주는 없다. 그러나 이 전신 갑주는 하나님이 마련해 주시기는 하지만, 이 전신 갑주를 입느냐 마느냐는 우리에게 달려 있다." 이것은 하나님이 그리스도 안에서 우리에게 은혜를 주시지만, 그 은혜를 활용하느냐 마느냐는 우리에게 달려 있음을 의미한다.[20] 우리는 사랑, 희락, 화평, 오래 참음, 자비, 양선, 충성, 온유, 절제라는 영적 근육을 사용해야 한다.

우리는 육체의 일을 하나하나 멸하고, 성령의 모든 열매를 배양해야 한다. 이것이 하나님이 우리에게 많은 계명과 권면을 주신 이유 중 하나다. 만일 믿음으로 말미암아 그리스도 안에 거하기만 하면 아무 노력을 하지 않아도 거룩함이 주어지는 것이라면, 죄들을 열거하며 피하라고 할 필요도 없고, 미덕들을 열거하며 붙잡으라고 할 필요도 없을 것이다. 그리스도를 믿는 믿음은 구체적인 계명에 순종하고 구체적인 죄를 죽일 수 있는 하늘의 능력을 끌어오는 데 사용된다.

성화는 쉽지 않다. "고난의 큰 싸움"(히 10:32)을 견뎌 내야 한다. 악한 욕망을 "피하고" "의를 따르며" "믿음의 선한 싸움을 싸우고" "영생"을 붙들어야 한다(딤전 6:11-12). 눈에 보이지 않는 수많은 강력한 원수를 죽이고 견고히 서야 한다(엡 6:10-12). "성도에게 단번에 주신 믿음의 도

---

20) Pink, *Practical Christianity*, 124.

를 위하여 힘써 싸워야" 한다(유 3절). "좁은 문으로 들어가기를 힘써야"
한다(눅 13:24). 서로를 위해 "힘써" 기도해야 한다(골 4:12 ESV). 아치볼드
알렉산더는 "그리스도인은 군사이므로 원수를 만나 수많은 치열한 전
투를 치를 각오가 되어 있어야 한다"고 썼다.[21]

아버지 하나님께 감사함

믿는 자도 여전히 죄에 대해 슬퍼해야 하고 순종하기 위해 싸워야 하
지만, 기쁨으로 구주를 신뢰하는 가운데 그렇게 해야 한다. 은혜는 감
사를 불러일으킨다. 바울은 "하나님께 감사하리로다 너희가 본래 죄
의 종이더니 너희에게 전하여 준바 교훈의 본을 마음으로 순종하여"(롬
6:17)라고 쓴다. 따라서 그리스도인은 자신을 노예로 만든 죄의 권세에
서 해방시켜 하나님께 순종하게 하신 은혜로 말미암아 늘 하나님께 감
사하는 것이 마땅하다.

그리스도인은 자신의 구원이 '하나님이 자신을 사탄의 나라에서 구
해 내어 그리스도의 나라로 들어가게 하신' 것임을 기억해야 한다. 바
울은 골로새 성도를 위해, 그들이 "우리로 하여금 빛 가운데서 성도의
기업의 부분을 얻기에 합당하게 하신 아버지께 감사하는" 것이 점점
더 커지게 하시길 원한다고 기도하고, "그가 우리를 흑암의 권세에서
건져 내사 그의 사랑의 아들의 나라로 옮기셨으니 그 아들 안에서 우
리가 속량 곧 죄사함을 얻었도다"라고 말한다(골 1:12-14).

우리는 구주를 찬송해야 함을 알려야 한다. 모든 믿는 자는 "여호
와께서 내 음성과 내 간구를 들으시므로 내가 그를 사랑하는도다"(시
116:1)라고 말해야 한다. 은혜로 말미암아 구원받은 모든 사람은 하나님
이 "나를 기가 막힐 웅덩이와 수렁에서 끌어올리시고 내 발을 반석 위
에 두사 내 걸음을 견고하게 하셨도다"(40:2)라고 말할 수 있다. 우리는
우리 안에 내재하는 죄와 싸우는 와중에서 자주 하나님께 영광을 돌려
야 한다. 하나님을 떠나서는 우리가 죄와 싸우는 것은 완전히 불가능
하기 때문이다. 우리 안에 남아 있는 죄가 우리를 "곤고하게" 만들지라

---

21) Alexander, *Thoughts on Religious Experience*, 130.

도, 우리는 "우리 주 예수 그리스도로 말미암아" 승리가 우리의 것이라는 사실에 "하나님께 감사하리로다"라고 말해야 한다(롬 7:24-25).

죄와 관련한 믿는 자의 역설적 경험

그리스도인의 경험 속에는 많은 긴장 관계가 있다. 성도와 죄에 대해 균형 잡힌 관점을 유지하는 것은 중요하다. 그럴 때만 우리는 낙심하거나 자만하지 않게 되기 때문이다.

죄책의 용서와 합당한 수치심

하나님은 믿는 자의 "모든 범죄"를 용서해 주신다. 그들의 모든 죄가 십자가에서 대속되어 벌을 받아야 할 책임이 제거되었기 때문이다(골 2:13-14). 하나님은 긍휼에서 인색하지 않으시고, "그의 은혜의 풍성함을 따라" "죄사함"을 베푸신다(엡 1:7). 믿는 자는 모든 정죄에서 자유롭다(롬 8:1). 하지만 신자는 이제 진심으로 하나님을 섬기므로, 자신의 과거의 죄를 기억하고, 자신 안에 남아 있는 부패를 알며, 자신이 계속 행하는 죄악 된 행위를 보면서, 마음 아파하고 부끄러움을 느낀다.

하나님은 이스라엘에게 "내가 네게 내 언약을 세워 내가 여호와인 줄 네가 알게 하리니 이는 내가 네 모든 행한 일을 용서한 후에 네가 기억하고 놀라고 부끄러워서 다시는 입을 열지 못하게 하려 함이니라 주 여호와의 말씀이니라"(겔 16:62-63)고 말씀하신다. 한편으로 하나님은 언약 관계 속에서 이스라엘이 자기와 화해하게 하겠다고 약속하셨다. 하나님은 자신의 진노를 "가라앉히실"('카파르') 것이다. 이것은 그들의 죄책의 속죄를 통해 하나님의 진노가 제거될 것임을 의미했다. 다른 한편으로 그들은 자신들이 이전에 보인 신실하지 못함에 대해 여전히 수치심과 창피함을 느낄 것이고, 사실 그렇게 하는 것이 옳다. 윌리엄 그린힐(1598-1671년)이 주해했듯 하나님의 죄사함을 경험한 죄인은 이렇게 말하는 것이 마땅하다. "아, 내가 도대체 무슨 짓을 한 것인가! 사랑의 하나님, 하나님이 베푸신 사랑과 은혜를 저버리고 어떻게 내가 죄를 지었단 말인가! 내가 다시는 죄를 짓지 아니하리라."[22]

따라서 이것은 하나님에게서 배척당하게 될 것을 두려워하는 마음이 포함된 수치심이 아니라, 자신의 죄를 용서받은 믿는 자가 경험하는 안심과 자유에 섞여 있는 수치심이다. 우리는 바울의 말 속에서 이런 수치심과 자유 둘 모두를 본다. "너희가 그때에 무슨 열매를 얻었느냐 이제는 너희가 그 일을 부끄러워하나니 이는 그 마지막이 사망임이라 그러나 이제는 너희가 죄로부터 해방되고 하나님께 종이 되어 거룩함에 이르는 열매를 맺었으니 그 마지막은 영생이라 죄의 삯은 사망이요 하나님의 은사는 그리스도 예수 우리 주 안에 있는 영생이니라"(롬 6:21-23). 믿는 자는 새로운 길, 즉 하나님의 거저 주시는 은혜로 말미암아 영생으로 통하는 거룩함의 길 위에 있지만, 존 머리가 말했듯 여전히 "자신의 과거의 삶을 부끄러워한다."[23]

죄의 지배에서 건짐을 받았지만 여전히 남아 있는 부패

믿는 자는 그리스도와의 생명의 연합으로 말미암아 그리스도의 죽음과 부활에 참여하므로 "죄에 대하여 죽었고" "새 생명 가운데서 행한다"(롬 6:2, 4). 믿는 자는 이제 더 이상 죄 아래 있지 않고 "은혜 아래" 있어서, 죄는 믿는 자를 지배해 주인 노릇을 할 수 없다(14절). 하나님의 율법은 그를 결코 해방시킬 수 없었고 단지 죄를 부추길 뿐이었다(7:5). 하지만 그는 이제 성령으로 말미암아 부활하신 그리스도와 "혼인하여" 하나님을 위해 열매를 맺는다(4, 6절). 그는 믿음과 사랑 가운데 하나님을 향한 자신의 마음의 거룩한 움직임 속에서 이 새로운 현실을 경험한다. 하나님에 대한 그의 마음은 이제 더 이상 순전한 증오가 아니라, 도리어 하나님을 기쁘시게 하고 싶어 하고, 자신 안에 있는 생명을 주시는 그리스도의 영으로 말미암아 실제로 그렇게 할 수 있다(8:6-10). 하지만 그는 자신의 마음속에서 큰 싸움과 자신에 대한 큰 실망을 경험

---

22) William Greenhill, *An Exposition of the Prophet Ezekiel*, ed. James Sherman (Edinburgh: James Nichol, 1864), 411.
23) Murray, *The Epistle to the Romans*, 1:236.

한다. 그는 "속사람으로는 하나님의 법을 즐거워하고"(롬 7:22), "마음으로는 하나님의 법을 섬긴다"(25절). 하지만 자신 속에 "악이 함께 있는"(21절) 것을 발견한다. 자신 속에 있는 이 죄의 원리는 그의 거룩한 소원과 맞서 싸우고, 그가 하나님께 순종하는 것을 방해하며, 그를 휘저어 그가 미워하는 바로 그 일을 행하게 만든다(19. 23절).[24] 브라켈은 "내재하는 부패는 믿는 자를 아주 괴롭히고 근심하게 한다"고 썼다.[25]

이 싸움은 하나님의 자녀로 하여금 자신의 마음을 주의 깊게 살피게 만든다. 브라켈은 이렇게 말했다. "회심한 사람은 자기 안에서 옛 아담에 속한 많은 것을 탐지해 낸다. 그는 자기가 얼마나 자주 넘어지는지를 본다. 즉 실제로 계속 죄를 짓고, 죄에 휘둘리고 사로잡히는 것을 본다. 이것을 보았을 때 그의 믿음은 흔들리고, 죄가 여전히 자기를 지배하고 있는 것은 아닌가 두려워한다."[26] 하지만 브라켈은 참된 신자에게 "믿음으로 말미암은 그리스도와의 연합이 있는 곳에는 죄의 지배는 없고", "이 연합은" 사랑과 선행을 통한 "생생한 영적 활동을 낳는다"는 것을 확신시키려 했다. 그런 그리스도와의 연합은 "모든 죄에 대한 내적인 반대와 증오를 낳고", "죄에 맞선 투쟁"과 "하나님이 기뻐하시는 일을 행하는 것에 대한 기쁨과 사랑과 소원"을 낳는다.[27]

그리스도인은 구원이 시작되었지만 완성되지는 않았다는 고통스러운 역설 속에서 살아간다. 하나님으로 말미암아 죄의 지배에서 해방된 그는 하나님과 하나님의 의로운 율법을 사랑하지만, 온전한 구속과 영화를 기다리는 동안 자신 속에서 여전히 죄와 악을 발견한다. 그러나 그가 자신 속에 내재하는 죄로 말미암아 그토록 마음 아파하고 근심하는 것은 하나님을 진정으로 사랑하기 때문이다. 거룩한 사랑과 죄 사이의 내적 싸움이 참된 회심의 증거라는 것은 그에게 위로가 될 수 있지만, 신자는 자신의 마음과 목숨과 힘을 다해 하나님을 사랑할 때까지는

---

24) 로마서 7장과, 거기서 곤고한 자는 하나님과 동행하는 중생한 신자라는 것에 대해서는 *RST*, vol. 3에 나오는 성화에 대한 장을 보라.
25) Brakel, *The Christian's Reasonable Service*, 4:251.
26) Brakel, *The Christian's Reasonable Service*, 1:398.
27) Brakel, *The Christian's Reasonable Service*, 1:398-399.

만족할 수 없다.

구원을 확신하지만 하나님을 두려워함

하나님의 자녀는 하나님과 동행할 때 통상적으로(반드시 그런 것은 아니
지만) 구원의 확신과 자기가 하나님에게 받아들여졌다는 확신을 경험
한다. 그들을 인도하는 성령은 "우리의 영과 더불어 우리가 하나님의
자녀인 것을 증언하시는" "양자의 영"이다(롬 8:14-16). 하나님은 그들에
게 자기가 언약의 하나님과 그들을 사랑하는 아버지로서 그들과 함께
거하겠다는 소중한 약속을 주셨다(고후 6:16-18). 하지만 하나님이 그들과
함께하겠다는 약속을 받은 그들은 "하나님을 두려워하는 가운데" 그들
자신을 깨끗하게 하고 거룩함을 추구하는 것이 마땅하다(7:1). 구원의
참된 확신은 부주의하고 무관심한 그리스도인을 만드는 것이 아니라,
아버지 하나님에 대한 경외를 촉진한다.

확신과 두려움은 반대되는 것 같지만, 베드로는 이 둘이 동행할 수밖
에 없는 세 가지 이유를 제시한다. 첫째, 구원을 확신하게 되면 제정신
이 돌아와 우리 아버지 하나님의 거룩하심을 알고 하나님이 두려우신
분임을 알게 된다. 베드로는 "오직 너희를 부르신 거룩한 이처럼 너희
도 모든 행실에 거룩한 자가 되라 기록되었으되 내가 거룩하니 너희도
거룩할지어다 하셨느니라 외모로 보시지 않고 각 사람의 행위대로 심
판하시는 이를 너희가 아버지라 부른즉 너희가 나그네로 있을 때를 두
려움으로 지내라"(벧전 1:15-17). 우리가 거룩하신 하나님이 우리의 아버
지시라는 것을 확신하게 될수록, 우리 마음은 하나님의 거룩하신 위엄
에 대한 사랑과 어린아이 같은 경외 가운데 하나님을 더욱 두려워하게
된다. 브라켈은 "하나님을 경외하는 하나님의 자녀에게는 불순종하여
죄를 범함으로써 하나님을 언짢게 하지 않기 위해 조심하고 모든 일에
서 하나님을 기쁘시게 해 드리기 위해 적극적으로 행하려는 마음이 생
겨난다"고 말했다.[28]

둘째, 구원을 확신하게 되면 하나님이 우리의 구속을 위해 치르신

---

28) Brakel, *The Christian's Reasonable Service*, 3:295.

대가를 알게 되므로 감사하는 마음과 두려워하는 마음이 생겨난다. 베드로는 "너희가 알거니와 너희 조상이 물려 준 헛된 행실에서 대속함을 받은 것은 은이나 금같이 없어질 것으로 된 것이 아니요 오직 흠 없고 점 없는 어린 양 같은 그리스도의 보배로운 피로 된 것이니라"(벧전 1:18-19)고 계속하여 말한다. 성령은 그리스도가 우리를 구속하셔서 우리가 그리스도의 것이라는 확신을 불러일으키실 뿐 아니라, 그리스도가 우리를 구원하기 위해 치르신 엄청난 희생에 대한 무게 있는 경외감도 불러일으키신다.

셋째, 구원을 확신하게 되면 우리의 확신이 어떤 조건 아래 주어진 것임을 알므로 조심하고 두려워하는 것이 생겨난다. 베드로는 신자들에게 그들이 하나님 약속을 믿는 믿음으로 구원받은 것임을 상기시키고, "너희 부르심과 택하심을 굳게" 하기 위해 믿음, 덕, 지식, 절제, 인내, 경건, 형제 우애, 사랑에 더욱 힘쓰라고 권면하면서, 그런 미덕들이 결여되어 있는 자는 멀리 보지 못하는 자이고, 하나님이 그들의 죄를 깨끗하게 해 주신 것을 잊은 자라고 말한다(벧후 1:5-10). 우리는 구원을 잃을 수는 없지만, 확신을 잃을 수는 있다. 우리는 오직 그리스도를 믿는 믿음으로 구원받은 것이므로(1절), 점점 더 거룩함 가운데 행할 때만 구원의 확신을 누릴 수 있다. 앤서니 버기스는 이렇게 말했다. "구원의 확신은 믿는 자로 하여금 죄에 대해 아주 민감하게 만든다. 죄는 주님이 얼마나 달콤한지를 경험하게 해 주는 천국의 삶 밖으로 믿는 자를 밀어내기 때문이다."[29] 믿는 자는 이 땅에서 하나님의 은총이 분명하게 나타나는 천국의 삶을 잃어버리길 원하지 않는다.

이런 것들은 자기만족 속에서 살아가는 자에게는 중요하지 않겠지만, 저 갈릴리의 어부처럼 "나는 죄인이로소이다"(눅 5:8)라고 고백한 사람에게는 아주 중요하다. 또한 구원의 확신을 떠받쳐 주는 진리들도 경건한 두려움을 활활 타오르게 만든다. 아치볼드 알렉산더는 이렇게 썼다. "하나님의 영광과 하나님의 사랑을 더 많이 경험한 사람일수록

---

29) Anthony Burgess, *Faith Seeking Assurance*, ed. Joel R. Beeke, Puritan Treasures for Today (Grand Rapids, MI: Reformation Heritage Books, 2015), 70.

죄가 비열한 배은망덕임을 더 깊이 알게 된다. 하나님을 향한 사랑과 소망에 대한 확신이 더 깊은 사람일수록 자신의 곤고함을 더 깊이 느끼고 자기가 형편없다는 것을 깨달아 더 낮아진다……그는 눈물을 비 오듯 흘리면서, 자기가 기뻐서 우는 것인지 슬퍼서 우는 것인지를 모른다. 아마도 그는 둘 모두라고 말할 것이다."[30]

죄에서 완전히 깨끗해지고자 하는 믿는 자의 간절한 소망

죄는 믿는 자의 삶에서 최종적인 것이 될 수 없다. 하나님이 자기 백성을 택하신 것은 그리스도 안에서 자신의 거룩한 아들과 딸이 되게 하려는 것이다(엡 1:4-5). 하나님은 "그 아들의 형상을 본받게 하기 위하여" 그들을 예정하셨다(롬 8:29). 하나님이 은혜를 통해 주권적으로 이루시려는 뜻은 실패할 수 없으므로, 하나님 백성은 결국 완전히 깨끗해질 수밖에 없다.

그리스도는 죄를 줄이기 위해서가 아니라 멸하기 위해 오셨다(요일 3:8). 그리스도가 다시 오실 때, 그 일은 온전히 이루어질 것이다. 요한은 "사랑하는 자들아 우리가 지금은 하나님의 자녀라 장래에 어떻게 될지는 아직 나타나지 아니하였으나 그가 나타나시면 우리가 그와 같을 줄을 아는 것은 그의 참모습 그대로 볼 것이기 때문이니"(2절)라고 말한다. 그날에 그리스도는 믿는 자들을 "자기 앞에 영광스러운 교회로 세우사 티나 주름 잡힌 것이나 이런 것들이 없이 거룩하고 흠이 없게"(엡 5:27) 하실 것이다. 윌리엄 쿠퍼(1731-1800년)는 이 소망을 다음과 같이 표현했다.

사랑하는 죽으신 어린 양이시여,
속량받은 모든 하나님의 교회가 구원받아
이제 더 이상 죄를 짓지 않을 때까지

---

30) Alexander, *Thoughts on Religious Experience*, 77.

주의 보배로운 피는 결코 그 능력을 잃지 않을 것입니다.[31]

　그리스도인은 이 소망을 의지해 현세에서 거룩함을 추구하는 것이 마땅하다. "주를 향하여 이 소망을 가진 자마다 그의 깨끗하심과 같이 자기를 깨끗하게 하기" 때문이다(요일 3:3). 요한계시록 19장 6-8절은 이 것이 기뻐 찬송해야 할 일임을 보여 준다. "할렐루야 주 우리 하나님 곧 전능하신 이가 통치하시도다 우리가 즐거워하고 크게 기뻐하며 그에게 영광을 돌리세 어린 양의 혼인 기약이 이르렀고 그의 아내가 자신을 준비하였으므로 그에게 빛나고 깨끗한 세마포 옷을 입도록 허락하셨으니 이 세마포 옷은 성도들의 옳은 행실이로다."

　아멘! 주 예수여, 속히 오시옵소서.

묵상과 토론을 위한 질문

1. 죄에 대한 믿는 자의 근본적인 응답이 겸손인 이유는 무엇인가?

2. 죄의 고백은 단지 회심 때만 행하는 것이 아니라, 건강한 그리스도인의 삶을 위해 주기적으로 행해야 하는 것임을 성경은 어떤 식으로 분명하게 보여 주는가?

3. 웨스트민스터 대교리문답(76문)은 (1) 회개의 원천인 하나님, (2) 회개의 동기, (3) 회개의 핵심적인 행위와 관련해 무엇을 가르치는가?

4. 믿는 자가 죄에 대해 승리하기 위해 그리스도를 믿는 믿음을 반복적으로 발휘해야 하는 이유는 무엇인가?

5. 우리가 시험과 죄에 직면했을 때 성경은 우리에게 기도하라고 가르치는데, 이때 도움이 되는 기도는 어떤 것들인가?

6. 그리스도인이 영적으로 늘 깨어 있어야 하는 이유는 무엇인가?

7. 다른 그리스도인과 대화하면서, 그 사람이 '그리스도가 이미 죄와의 영적 싸움에

---

31) William Cowper, "There Is a Fountain Filled with Blood" (1771), in *Trinity Hymnal— Baptist Edition*, no. 188.

서 이기셨으므로 우리는 죄를 죽이고 의를 덧입기 위한 적극적인 싸움을 할 필요가 없다'고 그가 믿고 있는 것을 발견했다고 하자. 당신은 성경에 근거해 거룩함을 위해 싸워야 하는 의무와 필요성을 그에게 어떤 식으로 보여 주겠는가?

8. 모든 믿는 자가 자신의 죄에 직면했을 때조차도 하나님께 감사해야 할 이유로는 어떤 것들이 있는가?

9. 자신의 죄와 관련해 그리스도인의 궁극적인 소망은 무엇인가? 하나님의 구체적인 약속들을 인용해 말해 보라.

더 깊은 성찰을 위한 질문

10. 죄사함을 받은 하나님의 자녀가 자신의 죄에 대해 수치를 느껴야 하는가? 그렇거나 그렇지 않다면 그 이유는 무엇인가? 어떤 종류의 수치가 그리스도인에게 합당하고, 어떤 종류의 수치가 그리스도인에게 합당하지 않은가?

11. 구원을 확신하는 그리스도인이 여전히 하나님을 두려워해야 하는 이유는 무엇인가? 어떻게 그런 두려움이 온전한 확신과 양립할 수 있는가?

26장

고난과 믿는 자

　그리스도인은 이 세상에 머무는 동안 고난을 당하고 고난을 각오해야 한다.[1] 사도는 새 신자에게 "우리가 하나님의 나라에 들어가려면 많은 환난을 겪어야 할 것이라"(행 14:22)고 충고한다. 욥의 시련에 대한 이야기는 하나님을 경외하는 성도가 재정적인 파탄, 가족 구성원과의 사별, 건강의 상실 같은 고난을 겪을 수 있음을 보여 준다(욥 1:13-19; 2:7). 요셉에서 예레미야를 거쳐 예수 그리스도에 이르기까지 하나님의 종들의 역사는 눈물로 젖어 있다. 많은 환난이 하나님의 자녀에게 임하는 구체적인 이유를 우리는 다 알지 못하지만, "여인에게서 태어난 사람은 생애가 짧고 걱정이 가득하다"(14:1)는 것은 경험이 확증해 준다.

　성도의 고난은 신학적인 문제를 불러일으키고,[2] 우리의 믿음 및 경건과 관련해 당혹스러운 실천적 도전을 제기한다. 모든 고난의 궁극적 원인은 우리 인류가 아담 안에서 타락한 것에 있다. 하지만 또한 성경은 그리스도인이 겪는 모든 환난은 지혜로우신 아버지이신 하나님이

---

1) 이 장의 여러 부분은 허락을 받고 Joel R. Beeke, *How Should We Consider Christ in Affliction?* (Grand Rapids, MI: Reformation Heritage Books, 2018); "How Afflictions Work for Good," in *The Banner of Sovereign Grace Truth* 18, no. 3 (March 2010): 72-73에서 가져와 각색해 사용했다. 전자는 조엘 비키가 다른 형태로 자주 공유해 온 서신이다.
2) 악의 문제에 대한 복음 중심적인 응답에 대해서는 이 책 2권 839-848을 보라.

보내시는 것이라고 가르친다. 로마서 8장 28절은 "우리가 알거니와 하나님을 사랑하는 자 곧 그의 뜻대로 부르심을 입은 자들에게는 모든 것이 합력하여 선을 이루느니라"고 말한다. 이 절에서 말하는 "모든 것"은 "환난이나 곤고나 박해나 기근이나 적신이나 위험이나 칼"(35절)을 포함한다. 중요한 것은 우리가 얼마나 많은 환난을 겪느냐 하는 것이 아니라, 그 환난에 어떻게 응답하느냐 하는 것이다.

여기서 시련과 관련해 그리스도인의 아주 깊은 고민이 있다. 그리스도인은 환난에 대해 하나님을 영화롭게 하는 방식으로 응답하길 원하지만(빌 1:20), 흔히 자기가 그렇게 하지 못하고 있는 것을 느끼고, 극심한 환난 속에서 자기가 붙잡고 있던 것을 놓아 버리지는 않을지 두려워한다. 환난이 오기 전에 미리 대비하기는 어렵고, 환난이 지나가고 난 후 감사한 마음으로 되돌아보기는 더 어려우며, 환난 가운데서 그리스도처럼 사는 것은 극히 어렵다. 그래서 신자는 환난을 겪는 동안 은혜 가운데서 자라 가려면 어떻게 해야 하는지를 스스로 묻게 된다. 이 질문에 대한 대답은 인간론에 대한 우리의 서술의 적절한 결론 역할을 할 것이다. 환난이야말로 이 세상에서 살아가는 모든 사람의 상황을 가장 잘 보여 주는 특징이기 때문이다.

타락한 세상의 환난을 공유하는 성도

성도가 겪는 환난 중 많은 부분은 타락한 인류와의 연대 속에서 겪는 고난이다. 그리스도인은 자기가 구속받고 중생하긴 했지만, 여전히 아담의 죄 때문에 저주받은 세상 속에서 살아가고 있음을 기억해야 한다(창 3:17). 성도는 가정에서나 직장에서나 우리 최초의 부모의 불순종 때문에 고난을 겪는다(16, 19절). 그리스도의 의로 말미암아 성령이 그리스도인에게 생명이긴 하지만, 부활의 때까지 육신은 여전히 죽음에 종속되어 죽게 되어 있다(롬 8:10-11).

우리는 고통 때문에 시야가 좁아져 우리 자신의 서글픈 상황만을 보게 되지만, 더 큰 그림을 기억할 필요가 있다. 고난과 죽음은 현세에서 이 세상 전체의 특징이다(롬 5:12). 피조물은 "허무한 데 굴복해" 있고 "썩어짐의 종노릇"을 하고 있어서 "함께 탄식하며 함께 고통을 겪고 있다"(8:20-22). 하나님의 성령은 믿는 자에게서 이 탄식을 제거해 주지 않고, 도리어 믿는 자 안에 자신의 구속과 양자 됨의 영광스러운 실현에 대한 첨예한 열망을 불러일으킴으로써 그 탄식을 더욱 강화한다(21, 23절). 또한 존 머리가 말했듯 우리는 "이 탄식과 고통이 죽음의 고통이 아니라 산고라는" 것을 기억해야 한다.[3]

또한 성도의 비탄은 자신이 속한 나라에 대한 하나님의 심판으로 말미암아 겪는 고난 때문이기도 하다. 예레미야는 "어찌하면 내 머리는 물이 되고 내 눈은 눈물 근원이 될꼬 죽임을 당한 딸 내 백성을 위하여 주야로 울리로다"(렘 9:1)라고 외쳤다. 이 선지자는 거룩한 성 예루살렘이 여호와께 지은 죄 때문에 멸망하는 악몽 같은 일을 경험했다. 여러 세기 후에 주 예수님은 유대 땅에서 제자들에게 이방 군대가 다시 예루살렘을 공격해 오면(이 일은 AD 70년에 실제로 일어났다) "땅에 큰 환난"이 있을 것이므로 "산으로 도망가라"고 경고하셨다(눅 21:20-23). 하나님이 한 나라를 뽑아 버리시는 바로 그런 때에 경건한 자는 자기가 고난 받는 것을 이상하게 생각하거나, 자신의 개인적인 야심이 좌절되었다 해서 실족하는 것이 아니라, 도리어 하나님이 자신의 목숨을 보존해 주신 것을 감사해야 한다(렘 45:1-5). 하나님의 교회가 흩어지고, 나라가 황폐화하며, 많은 사람이 죽어 가는데, 우리만 형통하길 기대해서야 되겠는가?[4]

하나님 백성은 자신이 속한 땅에 대한 하나님 심판 때문에 고난당할 때, 하나님이 "내가 하늘과 땅과 바다와 육지를 진동시킬 것이요 또한 모든 나라를 진동시킬 것이며"(학 2:6-7)라고 말씀하신 것을 기억해야 한다. 하지만 교회가 두려워할 필요는 없다. 하나님의 성령이 자기 백성과 함께하시기 때문이다(5절). 또한 모든 것을 흔드는 두려우신 하나님이 흔들릴 수 없는 나라를 자기 백성에게 주셨으므로, 그들은 경건함

---

3) Murray, *The Epistle to the Romans*, 1:305.
4) Calvin, *Commentaries*, 렘 45:5.

과 두려움으로 하나님을 섬겨야 한다(히 12:26-29).

하나님이 아버지로서 성도에게 환난을 주시는 목적

믿는 자는 인류의 죄 때문에 고난을 겪긴 하지만, 하나님이 행위 언약에 따라 정의를 세우기 위해 믿는 자에게 환난을 주시는 것이라고 생각해서는 안 된다. 믿는 자는 이제 더 이상 "율법 아래" 있지도 않고 율법의 저주 아래 있지도 않다(롬 3:19; 갈 4:5; 참고, 갈 3:10). 하나님은 자기 자녀를 정의에 의거해 그들의 죄에 합당한 벌로 벌하지 않으신다(시 103:10). 그리스도와 연합된 그들은 "정죄함이 없는"(롬 8:1) 상태에 있다. 하지만 그리스도를 믿는 자는 여전히 이 세상에서 많은 "불 시험"을 겪는다(벧전 4:12). 그들은 "그리스도의 고난에 참여하는 것"(13-14절)이므로, 하나님이 그들을 버리신 것이 아니고, 성령은 그들 위에 머물러 계신다.

하나님은 진노하심으로 말미암아 악인에게 고난을 보내 타격을 입히시지만, 성도는 고난 때문에 타격을 입지 않는다. 도리어 하나님이 자기 자녀에게 행하시는 모든 일 속에는 하나님이 그들을 사랑하여 지혜롭게 이루시려는 뜻이 있다. 하나님은 그들의 머리카락이 몇 개인지도 다 아신다(마 10:30). 하나님은 아버지로서 자기 백성을 "훈육하신다"(히 12:5-11, '파이듀오', 개역개정에는 "징계하시고"). 이 동사는 아이를 훈련시켜 지혜롭게 성장하게 하는 것을 가리키고(행 7:22; 22:3; 딛 2:12), 거기에는 고통스러운 제재와 징계도 포함되어 있다(11절; 참고, 고전 11:32).[5] 이지키얼 홉킨스는 이렇게 말했다. "따라서 참된 그리스도인은 자신의 모든 환난을 차분함과 달콤한 평안 가운데서 바라볼 수 있지 않겠는가? 그리스도인이 겪는 모든 환난은 아무리 혹독하고, 그 안에 하나님의 많은 진노가 담겨 있는 것처럼 보일지라도, 저주에 속한 것은 아무것도 담겨 있지 않다." 그런 후에 홉킨스는 이런 말을 덧붙였다. "내가 그리스도의 의

---

5) 70인역에서 잠언 1:2, 7-8; 3:11-12; 4:1, 13; 15:5; 23:12-13 등에 나오는 '파이듀오'와 '파이데이아'를 보라.

에 참여하고 있다면, 하나님의 정의는 이미 충족되었고, 저주는 제거되었으므로, 내가 겪는 모든 비탄과 환난은 단지 진노하신 하나님의 보복이 아니라 은혜로우신 아버지의 훈육일 뿐이다."[6] 가난, 가족이나 친구의 사별, 고통, 질병, 심지어 죽음까지도 믿는 자에게는 저주가 아니라, 하나님이 그를 죄에서 깨끗하게 하여 천국으로 데려가기 위해 사용하시는 사랑의 수단이다.

환난은 아주 혹독하고 감당하기 어려울 수 있다. 그리스도인이라면, 믿음은 아버지 하나님의 손아래에서 환난이 가져다주는 차고 넘치는 은택 중 일부를 이해하는 데 도움을 준다. 환난은 육신과 영혼에 고통스러운 것이긴 하지만, 위대한 의사이신 분이 베풀어 주시는 강력한 의술 역할을 한다.

첫째, 환난을 통해 하나님은 우리가 하나님의 은혜 없이는 죄와 부패 외의 다른 것이 아님을 보여 주어 믿는 자를 철저하게 낮추신다. 하나님은 광야에서 이스라엘에게 가르치셨던 것과 똑같은 교훈을 그리스도인에게 가르치신다. "너를 낮추시며 너를 시험하사 네 마음이 어떤지 그 명령을 지키는지 지키지 않는지 알려 하심이라." 하나님은 "사람이 떡으로만 사는 것이 아니요 여호와의 입에서 나오는 모든 말씀으로 사는 줄을 네가 알게 하려", 우리가 하나님과 영혼의 만나인 하나님 말씀 없이는 살아갈 수 없음을 보여 주신다(신 8:2-3). 광야에서 하나님은 우리 자신의 힘으로는 살아갈 수 없다는 것과, 우리가 살아가는 데 오직 하나님으로 절대적으로 충분함을 보여 주신다.

우리를 철저하게 낮추는 효과를 지닌 고난의 여러 측면 중 하나는 우리는 흔히 고난이 우리에게 주어지는 구체적인 이유를 알지 못한다는 것이다. 하지만 우리가 아버지 하나님의 길을 이해하지 못하는 바로 그때, 우리는 순종하는 마음으로 하나님 뜻을 믿고 의지하는 법을 배울 수 있다. 하나님은 욥에게 자신을 계시하실 때, 욥에게 환난이 주어진 이유를 설명해 주신 것이 아니라, 대신에 자신의 불가해한 위엄을 계시하셨고(욥 38-41장), 욥은 하나님을 찬송함과 동시에 자기가 하나님의 길

---

6) Hopkins, *The Doctrine of the Two Covenants*, 82-83.

을 의심한 것을 회개하는 응답을 보였다(42:1-6). 고난을 통해 우리는 인생에 대한 우리의 유한한 시각으로 하나님의 거룩하심에 도전하는 것을 버리고 하나님을 믿고 의지하는 가운데 옳은 것을 행하는 법을 배우게 된다. 서서히 죽어 가는 에드워드 페이슨(1783-1827년)에게 누군가가 그의 육신을 괴롭히는 큰 고통과 질병의 이유를 아느냐고 질문하자, 그는 이렇게 대답했다. "나는 그 이유를 알지 못하지만, 마치 그 이유를 만 배나 분명하게 아는 것처럼 만족한다. 왜냐하면 이런저런 온갖 이유가 있을지라도 하나님의 뜻이라는 것이 가장 완벽한 이유이기 때문이다."[7]

둘째, 환난을 통해 하나님은 믿는 자의 죄를 드러내신다. '스콜라 크루키스, 스콜라 루키스'('십자가의 학교는 빛의 학교다')라는 라틴어 격언이 있다.[8] 비탄의 밝은 빛 속에서 그리스도인은 죄가 하나님을 욕되게 하고 영혼을 더럽히며 회개하지 않은 자를 지옥에 떨어뜨린다는 것을 알게 된다. 우리 마음이 죄에 대해 눈을 감으면, 우리가 행한 악을 깨닫고 인정할 때까지 하나님의 손은 우리를 짓누른다(시 32:3-4). 토머스 왓슨은 우리는 환난을 통해 다음과 같은 것을 알게 된다고 말했다. "회개하지 않은 죄는 비극으로 끝난다. 죄의 아비는 마귀이고, 죄의 동료는 수치이며, 죄의 삯은 사망이다(롬 6:23). 죄 안에 무엇이 있기에, 사람들은 계속 죄 안에 머무는 것인가? 죄가 달콤하다고 말하지 말라. 자기를 죽이는 쾌락을 누가 원하겠는가?"[9] 이 통찰은 비탄의 자연스러운 효과가 아니다. 인간은 눈멀어 환난 가운데서조차도 자신의 죄가 지닌 악을 보지 못하기 때문이다(사 1:2-9). 하지만 하나님의 은혜가 고난의 칼날을 날카롭게 하여 양심을 찌르면, 마음은 우리에게 유익한 회개의 피를 방울방울 흘리게 된다.

하나님은 야곱의 아들들로 하여금 힘들고 두려운 시기를 보내게 하

---

7) Asa Cummings, *A Memoir of the Rev. Edward Payson*, 3rd ed. (Boston: Crocker and Brewster, 1830), 353에서 재인용.

8) William Bridge, "Sermons on Faith," sermon 5, in *The Works of the Rev. William Bridge*, 5 vols. (London: Thomas Tegg, 1845), 2:372. 이 격언은 다른 청교도도 인용하고 있는 것으로서, 종종 마르틴 루터의 말이라고 여겨진다.

9) Watson, *The Ten Commandments*, 209.

심으로써, 그들이 동생 요셉에게 저질렀던 지난날의 죄를 기억하게 하셨다(창 42:21-22). 환난을 통해 성령은 우리 영혼을 감찰하여 죄를 찾아내셔서, 마음의 은신처에서 끌어내 하나님의 거룩하시고 모든 것을 감찰하시는 눈앞에 두신다(시 90:8). 우리는 무화과나무 잎 뒤에 숨지만, 하나님은 오셔서 "네가 어디 있느냐"(창 3:9)고 물으신다. 윌리엄 브리지(1600-1671년)는 이렇게 말했다. "고난의 때는 죄를 발견해 내는 때다……당신이 알다시피 겨울이 되면 울타리 역할을 하던 나뭇잎이 다 떨어져 새의 둥지가 그대로 드러나게 된다. 반면에 나뭇잎이 무성한 여름에는 새의 둥지를 찾을 수 없다." 형통하는 여름에는 보이지 않던 죄가 환난의 겨울에는 더 잘 보인다.[10]

셋째, 환난을 통해 하나님은 믿는 자의 부패를 깨끗하게 하신다. "고난당하기 전에는 내가 그릇 행하였더니 이제는 주의 말씀을 지키나이다"(시 119:67). 성령은 환난을 우리 안에 있는 치명적인 죄의 질병을 고치는 치료제로 사용해 우리로 건강하고 경건한 열매를 맺게 하신다. 죄가 우리로 하여금 우리의 구주를 떠나 다시 죄에 빠져들게 만들 때, 선한 목자이신 구주는 우리를 바로잡기 위해 환난의 회초리를 보내신다. 하나님이 보내신 환난은 죄를 치유한다.

가지치기를 한 나무가 더 많은 열매를 맺는 것처럼(요 15:2), 우리가 환난을 통해 징계를 받는 것은 유익하다. 존 번연은 "어떤 지역에서는 겨울이 없어 나무가 자라기는 하지만 열매를 맺지는 못한다고 한다"고 썼다.[11] 그리스도인에게 꽃이 피는 봄, 자라는 여름, 수확하는 가을이 있으려면 환난의 겨울이 필요하다.

하나님은 우리의 영적 필요에 맞춰 자신의 지혜로우신 설계에 따라 우리 삶에서 비탄의 시기와 형통의 시기를 안배하신다. 제임스 밀러(1840-1912년)는 이렇게 말했다.

---

10) Bridge, "Sermons on Faith," sermon 5, in *Works*, 2:372.
11) Bunyan, *Seasonable Counsel: or, Advice to Sufferers*, in *Works*, 2:694. 오늘날의 식물학자는 이 현상을 과실수가 꽃을 피우기 위해 필요한 '저온 요구 조건'이라 부른다.

주 하나님은 우리 영혼을 사랑스러운 모습으로 그려 가시려고 그때그때 새로운 손길을 더하신다. 하나님이 보내신 환난은 삶의 거친 부분을 부드럽게 해 준다. 본성의 거친 부분을 유순하게 한다. 인간으로서의 야심을 눌러 준다. 이기심과 세상적인 욕망의 찌꺼기를 태워 없앤다. 교만을 꺾어 낮아지게 한다. 사나운 혈기를 죽인다. 사람들에게 그들의 마음, 그들 자신의 연약함, 결함, 흠, 위험성을 보여 준다. 인내와 순종을 가르친다. 제멋대로인 심령을 훈육한다. 경험을 깊게 하고 풍부하게 한다. 하늘의 씨 뿌리는 자이신 하나님은 딱딱한 땅을 쟁기질하여 마음속에 길고 깊은 이랑을 만들어, 거기서 의의 열매가 솟아나게 하신다…… 이렇게 어느 면에서 보아도, 환난은 가장 참된 방식으로 우리를 섬겨 일하도록 하나님이 보내신 사자다.[12]

넷째, 환난을 통해 하나님은 믿는 자를 자기에게로 가까이 이끄신다. 하나님은 우리로 하여금 자신을 찾게 하고, 다시 자신과 친교를 나누게 하며, 우리를 자신의 곁에 가까이 두기 위해 환난을 사용하신다. 하나님은 이스라엘에 대해 "그들이 고난 받을 때에 나를 간절히 구하리라"(호 5:15)고 말씀하셨다. 환난은 가나안 여자를 다윗의 자손 앞에 나아오게 만들고(마 15:22), 죽기 직전의 강도를 죽기 직전의 구주 앞에 나아오게 만들었다(눅 23:42). 므낫세로 하여금 여호와가 하나님이심을 인정하게 만든 것은 왕관이 아니라 쇠사슬이었다(대하 33:11-13).

사람들이 하나님을 떠나 우상을 따라가면, 하나님은 그들의 우상을 쳐 그들로 다시 돌아오게 하신다. 남편이신 하나님은 자기 백성이 자기 외에 다른 것을 사랑하는 것에 대해 질투하신다(고전 10:22). 하나님은 이스라엘에 대해, "그러므로 내가 가시로 그 길을 막으며 담을 쌓아 그로 그 길을 찾지 못하게 하리니 그가 그 사랑하는 자를 따라갈지라도 미치지 못하며 그들을 찾을지라도 만나지 못할 것이라 그제야 그가 이르기

---

12) J. R. Miller, *Week-Day Religion* (Philadelphia: Presbyterian Board of Publication, 1880), 90–92.

를 내가 본 남편에게로 돌아가리니 그때의 내 형편이 지금보다 나았음이라 하리라"(호 2:6-7)고 말씀하셨다. 조지 스위녹(약 1627-1673년)은 이렇게 썼다. "크리소스토무스는 양치기 개는 어린 양이 잘못된 길로 가면 그 어린 양을 물지 않으면서도 안전하게 바른 길로 몰아간다는 점에서 환난은 양치기 개라고 말했다."[13]

다섯째, 환난을 통해 하나님은 믿는 자로 하여금 그리스도를 닮게 하신다. 그리스도인은 "새사람", 즉 하나님의 "형상"을 입으라는 명령을 받고, 거기서는 "그리스도가 모든 것"이다(골 3:10-11). 하나님은 우리로 하여금 그리스도를 닮게 하여 "그의 거룩하심에 참여하게" 하려고 환난을 사용하신다(히 12:10). 토머스 왓슨은 "하나님의 회초리는 우리 위에 하나님의 형상을 더 생생하게 그리는 데 사용되는 연필이다"라고 말했다.[14]

하나님의 아들은 자신의 순종을 온전하게 하고 자기 백성을 구원하려고 고난을 당하셔야 했다(히 2:10, 18; 5:8-9). 우리가 하나님 자녀로서 하나님 나라를 유업으로 받으려면, 그 아들과 함께 고난을 받아야 한다(롬 8:17). 고난의 길을 통해 우리는 하나님의 어린 양을 따라가는 자가 된다. 우리가 걷는 모든 환난의 길은 우리의 목자이신 그리스도가 이미 걸어가시고 극복하시며 거룩하게 하신 길이다. 그리스도가 흘리신 대속의 피는 어떤 환난도 우리를 그리스도 예수 안에 있는 하나님의 사랑에서 떼어 놓을 수 없음을 보여 주는 우리의 확실한 보증이다(32, 39절).

여섯째, 환난을 통해 하나님은 믿는 자의 기쁨을 확대하신다. 하나님은 환난을 위로 및 기쁨과 균형을 맞추신다는 점에서, 환난은 좋은 것을 가져다준다. 다윗은 "그의 노염은 잠깐이요 그의 은총은 평생이로다 저녁에는 울음이 깃들일지라도 아침에는 기쁨이 오리로다"(시 30:5)라고 썼다. 십자가 뒤에는 부활이 따라온다. 그리스도는 제자들에게 "너

---

13) George Swinnock, *The Christian Man's Calling*, in *The Works of George Swinnock*, 5 vols. (Edinburgh: James Nichol, 1868), 2:131.

14) Thomas Watson, *A Divine Cordial: or, the Transcendent Priviledge* [sic] *of Those That Love God, and Are Savingly Called* (London: Thomas Parkhurst, 1663), 28; 오늘날의 어법에 맞게 수정한 판본: *All Things for Good*, Puritan Paperbacks (Edinburgh: Banner of Truth, 1986).

희 근심이 도리어 기쁨이 되리라"(요 16:20)고 말씀하셨다. 하나님은 자기 백성을 위로하려고 광야로 데려가신다(호 2:14). 경건한 고난이 차고 넘치는 곳에는 위로도 차고 넘친다(고후 1:4-5).

사도 바울이 옥에 갇혀서도 찬송을 부를 수 있었던 것은 쓴 것 뒤에는 달콤한 것이 온다는 것을 알았기 때문이다. 환난의 저장소에서 우리는 하나님이 마련해 두신 최상품의 포도주를 발견한다. 새뮤얼 러더퍼드는 "나의 대적들은 나를 감옥이나 유배지로 보내겠다고 하면서, 나의 사랑하는 주 예수님이 멋진 연회를 베푸시는 집, 포도주의 집으로 보내었으니, 얼마나 눈먼 자들인가"라고 외쳤다.[15] 순례 길에 있는 하나님 백성은 환난 가운데 종종 하나님이 주시는 크고 달콤한 기쁨에 사로잡혀 하늘의 가나안의 접경까지 나아가기도 한다. 왓슨이 말했듯 그들은 "하나님의 회초리의 마지막에는 꿀이 있다"는 것을 발견한다.[16] 그런 순간에 그들은 "볼지어다 하나님께 징계받는 자에게는 복이 있나니 그런즉 너는 전능자의 징계를 업신여기지 말지니라 하나님은 아프게 하시다가 싸매시며 상하게 하시다가 그의 손으로 고치시나니 여섯 가지 환난에서 너를 구원하시며 일곱 가지 환난이라도 그 재앙이 네게 미치지 않게 하시며"(욥 5:17-19)라고 고백할 수 있다.

일곱째, 환난을 통해 하나님은 믿는 자의 믿음을 키우신다. 환난은 우리가 눈에 보이는 것이 아니라 믿음에 의지해 행하도록 돕는다는 점에서 유익하다(고후 5:7). 야고보는 "너희 믿음의 시련이 인내를 만들어"낸다고 말했다(약 1:3). 형통할 때는 믿음으로 살아가는 것에 대해 말하기는 하지만, 흔히 그 의미를 알지 못한다. 하지만 역경 속에서는 믿음을 의지해 인내로 살아간다는 것이 무엇을 의미하는지를 경험적으로 알게 된다. 여기서 우리는 환난이 악인에게 미치는 효과와 하나님의 자녀에게 미치는 효과가 크게 다른 것을 본다. 토머스 맨턴(1620-1677년)은 "형벌의 열매는 절망과 불평이지만, 고난의 열매는 인내와 달콤한 순종

---

15) Samuel Rutherford, *Letters of Samuel Rutherford*, ed. Andrew A. Bonar (repr., Edinburgh: Banner of Truth, 1984), 162.
16) Watson, *A Divine Cordial*, 30. 이 성경적인 이유에 대해서는 삼상 14:27을 보라.

이다"라고 말했다.[17]

오직 불 가운데서 믿음은 금보다 더 귀하다는 것이 증명된다(벧전 1:7). 에든버러의 존 브라운(1784-1858년)은 믿음은 내세로 가져갈 수 없는 순금보다 훨씬 더 우월하다고 지적했다. "성령의 감화 아래 고난에 노출되어 정화되고 강해진 믿음과 믿음에서 생겨나는 온갖 은혜는 모든 물질적인 것이 다 없어지는 때에도 여전히 살아남아, 예수 그리스도가 나타나실 때 칭찬과 상과 영광을 받는다."[18]

여덟째, 환난을 통해 하나님은 믿는 자에게서 이 세상에 대한 미련을 끊어 내신다. 그리스도는 제자들에게 "너희가 세상에 속하였으면 세상이 자기의 것을 사랑할 것이나 너희는 세상에 속한 자가 아니요 도리어 내가 너희를 세상에서 택하였기 때문에 세상이 너희를 미워하느니라"(요 15:19)고 말씀하셨다. 개는 자신의 집에서 살아가는 사람을 물어뜯지 않고, 외인만을 물어뜯는 법이다. 마찬가지로 세상이 우리를 물어뜯는다면, 그것은 세상이 우리의 집이 아니고, 우리가 "땅에서는 외국인과 나그네"(히 11:13)임을 일깨워 준다.

현세에서 하나님의 심판은 우리에게 "비록 무화과나무가 무성하지 못하며 포도나무에 열매가 없으며 감람나무에 소출이 없으며 밭에 먹을 것이 없으며 우리에 양이 없으며 외양간에 소가 없을지라도 나는 여호와로 말미암아 즐거워하며 나의 구원의 하나님으로 말미암아 기뻐하리로다"(합 3:17-18)라고 말하라고 가르친다. 이것은 우리로 하여금 세상을 느슨하게 붙잡을 수 있게 해 주고, 우리의 온 힘을 다해 그리스도께 매달리도록 힘을 준다. 왓슨은 "하나님은 세상이 우리에게 잡아당겨 빼도 별 고통이 없는 느슨한 치아 같기를 원하신다"고 말했다.[19]

아홉째, 환난을 통해 하나님은 믿는 자가 하늘의 유업을 받을 수 있게 준비시키신다. 환난은 우리 영혼을 하늘 쪽으로 들어올리므로, 우리는

---

17) Thomas Manton, *A Practical Commentary, or An Exposition with Notes on the Epistle of James*, in *The Complete Works of Thomas Manton*, 22 vols. (London: James Nisbet, 1871), 4:28.

18) John Brown, *Expository Discourses on the First Epistle of the Apostle Peter* (New York: Robert Carter, 1855), 68.

19) Watson, *A Divine Cordial*, 30.

"하나님이 계획하시고 지으실 터가 있는 성"(히 11:10)을 구하게 된다. 환난은 영광으로 가는 길을 닦아 준다. "우리가 잠시 받는 환난의 경한 것이 지극히 크고 영원한 영광의 중한 것을 우리에게 이루게 함이니"(고후 4:17). 우리는 만왕의 왕이신 분의 자녀로서, 그분과 함께 영원한 영광 가운데 다스리기 위해 이 길을 가고 있는 중이다. 존 트랩(1601-1669년)은 "면류관을 받으러 가는 사람은 비 오는 날을 대수롭지 않게 생각한다"고 썼다.[20]

하나님의 자녀여, 당신은 환난이 영적으로 유익하다고 믿는가? 하나님이 현세에서나 내세에서나 당신에게 꼭 필요하거나 유익한 모든 것을 공급해 주실 것임을 믿는가? 그렇다면 바울이 데살로니가전서 5장 18절에서 당신에게 명령하는 것을 행하라. "범사에 감사하라 이것이 그리스도 예수 안에서 너희를 향하신 하나님의 뜻이니라."

따라서 우리에게 닥치는 모든 슬픈 일의 원천은 하늘에 계신 아버지의 자애로우신 사랑이다. 하나님은 우리를 향한 자신의 사랑을 십자가에서 증명하셨다. 바울은 "만일 하나님이 우리를 위하시면 누가 우리를 대적하리요 자기 아들을 아끼지 아니하시고 우리 모든 사람을 위하여 내주신 이가 어찌 그 아들과 함께 모든 것을 우리에게 주시지 아니하겠느냐"(롬 8:31-32)고 말했다. 로버트 레이턴(1611-1684년)은 "하나님의 자녀가 자신에게 닥친 고난이 본래 지니고 있는 괴로움이 아니라, 그 고난을 보내신 하나님의 달콤한 사랑과 고난에서 생겨나는 달콤한 열매를 생각하고, 우리는 하나님의 금이어서 우리를 깨끗하게 하려고 용광로 속에서 단련하시는 것임을 생각한다면……우리는 고난 속에서도 인내할 수 있을 뿐 아니라 심지어 기뻐할 수도 있다"고 말했다.[21]

20) John Trapp, *A Commentary on the Old and New Testaments*, ed. Hugh Martin, 5 vols. (London: Richard D. Dickinson, 1867-1868), 창 24:61 (1:92).

21) Robert Leighton, *A Commentary upon the First Epistle of Peter*, 벧전 4:12-13, in *The Whole Works of Robert Leighton* (New York: Robert Carter and Brothers, 1859), 316.

환난 속에서 이루어지는 성도와 그리스도의 친교

그리스도인은 모든 피조물과 함께 고통을 받고 있긴 하지만, 특별한 의미에서 우리는 "그리스도와 함께한 상속자"이고, "우리가 그와 함께 영광을 받기 위하여 고난도 함께 받는" 것이다(롬 8:17). "그리스도의 고난이 우리에게 넘치는"(고후 1:5) 것은 성도가 그리스도의 십자가 안에서 그리스도와 교제하기 때문이다(빌 3:10). 따라서 이 땅에서 고통과 비탄은 그리스도와의 친교를 위한 기회다.

환난 가운데서 그리스도인으로 살아가기 위한 가장 효과적인 수단은 기독교 신앙에서 모든 중요한 것의 원천이신 그리스도를 묵상하는 것이다(히 3:1). 아이작 암브로시우스(1604-1664년)는 이렇게 말했다. "그리스도를 아는 이 지식 속에는 세상의 다른 모든 지식을 뛰어넘는 탁월함이 있다. 이 지식보다 더 큰 기쁨과 위로를 주고, 더 큰 활기와 생기를 주며, 영혼을 더 황홀하게 하고 만족하게 하는 지식은 없다."[22] 그리스도를 아는 이 지식은 성령이 역사해 만들어 내는 믿음을 필요로 한다. 믿음은 우리로 하여금 그리스도를 묵상하게 하고, 그리스도를 먹고 마시게 하며, 그리스도를 의지할 수 있게 해 주기 때문이다. 나중에 기독론에서 우리는 그리스도의 인격과 사역의 기이한 것들을 연구하겠지만, 당신이 환난 가운데서 그리스도를 묵상하도록 격려하기 위해 이 자리에서 영혼을 위한 맛보기를 제시하는 것이 좋을 것이다.

첫째, 그리스도의 경건을 묵상하라. 그리스도의 삶은 하나님 중심적인 것이었다. 그리스도는 마음과 목숨과 힘을 다해 자신의 주 하나님을 사랑하셨고, 이웃을 자기 자신처럼 사랑하셨다. 아버지 하나님은 하나님의 죄 없는 종이자 온전한 아들이신 그리스도를 기뻐하셨다(사 42:1; 마 3:17). 동정녀의 모태에 잉태된 때부터 거룩하셨던 그리스도는 환난을 통한 강도 높은 훈련을 통해 인간으로서의 순종을 배워 가셨다(히 5:8).

---

22) Isaac Ambrose, *Looking unto Jesus: A View of the Everlasting Gospel; or, the Soul's Eyeing of Jesus, as Carrying on the Great Work of Man's Salvation, from First to Last* (Philadelphia: J. B. Lippincott and Co., 1856, 『예수를 바라보라』 1, 2권, 부흥과개혁사 역간, 2011), 17.

그리스도의 삶과 죽음은 아버지의 뜻을 행하고 자기 교회를 거룩하게 하시려는 것이었다(10:7-10). 우리는 "인내로써 우리 앞에 당한 경주를 할" 때, 오직 "믿음의 주요 또 온전하게 하시는 이인 예수를 바라보는" 것을 통해서만 앞으로 나아갈 수 있다(히 12:1-2). 그리스도가 십자가 위에서 죽으시기까지 온전히 순종하신 것은 우리의 낮아짐을 위한 본이고(빌 2:5-8), 하나님 앞에서 우리의 칭의의 근거이며(3:9), 하나님이 지금 우리 안에서 역사하여 순종을 만들어 낼 수 있게 해 주는 강력한 능력이다(2:11-13). 그리스도는 하나의 죽은 모범이 아니라, 살아 계신 주이시므로, 그리스도를 죽은 자 가운데서 다시 살리신 성결의 영이 지금 그리스도로 말미암아 이방인 속에서 역사하여 사람들을 살려 믿음의 순종 가운데서 행하게 하고 있다(롬 1:4-5; 6:4).

둘째, 그리스도의 인내를 묵상하라. 하나님은 우리 마음을 인도해 "그리스도의 인내"(살후 3:5 KJV 난외주)로 이끄시므로, 그리스도의 인내는 우리 것이 될 수 있다. 이것은 하나님의 모든 자녀가 걸어가야 할 길이다. 윌리엄 다이어(1696년 사망)는 "하나님의 독생자는 죄가 없으셨지만 고통과 근심은 있으셨고, 부패는 없으셨지만 훈육은 있으셨다"고 말했다.[23]

우리가 거듭거듭 직면하는 큰 고난과 작은 고난 둘 모두와 관련해 인내가 필요하다. 죄수의 이마에 시간 간격을 두고 물방울을 떨어뜨리면 그 고통이 점점 커져 심지어 미쳐 버리기까지 하는데, 작은 고난은 우리에게 그런 고문과 같은 영향을 미친다. 오랜 기간에 걸쳐 반복되는 고난은 우리로 하여금 "어느 때까지니이까"(시 13:1-2)라고 부르짖게 만든다. 그리스도는 심지어 가장 혹독한 고통 속에서조차 떨어지는 물방울을 한 번 더 견뎌 내고, 한 발자국을 더 나아가며, 하루를 더 살 수 있는 힘을 우리에게 공급해 주신다. 그리스도가 우리에게 그렇게 해 주실 수 있는 이유는 그리스도 자신이 많은 고난을 끝까지 감당하셨기 때문이다. 겟세마네에서 골고다에 이르기까지 그리스도는 자기가 "세상에

---

23) William Dyer, *Christ's Famous Titles, and a Believer's Golden Chain* (London: n.p., 1663), 140.

있는 자기 사람들을 사랑하시되 끝까지 사랑하셨다"(요 13:1)는 것을 확증하셨다. 그리스도는 여섯 시간에 걸쳐 피를 한 방울 한 방울 흘리며 자신의 생명을 쏟으시면서도, 자기를 조롱하는 자들에게 단 한마디도 대꾸하지 않으셨다. 예수님은 "십자가를 참으셨다"(히 12:2). 그리스도를 더 많이 바라보라. 그리스도의 인내 안에 더 많이 머물라. 당신의 인내가 그리스도의 인내 안에 있기 때문이다. 그리스도는 우리가 걸어가야 할 모든 길을 열기 위해 자신의 양 떼보다 앞서 가며 "길을 여는 자"이셨다(미 2:13). 그리스도는 모든 것에서 우리와 마찬가지로 시험을 받으셨지만, 죄는 없으셨다(히 4:15). 예수님은 우리의 환난을 아실 뿐 아니라, 우리가 겪는 환난을 친히 겪고 감당하신 분이므로, 우리가 당하는 모든 환난을 거룩하게 하실 것이다.

셋째, 그리스도의 능력을 묵상하라. 무한하신 하나님이자 사람이신 예수님은 이 땅에서 우리를 대신해 이루 말할 수 없는 고난을 감당할 수 있는 능력을 받으셨다. 그리고 이 고난의 공로로 말미암아 그리스도는 지금 하늘에서 아버지 하나님에게서 왕권을 받아 우리를 다스리시며 고난 중에 있는 우리에게 힘을 주고 계신다(마 28:18). 그리스도는 "여호와의 능력과 그의 하나님 여호와의 이름의 위엄을 의지하고 서서" 자기 백성을 목양하신다(미 5:4). 그리스도가 우리를 환난으로 짓누르시고 비틀거리게 만들려 하신다면, 우리는 깜짝 놀라 겁을 집어먹지 말고, 힘을 주시라고 그리스도를 바라보아야 한다.

우리는 고난 아래에서 우리의 연약함을 부끄러워해서는 안 된다. 하나님은 우리가 감당할 수 없는 짐을 지우지 않으시므로, 우리는 두려워할 필요가 없다. "사람이 감당할 시험밖에는 너희가 당한 것이 없나니 오직 하나님은 미쁘사 너희가 감당하지 못할 시험 당함을 허락하지 아니하시고 시험 당할 즈음에 또한 피할 길을 내사 너희로 능히 감당하게 하시느니라"(고전 10:13). 존 다우네임(1571–1652년)은 "하나님은 우리의 잘못의 정도가 아니라 우리의 힘을 고려해 우리에게 주시는 환난의 수준을 결정하시고, 우리가 받아 마땅한 고통의 정도가 아니라 감당할 수 있는 우리의 능력을 보시고 환난의 수준을 결정하신다"고 말했다.[24] 하나님의 은혜는 우리에게 충분하고, 하나님의 힘은 우리가 약할 때 온전해진다(고후 12:9).

넷째, **그리스도의 기도를 묵상하라.** 그리스도는 이 땅에서 흔히 시간을 따로 정해 아버지께 기도하셨고, 어려움에 처했을 때 기도하셨다.[25] 그리고 지금 하늘에서는 모든 교회를 위해 쉬지 않고 기도하신다(히 7:25; 요일 2:1). 그리스도의 기도는 효력이 있다(요 11:42). 하나님의 자녀에게는 정죄함이 있을 수 없다. 그들의 죄를 위해 죽으신 분이 그들을 위해 중보기도를 하고 계시기 때문이다(롬 8:34). 이 땅에서 하나님이 사랑하시는 어떤 성도가 우리를 위해 기도함을 알 때도 힘이 되는데, 하물며 하나님의 아들이 하나님의 오른편에서 우리를 위해 중보기도를 하신다는 것을 안다면, 우리 영혼은 더할 나위 없이 담대해지는 것이 마땅하지 않겠는가!

우리도 특히 환난과 싸우느라 영적으로 침체되어 있는 때 더 많이 기도해야 한다. 우리는 우리와 똑같은 환난을 똑같이 겪고 이기신 대제사장이 하늘에 계신다는 것을 알므로, 우리에게 필요한 긍휼과 은혜를 주시라고 담대하게 기도해야 한다(히 4:15-16). 기도 없는 환난은 곪아터진 종기와 같고, 기도가 있는 환난은 길르앗의 유향, 즉 예수님의 피라는 '치유하는 기름'을 발라 진정된 종기와 같다.

다섯째, **그리스도의 임재를 묵상하라.** 그리스도는 우리 곁을 한시도 떠나지 않으시고, 우리가 믿음으로 그리스도를 적극적으로 붙잡지 않을 때조차도 우리 곁에 계신다(마 28:20; 히 13:5). 우리의 가장 어두운 시간에도 그리스도는 우리 곁에 아주 가까이 계신다. "너희 중에 여호와를 경외하며 그의 종의 목소리를 청종하는 자가 누구냐 흑암 중에 행하여 빛이 없는 자라도 여호와의 이름을 의뢰하며 자기 하나님께 의지할지어다"(사 50:10). 오직 그리스도에 대해서만 "주에게는 흑암과 빛이 같

---

24) John Downame, *The Christian Warfare against the Devill, World and Flesh: Wherein Is Described Their Nature, the Maner of Their Fight and Meanes to Obtaine Victorye* (London: William Stansby, 1634), 867.

25) 마 14:23; 19:13; 막 1:35; 눅 5:16; 6:12; 9:18, 28-29; 11:1; 22:32, 40-46; 요 17장.

음이니이다"(시 139:12)라고 말할 수 있다.

우리의 선지자이자 제사장이며 왕이신 그리스도는 하나님의 영광과 우리의 유익을 위해 우리의 모든 환난을 거룩하게 하신다. 존 플라벨은 이렇게 말했다. "그러므로 보라, 거룩하게 구별된 환난은 예수님이 자신의 모든 중보 직임의 진액과 효력을 짜내 담은 잔이다. 그것이 하나님 백성에게 최후의 만찬의 잔처럼 왕의 차고 넘치는 포도주가 담긴 잔, 복의 잔일 것임은 두말할 필요가 없다."[26] 이 얼마나 자애로우신 사랑인가! 당신이 예수 그리스도를 소홀히 할 때조차도, 그리스도는 당신을 결코 잊지 않으신다. 안심하라. 어제의 환난 속에서 결코 당신을 실망시키지 않으셨던 예수님은 오늘도 여전히 임재하셔서 당신에게 힘을 주고 계신다(마 6:34). 당신 곁에 언제나 계시는 구주를 기다리라(시 46:1). 그리스도는 당신을 실망시키지 않으실 것이다. 아니, 실망시킬 수 없으시다. 그리스도는 어제나 오늘나 영원토록 동일하시기 때문이다(히 13:8).

여섯째, 그리스도의 계획을 묵상하라. 주 예수님은 자기 앞에 있는 기쁨 때문에 인내하셨다(히 12:2). 하나님이 미리 정하시고 미리 말씀하신 대로, 그리스도는 고난을 겪으신 후 자신의 영광 속으로 들어가셨다(눅 24:25-26). 모든 무릎이 그리스도의 이름 앞에 무릎을 꿇어 아버지 하나님께 영광을 돌리게 될 것이다(빌 2:10-11). 그리스도의 모든 환난의 배후에 있는 영원한 계획은 영원한 영광이었다.

그리스도는 영원한 영광을 추구하셨다. 자기 자신만이 아니라, 하나님의 자녀인 우리를 위해. 그리스도는 아버지의 집에 "너희를 위하여 거처를 예비하기" 위해 이 땅을 떠나셨다(요 14:2-3). 그리스도는 자신의 임박한 십자가 죽음과 부활을 바라보시며, "아버지여 내게 주신 자도 나 있는 곳에 나와 함께 있어 아버지께서 창세전부터 나를 사랑하시므로 내게 주신 나의 영광을 그들로 보게 하시기를 원하옵나이다"(17:24)라고 기도하셨다. 그리스도가 다시 돌아오실 "그때에 의인들은 자기 아버지 나라에서 해와 같이 빛나리라"(마 13:43). 환난 아래에

---

26) Flavel, *Navigation Spiritualized*, in *Works*, 5:252.

서 더 순종하는 자가 되고, 고난 속에서 하나님을 찬송하는 것을 배우려면, 우리의 영원한 영광을 위한 하나님의 계획을 더 깊이 묵상해야한다. 이 땅에서 당신이 살아가야 할 서글픈 날들은 거의 지나갔다. 그 날들을 과대평가하지 말라. 장차 당신에게 주어질 면류관, 그리고 당신을 기다리고 있는 삼위일체 하나님, 하나님의 성도, 거룩한 천사들과의 영원한 친교를 더 많이 묵상하라. 다음과 같은 하나님의 계획의 순서를 기억하라.

> 어둠 뒤의 빛,
> 손해 뒤의 이익,
> 약함 뒤의 강함.[27]

그리스도를 묵상하라. 오늘 환난 속에서 그리스도 안에서 그리스도처럼 살아가게 해 줄 은혜를 구하라. 그러면 당신은 사도와 마찬가지로 "이는 내게 사는 것이 그리스도니 죽는 것도 유익함이라"(빌 1:21)는 것을 알게 될 것이다. 하나님과 그의 속량에 소망을 두라(시 130:7). "너는 여호와를 기다릴지어다 강하고 담대하며 여호와를 기다릴지어다"(27:14).

묵상과 토론을 위한 질문

1. 하나님의 성도가 단지 이 세상의 일부이고 어느 나라에 속해 있다는 사실만으로 고통을 겪는 이유는 무엇인가?

2. 아버지 하나님은 자신의 자녀의 죄를 다루기 위해 어떤 식으로 환난을 사용하시는가?

3. 환난과 고통은 어떤 식으로 그리스도인과 하나님의 관계를 깊게 하는 데 도움이 되는가?

---

27) Frances R. Havergal, *Under the Surface*, 3rd ed. (London: J. Nisbet and Co., 1876), 175.

4. 하나님의 은혜가 섞인 환난이 기쁨과 믿음을 크게 할 수 있는 이유는 무엇인가?

5. 환난과 고통이 신자가 이 세상에 대한 미련을 버리고 하나님 나라를 붙잡는 데 어떻게 도움이 되는가?

6. 그리스도인은 그리스도의 경건 속에서 어떤 힘을 얻을 수 있는가?

7. 그리스도가 인내로써 끝까지 순종하신 것은 순례 길을 걷는 성도에게 어떻게 도움이 될 수 있는가?

8. 그리스도의 죽음, 부활, 하나님의 오른편으로 높아지심에 대한 묵상이 고난 가운데 있는 믿는 자에게 힘이 되는 이유는 무엇인가?

9. 그리스도가 선지자, 제사장, 왕으로 자기 백성과 함께하시는 것은 환난 가운데 있는 그들에게 무엇을 공급해 주는가?

10. 그리스도가 자기 백성과 함께 추구하는 반드시 이루어질 수밖에 없는 계획은 무엇인가? 당신이 그 계획을 기억해야 하는 이유는 무엇인가?

더 깊은 성찰을 위한 질문

11. 극심한 환난이나 장기간의 고난이 그리스도인에게 그런 영적 도전을 주는 이유는 무엇인가? 환난과 고난은 그리스도인의 신념, 감정, 행위를 구체적으로 어떤 식으로 공격하는가?

12. 당신이 아는 그리스도인이 큰 고난을 겪고 있다고 하자. 이 장에서 배운 것을 토대로 그에게 격려 편지를 써 보내라.

| 참고문헌 |

이 책에서 인용되는 작품들

* ANF, LW 등과 같은 약어에 대해서는 이 책의 앞부분에 나오는 약어 목록을 보라.
* 별표(*)는 자주 언급되는 작품이나 시리즈를 나타낸다.

신조와 신앙고백서

The Arminian Confession of 1621. Translated and edited by Mark A. Ellis. Eugene, OR: Pickwick, 2005.

* *The Book of Concord: The Confessions of the Evangelical Lutheran Church.* Edited by Robert Kolb and Timothy J. Wengert. Translated by Charles Arand et al. Minneapolis: Fortress, 2000.

Catechism of the Catholic Church. New York: Doubleday, 1995.

A Confession of Faith, Put Forth by the Elders and Brethren of Many Congregations of Christians, (Baptized upon Profession of Their Faith) in London and the Country. With an Appendix Concerning Baptism. London: for John Harris, 1688.

* Dennison, James T., Jr., comp. *Reformed Confessions of the 16th and 17th Centuries in English Translation: 1523–1693.* 4 vols. Grand Rapids, MI: Reformation Heritage Books, 2008–2014.

The Racovian Catechism. Translated and introduced by Thomas Rees. London: Longman, Hurst, Rees, Orme, and Brown, 1818.

Schaff, Philip, ed. *The Creeds of Christendom.* 3 vols. New York: Harper and Brothers, 1877.

* *The Three Forms of Unity.* Introduction by Joel R. Beeke. Birmingham, AL: Solid Ground, 2010.

Westminster Confession of Faith. Glasgow: Free Presbyterian Publications, 1994.

시편과 송가

Havergal, Frances. *The Poetical Works of Frances Ridley Havergal*. New York: E. P. Dutton & Co., 1888.

Manly, Basil, and Basil Manly Jr., eds. *The Baptist Psalmody: A Selection of Hymns for the Worship of G*od. New York: Sheldon & Co., 1850.

* *The Psalter, with Doctrinal Standards, Liturgy, Church Order, and Added Chorale Section*. Preface by Joel R. Beeke and Ray B. Lanning. 1965. Reprint, Grand Rapids, MI: Eerdmans for Reformation Heritage Books, 2003.

Rippon, John. *A Selection of Hymns from the Best Authors*. New York: William Dursell, 1792.

* *Trinity Hymnal—Baptist Edition*. Edited by David Merck. Suwanee, GA: Great Commission Publications, 1995.

Trinity Psalter Hymnal. Willow Grove, PA: The Committee on Christian Education of the Orthodox Presbyterian Church and the Psalter Hymnal Committee of the United Reformed Churches in North America, 2018.

Watts, Issac. *Psalms, Hymns, and Spiritual Songs*. London: Thomas Nelson, 1849.

언어 및 기록 자료

Balz, Horst Robert, and Gerhard Schneider, eds. *Exegetical Dictionary of the New Testament*. 3 vols. Grand Rapids, MI: Eerdmans, 1990.

Blass, F., and A. Debrunner. *A Greek Grammar of the New Testament and Other Early Christian Literature*. Translated and revised by Robert W. Funk. Chicago: University of Chicago Press, 1961.

Brown, Francis, Samuel Rolles Driver, and Charles Augustus Briggs. *Enhanced Brown-Driver-Briggs Hebrew and English Lexicon*. Oxford: Clarendon, 1977.

Gibson, J. C. L. *Davidson's Introductory Hebrew Grammar*. 4th ed. Edinburgh: T&T Clark, 1994.

Kittel, Gerhard, Geoffrey W. Bromiley, and Gerhard Friedrich, eds. *Theological Dictionary of the New Testament*. 10 vols. Grand Rapids, MI: Eerdmans, 1964.

Lampe, G. W. H., ed. *A Patristic Greek Lexicon*. Oxford: Oxford University Press, 1961.

Liddell, Henry George, Robert Scott, et al. *A Greek-English Lexicon*. Oxford: Clarendon, 1996.

Louw, Johannes P., and Eugene Albert Nida. *Greek-English Lexicon of the New Testament: Based on Semantic Domains*. New York: United Bible Societies,

1996.

Merriam-Webster's Collegiate Dictionary. 11th ed. Springfield, MA: Merriam-Webster, 2003.

Moulton, James H., and George Milligan. *Vocabulary of the Greek Testament*. London: Houghton and Stoughton, 1929.

Silva, Moisés, ed. *The New International Dictionary of New Testament Theology and Exegesis*. 5 vols. Grand Rapids, MI: Zondervan, 2014.

VanGemeren, Willem A., ed. *The New International Dictionary of Old Testament Theology and Exegesis*. 5 vols. Grand Rapids, MI: Zondervan, 1997.

Waltke, Bruce, and M. O'Connor. *An Introduction to Biblical Hebrew Syntax*. Winona Lake, IN: Eisenbrauns, 1990.

신학, 역사, 철학, 기타 저술

Albrecht, Andreas, and João Magueijo. "A Time Varying Speed of Light as a Solution to Cosmological Puzzles." November 2, 1998. Revised January 5, 1999. Cornell University, https://arxiv.org/abs/astro-ph/9811018.

Alexander, Archibald. *Thoughts on Religious Experience*. 1844. Reprint, Edinburgh: Banner of Truth, 1967.

Allberry, Sam. *Is God Anti-Gay? And Other Questions about Homosexuality, the Bible and Same-Sex Attraction*. Epsom, Surrey, UK: The Good Book Company, 2013.

Allen, David L. *Hebrews*. The New American Commentary. Nashville: Broadman & Holman, 2010.

Allison, Gregg R. *Roman Catholic Theology and Practice: An Evangelical Assessment*. Wheaton, IL: Crossway, 2014.

———. "Toward a Theology of Human Embodiment." *Southern Baptist Journal of Theology* 13, no. 2 (2009): 4–17.

Ambrose. *Saint Ambrose: Theological and Dogmatic Works*. Translated by Roy J. Deferrari. Fathers of the Church 44. Washington, DC: The Catholic University of America Press, 1963.

Ambrose, Isaac. *Looking unto Jesus: A View of the Everlasting Gospel; or, the Soul's Eyeing of Jesus, as Carrying on the Great Work of Man's Salvation, from First to Last*. Philadelphia: J. B. Lippincott and Co., 1856.

———. *Media: The Middle Things . . . The Means, Duties, Ordinances, Both Secret, Private, and Publick; For Continuance, and Increase of a Godly Life*. Glasgow: Archibald Ingram et al., 1737.

American Psychological Association. *Answers to Your Questions: For a Better*

Understanding of Sexual Orientation & Homosexuality. Washington, DC: American Psychological Association, 2008), https://www.apa.org/topics/lgbt/orientation .pdf.

* Ames, William. *The Marrow of Theology*. Translated by John Dykstra Eusden. Grand Rapids, MI: Baker, 1968.

―――. *Medulla Theologica*. New ed. Amsterdam: Ioannem Iansonium, 1634.

―――. *A Sketch of the Christian's Catechism*. Translated by Todd M. Rester. Grand Rapids, MI: Reformation Heritage Books, 2008.

―――. *The Works of the Reverend and Faithfull Minister of Christ William Ames*. 2 books in 1 vol. London: John Rothwell, 1643.

Anonymous [Westminster divines]. *Annotations upon All of the Books of the Old and New Testament*. London: Evan Tyler, 1657.

Anonymous [Evangelical theologians]. The Chicago Statement on Biblical Inerrancy. Alliance of Confessing Evangelicals, http://www.alliance net.org/the-chicago-statement-on-biblical-inerrancy.

Anonymous ["Fidus"]. "Commentary on the Epistles to the Seven Churches in the Apocalypse." *The Morning Watch; or Quarterly Journal on Prophecy, and Theological Review* 2 (1830): 510–518.

Anonymous [Dutch divines]. *The Dutch Annotations upon the Whole Bible*. Translated by Theodore Haak. 1657. Facsimile reprint, Leerdam, The Netherlands: Gereformeerde Bijbelstichting, 2002.

Anonymous. "Hematohidrosis." October 31, 2016. National Institutes of Health: Genetic and Rare Diseases Center. https://rarediseases.info.nih.gov/diseases/13131/hematohidrosis.

Anonymous. "Humanism and Its Aspirations: Humanist Manifesto III, a Successor to the Humanist Manifesto of 1933." American Humanist Association. https://american humanist.org/what-is-humanism/manifesto 3/.

Anonymous [OPC theologians]. "Report of the Committee to Study Republication" (2016). The Orthodox Presbyterian Church. https://www.opc.org/GA/republication.html.

Anonymous [Dutch divines]. *Statenvertaling* [States Translation Dutch Bible with annotations]. Leiden: Paulus Aertsz van Ravesteyn, 1637.

Anonymous. *The Upanishads*. Translated by F. Max Müller. 2 vols. Oxford: Oxford University Press, 1884.

Anyabwile, Thabiti M. *Captivated: Beholding the Mystery of Jesus' Death and Resurrection*. Grand Rapids, MI: Reformation Heritage Books, 2014.

* Aquinas, Thomas. *Summa Theologica*. Translated by Fathers of the English Dominican Province. 22 vols. London: R. & T. Washbourne, 1914.

Arand, Charles P., Erik H. Herrmann, and Daniel L. Mattson, eds. *From Wittenberg to the World: Essays on the Reformation and Its Legacy in Honor of Robert Kolb*. Refo500 Academic Studies 50. Göttingen: Vandenhoek & Ruprecht, 2018.

Aristotle. *De Anima (On the Soul)*. Translated and edited by Hugh Lawson-Tancred. Penguin Classics. London: Penguin, 1986.

———. *Ethics*. Translated by J. A. K. Thomson. Revised by Hugh Tredennick. London: Penguin, 1976.

Arminius, Jacob. *Articuli nonnulli diligenti examine perpendi* (c. 1620). https://reader.digitale-sammlungen.de/resolve/display/bsb10945232.html.

Aristotle. *De Anima (On the Soul)*. Translated and Edited by Hugh Lawson-Tancred. Penguin Classics. London: Penguin, 1986.

———. *The Works of James Arminius*. Translated by James Nichols (vols. 1–2) and W. R. Bagnall (vol. 3). 3 vols. Auburn: Derby and Miller, 1853.

Arrowsmith, John. *Theanthropos; or, God-Man: Being an Exposition upon the First Eighteen Verses of the First Chapter of the Gospel According to St John*. London: for Humphrey Moseley and William Wilson, 1660.

Asimov, Isaac. *The Foundation Trilogy: Three Classics of Science Fiction*. Garden City, NY: Doubleday, 1951–1953.

Athanasius. *Contra Gentes and De Incarnatione*. Edited and translated by Robert Thomson. Oxford: Oxford University Press, 1971.

Augustine. *The Enchiridion on Faith, Hope, and Love*. Translated by J. B. Shaw. Washington, DC: Regnery, 1961.

———. *Expositions on the Book of Psalms*. Translated by H. M. Wilkins. 6 vols. Oxford: John Henry Parker, 1847–1857.

———. *The Works of Saint Augustine: A Translation for the Twenty-First Century*. 42 vols. Hyde Park, NY: New City Press, 1995–2015. Citations from this source take the form *Works,* part/volume: page, such as *Works,* 1/13: 351.

Aulén, Gustaf. *Christus Victor: An Historical Study of the Three Main Types of the Idea of the Atonement*. Translated by A. G. Hebert. New York: Macmillan, 1969.

Avery-Peck, Alan J., Craig A. Evans, and Jacob Neusner, eds. *Earliest Christianity within the Boundaries of Judaism: Essays in Honor of Bruce Chilton*. Leiden: Brill, 2016.

Bagchi, David V. N. "Luther versus Luther? The Problem of Christ's Descent into Hell in the Long Sixteenth Century." *Perichoresis* 6, no. 2 (2008): 175–200.

Bainton, Roland. *Here I Stand: A Life of Martin Luther*. New York: Abingdon, 1950.

Baker, J. Wayne. *Heinrich Bullinger and the Covenant: The Other Reformed Tradition*. Athens, Ohio: Ohio University Press, 1980.

Baker, Mark D., and Joel B. Green. *Recovering the Scandal of the Cross: Atonement in the New Testament and Contemporary Contexts*. 2nd ed. Downers Grove, IL: InterVarsity Press, 2011.

Ball, John. *A Treatise of the Covenant of Grace*. London: by G. Miller for Edward Brewster, 1645.

Balthasar, Hans Urs. *Mysterium Paschale: The Mystery of Easter*. Translated by Aidan Nichols. San Francisco: Ignatius Press, 1990.

Bandstra, Andrew J. "'Making Proclamation to the Spirits in Prison': Another Look at 1 Peter 3:19." *Calvin Theological Journal* 38 (2003): 120–124.

Barcellos, Richard C. *The Covenant of Works: Its Confessional and Scriptural Basis*. Recovering Our Confessional Heritage 3. Palmdale, CA: Reformed Baptist Academic Press, 2016.

———. *Getting the Garden Right: Adam's Work and God's Rest in Light of Christ*. Cape Coral, FL: Founders, 2017.

———. *In Defense of the Decalogue: A Critique of New Covenant Theology*. Enumclaw, WA: Winepress, 2001.

———, ed. *Recovering a Covenantal Heritage: Essays in Baptist Covenant Theology*. Palmdale, CA: Reformed Baptist Academic Press, 2014.

Barker, Kenneth L. *Micah, Nahum, Habakkuk, Zephaniah*. The New American Commentary 20. Nashville: Broadman & Holman, 1999.

Barrett, Matthew, ed. *Reformation Theology: A Systematic Summary*. Wheaton, IL: Crossway, 2017.

———. *Salvation by Grace: The Case for Effectual Calling and Regeneration*. Phillipsburg, NJ: P&R, 2013.

Barrett, Matthew, and Ardel B. Caneday, eds. *Four Views on the Historical Adam*. Grand Rapids, MI: Zondervan, 2013.

Barrett, Michael P. V. *Beginning at Moses: A Guide for Finding Christ in the Old Testament*. Rev. ed. Grand Rapids, MI: Reformation Heritage Books, 2018.

Barth, Karl. *Against the Stream: Shorter Post-War Writings, 1946–52*. Edited by Ronald Gregor Smith. New York: Philosophical Library, 1954.

———. *Christ and Adam: Man and Humanity in Romans 5*. Translated by T. A. Smail. Eugene, OR: Wipf and Stock, 2004.

———. *Church Dogmatics*. Edited by G. W. Bromiley and T. F. Torrance. 4 vols. in 14. Edinburgh: T&T Clark, 1960.

———. *The Epistle to the Romans*. Translated by Edwyn C. Hoskyns. London: Oxford University Press, 1933.

Bates, William. *The Harmony of Divine Attributes in the Contrivance and Accomplishment of Man's Redemption.* Introduction by Joel R. Beeke. 1853. Reprint, Homewood, AL: Solid Ground, 2010.

Batka, L'ubomir. "Martin Luther's Teaching on Sin." December 2016. *Oxford Research Encyclopedias: Religion.* http://religion.oxfordre. com/view/10.1093/acre fore /9780199340378.001.0001/acrefore -9780199340378-e -373.

Bauckham, Richard. *Jesus and the God of Israel: God Crucified and Other Studies on the New Testament's Christology of Divine Identity.* Grand Rapids, MI: Eerdmans, 2008.

———. *The Theology of the Book of Revelation.* Cambridge: Cambridge University Press, 1993.

Baugh, S. M. *Ephesians.* Evangelical Exegetical Commentary. Bellingham, WA: Lexham Press, 2015.

Baum, Wilhelm, and Dietmar W. Winkler. *The Church of the East: A Concise History.* Translated by Miranda G. Henry. London: RoutledgeCurzon, 2003. http://www.peshitta.org/pdf/CoEHistory .pdf.

Bavinck, Herman. *Foundations of Psychology.* Translated by Jack Vanden Born, Nelson D. Kloosterman, and John Bolt. *Bavinck Review* 9 (2018): 1–244.

———. *Reformed Dogmatics.* Edited by John Bolt. Translated by John Vriend. 4 vols. Grand Rapids, MI: Baker Academic, 2003–2008.

Bayes, Jonathan F. *The Threefold Division of the Law.* Salt and Light Series. Newcastle upon Tyne, England: The Christian Institute, 2017. https://www. christian.org.uk/wp-content/uploads/the-threefold-division-of-the-law.pdf.

Bayne[s], Paul. *A Commentarie upon the First and Second Chapters of Saint Paul to the Colossians.* London: by Richard Badger, for Nicholas Bourne, 1634.

———. *An Entire Commentary upon the Whole Epistle of St Paul to the Ephesians.* 1866. Reprint, Stoke-on-Trent, England: Tentmaker, 2007.

Beach, J. Mark. "Christ and the Covenant: Francis Turretin's Federal Theology as a Defense of the Doctrine of Grace." PhD diss., Calvin Theological Seminary, 2005.

Beale, G. K. *The Erosion of Inerrancy in Evangelicalism: Responding to New Challenges to Biblical Authority.* Wheaton, IL: Crossway, 2008.

———. *A New Testament Biblical Theology: The Unfolding of the Old Testament in the New.* Grand Rapids, MI: Baker Academic, 2011.

———. *The Temple and the Church's Mission: A Biblical Theology of the Dwelling Place of God.* New Studies in Biblical Theology. Downers Grove, IL: InterVarsity Press, 2004.

―――. *We Become What We Worship: A Biblical Theology of Idolatry*. Downers Grove, IL: InterVarsity Press, 2016.

Beckwith, Roger T., and Martin J. Selman, eds. *Sacrifice in the Bible*. Grand Rapids, MI: Baker, 1995.

Beddome, Benjamin. *A Scriptural Exposition of the Baptist Catechism, by Way of Question and Answer*. Richmond, VA: Harrold & Murray, 1849.

Beeke, Joel R., ed. *The Beauty and Glory of the Father*. Grand Rapids, MI: Reformation Heritage Books, 2013.

―――. *Debated Issues in Sovereign Predestination: Early Lutheran Predestination, Calvinian Reprobation, and Variations in Genevan Lapsarianism*. Göttingen: Vandenhoek and Ruprecht, 2017.

―――. *Family Worship*. Family Guidance Series. Grand Rapids, MI: Reformation Heritage Books, 2009.

―――. *Friends and Lovers: Cultivating Companionship and Intimacy in Marriage*. Adelphi, MD: Cruciform Press, 2012.

―――. *How Should We Consider Christ in Affliction?* Grand Rapids, MI: Reformation Heritage Books, 2018.

―――. *Living for God's Glory: An Introduction to Calvinism*. Lake Mary, FL: Reformation Trust, 2008.

―――. *The Lord Shepherding His Sheep*. Welwyn Garden City, England: Evangelical Press, 2015.

―――. *Parenting by God's Promises: How to Raise Children in the Covenant of Grace*. Lake Mary, FL: Reformation Trust, 2011.

―――. *Puritan Reformed Spirituality*. Darlington, England: Evangelical Press, 2006.

―――. *Revelation*. The Lectio Continua Expository Commentary on the New Testament. Grand Rapids, MI: Reformation Heritage Books, 2016.

―――. *What Did the Reformers Believe about the Age of the Earth?* Petersburg, KY: Answers in Genesis, 2014.

Beeke, Joel R., Michael P. V. Barrett, Gerald M. Bilkes, and Paul M. Smalley, eds. *The Reformation Heritage KJV Study Bible*. Grand Rapids, MI: Reformation Heritage Books, 2014.

Beeke, Joel R., and Mark Jones. *A Puritan Theology: Doctrine for Life*. Grand Rapids, MI: Reformation Heritage Books, 2012.

Beeke, Joel R., and Paul M. Smalley. *One Man and One Woman: Marriage and Same-Sex Relations*. Grand Rapids, MI: Reformation Heritage Books, 2016.

―――. *Reformed Systematic Theology, Vol. 1: Revelation and God*. Wheaton, IL: Crossway, 2019.

Beeke, Joel R., and Derek W. H. Thomas, eds. *The Holy Spirit and Reformed Spirituality: A Tribute to Geoffrey Thomas*. Grand Rapids, MI: Reformation Heritage Books, 2013.

Behe, Michael J. *Darwin's Black Box: The Biochemical Challenge to Evolution*. New York: Simon and Schuster, 1996.

Beilby, James, and Paul R. Eddy, eds. *The Nature of the Atonement: Four Views*. Downers Grove, IL: InterVarsity Press, 2006.

Belcher, Richard P., Jr. *Genesis: The Beginning of God's Plan of Salvation*. Focus on the Bible. Fearn, Ross-shire, Scotland: Christian Focus, 2012.

————. *Prophet, Priest, and King: The Roles of Christ in the Bible and Our Roles Today*. Phillipsburg, NJ: P&R, 2016.

Bell, Thomas. *A View of the Covenants of Works and Grace; and a Treatise on the Nature and Effects of Saving Faith. To which Are Added, Several Discourses on the Supreme Deity of Jesus Christ*. Glasgow: by Edward Khull and Co. for W. Somerville et al., 1814.

Bellarmine, Robert. *Disputationum Roberti Bellarmini ... De Controversiis Christianae Fidei, Tomus Quartus*. Milan: Edente Natale Battezzanti, 1862.

* Berkhof, Louis. *Systematic Theology*. Edinburgh: Banner of Truth, 1958.

Berkouwer, G. C. *Man: The Image of God*. Studies in Dogmatics. Grand Rapids, MI: Eerdmans, 1962.

————. *Sin*. Studies in Dogmatics. Grand Rapids, MI: Eerdmans, 1971.

————. *The Triumph of Grace in the Theology of Karl Barth*. Translated by Harry R. Boer. Grand Rapids, MI: Eerdmans, 1956.

————. *The Work of Christ*. Studies in Dogmatics. Grand Rapids, MI: Eerdmans, 1965.

Bernard of Clairvaux. *Concerning Grace and Free Will*. Translated by Watkin W. Williams. London: Society for Promoting Christian Knowledge, 1920.

Berry, R. J. "Adam or Adamah?" *Science and Christian Belief* 23, no. 1 (2011): 23–48.

Bethune-Baker, J. F. *Nestorius and His Teaching: A Fresh Examination of the Evidence*. Cambridge: Cambridge University Press, 1908.

Bettenson, Henry, ed. *Documents of the Christian Church*. 2nd ed. Oxford: Oxford University Press, 1963.

Beza, Theodore. *A Booke of Christian Questions and Answers*. Translated by Arthur Golding. London: by William How, for Abraham Veale, 1572.

————. *A Little Book of Christian Questions and Answers*. Allison Park, PA: Pickwick, 1986.

————. *Sermons upon the Three First Chapters of the Canticle of Canticles*.

Translated by John Harmar. Oxford: Joseph Barnes, 1587.

Biddle, John. *A Twofold Catechism*. London: J. Cottret, for Ri. Moone, 1654.

Biehl, Craig. *The Infinite Merit of Christ: The Glory of Christ's Obedience in the Theology of Jonathan Edwards*. Jackson, MS: Reformed Academic Press, 2009.

Bierma, Lyle D. *The Covenant Theology of Caspar Olevianus*. Grand Rapids, MI: Reformation Heritage Books, 2005.

Bilezikian, Gilbert. *Beyond Sex Roles: A Guide for the Study of Female Roles in the Bible*. Grand Rapids, MI: Baker, 1985.

Billings, J. Todd. "The Problem with 'Incarnational Ministry.'" *Christianity Today*, July/August 2012: 58–63. Also available at http://jtodd billings.com/2012/12/the-problem-with-incarnational-ministry/.

Blackburn, Earl M., ed. *Covenant Theology: A Baptist Distinctive*. Birmingham, AL: Solid Ground, 2013.

Blacketer, Raymond A. "Arminius' Concept of Covenant in Its Historical Context." *Nederlands archief voor kerkgeschiedenis* (*Dutch Review of Church History*) 80, no. 2 (2000): 193–220.

Blaising, Craig A., and Darrell L. Bock. *Progressive Dispensationalism: An Up-to-Date Handbook of Contemporary Dispensational Thought*. Wheaton, IL: Victor, 1993.

Blake, Thomas. *Vindiciae Foederis, or, A Treatise of the Covenant of God Entered with Man-Kinde*. London: for Abel Roper, 1653.

Blenkinsopp, Joseph. *Wisdom and Law in the Old Testament: The Ordering of Life in Israel and Early Judaism*. Oxford: Oxford University Press, 1995.

Bloesch, Donald G. *Jesus Christ: Savior and Lord*. Christian Foundations. Downers Grove, IL: InterVarsity Press, 1997.

Blomberg, Craig L. *The Historical Reliability of John's Gospel: Issues and Commentary*. Downers Grove, IL: InterVarsity Press, 2001.

Boardman, Henry A. *The "Higher Life" Doctrine of Sanctification, Tried by the Word of God*. Philadelphia: Presbyterian Board of Publication, 1877.

Boff, Leonardo. *Jesus Christ Liberator: A Critical Christology for Our Time*. Translated by Patrick Hughes. Maryknoll, NY: Orbis, 1978.

Boice, James M., ed. *Our Savior God: Man, Christ, and the Atonement*. Grand Rapids, MI: Baker, 1980.

Bolton, Samuel. *The True Bounds of Christian Freedom*. Puritan Paperbacks. Edinburgh: Banner of Truth, 1964.

Bonar, Horatius. *Earth's Morning: or Thoughts on Genesis*. New York: Robert Carter and Brothers, 1875.

Bonaventure. *The Works of Bonaventure*. Translated by Jose de Vinck. 3 vols. Paterson, NJ: S. Anthony Guild Press, 1963.

Boothe, Charles Octavius. *Plain Theology for Plain People*. Introduction by Walter R. Strickland II. Bellingham, WA: Lexham Press, 2017.

Borchert, Gerald L. *John 1–11*. The New American Commentary 25A. Nashville: Broadman & Holman, 1996.

————. *John 12–21*. The New American Commentary 25B. Nashville: Broadman & Holman, 2002.

* Boston, Thomas. *The Complete Works of the Late Rev. Thomas Boston, Ettrick*. Edited by Samuel M'Millan. 12 vols. 1853. Reprint, Stoke-on-Trent, England: Tentmaker, 2002.

————. *Human Nature in Its Fourfold State*. Edinburgh: Banner of Truth, 1964.

Bowman, Robert M., Jr., and J. Ed Komoscewski. *Putting Jesus in His Place: The Case for the Deity of Christ*. Grand Rapids, MI: Kregel, 2007.

Boyce, James P. *Abstract of Systematic Theology*. 1887. Reprint, Cape Coral, FL: Founders, 2006.

Boys, John. *An Exposition of the Several Offices Adapted for Various Occasions of Public Worship*. New York: Stanford and Swords, 1851.

Bradford, John. *The Writings of John Bradford, Volume 1, Sermons, Meditations, Examinations, Etc.* Edited by Aubrey Townsend for the Parker Society. Cambridge: Cambridge University Press, 1848.

* á Brakel, Wilhelmus. *The Christian's Reasonable Service*. Edited by Joel R. Beeke. Translated by Bartel Elshout. 4 vols. Grand Rapids, MI: Reformation Heritage Books, 1992–1995.

Brett, Murray G. *Growing Up in Grace: The Use of Means for Communion with God*. Grand Rapids, MI: Reformation Heritage Books, 2009.

Bridge, William. *Christ and the Covenant*. London: for Thomas Parkhurst, 1667.

————. *The Works of the Rev. William Bridge*. 5 vols. London: Thomas Tegg, 1845.

Bridges, Charles. *A Commentary on Proverbs*. Geneva Series of Commentaries. 1846. Reprint, Edinburgh: Banner of Truth, 1968.

Bright, Pamela, ed. and trans. *Augustine and the Bible*. Notre Dame, IN: University of Notre Dame Press, 1999.

Brinkman, Martien E. *The Tragedy of Human Freedom: The Failure and Promise of the Christian Concept of Freedom in Western Culture*. Translated by Harry Flecken and Henry Jansen. Amsterdam: Rodopi, 2003.

Brock, Sebastian P. *Fire from Heaven: Studies in Syriac Theology and Liturgy*. Aldershot, England: Ashgate, 2006.

Brooks, James A. *Mark*. The New American Commentary 23. Nashville: Broadman

& Holman, 1991.

Brooks, Thomas. *London's Lamentations: or, a Serious Discourse Concerning that Late Fiery Dispensation that Turned Our (Once Renowned) City into a Ruinous Heap.* London: for John Hancock and Nathaniel Ponder, 1670.

———. *The Works of Thomas Brooks.* 6 vols. Edinburgh: Banner of Truth, 1980.

Brown, Charles J. *The Divine Glory of Christ.* Edinburgh: Banner of Truth, 1982.

Brown, John. *Expository Discourses on the First Epistle of the Apostle Peter.* New York: Robert Carter, 1855.

Brown, John, of Haddington. *A Dictionary of the Holy Bible.* 3rd ed. 2 vols. Edinburgh: W. Anderson and J. Fairbairn, 1789.

———. *Questions and Answers on the Shorter Catechism.* 1846. Reprint, Grand Rapids, MI: Reformation Heritage Books, 2006.

———. *Systematic Theology: A Compendious View of Natural and Revealed Religion.* 1817. Reprint, Grand Rapids, MI: Reformation Heritage Books, 2015.

Brown, John, of Wamphray. *Christ the Way, the Truth, and the Life.* Grand Rapids, MI: Soli Deo Gloria, 2016.

Brown, Michael L. *Can You Be Gay and Christian? Responding with Love and Truth to Questions about Homosexuality.* Lake Mary, FL: Charisma House, 2014.

Bruce, A. B. *The Humiliation of Christ.* 5th ed. Edinburgh: T&T Clark, 1900.

Bruce, F. F. *Hebrews.* New International Commentary on the New Testament. Grand Rapids, MI: Eerdmans, 1964.

Brueggemann, Walter. "Of the Same Flesh and Bone (Gn 2, 23a)." *The Catholic Biblical Quarterly* 32, no. 4 (October 1970): 532–542.

Brunner, Emil. *The Christian Doctrine of Creation and Redemption, Dogmatics, Volume 2.* Translated by Olive Wyon. Philadelphia: Westminster, 1952.

———. *Man in Revolt.* Translated by Olive Wyon. London: RTS-Lutterworth Press, 1939.

———. *The Mediator: A Study of the Central Doctrine of the Christian Faith.* Translated by Olive Wyon. Philadelphia: Westminster, 1947.

———. *Revelation and Reason: The Christian Doctrine of Faith and Knowledge.* Translated by Olive Wyon. Philadelphia: Westminster, 1946.

Bulkeley, Peter. *The Gospel-Covenant or the Covenant of Grace Opened.* London: by M. S. for Benjamin Allen, 1646.

Bullinger, Heinrich. *The Decades of Henry Bullinger.* Edited by Thomas Harding. Translated by H. I. 4 vols. in 2. 1849–1852. Reprint, Grand Rapids, MI: Reformation Heritage Books, 2004.

———. *De Testamento Seu Foedere Dei Unico et Aeterno*. English translation in *Fountainhead of Federalism: Heinrich Bullinger and the Covenantal Tradition*, by Charles S. McCoy and J. Wayne Baker, 99–138. Louisville: Westminster/John Knox, 1991.

Bultmann, Rudolf. *Theology of the New Testament, Volume 1*. Translated by Kendrick Grobel. New York: Charles Scribner's Sons, 1951.

Bunyan, John. *Doctrine of the Law and Grace Unfolded*. London: for M. Wright, 1659.

———. *The Works of John Bunyan*. Edited by George Offor. 3 vols. 1854. Reprint, Edinburgh: Banner of Truth, 1991.

Burgess, Anthony. *CXLV Expository Sermons Upon the Whole 17th Chapter of the Gospel According to St. John: or Christs Prayer Before His Passion Explicated, and Both Practically and Polemically Improved*. London: Abraham Miller, 1656.

———. *The Doctrine of Original Sin, Asserted and Vindicated against the Old and New Adversaries Thereof, Both Socinians, Papists, Arminians, and Anabaptists. And Practically Improved for the Benefit of the Meanest Capacities*. London: by Abraham Miller for Thomas Underhill, 1658.

———. *Faith Seeking Assurance*. Edited by Joel R. Beeke. Puritan Treasures for Today. Grand Rapids, MI: Reformation Heritage Books, 2015.

———. *Vindiciae Legis: or, A Vindication of the Morall Law and the Covenants*. Westminster Assembly Project. 1647. Facsimile reprint, Grand Rapids, MI: Reformation Heritage Books, 2011.

Burgon, John William. *The Revision Revised*. London: John Murray, 1883.

Burk, Denny. "Is Homosexual Orientation Sinful?" *Journal of the Evangelical Theological Society* 58, no. 1 (2015): 95–115.

Bushnell, Horace. *The Vicarious Sacrifice, Grounded in Principles of Universal Obligation*. London: Strahan & Co., 1871.

Butterfield, Rosaria Champagne. *Openness Unhindered: Further Thoughts of an Unlikely Convert on Sexual Identity and Union with Christ*. Pittsburgh: Crown and Covenant, 2015.

———. *The Secret Thoughts of an Unlikely Convert: An English Professor's Journey into Christian Faith*. Expanded ed. Pittsburgh: Crown and Covenant, 2015.

Calamy, Edmund. *Two Solemne Covenants Made Between God and Man: viz. The Covenant of Workes, and the Covenant of Grace*. London: for Thomas Banks, 1647.

Calvin, John. *The Bondage and Liberation of the Will*. Edited by A. N. S. Lane.

Translated by G. I. Davies. Texts and Studies in Reformation and Post-Reformation Thought. Grand Rapids, MI: Baker, 1996.

* ———. *Commentaries*. Reprint, Grand Rapids, MI: Baker, 2003.

———. *The Deity of Christ and Other Sermons*. Translated by Leroy Nixon. Audubon, NJ: Old Paths, 1997.

* ———. *Institutes of the Christian Religion*. Edited by John T. McNeill. Translated by Ford Lewis Battles. Philadelphia: Westminster, 1960. Cited as *Institutes*.

———. *Institutes of the Christian Religion: 1536 Edition*. Translated and edited by Ford Lewis Battles. Rev. ed. Grand Rapids, MI: H. H. Meeter Center for Calvin Studies/Eerdmans, 1986.

———. *Institutes of the Christian Religion: Translated from the First French Edition of 1541*. Translated by Robert White. Edinburgh: Banner of Truth, 2014.

———. *Letters of John Calvin*. Edited by Jules Bonnet. Translated by Marcus R. Gilchrist. 4 vols. Philadelphia: Presbyterian Board of Publication, 1858.

———. *Sermons on 2 Samuel, Chapters 1–13*. Translated by Douglas Kelly. Edinburgh: Banner of Truth, 1992.

———. *Sermons on the Epistle to the Ephesians*. Edinburgh: Banner of Truth, 1973.

———. *Sermons on Genesis: Chapters 1:1–11:4*. Translated by Rob Roy McGregor. Edinburgh: Banner of Truth, 2009.

———. *Tracts Relating to the Reformation*. Translated by Henry Beveridge. 3 vols. Edinburgh: Calvin Translation Society, 1844 –1851.

Carlson, Richard F., and Tremper Longman III. *Science, Creation, and the Bible: Reconciling Rival Theories of Origins*. Downers Grove, IL: IVP Academic, 2010.

Carson, D. A. *The Gospel according to John*. The Pillar New Testament Commentary. Grand Rapids, MI: Eerdmans, 1991.

Cartwright, Thomas. *A Treatise of Christian Religion*. London: Felix Kyngston for Thomas Man, 1616.

Cave, Stephen. "There's No Such Thing as Free Will: But We're Better Off Believing in It Anyway." *The Atlantic* (June 2016). https://www theatlantic. com/magazine/archive/2016/06 /theres-no-such-thing-as-free-will/480750/.

Chafer, Lewis Sperry. *Systematic Theology*. 8 vols. Dallas, TX: Dallas Seminary Press, 1947.

Charles, R. H., ed. *The Apocrypha and Pseudepigrapha of the Old Testament*. 2 vols. Oxford: Oxford University Press, 1913.

* Charnock, Stephen. *The Works of Stephen Charnock*. 6 vols. Edinburgh: Banner of Truth, 2010.

Chemnitz, Martin. *The Two Natures in Christ*. Translated by J. A. O. Preus. St. Louis, MO: Concordia, 1971.

Chou, Abner, ed. *What Happened in the Garden: The Reality and Ramifications of the Creation and Fall of Man*. Grand Rapids, MI: Kregel, 2016.

Christopher, Mark. *Same-Sex Marriage: Is It Really the Same?* Leominster, UK: Day One, 2009.

Chrysologus, Peter. *Selected Sermons, Volume 3*. Translated by William B. Palardy. The Fathers of the Church 110. Washington, DC: The Catholic University of America Press, 2005.

―――. *Selected Sermons*. And Saint Valerian, *Homilies*. Translated by George E. Ganss. The Fathers of the Church 17. Washington, DC: The Catholic University of America Press, 1953.

Chrysostom, John. *Homilies on Genesis, 1–17*. Translated by Robert C. Hill. The Fathers of the Church 74. Washington, DC: The Catholic University of America Press, 1986.

Ciampa, Roy E., and Brian S. Rosner. *The First Letter to the Corinthians*. The Pillar New Testament Commentary. Grand Rapids, MI: Eerdmans, 2010.

Cicero, Marcus Tullius. *The Orations of Marcus Tullius Cicero*. Translated by C. D. Yonge. 2 vols. London: Henry G. Bohn, 1856.

Clark, R. Scott, ed. *Covenant, Justification, and Pastoral Ministry: Essays by the Faculty of Westminster Seminary California*. Phillipsburg, NJ: P&R, 2007.

Clarkson, David. *The Works of David Clarkson*. 3 vols. Edinburgh: Banner of Truth, 1988.

Clines, D. J. A. "The Image of God in Man." *Tyndale Bulletin* 19 (1968): 53–103.

Cobb, John B., Jr., and David Ray Griffin. *Process Theology: An Introductory Exposition*. Philadelphia: Westminster, 1976.

Cocceius, Johannes. *The Doctrine of the Covenant and Testament of God*. Translated by Casey Carmichael. Grand Rapids, MI: Reformation Heritage Books, 2016.

Collins, C. John. *Did Adam and Eve Really Exist? Who They Were and Why You Should Care*. Wheaton, IL: Crossway, 2011.

―――. "A Syntactical Note (Genesis 3:15): Is the Woman's Seed Singular or Plural?" *Tyndale Bulletin* 48, no. 1 (1997): 139–147.

Collins, Francis S. *The Language of God: A Scientist Presents Evidence for Belief*. New York: Free Press, 2006.

Colquhoun, John. *A Treatise on the Covenant of Works*. Edinburgh: Thomsons

Brothers, 1821.

———. *A Treatise on the Law and the Gospel.* Introduction by Joel R. Beeke. Edited by Don Kistler. Grand Rapids, MI: Soli Deo Gloria, 2009.

Cooper, John W. *Body, Soul, and Life Everlasting: Biblical Anthropology and the Monism-Dualism Debate.* Grand Rapids, MI: Eerdmans, 1989.

———. *Panentheism—The Other God of the Philosophers: From Plato to the Present.* Grand Rapids, MI: Baker Academic, 2006.

Copan, Paul. "Is *Creatio ex Nihilo* a Post-Biblical Invention? An Examination of Gerhard May's Proposal." *Trinity Journal* 17NS (1996): 77–93.

Copan, Paul, and William Lane Craig. *Creation Out of Nothing: A Biblical, Philosophical, and Scientific Exploration.* Grand Rapids, MI: Baker, 2004.

Corey, David Munro. *Faustus Socinus.* 1932. Reprint, Eugene, OR: Wipf and Stock, 2009.

Cotton, John. *The Way of Life, or, Gods Way and Course, in Bringing the Soule into, and Keeping It in, and Carrying It on, in the Wayes of Life and Peace.* London: by M. F. for L. Fawne, and S. Gellibrand, 1641.

Coxe, Nehemiah. *A Discourse of the Covenants that God Made with Men before the Law.* London: J. D. for Nathaniel Ponder and Benjamin Alsop, 1681.

Coxe, Nehemiah, and John Owen. *Covenant Theology from Adam to Christ.* Edited by Ronald D. Miller, James M. Renihan, and Francisco Orozco. Palmdale, CA: Reformed Baptist Academic Press, 2005.

Crawford, Brandon James. *Jonathan Edwards on the Atonement: Understanding the Legacy of America's Greatest Theologian.* Foreword by Joel Beeke. Eugene, OR: Wipf and Stock, 2017.

Crisp, Oliver D. "Penal Non-Substitution." *The Journal of Theological Studies* NS 59, no. 1 (April 2008): 140–168.

Crockett, William, ed. *Four Views on Hell.* Grand Rapids, MI: Zondervan, 1992.

Cross, Richard. *The Metaphysics of the Incarnation: Thomas Aquinas to Duns Scotus.* Oxford: Oxford University Press, 2002.

Cummings, Asa. *A Memoir of the Rev. Edward Payson.* 3rd ed. Boston: Crocker and Brewster, 1830.

Cunningham, William. *Historical Theology.* 2 vols. Edinburgh: T&T Clark, 1863.

———. *The Reformers and the Theology of the Reformation.* Edinburgh: T&T Clark, 1866.

Currid, John D. *A Study Commentary on Genesis: Genesis 1:1–25:18.* EP Study Commentary. Darlington, England: Evangelical Press, 2003.

Custance, Arthur C. *Without Form and Void.* Brockville, Canada: n.p., 1970.

Cyril of Alexandria. *A Commentary upon the Gospel According to S. Luke, Part 2.*

Translated by R. Payne Smith. Oxford: Oxford University Press, 1859.

Dales, Douglas. *Alcuin: Theology and Thought*. Cambridge: James Clarke and Co., 2013.

Dallimore, Arnold. *Forerunner of the Charismatic Movement: The Life of Edward Irving*. Chicago: Moody, 1983.

Darby, John Nelson. *The Collected Writings*. Edited by William Kelly. Reprint, Oak Park, IL: Bible Truth Publishers, 1962.

Darwin, Charles. *On the Origin of Species by Means of Natural Selection, or the Preservation of Favoured Races in the Struggle for Life*. London: John Murray, 1859.

Davids, Peter H. *The Letters of 2 Peter and Jude*. The Pillar New Testament Commentary. Grand Rapids, MI: Eerdmans, 2006.

Davies, Brian. *Aquinas*. Outstanding Christian Thinkers. London: Continuum, 2002.

Davis, Dale Ralph. *2 Samuel: Out of Every Adversity*. Focus on the Bible. Fearn, Ross-shire, Scotland: Christian Focus, 1999.

Davis, John D. "The Semitic Tradition of Creation." *Presbyterian and Reformed Review* 3 (1892): 448–461. At Princeton Theological Seminary Library. http:// journals .ptsem .edu /id /BR18 9 2311 /dmd004.

de Beauvoir, Simone. *Le Deuxième Sexe*. Paris: Gallimard, 1949. English translation, *The Second Sex*. Translated by Howard M. Parshley. London: Jonathan Cape, 1953.

de Campos, Heber Carlos, Jr. *Doctrine in Development: Johannes Piscator and Debates over Christ's Active Obedience*. Reformed Historical-Theological Studies. Grand Rapids, MI: Reformation Heritage Books, 2017.

Denault, Pascal. *The Distinctiveness of Baptist Covenant Theology: A Comparison between Seventeenth-Century Particular Baptist and Paedobaptist Federalism*. Birmingham, AL: Solid Ground, 2013.

Denlinger, Aaron C. *Omnes in Adam ex Pacto Dei: Ambrogio Catarino's Doctrine of Covenantal Solidarity and Its Influence on Post-Reformation Reformed Theologians*. Göttingen: Vandenhoek and Ruprecht, 2011.

Denney, James. *The Christian Doctrine of Reconciliation*. London: Hodder and Stoughton, 1917.

de Vries, Henri. *The Lord's Anointed Prophet, Priest and King: A Series of Devotional Studies on the Redemptive Work of Christ*. London: Marshall Brothers, 1925.

DeYoung, Kevin. *What Does the Bible Really Teach about Homosexuality?* Wheaton, IL: Crossway, 2015.

Dick, John. *Lectures on Theology*. 2 vols. Philadelphia: F. W. Greenough, 1840.

Dickson, David. *Select Practical Writings of David Dickson*. Edinburgh: The Committee of the General Assembly of the Free Church of Scotland for the Publication of the Works of Scottish Reformers and Divines, 1845.

———. *Therapeutica Sacra; Shewing Briefly the Method of Healing of Diseases of Conscience, Concerning Regeneration*. Edinburgh: Evan Tyler, 1664.

Diodati, John (Giovanni). *Pious and Learned Annotations upon the Holy Bible*. 3rd ed. London: by James Flesher, for Nicholas Fussell, 1651.

Dodd, C. H. *The Epistle of Paul to the Romans*. London: Fontana, 1959.

Doriani, Daniel M. *Work: Its Purpose, Dignity, and Transformation*. Phillipsburg, NJ: P&R, 2019.

Douty, Norman F. *The Death of Christ: A Treatise which Answers the Question: "Did Christ Die Only for the Elect?"* Swengel, PA: Reiner, 1972.

Downame, John. *The Christian Warfare against the Devill, World and Flesh: Wherein Is Described Their Nature, the Maner of Their Fight and Meanes to Obtaine Victorye*. London: William Stansby, 1634.

Drummond, James. *The Epistles of Paul the Apostle to the Thessalonians, Corinthians, Galatians, Romans and Philippians*. International Handbooks to the New Testament. New York; London: G. P. Putnam's Sons, 1899.

Dryden, John. *The Conquest of Granada by the Spaniards*. London: by T. N. for Henry Herringman, 1672.

Dumbrell, William J. *Covenant and Creation: An Old Testament Covenantal Theology*. Nashville: Thomas Nelson, 1984.

Duncan, J. Ligon, III. "The Covenant Idea in Ante-Nicene Theology." PhD diss., University of Edinburgh, 1995. https://www.era.lib.ed.ac.uk/bitstream/handle/1842/10618/Duncan1995.pdf.

Dunn, James D. G. *Christology in the Making: A New Testament Inquiry into the Origins of the Doctrine of the Incarnation*. 2nd ed. Grand Rapids, MI: Eerdmans, 1989.

———. *The Theology of Paul the Apostle*. Grand Rapids, MI: Eerdmans, 1998.

Dutton, Anne. *Selected Spiritual Writings of Anne Dutton, Volume 1: Letters*. Edited by JoAnn Ford Watson. Macon, GA: Mercer University Press, 2003.

Dyer, William. *Christ's Famous Titles, and a Believer's Golden Chain*. London: n.p., 1663.

Eadie, John. *A Commentary on the Greek Text of the Epistle of Paul to the Colossians*. Edited by W. Young. 2nd ed. Edinburgh: T&T Clark, 1884.

Ebied, Ry, A. van Roey, and L. R. Wickham. *Peter of Callinicum: Anti-Tritheist Dossier*. Leuven, Belgium: Departement Oriëntalistiek, 1981.

Eddy, G. T. *Dr. Taylor of Norwich: Wesley's Arch-Heretic*. Eugene, OR: Wipf and Stock, 2003.

Eddy, Mary Baker. *Miscellaneous Writings, 1883–1896*. Boston: Allison V. Stewart, 1917.

Edmondson, Stephen. *Calvin's Christology*. Cambridge: Cambridge University Press, 2004.

Edwards, James R. *The Gospel according to Mark*. The Pillar New Testament Commentary. Grand Rapids, MI: Eerdmans, 2002.

Edwards, Jonathan. *The Great Christian Doctrine of Original Sin Defended ... A Reply to the Objections and Arguings of Dr. John Taylor*. Boston: S. Kneeland, 1758.

* ———. *The Works of Jonathan Edwards*. 26 vols. New Haven, CT: Yale University Press, 1957–2008.

Eichrodt, Walther. *Theology of the Old Testament*. Translated by J. A Baker. Old Testament Library. Philadelphia: Westminster, 1961–1967.

Eldredge, Niles, and Stephen Jay Gould. "Punctuated Equilibria: An Alternative for Phyletic Gradualism." In *Models in Paleobiology*, edited by Thomas J. M. Schopf. San Francisco: Freeman, Cooper, 1972. Available at http://www. blackwellpublishing.com/ridley/classictexts/eldredge.asp.

Elwell, Walter A., ed. *Evangelical Dictionary of Theology*. Grand Rapids, MI: Baker, 1984.

Emerson, Matthew Y. "'He Descended to the Dead': The Burial of Christ and the Eschatological Character of the Atonement." *Southern Baptist Journal of Theology* 19, no. 1 (2015): 115–131.

Engelbrecht, Edward A. *Friends of the Law: Luther's Use of the Law for the Christian Life*. St. Louis, MO: Concordia, 2011.

English, Donald. *The Message of Mark: The Mystery of Faith*. The Bible Speaks Today. Leicester, England: Inter-Varsity Press; Downers Grove, IL: InterVarsity Press, 1992.

Enns, Paul P. *The Moody Handbook of Theology*. Rev. ed. Chicago: Moody, 2008.

Enns, Peter. *The Evolution of Adam: What the Bible Does and Doesn't Say about Human Origins*. Grand Rapids, MI: Brazos, 2012.

———. *Inspiration and Incarnation: Evangelicals and the Problem of the Old Testament*. Grand Rapids, MI: Baker Academic, 2005.

Erasmus, Desiderius. *A Diatribe or Sermon Concerning Free Will*. In *Discourse on Free Will*, translated and edited by Ernst F. Winter. New York: Continuum, 1989.

* Erickson, Millard J. *Christian Theology*. 3rd ed. Grand Rapids, MI: Baker, 2013.

————. *The Word Became Flesh: A Contemporary Incarnational Christology.* Grand Rapids, MI: Baker, 1991.

Ernesti, Johannes Augustus. *Opuscula Theologica.* Leipzig: Caspar Fritsch, 1773.

Erskine, Ralph. *Gospel Sonnets, or Spiritual Songs.* Edinburgh: by J. Ruthven and Sons, for J. Ogle et al., 1812.

Evans, C. Stephen, ed. *Exploring Kenotic Christology: The Self-Emptying of God.* Oxford: Oxford University Press, 2006.

Evans, Robert F. *Pelagius: Inquiries and Reappraisals.* New York: Seabury, 1968.

Fairweather, Eugene R., ed. and trans. *A Scholastic Miscellany: Anselm to Ockham.* Library of Christian Classics, Ichthus Edition. Philadelphia: Westminster, 1956.

Fee, Gordon D. *The First Epistle to the Corinthians.* The New International Commentary on the New Testament. Grand Rapids, MI: Eerdmans, 1987.

————. *Pauline Christology: An Exegetical-Theological Study.* Peabody, MA: Hendrickson, 2007.

Feinberg, John S. *No One Like Him: The Doctrine of God.* Foundations of Evangelical Theology. Wheaton, IL: Crossway, 2001.

Fenner, Dudley. *Sacra Theologia.* 2nd ed. Apud Eustathium Vignon, 1586.

Ferguson, Sinclair B. *The Holy Spirit.* Contours in Christian Theology. Downers Grove, IL: InterVarsity Press, 1996.

————. *The Whole Christ: Legalism, Antinomianism, and Gospel Assurance—Why the Marrow Controversy Still Matters.* Wheaton, IL: Crossway, 2016.

Ferguson, Sinclair B., and Derek W. H. Thomas. *Ichthus: Jesus Christ, God's Son, the Saviour.* Edinburgh: Banner of Truth, 2015.

Fergusson, James. *A Brief Exposition of the Epistles of Paul to the Galatians, Ephesians, Philippians, Colossians, and Thessalonians.* 1841. Reprint, Edinburgh: Banner of Truth, 1978.

Fesko, J. V. *The Covenant of Redemption: Origins, Development, and Reception.* Göttingen: Vandenhoek & Ruprecht, 2016.

————. *Death in Adam, Life in Christ: The Doctrine of Imputation.* Reformed, Exegetical and Doctrinal Studies. Fearn, Ross-shire, Scotland: Christian Focus, 2016.

————. *The Trinity and the Covenant of Redemption.* Fearn, Ross-shire, Scotland: Christian Focus, 2016.

Fields, Weston W. *Unformed and Unfilled: A Critique of the Gap Theory.* 1976. Reprint, Green Forest, AR: Master Books, 2005.

Finney, Charles G. *Lectures on Systematic Theology: Embracing Ability, (Natural, Moral, and Gracious,) Repentance, Impenitence, Faith and Unbelief,*

Justification, Sanctification, Election, Reprobation, Divine Purposes, Divine Sovereignty, and Perseverance. Oberlin, OH: James M. Fitch, 1847.

―――. *Lectures on Systematic Theology: Embracing Lectures on Moral Government, Together with Atonement, Moral and Physical Depravity, Regeneration, Philosophical Theories, and Evidences of Regeneration.* Oberlin, OH: James M. Fitch, 1846.

Fiorenza, Francis Schüssler, and John P. Galvin, eds. *Systematic Theology: Roman Catholic Perspectives.* Minneapolis: Fortress, 1991.

Fisher, Edward. *The Marrow of Modern Divinity.* Introduced by Philip Graham Ryken and William VanDoodewaard. Fearn, Ross-shire, Scotland: Christian Focus, 2009.

Fisher, James et al. *The Assembly's Shorter Catechism Explained.* Stoke-on-Trent, England: Berith, 1998.

Fitzmyer, Joseph. *Romans: A New Translation with Introduction and Commentary.* The Anchor Bible 33. New York: Doubleday, 1993.

Fitzpatrick, Elyse M. *Idols of the Heart: Learning to Long for God Alone.* Rev. ed. Phillipsburg, NJ: P&R, 2016.

* Flavel, John. *The Works of John Flavel.* 6 vols. 1820. Reprint, Edinburgh: Banner of Truth, 1968.

Ford, Paul Leicester, ed. *The New England Primer: A Reprint of the Earliest Known Edition, and Many Facsimiles and Reproductions, and an Historical Introduction.* New York: Dod, Mead, and Co., 1899.

Forsyth, P. T. *The Person and Place of Jesus Christ.* 1909. Reprint, Grand Rapids, MI: Eerdmans, 1964.

Foulkes, Francis. *Ephesians: An Introduction and Commentary.* Tyndale New Testament Commentaries 10. Downers Grove, IL: InterVarsity Press, 1989.

Frame, John M. *The Doctrine of God.* A Theology of Lordship. Phillipsburg, NJ: P&R, 2002.

―――. *The Doctrine of the Word of God.* A Theology of Lordship. Phillipsburg, NJ: P&R, 2010.

Freud, Sigmund. *A General Introduction to Psychoanalysis.* Translated by G. Stanley Hall. New York: Horace Liveright, 1920.

Friedan, Betty. *The Feminine Mystique.* New York: Dell, 1964.

Fudge, Edward William, and Robert A. Peterson. *Two Views of Hell: A Biblical and Theological Dialogue.* Downers Grove, IL: InterVarsity Press, 2000.

Fulgentius of Ruspe. *Selected Works.* Translated by Robert B. Eno. Fathers of the Church 95. Washington, DC: The Catholic University of America Press, 1997.

Gagnon, Robert A. J. *The Bible and Homosexual Practice: Texts and Hermeneutics.* Nashville: Abingdon, 2001.

Garland, David E. *1 Corinthians.* Baker Exegetical Commentary on the New Testament. Grand Rapids, MI: Baker Academic, 2003.

———. *2 Corinthians.* The New American Commentary 29. Nashville: Broadman & Holman, 1999.

Garner, Paul A. *The New Creationism: Building Scientific Theories on a Biblical Foundation.* Darlington, England: Evangelical Press, 2009.

Garrett, Duane A. *Hosea, Joel.* The New American Commentary 19A. Nashville: Broadman & Holman, 1997.

Gasque, W. Ward, and Ralph P. Martin, eds. *Apostolic History and the Gospel: Biblical and Historical Essays Presented to F. F. Bruce on His 60th Birthday.* Grand Rapids, MI: Eerdmans, 1970.

Gathercole, Simon J. *The Preexistent Son: Recovering the Christologies of Matthew, Mark, and Luke.* Grand Rapids, MI: Eerdmans, 2006.

Gatiss, Lee. *For Us and For Our Salvation: 'Limited Atonement' in the Bible, Doctrine, History, and Ministry.* London: The Latimer Trust, 2012.

Gentry, Peter J., and Stephen J. Wellum. *Kingdom through Covenant: A Biblical-Theological Understanding of the Covenants.* Wheaton, IL: Crossway, 2012. 2nd ed., 2018.

George, Timothy, ed. *Reformation Commentary on Scripture, Old Testament.* 15 vols. Downers Grove, IL: IVP Academic, 2012–.

Gerhard, Johann. *On the Person and Office of Christ.* Translated by Richard J. Dinda. Edited by Benjamin T. G. Mayes. St. Louis, MO: Concordia, 2009.

Gibson, David, and Jonathan Gibson, eds. *From Heaven He Came and Sought Her: Definite Atonement in Historical, Biblical, Theological, and Pastoral Perspective.* Wheaton, IL: Crossway, 2013.

Gielen, Steffen, and Neil Turok. "Perfect Quantum Cosmological Bounce." *Physical Review Letters* 117, no. 2 (July 8, 2016). http://journals.aps.org/prl/abstract/10.1103/PhysRevLett.117.021301.

* Gill, John. *A Complete Body of Doctrinal and Practical Divinity.* Paris, AR: The Baptist Standard Bearer, 1995.

———. *Gill's Commentary.* 6 vols. 1852–1854. Reprint, Grand Rapids, MI: Baker, 1980.

Gillespie, Patrick. *The Ark of the Covenant Opened, or, A Treatise of the Covenant of Redemption between God and Christ.* London: for Tho. Parkhurst, 1677.

———. *The Ark of the Testament Opened.* London: by R. C., 1661.

Gitt, Werner. *In the Beginning Was Information.* Green Forest, AR: Master Books,

2005.

Godwyn (or Goodwin), Thomas. *Moses and Aaron: Civil and Ecclesiastical Rites Used by the Ancient Hebrews*. 12th ed. London: for R. Scot et al., 1685.

Gomes, Alan W. "Faustus Socinus' *De Jesu Christo Servatore*, Part III: Historical Introduction, Translation and Critical Notes." PhD diss., Fuller Theological Seminary, 1990.

Gonzales, Robert, Jr. "The Covenantal Context of the Fall: Did God Make a Primeval Covenant with Adam?" *Reformed Baptist Theological Review* 4, no. 2 (2007): 5–32.

* Goodwin, Thomas. *The Works of Thomas Goodwin*. 12 vols. 1861–1866. Reprint, Grand Rapids, MI: Reformation Heritage Books, 2006.

Gootjes, Nicolaas H. "Calvin on Epicurus and the Epicureans: Background to a Remark in Article 13 of the Belgic Confession." *Calvin Theological Journal* 40 (2006): 33 – 48.

Gordon, Bruce, and Emidio Campi, eds. *Architect of Reformation: An Introduction to Heinrich Bullinger, 1504–1575*. Texts and Studies in Reformation and Post-Reformation Thought. Grand Rapids, MI: Baker Academic, 2004.

Gossett, Thomas F. *Race: The History of an Idea in America*. New ed. Oxford: Oxford University Press, 1997.

Gouge, William. *Building a Godly Home, Volume 1, A Holy Vision for Family Life*. Edited by Scott Brown and Joel R. Beeke. Grand Rapids, MI: Reformation Heritage Books, 2013.

———. *Commentary on the Whole Epistle to the Hebrews*. 3 vols. Edinburgh: James Nichol, 1866.

———. *Of Domestical Duties*. 1622. Reprint, Pensacola, FL: Puritan Reprints, 2006.

Gould, Stephen Jay. *The Structure of Evolutionary Theory*. Cambridge, MA: Harvard University Press, 2002.

Green, Joel B., Scot McKnight, and I. Howard Marshall, eds. *Dictionary of Jesus and the Gospels*. Downers Grove, IL: InterVarsity Press, 1992.

Greenham, Richard. *The Workes of the Reverend and Faithfull Servant of Jesus Christ M. Richard Greenham*. Edited by H. H. 5th ed. London: William Welby, 1612.

Greenhill, William. *An Exposition of the Prophet Ezekiel*. Edited by James Sherman. Edinburgh: James Nichol, 1864.

Gregory the Great. *Morals on the Book of Job*. 3 vols. Oxford: John Henry Parker, 1844.

Greidanus, Sidney. *Preaching Christ from Genesis: Foundations for Expository*

Sermons. Grand Rapids, MI: Eerdmans, 2007.

Grenfell, Bernard P., and Arthur S. Hunt, eds. *New Classical Fragments, and Other Greek and Latin Papyri*. Greek Papyri, Series II. Oxford: Oxford University Press, 1897.

Gribben, Crawford. *Evangelical Millennialism in the Trans-Atlantic World, 1500–2000*. New York: Palgrave Macmillan, 2011.

Gribben, Crawford, and Timothy C. F. Stunt, eds. *Prisoners of Hope? Aspects of Evangelical Millennialism in Britain and Ireland, 1800–1880*. Studies in Evangelical History and Thought. Eugene, OR: Wipf and Stock, 2004.

Grillmeier, Aloys. *Christ in the Christian Tradition, Volume 1: From the Apostolic Age to Chalcedon (451)*. Translated by John Bowden. 2nd ed. Atlanta: John Knox, 1975.

Grillmeier, Aloys, with Theresia Hainthaler. *Christ in the Christian Tradition, Volume 2: From the Council of Chalcedon (451) to Gregory the Great (590–604), Part 2: The Church of Constantinople in the Sixth Century*. Translated by Pauline Allen and John Cawte. Louisville: Westminster John Knox, 1995.

Grotius, Hugo. *A Defence of the Catholic Faith Concerning the Satisfaction of Christ, against Faustus Socinus*. Translated by Frank Hugh Foster. Andover, MA: Warren F. Draper, 1889.

———. *Operum Theologicorum*. 3 vols. Amsterdam: Joannis Blaev, 1679.

Grudem, Wayne. *1 Peter: An Introduction and Commentary*. Tyndale New Testament Commentaries 17. Downers Grove, IL: InterVarsity Press, 1988.

———. *Evangelical Feminism and Biblical Truth: An Analysis of More than 100 Disputed Questions*. Sisters, OR: Multnomah, 2004.

———. "He Did Not Descend into Hell: A Plea for Following Scripture instead of the Apostles' Creed." *Journal of the Evangelical Theological Society* 34, no. 1 (March 1991): 103–113.

———. *Systematic Theology: An Introduction to Biblical Doctrine*. Grand Rapids, MI: Zondervan, 1994.

Gundry, Robert H. *Sōma in Biblical Theology: With Emphasis on Pauline Anthropology*. Grand Rapids, MI: Zondervan, 1987.

Gurnall, William. *The Christian in Complete Armour*. 2 vols. in 1. 1662–1665. Reprint, Edinburgh: Banner of Truth, 2002.

Guthrie, Donald. *Hebrews: An Introduction and Commentary*. Tyndale New Testament Commentaries 15. Downers Grove, IL: InterVarsity Press, 1983.

Guthrie, George H. *2 Corinthians*. Baker Exegetical Commentary on the New Testament. Grand Rapids, MI: Baker Academic, 2015.

———. *Hebrews*. The NIV Application Commentary. Grand Rapids, MI:

Zondervan, 1998.

Gutiérrez, Gustavo. *A Theology of Liberation.* Maryknoll, NY: Orbis, 1973.

Haga, Joar. *Was There a Lutheran Metaphysic? The Interpretation of Communicatio Idiomatum in Early Modern Lutheranism.* Göttingen: Vandenhoek & Ruprecht, 2012.

Hagopian, David G., ed. *The Genesis Debate: Three Views on the Days of Creation.* Mission Viejo, CA: Crux Press, 2001.

Hall, Francis J. *The Kenotic Theory: Considered with Particular Reference to Its Anglican Forms and Arguments.* New York: Longmans, Green, and Co., 1898.

Hamilton, Victor P. *The Book of Genesis, Chapters 1–17.* The New International Commentary on the Old Testament. Grand Rapids, MI: Eerdmans, 1990.

————. *The Book of Genesis, Chapters 18–50.* The New International Commentary on the Old Testament. Grand Rapids, MI: Eerdmans, 1995.

Hanna, William. *Memoirs of the Life and Writings of Thomas Chalmers.* Edinburgh: Thomas Constable, 1842.

Hansen, G. Walter. *The Letter to the Philippians.* The Pillar New Testament Commentary. Grand Rapids, MI: Eerdmans, 2009.

Harman, Allan M. *Deuteronomy: The Commands of a Covenant God.* Focus on the Bible. Fearn, Ross-shire, Scotland: Christian Focus, 2001.

Harnack, Adolf. *History of Dogma.* Translated by Neil Buchanan. 7 vols. Boston: Roberts Brothers, 1895–1900.

————. *Marcion: The Gospel of the Alien God.* Translated by John E. Steely and Lyle D. Bierma. Durham, NC: Labyrinth, 1990.

————. *What Is Christianity? Lectures Delivered in the University of Berlin During the Winter-Term 1899–1900.* Translated by Thomas Bailey Saunders. Rev. 2nd ed. New York: G. P. Putnam's Sons, 1902.

Harris, Robert. *A Brief Discourse of Mans Estate in the First and Second Adam.* London: by J. Flesher for John Bartlet, the elder, and John Bartlet, the younger, 1653.

Haugaard, William P. "Arius: Twice a Heretic? Arius and the Human Soul of Christ." *Church History* 29, no. 3 (September 1960): 251–263.

Havergal, Frances R. *Under the Surface.* 3rd ed. London: J. Nisbet and Co., 1876.

Haykin, Michael A. G., and Mark Jones, eds. *Drawn into Controversie: Reformed Theological Diversity and Debates within Seventeenth-Century British Puritanism.* Reformed Historical Theology 17. Göttingen: Vandenhoeck & Ruprecht, 2011.

Helm, Paul. *Human Nature from Calvin to Edwards.* Grand Rapids, MI:

Reformation Heritage Books, 2018.

————. *John Calvin's Ideas*. Oxford: Oxford University Press, 2004.

Hendriksen, William. *The Gospel of John*. New Testament Commentary. 2 vols. in 1. Grand Rapids, MI: Baker, 1953.

Henry, Carl F. H. *God, Revelation and Authority*. 6 vols. Waco, TX: Word, 1976.

Henry, Matthew. *Matthew Henry's Commentary on the Whole Bible: Complete and Unabridged in One Volume*. Peabody, MA: Hendrickson, 1994.

Henry, Philip. *Christ All in All: What Christ Is Made to Believers*. Grand Rapids, MI: Soli Deo Gloria, 2016.

Herder, J. G. *The Spirit of Hebrew Poetry*. Translated by James Marsh. 2 vols. in one. Burlington: Edward Smith, 1833.

Herodotus. *Herodotus, Volume 1*. Translated by A. D. Godley. Loeb Classical Library. London: William Heinemann, 1946.

Hick, John, ed. *The Myth of God Incarnate*. London: SCM, 1977.

Hicks, John Mark. "The Theology of Grace in the Thought of Jacobus Arminius and Philip van Limborch: A Study in the Development of Seventeenth-Century Dutch Arminianism." PhD diss., Westminster Theological Seminary, 1985. http://evangelicalarminians.org/wp-content/uploads/2013/07/Hicks.-The-Theology-of-Grace-in-the-Thought-of-Arminius-and-Limborch .pdf.

Hodge, Archibald A. *The Atonement*. Reprint, London: Evangelical Press, 1974.

————. *Outlines of Theology*. 1879. Reprint, Grand Rapids, MI: Zondervan, 1973.

Hodge, Charles. *A Commentary on 1 & 2 Corinthians*. Edinburgh: Banner of Truth, 1974.

————. *Discussions in Church Polity*. Edited by William Durant. Preface by Archibald Alexander Hodge. New York: Charles Scribner's Sons, 1878.

————. *Ephesians*. The Geneva Series of Commentaries. Edinburgh: Banner of Truth, 1964.

* ————. *Systematic Theology*. 3 vols. Peabody, MA: Hendrickson, 1999.

* Hoekema, Anthony A. *Created in God's Image*. Grand Rapids, MI: Eerdmans, 1986.

Hoenecke, Adolf. *Evangelical Lutheran Dogmatics*. Translated by James Langebartels. 4 vols. Milwaukee, WI: Northwestern Publishing House, 1999–2009.

Honey, Charles. "Adamant on Adam: Resignation of Prominent Scholar Underscores Tension over Evolution." *Christianity Today* (June 2010): 14.

Hooker, Thomas. *The Application of Redemption by the Effectual Work of the Word, and Spirit of Christ, for the Bringing Home of Lost Sinners to God. The First Eight Books*. London: Peter Cole, 1656.

―――. *The Application of Redemption, The Ninth and Tenth Books*. Ames, IA: International Outreach, 2008.

―――. *A Briefe Exposition of the Lords Prayer*. London: by Moses Bell for Benjamin Allen, 1645.

―――. *The Poor Doubting Christian Drawn to Christ*. Hartford: Robins and Smith, 1845.

―――. *The Soules Exaltation*. London: by Iohn Haviland, for Andrew Crooke, 1638.

―――. *The Soul's Humiliation*. Ames, IA: International Outreach, 2000.

Hooper, John. *Early Writings*. Edited by Samuel Carr. Cambridge: Cambridge University Press, 1843.

Hoover, Roy W. "The Harpagmos Enigma: A Philological Solution." *Harvard Theological Review* 64 (1971): 95–119.

Hopkins, Ezekiel. *The Doctrine of the Two Covenants*. London: Richard Smith, 1712.

―――. *The Works of Ezekiel Hopkins*. 3 vols. Philadelphia: The Leighton Publications, 1874.

Horner, Tom. *Jonathan Loved David: Homosexuality in Biblical Times*. Philadelphia: Westminster, 1978.

Horton, Michael. *The Christian Faith: A Systematic Theology for Pilgrims on the Way*. Grand Rapids, MI: Zondervan, 2011.

Howe, John. *The Works of the Rev. John Howe*. London: Henry G. Bohn, 1846.

Howell, Robert Boyte C. *The Covenants*. Charleston, NC: Southern Baptist Publication Society, 1855.

Huber, Karen C. "The Pelagian Heresy: Observations on Its Social Context." PhD diss., Oklahoma State University, 1979.

Huey, F. B. *Jeremiah, Lamentations*. The New American Commentary 16. Nashville: Broadman & Holman, 1993.

Hughes, Philip E. *A Commentary on the Epistle to the Hebrews*. Grand Rapids, MI: Eerdmans, 1977.

―――. *Paul's Second Epistle to the Corinthians*. The New International Commentary on the New Testament. Grand Rapids, MI: Eerdmans, 1962.

Hurley, James B. *Man and Woman in Biblical Perspective*. Grand Rapids, MI: Zondervan, 1981.

Hurtado, Larry W. *Lord Jesus Christ: Devotion to Jesus in Earliest Christianity*. Grand Rapids, MI: Eerdmans, 2003.

Husbands, Mark, and Daniel J. Treier, eds. *Justification: What's at Stake in the Current Debate*. Downers Grove, IL: InterVarsity Press, 2004.

Hutchinson, George P. *The Problem of Original Sin in American Presbyterian Theology*. Nutley, NJ: Presbyterian and Reformed, 1972.

Hyde, Daniel R. *In Defense of the Descent: A Response to Contemporary Critics.* Grand Rapids, MI: Reformation Heritage Books, 2010.

Innes, Stephen. *Creating the Commonwealth: The Economic Culture of Puritan New England.* New York: W. W. Norton, 1995.

International Theological Commission [of the Vatican]. *Communion and Stewardship: Human Persons Created in the Image of God*. http://www .vatican.va/roman curia/congregations/cfaith/cti_documents/rc_con_cfaith_ doc_20040723_communion-stewardship_en.html.

Ironside, H. A. *The Great Parenthesis*. Grand Rapids, MI: Zondervan, 1943.

Isbell, R. Sherman. "The Origin of the Concept of the Covenant of Works." ThM thesis, Westminster Theological Seminary, 1976.

Jackson, Samuel Macauley, ed. *The New Schaff-Herzog Encyclopedia of Religious Knowledge*. 12 vols. New York; London: Funk & Wagnalls, 1908–1914.

Jay, William. *Morning Exercises for Every Day in the Year*. New York: American Tract Society, 1828.

Jeffrey, Steve, Michael Ovey, and Andrew Sach. *Pierced for Our Transgressions: Rediscovering the Glory of Penal Substitution*. Wheaton, IL: Crossway, 2007.

Jennings, David. *A Vindication of the Scripture-Doctrine of Original Sin, from Mr Taylor's Free and Candid Examination of It*. London: R. Hett and J. Oswald, 1740.

Jeon, Jeong Koo. *Covenant Theology: John Murray's and Meredith G. Kline's Response to the Historical Development of Federal Theology in Reformed Thought*. Lanham, MD: University Press of America, 1999.

Jersak, Brad, and Michael Hardin, eds. *Stricken by God? Nonviolent Identification and the Victory of Christ*. Grand Rapids, MI: Eerdmans, 2007.

Jervis, Adrienne L. "O Death, Where Is Thy Victory? A Study of Christ's *Descensus ad Inferos* in the Odes of Solomon." PhD diss., University of Edinburgh, 1995.

Jobes, Karen H. *1 Peter*. Baker Exegetical Commentary on the New Testament. Grand Rapids, MI: Baker Academic, 2005.

John Paul II. *Incarnationis Mysterium: Bull of Indication of the Great Jubilee of the Year 2000*, and *Conditions for Gaining the Jubilee Indulgence*. The Vatican. November 29, 1998. http://www.vatican.va/jubilee2000/docs/documents/hf_ jp-ii_doc_30111998_bolla -jubilee_en.html.

John Paul II and Dinkha IV. *Common Christological Declaration between the*

Catholic Church and the Assyrian Church of the East. November 11, 1994.
http://www.vatican.va/roman_curia/pontifical_councils/chrstuni/documents/
rc_pc_chrstuni_doc_11111994_assyrian-church_en.html.

Johnson, Dennis E. *Him We Proclaim: Preaching Christ from All the Scriptures.*
Phillipsburg, NJ: P&R, 2007.

Johnson, Phillip E. *Darwin on Trial.* Downers Grove, IL: InterVarsity Press, 1991.

Johnson, Terry L. et al. *The Worship of God: Reformed Concepts of Biblical
Worship.* Fearn, Ross-shire, Scotland: Christian Focus, 2005.

Jones, Mark. *Antinomianism: Reformed Theology's Unwelcome Guest?*
Phillipsburg, NJ: P&R, 2013.

————. *A Christian's Pocket Guide to Jesus Christ: An Introduction to Christology.*
Fearn, Ross-shire, Scotland, Christian Focus, 2012.

Josephus, Flavius. *Flavia Josephi Opera.* Edited by Benedictus Niese. Berolini:
Weidmannos, 1888.

————. *The Works of Josephus.* Translated by William Whiston. Peabody, MA:
Hendrickson, 1987.

Junius, Franciscus. *Opuscula Theologica Selecta.* Edited by Abraham Kuyper.
Bibliotheca Reformata 1. Amsterdam: Fredericum Muller cum Soc. Et
Joannem Hermannum Kruyt, 1882.

————. *A Treatise on True Theology: With the Life of Franciscus Junius.* Translated
by David C. Noe. Grand Rapids, MI: Reformation Heritage Books, 2014.

Karlberg, Mark W. *Covenant Theology in Reformed Perspective.* Eugene, OR: Wipf
and Stock, 2000.

Kassian, Mary A. *The Feminist Mistake: The Radical Impact of Feminism on
Church and Culture.* Wheaton, IL: Crossway, 2005.

Kaufmann, Matthias, and Alexander Aichele, eds. *A Companion to Luis de Molina.*
Leiden: Brill, 2014.

Keach, Benjamin. *The Ax Laid to the Root: or, One Blow More at the Foundation of
Infant Baptism, and Church-Membership ... Part I.* London: for the Author,
1693.

————. *The Display of Glorious Grace, or, The Covenant of Peace Opened.*
London: by S. Bridge, for Mary Fabian, Joseph Collier, and William
Marshall, 1698.

————. *The Everlasting Covenant, a Sweet Cordial for a Drooping Soul: or, the
Excellent Nature of the Covenant of Grace Opened.* London: for H. Barnard,
1692.

————. *Preaching from the Types and Metaphors of the Bible.* 1855. Reprint,
Grand Rapids, MI: Kregel, 1972.

Kelly, Douglas F. *Creation and Change: Genesis 1.1–2.4 in the Light of Changing Scientific Paradigms.* Fearn, Ross-shire, Scotland: Christian Focus, 1997.

* ———. *Systematic Theology: Grounded in Holy Scripture and Understood in the Light of the Church, Volume 2, The Beauty of Christ: A Trinitarian Vision.* Fearn, Ross-shire, Scotland: Christian Focus, 2014.

Kelly, J. N. D. *Early Christian Creeds.* 3rd ed. London: Routledge, 1950.

———. *Early Christian Doctrines.* 5th ed. London: Bloomsbury, 1977.

Keown, Gerald L., Pamela J. Scalise, and Thomas G. Smothers. *Jeremiah 26–52.* Word Biblical Commentary 27. Nashville: Thomas Nelson, 1995.

Kersten, G. H. *Reformed Dogmatics: A Systematic Treatment of Reformed Doctrine.* 2 vols. Grand Rapids, MI: Netherlands Reformed Book and Publishing Committee, 1980.

Kidner, Derek. *Genesis.* Tyndale Old Testament Commentaries. Downers Grove, IL: InterVarsity Press, 1967.

———. *Psalms 73–150: An Introduction and Commentary.* Tyndale Old Testament Commentaries. Downers Grove, IL: InterVarsity Press, 1975.

Kim, Chankyu. *Balthasar Hubmaier's Doctrine of Salvation in Dynamic and Relational Perspective.* Eugene, OR: Pickwick, 2013.

Kim, Yoon-Hee. "'The Prophet like Moses': Deut. 18:15–22 Reexamined within the Context of the Pentateuch and in Light of the Final Shape of the TaNaK." PhD diss., Trinity Evangelical Divinity School, 1995.

Kistler, Don, ed. *Justification by Faith Alone.* Morgan, PA: Soli Deo Gloria, 1995.

———. *Law and Liberty: A Biblical Look at Legalism.* Orlando, FL: The Northampton Press, 2014.

Klein, George L. *Zechariah.* The New American Commentary 21B. Nashville: Broadman & Holman, 2008.

Kline, Meredith G. *By Oath Consigned: A Reinterpretation of the Covenant Signs of Circumcision and Baptism.* Grand Rapids, MI: Eerdmans, 1968.

———. *Glory in Our Midst: A Biblical-Theological Reading of Zechariah's Night Visions.* Eugene, OR: Wipf and Stock, 2001.

———. "Gospel until the Law: Rom 5:13–14 and the Old Covenant." *Journal of the Evangelical Theological Society* 34, no. 4 (December 1991): 433–446.

———. *Kingdom Prologue: Genesis Foundations for a Covenantal Worldview.* Overland Park, KS: Two Age Press, 2000.

———. *Treaty of the Great King: The Covenantal Structure of Deuteronomy.* Eugene, OR: Wipf and Stock, 1963.

Knight, George W., III. *The Pastoral Epistles: A Commentary on the Greek Text.* The New International Greek Testament Commentary. Grand Rapids, MI:

Eerdmans, 1992.

Knox, John. *The Works of John Knox*. Edited by David Laing. 6 vols. Edinburgh: Thomas George Stevenson, 1864.

Kolb, Robert. *Bound Choice, Election, and Wittenberg Theological Method.* Lutheran Quarterly Books. Edited by Paul Rorem. Grand Rapids, MI: Eerdmans, 2005.

Kolb, Robert, Irene Dingel, and L'Ubomír Batka, eds. *The Oxford Handbook of Martin Luther's Theology*. Oxford: Oxford University Press, 2014.

Köstenberger, Andreas J., and Margaret E. Köstenberger. *God's Design for Man and Woman: A Biblical-Theological Survey*. Wheaton, IL: Crossway, 2014.

Kremer, F. W. "The Impeccability of the Lord Jesus Christ." *The Reformed Theological Review* 26 (April 1879): 258–277.

Krummacher, F. W. *The Suffering Saviour.* Edinburgh: Banner of Truth, 2004.

Kruse, Colin G. *The Letters of John*. The Pillar New Testament Commentary. Grand Rapids, MI: Eerdmans, 2000.

Kuyper, Abraham. *A Centennial Reader*. Edited by James D. Bratt. Grand Rapids, MI: Eerdmans, 1998.

[Lacunza, Manuel] Ben-Ezra, Juan Josafat. *The Coming of the Messiah in Glory and Majesty*. Translated by Edward Irving. 2 vols. London: L. B. Seeley and Son, 1827.

Ladd, George E. *A Theology of the New Testament*. Rev. ed. Grand Rapids, MI: Eerdmans, 1993.

Laidlaw, John. *Bible Doctrine of Man, or The Anthropology and Psychology of Scripture*. Rev. ed. Edinburgh: T&T Clark, 1895.

Lane, Eric. *Psalms 1–89: The Lord Saves*. Focus on the Bible. Fearn, Rossshire, Scotland: Christian Focus, 2006.

Lane, W. L. *Hebrews*. Word Biblical Commentary. Dallas, TX: Word, 1991.

Lang, U. M. "Anhypostatos-Enhypostatos: Church Fathers, Protestant Orthodoxy and Karl Barth." *Journal of Theological Studies* NS 49, pt. 2 (October 1998): 630–657.

Lange, John Peter. *A Commentary on the Holy Scriptures*. Translated by Tayler Lewis and A. Gosman. Bellingham, WA: Logos Bible Software, 2008.

Large, James. *Sunday Readings for a Year: or, Two Hundred and Eighty Scripture Titles and Symbols of Christ*. London: Hodder and Stoughton, 1879.

Lavallee, Louis. "Augustine on the Creation Days." *Journal of the Evangelical Theological Society* 32, no. 4 (December 1989): 457–464.

Law, Henry. *"Christ Is All." The Gospel of the Pentateuch: Exodus*. London: The Religious Tract Society, 1867.

Lea, Thomas D., and Hayne P. Griffin. *1, 2 Timothy, Titus*. The New American Commentary 34. Nashville: Broadman & Holman, 1992.

Lehner, Ulrich L., Richard A. Muller, and A. G. Roeber, eds. *The Oxford Handbook of Early Modern Theology, 1600–1800*. Oxford: Oxford University Press, 2016.

Leigh, Edward. *A Treatise of the Divine Promises*. London: George Miller, 1633.

Leighton, Robert. *A Commentary upon the First Epistle of Peter*. In *The Whole Works of Robert Leighton*. New York: Robert Carter and Brothers, 1859.

Leith, John H., ed. *Creeds of the Churches: A Reader in Christian Doctrine from the Bible to the Present*. 3rd ed. Louisville: Westminster/John Knox, 1982.

Lerner, Eric. "Bucking the Big Bang." *New Scientist*. May 22, 2004. https://www.newscientist.com/article/mg18224482-900-bucking-the-big-bang/.

Letham, Robert. "Baptism in the Writings of the Reformers." *The Scottish Bulletin of Evangelical Theology* 7, no. 1 (Spring 1989): 21– 44. http://www.biblicalstudies.org.uk/articles_sbet-01.php.

———. *The Message of the Person of Christ*. The Bible Speaks Today, Bible Themes. Nottingham, England: Inter-Varsity Press, 2013.

———. *Systematic Theology*. Wheaton, IL: Crossway, 2019.

———. *The Work of Christ*. Contours of Christian Theology. Downers Grove, IL: InterVarsity Press, 1993.

Levering, Matthew. *The Theology of Augustine: An Introductory Guide to His Most Important Works*. Grand Rapids, MI: Baker Academic, 2013.

Lewis, C. S. *The Problem of Pain*. New York: HarperCollins, 2001.

Lewis, John. *The Life of the Learned and Right Reverend Reynold Pecock*. New ed. Oxford: Oxford University Press, 1820.

Lightfoot, J. B. *Saint Paul's Epistle to the Philippians*. London: Macmillan and Co., 1903.

Lightner, Robert P. *The Death Christ Died: A Case for Unlimited Atonement*. Des Plaines, IL: Regular Baptist Press, 1967.

Lillback, Peter A. *The Binding of God: Calvin's Role in the Development of Covenant Theology*. Texts and Studies in Reformation and Post-Reformation Thought. Grand Rapids, MI: Baker Academic, 2001.

Lim, Won Taek. *The Covenant Theology of Francis Roberts*. Chungnam, South Korea: King and Kingdom, 2002.

Lincoln, Andrew T. *Ephesians*. Word Biblical Commentary 42. Dallas, TX: Word, 1990.

Lincoln, Charles Fred. "The Development of the Covenant Theory." *Bibliotheca Sacra* 100 (1943): 134 –63.

Lints, Richard. *Identity and Idolatry: The Image of God and Its Inversion*. New Studies in Biblical Theology. Downers Grove, IL: InterVarsity Press, 2015.

Litton, E. A. *Introduction to Dogmatic Theology*. Edited by Philip E. Hughes. London: James Clarke, 1960.

Livy. *Livy, Volume 4*. Translated by B. O. Foster. Loeb Classical Library. London: William Heinemann, 1926.

Lloyd-Jones, Martyn. *Life in Christ: Studies in 1 John. Volume 4: The Love of God*. Wheaton, IL: Crossway, 1994.

Lohse, Bernhard. *Martin Luther's Theology: Its Historical and Systematic Development*. Translated and edited by Roy A. Harrisville. Minneapolis: Fortress, 1999.

* Lombard, Peter. *The Sentences*. Translated by Giulio Silano. 4 vols. Toronto: Pontifical Institutes of Mediaeval Studies, 2007–2010.

Longenecker, Richard N. *Galatians*. Word Biblical Commentary 41. Dallas, TX: Word, 1990.

Longenecker, Richard N., and Merrill C. Tenney, eds. *New Dimensions in New Testament Study*. Grand Rapids, MI: Zondervan, 1974.

Longman, Tremper, III, and David E. Garland, eds. *The Expositor's Bible Commentary, Revised Edition*. 13 vols. Grand Rapids, MI: Zondervan, 2006–2012.

Lova, Elikana Asheri, and Elia Shabani Mligo. *He Descended into Hell: A Christological Study of the Apostles' Creed and Its Implications to Christian Teaching and Preaching in Africa*. Eugene, OR: Wipf and Stock, 2015.

Love, Christopher. *The Naturall Mans Case Stated: or, an Exact Mapp of the Little World Man, Considered in Both His Capacities, Either in the State of Nature, or Grace*. London: by E. Cotes, for George Eversden, 1652.

———. *The Natural Man's Condition*. Edited by Don Kistler. Orlando, FL: Northampton Press, 2012.

Luther, Martin. *The Bondage of the Will*. Translated by James I. Packer and O. R. Johnston. Grand Rapids, MI: Baker, 1957.

* ———. *Luther's Works*. Edited by Jaroslav Pelikan et al. 79 vols. St. Louis, MO: Concordia, 1958–2016.

———. *Sermons of Martin Luther*. Edited and translated by John Nicholas Lenker. 8 vols. Grand Rapids, MI: Baker, 1989.

MacArthur, John, and Richard Mayhue, eds. *Biblical Doctrine: A Systematic Summary of Bible Truth*. Wheaton, IL: Crossway, 2017.

Macedo, Breno L. "The Covenant Theology of Robert Rollock." ThM thesis, Puritan Reformed Theological Seminary, 2012.

Machen, J. Gresham. *Christianity and Liberalism*. 1923. Reprint, Grand Rapids, MI: Eerdmans, 1992.

———. *The Virgin Birth of Christ*. New York: Harper, 1930.

Mackay, John L. *Haggai, Zechariah, Malachi: God's Restored People*. Focus on the Bible. Fearn, Ross-shire, Scotland: Christian Focus, 2003.

———. *Jeremiah: An Introduction and Commentary, Volume 1, Chapters 1–20*. Mentor Commentary. Fearn, Ross-shire, Scotland: Christian Focus, 2004.

———. *Jeremiah: An Introduction and Commentary, Volume 2: Chapters 21–52*. Mentor Commentary. Fearn, Ross-shire, Scotland: Christian Focus, 2004.

———. *Jonah, Micah, Nahum, Habakkuk and Zephaniah*. Focus on the Bible. Fearn, Ross-shire, Scotland: Christian Focus, 1998.

Macleod, Donald. *The Person of Christ*. Contours of Christian Theology. Downers Grove, IL: InterVarsity Press, 1998.

Madueme, Hans, and Michael Reeves, eds. *Adam, the Fall, and Original Sin: Theological, Biblical, and Scientific Perspectives*. Grand Rapids, MI: Baker Academic, 2014.

Magueijo, João. "New Varying Speed of Light Theories." October 15, 2003. Cornell University. https:// arxiv .org /pdf /astro -ph /0305 4 57v3 .pdf.

Manton, Thomas. *The Complete Works of Thomas Manton*. 22 vols. London: James Nisbet, 1871.

Mariña, Jacqueline, ed. *The Cambridge Companion to Friedrich Schleiermacher*. Cambridge: Cambridge University Press, 2005.

Marshall, I. Howard. *The Gospel of Luke*. New International Greek Testament Commentary. Grand Rapids, MI: Eerdmans, 1978.

Martin, Hugh. *The Atonement: In Its Relation to the Covenant, the Priesthood, the Intercession of Our Lord*. Edinburgh: James Gemmell and George Bridge, 1887.

———. *Christ's Presence in the Gospel History*. 2nd ed. Edinburgh: John MacLaren, 1865.

Martin, Ralph P. *Carmen Christi: Philippians ii.5–11 in Recent Interpretation and in the Setting of Early Christian Worship*. Society for New Testament Studies Monograph Series 4. Cambridge: Cambridge University Press, 1967.

———. *Philippians: An Introduction and Commentary*. Tyndale New Testament Commentaries 11. Downers Grove, IL: InterVarsity Press, 1987.

Mason, William. *A Spiritual Treasury for the Children of God*. 1834. Reprint, Grand Rapids, MI: Reformation Heritage Books, n.d.

Mathews, Kenneth A. *Genesis 1–11:26*. The New American Commentary 1A.

Nashville: Broadman & Holman, 1996.

———. *Genesis 11:27–50:26*. The New American Commentary 1B. Nashville: Broadman & Holman, 2005.

May, Gerhard. *Creatio ex Nihilo: The Doctrine of "Creation Out of Nothing" in Early Christian Thought*. Translated by A. S. Worrall. Edinburgh: T&T Clark, 1994.

McCall, Thomas H. *Against God and Nature: The Doctrine of Sin*. Foundations of Evangelical Theology. Wheaton, IL: Crossway, 2019.

McComiskey, Thomas E. *The Covenants of Promise: A Theology of the Old Testament Covenants*. Grand Rapids, MI: Baker, 1985.

McComiskey, Thomas E., ed. *The Minor Prophets: An Exegetical and Expository Commentary*. 3 vols. Grand Rapids, MI: Baker, 1992–1998.

McConnell, D. R. *A Different Gospel: A Historical and Biblical Analysis of the Modern Faith Movement*. Peabody, MA: Hendrickson, 1988.

McCoy, Charles S., and J. Wayne Baker. *Fountainhead of Federalism: Heinrich Bullinger and the Covenantal Tradition*. Louisville: Westminster/John Knox, 1991.

McCree, Walter T. "The Covenant Meal in the Old Testament." *Journal of Biblical Literature* 45, no. 1/2 (1926): 120–128.

McDonald, H. D. *The Atonement of the Death of Christ: In Faith, Revelation, and History*. Grand Rapids, MI: Baker, 1985.

McElrath, Damian, ed. *Franciscan Christology: Selected Texts, Translations, and Introductory Essays*. St. Bonaventure, NY: Franciscan Institute of St. Bonaventure University, 1980.

McGinn, Bernard. *Anti-Christ: Two Thousand Years of the Human Fascination with Evil*. San Francisco: HarperCollins, 1994.

McGrath, Alister E. *Iustitia Dei: A History of the Christian Doctrine of Justification*. 3rd ed. Cambridge: Cambridge University Press, 2005.

———. *The Making of Modern German Christology*. Oxford: Basil Blackwell, 1986.

M'Cheyne, Robert Murray. *Memoir and Remains of Robert Murray M'Cheyne*. Edited by Andrew Bonar. 1892. Reprint, Edinburgh: Banner of Truth, 1966.

McKelvey, R. J. "Christ the Cornerstone." *New Testament Studies* 8 (1962): 352–359.

Meade, John D. "The Meaning of Circumcision in Israel: A Proposal for a Transfer of Rite from Egypt to Israel." *Southern Baptist Journal of Theology* 20, no. 1 (2016): 35–54.

Melick, Richard R. *Philippians, Colossians, Philemon*. The New American

Commentary 32. Nashville: Broadman & Holman, 1991.

Merrick, J., and Stephen M. Garrett, eds. *Five Views on Biblical Inerrancy.* Counterpoints: Bible and Theology. Grand Rapids, MI: Zondervan, 2013.

Merrill, Eugene H. *Deuteronomy.* The New American Commentary 4. Nashville: Broadman & Holman, 1994.

Meyer, Joyce. *The Most Important Decision You Will Ever Make.* New York: Warner Faith, 2003.

Mickelsen, Alvera, ed. *Women, Authority, and the Bible.* Downers Grove, IL: InterVarsity Press, 1986.

Migne, J. P., ed. *Patrologiae Graeca.* 161 vols. Paris: Imprimerie Catholique, 1857–1866.

Miley, John. *Systematic Theology.* 2 vols. New York: Eaton & Mains; Cincinnati: Curts & Jennings, 1894.

Miller, Hugh. *The Testimony of the Rocks: Or, Geology in Its Bearings on the Two Theologies, Natural and Revealed.* Boston: Gould and Lincoln, 1857.

Miller, J. R. *Week-Day Religion.* Philadelphia: Presbyterian Board of Publication, 1880.

Moffat, J. W. "Superluminary Universe: A Possible Solution to the Initial Value Problem in Cosmology." Revised November 14, 1998. Cornell University. https://arxiv.org/abs/gr-qc/9211020. Originally published in *International Journal of Modern Physics* D, 2, no. 3 (1993): 351–365.

Mohler, R. Albert, Jr., ed. *God and the Gay Christian? A Response to Matthew Vines.* Louisville: SBTS Press, 2014. http://sbts.me/ebook.

————. *We Cannot Be Silent: Speaking Truth to a Culture Redefining Sex, Marriage, and the Very Meaning of Right and Wrong.* Nashville: Thomas Nelson, 2015.

Mollenkott, Virginia R. *Omnigender: A Trans-Religious Approach.* Cleveland: Pilgrim Press, 2001.

Moltmann, Jürgen. *The Crucified God: The Cross of Christ as the Foundation and Criticism of Christian Theology.* New York: Harper & Row, 1974.

————. *The Way of Jesus Christ: Christology in Messianic Dimensions.* Translated by Margaret Kohl. San Francisco: HarperCollins, 1990.

Moo, Douglas J. *The Epistle to the Romans.* The New International Commentary on the New Testament. Grand Rapids, MI: Eerdmans, 1996.

————. *The Letter of James.* The Pillar New Testament Commentary. Grand Rapids, MI: Eerdmans, 2000.

————. *The Letters to the Colossians and to Philemon.* Grand Rapids, MI: Eerdmans, 2008.

Moore, Jonathan D. *English Hypothetical Universalism: John Preston and the Softening of Reformed Theology*. Grand Rapids, MI: Eerdmans, 2007.

Moreland, J. P., and William Lane Craig. *Philosophical Foundations for a Christian Worldview*. 2nd ed. Downers Grove, IL: InterVarsity Press, 2003.

Moreland, J. P., Stephen C. Meyer, Christopher Shaw, Ann K. Gauger, and Wayne Grudem, eds. *Theistic Evolution: A Scientific, Philosophical, and Theological Critique*. Wheaton, IL: Crossway, 2017.

Morison, James Cotter. *The Life and Times of Saint Bernard*. London: Macmillan and Co., 1894.

Morris, Desmond. *The Naked Ape: A Zoologist's Study of the Human Animal*. London: Jonathan Cape, 1967.

Morris, Leon. *1 Corinthians*. Tyndale New Testament Commentaries. Downers Grove, IL: InterVarsity Press, 1985.

———. *The Apostolic Preaching of the Cross*. 3rd ed. Grand Rapids, MI: Eerdmans, 1965.

———. *The Cross in the New Testament*. Grand Rapids, MI: Eerdmans, 1965.

———. *The Epistle to the Romans*. The Pillar New Testament Commentary. Grand Rapids, MI: Eerdmans, 1988.

———. *The Gospel according to John*. Rev. ed. The New International Commentary on the New Testament. Grand Rapids, MI: Eerdmans, 1995.

———. *The Gospel according to Matthew*. The Pillar New Testament Commentary. Grand Rapids, MI: Eerdmans; Leicester, England: Inter-Varsity Press, 1992.

———. *Luke: An Introduction and Commentary*. Tyndale New Testament Commentaries 3. Downers Grove, IL: InterVarsity Press, 1988.

Motyer, J. Alec. *Isaiah: An Introduction and Commentary*. Tyndale Old Testament Commentaries. Downers Grove, IL: InterVarsity Press, 1999.

———. *The Message of Exodus: The Days of Our Pilgrimage*. Downers Grove, IL: InterVarsity Press, 2005.

———. *The Prophecy of Isaiah*. Downers Grove, IL: InterVarsity Press, 1993.

Muller, Richard A. *Calvin and the Reformed Tradition: On the Work of Christ and the Order of Salvation*. Grand Rapids, MI: Baker Academic, 2012.

———. *Christ and the Decree: Christology and Predestination in Reformed Theology from Calvin to Perkins*. Durham, NC: Labyrinth, 1986.

———. "The Covenant of Works and the Stability of Divine Law in Seventeenth-Century Reformed Orthodoxy: A Study in the Theology of Herman Witsius and Wilhelmus Brakel." *Calvin Theological Journal* 29 (1994): 75–101.

———. *Dictionary of Latin and Greek Theological Terms: Drawn Principally from Protestant Scholastic Theology*. 2nd ed. Grand Rapids, MI: Baker

Academic, 2017.

―――. *Divine Will and Human Choice: Freedom, Contingency, and Necessity in Early Modern Reformed Thought.* Grand Rapids, MI: Baker Academic, 2017.

―――. "The Federal Motif in Seventeenth Century Arminian Theology." *Nederlands archief voor kerkgeschiedenis* (*Dutch Review of Church History*) Nieuwe Serie 62, no. 1 (1982): 102–122.

―――. "Toward the *Pactum Salutis*: Locating the Origins of a Concept." *Mid-America Journal of Theology* 18 (2007): 11–65.

Murray, David P. *Christians Get Depressed Too: Hope and Help for Depressed People.* Grand Rapids, MI: Reformation Heritage Books, 2010.

―――. *Jesus on Every Page: Ten Simple Ways to Seek and Find Christ in the Old Testament.* Nashville: Thomas Nelson, 2013.

* Murray, John. *Collected Writings of John Murray.* 4 vols. Edinburgh: Banner of Truth, 1977.

―――. *The Covenant of Grace.* 1953. Reprint, Phillipsburg, NJ: Presbyterian and Reformed, 1988.

―――. *The Epistle to the Romans.* The New International Commentary on the New Testament. Grand Rapids, MI: Eerdmans, 1968.

―――. *The Imputation of Adam's Sin.* Grand Rapids, MI: Eerdmans, 1959.

―――. *Principles of Conduct: Aspects of Biblical Ethics.* Grand Rapids, MI: Eerdmans, 1957.

―――. *Redemption Accomplished and Applied.* Grand Rapids, MI: Eerdmans, 1955.

Musculus, Wolfgang. *Common Places of Christian Religion.* London: n.p., 1563.

Myers, David G., and Letha Dawson Scanzoni. *What God Has Joined Together? A Christian Case for Gay Marriage.* New York: HarperCollins, 2005.

Naselli, Andrew David, and Mark A. Snoeberger, eds. *Perspectives on the Extent of the Atonement: Three Views.* Nashville: B&H Academic, 2015.

Nestlehutt, Mark. "Chalcedonian Christology: Modern Criticism and Contemporary Ecumenism." *Journal of Ecumenical Studies* 35, no. 2 (Spring 1998): 175–196.

Nestorius. *The Bazaar of Heracleides.* Translated and edited by G. R. Driver and Leonard Hodgson. Oxford: Oxford University Press, 1925.

Neusner, Jacob. *The Rabbis and the Prophets.* Studies in Judaism. Lanham, MD: University Press of America, 2011.

Nevin, Norman C., ed. *Should Christians Embrace Evolution? Biblical and Scientific Responses.* Phillipsburg, NJ: P&R, 2011.

Newton, John. *Twenty-Six Letters on Religious Subjects ... To Which Are Added, Hymns, Etc. by Omicron*. London: W. Oliver, 1777.

Nicholl, W. Robertson, ed. *The Expositor's Greek Testament*. New York: George H. Doran, n.d.

Nichols, Greg. *Covenant Theology: A Reformed and Baptistic Perspective on God's Covenants*. Birmingham, AL: Solid Ground, 2011.

* ———. *Lectures in Systematic Theology*. 7 vols. Seattle: CreateSpace Independent Publishing Platform, 2017–.

Niebuhr, Richard. *The Kingdom of God in America*. 1937. Reprint, New York: Harper & Row, 1959.

Nietzsche, Friedrich. *The Will to Power*. Translated by Walter Kaufmann and R. J. Hollingdale. Edited by Walter Kaufmann. New York: Random House, 1967.

Norris, Richard A., Jr., ed. and trans. *The Christological Controversy*. Sources in Early Christian Thought. Philadelphia: Fortress, 1980.

Núñez C., Emilio A. *Liberation Theology*. Translated by Paul E. Sywulka. Chicago: Moody, 1985.

Oberman, Heiko A. *The Dawn of the Reformation: Essays in Late Medieval and Early Reformation Thought*. Edinburgh: T&T Clark, 1986.

———. *The Harvest of Medieval Theology: Gabriel Biel and Late Medieval Nominalism*. Durham, NC: Labyrinth, 1983.

O'Brien, Peter T. *The Epistle to the Philippians*. The New International Greek Testmament Commentary. Grand Rapids, MI: Eerdmans, 1991.

Oden, Thomas, ed. *Ancient Christian Commentary on Scripture, Old Testament*. 15 vols. Downers Grove, IL: InterVarsity Press, 2001–2005.

———. *John Wesley's Scriptural Christianity: A Plain Exposition of His Teaching on Christian Doctrine*. Grand Rapids, MI: Zondervan, 1994.

Oecolampadius, Johannes. *In Iesaiam Prophetam Hypomnematon*. Basle: n.p., 1525.

O'Leary, Denyse. "Stasis: Life Goes On but Evolution Does Not Happen." *Evolution News and Views*. October 12, 2015. http://www.evolution news .org/2015/10/stasis_when_lif100011.html.

Olevianus, Caspar. *An Exposition of the Apostles' Creed*. Translated by Lyle D. Bierma. Grand Rapids, MI: Reformation Heritage Books, 2009.

Oord, Thomas Jay, ed. *Theologies of Creation: Creatio Ex Nihilo and Its New Rivals*. London: Routledge, 2014.

Oswalt, John N. *The Book of Isaiah, Chapters 40–66*. The New International Commentary on the Old Testament. Grand Rapids, MI: Eerdmans, 1998.

Otto, Ronald E. "*Descendit in Inferna*: A Reformed Review of a Creedal

Conundrum." *Westminster Theological Journal* 52, no. 1 (January 1990): 143–150.

Ovid. *Metamorphoses*. Translated by Frank Justus Miller. Loeb Classical Library. Cambridge, MA: Harvard University Press, 1921.

Owen, John. *Biblical Theology: The History of Theology from Adam to Christ*. Translated by Stephen P. Westscott. Orlando, FL: Soli Deo Gloria, 1994.

* ———. *An Exposition of the Epistle to the Hebrews*. 7 vols. Reprint, Edinburgh: Banner of Truth, 1991.

———. *Theologoumena Pantodapa: Sive de Natura, Ortu, Progressu, et Studio Verae Theologiae*. Oxford: Henry Hall, 1661.

* ———. *The Works of John Owen*. Edited by William H. Goold. 16 vols. 1850–1853. Reprint, Edinburgh: Banner of Truth, 1965–1968.

Packer, J. I. *Knowing God*. Downers Grove, IL: InterVarsity Press, 1973.

———. *Knowing Man*. Westchester, IL: Cornerstone Books, 1979.

———. "What Did the Cross Achieve? The Logic of Penal Substitution." *Tyndale Bulletin* 25 (1974): 3– 45.

Pannenberg, Wolfhart. *Jesus—God and Man*. Translated by Lewis L. Wilkins and Duane A. Priebe. 2nd ed. Philadelphia: Westminster, 1977.

Park, Edwards Amasa, ed. and intro. *The Atonement: Discourses and Treatises by Edwards, Smalley, Maxcy, Emmons, Griffin, Burge, and Weeks*. Boston: Congregational Board of Publication, 1859.

Parsons, Michael, ed. *Reformation Faith: Exegesis and Theology in the Protestant Reformation*. Eugene, OR: Wipf and Stock, 2014.

Pascal, Blaise. *The Provincial Letters*. Edited by M. Villemain. London: Seeley, Burnside, and Seeley, 1847.

Pausanias, *Description of Greece*. Translated by W. H. S. Jones and H. A. Ormerod. Cambridge, MA: Harvard University Press; London: William Heinemann Ltd., 1918.

Payne, J. Barton. "Theistic Evolution and the Hebrew of Genesis 1–2." *Bulletin of the Evangelical Theological Society* 8, no. 2 (Spring 1965): 85–90.

Pearse, Edward. *The Best Match, or the Soul's Espousal to Christ*. London: for Jonathan Robinson and Brabazon Aylmer, 1673.

———. *The Best Match: The Soul's Espousal to Christ*. Edited by Don Kistler. Grand Rapids, MI: Soli Deo Gloria, 1994.

Pelagius. *The Christian Life and Other Essays*. Translated by Ford Lewis Battles. Pittsburgh: s.n.: 1972.

Perdue, Leo G. *Proverbs*. Interpretation: A Bible Commentary for Teaching and Preaching. Louisville: John Knox, 1989.

Perkins, William. *A Treatise of the Vocations, or, Callings of Men*. London: John Legat, 1603.

* ———. *The Works of William Perkins*. 10 vols. Series edited by Joel R. Beeke and Derek W. H. Thomas. Grand Rapids, MI: Reformation Heritage Books, 2015–2020.

Peterson, Robert A. *Salvation Accomplished by the Son: The Work of Christ*. Wheaton, IL: Crossway, 2012.

Petit, Jean-Pierre. "An Interpretation of Cosmological Model with Variable Light Velocity." *Modern Physics* Letters A, 3, no. 16 (Nov. 1988). https://www.jp-petit.org/science/f300/modern_physics_letters_a1 .pdf.

Petry, Ray C., ed. *Late Medieval Mysticism*. The Library of Christian Classics 13. Philadelphia: Westminster, 1957.

Petto, Samuel. *The Difference between the Old and New Covenant Stated and Explained: with an Exposition of the Covenant of Grace in the Principal Concernments of It*. London: Eliz. Calvert, 1674.

———. *The Great Mystery of the Covenant of Grace: or the Difference between the Old and New Covenant Stated and Explained*. Stoke-on-Trent, England: Tentmaker, 2007.

Phillips, Richard D., ed. *God, Adam, and You: Biblical Creation Defended and Applied*. Phillipsburg, NJ: P&R, 2015.

Philo. *The Works of Philo: Complete and Unabridged*. Edited by Charles Duke Yonge. Peabody, MA: Hendrickson, 1995.

Pink, Arthur W. *Practical Christianity*. Grand Rapids, MI: Guardian, 1974.

Pinnock, Clark H., ed. *The Grace of God and the Will of Man*. Minneapolis: Bethany House, 1989.

Piper, John. *Counted Righteous in Christ: Should We Abandon the Imputation of Christ's Righteousness?* Wheaton, IL: Crossway, 2002.

———. *God Is the Gospel*. Wheaton, IL: Crossway, 2005.

———. *The Passion of Jesus Christ*. Wheaton, IL: Crossway, 2004.

Piper, John, and Wayne Grudem, eds. *Recovering Biblical Manhood and Womanhood: A Response to Evangelical Feminism*. Wheaton, IL: Crossway, 1991.

Plato. *Plato, Volume 1, Euthyphro, Apology, Crito, Phaedo, Phaedrus*. Translated by H. N. Fowler. Loeb Classical Library. New York: Macmillan, 1908.

———. *The Republic*. Translated and edited by Desmond Lee. Revised ed. Penguin Classics. London: Penguin, 1974.

Polanus, Amandus. *Partitiones Theologicae*. 2nd ed. Basel: Conrad Waldkirch, 1590.

─────. *Substance of the Christian Religion*. Translated by E. W. London: by R. F. for John Oxenbridge, 1595.

Polhill, Edward. *The Works of Edward Polhill*. 1844. Reprint, Morgan, PA: Soli Deo Gloria, 1998.

Polman, A. D. R. *The Word of God according to St. Augustine*. Translated by A. J. Pomerans. Grand Rapids, MI: Eerdmans, 1961.

* Polyander, Johannes, Antonius Walaeus, Antonius Thysius, and Andreas Rivetus. *Synopsis Purioris Theologiae, Synopsis of a Purer Theology: Latin Text and English Translation, Volume 1, Disputations 1–23*. Translated by Riemer A. Faber. Edited by Dolf te Velde, Rein Ferwerda, Willem J. van Asselt, William den Boer, Riemer A. Faber. Leiden: Brill, 2014.

─────. *Synopsis Purioris Theologiae, Synopsis of a Purer Theology: Latin Text and English Translation, Volume 2, Disputations 24–42*. Translated by Riemer A. Faber. Edited by Henk van den Belt. Leiden: Brill, 2016.

Poole, Matthew. *Annotations upon the Holy Bible*. 3 vols. New York: Robert Carter and Brothers, 1853.

Powlison, David. "Idols of the Heart and 'Vanity Fair.'" *Journal of Biblical Counseling* 13, no. 2 (1995): 35–38, https://www.ccef.org/resources/blog/idols-heart-and-vanity-fair.

Poythress, Vern S. "Kinds of Biblical Theology." *Westminster Theological Journal* 70, no. 1 (Spring 2008): 129– 142.

─────. *Understanding Dispensationalists*. 2nd ed. Phillipsburg, NJ: P&R, 1994.

Pratt, Richard L., Jr. *1 and 2 Chronicles*. Fearn, Ross-shire, Scotland: Christian Focus, 1998.

─────. "Reformed Theology Is Covenant Theology." *Reformed Perspectives Magazine* 12, no. 20 (May 16–22, 2010). http://thirdmill.org/articles/ric_pratt/ric_pratt.RTiscovenant.html.

Preston, John. *The New Covenant, or, the Saints Portion: A Treatise Unfolding the All-Sufficiencie of God, and Mans Uprightnes, and the Covenant of Grace*. London: by J. D. for Nicolas Bourne, 1629. Reprinted in 1630.

Pronk, Cornelis. *No Other Foundation than Jesus Christ: Pastoral, Historical, and Contemporary Essays*. Mitchell, ON: Free Reformed, 2008.

Pronk, Pim. *Against Nature? Types of Moral Argumentation regarding Homosexuality*. Translated by John Vriend. Grand Rapids, MI: Eerdmans, 1993.

Purnell, Robert. *A Little Cabinet Richly Stored with All Sorts of Heavenly Varieties, and Soul-Reviving Influences*. London: by R. W. for Thomas Brewster, 1657.

Ramm, Bernard. *The Christian View of Science and Scripture*. Grand Rapids, MI:

Eerdmans, 1954.

Reisinger, John G. *Abraham's Four Seeds: A Biblical Examination of the Presuppositions of Covenant Theology and Dispensationalism.* Frederick, MD: New Covenant Media, 1998.

Reymond, Robert L. *A New Systematic Theology of the Christian Faith.* Nashville: Thomas Nelson, 1998.

Reynolds, Edward. *The Whole Works of Right Rev. Edward Reynolds.* 6 vols. 1826. Reprint, Morgan, PA: Soli Deo Gloria, 1996.

Rhodes, Ron. *Christ before the Manger: The Life and Times of the Preincarnate Christ.* Grand Rapids, MI: Baker, 1992.

Ridderbos, Herman. *Paul: An Outline of His Theology.* Translated by John Richard de Witt. Grand Rapids, MI: Eerdmans, 1975.

Riker, D. B. *A Catholic Reformed Theologian: Federalism and Baptism in the Thought of Benjamin Keach, 1640–1704.* Studies in Baptist History and Thought. Eugene, OR: Wipf and Stock, 2009.

Ritschl, Albrecht. *The Christian Doctrine of Justification and Reconciliation.* Edited by H. R. Mackintosh and A. B. Macaulay. 2nd ed. Edinburgh: T&T Clark, 1902.

* Roberts, Alexander, and James Donaldson, eds. *The Ante-Nicene Fathers.* Revised by A. Cleveland Coxe. 9 vols. New York: Charles Scribner's Sons, 1918. Includes cited works written by Clement of Alexandria, Hippolytus, Ignatius, Irenaeus, Justin Martyr, Novatian, Origen, Papias, and Tertullian.

Roberts, Francis. *Mysterium et Medulla Bibliorum. The Mysterie and Marrow of the Bible: Viz. God's Covenants with Man.* London: by R. W. for George Calvert, 1657.

Robertson, O. Palmer. *The Christ of the Covenants.* Phillipsburg, NJ: Presbyterian and Reformed, 1980.

Robinson, J. A. T. *The Body: A Study in Pauline Thought.* Studies in Biblical Theology 5. London: SCM, 1952.

Rollock, Robert. "Robert Rollock's Catechism on God's Covenants." Translated and introduced by Aaron C. Denlinger. *Mid-America Journal of Theology* 20 (2009): 105–129.

———. *Select Works of Robert Rollock.* 2 vols. Grand Rapids, MI: Reformation Heritage Books, 2008.

Ross, Hugh. *Creation and Time: A Biblical and Scientific Perspective on the Creation-Date Controversy.* Colorado Springs: NavPress, 1994.

Rousseau, Jean-Jacques. *The Collected Writings of Rousseau, Volume 9, Letter to Beaumont, Letters Written from the Mountain, and Related Writings.*

Translated by Christopher Kelly and Judith R. Bush. Edited by Christopher Kelly and Eve Grace. Hanover, NH: University Press of New England, 2001.

———. *The Social Contract, or Principles of Political Right*. Translated by H. J. Tozer. Wordsworth Classics of World Literature. Ware, Hertfordshire, England: Wordsworth, 1998.

Rowdon, Harold H., ed. *Christ the Lord: Studies in Christology Presented to Donald Guthrie*. Downers Grove, IL: InterVarsity Press, 1982.

Russell, Bertrand. *A Free Man's Worship*. Portland, ME: Thomas Bird Mosher, 1923.

Rutherford, Samuel. *The Covenant of Life Opened: or a Treatise of the Covenant of Grace*. Edinburgh: by Andre Anderson, for Robert Broun, 1655.

———. *Letters of Samuel Rutherford*. Edited by Andrew A. Bonar. Reprint, Edinburgh: Banner of Truth, 1984.

———. *Rutherford's Catechism: or, the Sum of Christian Religion*. Edinburgh: Blue Banner, 1998.

Rydelnik, Michael. *The Messianic Hope: Is the Hebrew Bible Really Messianic?* NAC Studies in Bible and Theology. Nashville: B&H Academic, 2010.

Ryken, Philip Graham. *Exodus: Saved for God's Glory*. Preaching the Word. Wheaton, IL: Crossway, 2005.

Ryrie, Charles. *Dispensationalism*. Rev. ed. Chicago: Moody, 1995.

Sagan, Carl. *Cosmos.* 1980. Reprint, New York: Ballantine Books, 2013.

Salkeld, John. *A Treatise of Paradise*. London: by Edward Griffin for Nathaniel Butter, 1617.

Sartre, Jean-Paul. *Existentialism Is a Humanism*. Translated by Carol Macomber. Edited by John Kulka. New Haven, CT: Yale University Press, 2007.

Saucy, Robert L. *The Case for Progressive Dispensationalism*. Grand Rapids, MI: Zondervan, 1993.

Scaer, David P. "He Did Descend to Hell: In Defense of the Apostles' Creed." *Journal of the Evangelical Theological Society* 35, no. 1 (March 1992): 91–99.

———. "The Nature and Extent of the Atonement in Lutheran Theology." *Bulletin of the Evangelical Theological Society* 10, no. 4 (Fall 1967): 179–187.

Scanzoni, Letha Dawson, and Virginia Ramey Mollenkott. *Is the Homosexual My Neighbor? A Positive Christian Response*. Rev. ed. New York: Harper-Collins, 1994.

Schaeffer, Francis A. *Genesis in Space and Time*. Downers Grove, IL: Inter-Varsity Press, 1972.

Schaff, Philip. *Christ and Christianity*.New York: Charles Scribner's Sons, 1885.

———. ed. *A Select Library of Nicene and Post-Nicene Fathers of the Christian Church, First Series*. 14 vols. New York: Christian Literature Co., 1888. Includes cited works written by Augustine and John Chrysostom.

* Schaff, Philip, and Henry Wace, eds. *A Select Library of Nicene and Post-Nicene Fathers of the Christian Church, Second Series*. 14 vols. New York: Christian Literature Co., 1894. Includes cited works written by Ambrose, Athanasius, Basil, Cyril of Alexandria, Eusebius, Gregory of Nazianzus, Gregory of Nyssa, Gregory the Great, Hilary of Poitiers, John of Damascus, Leo the Great, Rufinus, Scholasticus, Theodoret, and various councils.

Schleiermacher, Friedrich. *The Christian Faith*. Edited by H. R. Mackintosh and J. S. Stewart. 2 vols. New York: Harper and Row, 1963.

Schmid, Heinrich. *The Doctrinal Theology of the Evangelical Lutheran Church, Verified from the Original Sources*. Translated by Charles A. Hay and Henry E. Jacobs. 2nd ed. Philadelphia: Lutheran Publication Society, 1889.

Schortinghuis, Wilhelmus. *Essential Truths in the Heart of a Christian*. Translated by Harry Boonstra and Gerrit W. Sheeres. Edited by James A. De Jong. Grand Rapids, MI: Reformation Heritage Books, 2009.

Schreiner, Susan E. *The Theater of His Glory: Nature and the Natural Order in the Thought of John Calvin*. Grand Rapids, MI: Baker Academic, 1991.

Schreiner, Thomas R. *1, 2 Peter, Jude*. The New American Commentary 37. Nashville: Broadman & Holman, 2003.

———. *Romans*. Baker Exegetical Commentary on the New Testament. Grand Rapids, MI: Baker Academic, 1998.

Schreiner, Thomas R., and Bruce A. Ware, eds. *The Grace of God, the Bondage of the Will*. 2 vols. Grand Rapids, MI: Baker, 1995.

Schuller, Robert H. *Self-Esteem: The New Reformation*. Waco, TX: Word, 1982.

Schweitzer, Albert. *The Quest of the Historical Jesus: A Critical Study of Its Progress from Reimarus to Wrede*. Translated by W. Montgomery. London: Adam and Charles Black, 1910.

Scofield, C. I., ed. *The New Scofield Reference Bible*. New York: Oxford University Press, 1967.

———. *The Scofield Reference Bible*. New York: Oxford University Press, 1909.

Sedgwick, Obadiah. *The Bowels of Tender Mercy Sealed in the Everlasting Covenant.* London: by Edward Mottershed, for Adoniram Byfield, 1660.

Seeberg, Reinhold. *Text-Book of the History of Doctrines*. Translated by Charles E. Hay. Philadelphia: Lutheran Publication Society, 1905.

Seneca. *Ad Lucilium Epistulae Morales*. Translated by Richard M. Gummere. Loeb

Classical Library. Cambridge, MA: Harvard University Press, 1917.

Sewell, Marilyn. "Saying Goodbye to Tolerance." *Huffington Post*. October 19, 2012. https://www.huffpost.com/entry/saying-goodbye-to-tolerance_b_1976607.

Shaw, George Bernard. *Back to Methuselah: A Metabiological Pentateuch*. New York: Brentano's, 1921.

Shaw, Robert. *An Exposition of the Confession of Faith*. 2nd ed. Edinburgh: John Johnstone, 1846.

Shedd, William G. T. *Dogmatic Theology*. 2 vols. New York: Charles Scribner's Sons, 1888.

Shelley, Bruce. *Church History in Plain Language*. Revised by R. L. Hatchett. 4th ed. Nashville: Thomas Nelson, 2013.

Sheth, Noel. "Hindu Avatāra and Christian Incarnation: A Comparison." *Philosophy East and West* 52, no. 1 (January 2002): 98–125.

Shults, F. LeRon. "A Dubious Christological Formula: From Leontius of Byzantium to Karl Barth." *Journal of Theological Studies* 57 (1996): 431–446.

Sibbes, Richard. *The Works of Richard Sibbes*. Edited by Alexander Grosart. 7 vols. Reprint. Edinburgh: Banner of Truth, 1973.

Silliman, Benjamin. *Outline of the Course of Geological Lectures Given in Yale College*. New Haven, CT: Hezekiah Howe, 1829.

Silva, Moisés. *Philippians*. 2nd ed.. Baker Exegetical Commentary on the New Testament. Grand Rapids, MI: Baker Academic, 2005.

Simons, Menno. *The Complete Works of Menno Simons*. 2 parts in 1 vol. Elkhart, IN: John F. Funk and Brother, 1871.

Smalley, Stephen S. *1, 2, 3 John*. Word Biblical Commentary 51. Waco, TX: Word, 1984.

Smeaton, George. *Christ's Doctrine of the Atonement*. Reprint, Edinburgh: Banner of Truth, 1991.

Smith, Christian, with Melina Lundquist Denton. *Soul Searching: The Religious and Spiritual Lives of American Teenagers*. Oxford: Oxford University Press, 2005.

Smith, Gary V. *Hosea, Amos, Micah*. The NIV Application Commentary. Grand Rapids, MI: Zondervan, 2001.

———. *Isaiah 40–66*. The New American Commentary 15B. Nashville: Broadman & Holman, 2009.

Smith, Morton H. *Systematic Theology*. 2 vols. Greenville, SC: Greenville Seminary Press, 1994.

Smith, Robert Pearsall. *"Walk in the Light." Words of Counsel to Those Who Have*

Entered into "the Rest of Faith." London: Morgan and Scott, n.d.

Smith, William, ed. *A Dictionary of Greek and Roman Antiquities.* London: Taylor and Walton, 1842.

Snelling, Andrew A. *Earth's Catastrophic Past: Geology, Creation, and the Flood.* 2 vols. Petersburg, KY: Answers in Genesis, 2010.

Snyder, James. "Meaning of the 'Maiestas Domini' in Hosios David." *Byzantion* 37 (1967): 143–152.

Sobrino, Jon. *Jesus the Liberator: A Historical-Theological Reading of Jesus of Nazareth.* Translated by Paul Burns and Francis McDonagh. Maryknoll, NY: Orbis, 1993.

Sproul, R. C. *The Gospel of God: An Exposition of Romans.* Fearn, Rossshire, Scotland: Christian Focus, 1994.

———. *Willing to Believe: The Controversy over Free Will.* Grand Rapids, MI: Baker, 1997.

Spurgeon, C. H. *The Metropolitan Tabernacle Pulpit.* 57 vols. Edinburgh: Banner of Truth, 1969.

———. *New Park Street Pulpit.* 6 vols. Pasadena, TX: Pilgrim Publications, 1975.

———. *Sermons on Christ's Names and Titles.* Edited by Chas. T. Cook. Greenwood, SC: Attic Press, 1961.

———. *Spurgeon's Expository Encyclopedia.* 14 vols. Grand Rapids, MI: Baker, 1996.

Starke, John. "The Incarnation Is about a Person, Not a Mission." The Gospel Coalition. May 16, 2011. https://www.thegospelcoalition.org/article/the-incarnation-is-about-a-person-not-a-mission/.

Steele, Richard. *The Religious Tradesman.* 1823. Reprint, Harrisonburg, VA: Sprinkle, 1989.

———. *The Tradesman's Calling.* London: for J. D. by Samuel Spring, 1684.

Stein, Robert H. *Luke.* The New American Commentary 24. Nashville: Broadman & Holman, 1992.

Stephen, W. P. *The Theology of Huldrych Zwingli.* Oxford: Clarendon, 1986.

Stevenson, George. *Treatise on the Offices of Christ.* 2nd ed. Edinburgh: W. P. Kennedy, 1845.

Stoever, William K. B. "The Covenant of Works in Puritan Theology: The Antinomian Crisis in New England." PhD diss., Yale University, 1970.

Storms, Sam, and Justin Taylor, eds. *For the Fame of God's Name: Essays in Honor of John Piper.* Wheaton, IL: Crossway, 2010.

Stott, John R. W. *The Cross of Christ.* Downers Grove, IL: InterVarsity Press, 1986.

———. *The Message of Romans.* Downers Grove, IL: InterVarsity Press, 1994.

Strong, Augustus H. *Systematic Theology*. 3 vols. Philadelphia: Griffith and Rowland, 1909.

Strong, William. *A Discourse of the Two Covenants*. Westminster Assembly Project. 1678. Facsimile reprint, Grand Rapids, MI: Reformation Heritage Books, 2011.

Stuart, Douglas K. *Exodus*. The New American Commentary 2. Nashville: Broadman & Holman, 2006.

Stuckenberg, J. H. W. "The Theology of Albrecht Ritschl." *The American Journal of Theology* 2, no. 2 (April 1898): 268–292.

Swanson, Dennis M. "Introduction to New Covenant Theology." *The Master's Seminary Journal* 18, no. 1 (Fall 2007): 149–163.

Swinnock, George. *The Works of George Swinnock*. 5 vols. Edinburgh: James Nichol, 1868.

Symington, William. *The Atonement and Intercession of Jesus Christ*. 1863. Reprint, Grand Rapids, MI: Reformation Heritage Books, 2006.

———. *Messiah the Prince: The Mediatorial Dominion of Jesus Christ*. Pittsburgh: Crown and Covenant, 2012.

Synod of the Reformed Presbyterian Church in North America. *The Gospel and Sexual Orientation*. Edited by Michael Lefebvre. Pittsburgh: Crown and Covenant, 2012.

Taylor, John. *The Scripture-Doctrine of Original Sin Proposed to Free and Candid Examination*. London: for the author, by J. Wilson, 1740.

Teellinck, Willem. *The Path of True Godliness*. Translated by Annemie Godbehere. Edited by Joel R. Beeke. Classics of Reformed Spirituality. Grand Rapids, MI: Reformation Heritage Books, 2003.

Templeton, Julian, and Keith Riglin, eds. *Reforming Worship: English Reformed Principles and Practices*. Eugene, OR: Wipf and Stock, 2012.

Teresa of Avila. *The Collected Works of St. Teresa of Avila*. Translated by Kieran Kavanaugh and Otilio Rodriguez. Washington, DC: ICS Publications, 1980.

Theodoret of Cyrus. *Commentary on the Letters of St. Paul*. Translated by Robert Charles Hill. Brookline, MA: Holy Cross Orthodox Press, 2001.

Thiselton, Anthony C. *First Epistle to the Corinthians*. New International Greek Testament Commentary. Grand Rapids, MI: Eerdmans, 2000.

Thompson, Mark D., ed. *Engaging with Calvin*. Nottingham, England: Apollos, 2009.

Tillich, Paul. *Systematic Theology*. 3 vols. Chicago: University of Chicago Press, 1957.

Torrance, Thomas. *Incarnation: The Person and Life of Christ*. Edited by Robert T.

Walker. Downers Grove, IL: InterVarsity Press, 2008.

Traill, Robert. *The Works of the Late Reverend Robert Traill*. 4 vols. Edinburgh: J. Ogle et al., 1810.

Trapp, John. *A Commentary on the Old and New Testaments*. Edited by Hugh Martin. 5 vols. London: Richard D. Dickinson, 1867–1868.

Treat, Jeremy R. *The Crucified King: Atonement and Kingdom in Biblical and Systematic Theology*. Grand Rapids, MI: Zondervan, 2014.

Tregelles, S. P. *The Hope of Christ's Second Coming: How Is It Taught in Scripture? And Why?* London: Houlston & Wright, 1864.

Trinterud, Leonard J. "The Origins of Puritanism." *Church History* 20, no. 1 (March 1951): 37–57.

* Turretin, Francis. *Institutes of Elenctic Theology*. Translated by George Musgrave Giger. Edited by James T. Dennison Jr. 3 vols. Phillipsburg, NJ: P&R, 1992–1997.

Udemans, Godefridus. *The Practice of Faith, Hope, and Love*. Translated by Annemie Godbehere. Edited by Joel R. Beeke. Classics of Reformed Spirituality. Grand Rapids, MI: Reformation Heritage Books, 2012.

Underhill, Evelyn. *Mysticism: A Study in the Nature and Development of Man's Spiritual Consciousness*. 12th ed. London: Methuen & Co., 1930.

Ursinus, Zacharius. *The Commentary of Dr. Zacharias Ursinus on the Heidelberg Catechism*. Translated by G. W. Williard. Reprint, Phillipsburg, NJ: Presbyterian and Reformed, 1985.

———. *The Larger Catechism*. Translated by Lyle D. Bierma, Fred Klooster, and John Medendorp. In *An Introduction to the Heidelberg Catechism*. Texts and Studies in Reformation and Post-Reformation Thought. Grand Rapids, MI: Baker Academic, 2005.

———. *The Summe of the Christian Religion*. Translated by Henry Parry. London: James Young, 1645.

Ussher, James. *A Body of Divinity: Being the Sum and Substance of the Christian Religion*. Edited by Michael Nevarr. Birmingham, AL: Solid Ground, 2007.

Vail, Isaac N. *The Waters above the Firmament: or, The Earth's Annular System*. 2nd ed. Philadelphia: Ferris and Leach, 1902.

van Asselt, Willem J., J. Martin Bac, and Roelf T. te Velde, eds. *Reformed Thought on Freedom: The Concept of Free Choice in Early Modern Reformed Theology*. Texts and Studies in Reformation and Post-Reformation Thought. Grand Rapids, MI: Baker Academic, 2010.

VanderGroe, Theodorus. *The Christian's Only Comfort in Life and Death: An Exposition of the Heidelberg Catechism*. Translated by Bartel Elshout.

Edited by Joel R. Beeke. 2 vols. Grand Rapids, MI: Reformation Heritage Books, 2016.

VanderKemp, Johannes. *The Christian Entirely the Property of Christ, in Life and Death, Exhibited in Fifty-Three Sermons on the Heidelberg Catechism.* Translated by John M. Harlingen. 2 vols. Reprint, Grand Rapids, MI: Reformation Heritage Books, 1997.

VanDoodewaard, William. *The Quest for the Historical Adam.* Grand Rapids, MI: Reformation Heritage Books, 2015.

VanGemeren, Willem A. *The Progress of Redemption: The Story of Salvation from Creation to the New Jerusalem.* Grand Rapids, MI: Baker, 1988.

van Genderen, J., and W. H. Velema. *Concise Reformed Dogmatics.* Translated by Gerrit Bilkes and Ed M. van der Maas. Phillipsburg, NJ: P&R, 2008.

van Limborch, Philipp. *Compleat System, or Body of Divinity, Both Speculative and Practical, Founded on Scripture and Reason.* Translated by William Jones. London: for John Taylor and Andrew Bell, 1702.

van Mastricht, Petrus. *Theoretical-Practical Theology.* Translated by Todd M. Rester. Edited by Joel R. Beeke. 7 vols. Grand Rapids, MI: Reformation Heritage Books, 2018–.

Venema, Cornelis P. *Christ and Covenant Theology: Essays on Election, Republicationism, and the Covenants.* Phillipsburg, NJ: P&R, 2017.

———. *The Gospel of Free Acceptance in Christ: An Assessment of the Reformation and New Perspectives on Paul.* Edinburgh: Banner of Truth, 2006.

———. *Heinrich Bullinger and the Doctrine of Predestination: Author of "the Other Reformed Tradition"?* Texts and Studies in Reformation and Post-Reformation Thought. Grand Rapids, MI: Baker Academic, 2002.

Venema, Dennis R., and Scot McKnight. *Adam and the Genome: Reading Scripture after Genetic Science.* Grand Rapids, MI: Baker, 2017.

Venning, Ralph. *Sin, the Plague of Plagues; or, Sinful Sin the Worst of Evils.* London: John Hancock, 1669.

———. *The Sinfulness of Sin.* Puritan Paperbacks. Edinburgh: Banner of Truth, 1965.

Vermigli, Peter Martyr. *The Peter Martyr Library, Volume 4, Philosophical Works.* Translated and edited by Joseph C. McLelland. Sixteenth Century Essays and Studies. Kirksville, MO: Thomas Jefferson University Press and Sixteenth Century Journal Publishers, 1996.

Via, Dan O., and Robert A. J. Gagnon. *Homosexuality and the Bible: Two Views.* Minneapolis: Augsburg Fortress, 2003.

Vidu, Adonis. *Atonement, Law, and Justice: The Cross in Historical and Cultural Contexts*. Grand Rapids, MI: Baker Academic, 2014.

Vines, Matthew. *God and the Gay Christian: The Biblical Case in Support of Same-Sex Relationships*. Colorado Springs: Convergent Books, 2014.

Voorwinde, Stephen. *Jesus' Emotions in the Gospels*. London: T&T Clark, 2011.

Vos, Geerhardus. *Biblical Theology: Old and New Testaments*. Edinburgh: Banner of Truth, 1948.

———. *The Pauline Eschatology*. Princeton, NJ: Geerhardus Vos, 1930.

———. *Redemptive History and Biblical Interpretation: The Shorter Writings of Geerhardus Vos*. Edited by Richard B. Gaffin Jr. Grand Rapids, MI: Baker, 1980.

* ———. *Reformed Dogmatics*. Translated and edited by Richard B. Gaffin et al. 5 vols. Bellingham, WA: Lexham Press, 2012–2016.

———. *The Teaching of Jesus Concerning the Kingdom of God and the Church*. New York: American Tract Society, 1903.

Wainwright, Geoffrey. *For Our Salvation: Two Approaches to the Work of Christ*. Grand Rapids, MI: Eerdmans, 1997.

Wallace, Dewey D., Jr. "Puritan and Anglican: The Interpretation of Christ's Descent into Hell in Elizabethan Theology." *Archiv fur Reformationgeschichte* 69 (1978): 248–287.

Wallace, Ronald S. *Calvin's Doctrine of the Christian Life*. Tyler, TX: Geneva Divinity School Press, 1982.

Walton, John H. *The Lost World of Adam and Eve: Genesis 2–3 and the Human Origins Debate*. Downers Grove, IL: IVP Academic, 2015.

Ward, Rowland S. *God and Adam: Reformed Theology and the Creation Covenant*. Wantirna, Australia: New Melbourne Press, 2003.

Ware, Bruce A. "Human Personhood: An Analysis and Definition." *Southern Baptist Journal of Theology* 13, no. 2 (Summer 2009): 18–31.

Warfield, Benjamin B. *Biblical and Theological Studies*. Philadelphia: Presbyterian and Reformed, 1952.

———. "Jesus' Mission, According to His Own Testimony." *Princeton Theology Review* 13, no. 4 (October 1915): 513–586.

———. *The Lord of Glory: A Study of the Designations of Our Lord in the New Testament with Especial Reference to His Deity*. 1907. Reprint, Grand Rapids, MI: Zondervan, n.d.

———. *The Person and Work of Christ*. Edited by Samuel G. Craig. Philadelphia: Presbyterian and Reformed, 1950.

———. "Professor Henry Preserved Smith on Inspiration." *The Presbyterian and*

Reformed Review 5, no. 4 (October 1894): 600–653. Reprinted as *Limited Inspiration*. Philadelphia: Presbyterian & Reformed, 1962.

———. *The Saviour of the World*. New York: Hodder and Stoughton, 1913.

———. *Selected Shorter Writings*. Edited by John E. Meeter. Nutley, NJ: Presbyterian and Reformed, 1970.

———. *Two Studies in the History of Doctrine*. New York: Christian Literature Co., 1897.

Watson, Richard. *Theological Institutes*. 2 vols. New York: Lane and Scott, 1851.

Watson, Thomas. *All Things for Good*. Puritan Paperbacks. Edinburgh: Banner of Truth, 1986.

———. *A Body of Divinity*. Edinburgh: Banner of Truth, 1965.

———. *A Divine Cordial; or, the Transcendent Priviledge* [sic] *of Those That Love God, and Are Savingly Called*. London: Thomas Parkhurst, 1663.

———. *The Ten Commandments*. Edinburgh: Banner of Truth, 1965.

Watts, Isaac. *The Ruin and Recovery of Mankind: or, an Attempt to Vindicate the Scriptural Account of These Great Events upon the Plain Principles of Reason*. London: R. Hett and J. Brackstone, 1740.

Weinandy, Thomas. "The Soul/Body Analogy and the Incarnation: Cyril of Alexandria." *Coptic Church Review* 17, no. 3 (Fall 1996): 59–66.

Weinandy, Thomas G., Daniel A. Keating, and John P. Yocum, eds. *Aquinas on Scripture*. London: T&T Clark, 2005.

Weir, David A. *The Origins of the Federal Theology in Sixteenth-Century Reformation Thought*. Oxford: Oxford University Press, 1990.

Wells, David F. *The Person of Christ: A Biblical and Historical Analysis of the Incarnation*. Foundations for Faith: An Introduction to Christian Doctrine. Alliance, OH: Bible Scholar Books, 1984.

Wells, Paul. *Cross Words: The Biblical Doctrine of Atonement*. Fearn, Rossshire, Scotland: Christian Focus, 2006.

Wells, Tom, and Fred Zaspel. *New Covenant Theology*. Frederick, MD: New Covenant Media, 2002.

Wellum, Stephen J. *Christ Alone: The Uniqueness of Jesus as Savior: What the Reformers Taught . . . and Why It Still Matters*. The Five Solas Series. Grand Rapids, MI: Zondervan, 2017.

———. "Editorial: The Urgent Need for a Theological Anthropology Today." *Southern Baptist Theological Journal* 13, no. 2 (Summer 2009): 2–3.

* ———. *God the Son Incarnate: The Doctrine of Christ*. Foundations of Evangelical Theology. Wheaton, IL: Crossway, 2016.

Wellum, Stephen J., and Brent E. Parker, eds. *Progressive Covenantalism: Charting* a *Course between Dispensational and Covenant Theologies*. Nashville: B&H Academic, 2016.

Wenham, John. *Christ and the Bible*. 3rd ed. Grand Rapids, MI: Baker, 1994.

Wesley, John. *The Doctrine of Original Sin According to Scripture, Reason, and Experience*. Bristol: E. Farley, 1757.

―――. *John Wesley's Sermons: An Anthology*. Edited by Albert C. Outler and Richard P. Heitzenrater. Nashville: Abingdon, 1991.

―――. *The Works of John Wesley*. 10 vols. 3rd ed. 1872. Reprint, Grand Rapids, MI: Baker, 1979.

Wesley, John, and Charles Wesley. *Hymns on God's Everlasting Love*. Bristol: S. and F. Farley, 1741.

Whitcomb, John C., and Henry M. Morris. *The Genesis Flood: The Biblical Record and Its Scientific Implications*. Philadelphia: Presbyterian and Reformed, 1961.

White, James R. *The King James Only Controversy: Can You Trust the Modern Translations?* Minneapolis: Bethany House, 1995.

White, James R., and Jeffrey D. Niell. *The Same Sex Controversy*. Bloomington, MN: Bethany House, 2002.

Wiggers, G. F. *An Historical Presentation of Augustinism and Pelagianism from the Original Sources*. Translated and edited by Ralph Emerson. Andover: Gould, Newman, and Saxton, 1840.

Wiley, Tatha. *Original Sin: Origins, Developments, Contemporary Meanings*. New York: Paulist, 2002.

* Willard, Samuel. *A Compleat Body of Divinity in Two Hundred and Fifty Expository Lectures on the Assembly's Shorter Catechism*. Boston: by B. Green and S. Kneeland for B. Eliot and D. Henchman, 1726.

―――. *The Doctrine of the Covenant of Redemption*. Boston: Benj. Harris, 1693.

Williams, Carol A. "The Decree of Redemption Is in Effect a Covenant: David Dickson and the Covenant of Redemption." PhD diss., Calvin Theological Seminary, 2005.

Williamson, Paul R. *Sealed with an Oath: Covenant in God's Unfolding Purpose*. New Studies in Biblical Theology. Downers Grove, IL: InterVarsity Press, 2007.

Wisse, Gerard. *Christ's Ministry in the Christian: The Administration of His Offices in the Believer*. Grand Rapids, MI: Free Reformed Publications, 2013.

Wisse, Maarten, Willemien Otten, and Marcel Sarot, eds. *Scholasticism Reformed: Essays in Honour of Willem J. Van Asselt*. Leiden: Brill, 2010.

* Witsius, Herman. *The Economy of the Covenants between God and Man*. 2 vols.

1822. Reprint, Grand Rapids, MI: Reformation Heritage Books, 2010.

* ———. *Sacred Dissertations on the Apostles' Creed*. Translated by Donald Fraser. 2 vols. 1823. Reprint, Grand Rapids, MI: Reformation Heritage Books, 2010.

Wold, Donald J. *Out of Order: Homosexuality in the Bible and the Ancient Near East*. Grand Rapids, MI: Baker, 1998.

* Wollebius, Johannes. *Compendium Theologiae Christianae*. In *Reformed Dogmatics*, edited and translated by John W. Beardslee III. A Library of Protestant Thought. New York: Oxford University Press, 1965.

Woolsey, Andrew A. *Unity and Continuity in Covenantal Thought: A Study in the Reformed Tradition to the Westminster Assembly*. Reformed Historical-Theological Studies. Grand Rapids, MI: Reformation Heritage Books, 2012.

Wright, David F. "Homosexuals or Prostitutes? The Meaning of ΑΡΣΕΝΟ-ΚΟΙΤΑΙ (1 Cor. 6:9, 1 Tim. 1:10)." *Vigiliae Christianae* 38, no. 2 (June 1984): 125–153.

Yates, John. "'He Descended into Hell': Creed, Article and Scripture, Part 1." *Churchman* 102, no. 3 (1988): 240–250.

———. "'He Descended into Hell': Creed, Article and Scripture, Part 2." *Churchman* 102, no. 4 (1988): 303–315.

Young, Edward J. *The Book of Isaiah*. 3 vols. Grand Rapids, MI: Eerdmans, 1969.

———. "The Days of Genesis: Second Article." *Westminster Theological Journal* (May 1963): 143–171.

———. *In the Beginning: Genesis 1–3 and the Authority of Scripture*. Edinburgh: Banner of Truth, 1976.

———. *My Servants the Prophets*. Grand Rapids, MI: Eerdmans, 1952.

———. *Studies in Genesis One*. Phillipsburg, NJ: Presbyterian and Reformed, 1964.

Zalta, Edward N., ed. *The Stanford Encyclopedia of Philosophy*. https://plato.stanford.edu/.

Zanchi, Girolamo. *De Religione Christiana Fides—Confession of Christian Religion*. Edited by Luca Baschera and Christian Moser. Studies in the History of Christian Traditions. Leiden: Brill, 2007.

Zaspel, Fred G. "A Brief Explanation of 'New Covenant Theology.'" Unpublished paper.

Zwingli, Ulrich. *Of Baptism*. In *Zwingli and Bullinger*. Edited and translated by G. W. Bromiley. The Library of Christian Classics XXIV. Philadelphia: Westminster, 1953.

———. *The Latin Works and the Correspondence of Huldreich Zwingli Together with Selections from His German Works, Volume 1*. Edited by Samuel M. Jackson. Translated by Henry Prebel, Walter Lichtenstein, and Lawrence A. McLouth. New York: G. P. Putnam's Sons, 1912.

―――. *The Latin Works of Huldreich Zwingli, Volume 2*. Edited by William J. Hinke. Philadelphia: Heidelberg Press, 1922.

| 인명 색인 |

가그넌, A. J.(Gagnon, A. J.) 256n7, 257n8, 271n35, 272n38, 274n46, 277n56

가너, 폴(Garner, Paul) 126n10, 127n12, 138n38

가말리엘 2세, 라반(Gamaliel II, Rabban) 93n29

가우지, 윌리엄(Gouge, William) 269, 270, 302n4

갈런드, 데이비드(Garland, David) 276n52

갈릴레이, 갈릴레오(Galilei, Galileo) 123n3

건드리, 로버트(Gundry, Robert) 286n26, 288n32, 289, 290n39, 291n43, 299

게이저, 앤(Gauger, Ann) 131n19

고셋, 토머스(Gossett, Thomas) 181n28

곤잘레스, 로버트(Gonzales, Robert) 333n21, 338

골리거, 리암(Goligher, Liam) 340n44

구티에레즈, 구스타보(Gutierrez, Gustavo) 554n17

굴드, 스티븐 제이(Gould, Stephen Jay) 131

굿윈, 토머스(Goodwin, Thomas) 60, 61, 68, 70n48, 363n63, 368n87, 371, 372n105, 373, 446, 448n48, 471, 481, 485n17, 487, 491n40, 502n12, 521n5

궁켈, 헤르만(Gunkel, Herman) 177n21, 218n6

그레고리오스, 니사의(Gregory of Nyssa) 196, 216, 219, 221

그레고리우스 1세(Gregory the Great) 343, 415

그레이, 고든(Gray, Gordon) 102n1

그루뎀, 웨인(Grudem, Wayne) 112n34, 131n19, 134, 259n13, 260n15, 417, 423, 555n19

그린힐, 윌리엄(Greenhill, William) 593

길, 존(Gill, John) 74, 331n13, 363n63, 371, 372n105, 489n36, 493n48, 565n21

길렌, 스테펀(Gielen, Steffen) 124n6

길키, 랭던(Gilkey, Langdon) 94n33

김, 창규(Kim, Chankyu) 467n82

깁슨, J. C. L.(Gibson, J. C. L.) 95n38

네빈, 노먼(Nevin, Norman) 131n23

노르체이, 아리(Noordtzij, Arie) 110

뉴스너, 제이콥(Neusner, Jacob) 93n29

뉴턴, 아이작(Newton, Isaac) 123n3

뉴턴, 존(Newton, John) 384

니부어, 리처드(Niebuhr, Richard) 185

니엘, 제프리(Niell, Jeffrey) 257n7

니콜스, 그렉(Nichols, Greg) 291n44, 315n22, 316n27, 329n16, 336, 338, 379n1, 388n10

다마디안, 레이먼드(Damadian, Raymond) 123n3

다우네임, 존(Downame, John) 615

다윈, 찰스(Darwin, Charles) 62, 129, 131, 147, 148, 230

다이어, 윌리엄(Dyer, William) 614

던컨, 라이건 3세(Duncan, J. Ligon, III) 118n49

데이비스, 존(Davis, John) 110

데이비스, 피터(Davids, Peter) 272n38, 22173n42

덴링거, 애런(Denlinger, Aaron) 354n17

덴턴, 메리나 륀드퀴스트(Denton, Melina

Lundquist) 48n23
드라이든, 존(Dryden, John) 382
드라이버, 새뮤얼 롤스(Driver, Samuel Rolles)
    68n39, 117n48
드영, 케빈(DeYoung, Kevin) 256n7, 271n35,
    272, 277n58
디오다티, 지오바니(Diodati, Giovanni) 449n48
딕슨, 데이비드(Dickson, David) 53, 358,
    363n63, 366n78, 369n92, 370n97,
    374n112, 375n113, 390n15
라무뤼, 데니스(Lamoureux, Denis) 87n7,
    190n52, 192n65
라이컨, 필립(Ryken, Philip) 193
라이트, 데이비드(Wright, David) 273n40, n41
라이헨바흐, 브루스(Reichenbach, Bruce)
    513nn45 – 46
라트, 게르하르트 폰(Rad, Gerhard von) 218n6
랭거맨, 츠비(Langermann, Tzvi) 95n37
러너, 에릭(Lerner, Eric) 125n7
러더퍼드, 새뮤얼(Rutherford, Samuel) 358,
    363n63, 375, 376, 610
러브, 크리스토퍼(Love, Christopher) 506
레니헌, 제임스(Renihan, James) 359n39
레담, 로버트(Letham, Robert) 99
레이놀즈, 에드워드(Reynolds, Edward) 316,
    317, 322n63, n64, 323, 480, 484, 491n41,
    492n47, 503, 510
레이들로, 존(Laidlaw, John) 149, 152, 161,
    206n32, 217n2, 237, 282n2
레이먼드, 로버트(Reymond, Robert) 90n21,
    114, 125n8, 198n8, 241, 242n15, 321n57,
    504n20
레이턴, 로버트(Leighton, Robert) 612
레인, A. N. S.(Lane, A. N. S.) 458n22, 464n67
레인, 에릭(Lane, Eric) 89n15
레인, 윌리엄(Lane, William) 86n5, 97
레인지, 존 피터(Lange, John Peter) 95n37,
    95n39, 99n52
로버츠, 프랜시스(Roberts, Francis) 358,
    360n43, 363n63, 364n67, 365, 367n83,
    367n86, 369n92, 370n96, 371, 372n106,
    375n116
로버트슨, 팔머(Robertson, O. Palmer) 332n19,

346n68, 447, 448n45
로빈슨, 존(Robinson, John A. T.) 289, 293
로스, 휴(Ross, Hugh) 108, 115n43
롤록, 로버트(Rollock, Robert) 327, 357, 358,
    362n58, 363n63
롬바르두스, 페트루스(Lombard, Peter) 51, 65,
    69n44, 167, 168n55, 218, 221, 322, 354,
    358, 414, 415, 458, 459nn28-30, 464,
    528n41, 567, 567n24
롱맨 3세, 트렘퍼(Longman III, Tremper)
    173n8, 189
루소, 장 자크(Rousseau, Jean-Jacques) 47, 479
루이스, C. S.(Lewis, C. S.) 130
루터, 마르틴(Luther, Martin) 104, 105n7, 151,
    155, 156, 172, 223, 231, 240, 305, 341-
    343, 364n68, 420, 432n12, 433, 450n51,
    460-462, 464, 476, 511, 523n15, 606n8
리더보스, 니콜라스(Ridderbos, Nicholas) 110
리베투스, 안드레아스(Rivetus, Andreas) 73n61,
    81n89, 241n12, 245n32, 288n34, 297n61,
    312n17, 317n37, 318n41, 322n61,
    341n49, 348n73, 367n85, 425n81,
    491n42, 498, 562n5
리브스, 마이클(Reeves, Michael) 173n8
리츨, 알브레히트(Ritschl, Albrecht) 475
린츠, 리처드(Lints, Richard) 201n17, 202n21
림, 원택(Lim, Wontaek) 361n53
림보르흐, 필립 판(Limborch, Philipp van)
    105n8, 226, 469, 478
링컨, 찰스 프레드(Lincoln, Charles Fred) 352n6
마게이조, 주앙(Magueijo, João) 127n11
마두에미, 한스(Madueme, Hans) 173n8
마세도, 브레노(Macedo, Breno) 357n33
마이어, 데이비드(Myers, David) 257n8,
    276n54
매킨토시, 앤디(McIntosh, Andy) 74n67,
    132n27
매튜스, 케니스(Mathews, Kenneth A.) 98n51,
    149n3, 198n8, 204, 213n41, 219n12, 221,
    336n31, 340n47, 341n53, 570n33,
    573n37
맥그래스, 알리스터(McGrath, Alister) 460n36
맥나이트, 스콧(McKnight, Scot) 184n35

맥스웰, 제임스 클러크(Maxwell, James Clerk) 123n3

맥아더, 존(MacArthur, John) 328n5, 404

맥케이, 존(Mackay, John) 500

맥콜, 토머스(McCall, Thomas) 130n17, 489n38

맥클로흐, 디아메이드(MacCulloch, Diarmaid) 271n35

맨턴, 토머스(Manton, Thomas) 610

머리, 데이비드(Murray, David) 288, 568n26

머리, 존(Murray, John) 129n14, 184, 212, 274, 288n32, 328, 332, 402n3, 403, 412, 480, 487, 488n32, 507, 564, 574n44, 594, 603

멀러, 리처드(Muller, Richard) 315n24, 318n41, 360n49, 511n38, 524n17

메이, 게르하르트(May, Gerhard) 94

메이어, 스티븐(Meyer, Stephen) 131n19

메이첸, 그레샴(Machen, J. Gresham) 475n124

메이휴, 리처드(Mayhue, Richard) 328n5, 404

모리스, 데스먼드(Morris, Desmond) 45

모리스, 레온(Morris, Leon) 98

모리스, 헨리(Morris, Henry) 138n38

모빙켈, 지그문트(Mowinckel, Sigmund) 227n52

모어랜드, J. P.(Moreland, J. P.) 131n19

모팻, J. W.(Moffat, J. W.) 127n11

몰러, 앨버트(Mohler, Albert) 256n7, 257n9, n10, 259, 278n62, n64

몰렌코트, 버지니아 레이미(Mollenkott, Virginia Ramey) 257n8, n10

몰리나, 데 루이스(Molina, de Luis) 511

무, 더글러스(Moo, Douglas) 206n33, 571n34, n35

무스쿨루스, 볼프강(Musculus, Wolfgang) 225, 340

밀러, 제임스(Miller, James) 607

밀러, 휴(Miller, Hugh) 107, 115n44

바, 제임스(Barr, James) 289n38

바렛, 매튜(Barrett, Matthew) 483n10, 503n17, 511n40

바르셀로스, 리처드(Barcellos, Richard) 330n10

바르트, 칼(Barth, Karl) 191n62, 228-231, 290, 328n4, 475

바버, 이안(Barbour, Ian) 94n33

바빙크, 헤르만(Bavinck, Herman) 57, 58n5, 59, 61n14, 65, 69n42, 89n16, 93-95, 99, 105n8, 106, 122, 196n2, 216, 222n31, 223n34, 224n41, 246, 282, 317, 323, 331, 348, 349, 403n8, n11, 455n8, 456n12, 457n17, 467n81, 475n123, n125, 481n8, 483, 488, 512n43, 515n51, 551, 555n21, 573, 574n43

바실리우스(Basil the Great) 114

바인즈, 매튜(Vines, Matthew) 257n8, 273n40, 276n54, 278n62

바트카, 루보미르(Batka, L'Ubomir) 321n56, 460n37

발라이우스, 안토니우스(Walaeus, Antonius) 73n61, 81n89, 241n12, 245n32, 288n34, 297n61, 312n17, 317n73, 318n41, 322n61, 341n49, 348n73, 367n85, 425n81, 491n41, 498n1, 561

발츨리, 더크(Baltzly, Dirk) 123n5

배럿, 마이클(Barrett, Michael) 89n19, 449

배릭, 윌리엄(Barrick, William) 176

밴두드워드, 윌리엄(VanDoodewaard, William) 109n21, 174, 181n27

버기스, 앤서니(Burgess, Anthony) 358, 360n43, 361n53, 362n57, 364n65, n66, 365nn72-74, 366n77, 369n93, 370n96, 375n113, 471, 472, 597

버크, 데니(Burk, Denny) 274n48, 279

버터필드, 로자리아(Butterfield, Rosaria) 256n7, 277n61, 279

번연, 존(Bunyan, John) 414, 607

벌코프, 루이스(Berkhof, Louis) 39, 70, 241, 320n50, 322n61, 323, 404, 417, 423, 483n10, 486n24, 503n17, 512n43, 560n1, 573n41

베네마, 데니스(Venema, Dennis) 184n35

베닝, 랄프(Venning, Ralph) 575, 577, 579

베르나르, 클레르보의(Bernard, of Clairvaux) 41

베르두인, 레오나르드(Verduin, Leonard) 227n52

베르미글리, 피에트로 마르티레(Vermigli, Peter Martyr) 226, 321n54

베르카우어, G. C.(Berkouwer, G. C.) 201,

227n55, 231-236, 244, 293, 294, 401, 404, 563n11, 564

베르투, 장 마르(Berthoud, Jean-Marc) 112

베리, R. J.(Berry, R. J.) 173n4, 175n14

베일, 아이작 뉴턴(Vail, Isaac Newton) 138n38

베자, 테오도르(Beza, Theodore) 355, 358, 361n51

베히, 마이클(Behe, Michael) 132n25

벤 시락, 요슈아(ben Sirach, Joshua) 104

벨, 토머스(Bell, Thomas) 358, 362n59, 363n60, n61

벨라르미노, 로베르토(Bellarmine, Robert) 221

벨처, 리처드(Belcher, Richard) 89n18, 96n40, 102n1, 105n15, 117n48, 118n50, 140n41, 157n30, 158n31, n32, 341, 348n74, 441, 447n44, 450n50

보나르, 호라티우스(Bonar, Horatius) 437

보나벤투라(Bonaventure) 69n44

보드나르, 이스트반(Bodnar, Istvan) 123n4

보부아르, 시몬 드(Beauvoir, Simone de) 255n5

보스, 게할더스(Vos, Geerhardus) 64n22, 72n55, 80, 81n87, 91, 119n54, 163, 164, 177n22, 196, 222n32, 223, 226, 246, 331n14, n15, 403, 414n49, 417, 423n79, 430n4, 432n11, 442n34, 447, 512n43, 546

보스턴, 토머스(Boston, Thomas) 44, 52, 358, 361n53, 362nn54-56, n58, 365n72, 366n78, nn80-82, 367n85, 368n87, n90, 369n91, 370n96, 372, 375, 383, 397n1, 472, 474, 500, 503n15, n18, 510n32, 515, 528, 529, 532, 535, 562, 563, 579

볼, 존(Ball, John) 358n39, 360n44, 361n53, 369n92

볼레비우스, 요한네스(Wollebius, Johannes) 51, 66n33, 69, 136, 241, 322, 331n11, 358, 424, 499, 513, 528n41, 576

볼섹, 제롬(Bolsec, Jerome) 464

볼테르(Voltaire) 181

불링거, 하인리히(Bullinger, Heinrich) 463, 525, 531

불트만, 루돌프(Bultmann, Rudolf) 289

브라운, 데렉(Brown, Derek) 311n16

브라운, 마이클(Brown, Michael) 256n7

브라운, 존[에든버러의](Brown, John[of Edinburgh]) 611

브라운, 존[해딩턴의](Brown, John[of Haddington]) 484n15, 502, 564, 578n56

브라운, 프랜시스(Brown, Francis) 68n39, 117n48

브라켈, 빌헬무스 아(Brakel, Wilhelmus à) 57, 58, 70, 199, 224n41, 298n65, 306, 321n58, 322n63, 358, 359n40, 361n49, n53, 362n54, 365n75, 371n99, 379n1, 397, 424, 483, 493n48, 533n63, 542n3, 545, 565n21, 583, 588n14, 590, 595, 596

브래드쇼, 로버트(Bradshaw, Robert) 109n21

브래드워딘, 토머스(Bradwardine, Thomas) 376n119, 459

브래드퍼드, 존(Bradford, John) 527n36

브렛, 머리(Brett, Murray) 584

브루그만, 월터(Brueggemann, Walter) 169n57, 267n24

브루너, 에밀(Brunner, Emil) 191, 192, 194, 229, 231, 290, 475

브루스, F. F.(Bruce, F. F.) 97

브룩스, 토머스(Brooks, Thomas) 46

브리지, 윌리엄(Bridge, William) 606n8, 607

브리지, 찰스(Bridges, Charles) 583

브릭스, 찰스 아우구스투스(Briggs, Charles Augustus) 68n39, 117n48

브링먼, 마르티언(Brinkman, Martien) 219n13

비드(Bede) 65n28, 180n25, 218

비들, 존(Biddle, John) 467

비아, 단(Via, Dan) 271n35

비어마, 라일(Bierma, Lyle) 356n26

비엘, 가브리엘(Biel, Gabriel) 69n44, 459, 511

비치, 마크(Beach, J. Mark) 360n46

비치우스, 헤르만(Witsius, Herman) 331n11, 358, 359, 360n44, n48, 363n63, 364n64, n67, n69, 365n74, n75, 366n81, n82, 367n83, n86, 368n88, 369n91, n92, 370n96, 371, 372n106, 373

비키, 조엘(Beeke, Joel) 16, 57n2, 58n3, 89n17, n19, 119n52, 172n1, 186n42, 254n1, 461n47, 601

빌, G. K.(Beale, G. K.) 85n1, 163n46, 201

빌레지키안, 길버트(Bilezikian, Gilbert) 262n19
샌런, 피터(Sanlon, Peter) 455n4
샐켈드, 존(Salkeld, John) 354n18
샘플스, 케네스(Samples, Kenneth) 115n41, n42
세네카(Seneca) 220
세이건, 칼(Sagan, Carl) 63
세일해머, 존(Sailhamer, John) 102n1
셰드, 윌리엄 G. T.(Shedd, William G. T.) 321n57, 488n32
셰익스피어, 윌리엄(Shakespeare, William) 49, 147
셰퍼, 프랜시스(Schaeffer, Francis) 90, 184
소키누스, 파우스투스(Socinus, Faustus) 466
쇼, 조지 버나드(Shaw, George Bernard) 147
쇼, 크리스토퍼(Shaw, Christopher) 131n19
수아레즈, 프란시스코(Suarez, Francisco) 69n44
슈라이너, 수잔(Schreiner, Susan) 62n17
슈라이너, 토머스(Schreiner, Thomas) 486nn20-22, 573
슈만, 프리드리히 카를(Schumann, Friedrich Karl) 232n71
슐라이어마허, 프리드리히(Schleiermacher, Friedrich) 61, 474
슐러, 로버트(Schuller, Robert) 504, 517
슐링크, 에트문트(Schlink, Edmund) 232n71
스나이드, 노먼(Snaith, Norman) 227n52
스넬링, 앤드루(Snelling, Andrew) 138n38
스몰리, 스티븐(Smalley, Stephen) 271n34
스미스, 조셉(Smith, Joseph) 94n33, 320n53 오키
스미스, 크리스천(Smith, Christian) 48n23
스위녹, 조지(Swinnock, George) 609
스캔조니, 리사 도슨(Scanzoni, Letha Dawson) 257n8, 276n54
스타인메츠, 케이티(Steinmetz, Katy) 257
스탠턴, 엘리자베스 캐이디(Stanton, Elizabeth Cady) 255
스테인, 로버츠(Stein, Robert) 291n45
스토다드, 솔로몬(Stoddard, Solomon) 416
스토버, 윌리엄(Stoever, William K. B.) 356n27
스토트, 존(Stott, John R. W.) 173n9
스트롱, 어거스터스(Strong, Augustus) 57, 60
스트롱, 윌리엄(Strong, William) 337, 358,

362n59, 363n63, 364n64, n68, 367n84, 368n87, 390
스틸, 리처드(Steele, Richard) 302n4
스프로울, R. C.(Sproul, R. C.) 212, 508n29, 525
스피노자, 바뤼흐(Spinoza, Baruch) 61, 289
스힐더르, 클라스(Schilder, Klaas) 231
시락, 여호수아 벤(Sirach, Joshua ben) 104
시몬스, 메노(Simons, Menno) 467
실리먼, 벤저민(Silliman, Benjamin) 107
아르미니우스, 야코부스(Arminius, James) 226, 468, 469, 471, 473, 478, 507, 510-512
아리스토텔레스(Aristotle) 123, 172, 220, 298n65, 316, 318n41, 322n64, 524
아미라우트, 모세(Amyraut, Moïse) 512
아셀트, 빌렘 반(Asselt, Willem J. van) 376
아시모프, 아이작(Asimov, Isaac) 48
아우구스티누스, 히포의(Augustine, of Hippo) 51, 65, 81, 93, 103, 104, 109, 119-122, 161, 218, 220, 224, 316-318, 323, 353n11-14, 354, 355, 358, 364n67, 412-416, 418, 420-422, 456-458, 476, 477, 524, 528, 529, 531, 532, 535-537, 547n11
아우다이오스(Audaeus) 217
아이언스, 리(Irons, Lee) 109n24, 110n27, 110n29, 111n30, 113n35, 115n41, n43, n45
아이히로트, 발터(Eichrodt, Walther) 149n4
아처, 글리슨(Archer, Gleason) 108, 109, 115n43
아퀴나스, 토마스(Aquinas, Thomas) 218, 220, 221, 298n65, 315n24, 316, 318n41, 422, 459, 477, 524, 561, 69n44
아타나시우스(Athanasius) 283, 305, 455n5
안셀무스, 캔터베리의(Anselm, of Canterbury) 458, 477
알렉산더, 아치볼드(Alexander, Archibald) 241, 568n26, 582, 592, 597
알브레히트, 안드레아스(Albrecht, Andreas) 127n11
암브로시우스, 밀란의(Ambrose, of Milan) 457
암브로시우스, 아이작(Ambrose, Isaac) 439n26, 613

앨리슨, 그렉(Allison, Greg) 301, 466

앨버리, 샘(Allberry, Sam) 256n7

야브로, 로버트(Yarbrough, Robert) 183

어셔, 제임스(Ussher, James) 241, 317, 331n11, 358, 367n85, 489

에드워즈, 조나단(Edwards, Jonathan) 317, 322n61, 416, 474, 512

에디, G. T.(Eddy, G. T.) 473n107, n109

에라스무스, 데시데리우스(Erasmus, Desiderius) 460, 461nn42-46

에릭슨, 밀러드(Erickson, Millard J.) 38n6, 42, 43, 46, 58n4, 67, 191, 192n63, 227n52, n55, 229, 230n66, 289n37, n38, 290n40, 295, 313n20, 405n19, 408n28, 417n59, 560n1

에반스, 로버트(Evans, Robert F.) 513n47

에인스워스, 토머스(Ainsworth, Thomas) 322n64

에임스, 윌리엄(Ames, William) 73n62, 82, 242-244, 252, 317, 332n16, 333, 337, 363n63, 412n44, 422, 482n9, 499n4, 508, 525, 569, 570n31, n32

에즈라, 아브라함 이븐(Ezra, Abraham Ibn) 95n37

에피스코피우스, 시몬(Episcopius, Simon) 105n8

에피쿠로스(Epicurus) 62

엔즈, 피터(Enns, Peter) 85n1, 85n3, 173, 175n15, 189n47, 190

엘드리지, 닐스(Eldredge, Niles) 131

영, 에드워드(Young, Edward) 86, 110n29, 112n33, 113, 118n51, 188, 346

오로스코, 프란체스코(Orozco, Francisco) 359n39

오르드, 토머스 제이(Oord, Thomas Jay) 94n33

오리게네스(Origen) 109, 221, 320

오리어리, 데니스(O'Leary, Denyse) 131n21

오베르만, 헤이코(Oberman, Heiko) 355n21, 459n35, 460n36

오비디우스(Ovid) 218

오비츠, S. R.(Obitts, S. R.) 62n17, 129n13

오사나이, 노조미(Osanai, Nozomi) 138n36

오웬, 존(Owen, John) 359n39, 426, 467n80,

511n35, n39, 512, 525, 527n39, 544, 562, 587

오코너, M.(O'Connor, M.) 431n8

오틀런드, 레이(Ortlund, Ray) 259

올레비아누스, 카스파르(Olevianus, Caspar) 356

와일리, 타샤(Wiley, Tatha) 479n2

와츠, 아이작(Watts, Isaac) 473

왓슨, 토머스(Watson, Thomas) 81, 100, 339, 374n112, 388, 423, 482n9, 556n23, 606, 609-611

요안네스, 다마스쿠스의(John, of Damascus) 221, 344, 354n16

우드, 토드 찰스(Wood, Todd Charles) 181n29

우르시누스, 자카리우스(Ursinus, Zacharius) 356, 358

우파니샤드, 브리하다라냐카(Upanishad, Brihadaranyaka) 60n10

울드, 도널드(Wold, Donald) 257n7

울지, 앤드루(Woolsey, Andrew) 352n7, 353, 355n19, 356n24, n26, 357n29

워드, 로런드(Ward, Rowland) 355n19

워싱턴, 조지(Washington, George) 178

월리스, 로널드(Wallace, Ronald) 302n4

월턴, 존(Walton, John) 159n36

월트키, 부르스(Waltke, Bruce) 173n8, 431n8

웨슬리, 존(Wesley, John) 473, 478

웨어, 브루스(Ware, Bruce) 311n15

웬함, 존(Wenham, John) 91

웰럼, 스티븐(Wellum, Stephen J.) 36

웹스터, D. D.(Webster, D. D.) 5544n17

위거스, G. F.(Wiggers, G. F) 456n11, 457n20

위디오니시오스(Pseudo-Dionysius) 222n31

위어, 데이비드(Weir, David) 355n19

윌러드, 새뮤얼(Willard, Samuel) 50, 70n45, 74, 78, 224n43, 225n43, 436n18, 544, 547, 562n7, 564, 565, 576, 579

윌렛, 앤드루(Willet, Andrew) 343, 439n25

윌리엄, 오컴의(William, of Ockham) 459

유니우스, 프란키스쿠스(Junius, Franciscus) 356, 527n39, 530

유스티누스[순교자](Justin Martyr) 93, 455n5

이레네오(Irenaeus) 93, 108, 109, 180n25, 221,

222, 353

이스벨, 셔먼(Isbell, R. Sherman) 355n19

인스, 스티븐(Innes, Stephen) 302n4

잔키, 지롤라모(Zanchi, Girolamo) 315, 525, 527n38, n39, 528, 531n58

제닝스, 데이비드(Jennings, David) 473

제베르크, 라인홀트(Seeberg, Reinhold) 457n21

제이콥스, 앨런(Jacobs, Alan) 188n43

존스, 마크(Jones, Mark) 331n11, 355n19, 371n100

존슨, S. 루이스 주니어(Johnson, S. Lewis, Jr.) 486n23, 487n26, 488n33, 488n35

존슨, 루크 티모시(Johnson, Luke Timothy)271n35

존슨, 필립(Johnson, Phillip) 131n20, 132n26

차녹, 스티븐(Charnock, Stephen) 72n55, 73n60, 75, 77, 79, 94, 100, 134n29, 150, 153, 241

차머스, 토머스(Chalmers, Thomas) 105

츠빙글리, 울리히[훌드리히](Zwingli, Ulrich[Huldrych]) 344n64

카스텔리오, 세바스챤(Castellio, Sebastian) 464

카슨, D. A.(Carson, D. A.) 522n13

카시아누스, 요안네스(Cassian, John) 457, 477, 478

카시안, 메리(Kassian, Mary) 255n3, 256n6

카타리노[카타리누스], 폴리티 암브로지오(Catarino[Catharinus], Politi Ambrogio) 354

카트라이트, 토머스(Cartwright, Thomas) 356

카피토, 볼프강(Capito, Wolfgang) 437

칼버그, 마크(Karlberg, Mark) 356n27

칼빈, 존(Calvin, John) 38, 39, 41, 53n35, 64n22, 67, 70, 71, 72n56, 74, 75n70, 79, 82, 87, 88n10, 116, 119, 121, 149-151, 164, 166n53, 168, 180, 184n38, 188, 189n46, 218, 220, 222n33, 224, 240, 241, 249, 253, 293, 302, 305, 311, 316, 317, 322, 332n16, 343, 344, 355, 358, 372, 412n44, 414n46, n47, 415, 420, 421n68, 430n5, 431, 432n 12, 434, 436n20, 440, 455n7, 459n35, 463, 464, 476, 505, 523-526, 528, 530, 540, 555, 569, 572, 584n7,

603n4

칼슨, 리처드(Carlson, Richard) 189

캐머런, 존(Cameron, John) 512

커닝엄, 윌리엄(Cunningham, William) 354n17, 454n3, 455n7, 526n33

커리드, 존(Currid, John) 96

커밍스, 아사(Cummings, Asa) 606n7

커스탄스, 아서(Custance, Arthur) 106n11

커훈, 존(Colquhoun, John) 358, 359n39, 361n53, 362nn54-58, 363n63, 364n64, n65, n67, n69, 365n71, n74, 366n80, n81, 368n87, 370n96, 372, 373, 374n112, 375n113, 376n119, 388, 389

케르스텐, G. H.(Kersten, G. H.) 241

케이브, 스티븐(Cave, Stephen) 519n1

케플러, 요하네스(Kepler, Johannes) 123n3

켈러, 팀(Keller, Tim) 130

켈레스티우스(Celestius) 455

켈리, J. N. D.(Kelly, J. N. D.) 455

켈리, 더글러스 F.(Kelly, Douglas F.) 106n14, 112n32, 127n11, 157n28

코리, 데이비드 문로(Corey, David Munro) 466n78

코케이우스, 요하네스(Cocceius, Johannes) 224n41, 352, 358

코판, 폴(Copan, Paul) 86n5, 93n28, 94n33, 96n42, 97n47

콕스, 느헤미야(Coxe, Nehemiah) 358, 359n39, n41, 360n47, 363n63, 365n72, 367n84, 368n87, 369n95, 371, 372n105, n106, 373

콜린스, 존(Collins, C. John) 102n1, 173n7, n9, 176n19, 177n21, 185n39, 188, 447n44

콜린스, 프랜시스(Collins, Francis) 173

콜링, 리처드(Colling, Richard) 173n8

콜브, 로버트(Kolb, Robert) 461n47, n48

쾨스텐베르거, 마가레트(Köstenberger, Margaret E.) 255n2, 265

쾨스텐베르거, 안드레아스(Köstenberger, Andreas) 255n2, 265

쿠퍼, 윌리엄(Cowper, William) 598, 599n31

쿠퍼, 존(Cooper, John) 61n14, 289n36, 294, 302n3

크레이그, 윌리엄 레인(Craig, William Lane) 86n5, 93n29, 96n42

크리소스토무스, 요안네스(Chrysostom, John) 151, 180n25, 225, 353n9, 609

크리스토퍼, 마크(Christopher, Mark) 256n7

클라인, 메러디스(Kline, Meredith) 109n24, 110, 111n30, 113n35, 115n41, n43, n45

클라인스, 데이비드(Clines, David J. A.) 203n26, 218n6, 227

클라크슨, 데이비드(Clarkson, David) 493, 495, 496, 501, 505, 530, 533

키드너, 데렉(Kidner, Derek) 68, 78n79, 161, 432n9, 432n13

키릴로스, 알렉산드리아의(Cyril, of Alexandria) 353

키이치, 벤저민(Keach, Benjamin) 396

키케로(Cicero) 322n64

테르툴리아누스(Tertullian) 65n23, 93, 321, 443n37, 455n6

테오도레토스, 키로스의(Theodoret, of Cyrus) 180n25, 217n4

테일러, 저스틴(Taylor, Justin) 329n8

테일러, 존(Taylor, John) 472-474, 478

테일링크, 빌럼(Teellinck, Willem) 553

톰슨, 매리엔 마이어(Thompson, Marianne Meye) 262n19

투레티누스, 프란키스쿠스(Turretin, Francis) 51, 69, 73n62, 199, 208, 218, 226n48, 241, 242, 246n34, 321n58, 322, 331n11, n13, 358, 360, 361n50, n53, 362n54, 363n63, 364n69, 365n70, n72, 368n87, 372, 373, 375n113, 376n119, 403, 412n44, 422, 424, 425n81, 483n10, 492n47, 500n8, 501n9, 524, 526, 527n39, 528n41, 540

투록, 닐(Turok, Neil) 124n6

트랩, 존(Trapp, John) 612

트롤리에, 장(Trolliet, Jean) 464

티슬턴, 앤토니(Thiselton, Anthony) 276n55

티시우스, 안토니우스(Thysius, Antonius) 73n61, 81n89, 241, 245, 288, 297, 312, 317, 318n41, 322, 341n49, 348n73, 367n85, 425n81, 491n42, 498n1, 562n5

파스칼, 블레즈(Pascal, Blaise) 123n3

파우사니아스(Pausanias) 37n3

파인버그, 존(Feinberg, John) 61n15, 72n56, 85n2, 88n14, 103, 106n13, 109n26, 111, 119n54, 135, 136n32

패러데이, 마이클(Faraday, Michael) 123n3

패커, 제임스(Packer, James I.) 199, 200

퍼거슨, 싱클레어(Ferguson, Sinclair) 71n52

퍼지, 에드워드 윌리엄(Fudge, Edward William) 307n11

퍼킨스, 윌리엄(Perkins, William) 57, 74n68, 75, 98n49, 100n58, 224n41, n42, 288, 302n4, 331n11, 357, 358, 362n58, 422, 435, 436n21, 492n47, 499, 516, 576, 578

페너, 더들리(Fenner, Dudley) 356

페스코, 존(Fesko, J. V.) 456n16, 487n26, n28

페이슨, 에드워드(Payson, Edward) 606

페인, 존 바턴(Payne, John Barton) 159, 161

펠라기우스(Pelagius) 219, 454-457, 459, 477, 513

포드, 폴 라이세스터(Ford, Paul Leicester) 453n1

폴리슨, 데이비드(Powlison, David) 419n63

폴리안데르, 요한네스(Polyander, Johannes) 73n61, 81n89, 241n12, 245n32, 288n34, 297n61, 312n17, 317n37, 318n41, 322n61, 341n49, 348, 367n85, 424, 491n42, 498n1, 562n5

푸치우스, 히스베르투스(Voetius, Gisbertus) 511n37

풀, 매튜(Poole, Matthew) 241

프래트, 리처드(Pratt, Richard) 91, 327n3

프랜시스, 조셉(Francis, Joseph) 181n29

프레임, 존(Frame, John) 72n59, 76n74, 111n30

프로세로, 도널드(Prothero, Donald) 131n21

프로이트, 지그문트(Freud, Sigmund) 46

프롱크, 코넬리스(Pronk, Cornelis) 328n6

프롱크, 핌(Pronk, Pim) 257n8, 271n35

프리단, 베티(Friedan, Betty) 255

프티, 장 피에르(Petit, Jean-Pierre) 127n11

플라벨, 존(Flavel, John) 295, 297, 305, 306, 312, 316, 317n36, 319, 320, 321n58, 322n59, n63, 492n47, 590, 617

플라톤(Plato) 45, 92, 93, 95, 97, 312n16, 316,

320
플로티노스(Plotinus) 60
피, 고든(Fee, Gordon) 276n53
피기우스, 알베르트(Pighius, Albert) 464
피녹, 클라크(Pinnock, Clark) 307n11, 503n16
피니, 찰스 그랜디슨(Finney, Charles Grandison)
    255, 507, 508
피앙카, 에릭(Pianka, Eric) 178n23
피어스, 에드워드(Pearse, Edward) 384
피츠마이어, 조셉(Fitzmyer, Joseph) 485n18,
    486n20, n25
피콕, 아서(Peacocke, Arthur) 94n33
피터슨, 로버트(Peterson, Robert) 307n11
필로, 알렉산드리아의(Philo, of Alexandria)
    272n38
필즈, 웨스턴(Fields, Weston) 106n11
핑크, 아서(Pink, Arthur W.) 586, 591
하버갈, 프랜시스(Havergal, Frances) 618n27
하우, 존(Howe, John) 241
하지, 아치볼드(Hodge, A. A.) 241, 483n10,
    512n43
하지, 찰스(Hodge, Charles) 211n37, 221n27,
    224n43, 241, 291, 322n63, 323, 331n11,
    483, 512n43
하트, 헨드릭(Hart, Hendrik) 278n62
한나, 윌리엄(Hanna, William) 105n9
해밀턴 빅터(Hamilton, Victor) 88n12, 158n31,
    159n33, 167n54, 169n57, 206n32,
    267n24, 272n36, 344n64, n65, 431n8,
    440n28, 442n33
해밀턴, 제임스(Hamilton, James) 492
허친슨, 조지(Hutchinson, George) 470n95,
    488n32
헉슬리, 토머스 헨리(Huxley, Thomas Henry)
    129
헐리, 제임스(Hurley, James) 263n21
험버트, P.(Humbert, P.) 218n6
헤르더, 요한(Herder, Johann) 89
헤이트, 로저(Haight, Roger) 466n77
헨리, 매튜(Henry, Matthew) 168n55
헨리, 윌리엄 어니스트(Henley, William Ernest)
    47
헴, 폴(Helm, Paul) 315n23, 318, 319n48,

527n36
호너, 톰(Horner, Tom) 257n8
호체스, 니콜라스(Gootjes, Nicolaas) 62n18
홀, 데이비드(Hall, David) 118n49
홀브룩, 클라이드(Holbrook, Clyde) 474n119
홉스, 토머스(Hobbes, Thomas) 289
홉킨스, 이지키얼(Hopkins, Ezekiel) 358,
    359n39, n40, 360n43, 364n69, 366n81,
    368n88, n89, 369n94, 371, 372n105, 391,
    604
화이트, 제임스(White, James) 257n7
후크마, 앤서니(Hoekema, Anthony A.) 42, 45,
    50, 198, 203, 211, 217, 221, 229, 230n67,
    235, 240n9, 245, 293, 294, 328, 403n9,
    411n42, 571n35
후프마이어 발타사르(Hubmaier, Balthasar) 467
휫콤, 존(Whitcomb, John) 138n38
휴스턴, 휘트니(Houston, Whitney) 48
히에로니무스(Jerome) 353
힉스, 존 마크(Hicks, John Mark) 469n89
힝클리, 고든(Hinckley, Gordon) 218n5

개혁파 조직신학 3

발 행 일 | 2022년 11월 10일
지 은 이 | 조엘 비키·폴 스몰리
옮 긴 이 | 박문재
편　　집 | 권대영
디 자 인 | 박슬기
기　　획 | 이승영
마 케 팅 | 권성직
펴 낸 이 | 김은주
펴 낸 곳 | 부흥과개혁사
인 쇄 소 | 영진문원
판권 ⓒ부흥과개혁사 2022

주소 | 서울특별시 마포구 양화로6길 9-20, 2층(서교동)
전화 | Tel. 02) 332-7752　Fax. 02) 332-7742
홈페이지 | http://rnrbook.com　e-mail | rnrbook@hanmail.net

ISBN 978-89-6092-747-6
　　　978-89-6092-623-3(세트)

등록 | 1998년 9월 15일 (제13-548호)

값 45,000원